陝西師範大學國際長安學研究院

長安學研究

|第三輯|

黃留珠　賈二强　主編

科學出版社
北京

内容简介

《長安學研究》爲陝西師範大學國際長安學研究院主辦的專業學術集刊，此爲第三輯。本輯分爲"長安學與長安學者""典籍與古文字研究""古代歷史文化探討""《陝西通史》修訂本樣稿選刊""書評"五個欄目，對於促進"長安學"學術探索與發展具有重要意義。

本書可供中國史、考古學及古代文化研究等領域的學者及本科生、研究生閱讀與參考。

圖書在版編目（CIP）數據

長安學研究. 第三輯 / 黄留珠, 賈二强主編. —北京：科學出版社，2018.1

ISBN 978-7-03-056438-2

Ⅰ. ①長… Ⅱ. ①黄… ②賈… Ⅲ. ①長安（歷史地名）-文化史-文集 Ⅳ. ①K294.11-53

中國版本圖書館 CIP 數據核字（2018）第 017264 號

責任編輯：范鵬偉 / 責任校對：韓 楊
責任印製：張克忠 / 封面設計：黄華斌
聯繫電話：010-64011837
電子郵箱：yangjing@mail.sciencep.com

科学出版社 出版
北京東黄城根北街16號
郵政編碼：100717
http://www.sciencep.com

中国科学院印刷厂 印刷
科學出版社發行 各地新華書店經銷

*

2018年1月第 一 版　開本：787×1092　1/16
2018年1月第一次印刷　印張：26 3/4
字數：430 000
定價：108.00 元

（如有印裝質量問題，我社負責調換）

編輯委員會

主　任：蕭正洪
副主任：高子偉　秦向東　趙　榮　陳　峰　耿占軍　劉吉發
委　員：王子今　王　欣　王　暉　王學理　朱士光　杜文玉
　　　　李炳武　李　軍　辛德勇　宋　超　周偉洲　妹尾達彥
　　　　侯甬堅　麥大維（David McMullen）　孫家洲　陳文豪
　　　　陳正奇　張建林　張寅成　張懋鎔　黃留珠　彭　衛
　　　　葛承雍　賈二強　賈俊俠　趙世超　榮新江　劉慶柱
　　　　鶴間和幸

編　輯　人　員

主　編：黃留珠　賈二強
編　輯：李　燉

目 录

長安學與長安學者

地方史、志關係並兼說長安學性質——答《陝西地方志》雜志主編問 ………… 黃留珠　3

關學傳人孫景烈及其學術成就 ………………………………………………… 王雪玲　10

論畢沅及其陝西幕府的金石學成就 …………………………………………… 李向菲　22

人文情懷、社會責任和史念海先生的歷史觀 ………………………………… 蕭正洪　37

長安學者林劍鳴教授 …………………………………………………………… 何　夫　43

典籍與古文字研究

《尚書注疏》校字記 …………………………………………………………… 杜澤遜　51

《史記新本校勘》序 …………………………………………………………… 賈二強　69

中華書局新印紙皮簡裝本《史記》補斠 ……………………………………… 辛德勇　74

日本東洋文庫所藏隋代石刻拓本經眼錄 ……………………………………… 周曉薇　165

《鄎國長公主神道碑銘（並序）》考釋 ……………………… 郭海文　遠　陽　李　燉　173

率更筆法有遺篇——新見唐貞觀八年《翟天德墓誌》解析 ………… 王其禕　王　菁　190

西北地区古籍版本鑒定抉誤 …………………………………………………… 景新強　201

古代歷史文化探討

甲骨文中的"地理空間" ……………………………………………………… 張興照　211

骨簽年代研究……劉慶柱 李毓芳 230
兩漢之交動蕩政局中的扶風名士……孫家洲 255
陸游《入蜀記》辨説……周 雯 268
《奇器圖説》與中外文化交流……毛瑞方 277

《陝西通史》修訂本樣稿選刊

商代陝西的族群……尹盛平 289
秦人始封爲諸侯……黄留珠 309
長安成爲各族政治、經濟和文化的中心……周偉洲 317
韓遂馬騰割據關隴……王大華 324
隋朝的建立及其條件……杜文玉 337
蔡京新政在陝西……張呈忠 344
南宋及遼金時期的陝西文學……張文利 351
清代西安滿城與南城的格局及其變遷……史紅帥 363
民國初年的陝西政治……黄正林 383
國民革命在陝西的興起與失敗……梁星亮 402

書 評

歷史選擇了西安 西安充實了歷史——四卷本《西安通史》讀後……黄偉敏 413
厥功至偉 恩惠學林——讀《楊良瑶與海上絲綢之路》有感……黄留珠 417

《長安學研究》徵稿啓事……420

長安學與長安學者

地方史、志關係並兼說長安學性質

——答《陝西地方志》雜志主編問

黄留珠

作者按：2007年教師節之際，我接受《陝西地方志》雜志主編張世民先生的采訪。訪談從我的師承源流和著作入手，結合近十多年我編寫陝西-西安地方史的實踐，著重論述了地方史與地方志關係的若干問題，同時也談及了對長安學性質的認識。拙意以爲，就本質而言長安學研究無疑是一種地域性學術研究，應該歸於地方史的範疇之内。不過在一些特定的時期，它又明顯具有非地域性的特點。例如對周秦漢唐幾代來說，其長安學研究就必須大大突破地域的界限，而從全國乃至世界著眼。這表明長安學實際是兼有地域性和超地域性雙重性質的學科，而不能簡單地視之爲純粹的地域性學術研究。現謹將這次的訪談錄公開發表，希望得到讀者的批評指正！

問：黄老師，您多年來致力於歷史研究，尤其在秦漢史研究領域成果卓著。請介紹一下您在史學研究領域的師承源流？

答：一般來說，治學分爲創新、綜合二途。早年我推崇創新，不那麼看好綜合。主要是受大學時兩位來自中國科學院歷史研究所（今中國社會科學院歷史研究所）的老師的影響，而讀研時的導師陳直教授更是一位力主創新的學者。在這種學術環境下一路走來的我，重視創新也就理所當然了。我溝通史學與管理學，主張歷史與企業家對話，試圖建立新的"歷史·管理學"，應該說就體現了這樣一種創新的學術理念。不過日後我也逐步改變了對綜合的看法，深感學術研究僅有創新遠遠不夠，還需要綜合，甚至在某些情況下，上乘的綜合本身也是一種創新。之所以發生這樣的變化，同受西北大學幾位擅長綜合的老師影響直接有關。我研究秦漢仕進制度，秦的部分多於創新，漢的部分多於綜合，即反映了我思想改變後的治學路數。時至今日，回頭來看，我的師承源流可以說出自多元，擇善而從，並非單一；其中，導師陳直先生的影響雖然最大，但明顯也有變通，或許這就是我們常說的與時俱進吧！

問：您的著述數十種，能否就其主要者略作介紹？

答：我撰文寫書，基本是隨着興趣走。雖也有若干奉命、應命之作，但屬個別現象，而非主流。我已出版的著述大體可分七類：

一是研究中國古代選官制度的。1985年西北大學出版社出版的《秦漢仕進制度》是其代表作。該著首次把計量史學的方法引入仕進研究並取得不錯的效果，被日本學者稱爲"傑出的研究"。後來這一研究模式被史界同仁廣爲仿效，對史學的新發展起了積極的推進作用。1989年陝西人民出版社出版的《中國古代選官制度述略》，是在秦漢斷代基礎上擴展研究而成的一部仕進通史。全書的內容提要在西大學報發表後，即被《新華文摘》全文轉載，後又被收入中學教材，產生了廣泛影響。而這兩部書均被北大中國古代史研究中心列爲學生學習的必讀參考書。

二是研究中國古代管理思想的。1992年西北大學出版社出版的《歷史與企業家對話——關於歷史·管理學的思考》是其結晶之作。上海《社會科學報》評論稱讚該書"爲歷史學作了新的開拓"。《光明日報》史學版（當時叫《史林》）因爲此書的緣故特約我寫了一篇《中國古代的管理思想及其影響》的命題作文發表，並參仿此書的形式於1995年春推出"史學家與企業家對話"專欄，連續刊發十二組史學家與企業家對話的文章，從而在中國大陸掀起了"史""企"對話的颶風。值得注意的是，海峽對岸的許倬雲先生在差不多的時間段亦有"從歷史看管理"的高論，而新世紀伊始許先生又應邀赴北大以"從歷史看管理"爲題講學，並在大陸出版其講學錄音稿。看來海峽兩岸史家在溝通史學和管理學、實現二者交叉結合方面，可謂所見略同，並心心相通也。

三是研究秦文化及周秦漢唐文明、文化的。1997年山東美術出版社出版的《中國地域文化·秦文化卷》與1999年陝西人民出版社出版的《周秦漢唐文明》是兩部典型之作。前書由於特殊原因主要銷售於海外，不過其內容提要曾在秦俑博物館主辦的《秦文化論叢》及其精選文集兩次刊發，有着廣泛的影響。後書一出版即獲得史家好評，被公認爲全面系統研究周秦漢唐文明的開山之作。受其影響，三秦出版社與西北大學聯袂，創辦了《周秦漢唐文化研究》專刊（集刊），迄今已出版9輯正刊1輯增刊，在海內外產生了積極影響。西北大學還將該書作爲研究生教材開出選課，後又施之本科教育，被評爲精品課程。爲此，特出版了 40 萬字的"簡本"，以方便學生使用。

四是研究兩漢人物的。2003 年人民出版社出版的《劉秀傳》、西安出版社出版的《古都西安·漢武帝》，2008 年陝西人民出版社出版的《漢武大帝》，2009 年三秦出版社出版的《董仲舒與災異說》均屬此類。特別是《劉秀傳》一書，雖然出版社定位爲學術專著，但我却大膽地加入了通俗史學的寫法，因此頗受讀者的歡迎，出版後不久便重印，至 2014 年又出了第二版。2017 年初，國際文化出版公司以《光武大帝》的書名，還出版了其修訂版。

五是研究陳直學的。1992 年西北大學出版社出版的《陳直先生紀念文集》是較早的成果彙編。當時由於我們資歷尚淺，故以"秦漢史研究室"署名。前不久見到網上拍賣有我簽名的該書，定價 100 元，爲原書價的近 20 倍。没想到該書還有如此的升值空間。2010 年三秦出版社、陝西師大出版社合作出版的《長安學叢書·陳直卷》，2012 年三秦出版社出版的《陳直先生著作三種》，皆是以整理陳先生著作形式爲主的近年新成果。計劃日後還將編輯出版《陳直全集》並編寫《陳直學術編年》《陳直學》等專著。

六是研究陝西-西安地方史志的。2009 年西北大學出版社出版的六卷本《話説陝西》，2013 年中華書局出版的《中國地域文化通覽·陝西卷》，2014 年西安出版社出版的《西安十三朝》，2016 年西北大學出版社出版的《陝西歷史大事鑒覽》、陝西人民出版社出版的四卷本《西安通史》，皆是這類研究的成果。其中，《話説陝西》《西安十三朝》及前面所説的《劉秀傳》，是我實踐通俗史學的三部嘗試性作品。《話説陝西》是我主編，通俗程度最徹底；《西安十三朝》爲合作產品，通俗度居中；《劉秀傳》是獨著，部分通俗。我希望通過這些著作，展示宣傳我的通俗史學主張。

另外，我與賈二强教授共同主編的《長安學研究》第一、二輯、於 2016、2017 年分別由中華書局、科學出版社出版。就本質而言，這也具有地方史研究的性質，只不過所探討的對象爲地域性學術罷了。當然如果進一步細究，應該看到這樣的認識僅僅是問題的一個方面，而實際上某些歷史時期的長安學研究還有其非地域性的另一面。例如，周秦漢唐時期的長安學研究就必須大大突破地域的界限，而需要從全國乃至世界的角度著眼。這表明長安學實際是兼有地域性和超地域性雙重性質的學科，而不能簡單地視之爲純粹的地域性學術研究。這裏，由於我們只是一般泛論，故而僅僅把它當作地域性學術研究來看待。在此如果換個視角，從一定的意義上來看，我完成的一系列陝西-西安地方史的著作，也應屬於長安學研究的範圍。這就是說，地方史與長安學之間是具有某種互釋性的。

七是論文集。現有兩種，即三秦出版社 2002 年出版的《秦漢歷史文化論稿》及 2005 年出版的《傳統歷史文化散論》。兩書共收錄 2005 年前我撰寫的學術論文 90 篇，其中絕大多數都是已經發表過的；而未刊發的幾篇小文亮相之後，也頗引起學界朋友的重視。例如《秦漢人的精神風貌》一文，即被 985 高校山東大學收入所編教材《中華民族精神讀本》之中。出乎我意料的是，《論稿》問世後很快便售罄，出版社不得不在 9 個月後再版重印。還有讀者將所買之書寄我請求簽名，其中一位熱心人甚至附寫了長信對書加以評贊。這些，都令我深深感動。謹借此機會向他們表示衷心的感謝！

問：20 世紀 90 年代您參與《陝西通史》的編寫，近年來又參與該書的修訂工作，還擔任執行主編。請介紹一下有關情況，並由此談談對各地編纂地方史工作的看法？

答：《陝西通史》是由我省著名的文化教育系統領導人郭琦和著名學者史念海、張豈之主編的地方史專著，於 20 世紀 90 年代中期出版，屬地方通史問世較早者，影響很大。我和周天游教授有幸共同撰寫《陝西通史·秦漢卷》，我負責秦國、秦朝、西漢部分，周教授負責新莽、東漢部分。應該說，這是一個相當理想的搭檔組合。然而不久周教授榮任陝西歷史博物館館長，繁忙的行政工作使他僅完成了部分文稿，這樣全書最後只好由我整合而付梓。

總的來看，《陝西通史》品質是好的。《秦漢卷》則屬於其中的個性鮮明之作，特別是在通俗化方面的努力，受到了郭琦老校長的"點贊"和表揚。不過隨著時間的推移，當 20 年後再回頭看這部通史時，自然就不難發現其不論觀點方面抑或史料方面均存在許多不足，需要進行修訂。於是乎由還健在的主編張豈之先生鄭重地提出了修訂《陝西通史》的建議，而省領導也很快便批准了這一建議，並撥出專款給以實實在在的支持。這樣，在張豈之先生主持下，《陝西通史》的修訂工作於 2016 年夏全面展開。由於張先生年事已高，所以他親自指派陝西師大原副校長蕭正洪教授和我擔任執行主編，協助處理具體編務。目前，修訂工作正穩步按計劃向前推進。其中需修訂的各卷修訂任務已初步完成，需重寫的少數幾卷和新增的《文學藝術卷》也已寫作過半，估計 2018 年下半年或 2019 年上半年新的修訂版《陝西通史》即可面世。

通過參與《陝西通史》寫作和修訂，使我深深感到，地方史的研究是一件饒具潛力的工作，大可有爲也大有作爲，需要我們高度重視，將之作爲文化建設的大事認真對待。就拿地方通史研究而論，試想如果全國各省區、市、縣都擁有一部自己的通史的話，當把這些通史集中展示出來，那將是何等壯觀的文化景象啊！屆時，整個國家的文化實力、文化建設，勢必會提高到一個新的臺階之上。

當下，隨著我國經濟的突飛猛進，國力的不斷增強，各地的文化事業大發展，地方史研究亦在這樣的背景下取得空前顯著的成績。不過在新形勢下，也出現了一些新問題，例如各地爭名勝、爭名人、爭地方文化資源，等等。特別是有些地方大搞狹隘的地方主義，不適當地突出本地區的重要性，以至失去理智的程度。記得有個省由主要領導署名刊發文章說：一部某某史，半部中國史。這位領導力圖提高本地歷史文化重要性的心情和願望可以理解，但他講的話實在有失分寸。請問：你一個省的地方歷史就占去了二分之一的中國史，而其他的三十幾個省市自治區總共才占另外的二分之一，如此的比例分配符合歷史真實嗎？這樣的說法科學嗎？

　　問：近期您主持完成的《西安通史》，填補了西安市無通史的空白，意義重大。您是如何策劃、組織編纂這部城市通史的？您怎樣理解地方史與地方志的關係？從史志源流而言，兩者之間有何異同？

　　答：長期以來，古都西安僅有簡明的"歷史述略"，而沒有較大部頭的"通史"。這種情況與西安崇高的歷史地位極不相稱。數年前在一次會議上，西安市方志辦的領導向我徵詢對今後科研項目的建議，我毫不猶豫地回答說應該上《西安通史》這個項目。市志辦領導當即就表示贊同，這樣《西安通史》工程很快便"破土動工"了。

　　上述《西安通史》的策劃，看來似乎很簡單，其實它的醞釀過程卻漫長而曲折。那是20多年前的一天，某出版社一個部門的負責人匆匆來訪，提出由我主持編寫一部《西安通史》，並表示事出急迫，希望我儘快擬出全書的大綱和實施計劃。因我過去曾有過撰寫《西安通史》的想法，這次突然遇此機會，自然好生高興，於是便以最快的速度完成了所交代的任務並交付對方。不想結果卻是"泥牛入海無消息"。當時我手頭事情很多，所以也沒時間追問這件事，而此事也就不了了之。也許老天爺憐憫我這個"只問耕耘不問收穫"的書呆子，也許我與寫《西安通史》有着剪不斷的緣分，若干年後上蒼再次給了我一個機會，而這次我沒有被"忽悠"，相反倒是使我終於圓了編寫《西安通史》的夢。

　　由於近年來我一直在做陝西地方史，身邊已經形成了一個以西大歷史學院教師爲主體的相當成熟的老中青結合的寫作班子，所以承擔《西安通史》在人力方面並無困難。原計劃全書分作上中下三卷，後考慮到唐代在西安歷史上的特殊地位，遂把唐獨立出來單列一卷，這樣就變成了四卷本。其第一卷寫史前、三代及秦時期的西安歷史，第二卷寫兩漢魏晉南北朝時期的西安史，第三卷寫唐代的西安史，第四卷寫宋元明清民國時期的西安歷史。全書由我製定寫作大綱，撰寫總叙，綜論西安自然環境、區位優勢、歷史發展特點、在中國和世界城市史上的地位，以及本書撰寫緣由等問題。各卷按大綱"命題作文"，但也允許根據實際情況作適度調整，字數控制在每卷

30萬字左右。各卷初稿完成後，特聘請趙世超、王子今、杜文玉、李建超四位權威專家分卷予以審讀。最後，全書由我統稿、定稿。如此嚴格按程式完成的《西安通史》，學術品質上應該說還是有保證的。

在編寫《西安通史》過程中，我自然也對地方史的諸多問題做了一些思考。這當中遇到的最普遍同時也是最使我感興趣者，要數地方史與地方志的關係。這實在是一個衆說紛紜、仁者見仁智者見智的問題。過去有人認爲史、志是一回事，這顯然不對。實際上，史、志一直是同源異流，殊途同歸，同時存在，共同發展；二者既有共性，又各具特點。通過《西安通史》的編寫實踐，我覺得地方史與地方志的關係似可以簡單地歸納爲三個"相互"，即相互並存，相互補充，相互滲透。這樣的看法對不對？歡迎大家批評指正！

至於地方史與地方志的異同，這也是一個討論較多的問題。不過一般說來，對於史與志的共同點，大家的認識相對較爲一致：它們都屬史著，而且是專門記述某一地方史事的歷史著作。而對於史志的區別，人們的看法似乎相對多樣一些。著名史學家譚其驤先生曾總結二者的三點區別云：

一，地方史以記敘過去爲主，地方志則以記敘現狀爲主。

二，地方史主要是記敘該地區幾千年來人類社會的活動，包括生產鬥爭和階級鬥爭、生產力和生產關係的變化發展，物質文明和精神文明的變化發展，以及大的政治、經濟、軍事事件等，即便記錄了自然現象，側重點也是它們對人類社會的影響。地方志則不然，至少是對自然和社會兩者並重的，應將當地的地形、氣候、水文、地質、土壤、植被、動物、礦物等各個方面都科學地記載；而其對社會現象的記載也與地方史不同：史以大事爲主要綫索，記錄政治、軍事、經濟、社會、文化等方面的重大變化，志則分門別類，面面俱到，對農、林、牧、副、漁、工、礦、交通、人口、民族、風俗、制度、職官、文化、教育、人物、古迹等等均加以敘述。

三，地方史寫作主要須依靠史料，作者應做的工作主要是收集、整理史料，用歷史唯物主義加以分析、鑒別，科學地記述歷史發展的過程。地方志主要是依靠調查采訪；一部分沒有現成資料的完全要依靠調查，一部分雖然有現成的資料，也要通過調查予以核實。

應該說，譚先生的說法很有見地，也確有其道理，爲我們認識史、志不同指明了大方向。不過細繹之則不難發現，似乎最要害的地方還沒有被凸顯出來。這個要害是什麼？拙意以爲，那就是地方志的資料性與地方史的敘事性——這種敘事性用後現代的話語來說叫作"宏大敘事"，而按大歷史史觀的看法，這種敘事不僅限於社會方面，而且包括自然方面，二者必須並重。唯其如此，國務院頒發的《地方志工作條例》對地方志下定義道：地方志是"全面系統地記述本行政區域自然、政治、經濟、文化和社會的歷史與現狀的資料性文獻"。請注意這裏的"資料性"三個字。它明明白白告訴我們，地方志屬於資料，其只能原原本本記錄史實本身，而不能像地方史那樣在記述史事時可以進行理論分析，作某種推論甚至推測，並需要總結所謂的規律。地方志是爲人們提供地情資料的，所以也叫地情書。這就是地方志與地方史最根本的區別之所在。

問：請您談談對我國地方志事業的基本認識，並就如何辦好《陝西地方志》期刊談點意見。

答：我國有悠久的方志編纂歷史，形成了諸如"國家有史，地方有志，家族有譜"；"隔代修史，當代修志"；"盛世修史，懿年修志"等整套帶有理論性的說法與規則，這些都成爲我們優秀傳統文化的一個重要組成部分。中華人民共和國成立後，黨和政府高度重視方志事業，從中央到地方省市縣各級都設有方志辦公室作爲政府部門之一。數十年下來，方志編纂成績斐然。記得 2001 年我應日本學術振興會邀請赴日，在東京、京都等地的高校圖書館中都看到他們所采購的大量的新出版的地方志著作。當時一種既興奮又驕傲的心情油然而生，同時内心深處也充滿了對方志工作者們辛勤勞動的崇高敬意。是啊，只有這時我們對方志工作的重要意義，才會有全新的認識。

《陝西地方志》期刊辦得不錯。圖文並茂，雅俗共賞，信息量大，緊貼專業，是其幾個突出的特點。今年該刊第一期發表了我在方志大講堂所作的《陝西二陳》的演講稿，當我收到刊物時立即便被其新穎的風格、匠心獨具的設計所吸引，產生了很好的印象。現期刊主編又邀我做此訪談，深感榮幸。我只是一個普通的史學工作者，無甚大的作爲，且垂垂老矣。希望今後在刊物上能夠看到更多的名家作品，也希望能夠傾聽到更多來自基層的聲音。

衷心祝願《陝西地方志》期刊越辦越好！

七七叟　2017 年教師節作答於西大南校區

關學傳人孫景烈及其學術成就

王雪玲

孫景烈（1706—1782）字孟揚，號西峰，陝西武功人，雍正十三年（1735）考中舉人，乾隆元年（1736）出任商州學正，乾隆四年（1739）考中進士，入翰林院任庶吉士，乾隆七年（1742）升檢討，次年"會大考，不及格，以原官休致"[1]。孫景烈爲人耿直，一生講學授徒，著書立説，先後主講關中、蘭山、明道等書院，撰有《易經管窺》《詩經講義》《四書講義》《性理講義》《關中書院課解》《西麓山房存稿》《滋樹堂文集》等著作，又先後修纂《（乾隆）郃陽縣志》《（乾隆）鄠縣新志》以及《郃封聞見録》，整理出版康海的《對山集》和《武功縣志》，爲昌明關學，弘揚陝西文化作出了貢獻，是關學發展史上的重要學者之一。目前關學研究成果斐然，但關注的焦點主要集中在張載、馮從吾、李顒幾個大家身上，至於孫景烈，由於其本人著述難以窺見，史料記載又極其有限，因此相關研究鮮見論及，本文擬在梳理孫景烈生平的基礎上，總結其學術成就及貢獻，敬請方家指正。

作者簡介：王雪玲（1965—），陝西師範大學歷史文化學院教授。

[1] 徐世昌等編，沈芝盈、梁運華點校：《清儒學案》卷二〇六《孫先生景烈》，北京：中華書局，2008年，第8038頁。按：《清實録·高宗實録》卷一九〇"乾隆八年閏四月上"載乾隆帝於正大光明殿閱大考試卷，"按其文字優劣，分爲四等"，孫景烈等七十一人被定爲四等，"俱著休致"，"其四等未經降調休致者均罰俸一年，以示彰癉"（北京，中華書局，1986年影印本，第 11 册，第 86 頁）。然李元度《國朝先正事略》卷三謂"以言事忤旨，放歸；深自韜晦"（長沙：嶽麓書社，2008年，第 883 頁）。江藩《國朝宋學淵源記》亦作"以言事忤旨放歸"（北京：中華書局，1983 年，第 163 頁）。《清史列傳》卷六七《儒林傳·孫景烈》言"以言事放歸"（北京：中華書局，1987 年，第 5381 頁）。《清史稿》卷四八〇《孫景烈傳》亦曰"以言事放歸"（北京：中華書局，1977 年，第 13127 頁）。

一、獻身教育

孫景烈仕途短暫，幾無可言之處，一生"惟以講學爲事"①。孫景烈入翰林院就職前曾任陝西商州學正，致仕歸鄉後，則以講經授徒，著書立說爲己任，正如其所言："景烈自回籍後，以舌耕爲業，與作諸生時無異也。"②時人亦謂孫景烈致仕歸鄉後，"與學者日講性命之學。凡三主關中書院，一主蘭山書院，一主鄠縣明道書院，家居授徒又三十餘年。自致仕，學日益粹，名亦日益高"③。

1. 執教商州

雍正十三年（1735），孫景烈出任商州學正，期間"勤於課士，不受諸生一錢"④，頗得時人好評。孫景烈的弟子張洲在總結其師任商州學正期間的所作所爲時說："先生爲商州學正，廉以持己，勤以教士，月課弟子員，無故不至者必加懲儆，至者具飲食以待，爲講明義理，訓戒開示之，商州人士，競相勸勉，興於學，皆以爲耳目所聞見，數十年廣文官無有如孫先生者，人人稱頌之，至今不忘先生。每曰：教官爲學校所由興廢，而人固冗視之，而居是官者亦遂莫能自振奮，舉其職，此甚非也。故其所以爲商州者有異於人。"⑤

勸學課士之外，孫景烈在任商州學正期間還做了兩件值得稱道的事。一是革陋規。孫景烈初到商州，學生前來拜見，無論是否帶禮物，他都以禮待之，有的學生因未帶禮物而致歉，孫景烈則安慰說："我爲諸生時亦如是也。"當時商州州學有諸生丁憂遞呈時"各與學師送制錢一二百文不等"的風氣，孫景烈認爲這是"乘人之喪而取財"的陳規陋俗，"不可一日留者"，於是起草了《革商州儒學諸生丁憂陋規揭示》，規定以後凡文武諸生丁憂，"但令親屬抱呈投遞，並取里鄰户首甘結，除匿喪假冒違礙等弊，例宜查究外，如有玩法書役，詐稱從前陋規需索者，許遞呈親屬即赴學稟明，以憑究處"⑥。此外，當時商州州學教授過生日，"諸生皆送祝儀"，孫景烈

---

① （清）王心敬：《關學續編》卷二《西峰孫先生》，（明）馮從吾撰，陳俊民、徐興海點校：《關學編》附錄，北京：中華書局，1987年，第109頁。
② （清）孫景烈：《滋樹堂文集·復崔虞村先生書（戊辰）》，紀寶成主編：《清代詩文集彙編》第307冊，上海：上海古籍出版社，2010年，第104頁。
③ （清）李元春：《桐閣先生文鈔》卷一〇《檢討孫西峰先生墓表》，《北京師範大學圖書館藏稀見清人別集叢刊》第14冊，桂林：廣西師範大學出版社，2007年，第608頁。
④ （清）江藩：《國朝漢學師承記》附《國朝宋學淵源記》卷上《孫景烈》，北京：中華書局，1983年，第163頁。
⑤ （清）張洲：《徵仕郎翰林院檢討孫先生景烈行狀》，（清）錢儀吉、繆荃孫等：《清代碑傳全集·碑傳集》卷48，上海：上海古籍出版社，1987年，第256頁。
⑥ （清）孫景烈：《滋樹堂文集·革商州儒學諸生丁憂陋規揭示（戊午）》，《清代詩文集彙編》第307冊，第180頁。

説自己二十七歲喪母，"常抱風木之悲，生辰從不置酒，亦不見客，祝儀從何而來？"認爲這是非道非義之物，不得受之絲毫，並親自拒絕了一些學生的賀禮。二是倡社學。孫景烈認爲作爲基礎教育的社學是實現崇儒重道、教化百姓的關鍵，地方政府應當視之爲頭等大事，之前商州城內有四座社學，各鄉社學則設在寺廟中，孫景烈認爲這是古代"家有塾、黨有庠、術有序"的遺規，應當恢復，於是起草《商州學正議復本州社學牒》呈知州，建議恢復商州城內及各鄉社學，爲書院輸送人才，"以書院育英才，而以社學正蒙養，不患人文之不盛也"。不僅如此，孫景烈還就社學運行及教學內容闡明自己的意見和主張：

> 堂臺擇諸生品端學優，或現爲約正而長於文者，延爲社師，優以禮貌，命各社附近諸童肄業其中。先授朱子《小學》以端其本，次授四子書，各治一經，各讀一史，能兼諸經諸史者，隨材授之。每年四季，堂臺發題各社，課試諸童優劣。優等給以筆墨，尤異者拔入書院。某社人文盛者，即將某社師獎勵，或給之匾，或值文宗歲試日，准舉優生。若怠於訓誨者，即請退師席。嗣後鄉飲介賓，未爲社師及約正者，不准濫舉。此又獎勵社師之一端也。至諸童所學時藝，務步趨大家，一切俗套，勿令入目。其餘詩古文，亦須博覽講明，每課兼試一道，而經史外，宋五子《近思錄》更爲身心切要之書，宜熟觀而勉學焉。如此本末兼修，教立於社學，而詳於書院，庶乎人才蔚然，有造有德，出爲良吏，處爲真儒，薪盡而火傳，所謂化民成俗，以佐聖天子久道之治者在是，不但文風蒸蒸日上，科第蟬聯而已也。①

具體而詳盡，切實而可行，效果不日可見。此外，孫景烈還撰有《商州丁祭牒呈本州三條》《商州丁祭復本州牒》，對商州儒學舉行祭孔之禮提出意見和建議。

2. 主講書院

孫景烈致仕歸鄉後，應各地官員的聘請，"先後主講蘭山、明道、關中諸書院，而關中書院爲最久"②。

孫景烈曾先後三次主講當時陝西的最高學府關中書院。乾隆八年（1743），孫景烈來到西安主講關中書院，十年（1745）三月，"因陳榕門撫軍會講，語涉嫌疑，即日辭

---

① （清）孫景烈：《滋樹堂文集·商州學正議復本州社學牒（戊午）》，《清代詩文集彙編》第307册，第181—182頁。
② （清）王心敬：《關學續編》卷二《酉峰孫先生》，（明）馮從吾：《關學編》附錄，第109頁。

歸"。乾隆十二年（1747）冬，陝西巡撫徐杞因公至武功，聘請孫景烈再掌關中書院，孫景烈不得已而應之，次年徐杞被召回京候旨，陳宏謀接任陝西巡撫，孫景烈亦辭歸。乾隆十三年（1748），陳宏謀寫信給孫景烈，邀其主講關中書院，"舊日嫌疑，彼此冰釋"①。直至乾隆二十二年（1757）孫景烈歸鄉省親，偶感風寒，患上腿疾，於是派兒子赴西安辭館，並將書篋帶回，"而當事者雅意延之，隨復勉力到館"，至年底解館時，又"以母老不便再主講席爲辭"。乾隆二十三年（1758）正月，"當事者復延之至再"，孫景烈以母親年逾古稀，"不敢遠游，亦不敢近游"力辭②。孫景烈主講關中書院期間，著有《關中書院課解》《關中書院講義》，同時還製定了《關中書院學約》，按照"學之本末輕重"按排學習内容，並作如下三條規定：

一、功課必用册記，每日分早、午、晚三時，各將所讀所看之書，據實填寫起止，以備不時查閱。如有怠於填寫，及虛寫而未曾用功者，一經查出，即送監院戒飭。

二、講書之期定於三、六、九日，諸生於前兩日各將所講之書，細心體驗，每適講期，早飯後齊集講堂，候掌教出，諸生向上打三躬，分左右坐。聽掌教講説，或命諸生面講，或掣籤輪講，務求明辨。如有素未用功，臨時不能發揮者，罰站立聽講。

三、課期定於每月初三、十八日，首出四書題一道，次題或經或策論類間出。三題或詩或贊銘等類間出。每逢課日，諸生黎明盥洗畢，自置桌凳於講堂兩旁，候題會課，務盡一日之長，申刻交卷，遲者文雖佳不録。③

孫景烈在主講關中書院的間隙，還曾主講蘭州蘭山書院。據孫景烈自述其掌蘭山書院時，"值榕門先生前輩調撫湖南"④，陳宏謀自陝西移任湖南在乾隆二十年（1755），同年孫景烈在給陳宏謀的書信中亦寫道："金城送別後，光陰駛流，歲月又欲更新矣。晚擬於臘之六日起程歸籍，明春不能再赴蘭山講席，實緣家慈年近七旬，晨昏定省，豈敢常令子弟代之。"又曰："書院諸生，近有五十餘人，頗知向上，課藝亦漸有進機，但晚學問空疏，半載内不能大爲啓迪，以副先生千里延師，

---

① （清）孫景烈：《滋樹堂文集·復崔虞村先生書（戊辰）》，《清代詩文集彙編》第307册，第104頁。
② （清）孫景烈：《滋樹堂文集·復陳榕門先生書（戊寅）》，《清代詩文集彙編》第307册，第108頁。
③ （清）孫景烈：《滋樹堂文集·關中書院學約》，《清代詩文集彙編》第307册，第186—187頁。
④ （清）孫景烈：《滋樹堂文集·與陳榕門先生論黄石齋九種經傳書（丁丑）》，《清代詩文集彙編》第307册，第107頁。

爲國作人之盛意，是可愧耳。"①可知孫景烈主講蘭山書院在乾隆二十年（1755），爲時僅半年，時間雖然不長，但其心繫書院，關心學子課藝的殷殷之情躍然紙上。

明道書院係乾隆三十四年（1769）鄠縣知縣舒其紳購買民宅而創建，創立之初因"膏火無資"沒有運行，直至乾隆三十九年（1774）汪以誠來任是邑，始與鄉紳謀劃並籌集膏火之資。同年，聘請孫景烈主講明道書院。孫景烈主講明道書院期間，製定了《明道書院肄業課程》，對於早課、午課、午後及燈下的學習時間及内容作了詳細規定，並要求"逐日據實登記在册，起止分明，閲五日呈院長考查"。每月初二、十七寫作文，"四書題一道、詩古文題一道"，學生拿到作文題後，"禁應酬，禁觀書，禁抄襲，務盡一日之長，酉刻即交手册，不許燃燭"②。此外，孫景烈還應諸生之請撰寫《明道書院後記》，詳述明道書院的創辦經過，肯定舒其紳、汪以誠等地方官員興辦書院的功績。

二、昌明關學

關學是儒學發展史上一個承前啓後且具有地域文化特徵的學術流派，始創於張載，流行於關中地區，自北宋至清末，延續了八百餘年，譽播華夏，影響深遠。明代著名學者王陽明曾說："關中自古多豪傑，其忠信沉毅之質，明達英偉之器，四方之士，吾見亦多矣，未有如關中之盛者也。"③明、清兩代關中地區出現了許多關學的追隨者和傳播者，吕柟、韓邦奇、馬理、楊爵、馮從吾、王徵、李顒、李因篤、李柏、王傑、王鼎、賀瑞麟、劉光蕡、宋伯魯、牛兆濂等都是其中的佼佼者，孫景烈亦是其中的一員。《清史稿·儒林傳》在總結清代關學時說："關學初以馬嗣煜嗣馮從吾，而（白）奐彩、（黨）湛、（王）化泰皆有名於時。武功馮雲程、康賜吕、張承烈，同州李士濱、張珥，朝邑王建常、關獨可，咸寧羅魁，韓城程良受，蒲城甯維垣，邠州王吉相，淳化宋振麟，皆篤志勵學，得知行合一之旨。至乾隆間，武功孫景烈亦能接關中學者之傳。"④

---

① （清）孫景烈：《滋樹堂文集·與陳榕門先生書（乙亥）》，《清代詩文集彙編》第307册，第106頁。
② （清）孫景烈：《滋樹堂文集·明道書院肄業課程》，《清代詩文集彙編》第307册，第187—188頁。
③ （明）王守仁撰，吴光等編校：《王陽明全集》卷六《文録三·答南元善》，上海：上海古籍出版社，2011年，第235—236頁。
④ 趙爾巽：《清史稿》卷四八〇《儒林傳·王化泰》，北京：中華書局，1977年，第13126—13127頁。

首先，孫景烈繼承了關學學者世代恪守的"躬行禮教爲本"之宗旨，宣揚朱子之學，主張明體適用。王心敬謂其"教人專心小學、四子書。講四子書，又恪守考亭注，而析理之細，直窮牛毛蠒絲，多發人所未發。"①《清史列傳》總結其關學思想如下：

> 其爲學恪守朱子，而以《四書集注》爲主，諸經子史，悉薈萃印證。以此講學，亦體之以持身涉世。其講《大學》格致，謂陸、王之說，混窮理於去私；講《中庸》天命之謂性，謂天命善，不命惡；講《四勿》章復禮，謂禮即爲國以禮之禮。嘗舉真西山語曰："古之學者爲己，爲青紫而明經，爲科舉而業文，去聖人之旨遠矣。"②

《清儒學案》則謂孫景烈爲學"以求仁爲要領，以主敬爲工夫，以《小學》一書爲入德之基，期爲切實盡裏。……其誨人汲汲孜孜，合經義治事爲一"③。弟子王巡泰謂其"務實不務名，務真修實踐，不尚標榜浮華鄰於虛車輪轅之飾"④。凡此說明孫景烈在發揚關學知行合一、不尚空談、求實致用等方面比其他關學學者有過之而無不及。早在任商州學正時，孫景烈就特別關注現實，革陋俗，倡社學，致力於社會風氣的改良。乾隆十五年（1750），陝西永壽縣知縣王居正寫信給孫景烈，言及永壽百姓近有刁悍之名，孫景烈認爲一地風氣之好壞關鍵在於地方官的所作所爲，"官不貪則民敬，官不酷則民親，官明且斷則民莫不服。刁悍之輩，何自而生"？同時，孫景烈認爲士乃四民之首，是百姓效仿學習的樣板，而士風不好，士習不端，關鍵在於學校教育沒有做好，"今欲培養人才，必令生童各奉朱子所輯《小學》爲根柢，文風俟其自變，若急急於文，導之以浮華，則士習愈壞，士習壞則刁悍之民效尤而作矣"⑤。孫景烈的弟子張寶樹謂其"與親族朋友往來贈答，每不屑爲周旋世故之詞，間有不得已而爲文者，亦皆勉學敦品，崇實黜華，蓋又醇乎其醇矣"⑥。

---

① （清）王心敬：《關學續編》卷二，（明）馮從吾：《關學編》附錄，第110頁。
② 王鍾翰點校：《清史列傳》卷六七《儒林傳·孫景烈》，北京：中華書局，1987年，第5382頁。
③ 徐世昌等編，沈芝盈、梁運華點校：《清儒學案》卷二〇六《孫先生景烈》，北京：中華書局，2008年，第8039頁。
④ （清）王巡泰：《太史孫酉峰先生文集序》，（清）孫景烈：《滋樹堂文集》卷首，《清代詩文集彙編》第307冊，第69頁。
⑤ （清）孫景烈：《滋樹堂文集·答王永壽居正書（庚午）》，《清代詩文集彙編》第307冊，第105頁。
⑥ （清）張寶樹：《太史孫酉峰夫子文集後序》，（清）孫景烈：《滋樹堂文集》，《清代詩文集彙編》第307冊，第188頁。

孫景烈作爲關學傳人，與其他學者一樣，亦將書院作爲傳播關學的重要陣地，借以昌明關學，培養人才。孫景烈先後三次主講關中書院，又曾主講甘肅蘭山書院、鄠縣明道書院，關中學子受業孫景烈門下者不計其數。大荔李法、武威孫俌、吳堡賈天祿、雒南蔣寧廷、武功張洲、韓城王傑均出其門下，人稱"關中書院六士"。其中王傑，字偉人，韓城人，"初從武功孫景烈游，講濂、洛、關、閩之學；及見（陳）宏謀，學益進，自謂生平行己居官得力於此"。乾隆二十六年（1761）中進士，係清朝開國以來陝西省第一名狀元，官至内閣大學士、左都御史，爲官忠貞亮直，持守剛正，"歷事兩朝，以忠直結主知"①。王傑擅長書法，精通詩文，撰有《惺園易説》《葆醇閣集》等著作。張洲，字萊峰，武功人，曾在關中書院求學，乾隆二十二年（1757）進士，歷任廣西修仁、浙江德清縣知縣，清介廉明，人人稱頌，著有《對雪亭文集》《詩集》《論語講義》《詩經講義》等著作。此外尚有陝西臨潼人王巡泰，字岱宗，號零川，受業孫景烈門下，乾隆十九年（1754）進士，歷任山西五寨、廣西興業、陸川等縣知縣，所到之處皆有惠政，先後主講臨潼、渭南、華陰、望都、解州、運城，"多所成就，學舍或不能容"②。著有《四書日記》《格致内篇》《仕學要言》《河東鹽政志》《興業縣志》等十餘種。因此時人稱孫景烈爲關西夫子，海内大儒，"三秦學者翕然宗之"③。

三、弘揚文化

孫景烈一生除講經授徒，著書立説，昌明關學外，還致力於家鄉的文化事業，先後整理刻印康海的《對山集》，校注《武功縣志》，還修纂了三部陝西地方志，在宣傳陝西學人，弘揚陝西文化方面作出了一定貢獻。

1. 整理鄉賢康海的著作

康海（1475—1540）字德涵，號對山，陝西武功人，明代著名文學家，與李夢陽、何景明、徐禎卿、邊貢、王九思、王廷相合稱"前七子"，著有詩文集《對山集》、雜劇《中山狼》、散曲集《沜東樂府》，由其纂修的《武功縣志》頗受時人推崇，被譽爲關中名志。

康海《對山集》自明嘉靖以來凡六刻，各刻本所收篇目出入較大，孫景烈於乾隆二十六年（1761）整理刻印的《對山集》十卷本即其一。孫景烈所刻《對山集》共收

---

① 趙爾巽：《清史稿》卷三四〇《王傑傳》，第 11085、11088 頁。
② （清）王心敬：《關學續編》卷二，（明）馮從吾：《關學編》附錄，第 110 頁。
③ （清）王巡泰：《太史孫西峰先生文集序》，孫景烈《滋樹堂文集》卷首，《清代詩文集彙編》第 307 册，第 69 頁。

策論一卷，書一卷，序二卷，記並雜著一卷，墓碑並墓表一卷，墓誌、祭文、行狀共二卷，詩賦二卷，此本與以前各刻本體例不同，采用文在前，詩賦在後的編排方式。孫景烈刻本除保留了嘉靖張太微刻本和萬曆馬逸姿刻本所載各家序言外，還附有張治道、朱孟震、張光孝、楊一清、吕柟、崔銑、胡纘宗、李濂、王世貞、余憲、何良俊、張鹵、王學謨、王九思、張文邦、錢謙益諸家及《明史》對康海詩文的評價。諸家評語後載馬理所撰《對山先生墓誌銘》，卷後又附武功人張洲乾隆二十六年（1761）所作《康對山先生文集後序》一篇。《四庫全書總目》謂孫景烈所刻《對山集》係以嘉靖張太微本爲底本"又加刊削而刻之"①。韓結根先生研究認爲，乾隆孫景烈刻本卷内篇目次序雖大體依嘉靖張太微校訂本，但其中尚有序七篇，記五篇，墓碑二篇，墓誌三篇，祭文一篇，賦二篇，四言古詩一首，五言古詩四首，七言古詩二首，五言律詩一首，七言律詩一首，五言絕句一首係出自萬曆本而爲嘉靖本所無，"所以乾隆十卷本實際是嘉靖本與萬曆本的合選本，而自成一系統"②。四庫館臣認爲《對山集》之嘉靖張太微本"珷玞燕石，間列錯陳"，而萬曆馬逸姿增刊本又"頗傷蕪雜"，孫景烈刻本雖晚於嘉靖、萬曆刻本，"而去取謹嚴，於詩汰之尤力，較諸本特爲完善，已足盡海所長矣"③。

孫景烈在整理刊刻康海《對山集》的同時，還校注並刻印了康海所纂《武功縣志》。康海《武功縣志》纂成於明正德十四年（1519），分三卷七篇，"凡山川、城郭、古迹、宅墓，皆括於地理。官署、學校、津梁、市集則歸於建置。祠廟、寺觀則總以祠祀。户口、物産則附於田賦。藝文則用《吴郡志》例，散附各條之下，以除冗濫。官師則善惡並著，以寓勸懲。"④康海《武功縣志》特色鮮明，文簡事略，全書僅兩萬餘字，向以文簡事核而爲世人稱道，四庫館臣稱"自明以來，關中興記，惟康海《武功縣志》與此志（《朝邑縣志》）最爲有名"⑤。清初學者王士禎則曰："以予所聞見，前明郡邑之志不啻充棟，而文簡事核、訓詞爾雅，無如康對山志武功。"陳宏謀亦曰："對山《武功志》文簡事核，凡所紀載，悉關國計民生，人心風俗，確乎可傳，可爲志乘之極則。"⑥同時，批評的聲音也不絕於史，尤其是清代史志學家對前人稱譽有加的康海《武功縣志》、朝邦靖《朝邑縣志》多持否定態度。

---

① （清）永瑢等：《四庫全書總目》卷一七一《集部·别集類·對山集》，北京：中華書局，1965年，第1499頁。
② 詳見韓結根：《康海年譜·〈對山集〉版本述考》，上海：復旦大學出版社，1993年，第255—261頁。
③ （清）永瑢等：《四庫全書總目》卷一七一《集部·别集類·對山集》，第1499頁。
④ （清）永瑢等：《四庫全書總目》卷六八《史部·地理類·武功縣志》，第602頁。
⑤ （清）永瑢等：《四庫全書總目》卷六八《史部·地理類·朝邑縣志》，第602—603頁。
⑥ （明）康海纂、（清）孫景烈評注：《正德武功縣志》卷首《諸家評語》，《中國地方志集成·陝西府縣志輯》第36册，南京：鳳凰出版社，2007年，第6頁。

康海《武功縣志》自成書後屢經刊印，版本甚多，卷數也有三卷、四卷之別，加之此志乃名人名志，自明正德十四年（1519）馮瑋初刻本刊行後，"許多慕名者競相刷印，尤其是歷任知縣官與當地縉紳們紛紛刷印，以之餽贈親友上憲，視爲'禮貨'。而刷印的頻繁致使板片受損，字迹剥蝕，歷經補板遞修，正德初刻初印本極爲罕見，後印本僅有極少數幾本存世。而萬曆許國秀重刻本及清雍正沈華刻本也都是比較稀有了"①。孫景烈對家鄉先賢康海甚爲崇拜，對其所修《武功縣志》更是稱讚有加，自稱讀康志數十年，愛之甚篤，稱之爲有明以來郡邑志中第一部書，"亦爲對山文中第一佳作"②。鑒於《武功縣志》原刻已不得見，"翻本多亥豕相淆"，多失本來面目，孫景烈於是著手校勘，"欲復對山之舊"，所用底本爲張萊峰家藏善本，並與其他刻本參校，"爰正其訛謬，闕其所疑，而又以素所管窺者，妄加評點而略注之"③。武功縣知縣瑪星阿將孫景烈校注本予以刊刻，並在刻書序中説："在籍太史孫酉峰先生覓舊刻，細爲校讎，正其謬，闕其疑，加之評注有年矣，而志之善乃益章焉。予求觀之，遂付梓以公諸同好者，當不徒取其文而遺其所載，視爲飾輪轅之虛車也。"④此刻一出，風行海内，甚是知名，並收入《四庫全書》。孫景烈評注本在嘉慶、道光、同治、光緒年間均有重印、重刻，是康海《武功縣志》中流傳廣、影響大的一個版本。

2. 修纂陝西地方志

孫景烈校注康海《武功縣志》並深受其修志體例的影響，在講學之餘，仿效康海《武功縣志》之體例，纂修了《邰陽縣志》和《鄠縣新志》兩部陝西方志，又搜集資料編纂《邰封聞見録》，爲續修《武功縣志》做準備，其在清代方志纂修歷史上亦占有一席之地。

孫景烈修纂邰陽志之前，邰陽舊志凡四修，分別是嘉靖二十年（1541）藺世賢、魏廷揆纂修的《邰陽縣志》二卷，萬曆二十年（1592）葉夢熊纂修《重修邰陽縣志》七卷，順治十年（1653）莊曾明、葉子循纂修的《續修邰陽縣志》七卷，以及康熙四十九年（1710）錢萬選纂修的《宰莘退食録》八卷。乾隆三十年（1765），席奉乾任邰陽知縣，於爲政之暇審閲邰陽舊志，嘉靖、萬曆志已不得見，《宰莘退食録》又未曾刻印，可見的最早志書乃順治十年（1653）修成的《續修邰陽縣志》，"迄今百有餘年

---

① 馮寶琳：《康海〈武功縣志〉版本考略》，《北京圖書館館刊》1998 年第 4 期。
② （清）孫景烈：《滋樹堂文集·復陳榕門先生書（戊辰）》，《清代詩文集彙編》第 307 册，第 103 頁。
③ （清）孫景烈：《滋樹堂文集·新刊武功縣志序（辛巳）》，《清代詩文集彙編》第 307 册，第 75 頁。
④ （明）康海纂，（清）孫景烈評注：《（正德）武功縣志》卷首瑪星阿《序》，《中國地方志集成·陝西府縣志輯》第 36 册，第 2 頁。按：此序係孫景烈代寫，見《滋樹堂文集》第 76 頁。

矣"。有見於此，身爲地方父母官的席奉乾不得不將修志工作提上議事日程，但又不敢苟且從事，於是接受當地紳士的建議，聘請關中名士、武功人孫景烈纂修新志。乾隆三十四年（1769）正月，孫景烈來到鄜陽，著手修志，歷時三個月即告完成。孫景烈所修《鄜陽縣全志》凡四卷七篇，首繪縣境圖一幅，卷一爲地理、建置；卷二爲田賦、官師；卷三爲人物；卷四爲選舉、雜記。其體例與康海《武功縣志》大同小異。當時鄜陽人張松在《新刻鄜陽縣全志序》中說："先生講學之餘，嘗評注《武功志》，以抉對山精蘊，爲世所珍，則其洞然於志法者久矣。今於仲春來鄜開館纂修，閱三月書成，余受而讀之，見其質文相麗，而脈絡貫通，七篇直如一篇，至其敘事簡明，立言醇正，皆本諸講學心得者，蓋以程朱之理爲史漢之文，不獨舉對山、五泉兩志之善兼而有之，且似過之也。三長並擅，五難無譏，吾邑之志，其自今足以徵信而備輶軒之采矣乎。是則賢侯之盛舉，太史之鴻裁，相與有成功，垂簡册也。"①

現存最早的鄠縣方志是康熙二十一年（1682）康如璉、康弘祥纂修的《鄠縣志》，此志是在明萬歷時人劉璞所修《鄠縣志》的基礎上增補訂正而成，記事謹嚴，文字簡煉，圖文並茂，但是缺載兩周史實及經籍志，康熙五十一年（1712）又有續補，未曾刻印。雍正十年（1732），魯一佐又再事增補，合前志一同刻印，是爲雍正《鄠縣重修續志》。乾隆三十九年（1774），汪以誠任鄠縣知縣，到任後即搜訪王九思《鄠縣志》準備重刻，雖然"懸重價購之，終不可得"②，於是決定重修新志。當時適逢孫景烈主講鄠縣明道書院，孫景烈亦曾搜尋王九思的《鄠縣志》而未果，鑒於孫景烈熟悉志法，評注過康海的《武功志》，又纂修過《鄜陽志》，均頗得好評，是纂修新志的不二人選，汪以誠於是再三力邀，孫景烈以古稀之年不得已而任其事。乾隆四十一年（1776）開始纂修工作，歷時十月即告完成。志書修成後，孫景烈不甚滿意，辭去明道書院講席返回武功時，隨身携帶志稿，重新修改完善，然後寄回，並特意囑咐汪以誠付梓前務必請陝西巡撫畢沅過目審定，其做事認真嚴謹，於此可見一斑。乾隆《鄠縣新志》共六卷八篇十餘萬字，卷一地理；卷二建置；卷三田賦、官師、風俗；卷四、卷五人物；卷六選舉、雜記。記事止於乾隆四十一年（1776），體例與孫景烈所修《鄜陽縣全志》大同小異，變《鄜陽縣全志》四卷七篇爲六卷八篇，各篇名目、次序基本

---

① （清）席奉乾修，孫景烈纂：《（乾隆）鄜陽縣志》卷首張松《序》，《中國地方志集成·陝西府縣志輯》第22册，第7頁。
② （清）汪以誠修，孫景烈纂：《（乾隆）鄠縣新志》卷首汪以誠《序》，《中國地方志集成·陝西府縣志輯》第4册，第1頁。

相同，僅增加了一篇風俗志，由此可見康海《武功縣志》對孫景烈的影響之深。

孫景烈系武功邰封里人，邰封因后稷封邰作邑而得名。孫景烈晚年歸鄉閑居期間，一方面整理出版康海《武功縣志》，纂修《邠陽縣志》《鄠縣新志》，另一方面也廣泛搜集資料，爲續修武功縣志做準備。爲有別於歷代官修的《武功縣志》，孫景烈以居里名其書，稱《邰封聞見録》。《邰封聞見録》效仿康海《武功縣志》的體例，分爲七篇，删去祠祀，而增加藝文。後人稱《邰封聞見録》"地理篇考證獨詳，人物多依康氏志及續志、後志，所增加者僅數人。藝文未成篇，而徵引繁富"[①]。遺憾的是《邰封聞見録》未及完成，乾隆四十七年（1782）孫景烈辭世，未竟稿亦佚於嘉慶年間，乾隆、嘉慶兩朝武功縣修纂志書，對孫景烈《邰封聞見録》多有參考。繼康海《武功縣志》後，康熙、雍正兩朝武功均修有志書，孫景烈纂《邰封聞見録》時，武功縣令錢君正著手修纂《武功縣志》，未及完成，繼任黃景略又聘請吳泰來繼續修纂，增補付梓，於乾隆四十九年（1784）完成，從黃景略所作序言中看似未得見孫景烈所撰《邰封聞見録》。嘉慶年間，董教增巡撫陝西，偶然讀到康海《武功縣志》，"欲合三志（康熙、雍正、乾隆三志）續前志後，以便檢閲，而未得其暇"。嘉慶十八年（1813），武功縣令張樹勳聘請罷官在家的延長縣令王森文準備修志，董教增於是囑其合纂續志，"依據三次遞修舊本，參以鄉先生孫檢討景烈所撰《邰封聞見録》，並紳耆采訪新册合爲一編，事無掛漏，而義例恪遵康氏"[②]。《（嘉慶）武功縣志》記事起於明嘉靖元年（1522），止於清嘉慶十九年（1814），成書五卷七篇。

四、結　語

孫景烈身爲關學傳人，繼承了關學學者世代恪守的"躬行禮教爲本"之宗旨，宣揚朱子之學，主張明體實用，知行合一，是頗有成就並受人敬重的關學學者，陝西督學楊梅似謂"關中一時人才濟濟，尤以先生爲當世無雙"[③]。孫景烈一生不尚浮華，不務虛名，身體力行，以移風易俗，教化百姓爲己任，早在執教商州之始就致力於人才

[①] 轉引自《陝西省志·著述志·古代部分》，西安：三秦出版社，2005年，第236頁。
[②] （清）張樹勳修，王森文纂：《（嘉慶）續武功縣志》卷首董教增《序》，《中國地方志集成·陝西府縣志輯》第36册，第159頁。
[③] （清）王心敬：《關學續編》卷二《酉峰孫先生》，（明）馮從吾撰，陳俊民、徐興海點校：《關學編》附録，第110頁。

的培養和社會風氣的改良，致仕後則以書院爲陣地，以講學授徒爲手段，以昌明經學爲目的，講經傳道，著書立説，"成就關中人才甚衆"。不僅如此，孫景烈還熱愛家鄉，推崇先賢，先後整理出版了康海的《對山集》和《武功縣志》，編纂志書《郃陽縣全志》《鄠縣新志》《邠封聞見録》，在宣傳陝西學人、弘揚家鄉文化方面作出了貢獻。總而言之，孫景烈是關學發展史上的重要學者之一，在清代學術史上占有一席之地。

論畢沅及其陝西幕府的金石學成就

李向菲

清代考據學在乾隆、嘉慶時期發展至極盛，這種以考據訓詁的治學方法研究經史文獻的學術流派在這個時期幾乎占據了整個學術界。金石學作爲其中一個分支，也出現繁榮景象，金石出土既數倍於往昔，研究成果也斐然可觀，遂"彪然成一科學"①。

任何學術的發展都有一個漸變的過程，探討這個過程中的每一個細節問題，對於把握學術變遷的大趨勢都是很有意義的。目前的研究往往都是將"乾嘉"作爲一個籠統的時段，對於這一時期的金石學所取得的成就，從各個方面作了比較深入的探索。但是仍有一些問題，如金石是如何由部分學者的研究興趣轉變成整個學術界普遍關注的對象？清初顧炎武所強調的金石研究當以考據經史爲目標的學術觀念，如何占據了金石學研究的主流？也就是說，在金石學的繁榮景象出現之前，學術觀念到底經歷了一個怎樣的演變？期間還有很多問題沒有解決。本文以畢沅及其陝西幕府學者的金石研究爲切入點，探討其取得的成就、造成的影響，並嘗試回答以上問題。

一、畢沅及其陝西幕府

畢沅（1730—1797），字纕蘅，一字秋帆，自號靈巖山人，江蘇鎮洋（今太倉）人，乾隆二十五年（1760）進士。乾隆三十六年（1771）到陝，歷任陝西按察使、布

作者簡介：李向菲（1979— ），西安文理學院文學院講師。
① 梁啓超語，見其《清代學術概論》，北京：東方出版社，2012年，第50頁。

政使、巡撫、陝甘總督等職,直至乾隆五十年(1785)離任,在陝任職達十餘年之久。之後歷河南巡撫、湖廣總督等,嘉慶二年(1797)卒。畢沅一生政績平平,但是作爲清代著名的學者型官員之一,畢沅博學多才,精通經史,旁及小學、金石、地理,擅長詩文,著述甚豐;又利用自己的特殊地位,獎掖人才,校刻書籍,對清代學術發展產生了巨大影響。

畢沅十分愛惜人才,在陝西、河南、湖北任職時期均廣泛延攬文人入幕,幕府極一時之盛,無論在規模還是影響上在乾隆時期都是首屈一指的,只有後來的阮元幕府超過了他的影響。乾隆時人符葆森《懷舊集》評論畢沅幕府曰:"(畢沅)開府秦、豫,不獨江左人才半歸幕府,而故人罷官者亦往往依之。""一時士之奔趨其幕府者,如水赴壑,大都各得其意以去"①。而畢沅在陝爲官最久,陝西幕府也是其幕府最輝煌的時期。入其幕者最著名的有嚴長明、洪亮吉、孫星衍、錢坫、吳泰來、張塤等,均爲當時的博學碩儒。

嚴長明(1731—1787),字冬友,號道甫,江蘇江寧人。自幼奇慧,幼從方苞授業。曾客兩淮鹽運使盧見曾幕府。乾隆二十七年(1762),高宗南巡,嚴長明以獻賦召試,特賜舉人,授内閣中書。充方略館纂修官,入直軍機處,擢内閣侍讀。以父憂去官,築歸求草堂,藏書三萬卷,金石文字三千卷。乾隆三十七年(1772),畢沅招其"至官齋爲文字交,因得游太華終南之勝,詩文益奇縱,所得金石刻益富。在秦中十載,撰成《西安府志》八十卷、《漢中府志》四十卷,皆詳贍有法"②,《西安府志》爲西安設府以來第一部府志,體例甚佳,歷來評價很高。另外著有《知白齋金石類簽》《漢金石例》《金石文字跋尾》等金石著作。

錢坫(1744—1806),字獻之,號十蘭,江蘇嘉定(今上海)人。錢大昕族侄。乾隆三十九年(1774)登副榜貢生,遂至關中,入畢沅幕中,後就職乾州州判,攝興平、韓城、大荔、武功知縣,乾州、華州知州。《清儒學案》稱其"在畢制府沅陝幕最久"③。精訓詁、輿地之學,於古器款識多有研究,著有《十六長樂堂古器款識考》等金石著作。

孫星衍(1753—1818),字淵如、伯淵,號季述、薇隱,江蘇陽湖(今武進)人。乾隆四十五年(1780),經錢大昕舉薦,入畢沅陝西幕府,乾隆五十年(1785)又隨畢沅至河南任上,五十二年(1787),進士及第後離開畢沅幕府。治學範圍很廣,對經

---

① 李恒輯:《國朝耆獻類徵初編》卷一八五《疆臣》三七《畢沅》,光緒刻本。
② (清)陳其元著,楊璐點校:《庸閑齋筆記》卷八《畢盧二公之愛才》,北京:中華書局,1989年,第181頁。
③ (清)錢大昕:《潛研堂文集·内閣侍讀嚴道甫傳》,上海:商務印書館民國二十五(1936)年排印本,第581頁。

史、文字、音韵、諸子百家、金石等均有涉及,工篆隸,精校勘,擅詩文。著有《尚書今古文注疏》《周易集解》《晏子春秋音義》等。畢沅幕中的著述活動,孫星衍參與最多。畢沅撰《關中勝迹圖志》《山海經新校正》,校正《晏子春秋》及校勘惠棟諸書,皆孫星衍手定。所著以金石著作爲最多,有《寰宇訪碑録》《平津館金石萃編》《魏三體石經遺學考》《京畿金石考》《泰山石刻記》等。

洪亮吉(1746—1809),字君直,一字稚存,號北江、更生,江蘇陽湖人。早年入朱筠幕,與汪中、邵晋涵、王念孫、章學誠、吴蘭庭等學者過往甚密。乾隆四十六年(1781),孫星衍自關中來信,言畢沅欽慕之意,遂至陝西,至乾隆五十四年(1789)離陝入京應禮部試之前,均在畢沅幕。洪亮吉深於史,尤精地理沿革所在,《乾隆府廳州縣志》《補三國疆域志》《東晋疆域志》《十六國疆域志》等,均爲其代表作。亦留意聲韻故訓,有《春秋左傳説》《六書轉注録》《漢魏音》等研治經籍之作及詩文集多種。

張塤(1731—1789),字商言,又字商賢,號吟薌,又號瘦銅,別號小茅山人、石公山人。江蘇吴縣(今屬蘇州市)人,乾隆三十年(1765)成順天舉人,官内閣中書、景山學宫教習,三十八年(1773)入四庫館任編校。四十二年(1777)丁憂,畢沅邀其入陝,修成《興平縣志》二十五卷、《鄠縣志》十九卷、《扶風縣志》十八卷。後以三志金石部分爲基礎,纂成《張氏吉金貞石録》五卷,又有《太白山志》二卷、《竹葉庵文集》三十三卷。精鑒賞,故考證金石及書畫題跋詳贍可喜。生平散見《蘇州府志》《竹葉庵文集·序》等。

吴泰來(1730—1788)字企晋,號竹嶼,江蘇長洲(今蘇州)人。乾隆二十五年(1760)第進士。車駕南巡,召試賜内閣中書,不赴。應畢沅之請,主講關中書院。後又隨畢沅至河南,主講大梁書院。事見《清史稿》《清史列傳》。著有《硯山堂集》《浄名軒集》等。

此外還有王復(1747—1797),字敦初,一字秋睦,浙江秀水人。工詩,喜搜刻金石遺文,有《晚晴軒稿》等著作。乾隆四十八年(1783)入畢沅幕。黄景仁,字漢鏞,一字仲則,自號鹿菲子,江蘇武進人。乾隆四十六(1781)、四十七(1782)、四十八年(1783)均曾短暫入畢沅幕中。

以上學者是畢沅陝西幕府中聲名較著、入幕時間較長者,其他短暫入幕者更是不勝枚舉,説"江左人才半歸"畢沅幕府毫不誇張。

由於政治原因,雍正、乾隆兩朝的政治高壓,"文網太密",思想界極度不自由,影響到地方幕府中,政治性活動極少,校訂注釋古典文獻、編修方志、纂輯著作等學術工作,這些都是幕府文士的主要活動內容。這種幕府活動不僅給學者們提供了相互切磋、交流乃至爭論的平臺,促進了各自的學術研究;而且在幕主的組織下,他們對大量的古典文獻進行了訓詁、注疏、輯佚、考訂,整理出衆多大型經史著作,對中國古典文獻大規模的整理和研究作出了貢獻。這是清代學人學術活動的特殊之處,也是清代學術文化尤其乾嘉漢學發展興盛的一個非常重要的原因。

畢沅的陝西幕府就是其中一個典型代表,其學術活動也是以修書、著書、校書爲主,畢沅個人在陝期間所有著作基本上都有其幕府學者的參與。編撰史書類著作主要有《續資治通鑒》《史籍考》,所編著地理類著作有《山海經新校正》《三輔黃圖》《晉書地道記》《太康三年地記》《晉書地理志新補正》《關中勝迹圖志》等,金石學著作《關中金石記》,所撰文字學著作有《說文解字舊音》《經典文字辨證書》《音同義異辨》等,又主持纂修多部陝西方志,錢坫主纂《朝邑縣志》《韓城縣志》,洪亮吉主纂《延安府志》《涇縣志》《澄城縣志》《淳化縣志》《長武縣志》,嚴長明主纂《西安府志》《漢中府志》,孫星衍主纂《直隸邠州志》《禮泉縣志》《三水縣志》等等,均爲清代名志,對保存地方歷史地理文獻有重要意義。取得了多個領域、多方面的學術成就。

幕主個人的學術興趣也會影響到整個幕府的研究方向,當時各個幕府的學術成就各有各的特點,以乾隆時期的著名幕府爲例,盧見曾幕府學術貢獻主要在校刻書籍方面,朱筠幕府對漢學的發展起了巨大的推動作用,謝啓坤幕府在史學、目錄學、方志編纂方面都作出了很大貢獻。如上所述,畢沅幕府雖然也在多個學術領域都取得了很大的成就,但是卻有一個其他幕府沒有涉及的學術領域,那就是金石學。

由於畢沅愛好金石,影響到他的幕府學者們大都有此研究興趣。而關中作爲三代秦漢隋唐定都之地,歷代文物古迹遺留甚多,有着豐富的金石資源,周代的吉金、唐代的昭陵諸碑,建成于宋代、被譽爲"石質書庫"的碑林等,一直吸引着衆多的金石愛好者前往訪碑。畢沅利用其權力和地位,動用了當時所有的資源去從事金石學研究,一方面大規模的、有組織、有系統地去搜訪金石資料,促使了大量的碑石在這個時期出土面世,同時這些金石文物也在他們的修繕之下得以保存;另一方面以幕府良好的學術氛圍發揮影響,將金石可以考據經史的學術觀念一步步強化並傳播開去,把金石學研究逐步地引向深入,也把金石證史的學術方法廣泛應用到了其他經學、史學、音韻等相關研究當中。成就最著者如孫星衍,嘉、道間撰成《寰宇訪碑録》,薈萃

---

① 參見尚小明《學人游幕與清代學術》(北京:社會科學文獻出版社,1999年)相關論述。

諸家，爲目錄類之最完備者，是書所錄關中金石即據其在陝時訪問"殘碑斷碣"，"懷墨握管，拓本看題，錄入兹編"者①。如錢坫《十六長樂堂古器款識考》，所收乃其"宦游秦甸"，"閒得商周秦漢器物，必繹其故事故言，使合于魏顆、孔悝之典"，因此數年之後"念諸器有物中有足證文字之原流者，有足辨經史之訛，皆有裨于學識"②，而編成是書。

這在之前及同時期的金石研究中都是很獨特的學術現象，他們的研究不僅僅影響到整個陝西地區的學術風氣，更重要的，對於金石學發展成爲一門顯學、一門獨立學科，取得多方面的成就，也奠定了堅實的基礎。

二、大規模的訪碑活動

隨着明末清初學術和社會思潮中實學的興盛，陝西關中金石圈率先形成了親身訪碑、重視金石文獻可靠性的治學態度和學術風氣，金石大量出土，自清初以來，就吸引了衆多的金石學者前往。顧炎武一生數次入陝訪碑，朱彝尊、朱楓等研治金石的學者多有利用公餘、訪友或其他閑暇時間辛勤訪碑的經歷，至乾隆時期，此風更爲熾盛。

和前代學者一樣，畢沅所到之處均留心碑石，這在他和他幕府學者的著作中留下了大量的記載，如孫星衍跋《關中金石記》所說："公廨渠所及，則有隋便子谷（按即梗梓谷，今稱天子峪）造像，得于長安；唐爾朱達墓碣，得于郃陽；朱孝誠碑，得于三原；臨洮之垣，亘以河朔，公案部所次，則有唐姜行本勒石，得于塞外；梁折刺史嗣祚碑，得于府谷；寶室寺鐘銘，得于鄜州；漢鄐君開道石刻，魏李苞題名，得于褒城。公又奏修嶽祀，而華陰廟題名及唐華山銘始出焉。"③其訪碑足跡遍及陝西各地。嚴長明亦云時常陪侍畢沅"窮日搜訪"，以史籍所載按圖索驥，對於碑石仍存、文字完好的，或鈔或拓，對於碑石已毀無存的，則尋訪當地曾經目擊者搜集相關資料④。

然而這種訪碑又有着和前代學者決然不同的一個特點，那就是，畢沅的訪碑不再是個人的、零散的、隨機式的訪問，而是有組織的、系統的、竭澤而漁式的搜訪。也就是說，畢沅利用他的地位和權力，發動了所有能夠利用的資源去搜訪碑石，組織了一個"畢沅—幕府文士—各級官員—地方鄉紳"這樣的大規模的訪碑團體。這是由於

---

① （清）孫星衍《寰宇訪碑錄·序》，《叢書集成初編》本。
② 見該書自序，浙江人民美術出版社，2015年影印本。
③ 見《關中金石記》，《經訓堂叢書》本。
④ 見《（乾隆）西安府志》序。

畢沅幕府學術活動的一個重要內容是編修方志，下文將會討論到，畢沅在陝主持編修二十餘部方志，在修志的工作中，各級官員，各府縣舉人、廩生、生員、鄉紳等基層知識分子都參與了進來，而這些方志中有近半數設有金石志，因此，搜訪金石的工作必然也有這些人的參與，洪亮吉所修《延安府志》所收諸多碑目下有注云"碑文縣未打送"，可推知畢沅是要求各屬縣將該縣所有碑石拓送府中的。因此，在這樣的組織之下，形成了"拓工四出，氈椎無虛日"的訪碑盛況①。這是明末清初趙崡、顧炎武、朱彝尊等學者僅憑個人力量所無法做到的。

其訪碑所獲，也是前代學者所不能望其項背的。這種大規模的訪碑活動，一方面促使陝西碑石在乾隆中後期大量出土，爲世所知；另一方面，畢沅對於陝西碑石作了系統的修繕、維護、載錄，對於保護金石文物、保存金石文獻作出了巨大的貢獻。

金石文物雖號稱百世不朽，但風雨剝蝕，漸形漫漶，其所保留的文獻價值在逐步遞減，這是毫無疑問的，特別是人爲或自然的破壞，會使千年舊物毀於一旦，更令後人唏噓不已。這種情形古人早有認識，甚至形之於傳奇《薦福碑》之類，留下無窮之憾。而關中金石更是遭到多次自然及人爲的破壞，嚴長明在《西安府志》"金石序"中説："顧自唐末五季兵燹而後，一壞于宋姜遵之營浮圖，再壞于韓縝之修灞橋（並見《道山清話》)，三壞于嘉靖乙卯地震，先後數百年間，十蓋亡其七八。"②自乾隆年間至於我們今天，又歷經二百年，中有兵燹之亂，尤其是"文革"毀滅性的破壞，很多畢沅時期還能見到的碑石今天已蹤跡無覓。如長安楩梓峪口百塔寺，其地爲唐顯貴墓葬集聚處，有大量墓碑墓誌存焉，畢沅等人在乾隆年間所見，仍爲洋洋大觀。但筆者近來探訪，所有碑石已蕩然無存矣。故畢沅等人的這種搶救性的保存，更有其價值在。

碑林石刻較多且集中，因長期無人維護，廢墜已久，經畢沅的整理修復而煥然一新，規模甚大；昭陵及陪葬陵墓碑石亦較多，畢沅也進行了維護，"諸臣有碑者建亭覆之，無可考者別立一石，大書昭陵陪葬諸臣之墓，以垂永久"③。而其他散落各處的碑石毀廢的可能性更大，如唐《無憂王寺碑》，在扶風法門寺，唐大曆十三年立。此碑現今一半已毀，碑文多半不可辨識。而乾隆時碑文尚未損毀，但"無人守護，有日損之勢"，於是張塤"急爲擴錄"，將全文載入《扶風志》，並據舊拓本校補了數字，其

---

① （清）張塤：《張氏吉金貞石錄》自序，民國十八年（1929）燕京大學刻本。
② 見《（乾隆）西安府志》卷七十二《金石志序》。
③ 見《（乾隆）西安府志·金石志》"昭陵諸碑"條。

保存文獻之功確可"垂諸藝苑"①。又如華嶽廟碑刻中，歷代文人題名極夥，極易磨泐不存，李天秀《華陰縣志》云："岳祠碑碣碎于明地震之變，當事者斲為砌石，其厄甚矣。嗜古之士往往摩挲斧餘，錄記數字，載之簡編。乾隆四十四年畢中丞公修理廟宇，拆取摹搨，一石一字收入《關中金石記》，復檄將殘石聚嵌廡壁，以垂永久。而監工者委之無知胥匠，輒將數石錘鑿紛亂，莫得首尾，而文字銷毀者已多，且委棄不知其幾！如漢時分書碑陰及唐宋題名數殘碣者，皆撿于廢苑荒坑之中，餘可知也。然則寥寥殘塊于此又一厄矣。猶幸其姓氏見錄于中丞《記》中，不泯也。"②凡此，可見畢沅維護、載錄之功不可沒。

前人對畢沅保護陝西文物的保護之功論述已多，不再贅述。明末清初以來關中地區的訪碑活動的主要目的在於確保金石文獻資料的可靠性，這是以金石文獻來考據經史的基礎與支撐。因此，畢沅和他的幕府學者的訪碑活動及其保存文獻之功，把整個金石考據學研究推向一個前所未有的深度和廣度。由於其幕府廣泛的影響力，對於金石學從之前部分學者的研究興趣轉變成整個學術界普遍關注的學術類別起到了推波助瀾的作用。這一點，也是學者的個人努力所難以達到的。

畢沅幕府在搜訪碑石的基礎上，對陝西金石作了進一步深入的研究，一方面撰寫金石著作，如《關中金石記》，對於此書的成就及局限性，筆者已撰專文進行了考述③；另一方面則是編纂方志金石志，以下詳論這一方面研究的價值。

三、方志金石志的編纂

金石學正式成為一門學科始於何時，可以通過史志目錄類目的變化看出端倪。史志最初設立類目的方法，即西漢劉向、劉歆父子創立六分法的做法就是"有其書才有其類，有其類才有其部略，可以對學術門類作最即時而真實地反映"，之後的史志目錄"在第二級類別中隨機反映學術變遷，是傳統目錄學中較常見的現象"④。以此來觀察乾隆年間的各類史志目錄，可以發現兩個幾乎同時出現的信息。

一是乾隆年間由官方組織、集全社會優秀學者之力修成古代最大的叢書《四庫全

---

① 見《張氏吉金貞石錄》卷二"唐無憂王寺碑"條。
② 見乾隆五十三年修《華陰縣志》卷一六。
③ 參拙文《畢沅〈關中金石記〉考論》，《西部學刊》2015年第12期。
④ 周彥文：《由〈隋書·經籍志〉論浮動式分類法》，《東亞漢學研究》第4號。

書》,在乾隆五十四年刊印的《總目》中,史部目録類較其他史志目録有一個重要的變化,即設立"金石"子目,其小序云:"金石之文,隋唐《志》附小學,宋《志》乃附'目録'。今用宋《志》之例,並列此門,而別爲子目,不使與經籍相淆焉。"①從金石類目的設立可以看出,這一時期社會上金石著作已經達到一定數量,金石學研究已經得到了普遍的關注,需要設立類目去反映學術變遷的現狀。同時,四庫設置金石類目也可以説是對金石這一學科門類的確立做了官方的認可。

另一信息則是,畢沅任陝西巡撫之後,組織幕府學者,集中纂修、刊刻了一大批陝西方志,其中有近半數方志在一級類目中設立了"金石"門類,這在之前和當時其他地域的方志纂修中都是極爲少見的一個現象。方志的編纂辦法,無論是在舊志的基礎上進行補充,還是收編舊志修成之後出現的新資料,所反映出來的總是地方上出現的新情況,因此必然帶有鮮明的時代特色。方志編修者根據實際需要或者遵循時代的變化,在類目的設置上采取靈活機動的方法,或新增類目,或調整類目的隸屬關係,或更改類目的名稱,或調整類目收録的内容。因此,畢沅所做,反映出了當時金石資源的大量出土已經引起了學術界的普遍關注,對其考據經史的重要性也已形成共識,因此需要在方志中專門立目著録。這與《四庫全書》的做法幾乎同時出現,體現了一種大勢所趨的學術旨趣,也可以説是宣告了金石學在乾隆中期作爲一個學科門類正式確立。

以下詳考畢沅及其幕府學者纂修方志金石志的相關情況。

1. 修志的基本情況

由於清初康熙、雍正兩朝多次敕令各地纂修方志,地方官與士紳對修志有極大的積極性,各地湧現修志熱潮,一直延續至乾隆年間。據學者統計,康熙年間共修方志1365部,乾隆年間共修一千餘部②。畢沅任職陝西期間亦熱衷修志,有學者統計,畢沅領銜編修陝西地方志共28部,占乾隆後半期三十年内全國所修全部志書的90%③。在畢沅所修這批方志中,有一個很突出的特點,其中有近半數方志中增設"金石"爲一級門類,且編纂體例多樣、内容翔實,取得了很高的成就。這一點,無論是和此前的方志還是同時代其他地域的方志相比,都是極爲特殊的。

宋代方志中金石的相關内容被收録在藝文、碑記或其他相近門類之下,尚未被列爲類目,更不用説收録内容的簡略,多寥寥幾篇碑刻文字。元、明兩朝仍然如此,直

---

① 《四庫全書總目》史部四一《目録類一》,北京:中華書局,1997年,第1128頁。
② 李金華:《畢沅及其幕府的史學成就》,南開大學2010年博士論文,第110—111頁。
③ 刁美林:《畢沅的方志學思想成就探析》,《中國地方志》2012年第4期。

至明末天啓年間董斯張纂《吳興備志》設有"金石徵","金石"第一次作爲一級類目出現在方志中,然而極具偶然性,這種做法並沒有被後來的纂修者延續。到清初這種情況仍沒有發生太大變化,設立金石類目的方志屈指可數。筆者以《石刻史料新編》所收方志金石志作了統計,至乾隆初年,方志一級類目中涉及金石的僅有五種,且以收錄碑刻爲主。其類目或名之曰"石刻",如康熙十二年嚴經世纂《歸安縣志》;或名之曰"碑碣",如乾隆元年沈翼機纂《浙江通志》、乾隆四年厲鶚纂《甘泉縣志》;或標以"碑目",如乾隆八年所修《江都縣志》。碑刻和吉金兼收、在類目中明確稱爲"金石"的,則僅有康熙五十七年裘璉所纂《錢塘縣志》。到乾隆中後期,除畢沅所修陝西方志外,各地方志中以"金石"爲一級類目的僅見於乾隆四十九年邵晉涵纂《杭州府志》。而且這些方志設立金石志的做法仍然具有偶然性,並沒有成爲一種典範爲後來的修志者繼承。這種慘淡經營的狀況在康熙乾隆兩朝修志熱潮中實在微不足道。

在這個背景之下,來考察畢沅所修陝西方志,其獨特性就顯得十分突出。這些方志取得了多方面的成就,爲陝西方志的編纂作出了很大的貢獻。在這 28 種陝西方志中,有 13 種設有"金石"門類。

《西安府志》卷七二、七三"金石志",嚴長明主纂,刻於乾隆四十四年。分錄西安府及府內十四縣之金石,每題下著錄書者、書體、年月、所在等基本信息,並作考證。以往大多數學者論及此志,都將其金石志部分歸於畢沅所修。然筆者將同時收入該志和《關中金石記》的碑石作了考察,兩書所做題跋考證雖然大多一致,但也有全然不同者。如《褚亮碑》的立碑年月,《關中金石記》云:"亮,遂良之父,貞觀中封陽翟侯。碑無號年,因其卒於貞觀時,故附置于此。"《西安金石志》則云:"中有'龍朔封陽翟侯'等字,知立于高宗朝也。"兩書所考不同。今按,此碑收入《全唐文》,據碑文有"貞觀中封陽翟侯"等字,非龍朔,此當嚴長明誤記。兩書此類考證不同之處尚多,故其具體纂修者爲嚴長明無疑。

《興平縣志》卷八"金石",《扶風縣志·金石》《郿縣志·金石》,三志均張塤所修,《興平縣志》刻成於乾隆四十四年,扶風、郿縣兩《志》目前未見,據張塤《張氏吉金貞石錄》序云,乾隆四十三年,"(畢)中丞以興平、扶風、郿三縣志屬予重輯,予纂列金石一門",至四十四年三志修成,四十五年張塤將三志重作整理之後收入《張氏吉金貞石錄》。今有《涵芬樓秘笈》第五集題爲黃樹穀輯的《扶風縣石刻記》,筆者將其與《吉金貞石錄》扶風部分對校,發現《扶風縣石刻記》與《扶風志》所收相同,而刪去金刻,且考論部分作了刪節,因此容庚認爲《扶風縣石刻記》"乃節取張氏原作而嫁名于黄氏"①。又宣統元年（1909）沈錫榮增修《鄘縣志》，卷八至卷九題爲"金石遺文録"，筆者將其和《張氏吉金貞石録》鄘縣部分比對，發現沈錫榮只是在張塤所作基礎上加了三種清代碑刻。張塤所作考證嚴謹精當，詳下。

《朝邑縣志》卷十"綴録·金石"，錢坫纂修，刻於乾隆四十五年，收金石六種，僅列目。

《同州府志》卷二十六"金石志"，吴泰來纂修，刻於乾隆四十六年。小序云："金石證地，始《水經注》《輿地碑目》，非可依附。我朝魁儒，精于歐趙，考獻徵文，方志補要，述金石志第十四。"說明金石考證的作用。分録府内九縣金石，自周至元，明清以下不録。大部分已見於他書著録者，詳録他書所考，亦有大量未見他書著録者，題下録其撰書者、書體、年月等基本信息。

《長武縣志》"附録·金石録"，洪亮吉纂修，刻於乾隆四十八年。

《延安府志》卷六十七"金石"，洪亮吉纂修，據陳光貽考證，此志爲洪亮吉乾隆四十八年之前在陝纂成，後洪離陝，由延安知府洪蕙刊於嘉慶七年②。著録始於宋代碑石，每題下書年月、撰書者、書體、録文，文末加按語考證所涉人物、史事等。

《淳化縣志》卷二三"金石略"，洪亮吉纂修，刻於乾隆四十九年，著録宋代以下碑石，每題下著撰者並録文。

《醴泉縣志》卷十一"金石"，孫星衍纂修，刻於乾隆四十九年。收録自漢至清金石，題下注明存逸，引録他書著録，後加按語作詳細考證。

《澄城縣志》卷十六"金石"，孫星衍、洪亮吉共同纂修，刻於乾隆四十九年。收録唐以下碑刻，題下注明存逸，部分録文，部分有小字按語。

《韓城縣志》卷十六"金石考"，錢坫纂修，刻於乾隆四十九年。據此志傅應奎序云："錢君精其義例，密其體裁，書未竣而錢君署漢陰通守"，後傅應奎做了修補。然從金石這一部分來看，其題跋均綴"錢坫曰"云云，應即錢坫所纂。此志前半部分爲"周晋姜鼎漢梁山銅考"，録吉金四種，先摹圖，次録前人釋文，次爲己之考證，並云："夫方土方物，每恨失傳，綴筆之徒，往往略此。韓邑爲周漢名區，宜多舊物，所見僅此，余猶歎其少，焉得不志之。"後半部分爲碑刻考，録宋以下，宋元部分所録碑目、年月、所在、署撰人等信息基本和《關中金石記》韓城部分相同，部分

---

① 《張氏吉金貞石録·序》。
② 陳光貽：《稀見地方志提要》，濟南：齊魯書社，1987年，第217—218頁。

考證與《關中金石記》略有差異，明清以下則多爲《關中金石記》所未收。

《華陰縣志》卷十六"金石"，李天秀纂修，刻於乾隆五十三年（1788）。李天秀字子俊，號焦叟、進晏。華陰人，雍正十一年進士。此志刊刻之時，此時畢沅已離開陝西，然據該志序言，此志實爲李天秀奉畢沅命而修。此志所收先吉金、後貞石，每題下引他書著録，部分加小字按語考證。

這十三種金石志中，類目均明確題爲"金石"，説明兼收吉金與貞石，改變了過去方志中以著録碑刻爲主的面貌；且其中只有《朝邑縣志》《長武縣志》兩種"金石"爲二級類目，其餘十一種都爲一級類目，這種做法徹底改變了金石在方志中不受重視的地位，具有多個方面的重大意義。

2. 金石單獨立類之後，收録數量大增

以往放到藝文志裏的金石，只有寥寥幾篇録文。如《（隆慶）淳化縣志》卷八"藝文"著録碑石有宋代兩篇，明代五篇，且不涉及任何石刻信息，其中明代幾種修橋記、碑樓記，僅從文字内容上尚判斷不出是否爲刻石。幾種設立金石類目的方志，其著録還是很簡略，大多僅列碑目，且從其碑題下所注資料來源信息來看，基本是從舊志及傳世文獻中輯出來的。

而畢沅所修陝西方志所收録的金石，僅有極少部分參以舊志及傳世文獻，絕大部分是畢沅及其幕僚通過親自訪碑所得，收録數量遠非以往方志所能比擬。如洪亮吉重修《淳化縣志》時，設"金石略"一門，增至三卷，收宋碑兩種，明碑十六種，清碑二十種，數量上遠超舊志。且受舊志體例影響，畢沅幕府所修金石志又不止收現存之碑，如孫星衍《醴泉志》"金石序"云："古人作金石之例，止載見存之碑，此係縣志，當搜輯舊聞，即已失之碑亦依《金石録》《集古録》諸書載其名，且録歐陽修、趙明誠説於下，或殘碑剩碣復出於後者，當可補其闕也。"因此著録數量相當可觀。

《西安金石志》收録碑石三百一十餘種，《興平金石志》收十七種，《扶風金石志》收二十二種，《鄠縣金石志》收二十三種，《醴泉金石志》收一百零六種，《同州金石志》收兩百八十一種，《澄城金石志》收三十九種，《韓城金石志》收二十五種，《淳化金石志》收三十八種，《延安金石志》收十七種，《華陰金石志》收二百八十餘種，《朝邑金石志》六種。其中《西安金石志》裏的興平、醴泉兩地金石和《興平金石志》《醴泉金石志》有部分重合，除去重複，以上金石志所收並非陝西全部金石，總數仍愈一千種，其中包括十餘種吉金。

因此從數量上來講，不但舊志無法相比，同時期其他專録陝西金石的著作也不能與之相提並論，朱楓《雍州金石記》收録僅一百七十餘種，畢沅《關中金石記》收録七百九十七種，和方志所收相比都有很大差距。當然這其中有金石志和金石著作學術取向不同的原因，金石著作不重宋元以下，更不收當代碑石，而金石志兼收明清碑石，數量自然巨大；但是恰恰因爲這點，金石志可以彌補其他金石著作因不重元明以下碑石所形成的研究缺憾，對我們今天的研究大有裨益。

如張塤所修三志共著録宋元以下金石三十五種，其中元代碑刻十三種，容庚評其曰："《金石萃編》《金石續編》《八瓊室金石補正》等書不收元代碑刻，而此獨著録十餘種；金代碑刻，《萃編》等書雖收矣，尚不若此之備。"①其所收宋元碑石，多未見他書記載。如扶風志收《宋人詩刻》云："提舉魯公留題□□□遠愛亭（此十二字是上石人標題）。溪南一帶列千家，高下樓臺傍水斜。天闊亂鴻橫晚照，煙輕白鳥戲晴沙。波光瑩澈涵山影，秋色澄清鑒物華。僧倚上方雲遠檻，市聲昏曉自喧嘩。辛卯八月二十八日行部至扶風，登此亭。吳興魯百能戀成題，承議郎、知鳳翔府扶風縣管句學事兼管勸農公事兼兵馬都監、武騎尉高完上石。"按《全宋詩》録魯百能詩二首，而未及此詩，應據此碑補入。今人《重修鳳翔府志》收録此詩，作者誤題元魯戀，又有誤爲元盧戀者②，均應據此碑正之。又如《鄠縣志》收至元十五年（1278）馮時賁詩殘句"疏通汧渭河千里，灌溉岐鄠稻萬畦"，至元廿一年（1284）陳亞題天慶宮詩："鄠邑西連五丈原，琳宮一境絶脩然。窗含太白山頭雪，門鎖華陽洞裏天。塢記堆金無逆党，丹成換骨有飛仙。我來不過庚桑楚，聊向青童借榻眠。"均可補元詩之佚。

3．金石考據觀念在志書中的體現

對於畢沅及其幕府學者來說，金石學研究最根本的目的還是在於保存原始文獻，用以考據經史。這種觀念也體現在了金石志中。如《西安府志》所表達的史學觀念："金石小道，而其中歲月、地理、職官、事蹟，多與史傳相證明，知亡者之可惜，則幸存者當愈知寶貴矣。"③其他志書中進行了反復申説。因此，和以往方志中著録金石的目的有根本的不同，畢沅諸學者是將方志金石志作爲如《關中金石記》一類的金石著作來撰寫的。

在內容體例上，首先確保文獻資料的可靠性。此前及同時的金石著作大多不録碑文，清初至乾隆時期的金石著作收録碑文唯顧炎武《求古録》、陳奕禧《金石遺文録》、吳玉搢《金石存》等寥寥幾種。而畢沅幕府所修金石志，乃有意識地保存金石文獻，張塤所論最有代表性：

---

① 《張氏吉金貞石録》容庚序。
② 寶雞市文化廣播電視局編：《歷代詩人詠寶雞》，西安：三秦出版社，1988年。
③ 《（乾隆）西安府志》卷七十二《金石志序》。

能爲前史之助者，維貴金石。然汝南擅道人之號（《汝南公主墓誌》曰："公主，隴西狄道人。"不知誰家一本割去"公主隴西"字，而鄭樵《金石略》直書曰"狄道人"。墓誌，虞世南書，未詳，此可闕也）、虢國公主之稱（《虢國公楊花臺銘》爲驃騎大將軍楊思勖作，《金石記》迺以爲"虢國公主"），嗜古者不免嗤笑，若見全碑，詎抱此憾？或里中奸黠，厭於承應。瀉金壼之墨，橦索升高；撫翠珉之文，氈椎犇命。公然曳倒，大致捶缺，是雖關乎人事，實必陷於天刑，用告君子，無墜斯文。①

要確保文獻資料的可靠，以爲考史之一助。因此除了《西安府志》《韓城縣志》《同州府志》和《朝邑縣志》四種不録碑文之外，其餘諸志均有録文。

同時，在著録碑文的基礎上，諸書常常就其文字與傳世拓本或其他傳世文獻記載相校勘，校訂文字的異同，如嚴長明訪得唐《裴藝碑》，"親爲摹拓，歸後取舊所藏弄互爲校勘，字數較前多寡不一，蓋帖估每以碑文剥蝕，僅拓其半，今所摩乃全幅，故文字間有增益也"②；孫星衍在《醴泉金石志》中録唐《尉遲恭碑》碑額及碑文，因碑文又見《文苑英華》，遂據以對校，"知版本之訛，依碑改正，分注誤字於其下"③。

其次，校訂文字、確保資料可靠性的基礎上，再考證碑文所涉史事。這些金石志中精彩的考證之例不勝枚舉。

張塤《扶風縣志》所收《宋人詩刻》的作者魯百能，按此人《宋詩紀事》卷三十二録其《醉仙崖》詩，作者小傳謂其吴興人，元祐元年進士。《重修浙江通志稿》："魯百能，安吉人，元豐八年進士。大觀初通判慶源州，領雲騎尉。長於吏治，兼工文藻。嘗作《望漢台銘》《慶源軍使廳續題名記》，爲世所稱。歷知虔州，卒。有《文集》三百餘卷。"④據此刻可補其字懋成。其歷官亦可據碑石補之，《嘉泰吴興志》卷十三"等慈院"條載："大觀中重修，宗子博士魯百能撰記。"按宗子博士爲宗子學博士的省稱，《宋史·職官志》五《宗學》："崇寧五年，又改稱某王宫宗子博士，位在國子博士之上。"則魯百能當慶源州通判之後，又於大觀中任宗子學博士。又據此碑，其於政和元年八月已任提舉。張氏考此碑提舉是學事司，當由上石之高完題銜中有"管句學事"而誤。今按《宋會要輯稿·職官》載："政和二年十二月二十四日，

---

① 《張氏吉金貞石志·興平志·序》。
② 《(乾隆)西安府志》卷七三《金石》"裴藝碑"條。
③ 《醴泉縣志》卷一一《金石志》。
④ 《重修浙江通志稿·著述考》，北京：方志出版社，2010年。

提舉秦鳳路常平魯百能奏事。"①則此碑所謂提舉爲提舉常平司,《宋史》卷一六七《職官志七》:"提舉常平司,掌常平、義倉、免役、市易、坊場、河渡、水利之法。視歲之豐歉而爲之斂散,以惠農民。"②高完又兼管扶風的勸農公事,當隸於提舉常平司。

《鄜縣志》所收"元天真觀四至題字",張氏考曰:"前至元十一年云版題款稱鄜州,此題字在十六年,稱鄜縣,則知省鄜州爲鄜縣在至元十一年之後、十六年之前,史稱至元元年省鄜州爲鄜縣者,此語不確。中統三年立陝西四川行省,治京兆,至十六年改京兆爲安西路總管府,此在十六年正月,故猶稱京兆鄜縣也。至皇慶初,乃改安西路爲奉元路耳。趙明誠曰:'史之歲月、地理、官爵、世次,以金石考之,抵牾十常三四。蓋史牒出後人之手,不能無失,而刻詞當日所立,可信不疑。'旨哉斯言。"此段考證,對於研究鄜縣之建置沿革很有參考價值,對於金石可靠性優於史書的的揭示亦很有意義。

洪亮吉《延安府志》收《閻使君祠堂後記》,此碑《關中金石記》亦收,題爲"□□祠堂後記",畢沅據碑文考其非傳說中的渾鍼廟後記,然使君之姓失考。洪亮吉則於此條下考使君爲閻姓:"按閻使君,《通志》、前府志俱不載,未詳何人,然遷丹州于赤石川,實始使君,其有功於宜川明矣。又此碑相傳以爲渾鍼廟後記,誤。《關中金石錄》(按"錄"爲"記"之誤)亦不言其姓閻,茲特據碑補入。"

孫星衍《醴泉志》收昭陵的"諸番君長刻名",考云:"按《續志》云,記稱十四人,而列名止十二人,未詳者,蓋因游師雄《昭陵圖石刻》誤合利苾可汗及阿史那彌射爲一,又合真珠毗伽可汗及吐蕃贊普爲一,又合訶黎失布失畢及於闐信爲一,又誤分吐谷渾河源郡王烏地拔勒豆可汗慕容諾曷鉢爲二人也。"以下結合史書考十四人生平,均翔實可據。

錢坫古文字造詣極高,他所修《韓城金石志》收吉金四種,分別對其銘文作了釋文和考論,至今仍有參考價值。

4. 對後世修志的典範意義

乾隆五十年春,畢沅調任河南,嚴長明、洪亮吉等學者隨至河南幕府,同時又有邵晉涵、章學誠、武億等學者入其幕中。畢沅將陝西金石學研究的學術氛圍帶到了河南,一方面在河南繼續訪碑,撰成《中州金石記》,另一方面繼續編修金石志,如洪亮吉纂《登封縣志》即列有"金石錄"。

---

① 《宋會要輯稿》,上海:上海古籍出版社,2014年,第4887頁。
② 《宋史》卷一六七《職官志》,北京:中華書局,1977年,第3968頁。

畢沅這種做法，影響到以後的修志，均延續性地補充金石文獻。乾隆以後，雖然仍然並非所有的方志都列金石一門，但情況已完全不同。筆者粗略統計，清代中後期陝西方志中列有金石志的至少有以下數種：嘉慶二十年（1809）董曾臣纂《長安縣志》，嘉慶二十四年（1813）陸耀遹纂《咸寧縣志》，道光十二年（1832）蔣湘南纂《涇陽縣志》，道光間蔣湘南纂《同州府志》，道光間姚景衡《重輯渭南縣志》，咸豐元年（1851）韓亞熊修《澄城縣志》，光緒元年（1875）袁廷俊修《藍田縣志》，光緒八年（1882）劉域《三修華州志》，光緒十七年（1891）譚麐修《富平縣志稿》，光緒三十一年（1905）王學禮纂《蒲城縣新志》，光緒間馬先登等修《同州府續志》，光緒間周銘旗修《乾州志稿》，光緒間焦聯甲修《新續渭南縣志》，等等。其他各省方志中設立金石一門亦很普遍，而且這些金石志的著錄體例更趨細密、多樣化，著錄金石名目同時要對其所涉進行考證也成爲常例。

四、結　語

綜上所述，畢沅及其幕府學者的金石學成就至少體現在三個方面：

一是保存文獻之功，二是在方志中爲金石立志，提升了金石的地位，對於金石學科的確立有創始之功。這兩點上文論述已多，不再贅述。

第三，也是最重要的一點，即以金石文獻來考據經史的學術觀念，上文亦作了反復申説，然而還有一點需特別指出。

1925年，王國維先生針對當時史學界的疑古風氣，在《古史新證》《殷墟文字類編序》等論著中提出了著名的二重證據法，以出土文獻與傳世文獻互證來探索古代歷史文化的真實狀況。這一方法論業已形成一種公認的學術榜樣，對於20世紀的史學研究產生了難以估量的影響。

然而，通過以上對畢沅及其幕府學者的金石學成就的探討，我們可以看出，"二重證據法"事實上正是顧炎武、畢沅諸學者所使用的以金石文獻和經史互證的方法，這種方法至少從宋代歐陽修等人已經開始運用，到清初顧炎武重提其意義與價值，到了乾隆中期，畢沅等學者已將這種方法運用得十分純熟，並且不僅僅應用於史學研究實踐，使得在金石學研究中，最開始只是作爲一個流派出現的、由顧炎武所強調的以考據經史爲目標的學術觀念，在此時演變成了金石學研究的主流，同時也將這種方法擴展到文字學、音韵學等各個領域，取得了多方面的卓越成就。從而也成爲乾嘉學者考據學的重要內容之一。

人文情懷、社會責任和史念海先生的歷史觀*

萧正洪

史念海先生，字筱蘇，1912 年 6 月 24 日出生於山西省平陸縣。平陸位於中條山南麓、黄河之濱，人文傳統頗爲深厚，而先生家族一直有尚古學之風。先生生前曾言及其家學淵源，云："先高祖邃于易學，垂老之年，猶時時講授，爲鄉里所崇敬。遠道來學者，前後相望。"而先生之父亦頗寄望於愛子承繼中國傳統文化而有所發揚光大，故取"蘇海韓潮"之義而爲先生取名及字。中條山瞰視晋南、豫北和陝東，森林植被發育良好，其地理環境頗具多樣性。而平陸北望汾水盆地，南臨黄河，爲晋、陝、豫三省交界之要衝，其周邊地帶曾是中國古代文明起源與發展的重要地區。特殊的地理環境以及歷史上文明與文化發展的豐富多彩的複雜歷程，特别是二者間的相互影響，足令一個好學上進的少年對自然環境與人之間的關係產生深刻的印象。

先生 6 歲入學，先後在平陸、運城和太原接受小學和中學教育，1932 年入北平輔仁大學歷史系。先生的弟子們探討其學術歷程，往往溯及既往，將先生的少年經歷同後來的學術方向選擇聯繫起來，蓋有由也。及至今日，無論是先生的弟子還是學術界的同仁，研讀先生著作，總能從字裏行間感受到先生對於黄河、黄土的深厚情感，而這種情感無疑源自於家鄉水土的養育。

先生入輔仁後，其學術潛質很快就得到陳垣、顧頡剛等老一代學者的注意。陳、顧皆爲史學大師，而陳還是輔仁大學校長。史先生有幸，本科期間經常得到二位老師的指點。先生曾多次同弟子們提及一件令其終身難忘之事。1935 年盛夏某日黄昏，史

作者简介：萧正洪（1957—），陝西師範大學歷史文化學院教授。

* 本文是作者爲《史念海全集》（人民出版社，2012 年）所作序言。

先生同幾位一起寓居北平景山西側一處四合院的大學生在院中乘涼聊天，衣著頗不整。忽有一身著長衫的中年學者來訪，抬頭一看，竟是顧頡剛先生。顧先生登門，爲的只是當面指出對史先生的一篇習作所作之改動及緣由。當年名師獎掖後學，對初出茅廬的青年學生的精心培養，至今令我們感慨萬端。此外還有譚其驤先生。譚先生僅年長史先生一歲，1932 年於燕京大學研究院畢業後，亦曾在輔仁開設中國古代地理沿革史課程，其長於講課，給尚爲大學二年級學生的史先生留下極爲深刻的印象。後來譚先生同史先生亦師亦友，傳爲學術界佳話。

由于史念海先生少年時即奠定了堅實的國學基礎，故大學期間很快就進入了學術研究的階段。升堂入室，究其閫奧，其思維敏鋭，進步之速，頗得顧頡剛等先生稱讚。故後來譚其驤先生說：筱蘇"早歲即以淹貫經史群籍，覃思卓識，著稱當世"①。顧頡剛、譚其驤等於 1934 年 2 月發起籌組以研究中國沿革地理和相關學科爲宗旨的"禹貢學會"，創辦《禹貢》半月刊。史先生的第一篇學術研究論文，即發表於當年 6 月的《禹貢》半月刊第一卷第 8 期上，題爲《兩漢郡國縣邑增損表》。兩月之後，又於第 12 期上發表《關於〈兩漢郡國縣邑增損表〉》。現在讀史先生在《禹貢》所發表之早期論文，應當說，皆屬傳統沿革地理研究範圍，其踵續乾嘉精於考據的才華得到充分表現。然而，史先生早期學術生涯中一個更值得注意的標志性事件，乃是不久之後即 1935 年在顧先生指導下撰寫《中國疆域沿革史》。從内容看，此書雖基於沿革地理，但實際上已經突破了沿革地理的範疇。正如書的緒論所揭示的，其寫作意圖並非如前清學者那樣在於考辨學問，而是"處於今世，深感外侮之凌逼，國力之衰弱，不惟漢唐盛業難期再現，即先民遺土亦岌岌莫保，憂心忡忡，無任憂懼！竊不自量，思欲檢討歷代疆域之盈虧，使知先民擴土之不易，雖一寸山河，亦不當輕輕付諸敵人，爰有是書之作"。故出版此書的商務印書館將其列爲文化史叢書之一，良有以也。在我看來，此書之寫作，其實已經蘊含了後來在史先生學術思想中占有極重要地位的"有用於世"觀念的根基，乃是學術自覺的萌芽。先生生前自己亦曾總結說，"當時如果只受陳垣先生的薰陶，只有錢大昕的沿革地理學的影響，也許達不到今天的樣子"。

從 20 世紀 30 年代始，史先生的學術活動持續了七十年之久。其著述之豐，堪稱等身。凡所涉領域，無不精深。舉凡歷史政治地理、歷史自然地理、歷史經濟地理、歷史軍事地理、歷史文化地理、中國方志學、中國地名學、中國古都學等諸多方面，先生皆有重要貢獻，其中有的領域甚至是先生所開創。人民出版社所編輯出版的《史

---

① 《河山集》第四集序。

念海全集》，將先生一生所著述盡力收集，大體上可見先生的學術歷程。

概而言之，史先生的學術歷程，從研究物件、領域、旨趣和方法看，有過幾次重要的變化，而每一次變化既影響了先生本人的成果產生，對學術界特別是歷史地理學研究，也產生了廣泛而深遠的影響。儘管學術風格的變化總是漸進的，可是稍加留意，我們即能看出其脉絡，以及在不同的時代所表現出的不同特點。

先生在 20 世紀 30 年代學術研究之始，深受錢大昕等乾嘉學者之影響，但在顧頡剛等先生和《禹貢》半月刊的引導下，很快就注意到歷史地理學的現代性和科學性問題。總體上説，50 年代和 60 年代前期，先生所撰寫的論文已經表現出突出的現代意義。以《河山集》第一集爲例，其所關注的內容集中於歷史經濟地理，其研究架構和思想，同現代經濟地理學頗有異曲同工之妙。然而，這一時期先生的研究方法基本上仍可歸屬於傳統的史學研究，即主要依靠歷史文獻同時參考考古資料復原歷史時期經濟地理的面貌。從《河山集》第二集開始，史先生的研究對象和方法有一些重要的變化。《河山集》二集所收錄的，主要是先生 20 世紀 70 年代關於黃土高原自然環境變遷研究的論文[①]，堪稱我國第一部歷史自然地理論文集。在對黃土高原環境變遷的研究中，先生以歷史文獻資料爲基礎，引入野外考察方法和一些地理學的分析手段。即便是歷史文獻分析，與此前的研究亦有所不同。在此之前，先生對文獻的考辨主要還是歷史學性質的，但《河山集》二集所收錄論文以及此後的一些研究著述，相當突出的一個特點是大量地借助了自然科學的分析方法，以對文獻的內在意義和歷史過程的真實性進行分析與判斷。就歷史過程的真實性而言，先生的一個突出貢獻，是除了重視歷史文獻的自洽外，特別注意文獻記錄同環境遺存的互洽。這在當時的歷史地理學研究中是非常少見的。

如果説上述改變是史先生的學術歷程中，研究旨趣和方法的第一次重大變化，那麽，20 世紀 80 年代初以後，先生仍然非常注意不斷地推陳出新。

首先是先生特別提出重視歷史地理學的"有用於世"。如前所述，20 世紀 30 年代先生協助顧頡剛先生撰著《中國疆域沿革史》，即蘊含了"有用于世"的理念，而後來幾十年中，這樣的意識始終深藏於先生內心。先生認爲，"至於爲世所用的問題，不能説沿革地理學就不可能爲世所用，即使能夠爲世所用，究竟不是十分廣泛的"[②]。據先生自述，抗日戰爭時期先生就在思考這一問題，而且其想法得到了顧頡剛先生的贊許和鼓勵。1985 年先生明確指出："歷史地理學這樣一門學科不僅應該爲世所用，而

---

① 除黃土高原環境變遷問題外，還有幾篇論文討論古長城和《尚書·禹貢》。
② 陝西人民出版社《中國的運河》1988 年再版序。

且還應該爭取能夠應用到更多的方面。一門學科如果不能爲世所用,那它是否能夠長期存在下去,就成了問題了。歷史上曾經有過若干絕學,最後終於泯滅無聞。淪爲絕學自有其因素,不能爲世所用可能是其中一個重要原因。"①這種觀點,偶爾也會被一些人認爲可能導致脱離歷史學的純學術本身。所以這裏需要特别指出,史念海先生一生人格高潔,作爲史學名家,於20世紀60—70年代的特殊政治環境中,從不趨炎附勢、隨波逐流,也從不搞史學的政治影射。先生所説的"有用於世",是一種基於人文精神和科學理性的學術自覺,也是先生强烈的社會責任感的自然表達。所以,我們不難理解,在20世紀80年代初以後的十餘年中,何以先生會以歷史地理學研究爲基礎,發表了很多直接針砭現實的文章。其主題,涉及農業、森林、土壤、河流、城市建設、文化等多個方面。其中有的討論,如關於西安周邊地區森林、河流的變遷與歷史上人類活動的關係,先生的研究結論現在已經成爲關中地區城市發展與環境建設的重要依據之一。

其次是不斷拓展學術研究的領域。如果説20世紀80年代以前先生關注的領域已經相當廣泛,但主要精力還是集中於歷史經濟地理和歷史自然地理,這是一個顯著特點。然而80年代初以後,先生發表了大量關於歷史軍事地理、歷史民族地理、歷史人口地理、歷史文化地理、中國古都學等方面的著述。這當然不是一個突然發生的變化。應當指出,史先生治學有一個重要特點,就是極爲重視學術積累。一旦在某個領域有重要文章發表,通常都經歷了數年甚至10年以上的學術思考。關於這一點,我個人有極爲深刻的印象。1998年暑假後,我去看望先生。先生書桌上堆滿了中華書局版的《全唐詩》。先生説,爲了進一步瞭解唐詩中同環境變遷有關的史料,他用了一個假期將《全唐詩》讀了一遍,並將一些資料用於一篇文章之中。我聽後不禁愕然,對於一位87歲的老人,這如何可能?但我隨即在先生書桌上看到許多紙質發黄的筆記,仔細一讀,全是數十年前先生研讀《全唐詩》所作!故此,在我看來,先生後來研究領域的拓展,其所涉及的問題,其實在此前很多年就已然開始思考了。此所謂厚積薄發,絕非輕易之論。

第三是先生投入很多精力研討歷史地理學的理論體系和學科發展問題。史先生學術生涯的最後十多年中,撰寫了相當多的關於歷史地理學基本問題、理論體系形成與發展方面的著述。事實上,從《禹貢》半月刊創刊以來,關於傳統沿革地理研究的地位與意義、沿革地理學同現代歷史地理學的關係、歷史地理學的學科屬性及其同歷史學以及現代地理學的關係等等問題,一直頗有爭議。時至今日,歷史地理學界的觀點雖仍談不上達成一致,但至少思路已相當清晰。這當然是許多前輩學者共同探討的結

---

① 陝西人民出版社《中國的運河》1988年再版序。

果。其中，史先生的研究成果起了相當重要的作用，其相關著述，迄今仍是歷史地理學科人才培養和科學研究中必須引用的經典文獻。

人民出版社出版《史念海全集》，相信可以完整地展示史先生的學術歷程。據之，我們可以清晰地瞭解史先生的學術貢獻。除此之外，我認爲，《史念海全集》亦爲後人提供了便利條件，可以將史先生的學術成就置於20世紀中國歷史學發展的大背景中，準確地認識史先生的歷史觀，特別是歷史地理觀。

在20世紀的幾代歷史學者中，史念海先生是承前啓後的標志性人物之一，在學術風格上也具有特定的時代特徵。他不同於陳垣、顧頡剛等更老一代的史學家，也有異於後來對西方學術有更多接觸的學者。在我看來，史先生具有特殊時代特徵的歷史觀及歷史地理觀，最主要的特點可以概括爲以下三點：一是以人爲中心的人地關係辯證論，二是歷史發展和環境變遷的過程論，三是理論與方法方面的科學主義和人文主義統一論。而先生的學術旨趣，又集中地表現爲深切的人文情懷和強烈的社會責任感。我們閱讀先生的著述，無論其研究的是何種問題，總能感受到先生對於人和社會的關切。從這一點出發，先生研究歷史地理，總是將人置於問題的核心位置，並在變化中看待歷史發展、環境系統的變遷及其同人類社會系統之間的關係，而在其研究方法方面，就能將科學主義的理性思考和人文主義的價值判斷有機地結合在一起，並綜合考慮諸如觀念、意象、傳統、習慣、政策、宗教、民族、哲學、科學、技術等多個因素的相互作用。像史先生這樣的從20世紀30年代開始成長的歷史學家，當然無法像今日的一些歷史研究者那樣，采用更爲現代的技術手段對歷史地理和環境變遷的過程與機制進行分析，但相比之下，在充分利用傳統歷史文獻資料，並將其同現代地理學的一些行之有效的方法結合起來進行綜合研究方面，史先生無疑達到了非常高的境界。毋庸諱言，當代的一些研究有時也存在一種傾向，即在歷史地理及環境變遷研究中，片面強調手段的技術性，而忽視人的行爲選擇、社會組織運行及制度安排的複雜性，以至表現爲歷史學的智慧與洞察力嚴重不足。雖然在研究方式和叙事結構上，像史先生這樣的老一代學者往往有"軼事型"的特點[①]，但正是這樣的研究方式和叙事結構，作爲中國傳統史學的特質之一，恰恰能夠很好地表現史家的智慧和洞察力，而這種智慧和洞察力乃是能夠真正理解以人爲中心的歷史地理及環境史的必要條件。

作爲一生獻身學術的大智者，史念海先生留下了豐富的學術遺產。這是一座寶

---

① 所謂"軼事型"的叙事結構，是伊懋可（Mark Elvin）教授對史念海先生環境史研究特點的一種評論。見劉翠溶、伊懋可編：《積漸所至：中國環境史論文集·導論》，臺北："中央研究院"經濟研究所出版，1995年。

藏，後人自當珍惜。而作爲弟子，我們似乎比别的讀者更幸運一些。因爲先生的許多思想，並没有寫入他的論文，而是在言談中留在了我們的記憶中。迄今，我腦海中經常會浮現先生晚年在書房中同學生討論學術的場景。先生的書房異常狹小，且被書籍完全圍繞。先生端坐於破舊的沙發之上，眯着眼睛，陶醉在天馬行空般的思維之中，時或嚴肅，時或幽默；興奮之時，身體後仰、再後仰，皮膚鬆弛的眼角邊往往會掛上一滴淚水。學生則圍坐其側，感受着先生無窮的人格魅力。作爲學術上的晚輩，有此機緣，或許只能用幸運來解釋吧。

長安學者林劍鳴教授

何　夫

20 世紀 80 年代，在中國秦漢史學界冉冉升起一顆新星，那就是西北大學的林劍鳴教授。

1961 年，林教授畢業於西北大學歷史系。在讀期間，他曾參加歷史系集體標點《漢書》活動；畢業後，分配至西北政法學院（今西北政法大學）工作。"文革"中政法學院解散，他於 20 世紀 70 年代初調回母校西北大學任教。

1981 年，林教授撰著的 30 餘萬字的《秦史稿》和 10 多萬字的《秦國發展史》，分別由上海人民出版社與陝西人民出版社出版。當時粉碎"四人幫"不久，學術界幾乎一片"白茫茫大地真乾净"，在此情況下一位高校教師一下子推出兩部專著，那可實在是件不得了的事情。由此，林氏一炮打響，成爲中國秦漢史學界的著名人物。就在這年成立的中國秦漢史研究會上，46 歲的他當選爲副會長兼秘書長，可謂"一舉成名天下知"。

1985 年，林教授主編的《秦漢社會文明》出版。這是中華人民共和國建立後很少見到的一部文明史專著。其付梓之時，去"文革"不遠，學界還殘留着較多的昔日遺風。在此情況下，突然冒出了一部不尚空談、求實務細、面目全新的反映秦漢文明成就的專著，所引起的反響自然是巨大的。由此林教授和該書另外的三位作者一起被學界稱爲秦漢史的"四條漢子"。而就在該書面世後不久，我國臺灣地區的谷風出版社即將其翻印過去，並很快便被不少高校作爲研究生教材廣泛使用。

同年，林教授應日本學術振興會的邀請赴日訪學。此間他廣泛結交日本學界朋

作者簡介：何夫，自由撰稿人。

友，對中日學術交流多有貢獻。特別是在關西大學和日本著名學者大庭脩教授一起參加"木簡研讀班"深受啓發，回國後立即便將這種"研讀班"的做法引進到西大的教學實踐中，舉辦了"秦簡《日書》研讀班"，開國內以"研讀班"形式進行教學、研究之先河。該研讀班的成果後以題爲《日書：秦國社會的一面鏡子》的論文形式發表，在學界引起了積極的反響。可以毫不誇張地說，由此大陸史學界開始邁入全面深入研究秦簡《日書》的新階段。而參加研讀班的不少學員日後都成爲頗具影響的《日書》研究專家。

1986年，中國秦漢史研究會第三屆年會在蕪湖召開，日本史學界派出了一個陣容空前強大的代表團與會。其中除團長大庭脩爲日本最高學術獎"學士賞"獲得者、屬於頂級名家之外，其他如尾形勇、永田英正、福井重雅、杉本憲司等也皆爲日本史學界的重量級學者。之所以能有如此高規格、大規模的中日學術交往活動，應該說是林教授的功勞。而在這次年會上，林教授接替林甘泉先生擔任了秦漢史研究會的會長，成爲中國秦漢史學界新一代的掌門人。

1988年，林教授的兩卷本《秦漢史》由上海人民出版社出版。這是他繼《秦史稿》之後的又一部個人的力作，從此他在秦漢史學界的學術地位更向前推進了一步。在此前後，他在權威性報刊上陸續發表的若干文章，如《光明日報》刊發的《秦代官爵制度變化的奧秘》《研究古代史亦應重視信息》《如何理解"文明"與"文化"的概念》《"考察之功"與"獨斷之學"》諸文，《歷史研究》發表的《中國封建地主階級產生的兩條途徑》《從秦人價值觀看秦文化的特點》《西漢戊己校尉考》《秦漢政治生活中的神秘主義》等文，都產生了很大的影響，反映了他所達到的學術水準和所具有的巨大學術創造力。

除了學術研究的大量成果之外，林教授在培養學生方面也成績突出。他協助陳直先生指導的"摹廬五弟子"，皆成爲學界翹楚或文化部門的領導人；他直接培養的幾屆研究生，亦相當出色，特別是首屆的三位，更是佼佼者。林教授還指導了大陸改革開放後最早來西大學習的一批外國研修生。這些人日後都成爲本國學術研究的領軍人物。

1989年，正值盛年的林教授，滿載崇高的學術聲譽，榮歸故里北京，出任法律出版社總編、中國政法大學法律史研究所所長。在中國人心目中，一個人外出闖蕩數十年之後，能夠載譽歸來，那是最高的榮耀和最大的成功。所謂"富貴不歸故鄉，如衣錦夜行"，當是這種心態的典型反映。僅此而論，林教授確是達到了最完美的境地。不過林教授並沒有滿足於此，而是繼續孜孜以求，不斷奮鬥，於繁忙的行政領導工作之餘，先後出版史著如次：

《秦史》，五南圖書出版公司，1992年。

《秦漢簡史》（合作），福建人民出版社，1995年。

《呂不韋傳》，人民出版社，1995年。

《新編秦史》，五南圖書出版公司，1995年。

《秦漢史》，五南圖書出版公司，1995年。

《長江文化史》（合作），江西教育出版社，1996年。

另還發表論文數十篇。

1997年1月，林教授逝世，享年62歲。

2002年1月，林教授逝世5周年。林的學生王子今、彭衛、白建綱主編的《紀念林劍鳴教授史學論文集》，由中國社會科學出版社出版。文集《內容簡介》稱："本書為紀念著名史學家林劍鳴先生學術專集。共收入論文20篇，作者包括李學勤、熊鐵基、瞿林東等著名學者和一批學有所成的中年學人。內容涉及先秦和秦漢經濟、政治、文化和社會諸方面，這些文章或對傳統研究有所推進，或利用文物考古資料提出新的課題，具有較高的學術價值。"

2017年1月，林教授逝世20周年。由中國秦漢史研究會、秦始皇帝陵博物院、秦文化研究會、西北大學歷史學院、西北大學文化遺產學院、中國史研究雜誌社、國家社科基金重大項目"秦統一及其歷史意義再研究"課題組（王子今教授主持）共同主辦的"秦的崛起與秦的統一"學術論壇在西北大學舉行。來自海內外的50餘位專家學者就秦的崛起與統一，秦史研究的新主題、新視角、新方法及林劍鳴教授與秦史研究等主題進行了深入的交流。這實際上是一場為紀念林劍鳴教授逝世20周年而舉辦的專題學術研討會。會上秦文化研究會名譽會長黃留珠教授作了題為《深切懷念林劍鳴教授》的發言。其在全面論述林教授學術成就就的基礎上，著重分析了林著《呂不韋傳》的學術價值和意義，並特別對林教授何以應該稱作長安學者進行了令人信服的說明。我們認為這個發言，頗具深意，對於全面認識林教授、評價林教授多有幫助。唯其如此，茲特將此發言的整理稿附錄於本文之末，以與廣大讀者共享。

附錄：

深切懷念林劍鳴先生

黃留珠

光陰似箭，轉瞬間林劍鳴先生離開我們已經20年了。然而，林先生的音容笑貌，似乎時時總在眼前。尤其是他潛心學問的精神，實際上已經成爲鼓舞我們前進、探索學術的強大動力。

我聞知林先生的大名比較早，但直接與先生的交往却是1978年考入西北大學讀研以後的事。當時，林先生作爲陳直教授的助手，負責我們幾位"慕廬弟子"的日常管理，擔任副導師。先生身材魁梧，舉止儒雅，風度翩翩，給我們留下了絶佳的印象。而更令我輩深感欽佩的是，他超乎尋常的眼光和非同一般的毅力。在衆人都瘋狂"大鬧革命"的時候，他却不爲世俗所囿，静下心來完成了一部30餘萬言的《秦史稿》和另一部10多萬言的《秦國發展史》。當粉碎"四人幫"之初，全國學界幾近一片空白的時侯，林先生的兩部書同時在上海人民和陝西人民兩家出版社付梓面世，其所掀起的衝擊波之巨大，不言而喻。先生如此絶倫的作爲，猶如一部生動的教材，激勵我們，鼓舞我們。而我們也爲能有這樣一位出色的老師引以爲自豪。

1995年初夏，《光明日報》在北京國際會議中心召開"優秀傳統文化與企業文化精神研討會"，我和林先生均受邀參加。這時林先生調離西北大學已有6年之久，其間我們雖曾晤面一次，但匆匆而過留下太多遺憾。此次有機會再次相見，自然使我感到格外高興。記得見面那天林先生身著淡粉色的短袖T恤衫，精神、氣色幾乎與當年没有變化。禮敬問候之後，我呈上近年出版的《歷史與企業家對話》一書請求指教。先生邊翻書邊對我説："難得你一直甘坐冷板凳，並作出如此突破性的成績。"接著又著實勉勵了我一番。令我萬萬没有想到的是，這次會面竟成爲與先生的永别。此後兩年，當先生逝世的噩耗傳來時，我簡直不敢相信這消息是真的。感慨唏嘘之餘，至今我仍不解，爲何像林先生這樣處處閃爍著智慧的傑出學者60歲剛出頭便駕鶴西去了呢？這的確堪稱是一個歷史之謎啊！

林先生的學問以其成名作《秦史稿》爲代表。這是第一部運用馬克思主義觀點研究秦史的著作，意義重大。後來先生又推出的兩卷本《秦漢史》，則是《秦史稿》的延伸和擴展，體現了其治學的特點與風格。對於這些，大家都很熟悉，用不著我再囉嗦。這裏值得注意的是，林先生還有一些著述同樣閃爍着他的重要學術思想光輝，而這些迄今似乎還没有受到應有的關注。例如人民出版社1995年出版的《吕不韋傳》（以下簡稱《吕》）便是相當典型的實例。

據《吕》書的"自序""後記"可知，該著的撰寫有兩方面的動因：一是針對20世紀90年代"經商大潮"在中國"鋪天蓋地滚滚而來"的形勢，作者試圖通過吕不韋這一歷史人物來説明中國古代並非像某些人所説的那樣，"缺乏功利觀念""少商人"；相反，倒是如陳寅恪所言，中國出現了不少"世界之富商"；進而"面對商海大潮帶來的迷茫","不妨打開我們自己的記憶大門,翻翻祖先的經歷,從歷史上吸取一點有益的經驗"。二是針對史學研究——尤其是歷史傳記的撰寫存在的"缺少文采"和"失真"的"缺陷",以及史學著作賠本出版且"讀者寥寥"的現象,作者發下宏願,"寫一本令人讀得下去、不致使出版社賠錢的歷史書",以此爲樣板來推動史著寫作的改革。於是選取了經歷曲折、神秘並對今人多有啓迪的呂不韋爲對象,用了整整一年的時間,完成了這部20萬字的著作。

細繹上述動因,其第一點,應該説仍屬"以史爲鑒"的範圍,只不過林先生所選取的借鑒對象更具典型性和更生動、更感人。倒是第二點,意義不尋常。這裏,林先生尖鋭地提出了一個當時史學發展面臨的重大問題,即史學研究如何適應社會主義商品經濟的新形勢?對此,可以説那個時期的史學工作者都深感壓力巨大,而大家上下求索却又難得其解。這時候,林先生振臂一呼,明確表示要"寫一本令人讀得下去、不致使出版社賠錢的歷史書",可謂發聾振聵,爲人們指出了一個方向。不僅如此,林先生更是身體力行,很快便寫出了雅俗共賞的《呂》書。大家知道,這樣的"歷史書",被人們定位爲通俗史學讀物,亦被越來越多的史家所看好,以致形成滚滚洪流,對於改革開放新時期的學術下移民間作出了不可磨滅的重大貢獻。在此過程中,林先生既是通俗史學的早期積極宣導者,也是通俗史學的早期積極踐行者;他再一次擔當了先知先覺的角色。應該説,林先生的這一先知先覺與其當年寫《秦史稿》的先知先覺是一脉相承的,顯示了他的智慧和過人之處。

林先生是北京人,而他逝世也在北京,所以林先生屬於正宗的北京學者。不過在我的眼裏,林先生似乎更應是一位道地的長安學者,或者曰陝派學者——確切地説則是西大學者。這不僅是因爲先生畢生一半以上的時間學習、工作於古城西安,而且更由於先生的主要學術成就亦完成於兹的緣故。近年來已故的西大學者頗受學界青睞,不僅著名報刊常有評介文章發表,而且不少研究生也都以他們爲研究對象寫出學位論文,有的甚至還出版了專著。這種現象啓示我們,陝西學人特別是西大學人應該更加重視對西大學者的研究。像林先生這樣西大學者的佼佼者,理應進入當代學術史研究者的視野,需要給予深入研究。用對林先生學術成就的研究來紀念他的逝世,無疑是對先生最好的一種紀念。我熱切期盼有更多的西大青年學子,參加到這一研究隊伍中來,有所作爲,有所貢獻。

2017年1月會議發言,7月整理

典籍與古文字研究

《尚書注疏》校字記

杜澤遜

　　前記：2012年3月，澤遜率門生着手《十三經注疏彙校》，以《尚書注疏》爲起首，歷二載初畢，又一載審訂成稿，交中華書局付排，問世有日矣。所校之本十九種：一、唐石經本；二、宋刻單疏本；三、宋刻八行本；四、李盛鐸舊藏宋刻經注本；五、宋王朋甫刻經注釋文本；六、宋刻纂圖互注本；七、宋福建魏縣尉宅刻本；八、蒙古平水刻本；九、宋魏了翁《尚書要義》；十、清乾隆武英殿仿刻元相臺岳氏刻本；十一、元刻明修十行本；十二、明永樂刻本；十三、明嘉靖李元陽福建刻本；十四、明萬曆北京國子監刻本；十五、明崇禎毛晉汲古閣刻本；十六、清乾隆武英殿刻本；十七、清乾隆內府鈔《文淵閣四庫全書》本；十八、清乾隆內府鈔《摛藻堂四庫全書薈要》本；十九、清嘉慶阮元南昌刻本。工作底本則取版面清整、文字規範、內容全備之北監本。又彙集前賢校勘記十五種：一、清顧炎武《九經誤字》；二、日本山井鼎、物觀《七經孟子考文補遺》；三、清乾隆武英殿刻《尚書注疏》附《考證》；四、清浦鏜《十三經注疏正字》；五、清乾隆王太岳等《四庫全書考證》；六、清乾隆《四庫全書薈要》附案語；七、清盧文弨《羣書拾補·尚書注疏攷正》；八、清阮元《十三經注疏校勘記》（《校記甲》）；九、清嘉慶阮元南昌刻《十三經注疏》附《校勘記》（《校記乙》）；十、清汪文臺《十三經注疏校勘記識語》；十一、清乾隆武英殿仿刻元相臺岳氏刻《相臺五經》附《考證》；十二、清孫詒讓《十三經注疏校記》；十三、民國劉承幹《尚書正義校勘記》；十四、民國張鈞衡《尚

作者簡介：杜澤遜（1963—），山東大學儒學高等研究院教授。

書注疏校勘記》；十五、日本倉石武四郎、吉川幸次郎等《尚書正義定本》附《校勘記》。校勘之餘，每有商榷，別紙札記，積久盈帙。前撰札記數篇刊於雜志，今廣續前文，撰爲《〈尚書注疏〉校字記》。

2016 年 3 月 28 日

目次：

（一）宋刊八行本之誤；

（二）足利八行宋本與北圖八行宋本之不同；

（三）足利宋刊八行本修版之可取者；

（四）宋刊單疏本、宋刊八行本之親緣關係；

（五）《尚書要義》與宋刊八行本近緣；

（六）纂圖互注本有孔傳、陸釋文相淆者；

（七）纂圖互注本引"朱氏"說《武成》錯簡；

（八）纂圖互注本訛字；

（九）宋魏縣尉宅本脫文；

（十）宋魏縣尉宅本衍文；

（十一）宋魏縣尉宅本之訛字；

（十二）宋魏縣尉宅本與十行本近；

（十三）十行本誤改；

（十四）注疏本釋文有較單行本繁者；

（十五）十行本漫漶致李元陽本誤刻；

（十六）十行本壞字致阮元本誤刻；

（十七）李元陽本之校讎；

（十八）李元陽本訛誤；

（十九）李元陽本臆增例；

（二十）北監本訛字；

（二十一）北監本臆改例；

（二十二）北監本校讎之誤；

（二十三）北監本校讎之可稱道者；

（二十四）"底本之是非"與"立說之是非"或難遽定；

（二十五）殿本所據爲北監本修版；

（二十六）殿本據《經典釋文》改注疏內釋文之非；

（二十七）浦鏜據監本修版之誤；

（二十八）浦鏜摘句之誤；

（二十九）浦鏜、阮元用北監本修版之誤；

（三十）盧文弨襲浦鏜例；

（三十一）盧文弨誤校誤讀例；

（三十二）乾隆重刊岳本考證之誤；

（三十三）阮本誤倒；

（三十四）阮校、阮刻之非；

（三十五）阮元《校記》之非；

（三十六）阮元《校記》襲浦鏜《正字》；

（三十七）阮校所據唐石經與皕忍堂摹刻有異；

（三十八）阮元《校記甲》摘句有誤讀；

（三十九）阮元《校記乙》與正文失照；

（四十）阮元《校記乙》有不及《校記甲》者；

（四十一）阮元《校記乙》"宋本"不盡可據；

（四十二）張鈞衡《校記》摘句之誤；

（四十三）張鈞衡《校記》之誤；

（四十四）《尚書正義定本》校記引盧文弨校未確；

（四十五）《尚書正文定本》據疏文改正文之可議。

（一）宋刊八行本之誤

《堯典》監本卷二第十三頁十七行經："宅朔方，曰幽都，平在朔易。"孔傳："北稱幽，則南稱明，從可知也。"各本如此，唯宋刊八行本、《要義》作"北稱幽都，南稱明，從可知也。""則"作"都"，從上句。阮元謂"'則'字非"，日本東方學院《尚書正義定本》附校記則謂校者誤讀疏文"經冬言幽都，夏當云明都"，輒改孔傳。余謂《定本》校記所言良是。疏文明言"傳不言'都'者，從可知也"，意謂經言"幽都"，傳但言"幽"，無"都"字，從經文可知之也。則傳文無"都"字，孔穎達所見如是。疏又云："幽之與明，文恒相對，北既稱幽，則南當稱明，從此可知，故於夏無文。"此即釋孔傳"北稱幽，則南稱明，從可知也"。亦可知孔傳原無"都"字。阮元《校記》主"則"誤,"都"是,不可從。黃懷信先生點校本以宋刊八行本爲底本,又信阮元説,故作"幽都",不出校,亦非其宜。又魏了翁《要義》"則"作"都",由此似可知《要義》從宋刊八行本出。《堯典》"虞書"疏:"則鄭注書序舜典一。""書"字宋刊八行本、《要義》俱訛作"盡",似亦可見《要義》源出宋刊八行本也。

(二)足利八行宋本與北圖八行宋本之不同

(1)《堯典》監本卷二第三頁八行疏:"《肆命》二十,《原命》二十一。"北圖八行本同,足利八行本"肆命"作"伊陟"。又第四頁六行疏:"宅嵎夷爲宅嵎鐵。"北圖八行本同。足利八行宋本"鐵"作"崻"。

(2)《堯典》監本卷二第十六頁六行疏:"據'世掌'之文。""據",山井鼎所校足利八行宋本作"是"。今觀北圖八行本實作"據"。各本亦作"據"。盧文弨《拾補》據山井鼎說改"據"爲"是"。《定本校記》則云:"據,[足利]八行本作'是',恐非。"

(三)足利宋刊八行本修版之可取者

《盤庚上》監本卷九第一頁十六行疏:"束晳云:《尚書序》:盤庚五遷,將治亳殷。舊說以爲居亳。亳殷在河南。孔子壁中《尚書》云'將始宅殷'。是與古文不同也。《漢書·項羽傳》云:'洹水南,殷墟上。'今安陽西有殷。束晳以殷在河北,與亳異地也。然孔子壁內之書,安國先得其本。此'將治亳殷',不可作'將始宅殷'。'亳'字摩滅,容或爲'宅'。壁內之書,安國先得,'始'皆作'亂',其字與'治'不類,無緣誤作'始'字。知束晳不見壁內之書,妄爲説耳。"澤遜按:"'始'皆作'亂',其字與'治'不類,無緣誤作'始'字",各書皆然。山井鼎《七經孟子考文》云:"[宋板]作'安國先得,治皆作亂,其字與始不類'。"山井鼎所云宋板乃足利學藏宋刊八行本,今檢楊守敬從日本攜歸另一八行本(北圖藏),實作"'始'皆作'亂',其字與'治'不類,無緣誤作'始'字"。前一"始"字旁有小字"治","治"字旁有小字"始"。蓋某氏據足利本校也。足利本爲八行本之修版,此二字殆後來挖版也。阮元校記云:"宋板作'治皆作亂,其字與始不類'。按:宋板是也。"實沿山井鼎。澤遜檢單疏本,作"'始'皆作'乱',其字與'治'不類,無緣誤作'始'字。""治"字,帛書《老子》甲本作 (《漢語大字典》1549頁),單疏本乱,當爲三點水旁之變體,口字則由右下移至左下, 旁加大,變爲右旁之し。則宋刊單疏本之

"乿"當爲"治"字之古文。則"始皆作亂"當爲"治皆作亂"之誤。"其字與治不類",當作"其字與始不類"。魏了翁《尚書要義》正作"治皆作亂,其字與始不類"。足利學八行宋本挖改近是。而"亂"字當以宋刊單疏本爲近古,他本作"亂",皆"乿"之訛字也。黃懷信先生點校本從山井鼎、阮元改,唯仍作"亂"字,是未校宋刊單疏本也,故不得其的。

(四)宋刊單疏本、宋刊八行本之親緣關係

《泰誓下》監本卷十一第十七頁十行經:"爾眾士其尚迪果毅以登乃辟。"疏:"言能果敢以除賊,致此果敢。"宋刊單疏本、宋刊八行本"賊""致"二字間均有一字之空白。

(五)《尚書要義》與宋刊八行本近緣

《堯典》卷二第二十三頁一行疏:"皆以秋分之日昏時並見。"各本同,唯宋刊八行本、《要義》二本脫"皆"字。

(六)纂圖互注本有孔傳、陸釋文相淆者

《舜典》"曰若稽古帝舜,曰重華,協于帝"下釋文:"曰若稽古帝舜曰重華協于帝。此十二字是姚方興所上,孔氏傳本無。阮孝緒《七錄》亦云然。方興本或此下更有:濬哲文明,溫恭允塞,玄德升聞,乃命以位。凡二十八字異,聊出之。於王註無施也。"此釋文七十四字,纂圖本直接傳文,遂使傳文、釋文混而爲一,驟視之皆傳文也。李鈺女史校至此來問,因記之。

(七)纂圖互注本引"朱氏"說《武成》錯簡

李楊女史指出纂圖互注本《武成》篇引及"朱氏云",乃討論《武成》錯簡者,唯不言朱氏何人。余疑爲朱子。即以蔡沈《書集傳》付李楊,列出原本分段次序、"朱氏"調整意見、蔡沈調整意見,則朱氏、蔡沈大抵一致。唯"既生魄,庶邦冢君暨百工,受命于周"與下文"王若曰……予小子其承厥志",纂圖本爲一段,朱氏云此爲第五段。蔡沈則自"王若曰"另爲一段,"既生魄……受命于周"接"示天下弗服"之下,"王若曰……予小子其承厥志"接"大告武成"之下。乃朱、蔡不同。李楊依朱氏意見剪貼《武成》,則朱氏與蔡傳之不同實僅一段,即"王若曰……予小子其承厥志"

一段，朱氏接"受命于周"之後，蔡氏接"大告武成"之後，餘則無異。考《朱子語類》卷七十九朱子討論《武成》錯簡，云有定本，"'王若曰'一段當在'大告武成'之下"。且朱子強調此乃與前輩主要之不同，云"比前輩只差此一節"。朱子駁斥某氏之説"或連'受命于周'之下，以爲命諸侯之辭"。蔡沈則與朱子一致。可見纂圖互注本引"朱氏"錯簡説與朱子説不相容，當非一人也。唯無論何家之説，纂圖本皆存一種宋人關於《武成》錯簡之意見。此則言纂圖互注本者所未及也。

（八）纂圖互注本訛字

《堯典》："岳曰：异哉，試可乃已。"孔傳："异，已也，退也。"纂圖互注本、十行本、永樂本、閩本、監本、毛本、阮本均同。宋刊八行本、宋王朋甫本、宋魏縣尉宅本、蒙古平水本、岳本均作"异，已。已，退也"。阮元《校勘記》已指其誤，唯謂"今本之誤甚明"。實則其誤自纂圖互注本已然。十行本與纂圖互注本均福建產，似有親緣關係。

（九）宋魏縣尉宅本脱文

（1）《大禹謨》監本卷四第二頁十七行經："曰：后克艱厥后，臣克艱厥臣，政乃乂，黎民敏德。"孔傳："敏，疾也。能知爲君難，爲臣不易，則其政治，而衆民皆疾修德。"疏："許慎《説文》云：敏，疾也。是相傳爲訓。爲君難，爲臣不易，《論語》文。能知爲君難，爲臣不易，則當謹慎恪勤，求賢自輔，故其政自然治矣。"宋刊單疏本、宋刊八行本、十行本、永樂本、閩本諸本皆同。唯宋魏縣尉宅本脱"《論語》文。能知爲君難，爲臣不易"十二字。殆以"爲君難，爲臣不易"重出而致也。

（2）《大禹謨》監本卷四第四頁一行經："益曰：都，帝德廣運，乃聖乃神，乃武乃文。皇天眷命，奄有四海，爲天下君。"疏："益承帝言，歎美堯德曰：嗚呼，帝堯之德，廣大運行，乃聖而無所不通，乃神而微妙無方。乃武能克定禍亂，乃文能經緯天地。"宋刊單疏本、宋刊八行本、十行本、永樂本、閩本各本均同。唯宋魏縣尉宅本脱"之德，廣大運行，乃聖而無所不通，乃神而微妙無方。乃武"二十二字。按：宋魏縣尉宅本疏文每行二十二字，此正脱一行，與《漢書·藝文志》所言《尚書》脱簡情形同。

（3）《洪範》監本卷十二第八頁二行經："曲直作酸（孔傳：木實之性），從革作辛。"各本如此，唯魏縣尉宅本脱"酸（孔傳：木實之性）從革作"，計經文四字、孔傳四字。宋刊八行本、蒙古平水本、永樂本、十行本正德修版均不脫。纂圖互注本、宋王朋甫本、岳本亦不脫。

（十）宋魏縣尉宅本衍文

（1）《盤庚上》監本卷九第一頁八行序："民咨胥怨。"孔傳："胥，相也。民不欲徙，乃咨嗟憂愁，相與怨上。"疏："言君奢者，以天子宮室奢侈，侵奪下民。言民奢者，以豪民室宇過度，逼迫貧乏。"宋刊單疏本、宋刊八行本、蒙古平水本、十行本、永樂本、監本均同，唯宋魏縣尉宅本"侵奪下民"下衍"言民奢者，以天子宮室奢侈，侵奪下民"十五字。是言君、言民上下二節參錯而致者。

（2）《盤庚中》監本卷九第十七頁三行經："予念我先神后之勞爾先，予丕克羞爾，用懷爾然。"孔傳："言我亦法湯大能進勞汝，以義懷汝心。而汝違我，是汝反先人。"疏："故知神后謂湯也。下高后、先后，與此神后一也。神者言其通聖，高者言其德尊。此神后言先，於高后略而不言先。其下直言先后，又略而不言高，從上省文也。"宋刊單疏本、宋刊八行本、蒙古平水本皆如是。宋魏縣尉宅本於"高后略而不言先"下衍"其下直言先后，又略而不言先"十二字，是上下文雜錯而致。永樂本、十行本正德修版均沿魏縣本衍此十二字，永樂本當從十行本出，則十行本與宋魏縣尉宅本有淵源關係。昨見宋魏縣尉宅本《大禹謨》疏文脫十二字，又脫二十二字，又《盤庚上》衍疏文十五字，十行本、永樂本均不脫、不衍，疑十行本與宋魏縣尉宅本不相屬。今見此例，則十行本與魏縣尉宅本確有淵源關係，而十行本於刊刻時又有校勘，訂宋魏縣尉宅本之脫、衍也。其未發現而沿魏縣尉宅本衍文者則此例可證。又，李元陽本從元刊明修十行本出，而此衍文十二字已刪正，知李元陽本亦有校勘之功。監本、毛本、殿本均不衍，是沿李元陽本也。

（十一）宋魏縣尉宅本之訛字

《盤庚中》監本卷九第十七頁三行經："予念我先神后之勞爾先，予丕克羞爾，用懷爾然。"疏："故《論語》云：愛之能勿勞乎？"宋魏縣尉宅本作："愛人能物勞乎。"誤"人""物"二字。

（十二）宋魏縣尉宅本與十行本近

《堯典》監本卷二第二十四頁三行疏："周天三百六十五度四分度之一。""三"，宋魏縣尉宅本、十行本、永樂本、阮本作"二"。是宋魏縣尉宅本、十行本較近之一證。

（十三）十行本誤改

《説命上》監本卷十第二頁十四行經："王庸作書以誥曰：以台正于四方，惟恐德弗類。"（孔傳：我正四方，恐德不善。）"惟"，唐石經、宋刊八行本、纂圖互注本、宋魏縣尉宅本、蒙古平水本、岳本、毛本作"台"。浦鏜《正字》："'惟'，毛本誤'台'。案：今本皆作'台'。"阮元《校記甲》："台恐德弗類。'台'，葛本、十行、閩、監、纂傳俱作'惟'。按：唐石經、岳本俱作'台'。"阮元《校記乙》："惟恐德弗類。葛本、閩本、明監本、纂傳同。唐石經、岳本、毛本'惟'作'台'。"台，我也。北大本、黃本作"台"，是。"台"字誤"惟"自十行本始，永樂本、閩本、監本從之。毛本改"台"，殆從宋本。

（十四）注疏本釋文有較單行本繁者

《堯典》："鳥獸毛毨。"《經典釋文》單行本："毨，先典反。"注疏本十行本、永樂本、閩本、監本、毛本均作"毛毨，下先典反。"多"毛""下"二字。

（十五）十行本漫漶致李元陽本誤刻

《堯典》監本卷二第十八頁九行疏："即諸宿每日昏旦莫不當中。""當"，宋刊單疏本、宋刊八行本、宋魏縣尉宅本、蒙古平水本、《要義》本、永樂本均作"常"。元刊明修十行本漫漶爲"甞"。李元陽本據元刊明修十行本重刻，因誤爲"當"，監本、毛本、殿本沿李元陽本。山井鼎指出宋版作"常"，盧文弨校本改"常"，阮元《校記甲》云："宋板、十行俱作'常'，按'常'字是也。"

（十六）十行本壞字致阮元本誤刻

孔穎達《尚書正義序》："古之王者事摠萬機。""王"，元刊明修十行本此版爲正德六年補版，"王"作"王"，似壞字，或誤刻。阮元《校記甲》："'王'，十行本誤作'正'。"南昌本作"正"，阮元《校記乙》："'正'，當作'王'。"則阮元所見十行本作"正"，或誤認"王"爲"正"。今作《彙校》，實事求是，校記明云："'王'，十行本作'王'，阮元作'正'。"壞字之當出校記，此其例也。

（十七）李元陽本之校讎

（1）《堯典》監本卷二第三頁十六行疏："載孚在亳。""亳"，單疏本作"亳"，宋刊八行本、宋魏縣尉宅本、十行本、永樂本均作"亳"。李元陽本改爲

"亳",監本、毛本、殿本沿李元陽本。是李元陽本自有長處也。而誤自宋刊八行本始。阮元既沿十行本誤,又不出校,亦是一失。

(2)《堯典》監本卷二第四頁十五行疏:"購募遺典。""募",宋刊單疏本、宋刊八行本、宋魏縣尉宅本、蒙古平水本、十行本、永樂本皆作"募"。至李元陽本改"募",監本、毛本、殿本沿李元陽本。阮本作"慕",沿十行本也。

(3)《堯典》監本卷二第四頁七行疏:"心腹腎腸。""腎",十行本、永樂本作"賢"。閩本改"腎",是。宋刊單疏本、宋刊八行本、宋魏縣尉宅本、蒙古平水本均作"腎"。

(4)《堯典》監本卷二第八頁八行經:"允恭克讓,光被四表,格于上下。"孔傳"允信"至"天地"疏:"故以表爲外,向下向上。""下",十行本、永樂本均作"不"。李元陽閩本改作"下",與宋刊單疏本、宋刊八行本合。

(十八)李元陽本訛誤

(1)《堯典》監本卷二第二頁二行疏:"君陳君牙與畢公之類亦命也。"按:"畢公",宋刊單疏本、宋刊八行本、宋魏縣尉宅本、蒙古平水本、十行本、永樂本皆作"畢命"。李元陽閩本誤"畢公",監本、毛本、殿本沿之,作"畢公"。阮元云:"'公'字非也。"又云:"毛本'命'誤作'公'。"甚是。唯誤自閩本始,監本亦誤,均在毛前,阮校未之及,而歸罪於毛本,不妥。十行本、閩本、監本、毛本爲阮校四大主本,但真正詳校者,僅十行本、毛本二本而已。

(2)《堯典》監本卷二第十八頁八行疏:"推舉一星之中。""推",宋刊單疏本、宋刊八行本、《要義》、永樂本、阮元本均作"惟",宋魏縣尉宅本、蒙古平水本、十行本作"惟",亦"惟"字。閩本、監本、毛本、殿本作"推",是作"推"自閩本始。殆以十行本作"惟",近"推",而致訛也。監本、毛本、殿本皆沿閩本之訛。其源流可觀也。

(3)《堯典》監本卷二第二十頁五行疏:"計秋言西成,春宜言東生。但四時之功,皆須作力,不可不言力作,直說生成。明此以歲事初起,時言東作,以見四時亦當力作。""時",宋刊單疏本、宋刊八行本、宋魏縣尉宅本、蒙古平水本、十行本、永樂本皆作"特",李元陽本作"時",監本、毛本、殿本從李元陽本。盧文弨《拾補》以毛本作"時"爲非,改爲"特"。阮元《校記甲》《校記乙》皆云"作'特'非"。澤遜按:孔疏謂唯東言"作",其他四時皆不言作,實亦須力作,特以四時之初言力作,其餘四時省之耳。故作"特"是,盧說可從。阮殆以"時"從上讀,爲"歲事初起時",則與上下文意不合,不可從。北大出版社本從阮説,改"特"爲"時",亦非也。黄懷信先生用宋刊八行本,作"特",不出校記。余謂宜出校記,説明閩本訛,監本、毛本、殿本沿誤,以見其變。

（4）《堯典》監本卷二第二十四頁一行疏:"故以㲎毛解之。""㲎毛",宋刊單疏本、宋刊八行本、宋魏縣尉宅本、蒙古平水本、十行本、永樂本俱作"㲎毳",李元陽本作"㲎毛",監本、毛本、殿本沿李元陽本。盧文弨改"毛"爲"毳"。阮元《校記甲》云:"毛字誤。"閩本、監本、毛本、殿本之一脈相承於此可見。

（十九）李元陽本臆增例

《堯典》監本卷二第十九頁十三行疏:"'寅,敬也',《釋詁》文。""也"字,宋刊單疏本、宋刊八行本、宋魏縣尉宅本、蒙古平水本、十行本、永樂本均無,閩本、監本、毛本、殿本有。是閩本增一"也"字。澤遜按:此疏"寅賓出日,平秩東作"傳文"寅,敬;賓,導;秩,序也"。疏謂"寅,敬"出《爾雅·釋詁》。孔疏於孔傳無"也"字者,例不加"也"字。如本篇下文"疇咨若時登庸"孔傳:"疇,誰;庸,用也。"疏:"'疇,誰',《釋詁》文。""都共工方鳩僝功"孔傳:"都,於,歎美之辭。"疏:"'都,於',《釋詁》文。"同上孔傳:"鳩,聚;僝,見也。"疏:"'鳩,聚',《釋詁》文。"其孔傳有"也"字者,疏文亦不録"也"字。如"分命羲仲,宅嵎夷,曰暘谷"孔傳:"宅,居也。"疏:"'宅,居',《釋言》文。""日永星火"孔傳:"永,長也。"疏:"'永,長',《釋詁》文。"知李元陽本"'寅,敬也',《釋詁》文"一句之"也"字乃臆加。盧文弨《拾補》云:"毛本'敬'下有'也'字,衍。"甚是。唯衍文不始於毛本,而始於李元陽本。

（二十）北監本訛字

《堯典》監本卷二第十八頁四行疏:"自下降監,則稱上天。""下",宋刊單疏本、宋刊八行本、宋魏縣尉宅本、蒙古平水本、十行本、永樂本、閩本、阮本作"上"。浦鏜、盧文弨、阮元皆云"上"是。作"下"自監本始,毛本、殿本沿其誤。

（二十一）北監本臆改例

（1）《堯典》監本卷二第十七頁十行疏:"主岳與否,不可得知"。"與",宋刊單疏本、宋刊八行本、宋魏縣尉宅本、蒙古平水本、十行本、永樂本、閩本均作"以"。盧文弨《拾補》云:"'以否'猶'與否',疏内多如此。"阮元《校記甲》:"唐人'與否'多作'以否'。"是監本改"以否"爲"與否",不懂唐人習語也。毛本、殿本皆從監本。阮本從十行本,作"以",不誤。

（2）《盤庚上》監本卷九第二頁三行疏:"蓋盤庚後王有從河自亳地遷於洹水之南,後又遷于朝歌。""河自"之"自",宋刊單疏本、宋刊八行本、宋魏縣尉宅本、蒙古平水本皆作"南"。十行本明修版、永樂本、李元陽本作"有"。監本作"自",毛從監本。阮元《校記乙》云:"有從河有亳地遷於洹水之南。閩本同,宋本'河有'作'河南'。案:'南'字是也。明監本、毛本作'河自',亦誤。"澤遜按:誤"有"字當從十行本始,監本覺其不通,改爲"自",毛本、殿本俱沿監本,皆誤。夫十行本誤"南"爲"有",尚屬形近之訛,北監本改"有"爲"自",則係覺其不通而臆改之也。

（3）《洪範》經文:"曰雨曰霽曰蒙曰驛曰克曰貞曰悔,凡七。"孔傳:"卜筮之數。"下接經文:"卜五,占用二。"李元陽閩本"卜五"之"卜"誤爲小字孔傳,與上孔傳連讀爲"卜筮之數卜"。北監本以義不可通,又以其上經文"凡七",因改孔傳爲"卜筮之數七"。至毛本則改正之,殿本沿毛本,良是。

（二十二）北監本校讎之誤

《堯典》監本卷二第十頁六行經:"百姓昭明,協和萬邦,黎民於變時雍。"孔傳:"言天下眾民皆變化從上。""從",宋刊八行本、宋王朋甫本、纂圖互注本、宋魏縣尉宅本、蒙古平水本、岳本、十行本、永樂本、閩本作"化"。監本改"從",毛本、殿本沿監。按:下文疏:"於是變化從上,是以風俗大和。"殆爲監本所據。唯傳"昭亦"至"大和"疏:"故知謂天下眾人皆變化化上,是以風俗大和。"又云:"民言於變,謂從上化。""從上化"即"化上"。又云:"百姓昭明,亦是變上。""變上"即"化上"。則孔傳仍以"化上"爲是。北監本改"從上"非。阮元不置可否,是未深考。黃懷信先生點校本從毛本、殿本作"從上",更謂疏不釋"化上",非。監本既改孔傳"化上"爲"從上",又改疏文"故知謂天下眾人皆變化化上"之"化上"爲"從上"。雖文從字順,實不必改。

（二十三）北監本校讎之可稱道者

（1）《堯典》監本卷二第四頁十八行經:"聰明文思,光宅天下。"孔傳:"言聖德之遠著。"釋文:"著,張慮反。"宋魏縣尉宅本同。"慮",十行本、永樂本、閩本作"盧",《經典釋文》作"慮",北監本改"慮",是校讎之一證也。阮本作"慮",亦經改正也。

（2）《堯典》監本卷二第十六頁二行疏："其後三苗復九黎之德。""德"，宋刊單疏本、宋刊八行本、宋魏縣尉宅本、蒙古平水本、十行本、永樂本、閩本均作"惡"。監本改"德"，毛本、殿本從北監。阮本從十行作"惡"。盧文弨云："官本從《國語》作德。"阮元《校記》云："作'惡'與《國語·楚語》異。"《定本校記》云："'惡'，監本依《楚語》改作'德'，似是。徐氏友蘭《羣書拾補識語》云：本爲'悳'，譌'惡'。"然則，監本改"德"是也。黃懷信先生從八行本作"惡"，校記云《國語》作"德"，"九黎之德，即謂其惡。"余謂仍以徐友蘭説爲長。

（3）《堯典》監本卷二第十七頁四行疏："黎司地以屬人。""司"字，宋刊單疏本、宋刊八行本、宋魏縣尉宅本、蒙古平水本皆同。十行本、永樂本、閩本、阮本作"言"，乃十行本之訛。監本改"言"爲"司"，毛本、殿本沿之。阮元《校記甲》云："十行、閩本俱作'言'，誤。"阮元《校記乙》云："毛本'言'作'司'。案所改是也。"實則監本改，毛沿監本耳。是監本重校讎也。

（4）《堯典》監本卷二第十九頁五行疏："但日由空道，似行自谷，故以谷言之。非實有深谷，而日從谷以出也。""以出"，宋刊單疏本、宋刊八行本、宋魏縣尉宅本、蒙古平水本、《要義》本、十行本、永樂本、閩本作"之出"。監本、毛本、殿本作"以出"，阮元《校記甲》云："作'之'似誤。"改"之"爲"以"自監本始。

（二十四）"底本之是非"與"立説之是非"或難遽定

《堯典》監本卷二第二十二頁十六行疏："三時皆言日，惟秋是夜。故傳辨之云'春言日，秋言夜，互相備'也。互著明也。明日中宵亦中，宵中日亦中，因此而推之，足知日永則宵短，日短則宵長，皆以此而備知也。"其中"互著明也"，宋刊單疏本、宋刊八行本、宋魏縣尉宅本、蒙古平水本、《要義》本、十行本、永樂本、閩本皆作"互者明也"。至明監本改爲"互著明也"，毛、殿沿監本。阮元《校記甲》云："'著'，十行、閩本俱誤作'者'。"《校記乙》亦云："著字是也。"澤遜按："互者明也"以下爲孔穎達疏解"互相備"之義，依文氣，當斷爲"互者，明也。""互"訓"明"，於古無徵，故監本改爲"互著明也"。以"著明"連讀，通則通矣，是否孔穎達原文則殊難定奪。孔穎達謂"互者，明也"，或是誤説，孔疏之誤又豈止一二哉？既不能證明爲傳寫誤字，則不能爲古人改文章也。阮刻本仍作"互者明也"，從十行本之舊，僅在校記中謂"者"字誤，可見其謹慎。日本《定本》亦作"者"，而僅於校記中謂"監本作著"，不置可否，則慎之又慎者也。而北大出版社本、上海古籍出版社本均改"者"爲"著"，引阮説爲據，轉不如阮元不改舊文之高明也。段玉裁云："是非有二,曰底本之是非,曰立説之是非。"是二者固難確定,寧從其舊,而於校記中申其意可也。

(二十五)殿本所據爲北監本修版

殿本《考證》稱監本誤某而監本實不誤者,屢有所見。如《益稷》監本卷五第十三頁十二行疏:"案鄉射記云。"殿本《考證》:"疏鄉射記云〇鄉,監本訛卿。今改正。"又十八行疏文:"故撻之書之。"殿本《考證》:"'故撻之'訛'故捷之',今改正。"李衛軍檢萬曆北監本作"鄉""撻",不誤。以是推知,殿本所據監本亦修版也。

(二十六)殿本據《經典釋文》改注疏内釋文之非

《堯典》監本卷二第二十六頁一行經:"象恭滔天。"釋文:"滔,吐刀反。""吐"字注疏各本及宋王朋甫本、纂圖互注本、岳本俱同。《經典釋文》宋本亦同。《釋文》通志堂本作"土"。殿本作"土",是據通志堂本《釋文》改。雖音同,實不可也。注疏本或附釋文本自宋代已廣行之,所據自爲宋代之《釋文》文本,宋代之《釋文》文本不必盡同,則清人所見《釋文》未必即宋人所見《釋文》也。又與經注疏合編之時,屢經删减改易。其間異同是非,遽難確定,固以存其舊爲優也。

(二十七)浦鏜據監本修版之誤

浦鏜稱監本誤某,監本初印實不誤,殆修版誤。如:

(1)《堯典》監本卷二第十七頁十行:"惟司天地。"浦鏜《正字》云:"'惟',監本誤'怍'"。今檢初印監本實作"惟",不誤。

(2)《堯典》監卷二第四頁十八行經:"聰明文思。"釋文:"聰,千公反。"浦鏜《正字》:"千公切,監本'千'誤'于'。"澤遜按:監本實作"千",不誤。浦據修版之誤也。又殿本誤"于",以其所據萬曆監本爲修版誤"于"所致也。庫本又沿殿本,亦誤爲"于"。

(二十八)浦鏜摘句之誤

《堯典》監本卷二第十八頁五行疏:"春氣博施,故以廣大言之;夏氣高明,故以遠言之。"浦鏜《正字》:"春氣博施,故以遠大言之。脱'大'字,從《爾雅疏》校。"按:摘句"春氣博施"當作"夏氣高明"。盧文弨《羣書拾補·尚書注疏攷正》已改正。

（二十九）浦鏜、阮元用北監本修版之誤

（1）《尚書序》監本卷一第三頁七行疏："七十子喪而大義乖。"浦鏜《正字》云："'子'，監本誤'于'。"阮元《校記甲》："'子'，監本誤作'于'。"檢萬曆監本實作"子"，蓋浦、阮用修版也。

（2）《尚書序》監本卷一第三頁十一行疏："又舟檝取渙。"浦鏜《正字》云："'檝'，監本誤從手。"按萬曆監本實從木，浦鏜所據，蓋修版誤也。

（3）《堯典》監本卷二第六頁十行疏："同於鄭玄矣。"浦鏜《正字》云："'鄭'，監本誤'奠'。"阮元《校記甲》亦云："'鄭'，監本誤作'奠'。"而萬曆監本實作'鄭'，不誤。

（4）《堯典》監本卷二第二十一頁十行疏："言各正三月之中氣也。""正"，浦鏜《正字》云："'正'，監本誤'王'。"阮元《校記甲》："'正'，監本誤作'王'。"檢北監本實作"正"。此二例殆浦用修版，阮又襲浦也。

（三十）盧文弨襲浦鏜例

（1）《堯典》序監本卷二第六頁十五行疏："故有致異。"浦云："'致'疑'茲'字誤。"盧云："'致'疑'茲'。"

（2）同上："除虐去殘曰湯。"浦云："'虐'、'殘'二字，案《諡法解》互異。"盧云："案《諡法解》'虐'、'殘'互易。"

（3）《堯典》監本卷二第十八頁十行疏："昏中可以種穀。"浦鏜《正字》："'穀'，《史記正義》作'稷'。"盧文弨《拾補》："《史記正義》'穀'作'稷'。"顯襲浦鏜。

（4）《大禹謨》監本卷四第二十頁十六行疏："《禮運》云：聖人順民，天不愛其道。"浦鏜《正字》云："'聖人順民'四字，約義言之，非成文。"盧文弨《拾補》："《禮運》云：'聖人順民。'四字乃約義言之，非成文。"此四例皆盧文弨沿浦鏜說，而不注所出。

（三十一）盧文弨誤校誤讀例

《堯典》監本卷二第五頁十二疏："聰明文思，即其聖性行之於外，無不備知。故此德充滿，居止於天下而遠著。"盧文弨《拾補》改"居止"爲"居上"。澤遜按："居止於天下而遠著"爲一句，"居止"承上"充滿"，謂充滿而長存也。若"居上於天"則於義不通。各本均作"止"，唯十行本作"上"，顯誤，又殿本作"正"亦"止"之

形誤也。盧改誤。

（三十二）乾隆重刊岳本考證之誤

《君牙》，岳本《考證》："案：《禮記·緇衣》引此篇'暑雨祁寒'之文，作'君雅'，鄭康成注：'雅'，《書》序作'牙'，假借字也。監本、閣本並作'君惟'，誤甚。"澤遜按：《君牙》篇題監本、毛本實均作"君牙"，至於"君惟"，乃《釋文》"君牙或作君惟"語，非經文標題也。岳本考證非。

（三十三）阮本誤倒

《大禹謨》監本卷四第二十頁五行疏："禹拜受益之當言。""受益"二字阮本誤倒爲"益受"。張鈞衡影刻宋本（實爲永樂本）校記云："阮本'拜受'二字誤倒。"非。當作"阮本'益受'二字誤倒"。

（三十四）阮校、阮刻之非

《堯典》監本卷二第一頁五行："堯典第一。"疏："以此第一者，以五帝之末，接三王之初，典策既備，因機成務，交代揖讓，以垂無爲，故爲第一也。""垂"字，宋刊單疏本、宋刊八行本、宋魏縣尉宅本、蒙古平水本、永樂本均作"重"。元刊明修十行本"重"字漫漶。李元陽本據元刊明修十行本重刊，因誤爲"垂"。監本、毛本、殿本皆沿李元陽本作"垂"。阮元本從元刊明修十行本出，亦誤爲"垂"。山井鼎《考文》針對毛本作"垂"，云足利宋本作"重"。盧文弨《羣書拾補》改毛本"垂"作"重"。盧氏既見山井鼎《考文》，雖不云依據，實據山井鼎所稱"宋板作'重'"可知也。阮元《校記甲》則云："宋板'垂'作'重'，非也。"亦就山井鼎所稱"宋板作'重'"立說，而阮元見盧氏《拾補》，并多引用，此駁盧說甚明也。及南昌重刊十行本，徑作"垂"，而不出校記。學者以阮本爲據，則不知有"重""垂"之分歧也。黃懷信先生點校本以八行本爲底本，原作"重"，黃改"垂"，云："'垂'原誤'重'，阮云：'宋板作"重"，非也。'今改正。"此則是非顛倒，皆以不校舊本，不明致誤之軌迹也。焦桂美問校書之法，書此示之。

（三十五）阮元《校記》之非

（1）《堯典》監本卷二第十三頁十行經："寅餞納日。"孔傳："餞，送也。日出言導，日入言送。"疏："以此而從送入日也。""入日"，各本同，毛本作"日入"。阮元

《校記甲》:"日入二字,十行、閩、監俱倒。"《校記乙》:"毛本'入日'作'日入',案:'入日'誤倒也。"澤遜按:經文"寅餞納日"與上文"寅賓出日"對應。寅,敬。賓,迎。餞,送。出日,鄭玄云即朝日。孔穎達云"納、入同義"。鄭玄云納日即"夕日"。"寅賓出日",孔安國傳云"敬導出日"。則"寅餞納日",即"敬送入日"也。"入日"不倒,義甚明晰。阮校記不可從。北京大学出版社本據阮校改"入日"爲"日入",尤謬。至於疏文另有"東方之官當恭敬導引日出","西方之官當恭敬從送日入",乃另一語境,"日出"謂日之出升,"日入"謂日之落下。至於"出日",謂出升之日,"入日"謂下落之日。各言一義,均不誤也。毛本改"入日"爲"日入",是未解其不同,而臆改之也。阮元從而是之,亦未深究也。黃懷信先生本從八行本作"入日",不從阮說,良是。唯以"從"字絕句,作"以此而從,送入日也",不知"從送"爲"餞"之釋義,"從送入日"即"餞納日","從"字不當讀。

(2)《堯典》監本卷二第二十五頁十八行經:"靜言庸違。"孔傳:"言共工自爲謀言,起用行事而違背之。""違背"二字,宋刊八行本、宋魏縣尉宅本、蒙古平水本作"背違",十行以下各本作"違背"。山井鼎《考文》云足利古本作"背違"。盧文弨從古本、宋本改"違背"爲"背違"。阮元《校記甲》則云:"'違背'二字古本、宋板俱倒。"北京大学出版社本從阮本作"違背",上海古籍出版社黃懷信先生點校本從八行本作"背違",均不出校記。澤遜按:背違、違背文義均通,唯古本、宋刊八行本、宋魏縣尉宅本、蒙古平水本作"背違",又本條孔傳之孔穎達疏:"及'起用行事而背違之',言其語是而行非也。"各本作"背違",與古本、宋本合,則當作"背違"可知也。十行本作"違背"誤倒。盧說是,阮說非也。又檢宋王朋甫本、纂圖互注本、乾隆重刊岳本,孔傳皆作"違背",則誤倒自南宋已然。

(三十六)阮元《校記》襲浦鏜《正字》

《堯典》監本卷二第二十三頁九行疏:"摠言北方是萬物所聚之處。""北方"毛本作"此方"。浦鏜《正字》:"'此',監本誤'比'。後可知者不出。"阮元《校記甲》:"'此',監本誤作'比'。後可知者不悉校。"實則監本作"北",不作"比"。阮元襲浦說而不舉其名者甚多,殊非其宜。

(三十七)阮校所據唐石經與皕忍堂摹刻有異

《堯典》監本卷二第十四頁八行經:"朞,三百有六旬有六日。"阮元《校記》云:"'朞',唐石經、纂傳俱作'期'。"按:皕忍堂摹刻唐石經作"朞",此字筆畫多爲雙鉤，殘存"其"之末筆，殆石本殘損，萬曆間補刻小石作"期"，阮元據以入校記也。

（三十八）阮元《校記甲》摘句有誤讀

《堯典》"鳥獸希革"孔傳："夏時鳥獸，毛羽希少改易。革，改也。"（殿本斷句）阮元《校記甲》摘句"改易革改也"五字，似誤讀。

（三十九）阮元《校記乙》與正文失照

《堯典》阮本卷二第十三頁十六行疏："惟舉一星之中。""惟"，本卷末附校勘記作"推"。究其原因，阮元《校記甲》作"推舉一星之中"。《校記甲》底本爲毛本。閩本、監本、毛本、殿本四本皆作"推"字，誤。宋刊單疏本、宋刊八行本、宋魏縣尉宅本、蒙古平水本、十行本、永樂本則作"惟"。阮刻本從十行本出，故作"惟"。其南昌本校記從文選樓單刻本出，底本既換，《校記》自須改易。改造未盡，故此條仍作"推"。當改爲："惟舉一星之中。宋本同。毛本'惟'作'推'。"

（四十）阮元《校記乙》有不及《校記甲》者

《堯典》監本卷二第十頁十行疏："百姓蒙化，皆有禮儀照然而明顯矣。""照"，宋刊單疏本、宋刊八行本、宋魏縣尉宅本、蒙古平水本、十行本、永樂本皆作"昭"。閩本、監本、毛本作"照"。則改"昭"爲"照"，當自閩本始。阮元《校記甲》："'照'，十行本作'昭'，是也。"知阮元當時以十行本校毛本，出此校記，並謂"昭"是。至爲平允。至阮元《校記乙》則云："岳本、宋本'昭'作'照'，閩本以下同。"夫岳本僅經、注、音義，無疏，此條校記針對疏文，"岳本"自爲空談。至於"宋本"，亦不知所據。阮所云"宋本"已明言見山井鼎《七經孟子考文》，《考文》無此條，阮元殆誤記也。則岳本、宋本都不足據。"閩本以下同"，殆謂閩本、監本、毛本同。而不置可否，亦不及《校記甲》也。

（四十一）阮元《校記乙》"宋本"不盡可據

（1）《堯典》監本卷二第二頁十四行疏："莊八年左傳云夏書曰"。"云"字毛本作"引"，各本作"云"。阮元《校記乙》："宋本、毛本'云'作'引'，案：'引'字是也。"澤遜按：宋刊單疏本、宋刊八行本、宋魏縣尉宅本、蒙古平水本、永樂本皆作"云"，山井鼎《考文》、物觀《補遺》亦未出校。則阮所云"宋本"作

"引",恐係誤記。"云"字自可通。毛本作"引"乃因下文"僖二十四年左傳引夏書曰"而臆改。

（2）《堯典》監本卷二第四頁十五行疏："購募遺典。"阮元《校記乙》："宋本、閩本、明監本'慕'作'募'。"澤遜按：宋刊單疏本、宋刊八行本、宋魏縣尉宅本、蒙古平水本、十行本、永樂本俱作"慕"。阮本稱宋本作"募"，恐係誤記。

（四十二）張鈞衡《校記》摘句之誤

《太甲上》釋文校記："○普慈反，上脫丕字。"按："慈"字乃"悲"字之誤。永樂本作"悲"，他本同。

（四十三）張鈞衡《校記》之誤

《堯典》監本卷二第十四頁五行經："鳥獸氄毛。"釋文："氄，如勇反。徐又音奧充反"。"奧"字永樂本、閩本、監本同。《經典釋文》作"而"，宋王朋甫本、纂圖互注本、宋魏縣尉宅本、蒙古平水本各本均作"而"，與《釋文》同。十行本缺此頁。案："而"字作"奧"，自永樂本始，永樂本據十行本重刻，則當從元十行本始作"奧"。閩本、監本皆從之作"奧"。當係因上文孔注"皆生奧毳細毛"，下文"奧，如兗反"而誤。繆荃孫代張鈞衡爲永樂本（當時誤爲宋本）作校記，認爲阮本作"而"誤，永樂本作"奧"是，實不足據也。仍當以《釋文》及宋刊附音本作"而"爲是。

（四十四）《尚書正義定本》校記引盧文弨校未確

《堯典》監本卷二第五頁十四行疏："言昔在者，從上自下爲稱。"盧文弨《拾補》云："'自'疑'目'。"《定本校記》云："'自'，盧氏改作'目'。"殊非其實也，盧氏但疑之耳。

（四十五）《尚書正文定本》據疏文改正文之可議

《尚書序》監本卷一第九頁十三行："贊易道以黜八索。"《定本校記》："'贊'，各本作'讚'，今從疏。"澤遜按：正文與疏用字不同，爲異體字者頗多，未可依彼改此，或依此改彼，宜存其舊。

《史記新本校勘》序

賈二強

　　辛德勇教授在陝西師範大學求學及工作期間，我有幸與他先爲同學後爲同事，因他入學早我兩屆，依例我須尊之爲學兄。德勇學兄研究生入學投於史念海先生門下，專攻歷史地理之學，而其時業師黄永年先生於中國古代史唐史專業亦招收研究生，以黄先生稔熟於古代文獻典籍，史先生遂要求德勇學兄等弟子須同時修習黄先生所開授的各門課程。以此之故，德勇學兄又拜黄先生爲師而居其入室弟子，與我成爲同門。初識30多年以來，交往不絶，相知甚深，對德勇學兄的學問人品，我始終敬佩有加。這部大作告竣，蒙德勇學兄青眼看顧，以作序之事囑之於我，雖自忖以我之分之學不盡合宜，惶恐之餘，恭敬不如從命，勉力爲之，不敢以佛頭著糞爲托詞耳。

　　《史記》係乙部之首，爲古代典籍最要者之一，歷代學人於是書用力甚勤。尤其有清一代，學風向實，乾嘉之時漢學大興，經典文本校勘得到普遍重視，而治書之學亦由經入史，《史記》自得到極大關注，文字考訂校勘創獲頗豐，錢大昕《廿二史考異》、王念孫《讀書雜志》及梁玉繩《史記志疑》等，皆其中之皎皎者。尤其清末同治時金陵書局刊行《史記》，董其事者張文虎撰《校刊史記集解索隱正義札記》，博采諸家之說，其文字之精轉出清代通行武英殿本乃至歷代諸本之上，從而受到時人推重。20世紀50年代，中華書局組織學者系統點校"二十四史"，顧頡剛、賀次君、宋雲彬、聶崇岐等前輩名家擔綱《史記》之役，以金陵局本爲底本，精加標點分段，從而爲學界和讀者提供了一部可以信據並方便閱讀使用之本，此後幾十年間大受好評，遂

作者簡介：賈二強（1954—）陝西師範大學歷史文化學院教授。

成爲國際學界廣爲通行且印行最多的標準定本。

清季金陵書局本通行以降，百多年來《史記》校訂復取得多項進展，其要者如張元濟《百衲本二十四史校勘記》、日人瀧川資言《史記會註考證》、王叔岷《史記斠註》、施之勉《史記會註考證訂補》、日人水澤利忠《史記會註考證校補》等，加之諸多相關考論專文，采擇這些成果對《史記》重新予以整理，成爲學界的迫切需要，2005 年中華書局啓動《史記》等"二十四史"及《清史稿》的修訂，正是對學界要求的積極回應。經專家團隊和中華書局數年的不懈努力，《史記》修訂本 2013 年終於刊布。總體而言，此次修訂工作相當全面且認真縝密，除對於一個多世紀以來的成果盡量吸納，在校勘方面亦廣求異本，使用了宋元明清各代重要版本乃至日本所藏多種《史記》古鈔殘本，覆蓋之全之廣更超邁前人。中華書局對此項工作高度重視，在初稿告竣之後，邀請部分專家徵求意見進行完善，特別是在正式刊行後又根據學界意見短時間内即予修訂重印，是爲出版界少有之舉，充分體現出對學術對讀者認真負責的精神。

《史記》傳世已二千多年，其成書年代遼遠，歷代傳抄刊印，其版本難以臚舉，文字訛奪在所難免，加之内容博大，記事綿長，古今思想觀念、語辭文句、名物制度、地理風習等諸多演進轉遷，學人雖投入巨大精力續加勘校，然其中若干歧見在理解和認識上莫衷一是，歷朝歷代對其校訂皆難稱盡善，由此注定修訂工作的複雜性和階段性，必然成爲需要一代一代學人不斷進行的一項事業。此次新修訂本作出了前所未有的努力，但仍然不可能畢其功於一役，尚留有不無可商可榷之處。

德勇學兄在《史記》修訂本付梓之前有幸受邀參與初稿及徵求意見稿之審查，表達過一些看法，在印行之後復對初次印本和二次印本若干部分細加審視勘校，續有所得，又爲回應新修訂本主要承擔人在印行之後所發表的體會說明，撰成數篇文字，這應是學人對《史記》新修訂本的整理校點率先公開提出的系統意見，值得學界和讀者重視。

廣西師範大學出版社慧眼識珠，決意彙集德勇學兄諸作以《史記新本校勘》之名刊布行世，我亦有幸於第一時間得以捧讀書稿。全稿共 30 餘萬字，以針對對象、撰寫時間不同，爲互不聯屬的 5 篇獨立文字。所涉《史記》本紀、表、書、世家和列傳各部分，計有《五帝本紀》《殷本紀》《秦本紀》《秦始皇本紀》《高祖本紀》《吕太后本紀》《孝文本紀》，《三代世表》《六國年表》《秦楚之際月表》《漢興以來諸侯王年表》，《樂書》《曆書》《天官書》《封禪書》《河渠書》，《吳太伯世家》《燕召公世家》《楚世家》《魏世家》《廉頗藺相如列傳》《淮陰侯列傳》《田儋列傳》《樊酈滕灌列傳》《田叔列傳》《匈奴列傳》

《南越列傳》《淮南衡山列傳》《龜策列傳》等 29 篇，共 56 條。此作在形式上雖與前人同類著述相類，係讀書札記體，但文字普遍較長，除少數爲千字左右的短文外，大多達數千字，其或爲上萬乃至數萬字的宏篇鉅制，單獨視之完全可以獨立成文，就一處（一段）文字如此深究細論，這或可成爲典籍校勘的一種新的樣式。

德勇學兄天賦稟異，聰穎敏達，興趣寬泛，思慮慎周，精力旺盛，勤奮非凡，入道以來，所獲頗豐。其治學所涉，除當行之歷史地理學外，於中國古代史及古文獻學等領域亦用力頗深，多有不同凡響的創見，書稿充分體現了其治學的這一顯著特點。茲略舉二例以見其概。

第一篇之《河渠書》第二條是書稿中文字最長的一條，達 23 000 餘字。其中關於辨析"東方則通鴻溝江淮之間"之"鴻溝"，頗可窺見其於歷史地理學之造詣。德勇學兄大學所習爲地理專業，其於此道用功頗深。憶及當年閑聊，他言及學習相關課程時，曾每每於夜深人靜月高星朗之際，在運動場上默記星圖，這令我深爲吃驚並十分感佩，如此專注於學焉得不精！其所問學之史念海先生，爲學界巨擘，是公認的當代歷史地理學的奠基人之一。歷史上的黃河河道及其流域水系地勢變遷，爲近世歷史地理學界的研究重點之一，史念海、譚其驤等當代學者於此問題高度關注，在歷代文獻記載的基礎上，引入現代地理學的研究方法，結合實地考察踏勘，取得多項突破性的認識。德勇學兄深得乃師真傳，此條所涉之"鴻溝"的考訂，尤可一窺其於此學的深厚學術功力。此處所言"鴻溝"，明清學者不無疑竇，多以爲應是邗溝，因語涉上文之鴻溝而訛。德勇學兄則指明其誤顯而易見，"稍加斟酌，就會發現，在其基本出發點、亦即視江淮之間這一所謂'鴻溝'爲邗溝這一點上，實際上違背了一個更大的道理，這就是連通江水和淮水兩大水系的這一所謂'鴻溝'，與我們熟知的邗溝不在同一地理方位之上。"繼而就列國在戰國時期的疆域範圍、鴻溝之原始詞義、溝渠之別及渠之本義等關鍵性問題廣引博徵、反復究詰，一一辨明前人所以致誤之由，從而論定此處《史記》原文了無疑義，所謂鴻溝實爲位於戰國時期楚國東境內溝通長江支流施水與淮河支流肥水的一條人工水道，即今人所論之"巢肥運河"，而"鴻溝"在當時亦並非專指而是像"大溝"一樣的泛稱。其説依據堅實，考辨精細，所見合於情理而毫無窒礙，當爲不刊之論。此爲文字校勘之一例。

德勇學兄近些年來於秦漢史事用功頗深，已刊布《秦漢政區與邊界地理研究》《建元與改元》《海昏侯劉賀》等著作及專文多篇，所論多迥異時輩。而其考校《史記》文字，往往與治史緊密契合，誠如其於此稿第三篇篇首所言，"在利用《史記》從事研究的過程中，又陸續發現一些值得斟酌的問題，每有所識，又隨手寫下"，因而較之專事文字校勘者，自別是一重境界。如第二篇之《高祖本紀》第二條重點考訂人所共知的"約法三章"之語義。此條亦爲萬字長文，爲準確理解，德勇學兄於此不憚繁細，備錄漢王至霸上後召見秦父老豪傑之舉上下相關史事的全文 500 餘字。"與父老約法三章耳"，中華書局原點校本和徵求意見本皆標點爲"與父老約，法三章耳"，"約"字解作"約定"。然而宋代以前"約法三章"多連讀，而此處"約"字解作"省約"。德勇學兄以爲，兩種不同斷句關係到劉邦入關之後所采取的這一法律措施的性質，是秦漢法制體系變遷過程中一個十分特殊的過渡環節的重大問題，在點校本中不能不盡可能真切地反映其固有的涵義，因而不能不詳加辨析。於"約"字後點斷，始於宋人，以其得到大學問家王應麟的主張，尤其是經過清代考據家的大力宣揚，遂於後來影響頗廣。德勇學兄於此追本溯源，以《漢書·文帝紀》有關文字及顏注、《漢書·刑法志》《鹽鐵論》《後漢書》等早期文獻及《晉書》《舊唐書》中類似記事一一備舉詳加考求，論定此"約法三章"之"約"意確爲"省約"之義，後人之別解實緣於承上文之"與諸侯約"句而罔顧文義強作對句解所致。其論之周全已無剩義，至此歷代聚訟不已的一樁公案，終得以完滿解決。此爲標點（句讀）之一例。

所舉有限，其他雖不暇枚舉，然書稿似此之論可謂精義疊出，在在可見。

黃永年師爲當世學問大家，其治學範圍博大，兼跨文史，尤以精於文獻考據而上追乾嘉諸老享譽士林。德勇學兄欽仰其學，在校時即朝夕問道於先生，情同父子，入京後仍假先生入京公事之餘，或前來西安參加各類活動，甚或通過電話請安等各種機緣，時時求教切磋，因之得以一探先生治學之精髓。加之本人沉迷學術，其學問日益精進，於古文獻之學浸潤甚深，出版有論文集《縱心所欲》《石室賸言》等，涉及諸多版本學、目錄學内容。尤其是其考證功夫已臻化境，堪稱一流，其所撰考據文字，以有如水銀瀉地，密不透風況之諒不爲過，當世年輩相侔者少有其倫。德勇學兄又性喜訪書藏書，有京師藏家之名號，其謹遵黃先生"書非讀不必藏也"之師訓，酷嗜研讀，綜覽群籍，故其學之廣博亦鮮見其匹。書稿所涉甚爲龐雜，除上舉所擅之輿地、史事等，尚及於律曆（第一篇之《封禪書》第二條、第二篇之《曆書》第一條第二條、第三篇之《三代世表》第一條、《秦楚之際月表》第一條、第四篇之《孝文本紀》第二條、第五篇之《天官書》第一條），禮樂（第一篇之《封禪書》第四條、第二篇之《樂書》第一條、第四篇之《孝文本紀》第一條）等專科之學，因我所知無多，愧而無從置喙。

一般而言，舊式典籍校勘文字較少使用傳世文獻之外材料，而德勇學兄則突破這一藩籬，大量采擇多種各類其他材料，爲取信於世，幾皆附相關插圖，除相關要籍書影之外，尚隨處可見簡册圖版、石刻拓本、圖表地圖、古器物圖及壁畫等，不僅提供了多重證據，亦可一見德勇學兄治學的現代意識，這也是書稿的一大特色。

如上所陳，書稿之論校勘標點所得自具獨立價值，應爲後來續加修訂及閱讀使用《史記》者所重。然其意義不唯如此，自陳垣先生於 20 世紀 20 年代撰成《元典章校補釋例》，提出著名的"校法四例"，此後遂成爲從事校勘之學的不二準則。黃永年師《古籍整理概論》結合現實工作，對陳氏之説略有添補變通，其中又增益標點等相關內容。德勇學兄於書稿各篇多有專門文字講論校勘標點之體會，文中亦時見相關插議，所言雖是針對具體實例而發，然多可進一步完善前輩成説，在今或應視爲校理同類典籍的一種基本範式。

書稿第二篇卷末德勇學兄引張文虎當年的感慨"古書本難校，而莫難於《史記》"，並進而議曰："《史記》一書校刻之難，古今似無大別，而留給後來者的問題，往往更爲艱深複雜，從而愈加需要集思廣益，博采衆説而平心折衷之。"誠哉斯言！這類典籍，前輩學人已反復校訂，以傳統校勘的對校、本校、他校手法，若無新出材料則可做工作實已極爲有限，需要今人所做當屬理校。而此校法陳垣先生云："遇無古本可據，或數本互異，而無所適從之時，則須用此法。此法須通識爲之，否則鹵莽滅裂，以不誤爲誤，而糾紛愈甚矣。故最高妙者此法，最危險者亦此法。"書稿所及，則皆爲前人爭議存疑而未能解決的難點，目前恐僅能運用此法。德勇學兄嫻於理校，且言之鑿鑿，幾無賸義。德勇學兄續校所得，對於《史記》及類似經典的整理，提供的最重要借鑒或即在於其自序所言："校勘《史記》，其難度之大和影響之巨，在中國古代典籍中都是比較少見的，因而尤須慎重其事，同時也需要衆多學者，從各自熟悉的學術領域和具體問題出發，貢獻意見。"而這衆多學者，我以爲不僅僅限於長於文字校勘的文獻整理專家和其他相關的文史專家，還應擴而廣之，包括其他所涉各類學科甚或科學史的專門研究者。

中華書局新印紙皮簡裝本《史記》補斠

辛德勇

2014年8月,中華書局修訂本《史記》又出版紙皮簡裝本(俗稱"平裝本"),據云在精裝修訂本的基礎上,又做了很多改動,新增校記六十條,文字愈加完善。然古人云校書如掃落葉,終無盡期。前此,在精裝本印行之前和印行過程之中,以及正式印成之後,我曾先後寫過三篇文章,指出一些需要改訂或是斠酌的地方。獲讀新出紙皮平裝本後,在研讀《史記》治史過程中,陸續又發現一些需要予以校訂的問題。茲鈔錄於此,以供讀太史公書者參考。需要說明的是,本文涉及的問題,主要是我覺得應該予以校訂而今中華書局本沒有出校的內容,並不是新出版的紙皮簡裝本又增添了新的錯誤。

一、秦 本 紀

(一)《史記·秦本紀》原文

其玄孫曰中潏,在西戎,保西垂。生蜚廉。蜚廉生惡來。惡來有力,蜚廉善走,父子俱以材力事殷紂。周武王之伐紂,并殺惡來。是時蜚廉爲紂石北方,還,無所報,爲壇霍太山而報。得石棺,銘曰:"帝令處父不與殷亂,賜爾石棺以

作者簡介:辛德勇(1959—),北京大學中國古代史研究中心教授。

華氏。"死,遂葬於霍太山。①

今中華書局點校本在"遂葬於霍太山"句下附有校勘記云:"'遂'下高山本有'以'字,《水經注》卷六《汾水》同。"②補入這個"以"字,文義或許會稍顯精準些,不補則似更爲簡潔,二者各有優劣,實在很難説補了好、還是不補更好。其實這段話中還有比這更大的問題,即"蜚廉爲紂石北方"和"賜爾石棺以華氏"這兩句話都念不成句子,其中必有舛誤,本來也可以通過《水經注》做出校勘,但令人遺憾的是,點校者却未加利用。這不知是因疏忽而漏掉,還是因别無版本依據而不便采納。

〔今案〕

"蜚廉爲紂石北方"和"賜爾石棺以華氏"這兩句話的文字訛誤,由來已久。南朝劉宋徐廣著《史記音義》,所據寫本中"蜚廉爲紂石北方"這一句話,就與今本相同。稍後裴駰撰《史記集解》,引述徐廣之説曰:"皇甫謐云作石椁於北方。"③從中可以看出,在這一點上,"皇甫謐所見本已誤"④,這更把這一訛誤出現的時間,向前提早到西晉時期。唐人張守節著《史記正義》,特地把這個"爲"字的讀音注作"于僞反"⑤,亦即讀作去聲,用現在的白話來説,就是將其理解爲"替""給"之類的語義,而"石"字則用作動詞,表示製作或采買石材、石料之類的意思。同時,張守節解釋"還,無所報,爲壇霍太山而報,得石棺"數語云:"紂既崩,無所歸報,故爲壇就霍太山而祭紂,報云作得石椁。"這樣一來,單純從字面上看,"蜚廉爲紂石北方"這句話,乃謂蜚廉到北方去給紂製作或采買石材、石料。按照皇甫謐和張守節的理解,這種石材、石料也就是文中提到的"石棺"。相互對比可知,皇甫謐和張守節兩人以爲,所謂"石棺"具體是指"石椁";或者如清人姚範所説,棺、椁(槨)兩字的差別,不過"記憶不同耳"⑥。

然而,"帝令處父不與殷亂"句中的"處父",是蜚廉的"别號"⑦。石棺上"帝令

---

① 《史記》卷五《秦本紀》,北京:中華書局,2014年,第225頁。
② 《史記》卷五《秦本紀》卷末附《校勘記》,第278頁。
③ 《史記》卷五《秦本紀》劉宋裴駰《集解》,第225頁。
④ (清)張文虎:《校刊史記集解索隱正義札記》卷一,北京:中華書局,1977年,第54頁。
⑤ 《史記》卷五《秦本紀》唐張守節《正義》,第226頁。
⑥ (清)姚範:《援鶉堂筆記》卷一五《史部》一,清道光十五年姚瑩刻本,第7a—7b頁。
⑦ 《史記》卷五《秦本紀》唐司馬貞《索隱》,第226頁。

處父不與殷亂,賜爾石棺"云云之銘文,顯然是講上天想讓蜚廉免遭殷末的戰亂,並賜給他石棺。從而可知,皇甫謐等人把"蜚廉爲紂石北方",理解成蜚廉爲殷紂王"作石椁於北方",這是很不妥當的。蓋如上所述,皇甫謐在西晉見到的《史記》,文字已經與今本無異,他和張守節一樣,都衹是强就字面望文生義而已。

針對"蜚廉爲紂石北方"這句話和皇甫謐的注解,唐人司馬貞的看法,還算多少有些道理:"'石'下無字,則不成文,意亦無所見,必是《史記》本脱,皇甫謐尚得其説。徐雖引之而竟不云是脱何字,專質之甚也。"① 其合理的地方,是看出《史記》這條記載文字存在問題,但司馬貞以爲"石"字下有脱文,所説並不妥當。清人沈濤就此提出批評説:"下文云'還,無所報,爲壇霍太山而報,得石棺',則此爲石,非爲石椁也。蓋蜚廉爲紂采石北方,如後世花石綱之類。士安(德勇案:皇甫謐字士安)謂作石椁,涉下文而誤,小司馬遂疑爲脱文,非也。"② "石椁"與"石"誠非一事,不過沈濤以"花石綱"做類比,來坐實"石"字的含義,實際上比司馬貞的看法更欠妥當。

又"賜爾石棺以華氏"這句話,其"華氏"二字前後了不相干,其間必有訛誤。司馬貞依舊隨文釋義,强自作解,謂乃"言處父至忠,國滅君死而不忘臣節,故天賜石棺,以光華其族"。但這麽彆扭的説法,連司馬氏本人都不太相信,隨即注云:"事蓋非實,譙周深所不信。"③ 即謂三國時人譙周,就對"帝令處父不與殷亂,賜爾石棺以華氏"這一銘文,深表懷疑。

司馬貞看出《史記·秦本紀》這段內容文字已遭舛亂,但卻沒有找到究竟是哪裏出了問題。清代乾隆年間以來,則有一批學者相繼對此作出了訂正。

首先是寫《史記志疑》的梁玉繩,引述《水經注》和《太平御覽》考證説:

余考《水經注》六述此事,言"飛廉先爲紂使北方";《御覽》五百五十一卷引《史記》,亦曰"時飛廉爲紂使北方"。"使"字甚確,當因傳寫譌"使"爲"石",非字有脱。皇甫説不足據,因下有"石棺"而妄言之。徐廣引之以著異同,元非以補《史》缺,而亦不知其誤也。至《御覽》四十卷引《史》又言"蜚

---

① 《史記》卷五《秦本紀》唐司馬貞《索隱》,第225—226頁。
② (清)沈濤:《銅熨斗齋隨筆》卷三"爲紂石"條,北京:中華書局,1965年,《清人考訂筆記七種》影印清咸豐七年沈氏自刻本,第16b頁。
③ 《史記》卷五《秦本紀》唐司馬貞《索隱》,第226頁。

廉先爲紂作石槨",必兼采徐注以臆增改耳。①

今檢覈《水經注》和《太平御覽》②,知梁氏所説誠是。《水經注》雖然不是轉録《史記》原文,但兩相比較,可知其相關記述,必是直接出自《史記·秦本紀》。故稍後洪頤煊、沈濤、張文虎乃至近人顧頡剛等人也表述了相同的看法③。今理應據以訂正《秦本紀》的文字,把"蜚廉先爲紂石北方"改爲"蜚廉先爲紂使北方"("蜚廉"與"飛廉"互通,史籍中並存有這兩種不同的寫法)。

把"石"改正爲"使",除了文句本身順暢之外,這還與蜚廉以"善走"的"材力"侍奉於殷紂王的情況相符,即唯其"善走",纔"爲紂使北方";若是派人去北方搬弄大石頭,那就不會指使蜚廉,而應該派遣他那個以"有力"的"材力"而服事帝辛的兒子惡來前去辦理了。

又《水經·汾水注》記蜚廉築壇霍太山所得石棺的銘文爲:"帝令處父不與殷亂,賜汝石棺以葬。"④顧頡剛以爲據此可以推斷,今本《史記·秦本紀》"賜爾石棺以華氏"之"華",乃"爲'葬'之誤文,'氏'則衍文也"。

顧氏且論之曰:

因知當時《史記》流傳,有善本,有誤字較多之本。皇甫謐、裴駰所得之本,"使"已誤作"石",不得其解,則遂以下文"石棺"解之。司馬貞之本,"葬"已誤作"華",又衍一"氏"字,不得其解。遂望文生義,以"光華其族"解之。於是《史記》文義模糊千載矣。幸有《水經注》在,一經對勘,荆葛遂除,比較資料之重要於此可見。⑤

---

① (清)梁玉繩:《史記志疑》卷四,北京:中華書局,1981年,第120頁。
② (北魏)酈道元:《水經·汾水注》,據清王先謙《合校水經注》卷六,北京:中華書局,2009年,影印清光緒十八年長沙思賢講舍原刻本,第100頁。(宋)李昉等:《太平御覽》卷五五一《禮儀部·棺》,北京:中華書局,1985年,影印宋本,第2494頁;又卷四〇《地部·霍太山》,第191頁。
③ (清)洪頤煊:《讀書叢録》卷一七"紂石北方"條,清道光二年廣東富文齋刻本,第5a頁。(清)沈濤:《銅熨斗齋隨筆》卷三"爲紂使"條,第668頁。(清)張文虎:《校刊史記集解索隱正義札記》卷一,第54頁。顧頡剛:《顧頡剛讀書筆記》第七卷下《湯山小記》十五"由《水經注》校出《史記·秦本紀》之誤文與誤注"條,臺北:聯經出版事業公司,1990年,第5442頁。
④ (北魏)酈道元:《水經·汾水注》,據清王先謙《合校水經注》卷六,第100頁。
⑤ 顧頡剛:《顧頡剛讀書筆記》第七卷下《湯山小記》十五"由《水經注》校出《史記·秦本紀》之誤文與誤注"條,第5442—5443頁。

此等荆葛糾纏，業已年深日久，一旦遽然除之，諸如裴駰《集解》、司馬貞《索隱》、張守節《正義》都將失去依傍，無所附麗。因而，不妨僅在校勘記中，添列條目，予以説明。

除了梁玉繩、顧頡剛等訂正的這兩處文字之外，"賜爾石棺"的"爾"字，《水經注》作"汝"，而《太平御覽》卷五五一引述的《史記》，也是寫作"賜汝石棺"。不過"爾""汝"二字何者爲正，目前還很難確定（司馬貞《史記索隱》依據的本子，與今傳世本一樣作"爾"①）。張文虎在校勘《史記》的《札記》中，曾列置這一異文，稱"《御覽》作'汝'"②。這樣的處理方法，比較妥當。這一異文也應該寫入新點校本《史記》的《校勘記》中。

歸納上文所論，若是回歸其本來面目，《史記·秦本紀》相關內容，似宜改定如下：

> 是時蜚廉爲紂使北方，還，無所報，爲壇霍太山而報。得石棺，銘曰："帝令處父不與殷亂，賜爾（或作"汝"）石棺以葬。"死，遂葬於霍太山。

當然，如上所説，由於誤本流傳歲月久遠，將錯就錯衍生出的注疏還要與之相依並行，實際上已經不宜徑自改易正文。

關於這段文字，另外需要適當參考的是，《太平御覽》卷五五一引錄的《史記》，其石棺銘文乃書作："天令處父與發亂，賜汝石棺。"這裏的"與"字顯然不如今本《史記》的"不與"合乎邏輯，同時在"石棺"之下也有闕文，但"天令"與"帝令"孰優孰劣，孰正孰誤，却還可以進一步斟酌。譬如上引《史記索隱》即謂"天賜石棺"，而不是"帝賜石棺"，透露出當年司馬貞依據的《史記》，很有可能也是書作"天"字。

更爲重要的是，"發亂"與"殷亂"文義截然相反，即"發"字可以解釋成周武王姬發。清人沈濤即持此説，且謂應以"發"字爲是：

> "帝令處父不與殷亂，賜爾石棺以華氏"，《太平御覽》五百五十一《禮儀部》引作"不與發亂"，蓋古本如是。發，武王名也，言不與周武之難耳。今本乃淺人所改。
>
> 又案《索隱》曰"言處父至忠，國滅君死而不忘臣節，故天賜石棺以光華其族。事蓋非實，譙周深所不信"云云，夫以處父爲忠，是以武王爲叛矣，又豈得

---

① （唐）司馬貞：《史記索隱》卷二，北京：中華書局，1991年，重印《叢書集成初編》排印《史學叢書》本，第19頁。

② （清）張文虎：《校刊史記集解索隱正義札記》卷一，第55頁。

云"殷亂"哉！①

今案"處父至忠，國滅君死而不忘臣節"，這是唐人司馬貞對《史記·秦本紀》的理解，而不是《史記》敘述的歷史事實，不能用它來證明天帝"以武王爲叛"。單純就《史記》的文句本身，很難斷定究竟應該是寫作"殷亂"，還是"發亂"。不過作"發亂"者僅此一見，除了《水經注》記述同事之外，《太平御覽》卷四〇《地部》摘録《史記·秦本紀》，也是書作"殷亂"②，而且如上所述，在"天令處父與發亂"這句話中，"與"上奪落一"不"字，文句肯定存在一定問題。加之殷紂王係末世亂國的昏君，而周武王則屬創世開國的英主，這是古史中普遍的説法，按理不應該有"發亂"的説法。綜合考慮上述情況，"發"字應屬"殷"的形訛，沈濤所説不宜信從。

理順訂正《史記·秦本紀》上述文句，還有助於我們更好地認識中國石刻銘文興起的地域和因緣。秦始皇東巡，在各地大規模刻石，這是中國早期石刻文化地域傳播過程中的一件大事，從這一點來看，秦國自然是中國古代石刻的一處重要起源地，衆所周知的石鼓文則是其淵源之一。

以往論及中國早期的石刻銘文，除了秦國的石鼓文之外，有些人會提到《韓非子》中如下一段記載：

> 趙主父令工施鈎梯而緣播吾，刻疏人跡其上，廣三尺，長五尺，而勒之曰："主父常遊於此。"秦昭王令工施鈎梯而上華山，以松柏之心爲博，箭長八尺，棊長八寸，而勒之曰："昭王嘗與天神博於此矣。"③

這個故事的真實性姑且置而不論，唯韓非子係戰國時人，此説至少可以反映出當時趙國很可能與秦國一樣，很早就有了諸如此類的摩崖石刻。

20世紀30年代，在戰國時期與趙國毗鄰的中山國陵墓區内，曾發現有一塊刻有銘文的"河光石"（案即河卵石）。石塊較大，90釐米×50釐米×40釐米，石面上分作兩行，刻有十九個字，係陵墓附近監管捕魚池囿的人和守陵人刻字於石以敬告後來

---

① （清）沈濤：《銅熨斗齋隨筆》卷三 "'殷亂'當作'發亂'"條，第16b—17a頁。
② （宋）李昉等：《太平御覽》卷四〇《地部·霍太山》，第191頁。
③ 《韓非子·外儲説左上》，據陳奇猷：《韓非子集釋》卷一一，上海：上海人民出版社，1974年，第643—644頁。顧頡剛：《顧頡剛讀書筆記》第九卷下《高春琐語》二 "趙武靈王及秦昭王之刻石"條，第7373頁。

賢者①（圖1）。這是目前所知，最早出現在陵墓附近、在位置上與後來的墓碑可能具有某種關聯的石刻銘文。如果按照高明近年的研究，把《石鼓文》的上石年代定在秦惠王時期的話②，這兩種石刻的年代，可謂大體相當。因而，在探討中國石刻銘文的地域起源時，對趙國及其毗鄰地區，尤其應當給予關注。同樣值得注意的是，目前所知，緊繼秦始皇東巡刻石以及秦二世續刻的銘文之後，在西漢時期最早見到的石刻銘文，是清代道光年間在河北永年西部山中發現的漢文帝後元六年鐫"趙廿二年八月丙寅群臣上醻此石北"摩崖石刻③（圖2）。這件"群臣上醻刻石"的出現，同樣表明趙國及其周邊地區，在中國古代石刻銘文的早期發展階段，占據着非常重要的地位。

圖1　戰國中山國墓地守陵人敬告銘文　　圖2　西漢漢文帝後元六年群臣上醻刻石

---

① 河北省文物管理處：《河北省平山縣戰國時期中山國墓葬發掘簡報》，刊《文物》1979年第1期，第1—3頁。
② 高明：《論石鼓文年代》，刊《考古學報》2010年第3期，第311—322頁。
③ （清）沈濤：《交翠軒筆記》卷一，北京：中華書局，1965年，《清人考訂筆記七種》影印清道光二十八年沈氏自刻本，第4a—5a頁。（清）陸增祥：《八瓊室金石補正》卷二《群臣上醻刻石》，北京：文物出版社，1985年，影印民國乙丑吳興劉氏希古樓刻本，第2頁。

《史記·秦本紀》稱天帝在霍太山賜予蜚廉的石棺,上面有銘文曰"帝令處父不與殷亂,賜爾石棺以葬",這雖然祇是一種傳説[1],但却反映出當此傳説形成之際,在這一帶應當有類似的石刻銘文存在。《漢書·地理志》記載霍太山在河東郡彘縣[2]。這裏在戰國時雖然歸屬於魏國,但却與趙之上黨密邇相連。更爲重要的是,此前在晉國的歷史上,霍太山(又作"霍泰山")與趙氏曾有密切關聯。先是在獻公十六年,晉"伐霍、魏、耿,而趙夙爲將伐霍,霍公求犇齊。晉大旱,卜之,曰'霍太山爲祟',使趙夙召霍君於齊,復之,以奉霍太山之祀,晉復穰。晉獻公賜趙夙耿"。後來在趙襄子四年,有三神人遺襄子朱書曰:"趙毋卹(案趙襄子名毋卹),余霍泰山山陽侯天使也。三月丙戌,余將使女反滅知氏。女亦立我百邑,余將賜女林胡之地。……"史稱"襄子再拜,受三神之令",果然聯合韓、魏兩國,"反滅知氏,共分其地",論功行賞,"遂祠三神於百邑",並安排其心腹原過"主霍泰山祠祀"[3]。昔顧頡剛論及《史記·秦本紀》之蜚廉史事,謂此事"恐亦是趙國傳説,以霍太山爲趙地,正與趙襄子拜受霍太山三神令同也。史遷以之編入《秦本紀》者,以蜚廉爲秦、趙所同祖也"[4]。

依顧氏所説,《秦本紀》之石棺銘文,同樣出自趙國的故事傳説。雖然不能依據這種傳説來推論商末周初在後來戰國趙國境域及其附近地區已經出現鎸刻銘文的石棺,但它却反映出當這種傳説流行於趙國的時候,刻銘於石,應該已經不是一種很罕僻的現象。顧頡剛所説秦、趙兩國的同源關係,還提示我們,早期石刻銘文的實物和記載都出現於這兩個諸侯國及其周邊地區,或許不是偶然的巧合,而這一點將有助於我們進一步探討中國的石刻銘文究竟是産生於震旦故土,還是從域外輸入的一種文字表述形式。

與此石棺銘文傳説性質相似,遲至從北宋時期起,在趙國故地還流傳有一種"吉日癸巳"石刻。所謂"吉日癸巳"石刻,最初刊刻在今河北贊皇縣境內壇山,"在寒山絕壁,昧昧然人不知識,埋没□千年",北宋時這裏隸屬於趙州。北宋仁宗皇祐四年,宋祁由亳州轉徙定州,"過趙日,嘗訪此字於士大夫間",於是,趙州知州"王君使縣人尋訪,得之巖石之上"。翌年,繼任知州李中祐命當地縣令劉莊,派人將銘文鎸取下

---

[1] 案近年清華大學入藏的戰國竹書《繫年》,顯示蜚廉在武王滅商之際,乃"東逃於商盍(蓋)",至"成王伐商盍(蓋)",始被周人殺掉。説詳李學勤:《清華簡關於秦人始源的重要發現》,原刊《光明日報》2011年9月8日,此據作者文集《初識清華簡》,上海:中西書局,2013年,第140—144頁。
[2] 《漢書》卷二八上《地理志》上,北京:中華書局,1962年,第1550頁。
[3] 《史記》卷四三《趙世家》,第2149頁,第2163—2164頁。
[4] 顧頡剛:《顧頡剛讀書筆記》第六卷《西齋讀書記》之"蜚廉爲紂石北方亦趙國傳説"條,第4540頁。

來，送至州衙，李氏"以別石加灰補之，俾方正，上題'書目癸巳之記'"（德勇案"書目"二字應屬"吉日"訛誤），然後"鑲廳事右壁而陷置之"，而據北宋時人葉夢得言，此經移置之原石復於政和五年被宋徽宗索走，詔命"取藏禁中"，今久已毀失不存，唯在贊皇另有翻刻者流傳①。不過清初人楊賓在見到所謂覆刻銘文之後，"以爲石質龐玩，確是三代間物"，所謂徽宗索石之説，乃"得之傳聞，不足信"，後來韓崇見到據此模拓的紙本，也稱譽其"氣概雄遠，筆力圓勁，當不在石鼓下"②。這一銘文，在北宋時期本以號稱周穆王刻石而受到金石家的高度關注。然而歐陽脩在英宗治平四年，即藪以《穆天子傳》，謂《穆天子傳》但云登山，不言刻石"③，至趙明誠著《金石錄》，更進一步提出質疑説："穆王時所用皆古文科斗書，此字筆畫返類小篆。又《穆天子傳》《史記》諸書皆不載，以此疑其非是。"④後來治碑版之學者，對其真實性亦率多持懷疑乃至否定態度。

可是，據歐陽脩所説，當地圖經嘗記載這一銘文云："《穆天子傳》云穆天子登贊皇山以望臨城，置壇此山，遂以爲名。'癸巳'誌其日也。"⑤歐陽脩是北宋中期人，他看到的這種圖經，至少是宋代前期所修，甚至有可能編著於唐代，而所謂金石之學，正是至歐陽脩時代始臻於興盛，在這之前，由於無利可圖，是不大可能有人跑到贊皇縣的深山裏面去贋造"吉日癸巳"這一銘文的。宋祁經由此地時特地尋訪此石，也應該是看到當地的圖經之後纔産生這一想法⑥。也就是説，不過因當地編纂圖經的官員或士人性情風雅，偶然記述了這一古代遺迹而已。

---

① （清）王昶：《金石萃編》卷三《壇山刻石》，北京：中國書店，1985年，第2b—3b頁。（宋）歐陽脩：《集古錄跋尾》卷一"周穆王刻石"條，北京：中國書店，1986年，《歐陽修全集》本，第1095頁。（宋）王稱：《東都事略》卷六五《宋祁傳》，臺北："中央圖書館"，1991年，影印南宋眉山程舍人宅刊本，第991頁。（宋）陳思：《寶刻叢編》卷六《趙州》之"周穆王吉日癸巳"條引宋王厚之《復齋碑錄》及宋人葉夢得、施宿語，上海：商務印書館，1937年，《叢書集成初編》排印《十萬卷樓叢書》本，第170頁。（宋）葉夢得：《避暑錄話》（明末毛氏汲古閣刻《津逮秘書》本）卷下，第20b—21b頁。

② （清）韓崇：《寶鐵齋金石文跋尾》卷上，北京：北京圖書館出版社，2003年，影印清光緒戊寅刊《滂喜齋叢書》本，第642—643頁。

③ （宋）歐陽脩：《集古錄跋尾》卷一"周穆王刻石"條，第1095頁。

④ （宋）趙明誠：《金石錄》卷一三"吉日癸巳字"條，北京：中華書局，1983年，《古逸叢書三編》珂羅版影印北京圖書館藏南宋刻本，第242—243頁。

⑤ （宋）歐陽脩：《集古錄跋尾》卷一"周穆王刻石"條，第1095頁。

⑥ 案（宋）陳思：《寶刻叢編》卷六《趙州》之"周穆王吉日癸巳"條（第170頁）引葉夢得語，謂此"吉日癸巳"刻石，"唐以前無所傳聞，而世定以爲穆王書，自宋景文祁發之，且以《穆天子傳》爲証耳"。宋祁在路過此地時請當地官員幫助尋訪此字，這一情況顯示，宋氏應當和歐陽脩一樣，此前已經從當地圖經上獲悉贊皇附近山中有所謂周穆王上石的"吉日癸巳"石刻，故葉夢得的説法不宜信從。

根據趙明誠所說字體，我想有理由推測，"吉日癸巳"這一銘文，應該是秦統一後至西漢前期，當地人在贊皇山中舉行某種活動時鐫刻的紀念性標記，猶如西漢文帝時群臣上醻刻石，而二者前後相承，適可互證。至於它被世人推重爲周穆王留下的字迹，正如《史記·秦本紀》中天賜石棺的銘文一樣，都不過是故神其事而已。各地古代遺迹像這樣被世人神秘化、神聖化者比比皆是，並不能因後世俗人肆意妄爲而牽連否定真實的歷史存在。譬如朝歌縣牧野比干墓前之隸書"殷比干墓"殘石，世俗相傳謂孔子所書，而宋人婁機考辨說："隸始於秦，非孔子書必矣！字畫勁古，當是漢人書。"①洪适亦云其書法"字畫清勁，乃東都威、靈時人所書者"②。兩人都未因其字體與孔夫子所處的時代不符，即簡單斥爲贋作，而是把這些字迹上石的年代下降到與其書法特徵吻合的東漢時期。對待"吉日癸巳"這四個字，亦應如此。

談到秦始皇東巡刻石與中國古代石刻銘文的起源及其早期地域傳播的關係，南宋時人程大昌如下一段分析，應當予以關注：

　　始皇二十八年，刻石琅琊台，其文曰："古之帝者，地不過千里，猶刻金石，以自爲紀。今皇帝一海內，以爲郡縣，羣臣相與誦皇帝功德，刻於金石。"夫秦既引古帝紀刻金石者，以爲其時刻石本祖，則秦以前不專銘功鍾鼎，其必已有入石者矣。第金可久，石易磨泐，故古字之在後世，有得諸鍾鼎，而無得之石刻者，其堅脆不同，理固然也。③

較大規模的石刻銘文，是以適宜的鐵製工具爲前提的，而這一般來説，是進入戰國之後纔能夠做到的事情。秦始皇説"古之帝者，地不過千里，猶刻金石，以自爲紀"，實際上在他之前的上古帝君，還沒有鑱山刻石的工具，但對於戰國時期各個諸侯王來説，獲得這種鐵製工具，已經不成什麽問題。當時的秦、趙兩國，似乎都可以看作是"地不過千里"的諸侯國，其刻石銘文者，在秦見諸《石鼓文》；在趙，則有上述石棺銘文傳説透露出刻銘於石的做法。同時，還有趙之主父與秦昭王一道攀山刻銘的故事

---

① （宋）婁機：《漢隸字源》之《碑目》二百九十八"殷比干墓四字"條，臺北：鼎文書局，1978年，影印清末歸安姚氏咫進齋翻刻汲古閣本，第703—704頁。
② （宋）洪适：《隸續》卷二〇《比干墓四字》，清同治十年洪氏晦木齋重刻樓松書屋本，第7b—8a頁。
③ （宋）程大昌：《考古編》卷一〇"秦以前已曾刻石"條，瀋陽：遼寧教育出版社，2000年，《新世紀萬有文庫》本，第70—71頁。

流傳。兩相參證，似乎可以推測，秦、趙這兩個諸侯國，在秦始皇統一中國之前，便已經有一定規模的石刻銘文存在。在探尋中國石刻銘文的淵源時，對這兩個區域都應當給予充分關注①。

（二）《史記·秦本紀》原文

> 寧公生十歲立，立十二年卒，葬西山。生子三人，長男武公爲太子。武公弟德公，同母，魯姬子。生出子。寧公卒，大庶長弗忌、威壘、三父廢太子而立出子爲君。出子六年，三父等復共令人賊殺出子。出子生五歲立，立六年卒。三父等乃復立故太子武公。②

以上句讀，俱照錄今新修訂本，而這次修訂之前印行的中華書局舊點校本，同樣如此。當事諸公如此標點，應是信從張守節《史記正義》中"德公母號魯姬子"這一說法③，視魯姬子爲秦德公的生母。然而，張氏此說却未必合乎《史記》本義。

〖今案〗
針對張守節的釋讀，清嘉慶時人林伯桐較早指出：

> 《秦本紀》"武公弟德公，同母"爲句，"魯姬子生出子"爲句，謂兩公與出子不同母也。《正義》乃以魯姬子爲德公母，恐未必然。④（圖3）

林伯桐說"《正義》乃以魯姬子爲德公母，恐未必然"，這話講得比較客氣，實際上若是按照現在的方式來標點，"生出子"三字無所附麗，完全不成文句（又按照張守節的理解，"武公弟德公，同母，魯姬子"這段話，當點作"武公弟德公，同母魯姬子"方是），故沈家本在清末同樣以爲"此當以'母'字句絕，《正

---

① 案在全國各地，都發現過一些年代較早的有銘石磬，柯昌泗《語石異同評》（北京：中華書局，1994 年）卷一（第 1—2 頁）對此有所著錄。另外，陝西鳳翔春秋秦公大墓還曾出土過一件年代比較清楚的帶銘石磬，相關研究見馬振智《秦公大墓石磬文字聯綴及有關問題》，刊《陝西歷史博物館館刊》第九輯，西安：三秦出版社，2002 年，第 41—46 頁。這些石磬上的銘文，往往字數較少，而且屬於標記該磬屬性和在成套石磬中排列位置的注記，性質與其他紀念性刻石有明顯差別。
② 《史記》卷五《秦本紀》，第 232—233 頁。
③ 《史記》卷五《秦本紀》唐張守節《正義》，第 233 頁。
④ （清）林伯桐：《史記蠡測》，清道光二十四年林世懋刻《脩本堂叢書》本，第 3a 頁。

義》非”[①]。

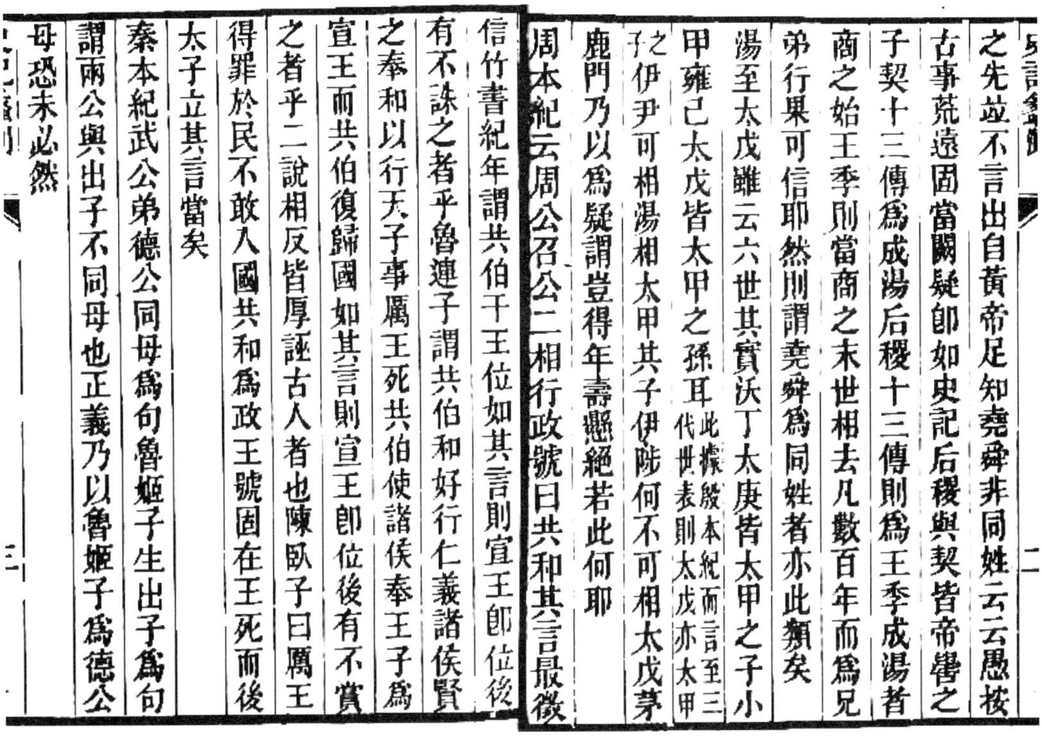
之先並不言出自黃帝足知堯舜非同姓云云愚按
古事荒遠固當闕疑卽如史記后稷與契皆帝嚳之
子契十三傳爲成湯后稷十三傳則爲王季成湯耆
商之始王季則當商之末世相去凡數百年而爲兄
弟行果可信耶然則謂堯舜爲同姓者亦此類矣
湯至太戊雖云六世其實沃丁太庚皆太甲之子小
甲雍己太戊皆太甲之孫耳此據殷本紀而言至三代世表則太戊亦太甲
之子伊尹可相湯相太甲其子伊陟何不可相太戊茅
鹿門乃以爲疑謂豈得年壽懸絕若此何耶
周本紀云周公召公二相行政號曰共和其言最徵
信竹書紀年謂共伯干王位如其言則宣王卽位後
有不誅之者乎魯連子謂共伯和好行仁義諸侯賢
之奉和以行天子事厲王死共伯使諸侯奉王子爲
宣王而共伯復歸國如其言則宣王卽位後有不賞
之者乎二說相反皆厚誣古人者也陳臥子曰厲王
得罪於民不敢入國共和爲政王號固在王死而後
太子立其言當矣
秦本紀武公弟德公同母爲句魯姬子生出子爲句
謂兩公與出子不同母也正義乃以魯姬子爲德公
母恐未必然

圖 3　清道光二十四年林世懋刻《脩本堂叢書》本《史記蠡測》

因而，《史記・秦本紀》中相關文句似應讀作：

寧公生十歲立，立十二年卒，葬西山。生子三人。長男武公，爲太子。武公弟德公，同母。魯姬子生出子。

這裏“長男武公，爲太子”一句，中間是否需要逗開，衹是語氣緩急的問題，無關緊要，衹是我覺得這樣讀起來要更舒服些而已，所以多加了一個逗號，而恢復魯姬子作爲出子生母的本來面目，却直接關係到寧公死後秦國政局變動的因緣。

對此，張文虎在《舒藝室續筆》中嘗有論述云：

《秦本紀》：“寧公生子三人。長男武公，爲太子。武公弟德公，同母。魯姬

① （清）沈家本：《諸史瑣言》卷一，北京：中國書店，1990 年，《海王邨古籍叢刊》影印民國刊《沈寄簃先生遺書》本，第 3 頁。

子生出子。"案此謂武公、德公同母也。魯姬子,蓋七子、八子之類,出子乃庶子也。《正義》云"德公母號魯姬子",失其句讀。

《紀》又言寧公卒,庶長弗忌、威壘、三父廢太子而立出子爲君。出子六年,三父等復共令人賊殺出子。出子生五歲立,立六年卒。三父等乃復立故太子武公。武公三年,誅三父等而夷三族,以其殺出子也。夫三父廢嫡立庶,以其幼耳,乃未幾而復賊殺之,其中蓋有不可明言者,而史氏略之。武公之誅,以殺出子爲名,實以其初廢太子而立出子之故。然吾又疑出子之被殺,實武公主謀,而嫁名三父也。①

所謂"七子、八子",見晋臣瓚注《漢書》所引《秩祿令》和《茂陵書》,乃謂:"姬,內官也,秩比二千石,位次婕妤下,在七子、八子之上。"②張文虎對在《舒藝室餘筆》中對"子"這一"內官"還做有更進一步的考證:

> 哀五年《傳》:"諸子鬻姒之子荼嬖。"案《史記·秦本紀》"尊唐八子爲唐太后",《集解》引徐廣曰:"八子者,妾媵之號。"《漢書·外戚傳》:"八子視千石,比中更;七子視八百石,比右庶長。"蓋此制沿於春秋時,此諸子亦謂七子、八子之類〔《夏小正》:"三月,妾子始蠶。"傳曰:"先妾而後子,何也?事有漸也,言自卑事者始也。"蓋子卑於妾,則子之稱舊矣。又見《隨筆》六〕,杜注以爲庶公子,恐非〔《齊策》:"齊王夫人死,有七孺子皆近。"注:"孺子,幼艾美女也。"亦此類〕。③

張文虎之所以會特地提及"魯姬子,蓋七子、八子之類",並爲之做出周詳的考證,是因爲"魯姬子"的"子"字,很容易被人理解爲"魯姬"之"子",或許有人按照這樣的理解,將"魯姬子"三字屬上連讀。現在做出這樣的解釋,後人就不會再滋生疑惑了。

---

① (清)張文虎:《舒藝室續筆》,瀋陽:遼寧教育出版社,2003年,《新世紀萬有文庫》本《舒藝室隨筆》附印本,第187頁。
② 《史記》卷九《吕后本紀》劉宋裴駰《集解》,第504頁。《漢書》卷四《文帝紀》唐顔師古注,第105頁。
③ (清)張文虎:《舒藝室餘筆》卷二,第235頁。

二、秦始皇本紀

《史記・秦始皇本紀》原文

（秦王政）九年，彗星見，或竟天。……四月，上宿雍。己酉，王冠，帶劍。長信侯毐作亂而覺。矯王御璽及太后璽以發縣卒、官騎、戎翟君公、舍人，將欲攻蘄年宮爲亂。王知之，令相國昌平君、昌文君發卒攻毐。戰咸陽，斬首數百，皆拜爵，及宦者皆在戰中，亦拜爵一級。毐等敗走。①

以上斷句標點，一依今中華書局本，不過其中"令相國昌平君、昌文君發卒攻毐"這句話，現行的句讀，存在嚴重問題，需要加以辨析。

〖今案〗

對這句話的標點，中華書局舊點校本亦然，此前日本學者瀧川資言著《史記會注考證》也是像這樣點斷②。按照"相國昌平君、昌文君"這一讀法，至少"昌平君"的身份，應是秦國的相國。在這一點上，如明人陳仁錫撰著《史記考》和今人馬非百撰著《秦集史》，就都把昌平君視爲秦之相國③，其他一些研究秦國銅器銘文的學者往往也有同樣看法④，而清人趙紹祖更懷疑昌平君、昌文君同爲嬴秦相國⑤，清人孫楷撰著《秦會要》，則干脆徑將"昌文君"看作是與昌平君並列的相國⑥。他們的句讀，顯然和中華書局點校本《史記》相同。

其實更進一步向前追溯，我們可以看到，在司馬光撰著的《資治通鑒》中，對《史記》此句已經采用了同樣的讀法：

---

① 《史記》卷六《秦始皇本紀》，第293—294頁。
② 〔日〕瀧川資言著，水澤利忠校補：《史記會注考證附校補》）卷六《秦始皇本紀》，上海：上海古籍出版社，1986年，影印原排印本，第157頁。
③ （明）陳仁錫：《史記考》之《秦始皇本紀考》，日本寬文十二年八尾友春刊享保二年京都堀川通本國寺前金屋半右衛門印本，題"陳明卿史記考"，第1a頁。馬非百：《秦集史》之《丞相表》，北京：中華書局，1982年，第858、867頁。
④ 田鳳嶺、陳雍：《新發現的"十七年丞相啓狀戈"》，刊《文物》1986年第3期，第42—43頁。
⑤ （清）趙紹祖：《讀書偶記》卷六"相國丞相"條，北京：中華書局，1997年，第75頁。
⑥ （清）孫楷：《秦會要》卷一《世系》，北京：中華書局，1959年，徐復《秦會要訂補》本，第9頁。

>   （秦王政）九年，……夏四月，寒，民有凍死者。王宿雍。己酉，王冠，帶劍。……初，王即位，年少，太后時時與文信侯私通。王益壯，文信侯恐事覺，禍及己，乃詐以舍人嫪毐爲宦者，進於太后。太后幸之，生二子。封毐爲長信侯，以太原爲毐國，政事皆決於毐；客求爲毐舍人者甚衆。王左右有與毐爭言者，告毐實非宦者，王下吏治毐。毐懼，矯王御璽發兵，欲攻蘄年宫爲亂。王使相國昌平君、昌文君發卒攻毐，戰咸陽，斬首數百，毐敗走，獲之。①

上文標點，也是照録中華書局點校本。中華書局本《通鑒》這一卷的標點，出自齊思和，又由顧頡剛、聶崇岐覆校，而顧頡剛正是過去承擔中華書局本《史記》點校工作最主要的學者和總負責人。按照這樣的標點，當然也祇能把昌平君、甚至昌平君和昌文君兩人理解爲相國。更重要的是，得出這樣的理解，並不是點校者的疏誤，而應該説正合司馬光的本意。因爲通觀這一段文字，"相國"指稱何人，本來無法做出其他形式的解讀。

然而，覈諸當時的歷史情況，却顯然不是這樣。

在《史記》當中，没有具體記述這位"昌平君"的身世。不過，唐人司馬貞的《史記索隱》在談到昌平君時，謂其乃"楚之公子，……史失其名"。更具體地説，是考烈王的兒子熊捍（今本《史記》書作"熊悍"），亦即楚幽王，"有母弟猶，猶有庶兄負芻及昌平君"②。考昌平君之父楚考烈王行事，知其在做太子時，乃父頃襄王因楚"復與秦平，而入太子爲質於秦"，便長期居留秦地，後因頃襄王病重，始逃亡歸國，繼承王位，而史載"考烈王元年，納州於秦以平。是時楚益弱"③。根據這一記載，我們似乎可以推測，這位昌平君很可能同他的父親有着同樣的經歷，即他是在楚考烈王"納州於秦以平"的同時，被送到秦國去做人質的④。我們看昌平君後來在秦王政二十一年被秦人"徙於郢"⑤，隨後逃歸楚軍控制區域，並在楚王負芻被秦將王翦俘獲後又被項燕奉爲楚王而舉兵反秦的事實，就可以證實這樣的推斷⑥。

---

① （宋）司馬光：《資治通鑒》卷六，秦始皇帝九年，北京：中華書局，1956年，第212—213頁。
② （唐）司馬貞：《史記索隱》卷二，第21頁；又卷一九，第214頁。
③ 《史記》卷四〇《楚世家》，第2090頁。
④ 案清人梁玉繩《史記志疑》卷三〇（第1284—1285頁）否定昌平君作爲楚公子的身份，但未能提出有力證據，祇是説此事"史未見確據"，所説實不足從信。
⑤ 《史記》卷六《秦始皇本紀》，第301頁。
⑥ 《史記》卷六《秦始皇本紀》，第302頁。別詳拙文《雲夢睡虎地秦人簡牘與李信、王翦南滅荆楚的地理進程》，李學勤主編：《出土文獻》第五輯，上海：中西書局，2014年，第190—258頁。

與昌平君一道"發卒攻毒"的昌文君，尚別見於睡虎地秦簡《編年記》。秦王政二十三年，秦國老將王翦，統率六十萬大軍，全面展開了滅楚的戰役。《編年記》在秦王政二十三年這一年下有紀事云："□□守陽□死。四月，昌文君死。"①而除此之外，再沒有見到其他任何有關昌文君的記載。不過我們看《史記·秦始皇本紀》在記述其與昌平君一道參與平定嫪毐叛亂時的寫法，是昌平君在先，而昌文君居次，今此《編年記》又載錄在王翦攻楚期間"昌文君死"，大致可以推測昌文君應是與昌平君同時被送入秦國做質子的楚公子，而他在楚國的地位又稍遜於昌平君。

檢《漢書·百官公卿表》，對"相國"這一官職有記述如下：

> 相國、丞相，皆秦官，金印紫綬，掌丞天子，助理萬機。秦有左、右，高帝即位，置一丞相，十一年更名相國，綠綬。②

這說明相國與丞相雖然都是"掌丞天子，助理萬機"，戰國秦漢時期二者也確有互用通稱的情況，但在狹義上的用法，還是應該有所區別。清乾嘉時人趙紹祖已經概括指出"丞相、相國皆宰相之任，而相國固尊於丞相"③，至清朝末年，俞樾對此做有更詳明的考辨：

> 《百官表》"相國、丞相皆秦官。高帝即位，置一丞相，十一年更名相國"。似相國、丞相乃通稱耳。然觀《史記·呂不韋傳》"莊襄王以為丞相，太子政立，尊為相國"；《蕭相國世家》"上已聞淮陰侯誅，使使拜丞相何為相國"；《曹參世家》"孝惠元年，除諸侯相國法，更以參為齊丞相"；《周勃世家》"從高帝得相國一人，丞相二人"，是相國、丞相非一官，而相國更尊於丞相也。《百官志》但沿後世所通稱者為說，而未溯其初耳。④

顯而易見，相國的地位十分尊崇，而且並不常設。《史記》記蕭何、曹參事，分別題作《蕭相國世家》《曹相國世家》，而記陳平則改稱《陳丞相世家》，二者之間的尊卑區別是相當明顯的。故呂后去世後，諸呂擅政，由呂產出任相國⑤，就是要以此身份來壓制

---

① 睡虎地秦墓竹簡整理小組：《睡虎地秦墓竹簡》之《編年記》，北京：文物出版社，1978年，第7頁。
② 《漢書》卷一九上《百官公卿表》上，第724頁。
③ （清）趙紹祖：《讀書偶記》卷六"相國丞相"條，北京：中華書局，1997，第75—76頁。
④ （清）俞樾：《湖樓筆談》卷四，清光緒二十五年刻《春在堂全書》本，第2b頁。
⑤ 《史記》卷九《呂太后本紀》，第515頁。

右丞相陳平。在一些比較特殊的情況下，漢帝還會臨時頒給統軍出征的將帥以"相國"身份，令其得以專擅相關軍政事宜。如高祖十二年即先後派遣樊噲、周勃以相國的身份，將兵征討盧綰，而他們兩人在出軍之前的官職，分別是左丞相和太尉[①]。明此愈知所謂"相國"權位之重。那麼，像昌平君和昌文君這樣兩位困居秦國的質子，何以竟能出任此等高官？這在情理上是很難講通的。

另一方面，如《漢書·百官公卿表》所述，在秦漢時期，丞相一官雖然常有左、右對置的情況，但相國或闕而不置，或單置一職，從無兩相國並置或在同一時期固定設置更多相國的事情。如俞樾檢讀《史記·呂不韋傳》所見，秦王政始立，即尊呂不韋爲相國[②]，而《史記·秦始皇本紀》載"十年，相國呂不韋坐嫪毐免"[③]，這就意味着在秦王政九年昌平君參與平定嫪毐之役的時候，呂不韋正在相國位上，昌平君乃至昌文君其人也就更不可能同時出任此職了。

過去包括司馬光在内的一些學者，之所以會誤把昌平君乃至昌文君視爲相國，其中很重要的一個原因，就是没有意識到相國與丞相的區別，不知道以相國地位之尊，昌平君與昌文君即使不是來自楚國的質子，似此默默無聞的尋常之輩，也不大可能擔此重任。前引《資治通鑑》没有任何因承地突然提起"相國昌平君、昌文君"，大概就是司馬光覺得相國一如丞相，不止更替無常，而且往往左、右並置，因而没有給予特別的關注。對上文所說呂不韋在秦王政元年至十年間擔任相國一事，司馬光《通鑑》在秦王政元年下竟没有任何記載，而在十年下又記云"文信侯免相"[④]，顯然根本没有考慮呂不韋之相位與此"相國"之間的關係。

那麼，讓我們回到《史記》本身，看"相國、昌平君、昌文君"這一用法，是不是辭氣順暢，文法妥帖呢？一般來說，"相國"二字若與"昌平君"和"昌文君"並列，那麼，本篇上文，應該對此"相國"特指何人，有所交待。然而我們看今本《史記》，在秦王政九年四月提到"令相國、昌平君、昌文君發卒攻毐"之前，並没有提及嬴政任用何人出任"相國"一事。與此相近的記載，是在嬴政初登王位的秦王政元年下有如下一段内容：

[①] 《史記》卷八《高祖本紀》，第 491 頁；又卷五七《絳侯周勃世家》，第 2514—2515 頁；卷九五《樊酈滕灌列傳》，第 3222 頁。
[②] 《史記》卷八五《呂不韋列傳》，第 3048 頁。
[③] 《史記》卷六《秦始皇本紀》，第 294 頁。案同樣内容的記載，尚别見於《史記》卷一五《六國年表》，第 903 頁；又卷八五《呂不韋列傳》，第 3049 頁。
[④] （宋）司馬光：《資治通鑑》卷六秦始皇帝元年，第 203—204 頁；又秦始皇帝十年，第 216 頁。

> 年十三歲，莊襄王死，政代立爲秦王。當是之時，秦地已并巴、蜀、漢中，越宛有郢，置南郡矣；北收上郡以東，有河東、太原、上黨郡；東至滎陽，滅二周，置三川郡。吕不韋爲相，封十萬户，號曰文信侯。招致賓客游士，欲以并天下。李斯爲舍人。蒙驁、王齮、麃公等爲將軍。王年少，初即位，委國事大臣。①

中華書局本《史記》的這一段文字，首先有一處小的標點錯誤，即"秦地已并巴、蜀、漢中，越宛有郢，置南郡矣"這兩句話，被誤讀作"秦地已并巴、蜀、漢中、越、宛，有郢置南郡矣"，實則越國故地之併入嬴秦版圖，"降越君，置會稽郡"，是遲至秦王政二十五年纔發生的事情②，在秦王政元年，斷無併越爲秦的可能。明人唐順之嘗謂太史公於《秦始皇本紀》開篇即著此"秦地已并巴、蜀、漢中"數句，乃以其"將言始皇并天下"，故"先提此"③，所説很有道理。吞併越地，已經是秦始皇一統天下的最後結果，在這裏當然無由提及。《史記·秦本紀》記秦昭襄王十五年，秦將白起"攻楚，取宛"；二十七年，秦將司馬錯又"攻楚，赦罪人，遷之南陽"；至二十八年，"大良造白起攻楚，取鄢、鄧，赦罪人遷之。二十九年，大良造白起攻楚，取郢爲南郡，楚王走"④。所謂"越宛有郢，置南郡矣"，即指此一系列戰役所取得南陽郡（宛爲南陽郡治）和南郡的土地。其實，在這一點上，中華書局舊點校本本來不誤⑤，明清以來的學者也都是這樣的讀法⑥，本來文從字順，今新點校本改是爲非，不知是基於怎樣的考慮。

下面再聯繫上下文來看"吕不韋爲相"這句話，似乎明顯存在問題。即下文既謂秦王政十年"相國吕不韋坐嫪毐免"，那麼，吕不韋在此元年被任用的職位，自應是"相國"而不是"相"亦即"丞相"。如上所述，依據《史記·吕不韋傳》的記載，他在秦王政元年出任的官職正是"相國"。兩相參證，頗疑《史記·秦始皇本紀》此處本應書作"吕不韋爲相國"，傳世諸本都脱佚一個"國"字。

---

① 《史記》卷六《秦始皇本紀》，第289頁。
② 《史記》卷六《秦始皇本紀》，第302頁。
③ （清）吴汝綸：《桐城吴先生彙録各家史記評語》（民國鉛印本），第8b頁。
④ 《史記》卷五《秦本紀》，第267—268頁。
⑤ 見中華書局1982年版《史記》卷六《秦始皇本紀》，第223頁。
⑥ 如（明）凌稚隆輯，李光縉增補：《史記評林》卷六《秦始皇本紀》，天津：天津古籍出版社，1998年，影印明萬曆刻本，第340頁。題清邵晋涵著《邵氏史記輯評》（民國八年俞岳石印本）卷一《秦始皇本紀》，第8a頁。

今檢《册府元龜·閏位部》轉録的《史記》,有下面這樣一條内容:

> 秦始皇帝初爲秦王,以吕不韋爲相國,封十萬户,號文信侯。①

雖然上面的文字,未必完全依照《秦始皇本紀》的原文,如"秦始皇帝初爲秦王"的叙述和"以""曰"二字之有無,或許就隨文有過調整,但《吕不韋傳》相關的記載文爲:

> 莊襄王即位三年,薨,太子政立爲王,尊吕不韋爲相國,號稱"仲父"。②

兩相比較,《册府元龜》的紀事,顯然出自前者,而其書作"相國"正與上面的推論相吻合,應該是《史記》原本固有的面貌。即如《蕭相國世家》,在上文先記明"漢十一年,……使使拜丞相何爲相國"之後,下文述及蕭何,便每每徑以"相國"稱之③。

因而,今可依據《册府元龜》補入這一"國"字,至少應該附以校勘記來説明相關情況。補入這個"國"字之後,在已然明確吕不韋身任相國的前提下,下文徑謂"相國、昌平君、昌文君",文句也就十分通暢了。

另一方面,儘管論證還不夠十分充分,但以往有一些學者,在研究秦人器物銘文的過程中,對《秦始皇本紀》中這一"相國"與"昌平君、昌文君"的關係問題,已經做過正確的辨析。如胡正明撰《"丞相啓"即昌平君説商榷》一文和王輝著《秦銅器銘文編年集釋》,就都表述過秦之相國祇有一位,而在秦王政九年的時候,吕不韋還在相國任上,故《史記·秦本紀》講到的"相國",祇能是指吕不韋,所謂"昌平君"者則别爲一人④。

闡明上述情況,《史記·秦始皇本紀》這條記載,就應該在"相國"與"昌平君"

---

① (宋)王欽若等:《册府元龜》卷一九九《閏位部·命相》,北京:中華書局,1989年,補配影印宋刻殘本,第571頁。
② 《史記》卷八五《吕不韋傳》,第3046頁。
③ 《史記》卷五三《蕭相國世家》,第2449—2450頁。
④ 胡正明:《"丞相啓"即昌平君説商榷》,《文物》1988年第3期,第55—56頁。王輝:《秦銅器銘文編年集釋》第二十二,"十七年丞相啓狀戈"條,西安:三秦出版社,1990年,第57—59頁。

之間用頓號點斷,以準確體現當時的歷史情況。

三、吕太后本紀

（一）《史記·吕太后本紀》原文

吕太后本紀
吕太后者,高祖微時妃也。生孝惠帝,女魯元公主。①

上列本篇篇名"吕太后本紀",今中華書局點校本係照録其底本金陵書局本,點校者對此未作任何説明。然而覈諸金陵書局本刊行之前的諸古刻舊本,以及日本毛利元昭公爵收藏的古寫本《史記》零卷,此卷篇名却無不書作"吕后本紀"(圖 4)。孰是孰非,自當辨析説明。

〔今案〕

金陵書局本《史記》的主要校勘者張文虎,在校勘《史記》過程中撰寫的《校刊史記集解索隱正義札記》,對做出這一改動的原因,未作説明。另外,張氏所撰《舒藝室隨筆》,也有很多內容是校勘此書的札記,但也同樣沒有述及此事。因而,對張氏做出這一改動的原因,今已無以確知。不過傳世古刻舊本既然都是鎸作"吕后本紀",殘存的古寫本零卷亦題作同樣的篇名,那麽,金陵書局本這一更改,顯然缺乏版本依據,祇能是緣自所謂"理校"。

在這種情況下,我們祇能按照一般的情理,來推測當年張文虎做出這一改動的原因。

首先,《太史公自序》在撮述諸篇要義時稱"作《吕太后本紀》第九"②,張文虎或即依據這一點,來改訂正文中本紀的篇名。但《太史公自序》稱述的篇名,未必是對正文實際篇名的精準表述。如《秦始皇本紀》即被稱作《始皇本紀》,《漢興以來諸侯王年表》也被稱作《漢興以來諸侯年表》③。可見《史記》傳世版本的篇名,與《太

---

① 《史記》卷九《吕太后本紀》,第 503 頁。
② 《史記》卷一三〇《太史公自序》,第 4009 頁。
③ 《史記》卷六《秦始皇本紀》,第 289 頁;又卷一七《漢興以來諸侯王年表》,第 967 頁;卷一三〇《太史公自序》,第 4008、4010 頁。

史公自序》的稱謂，本來就存在錯異。所以，並不能簡單依據《太史公自序》來改易正文的篇名。

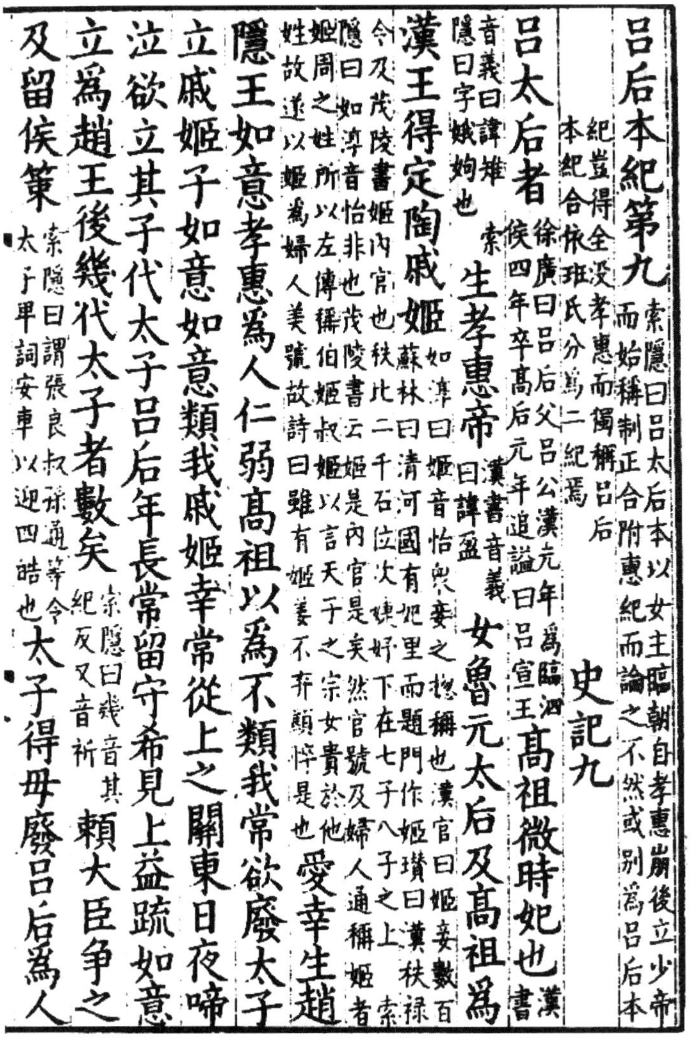
呂后本紀第九 索隱曰呂太后本以女主臨朝自孝惠崩後立少帝而始稱制正合附惠紀而論之不然或別爲呂后本紀豈得全没孝惠而獨稱呂后本紀合依班氏分爲二紀焉 史記九

呂太后者 漢書音義曰諱雉 索隱曰字娥姁也 高祖微時妃也 徐廣曰呂后父呂公漢元年爲臨泗侯四年卒高后元年追謚曰呂宣王 生孝惠帝 漢書音義曰諱盈 女魯元太后及高祖爲漢王得定陶戚姬 如淳曰姬音怡衆妾之總稱也漢官曰姬妾數百 蘇林曰清河國有姬里而題門作姬瓚曰漢秩祿令及茂陵書姬內官也秩比二千石位次婕妤下在七子八子之上 索隱曰如淳音怡非也茂陵書云姬是內官是矣然官號及婦人通稱姬者姬周之姓所以左傳稱伯姬叔姬以言天子之宗女貴於他姓故遂以姬爲婦人美號故詩曰雖有姬姜不弃顦顇是也 愛幸生趙隱王如意孝惠爲人仁弱高祖以爲不類我常欲廢太子立戚姬子如意如意類我戚姬幸常從上之關東日夜啼泣欲立其子代太子呂后年長常留守希見上益疏如意立爲趙王後幾代太子者數矣 索隱曰幾音其紀反又音祈 賴大臣爭之及留侯策 索隱曰謂張良叔孫通等令太子卑詞安車以迎四皓也 太子得毋廢呂后爲人

圖 4　《中華再造善本》叢書影印宋乾道七年蔡夢弼東塾刻附《集解》《索隱》本《史記》

更進一步分析這一問題，還應該看到，今本《史記·太史公自序》提到的各個篇名，有很多恐怕已經不是司馬遷寫定的原貌。《漢書·司馬遷傳》轉録《太史公自序》講述的篇名，雖然對諸如《漢興以來諸侯王年表》這樣較長的篇題往往有所簡省（案此表省稱爲《漢諸侯年表》），但對像《吕太后本紀》這樣原來就比較簡短的篇名，却不僅未作省略，與今本《太史公自序》相比，往往還更爲繁複。如《太史公自序》之《吴世家》，《司馬遷傳》作《吴太伯世家》；《太史公自序》之《周公世家》，《司馬遷傳》作《魯周公世家》，等等，而且《司馬遷傳》記述的這些篇名，還都與正文的篇題相吻合。在這一總體背景之下,我們可以看到,《漢書·司馬遷傳》所述這篇本紀的篇名,正與傳世諸本《史記》的正文一樣,書作《吕后本紀》[1],而這纔應該是《史記·太史公自序》的原貌。

事實上,清人梁玉繩對《太史公自序》中"作《吕太后本紀》第九"一語,早就做過這樣的判斷:

> 案"太"字衍。《漢書·遷傳》是"吕后"。蓋"太后"乃一時臣子之稱,不曰"高后"者,不與其爲高帝之后也,班氏便妄更之。[2]

所謂"班氏便妄更之",是指班固在《漢書》中列《高后紀》,而没有沿承《史記》"吕后"之稱。儘管《漢書》係稱作"高后",但從與"太后"相對應這一點來看,這與"吕后"之稱,並没有本質性差别,而這正應該是由《史記》沿承而來。實際上司馬遷在《史記》本篇當中,就或稱吕后,或稱高后,交替使用二者,其間並没有什麽分别。由《漢書》中《高后紀》這一名稱逆推,愈可知《史記》原本確應題作《吕后本紀》,而不是《吕太后本紀》。

另外,《史記》中頗有一些紀傳世家,開篇即點明傳主的姓名、身份,而該篇篇名,又往往與傳主這一稱謂相同。如《秦本紀》首云"秦之先,帝顓頊之苗裔"[3],《高祖本紀》開篇即謂"高祖,沛豐邑中陽里人"[4],《老子韓非列傳》述老子事亦始自"老子者,楚苦縣厲鄉曲仁里人也"[5]。更多的是像《司馬穰苴列傳》和《伍子胥列傳》,乃分别以"司馬穰苴者""伍子胥者"云云落墨發語[6]。或許有人以爲,這一卷本紀既然從"吕太后者"起筆,篇名就應以《吕太后本紀》爲正。

關於這一點,一方面,需要明確,《史記》各篇紀傳世家的篇名與其正文開頭的字句之間,並不存在嚴整的一致性。如《項羽本紀》的首句爲"項籍者,下相人也",《陳涉世家》的首句爲"陳勝者,陽城人也",其不題《項籍本紀》和《陳勝世家》而稱之爲《項羽本紀》和《陳涉世家》,就説明即使篇名題作《吕后本紀》,也未嘗不可書以"吕太后者"云云。不過,在另一方面,就多數紀傳世家的寫法來看,《史記》的

---

[1] 《漢書》卷六二《司馬遷傳》,第2720—2722頁。
[2] (清)梁玉繩:《史記志疑》卷三六,第1473頁。
[3] 《史記》卷五《秦本紀》,第223頁。
[4] 《史記》卷八《高祖本紀》,第435頁。
[5] 《史記》卷六三《老子韓非列傳》,第2603頁。
[6] 《史記》卷六四《司馬穰苴列傳》,第2625頁;又卷六五《伍子胥列傳》,第2641頁。

書法，確實存在這樣一種關聯性很高的通例。

那麼，若是題作《呂后本紀》的話，是不是就真違背了這一通例呢？仔細斟酌，未必如此。我們看裴駰《史記集解》對"呂太后者"這句話的注釋，乃引述徐廣語述之曰："呂后父呂公，漢元年爲臨泗侯，四年卒，高后元年追謚曰呂宣王。"①依據古人注書的通行做法，"呂后父呂公"云云，分明是針對正文中"呂后者"云云而發，這顯示徐廣、裴駰等人在南朝見到的版本，此處正是寫作"呂后"，與"呂后本紀"這一篇名，實緊密銜接，而書作"呂太后"者，應屬後來的衍誤。通檢《史記》本卷，除了卷首這句話外，其通篇之中，稱述呂雉，或稱"呂后"，或稱"高后"，或稱"太后"，祇有在記述其臨終前告誡呂産、呂禄慎防大臣生變一事時，有"呂太后誡産、禄"云云②，係以"呂太后"相稱，而這顯然是一個特例。上述普遍的稱謂形式，似乎也可以佐證此開篇之語書作"呂后"應更爲合理。

另外，我們來通看一下《史記》這段内容，從行文的邏輯脈絡角度，也能更好地理解，究竟哪一種寫法，會更爲合理：

> 呂后者，高祖微時妃也，生孝惠帝、女魯元太后。及高祖爲漢王，得定陶戚姬，愛幸，生趙隱王如意。孝惠爲人仁弱，高祖以爲不類我，常欲廢太子，立戚姬子如意，如意類我。戚姬幸，常從上之關東，日夜啼泣，欲立其子代太子。呂后年長，常留守，希見上，益疏。如意立爲趙王後，幾代太子者數矣，賴大臣爭之，及留侯策，太子得毋廢。③

這裏若稱"呂后者"，下文所説"高祖微時妃也，生孝惠帝、女魯元太后"這兩句話，便與之直接相承，即謂皇后初爲帝妃，皇后先後爲皇帝誕育一男一女。可是，若如金陵書局本或今中華書局本那樣，書作"呂太后者"，其與下文之間，就會出現明顯的斷痕，變成了"太后"原本身爲帝妃，"太后"又爲皇帝生下龍子龍女，文義煞是怪異。再看篇末的太史公論贊，也是連稱"高后"④，正與本卷開篇"呂后"一稱相呼應。相互對比參看，足見應以作"呂后"者爲是。

---

① 《史記》卷九《呂太后本紀》並劉宋裴駰《集解》，第503頁。
② 《史記》卷九《呂太后本紀》，第515頁。
③ 《史記》卷九《呂太后本紀》，第503頁。
④ 《史記》卷九《呂太后本紀》，第521頁。

除此之外，至少對於我來説，想不出還有什麽更爲充足的理由，能夠支撐張文虎這一校改。

通過前面的論述，我們已經看到，《漢書》的《高后紀》，乃出自《史記》之《吕后本紀》，説明班固在東漢時期看到的《史記》，其篇目題名便是如此。又《史記·外戚世家》之《集解》引述的徐廣注語，有下面這樣一段内容："三月上巳，臨水祓除，謂之禊。《吕后本紀》亦云'三月，祓，還過軹道'，蓋與'游'字相似，故或定之也。"① 由此可以進一步確認，南朝流行的《史記》亦確是書作《吕后本紀》。其後，唐代初年劉知幾寫《史通》，玄宗時司馬貞述作《史記索隱》，北宋初年官修《太平御覽》，北宋中期司馬光撰《通鑑考異》，范祖禹著《唐鑑》，乃至南宋初韓元吉述及《史記》此篇，等等，當時所見之本，都是稱作《吕后本紀》②。可見自從東漢以來，此篇一直是以《吕后本紀》爲名。

確認《吕后本紀》這一名稱，有助於我們準確理解司馬遷撰著本篇的一項内在旨意，即吕氏掌控天下的權位，源自乃夫高祖，而不是其子惠帝。蓋吕雉"爲人剛毅，佐高祖定天下，所誅大臣多吕后力"，尚有兩兄皆從劉邦起事，爲軍中著名戰將③，迥非徒以子貴者可比。張文虎強改其名爲《吕太后本紀》，顯然未明此旨。不過無獨有偶，暗昧此理者亦不止張文虎一人，當年司馬貞擬議改編《史記》，早就自以爲是地要把本篇改作《吕太后本紀》了④。

進一步通觀《史記》其他部分涉及吕雉秉政時期的記述形式，如《漢興以來諸侯王年表》《高祖功臣侯者年表》《惠景間侯者年表》《漢興以來將相名臣年表》等，其相關紀事都是以"高后"與"高祖"（西漢人馮商補撰的《漢興以來將相名臣年表》作"高皇帝"）、"孝惠"、"孝文"、"孝景"、"孝武"相互承接並比，而除了没有單獨列置本紀的孝惠皇帝之外，其他如"高祖""孝文"等正是其各自本紀的名稱。循此通例，吕雉的本紀，也是書作《吕后本紀》更爲合理（"高后"與

---

① 《史記》卷四九《外戚世家》之《集解》，第 2399—2400 頁。
② （唐）劉知幾：《史通》卷一五《外篇·點繁》，上海：商務印書館，1929 年，《四部叢刊初編》影印明萬曆刊本，第 2b 頁；又卷末附孫毓修撰《史通札記》録清人何焯校語，第 13a 頁。（唐）司馬貞：《史記索隱》卷三〇《補史記序》，第 343 頁。（宋）李昉等：《太平御覽》卷一四七《皇親部·太子》，第 718 頁。（宋）司馬光：《資治通鑑考異》卷一，上海：商務印書館，1936 年，縮本《四部叢刊初編》影印宋刊本，第 2—3 頁。（宋）范祖禹：《唐鑑》卷四，上海：上海古籍出版社，1984 年，影印上海圖書館藏宋刻本，第 104 頁。（宋）韓元吉：《南澗甲乙稿》卷一七《三國志論》，上海：商務印書館，1936 年，《叢書集成初編》排印《武英殿聚珍版書》本，第 331 頁。
③ 《史記》卷八《高祖本紀》，第 439 頁；又卷九《吕太后本紀》，第 504 頁；卷一八《高祖功臣侯者年表》，第 1060—1062 頁。
④ （唐）司馬貞：《史記索隱》卷三〇《補史記序》，第 343 頁。

"吕后"雖然略有分別,但在作爲高祖皇后、而不是孝惠帝太后這一點上,實質上完全相同)。

根據上述情況,恐怕還是應該恢復傳世舊本固有的面貌,將這一卷太史公書的篇名改回《吕后本紀》,而篇首之"吕太后者"一語,也可以考慮注出《史記》原本或係書作"吕后者"。與此相應,《太史公自序》之"作《吕太后本紀》第九"一語,也應該增附校記,列出梁玉繩的改訂意見。

(二)《史記·吕太后本紀》①原文

七月中,高后病甚,迺令趙王吕祿爲上將軍,軍北軍;吕王産居南軍。吕太后誡産、祿曰:"高帝已定天下,與大臣約,曰'非劉氏王者,天下共擊之'。今吕氏王,大臣弗平。我即崩,帝年少,大臣恐爲變。必據兵衛宫,慎毋送喪,毋爲人所制。"辛巳,高后崩,遺詔賜諸侯王各千金,將相列侯郎吏皆以秩賜金。大赦天下,以吕王産爲相國,以吕祿女爲帝后。

高后已葬,以左丞相審食其爲帝太傅。

朱虛侯劉章有氣力,東牟侯興居其弟也,皆齊哀王弟,居長安。當是時,諸吕用事擅權,欲爲亂,畏高帝故大臣絳、灌等,未敢發。朱虛侯婦,吕祿女,陰知其謀。恐見誅,迺陰令人告其兄齊王,欲令發兵西,誅諸吕而立。朱虛侯欲從中與大臣爲應。齊王欲發兵,其相弗聽。

八月丙午,齊王欲使人誅相,相召平迺反,舉兵欲圍王,王因殺其相,遂發兵東,詐奪琅邪王兵,并將之而西。……

太尉絳侯勃不得入軍中主兵。曲周侯酈商老病,其子寄與吕祿善。絳侯乃與丞相陳平謀,使人劫酈商,令其子寄往給説吕祿,……吕祿信然其計,欲歸將印,以兵屬太尉。使人報吕産及諸吕老人,或以爲便,或曰不便,計猶豫未有所决。吕祿……過其姑吕嬃,嬃大怒,曰:"若爲將而棄軍,吕氏今無處矣。"迺悉出珠玉寶器散堂下,曰:"無爲他人守也。"左丞相食其免。

八月庚申旦,平陽侯窋行御史大夫事,見相國産計事。……吕祿以爲酈兄不欺己,遂解印屬典客,而以兵授太尉。……太尉遂將北軍。

然尚有南軍。平陽侯聞之,以吕産謀告丞相平,丞相平迺召朱虛侯佐太尉。

---

① 案如上文所述,實應書作《吕后本紀》,爲便於讀者比對覆覈,此仍姑從今通行本。

太尉令朱虛侯監軍門。令平陽侯告衛尉:"毋入相國產殿門。"呂產不知呂祿已去北軍,迺入未央宮,欲爲亂,殿門弗得入,裵回往來。……朱虛侯……遂擊產,……殺之郎中府吏廁中。……還,馳入北軍,報太尉。太尉起,拜賀朱虛侯曰:"所患獨呂產,今已誅,天下定矣。"遂遣人分部悉捕諸呂男女,無少長皆斬之。

辛酉,捕斬呂祿,而笞殺呂嬃。使人誅燕王呂通,而廢魯王偃。

壬戌,以帝太傅食其復爲左丞相。

戊辰,徙濟川王王梁,立趙幽王子遂爲趙王。遣朱虛侯章以誅諸呂氏事告齊王,令罷兵。灌嬰兵亦罷滎陽而歸。①

上面這段文字,有一些月份和紀日干支,或存在問題,或與《史記》其他篇卷以及《漢書》中的相關記載存在牴牾,今中華書局點校本無校,而辨明這些內容,直接牽涉到對呂后去世前後政治局勢的理解。

〖今案〗

過去人們針對這段內容中紀月紀日可能存在舛誤的討論,首先是"七月辛巳"這個呂后去世的時間。與此密切相關的,還有審食其升任太傅的時間,這在《史記·漢興以來將相名臣年表》中也有記載:

(高后)元年,十一月甲子,徙(陳)平爲右丞相,辟陽侯審食其爲左丞相。

八年七月,高后崩。

七月辛巳,(審食其)爲帝太傅。

九月丙戌,(審食其)復爲丞相。

後九月,食其免相。②

除了審食其復爲丞相的時間,與《呂太后本紀》的記載有明顯出入,同時還增列有審食其免相的時間之外,其他都與《呂太后本紀》相同。不過,《漢書·百官公卿表》載錄審食其升任太傅及其復職丞相的時間,與《史記》上述記載,又有很大不同:

---

① 《史記》卷九《呂太后本紀》,第515—519頁。
② 《史記》卷二二《漢興以來將相名臣年表》,第1334—1335頁。

（高后）七年，七月辛巳，左丞相食其爲太傅。

八年九月丙戌，（審食其）復爲丞相。

後九月，免。①

其中審食其擢升太傅的時間，被足足提前了一年，孰是孰非，實在是不能不辨了。

早在北宋時期，司馬光就參合上述三種不同記載，提出質疑説：

《史記·將相表》（案指《史記·漢興以來將相名臣年表》）：八年七月辛巳，食其爲太傅。九月丙戌，復爲丞相。後九月，免。《漢書·公卿表》（案指《漢書·百官公卿表》）：七年七月辛巳，食其爲太傅。八年九月，復爲丞相。後九月，免。以長曆推之，八年七月無辛巳，九月無丙戌。閏月羣臣代邸上議，無食其名。二表皆誤。今從《史記》本紀，免相在此月。本紀又云"八月壬戌，食其復爲左丞相"，亦誤。②

這裏提到的"長曆"（史籍中或書作"長歷"），是指按照各個時期曆法原理推算出來的多年連續不斷的曆書，猶如我們今天所説的"萬年曆"，而司馬光在撰著《通鑑》時實際依據的這樣的"長曆"，爲北宋仁宗時期人劉羲叟所編製者③。司馬光依據劉氏長曆推算，以爲吕后八年七月辛巳和同年九月丙戌這兩個紀日的干支都存在問題，而他在《資治通鑑》中采取的處理方法，乃是在七月之下，依據前述《史記·吕太后本紀》的記載，述云"高后已葬，以左丞相審食其爲帝太傅"，即《通鑑考異》所説"從《史記》本紀"，但對是年九月審食其復爲左丞相一事，則既未依從《史記·漢興以來將相名臣年表》和《漢書·百官公卿表》，也沒有采用《史記·吕太后本紀》的記載，衹是漠視其事，不予載述；甚至連同年後九月免除審食其相位之事，也避而未談④。司馬光雖然試圖用《史記·漢興以來將相名臣年表》和《漢書·百官公卿表》"二表皆誤"，乃至《史記·吕太后本紀》云"'八月壬戌食其復爲左丞相'亦誤"，來解釋自己的做法，但這種解釋本來是以吕后"八年七月無辛巳，九月無丙戌"爲基礎的，然而他在《通鑑》當中却還是采録了《史記·吕太后本紀》以及《漢書·高后紀》中吕后病逝於七月

---

① 《漢書》卷一九下《百官公卿表》下，第754頁。
② （宋）司馬光：《資治通鑑考異》卷一，第3頁。
③ （宋）司馬光：《資治通鑑目録》卷一司馬氏自序，上海：商務印書館，民國《四部叢刊初編》影印涵芬樓藏北宋刊本，第1a頁。又司馬光：《資治通鑑考異》卷一，第2頁。
④ （宋）司馬光：《資治通鑑》卷一三，高后八年，第429—440頁。

辛巳這一記載①。前後牴牾若此，清楚顯示出司馬温公對相關問題，缺乏清楚的認識，同時也充分體現出這一問題的複雜性。

劉義叟編制的長曆，在西漢初年武帝太初改曆以前這一時期，係並列"殷曆"和"顓頊曆"兩種曆法逐月的朔日，蓋以當時對"漢初用殷歷（曆）或云用顓頊歷（曆）"尚無法作出判斷②。不過在吕后八年七月是否有辛巳這一點上，不管是按照殷曆推算，還是按照顓頊曆推算，結果都是一樣，即七月壬子朔，本月没有辛巳，辛巳爲八月的朔日③。司馬光既然依此否定了《史記·漢興以來將相名臣年表》和《漢書·百官公卿表》中七月辛巳審食其升任太傅的記載，同樣也應該否定《史記·吕太后本紀》和《漢書·高后紀》中吕后逝世於七月辛巳的記載。

不過，幸好司馬光出於無奈，在吕后逝世時間這一問題上，《通鑒》當中還是依樣迻録了《史記》和《漢書》的記載。實際上劉義叟的長曆相當粗疏，清人周壽昌已經懷疑其相關記載或有訛誤④。清代以來，通過諸多學者持續不斷的努力，相關曆表已日趨精密；現代學者又充分結合史籍記載和出土文獻加以深入研究，編製出了更爲切合歷史實際的顓頊曆表，同時亦足以確認西漢初年在太初改曆之前行用的是顓頊曆，而不是殷曆。今查覈朱桂昌編《顓頊日曆表》可知，辛巳是吕后八年七月的晦日⑤，《史記·吕太后本紀》記載的吕雉亡日自可信據。

吕后卒於八年七月辛巳雖然無可置疑，但《史記·漢興以來將相名臣年表》記審食其在同日升任太傅，却並不可信。如前引《史記·吕太后本紀》所見，是在"高后已葬"之後，纔"以左丞相審食其爲帝太傅"，而吕后七月晦日去世，斷無當日下葬之理，故審食其絶不會在辛巳這一天升任太傅。揆諸情理，此事必定發生在進入八月之後，所謂"高后已葬，以左丞相審食其爲帝太傅"之語，太史公不過因叙述與吕后去世相關的史事連類附記而已。觀《吕太后本紀》下文在八月丙午日亦即二十五日之後，復記云"左丞相食其免"，清人梁玉繩嘗推測"此六字當書後九月中，誤入於八月也"⑥，所説當然很有道理。但若换一個角度來看，審食其之出任太傅，或許就在此時。蓋升任太傅與解除其左丞相原職，自應同步施行。當初吕后始設太傅一職，便是

---

① （宋）司馬光：《資治通鑒》卷一三，高后八年，第430頁。《漢書》卷三《高后紀》，第100頁。
② （宋）司馬光：《資治通鑒目録》卷三，第1a頁。
③ （宋）司馬光：《資治通鑒目録》卷三，第13a頁。
④ （清）周壽昌：《漢書注校補》卷一二，上海：商務印書館，1937年，《國學基本叢書》本，第173頁。
⑤ 朱桂昌：《顓頊曆日表》，北京：中華書局，2012年，第376頁。
⑥ （清）梁玉繩：《史記志疑》卷七，第250頁。

緣於右丞相王陵力阻呂氏封王,"太后欲廢王陵,乃拜爲帝太傅,奪之相權"①,審食其斷無身兼二職的可能,"左丞相食其免"云云很有可能就是從解除原任相位這一角度對審食其這次職位變更所做的記載。司馬光沒有能夠準確理解《史記・呂太后本紀》的記載,將審食其升任太傅一事繫於呂后八年七月辛巳日之下②,而且如上所述,還明確講述審食其"免相在此月",自屬差錯。

需要稍加說明的是,清人梁玉繩曾經信從《漢書・百官公卿表》的記載,以爲審食其出任太傅,"事在(呂后)七年七月",而《呂后本紀》"書於八年七月高后葬後,與《將相表》同誤矣"③。然而,覈諸相關史事,知此説亦誤。審食其出任太傅的時間,絕不可能像《漢書・百官公卿表》所記載的那樣是在呂后七年的七月辛巳。蓋呂后七年二月,以呂産"爲帝太傅",直至七月辛巳呂后去世之後,始"大赦天下,以呂王産爲相國",騰出太傅的位置,所以纔會在呂后下葬之後,擢升審食其來填補這一空缺④。實則在梁玉繩之前,何焯已經注意到今本《漢書・百官公卿表》呂后八年"七月辛巳左丞相食其爲太傅"這一紀事的位置應有舛錯,"當并後爲一條"⑤;後來周壽昌也指出此事"宜改正在八年",與"九月丙戌復爲丞相"事,"作一格書"⑥;張文虎同樣以爲傳世《百官公卿表》乃將此事"錯在七年下",並進一步説明云:"'八年九月丙戌,復爲丞相',此文不書食其名,蓋即承'七月辛巳'來,則前文之錯明矣。"⑦亦即應當依據《史記・漢興以來將相名臣年表》的繫年來訂正《漢書・百官公卿表》,而不是相反。

接下來讓我們再來審視《史記・漢興以來將相名臣年表》九月丙戌審食其復爲丞相這一記載是否存在問題。如司馬光所説,呂后八年九月無丙戌之日,這在當代學者朱桂昌編製的《顓頊日曆表》中,依然如此⑧。可知這一干支,必定有誤。既然如此,就需要著力關注《史記・呂太后本紀》所記呂后八年八月"壬戌以帝太傅食其復爲左丞相"這一時日。

對此,首先需要注意的是,如前列引文所見,《史記・呂太后本紀》的紀事,連續兩次出現了"八月",先是"八月丙午",繼之又有"八月庚申旦","壬戌以帝太傅食

---

① 《史記》卷九《呂太后本紀》,第508—509頁。
② (宋)司馬光:《資治通鑒》卷一三,高后八年,第430頁。
③ (清)梁玉繩:《史記志疑》卷七,第249頁。
④ 《史記》卷九《呂太后本紀》,第513—515頁。
⑤ (清)姚範:《援鶉堂筆記》卷二〇,清道光十五年裔孫姚瑩刊本,第14a頁。
⑥ (清)周壽昌:《漢書注校補》卷一二,第173頁。
⑦ (清)張文虎:《舒藝室隨筆》卷五,第10b—11a頁。
⑧ 朱桂昌:《顓頊曆日表》,北京:中華書局,2012年,第376頁。

其復爲左丞相"這一記載,便是次於"八月庚申"之後。司馬光在《資治通鑑考異》中已經辨析説:

> 《史記》本紀"八月庚申旦",上有八月丙午,《漢書·高后紀》亦云"八月庚申旦",今以長曆推之,下"八月"當爲"九月"。①

不唯《通鑑》紀事,依此繫年②,南宋學者吕祖謙、王益之以及清人梁玉繩等也持同樣看法,張文虎還更進一步考述説,殷曆和顓頊曆"二術九月皆辛亥朔,庚申,九月十日也。《將相表》九月誅諸吕,是其證。《通鑑》作'九月'是"③。其實陳平、周勃等誅除諸吕,事在吕后八年九月,這在《史記·孝文本紀》當中也有清楚記載④,張氏所説,確有堅實的依據。依據《史記》、同時也是前此後世所有史書的通例,編年紀事,自無連續重言"八月"的寫法,其間必有一誤。前文既已辨明吕后於七月辛巳逝世的記載確切無誤,繼之而書的"八月丙午"又合於曆法(八月二十五日),而且在把後一"八月"更改爲"九月"之後,《吕太后本紀》中庚申、辛酉、壬戌、戊辰這一系列干支也都與顓頊曆吻合(分别爲十、十一、十二、十八日)⑤,那麽,自應遵從《資治通鑑》的做法,把《史記·吕太后本紀》的"八月庚申旦"改訂爲"九月庚申旦"。

需要注意的是,《史記·漢興以來將相名臣年表》中吕后八年七月辛巳審食其出任太傅和九月丙戌審食其復爲丞相這兩條紀事的干支,並不能按照上述考訂的結果來做更改。這是因爲這兩處錯誤出自作者本人,不像《吕太后本紀》上述月份舛謬一樣,是史籍流傳過程中因"八""九"兩字字形相近而產生的版本訛誤(《漢書·百官公卿表》同一記載應是承自《史記·漢興以來將相名臣年表》,同樣毋須改訂),而校勘史籍不必代作者改訂内容。清人沈欽韓及近人余嘉錫都早已論定,今所傳《漢興以來將相名臣年表》係西漢成帝時人馮商續補⑥,故與太史公書原有的内容相比較,"年月、

---

① (宋)司馬光:《資治通鑑考異》卷一,第3頁。
② (宋)司馬光:《資治通鑑》卷一三,高后八年,第433頁。
③ (宋)吕祖謙:《大事記》卷九,杭州:浙江古籍出版社,2005年,《吕祖謙全集》本,第129頁。又吕祖謙《大事記解題》卷九,杭州:浙江古籍出版社,2005年,《吕祖謙全集》本,第615頁。(宋)王益之:《西漢年紀》卷四,上海:商務印書館,1937年,《國學基本叢書》本,第50頁。(清)梁玉繩《史記志疑》卷七,第250頁。(清)張文虎:《校勘史記集解索隱正義札記》卷一,第100頁。又張文虎:《舒藝室隨筆》卷五,第2a頁。
④ 《史記》卷一○《孝文本紀》,第525頁。
⑤ 朱桂昌:《顓頊曆日表》,北京:中華書局,2012年,第376頁。
⑥ (清)沈欽韓:《漢書疏證》卷二四,上海:上海古籍出版社,2006年,影印清光緒浙江書局刻本,第670頁。余嘉錫:《太史公書亡篇考》,見作者文集《余嘉錫論學雜著》,北京:中華書局,1963年,第14頁,第31—35頁。

官職，駁戾頗多"①，出現這樣的疏誤，本不足爲怪。

確定吕后去世之後審食其職位的遷改時間，有助於我們更爲清楚地理解當時的政治局勢。審食其其人在漢初開國功臣群體當中，與吕后及其家族的關係，比較特殊，史稱審氏"於諸吕至深"②。《史記·陳丞相世家》載"食其亦沛人。漢王之敗彭城西，楚取太上皇、吕后爲質，食其以舍人侍吕后。其後從破項籍爲侯，幸於吕太后"③，《高祖功臣侯者年表》更具體記述説："以舍人初起，侍吕后、孝惠沛三歲十月。吕后入楚，食其從一歲。侯。"④由於這一層獨特的因緣，在惠帝死後，吕后稱制，廣立諸吕爲王以抗衡功臣集團勢力的時候，吕后首先陽升力阻此事的王陵爲太傅以褫奪其相權，然後"以左丞相（陳）平爲右丞相，以辟陽侯審食其爲左丞相"⑤。吕后摒棄王陵而擢用陳平，是因爲陳平表面上積極附從於吕后，即《史記》所稱平"僞聽之"⑥。但與陳平一道經歷西漢開國歷程的吕后，深知其足智多謀，以"常出奇計，救糾紛之難，振國家之患"而著稱於時⑦，是在世開國功臣當中需要著力防範的首要人物。所以，吕后又同時任用審食其爲左丞相，以相牽制。從表面上看，右丞相陳平自然位在審食其之上，但實際上審食其並不在外朝治事，而是"令監宫中，如郎中令，食其故得幸太后，常用事，公卿皆因而決事"⑧。尤其值得注意的是，審食其之"得幸太后"，非徒聽其獻策建言而已，尚有令吕后羞慚不可告人的秘事⑨，范曄撰《後漢書》，乃逕以"帷薄不修"稱之⑩，因而其權位之重，迥非尋常人臣可比，猶如後來昭帝時期以"領尚書事"身份凌越於丞相車千秋之上實際掌控朝政的霍光，事實上是空置陳平爲擺設。在這種情況下，陳平則益不治事，"日飲醇酒，戲婦女"，以韜晦遠禍⑪。

另一方面，儘管審食其因親侍吕后而深得信任，但從本質上來説，他畢竟也是開

---

① （清）梁玉繩：《史記志疑》卷一四，第 756 頁。
② 《史記》卷九七《酈生陸賈列傳》，第 3274 頁。
③ 《史記》卷五六《陳丞相世家》，第 2503 頁。
④ 《史記》卷一八《高祖功臣侯者年表》，第 1098 頁。案據《史記》卷七《項羽本紀》（第 419 頁）、卷八《高祖本紀》（第 469—470 頁），彭城之戰時劉邦之"父母妻子"俱被項羽擄去，清趙翼《廿二史劄記》（清嘉慶五年湛貽堂原刻本）卷一"漢王父母妻子"條（第 13b—14a 頁）考釋云所謂母、子是指劉邦庶母、庶子。
⑤ 《史記》卷九《吕太后本紀》，第 508—509 頁。
⑥ 《史記》卷五六《陳丞相世家》，第 2503 頁。
⑦ 《史記》卷五六《陳丞相世家》，第 2505 頁。
⑧ 《史記》卷九《吕太后本紀》，第 509 頁；又卷五六《陳丞相世家》，第 2503 頁。
⑨ 《史記》卷九七《酈生陸賈列傳》，第 3274 頁。
⑩ 《後漢書》卷一〇上《皇后紀》上，北京：中華書局，1965 年，第 399 頁。（清）洪亮吉：《曉讀書齋雜錄》之初錄卷上，清道光二十二年刻本，第 8a 頁。
⑪ 《史記》卷五六《陳丞相世家》，第 2503 頁。

國功臣集團當中的重要成員，一旦群臣作亂，未必完全可靠。當初劉邦去世之後，呂后曾與審食其密謀，欲盡誅功臣以安固帝室，審食其乃居中調停而未能盡力促成其事，已經顯露這一特性①。因此，在呂后去世之後，諸呂就安排呂產來居相國之職，以直接操控朝政。同時，爲安撫和利用審食其，接著又在八月擢升審食其爲太傅，正式將其職位提升至陳平之上。在高祖辭世前向呂后交待的堪以出居相位的後繼人選中，陳平是當時在世者中的首選②。後來這些勳臣舊將起兵誅除諸呂，擁立代王劉恒爲帝，也是以陳平爲"本謀"③。凡此，皆足以說明陳平是對諸呂最大的威脅。拔擢審食其，自然有助於進一步壓制陳平。

也正因爲如此，陳平、周勃等功臣起事，在九月庚申（十日）控制南、北兩軍，並在翌日辛酉（十一日）誅殺諸呂之後，隨即就在第二天壬戌日（十二日）免除了審食其的太傅職位，將其降爲右丞相陳平之下的左丞相，以便由陳平來名正言順地發號施令。司馬光因未能釐清相關紀事月份干支的正誤，竟謂"八月壬戌食其復爲左丞相"之事"亦誤"，自屬謬說。清人張文虎考訂此事，本來做出過很好的說明：

> 九月壬戌復爲相，後九月復免。壬戌，庚申後二日，《將相表》作"丙戌"，誤也。《通鑑考異》以壬戌爲誤，非。④

或徑謂之曰：

> 九月辛亥朔，無丙戌，《史記·高后紀》作"壬戌"是。⑤

當時之所以没有徹底褫奪審食其的權位，自是陳平善於謀略的天性使然。蓋政變之初，控制事態爲第一要務，爲此，不宜擴大懲治的範圍。待局勢進一步穩定之後，始在同年後九月免除審食其的左丞相職位。在這一點上，《史記·漢興以來將相名臣年表》和《漢書·百官公卿表》的記載應可信據。由於此事發生在代王劉恒入京之前，故《史記·孝文本紀》記載劉恒入居長安城代邸之後向其勸進的群臣，祇列有"丞相

---

① 《史記》卷八《高祖本紀》，第492頁。
② 《史記》卷八《高祖本紀》，第491—492頁。
③ 《史記》卷五六《陳丞相世家》，第2503頁；又卷九七《酈生陸賈列傳》，第3271—32724頁。
④ （清）張文虎：《校勘史記集解索隱正義札記》卷一，第101頁。
⑤ （清）張文虎：《舒藝室隨筆》卷五，第11a頁。

陳平、太尉周勃、大將軍陳武、御史大夫張蒼、宗正劉郢、朱虛侯劉章、東牟侯劉興居、典客劉揭"①，沒有能夠見到左丞相審食其的名字，即司馬光所說"閏月羣臣代邸上議，無食其名"者。

通過以上論述可知，司馬光撰著《資治通鑒》，因未能判明相關月份干支的是非正誤而對有關審食其職位任免的紀事闕而不書，實際上湮沒了呂后去世之後西漢朝廷權力鬥爭的一些重要史事，現在我們認定或是訂正《呂后本紀》中的相關記載，則可以重新揭示歷史的真相。

四、孝文本紀

（一）《史記·孝文本紀》原文

丞相陳平、太尉周勃等使人迎代王。代王問左右郎中令張武等。張武等議曰："漢大臣皆故高帝時大將，習兵，多謀詐，此其屬意非止此也。特畏高帝、呂太后威耳。今已誅諸呂，新啑血京師，此以迎大王爲名，實不可信。願大王稱疾毋往，以觀其變。"中尉宋昌進曰："羣臣之議皆非也。……方今高帝子獨淮南王與大王，大王又長，賢聖仁孝，聞於天下，故大臣因天下之心而欲迎立大王，大王勿疑也。"代王報太后計之，猶與未定。卜之龜，卦兆得大橫。占曰："大橫庚庚，余爲天王，夏啓以光。"代王曰："寡人固已爲王矣，又何王？"卜人曰："所謂天王者乃天子。"於是代王乃遣太后弟薄昭往見絳侯，絳侯等具爲昭言所以迎立王意。薄昭還報曰："信矣，毋可疑者。"代王乃笑謂宋昌曰："果如公言。"乃命宋昌參乘，張武等六人乘六乘傳詣長安。……遂馳入長安邸。②

上文末尾"張武等六人乘六乘傳詣長安"句，《漢書·文帝紀》與之完全相同③，然而此中華書局新修訂點校本《史記》的底本，原來却是書作"張武等六人乘傳詣長

---

① 《史記》卷一○《孝文本紀》，第528頁。
② 《史記》卷一○《孝文本紀》，第525—526頁。
③ 《漢書》卷四《文帝紀》，第106頁。

安"。點校者在校勘記中述云：

"六乘"二字原無，據東北本補。按：本書卷九《呂太后本紀》、卷一〇一《袁盎晁錯列傳》、《漢書》卷四《文帝紀》、卷四九《袁盎傳》皆云代王"乘六乘傳"。[①]

所謂"東北本"，是指日本東北大學圖書館收藏的一種古寫本《孝文本紀》（圖5），其文字是否真確可依，還有待辨析。

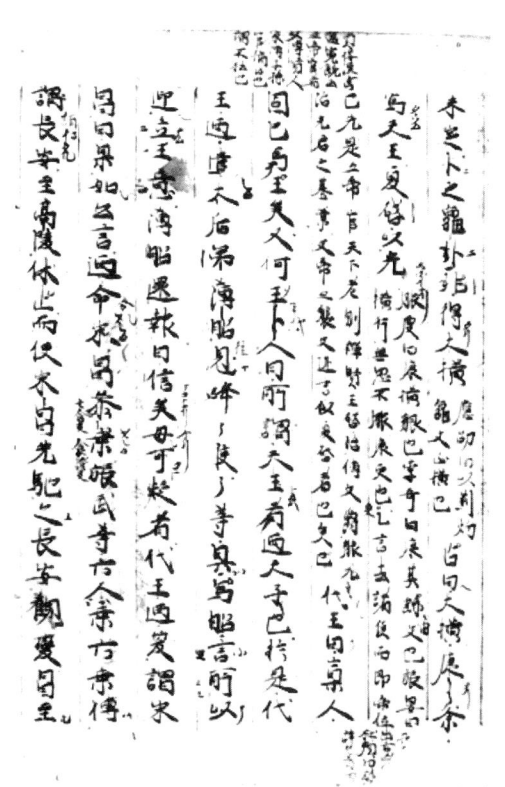

圖5　日本"貴重古典籍刊行會"影印古寫本《史記·孝文本紀》

〔今案〕

上引校勘記表明，點校者做出這一增改，除了日本東北大學圖書館收藏的那部古寫本《史記》零篇之外，別無其他版本依據；也就是説，《史記》各種傳世刻本，此句俱作"張武等六人乘傳詣長安"。另外，唐初歐陽詢奉敕編著的《藝文類聚》、北宋

---

① 《史記》卷一〇《孝文本紀》附《校勘記》，第553頁。

初年李昉等奉敕編著的《太平御覽》，引述《史記》，文字也是如此①。在這種情況下，對今本新增入的"六乘"二字，似需要謹慎審視。

主持《史記》修訂工作的趙生群教授，一向特別看重《史記》的早期寫本。在過去發表的一篇題爲《校點本〈史記〉正文校議》的文章中，就曾特別強調，在校勘《史記》時，要"有意識地利用出土文獻"，而他所説的"出土文獻"，實際上是把過去不易目驗的傳世古鈔本也包括在内。趙氏以爲，借助此等罕見秘籍來做改訂舊本的文字，以突破前人所受"客觀條件的限制"等"時代的局限"，是我們在今天勘正《史記》文本的重要手段②。

若是不考慮其他因素，這樣的想法並没有什麽問題，但趙氏此語顯然是針對傳世基本文獻的作用和價值而發，明顯具有偏重新見罕秘文本和史料的傾向。這就涉及校勘古籍的一般原則問題，再説這種傾向早已成爲中國古代文史研究領域的主流，不僅僅是個別人的看法問題，因而也就不能不稍事斟酌了。就我個人而言，對這種傾向是很不認同的。當年趙生群教授剛一發表上述文章，我就撰文指出，在宋代普及雕版印刷之初，雕版印刷、特別是各種官府刻本對勘定並規範典籍文字所發揮的積極作用，絲毫不亞於其快速、大量地復製和廣泛流通書籍的功能。故如歐陽脩所云，彼時刻本的文字，往往要比那些鈔本、寫本要更爲準確③。

明白雕版印書這一特點，更應該合理對待刻本與鈔本，而所謂合理對待，至少應該同等對待常見傳世文本與晚近獲知的秘本，不帶新、舊成見，唯"善"是從。若就《史記》具體文字的校勘而言，以前我就針對趙生群依據日藏古寫本殘卷把《史記·河渠書》的"故鹵地"改訂成"故惡地"的做法，提出過不同意見，指出在這些寫本當中，往往會有明顯的錯字，甚至是很低級的訛誤，如連連將句末的語氣助詞"兮"字錯訛成爲"子"字④。因此，對日本東北大學收藏的這部古寫本《史記》殘卷，同樣不宜佞從偏信，還是要對相關文獻作對比分析，因爲在這部寫本中同樣有很多顯而易見的文字訛誤（如張武等六人"乘六乘傳詣長安"的"詣"即以形近而訛作毫不相干的

---

① （唐）歐陽詢：《藝文類聚》卷一二《帝王部·漢文帝》，上海：上海古籍出版社，2013 年，影印宋紹興刻本，第 364 頁。（宋）李昉等：《太平御覽》卷八八《皇王部·漢孝文皇帝》，第 417 頁。
② 王華寶、趙生群：《校點本〈史記〉正文校議》，刊《文史》2006 年第 3 期，第 39—50 頁。
③ （宋）歐陽脩：《集古録跋尾》卷八"唐田弘正家廟碑"條，北京：中國書店，1986 年，《歐陽修全集》本，第 1189—1190 頁。
④ 拙撰《西漢關中龍首渠所灌溉之"鹵地"抑或"惡地"與合理對待傳世文獻問題》，原刊《書品》2006 年第 6 期，後收入拙著《讀書與藏書之間（二集）》，北京：中華書局，2008 年，第 267—278 頁。

"謂"字①)。

首先讓我們來看一看,《史記·呂太后本紀》的記載:

> 諸大臣相與陰謀,……迺曰:"代王方今高帝見子最長,仁孝寬厚。太后家薄氏謹良。且立長故順,以仁孝聞於天下,便。"迺相與共陰使人召代王。代王使人辭謝。再反,然後乘六乘傳。後九月晦日己酉,至長安。②

再來看《史記·袁盎晁錯列傳》的記載:

> 淮南王至雍,病死,聞,上輟食,哭甚哀。盎入,頓首請罪。上曰:"以不用公言至此。"盎曰:"上自寬,此往事,豈可悔哉!且陛下有高世之行者三,此不足以毀名。"上曰:"吾高世行三者何事?"盎曰:"陛下居代時,太后嘗病,三年,陛下不交睫,不解衣,湯藥非陛下口所嘗弗進。夫曾參以布衣猶難之,今陛下親以王者脩之,過曾參孝遠矣。夫諸呂用事,大臣專制,然陛下從代乘六乘傳馳不測之淵,雖賁育之勇,不及陛下。陛下至代邸,西向讓天子位者再,南面讓天子位者三。夫許由一讓,而陛下五以天下讓,過許由四矣。且陛下遷淮南王,欲以苦其志,使改過,有司衛不謹,故病死。"於是上乃解。③

請注意,《史記》之《呂后本紀》和《袁盎晁錯列傳》的記載(《漢書·袁盎傳》"乘六乘傳"一說,直接承自《史記》上述記載,並沒有獨立的史料價值),與《孝文本紀》有一個明顯的差別,這就是在記述代王乘傳入長安事時,都沒有提及參乘的宋昌和"張武等六人",可是有與沒有這一內容,情況有很大不同。

代王劉恒等人乘用的"傳",是指傳車,簡單地說,猶如漢廷提供的"驛站"專用車輛。唐人顏師古曾專門解釋"傳"這一詞語說:"傳者,若今之驛。古者以車,謂之傳車。其後又單置馬,謂之驛騎。"④在顏師古之先,曹魏人張晏解釋說"傳馬"猶如"驛馬"⑤,也是基於同樣的認識。《呂太后本紀》和《袁盎晁錯列

---

① 《史記·孝文本紀》,東京:貴重古典籍刊行會,1954年,影印日本東北大學圖書館藏古寫本,第4頁。
② 《史記》卷九《呂太后本紀》,第520頁。
③ 《史記》卷一〇一《袁盎晁錯列傳》,第3317頁。
④ 《漢書》卷一下《高帝紀》下唐顏師古注,第57—58頁。
⑤ 《漢書》卷七《昭帝紀》並唐顏師古注引張晏語,第228頁。

傳》都記載代王一行西來長安，係"乘六乘傳"，也就是六輛傳車。關於他們乘用這"六乘傳"的原因，曹魏時人張晏在注釋《漢書》時解釋其用意說，乃是"備漢朝有變，欲馳還也"①。這或許是把"六乘傳"理解成一種使用六匹馬拉的快速傳車了，即把"乘"字解作"傳馬"之義，不然是不會做出像"欲馳還"這樣的解釋的。

然而，古人稱述拉車用馬的數目，并不用"乘"字，而是直接說"駕若干馬"。如《漢書·韓延壽傳》記"延壽在東郡時，試騎士，治飾兵車，畫龍虎朱爵。延壽衣黃紈方領，駕四馬，傅總，建幢棨，植羽葆，鼓車、歌車、功曹引車，皆駕四馬，載棨戟。五騎爲伍，分左右部，軍假司馬、千人持幢旁轂。歌者先居射室，望見延壽車，噭咷楚歌。延壽坐射室，騎吏持戟夾陛列立，騎士從者帶弓鞬羅後。令騎士兵車四面營陳，被甲鞮鍪居馬上，抱弩負蘭。又使騎士戲車弄馬盜驂"②。這是對當時車馬出行儀仗場面很生動的描繪，其"駕四馬"云者，即謂以四馬拉車。可見，"乘"字在這裏，還應當理解爲數算車輛數目的量詞，即相當於現在所說一輛、兩輛的"輛"。實際上，《漢律》規定，在乘用傳車時，"急者乘一乘傳"③，亦即僅僅動用一輛傳車，而不應該動用"六乘"之多。這大概是爲確保沿途能夠及時提供補給。例如，漢代每當"陳寶"神（實際上應當是隕石）在雍地神祠附近從天而降的時候，即"遣候者乘一乘傳馳詣行在所，以爲福祥"④。

由於缺乏相應的依據和用例，就連張晏本人也覺得"備漢朝有變，欲馳還也"這種說法不大靠譜兒。於是，他又附列另一種解釋說："或曰傳車六乘。"⑤後來顏師古注《漢書》，便僅擷取這一附列的說法，而將防止生變以備馳還一說棄置不存⑥。不過，在另一方面，儘管"六乘"車隊算不上是最快捷的行旅方式，但對於像代王劉恒這樣的諸侯王來說，此番進京，僅僅身隨"六乘"，確實算得上是輕車簡從。類似簡率的隨從規模，尚別見於周亞夫受命將兵平定吳楚之亂時由長安去往洛陽的旅程。史載周亞夫出長安城後，一開始按照通常的走法，直奔函谷關東行，待"至霸上，趙涉遮說亞夫曰：'將軍東誅吳楚，勝則宗廟安，不勝則天下危，能用臣之言乎？'亞夫下車，禮而問之。涉曰：'吳王素富，懷輯死士久矣。此知將軍且行，必置間人於殽黽陜隘之間。

---

① 《史記》卷九《呂太后本紀》劉宋裴駰《集解》引曹魏張晏語，第520頁。
② 《漢書》卷七六《韓延壽傳》，第3214頁。
③ 《漢書》卷一下《高帝紀》下唐顏師古注引曹魏如淳述《漢律》，第57頁。
④ 《漢書》卷二五下《郊祀志》下，第1258頁。
⑤ 《史記》卷九《呂太后本紀》劉宋裴駰《集解》引曹魏張晏語，第520頁。
⑥ 《漢書》卷四《文帝紀》唐顏師古注，第107頁。

且兵事上神密,將軍何不從此右去,走藍田,出武關,抵雒陽,間不過差一二日,直入武庫,擊鳴鼓。諸侯聞之,以爲將軍從天而下也。'太尉如其計,至雒陽,使吏搜殽黽間,果得吳伏兵"①。爲達到出其不意的效果,周亞夫在霸上轉趨東南,繞行武關一路,一行人亦僅"乘六乘傳"而已②。僅帶少量隨從,纔能蔽人耳目,神秘其事,達到"從天而降"的戲劇性效果。這一情況,足以證明,代王劉恒入京時所謂"乘六乘傳"者,應當是指乘用六輛傳車。

後來袁盎對漢文帝說:"陛下從代乘六乘傳馳不測之淵,雖賁育之勇,不及陛下。"這似乎有很多諛頌的成分在内。呂后身故之後,陳平、周勃等開國功臣,誅殺諸吕,擁立代王,是想通過控制劉恒來持有更大的權柄,即袁盎所説"大臣專制"。在這種情況下,劉恒決意進京,確實是要冒一定風險,但他僅以六乘傳相從,却並不是因特有什麼"賁育之勇"而逞能犯難。蓋漢代的制度,對各類人等乘用傳車的員額,有明確的法律規定,在張家山漢簡《二年律令》中即寫有對違法乘用傳車者的嚴厲懲處:"爲傳過員,及私使人而敢爲食傳者,皆坐食臧(贓)爲盗。"③漢昭帝去世之後,在霍光主持下,以璽書徵召昌邑王劉賀入朝典喪,乃謂之曰:"徵王,乘七乘傳詣長安邸。"④這裏所說的"長安邸",應當如代王初入京師所居"代邸"一樣,都是各諸侯王國在京師特設的邸第。這次召喚昌邑王劉賀入京吊唁,其實質用意本來與當年迎接代王劉恒來長安一樣,也是要繼承大位⑤。兩相對照,我們似乎有理由推測:動用這種規模的傳車,應該是西漢時期諸侯王進京所能享受的法定待遇。

基於這一認識,我們再來審度《史記》中未經中華書局新修訂本改變之前的那條舊文:"(代王)乃命宋昌參乘,張武等六人乘傳詣長安。"這句話本身的文義,確實稍欠暢達,即"張武等六人"與代王以及參乘宋昌之間的語法關係,不夠清楚,其間似乎有奪落的文字。審看相關記載,知新修訂本《史記》的點校者,是把"乃命宋昌參乘,張武等六人乘傳詣長安",理解爲代王劉恒"與張武等六人乘傳詣長安",即總共乘用六輛傳車,劉恒和宋昌似乎也被算在"六

---

① 《漢書》卷四〇《周亞夫傳》,第2059頁。
② 《史記》卷一〇六《吳王濞列傳》,第3426頁。
③ 張家山二四七號漢墓竹簡整理小組《張家山漢墓竹簡(二四七號墓)》之《二年律令圖版》第230號簡,北京:文物出版社,2001年,第26頁;《二年律令釋文注釋》,第164頁。
④ 《漢書》卷六三《武五子傳·昌邑王賀》,第2764頁。
⑤ 《漢書》卷六八《霍光傳》,第2937頁。

人"這一總數之内。因爲祇有這樣,纔會把《史記·孝文本紀》的記載同《吕后本紀》和《袁盎晁錯列傳》兩處記載的劉恒"從代乘六乘傳"入長安一事直接等同爲一事。

當年司馬光在纂修《資治通鑒》時,同樣遇到了這一問題。司馬温公想到的解决辦法,是在"詣長安"的前面補入一個"從"字,書作:"乃命宋昌參乘,張武等六人乘傳,從詣長安。"①這是把"張武等六人",看作代王劉恒本人以及參乘宋昌之外的隨行人員,總的來説,要比今修訂本的認識合理多了。不過斟酌上下文句的辭氣,似乎不如把"從"字補在"張武等六人"之下要更妥帖一些,即將此句訂補爲:"乃命宋昌參乘,張武等六人〔從〕,乘傳詣長安。"因爲"張武等六人"若是能够享用傳車,代王劉恒和他的參乘宋昌,當然同樣要乘坐傳車入京。

談到這裏,我們需要察看一下漢代的車制。如淳《漢書》注引述《漢律》的規制是:"四馬高足爲置傳,四馬中足爲馳傳,四馬下足爲乘傳,一馬、二馬爲軺傳。"②除了四馬和一馬、二馬這三種形式的馬匹配置之外,《後漢書·賈琮傳》還提到有"舊典"規定:"傳車驂駕,垂赤帷裳。"③這種"驂駕"的傳車,是指用三匹馬來拉的車輛④。不管一馬、兩馬、三馬(或稱"驂駕"),還是四馬(或稱"駟馬"),在漢代的畫像磚、畫像石和墓室壁畫中,都繪有具體的圖像(圖6—圖16)。通過大量車馬出行的圖形,我們可以看到,漢代官員乘坐的車輛,一般來説,車輿内除了一位官吏之外,祇另有一名御者。

與這種乘車制度相關的是,我們在漢代可以看到一種名爲"别駕"的職官。唐杜佑《通典》記云:"别駕從事史一人,從刺史行部,别乘一乘傳車,故謂之别駕,漢制也,歷代皆有〔後漢周景爲荆河州,辟陳蕃爲别駕,蕃不就,景題别駕輿曰:'陳仲舉座,不復更辟。'蕃惶恐起視職。袁紹領冀州,以審配爲别駕,委以腹心,並總幕府。紹又以田豐爲别駕。豐勸迎天子,紹不納。及敗,曰:'吾慙田别駕。'〕"⑤《續漢書·百官志》載諸州從事史中有一名"别駕從事",若刺史行部,"則奉引,録衆事"⑥。另一方面,在和林格爾東漢墓墓室的壁畫上,有一輛"使持節護

---

① (宋)司馬光:《資治通鑒》卷一三漢高后八年九月,第437頁。
② 《漢書》卷一下《高帝紀》下唐顔師古注引曹魏如淳語,第57頁。
③ 《後漢書》卷三一《賈琮傳》,第1112頁。
④ (唐)孔穎達等:《春秋正義》卷六桓公三年,上海:商務印書館,民國影印日本覆印景鈔正宗寺單疏本,第3b頁。
⑤ (唐)杜佑:《通典》卷三二《職官·州郡》上《摠論州佐》,東京:汲古書院,1981年,影印日本宫内廳書陵部藏北宋刻本,第244—245頁。
⑥ (晋)司馬彪:《續漢書·百官志》四,見《後漢書》志第二十七,第3613—3614、3619頁。

烏桓校尉"所乘用三馬傳車，而另有一輛題作"別駕從事"的兩馬傳車，走在它的前面（圖17、圖18）。相互比照，適可進一步印證《通典》所說的情況。又《漢書·循吏傳》載："上擢（黃）霸爲揚州刺史。三歲，宣帝下詔曰：'制詔御史：其以賢良高第揚州刺史霸爲潁川太守，秩比二千石，居官賜車蓋，特高一丈，別駕主簿車，緹油屏泥於軾前，以章有德。'"[①]由此可以推斷，因另行乘坐一車而得名的"別駕"之官，在西漢時期即已出現。

特別需要注意的是，和林格爾的東漢墓室壁畫，在上述"別駕從事"傳車的前面，還另有一輛題作"功曹從事"的兩馬傳車。另外，在山東嘉祥武氏祠畫像石上的出行車隊中，其標示人物身份的"榜題"，也有清楚題寫爲"門下功曹"者（圖19、圖20）。所謂"功曹從事"或"門下功曹"乘用的車輛，也就是《漢書·韓延壽傳》所說的"功曹引車"，而在兩位"功曹"的身旁，同樣祇有一位御者。這兩幅漢代的畫面，愈加表明當時稍有身份的官員，在乘用傳車時，都是一官一車（目前所見漢畫資料顯示，祇有諸如《漢書·韓延壽傳》所說"鼓車、歌車"之類歌舞娛樂的伎樂用車，因爲需要同時演奏或者歌唱表演，纔會衆人同載於一車）。這一制度，乃是承自上古以來的傳統。譬如戰國時"田子方之魏，魏太子從車百乘而迎之郊"[②]，就是隨從者人自一車纔會出現的現象。而像代王之命令宋昌爲之參乘（或書作"驂乘"），乃同一車内載有御者、主官和參乘三人，這往往是高官權貴纔能夠享有的一種特別安排（毋庸贅言，其車輿較諸普通車輛要更寬敞一些，纔能容納三人）。

圖6　孝堂山石刻所見四馬車[③]

---

① 《漢書》卷八九《黃霸傳》，第3629頁。
② （漢）韓嬰：《韓詩外傳》卷九，北京：中國書店，2008年，修補刷印清嘉慶十六年蘇州鏞潤齋鏤秦更年重校刻元至正刊本，第8b頁。
③ 采自北京卓德國際拍賣有限公司2012年秋季藝術品拍賣會《古籍善本》圖錄之第2752號拍品《孝堂山漢畫像刻石》，第284頁。參見孫機：《漢代物質文化資料圖説》第23節《車Ⅰ》，北京，文物出版社，1990年，第90—93頁。

圖 7　寶成鐵路沿綫出土三馬車畫像磚① 　　圖 8　成都市附近出土有參乘三馬車漢畫像磚②

圖 9　成都站東鄉出土兩馬車畫像磚③

圖 10　新密市博物館藏兩馬車畫像磚④

---

① 采自全國基本建設工程中出土文物展覽會工作委員會編著：《全國基本建設工程中出土文物展覽圖録》，北京：中國古典藝術出版社，1955 年，圖版二三六之一。
② 采自《中國畫像磚全集》編輯委員會編：《四川漢畫像磚》第二圖《軺車駢駕畫像磚》，成都，四川美術出版社，2006 年，第 3 頁。
③ 采自全國基本建設工程中出土文物展覽會工作委員會編著：《全國基本建設工程中出土文物展覽圖録》圖版二三四。
④ 采自《中國畫像磚全集》編輯委員會編：《河南漢畫像磚》第七三圖《人物、駢車出行畫像磚》，成都：四川美術出版社，2006 年，第 77 頁。

圖 11　成都站東鄉出土單馬車畫像磚①

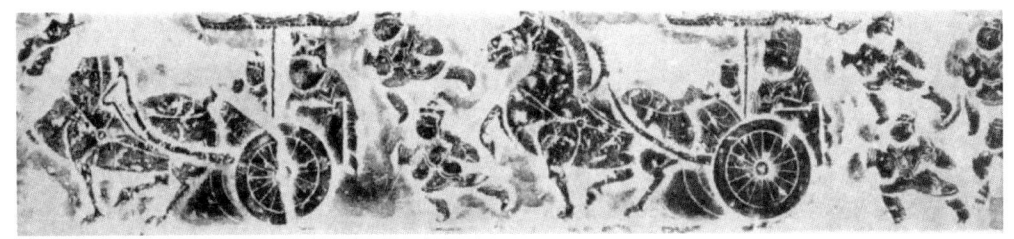

圖 12　山東兩城山畫像石上的出行圖②

圖 13　江蘇徐州銅山縣洪樓漢墓畫像石上的出行圖③

---

① 采自全國基本建設工程中出土文物展覽會工作委員會編著：《全國基本建設工程中出土文物展覽圖錄》圖版二三六之二。

② 采自傅惜華編：《漢代畫象全集（二編）》第 15 圖，北京：商務印書館，1951 年，《巴黎大學北京漢學研究所圖譜叢刊》之一，第 10 頁。

③ 采自江蘇省文物管理委員會編：《江蘇徐州漢畫像石》，北京：科學出版社，1959 年，圖版四七，第 61 圖。

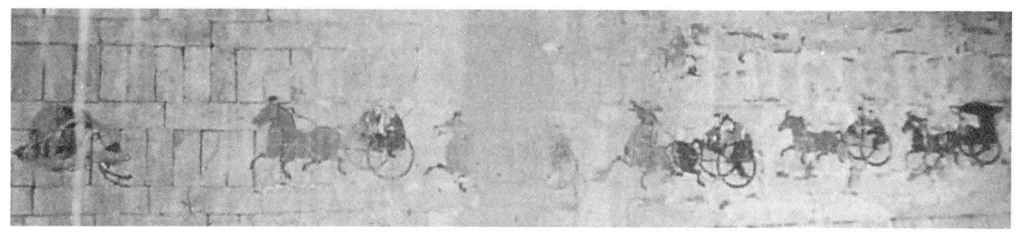

圖 14　河南偃師朱村東漢墓壁畫出行圖①

圖 15　河南偃師朱村東漢墓壁畫出行圖（圖 14）第三、四、五車局部

圖 16　河北安平逯家莊漢墓壁畫出行圖②

---

①　采自洛陽市文物管理局、洛陽古代藝術博物館編：《洛陽古代墓葬壁畫》第十九《偃師朱村東漢壁畫墓》，鄭州：中州古籍出版社，2010 年，第 253、256 頁。案車隊中第一車雖乘有三人，但此車後部斜插有啟戟，明顯屬前導"斧車"性質，第五車則屬所謂"輻車"，乘坐眷屬，都與普通官吏乘車規制不同。

②　采自賀西林、鄭岩主編：《中國墓室壁畫全集》第一卷《漢魏晉南北朝》，石家莊：河北教育出版社，2011 年，第 82 頁。

圖 17　和林格爾漢墓壁畫上的出行圖摹本①

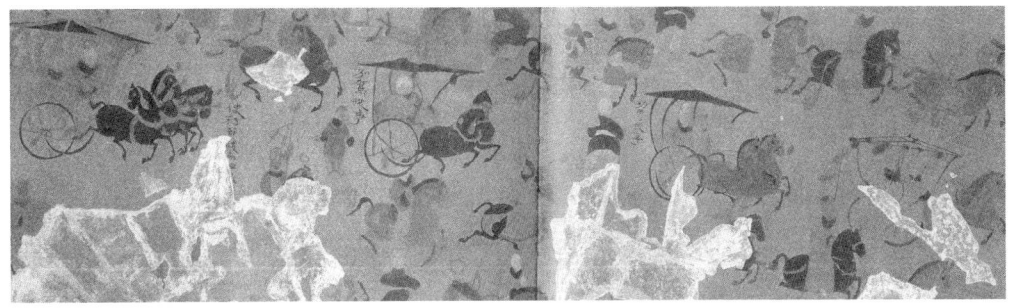

圖 18　和林格爾漢墓壁畫出行圖摹本上的"別駕從事"（右起第三車）等車②

圖 19　山東嘉祥武氏祠畫像石上的出行圖③

圖 20　山東嘉祥武氏祠畫像石上的出行圖（圖 19）"門下功曹"（前車）等車局部

---

① 采自內蒙古自治區文物考古研究所編：《和林格爾漢墓壁畫》，北京：文物出版社，2007 年，第 131 頁。
② 采自內蒙古自治區文物考古研究所編：《和林格爾漢墓壁畫》，第 118—119 頁。
③ 采自文物圖象研究室漢代拓本整理小組編：《"中央研究院"歷史語言研究所藏漢代石刻畫象拓本精選集》，台北："中央研究院"歷史語言研究所，2004 年，第 11 頁。

知悉漢代官員出行乘車的規矩，再來斟酌《史記·孝文本紀》中"（代王）乃命宋昌參乘，張武等六人〔從〕，乘傳詣長安"這段話，可知像郎中令張武這樣身居代王"左右"的王府官員，自然也是每人單獨乘坐一輛傳車。這樣一來，"張武等六人"的傳車加在一起，就應該是"乘六乘傳"；若再加上代王劉恒和參乘宋昌共同乘坐的那輛傳車，代王一行，總共應該乘用七輛傳車，而這正是霍光徵召昌邑王劉賀入京時給他指定的"乘七乘傳"這一用車定額。

逐一指實《史記·孝文本紀》相關語句的含義，可見代王劉恒同昌邑王劉賀在被徵召入京時乘用傳車的情況完全一致。從而愈加清楚地顯示，在諸侯王進京時，其一行人享用"七乘傳車"，這應該是一項固定的制度（除了乘坐傳車的諸侯王和陪同官員，一般還會另有導騎、兵衛和僕從之類隨行，張家山漢簡《二年律令·傳食律》所記朝廷配給"傳食"的規定，有時是區分爲"車大夫"與其"從者"這兩大等級①，所說"從者"既與"車大夫"對舉，便應該是指那些不得乘車的隨從吏員。其實際事例，則如昌邑王劉賀入京時，在相安樂和郎中令龔遂等應乘用傳車的王府官員之外，尚另有"大奴善"和"衛士長"等一些人隨行，同時還帶有"衣車"②）。由此推論，平定吳楚之亂時周亞夫率人"乘六乘傳"繞出武關，也應該是享用其作爲列侯（時周亞夫受封條侯）的規定待遇。蓋列侯較諸王減少一車，也正與其低於諸王一等的身份相稱。

蓋如前面論述"一乘傳"之制時已經談到的那樣，用傳多寡，涉及馬匹、車輛以至傳舍、廚食等項裝備設施的配置，數量過高則無法承受，沿途傳舍難以提供所需要的補給。例如，昭帝元鳳二年六月，嘗大赦天下，詔云："朕閔百姓未贍，前年減漕三百萬石，頗省乘輿馬及苑馬，以補邊郡、三輔傳馬。"③漢昭帝這一舉措，就顯示出保障充足的傳馬，是朝廷一項很沉重的負擔。當時亦嘗頒布詔命，反復申飭，令各地"無飾廚傳、增養食"④，亦即不得擅自增加傳舍供給的範圍和數量。又昔清人杭世駿著《史記疏證》，釋所謂代王"乘六乘傳"事，因不同意張晏"備漢朝有變"而"欲馳還"的說法，乃別作新解云："乘六乘傳者，如《檀弓》所云'時亦不可失'，非謂備漢朝

---

① 張家山二四七號漢墓竹簡整理小組：《張家山漢墓竹簡》之《二年律令圖版》第 232 號、第 233 號簡，第 26 頁；《二年律令釋文注釋》，第 164 頁。
② 《漢書》卷六三《武五子傳·昌邑王賀》，第 2764 頁。
③ 《漢書》卷七《昭帝紀》，第 228 頁。
④ （漢）衛宏：《漢官舊儀》卷上，北京：中華書局，1990 年，周天游點校《漢官六種》本，第 38—39 頁。（晋）司馬彪：《續漢書·百官志一》梁劉昭注引《漢舊儀》佚文，見《後漢書》志第二十四，第 3561 頁。

有變也。"①實際上這是同張晏一樣不切實際的揣想。

基於這一認識，再來看《吕太后本紀》和《袁盎晁錯列傳》提到的代王一行人"乘六乘傳"以至長安的説法，就有可能是由代王在身乘的傳車之外另以"六乘傳"相從西入長安這一史實，訛變衍生的錯誤；至少這很不準確。按照漢代官員乘車的慣用方式，"張武等六人"之"乘六乘傳"，這本來是不言而喻的事情，根本用不着贅言"六乘"。若是再把代王的傳車包括在内，那麽劉恒一行總共應"乘七乘傳"。昔朱文公考定《昌黎先生集》文句，訂立的校勘原則，是"悉考衆本之同異，而一以文勢、義理及它書之可證驗者决之。苟是矣，則雖民間近出小本不敢違，有所未安，則雖官本、古本、石本不敢信"②。"張武等六人乘六乘傳詣長安"這樣的寫法，既與文勢、義理相悖戾，循此先賢成例，固不宜恀從日本東北大學圖書館收藏的這篇古寫本《孝文本紀》而輕率地把"乘傳"二字改補爲"乘六乘傳"。做這樣的改動，很容易對閲讀和利用《史記》造成錯誤的影響。

至於《漢書·文帝紀》書作"乘六乘傳"，這很可能是班固參照《史記》的《吕太后本紀》和《袁盎晁錯列傳》做了增改。檢南宋吕祖謙撰著《大事記解題》，言"按《史記》本紀、列傳"參叙其事，云諸朝中大臣"乃相與共陰使人召代王，代王使人辭謝。再反，然後乘六乘傳。後九月晦日己酉，至長安渭橋"③，顯而易見，在這裏，吕氏綜合了《史記·孝文本紀》和《吕太后本紀》《袁盎晁錯列傳》這兩種不同的説法，同樣以爲劉恒一行人係乘用六輛傳車西至長安。班固所爲，亦應如是。班固在修纂《漢書》的時候，錯誤地更改過《史記》很多文句，此亦其中一例。如同上文已經談到的那樣，祇要稍加斟酌，便不難看出，僅僅從文脈詞氣上看，像"張武等六人乘六乘傳詣長安"這樣的句子，實在太過累贅，不像太史公應有的筆法。日本"貴重古典籍刊行會"在 1954 年影印這篇《史記》殘卷時，著名學者武内義雄寫有《解説》，文中列舉十幾處其優勝於傳世刻本的地方，却没有提到"乘六乘傳"這一重要異文④。這説明在武内氏看來，孰是孰非，至少還有待判斷。我覺得這篇古寫本《孝文本紀》中來歷不明的"六乘"二字，很可能是"張武等六人從，乘傳詣長安"句中的"從"字泐損之後，被傳録者誤書成"乘六"二字所致。這篇《史記·孝文本紀》的鈔

---

① （清）佚名：《史記疏證》卷一〇，上海：上海古籍出版社，1995 年，《續修四庫全書》影印北京圖書館藏清鈔本，第 114 頁。案此書實爲杭世駿所撰。
② （宋）朱熹：《昌黎先生集考異》卷一，上海：上海古籍出版社，2002 年，《朱子全書》本，第 367 頁。
③ （宋）吕祖謙：《大事記解題》卷九，第 618 頁。
④ 見日本"貴重古典籍刊行會"影印日本東北大學圖書館藏古寫本《史記·孝文本紀》附武内義雄撰《解説》，第 3—5 頁。

録時間雖然是在延久五年（宋神宗熙寧六年），但它所依據的底本，應是出自李唐時期流入日本的寫本（已經散附有《史記集解》）①，疑當時的傳本，已有闕誤。

根據以上論述，中華書局新修訂本《史記·孝文本紀》中新增入的這"六乘"二字，不僅很不可靠，甚至還會導致《史記》喪失其固有的文義。因而，以後若有機會進一步修訂此書，最好將其剔除出去，恢復傳世舊本的原貌。若是想要反映日本東北大學這部古寫本的異文，以備參考，自可在校勘記中附加一條說明，但却不宜像現在這樣輕率改易《史記》原文。

（二）《史記·孝文本紀》原文

（孝文皇帝二年）十一月晦，日有食之。十二月望，日又食。上曰："朕聞之，天生蒸民，爲之置君以養治之。人主不德，布政不均，則天示之以菑，以誡不治。乃十一月晦，日有食之，適見于天，菑孰大焉！朕獲保宗廟，以微眇之身，託于兆民君王之上，天下治亂，在朕一人，唯二三執政猶吾股肱也。朕下不能理育羣生，上以累三光之明，其不德大矣。令至，其悉思朕之過失，及知見思之所不及，匄以告朕。及舉賢良方正能直言極諫者，以匡朕之不逮。因各飭其任職，務省繇費以便民。朕既不能遠德，故憪然念外人之有非，是以設備未息。今縱不能罷邊屯戍，而又飭兵厚衛，其罷衛將軍軍。太僕見馬遺財足，餘皆以給置傳。"

上文"十一月晦，日有食之。十二月望，日又食"，今新點校本未出校，而唐人張守節撰《史記正義》，嘗有注云："《説文》云日蝕則朔，月蝕則望，而云晦日食之，恐曆錯誤。"所説雖差相近似，却不夠準確。日食在晦而不在朔，自是當時曆法欠密所致記錄不盡妥當處，但這是當時的實際記載，是曆書精準程度不夠，既不是《史記》的文字產生了訛誤，也不宜用"錯誤"來表述漢人行用的曆書。這一段落的文字舛錯問題，其實是其下一句"十二月望，日又食"。裴駰《史記集解》引徐廣語云："此云望日又食。按：《漢書》及《五行志》無此日蝕文也。一本作'月食'，然史書不紀月蝕。"②也就是説，徐廣雖然注意到這句話可能存在問題，却述而不斷，把這一疑難留給了後來的讀者。

---

① 據日本"貴重古典籍刊行會"影印日本東北大學圖書館藏古寫本《史記·孝文本紀》附武内義雄撰《解説》，第3頁。
② 《史記》卷一〇《孝文本紀》並劉宋裴駰《集解》、唐張守節《正義》，第535—536頁。

〖今案〗

清人梁玉繩處理這一問題的方法，最爲乾净利落，述云：

竊疑"十二月望，日又食"七字爲衍文。班《書》不載，其證一。詔書不及，其證二。日食不以望，其證三。頻月不食，其證四。①

後來張文虎在同治年間在金陵書局校刊《史記》，亦曾一度認同此説，疑"十二月望，日又食"之文屬於誤衍②。覈實而論，"十二月望，日又食"這句話的問題，關鍵並不在《漢書》的本紀和《五行志》是不是也有同樣的記載，也不在於漢文帝的詔書裏是不是講過此事，而是如同張守節引許慎《説文解字》所説，按照天文曆法的基本規則，"日蝕則朔，月蝕則望"；或如班固引古人語所作概括："日不食朔，月不食望。"③因而絶没有在望日發生日食的道理，這也就是梁玉繩所説的"日食不以望"。儘管文帝二年十一月晦日這一日食記録同樣不能密合於曆法，但晦與朔不過一日之差，這是在當時曆法的誤差範圍之内。《穀梁傳》謂"言日不言朔，食晦日也"，就是基於這樣的實際情況④。它與此日食在望的記載，性質完全不同。所以，這句話的文字，一定是有舛錯。

那麽，有没有可能是"十二月望"的"望"字有誤，即以形近而由"朔"錯訛成"望"呢？這同樣是不可能的。因爲《漢書·文帝紀》和《漢書·五行志》不僅没有記載本月有日食發生，而且還都記載這次日食發生的具體時間是"十一月癸卯晦"⑤，癸卯的次日爲甲辰，即十二月之朔日⑥，絶没有在兩天之内連連發生日食的可能。我們看漢文帝在詔書裏祇是强調"乃十一月晦，日有食之，適見于天，菑孰大焉"！極言十一月晦這次日食昭示着重大的災變，却根本没有提及接下來還有"十二月望，日又食"的事情，也説明在漢文帝下詔書之前，祇發生過這一次日食。再説就日食發生的原理而言，若是兩個月内連續發生日食，祇能一在北極，一在南極，漢朝君臣是没有人能夠看得到的；亦即就漢朝疆土之内的情況而言，一如梁玉繩所説那樣，"頻月不

---

① （清）梁玉繩：《史記志疑》卷七，第254—255頁。
② （清）張文虎：《校刊史記集解索隱正義札記》卷一，第104頁。
③ 《漢書》卷二六《天文志》，第1291頁。
④ 柯劭忞：《春秋穀梁傳注》（北京：北京大學研究院文史部，1935年，鉛字排印綫裝本。案此本各卷卷端書名俱作"春秋穀梁傳注"，惟書衣書寫作《春秋穀梁傳補注》，應屬後人妄題）卷一，第6b—7a頁。
⑤ 《漢書》卷四《文帝紀》，第116頁；又卷二七下之下《五行志》下之下，第1501頁。
⑥ 陳垣：《二十史朔閏表》，北京：中華書局，1962年，第13頁。

食"①。所以，即使是在十二月的晦日，同樣沒有發生日食的可能，也不能把"十二月望"改成"十二月晦"。

如上所述，同治年間張文虎在金陵書局校勘《史記》時，也注意到這一問題，並在《校刊史記集解索隱正義札記》中寫下了與梁玉繩相同的看法。但他後來對此又做了更爲深入的考證，指出當月望日確實發生過月食：

> 《孝文本紀》二年十一月晦，日有食之；十二月望，日又食之。案：日無比食之理，望無日食之事。《漢書·文帝紀》、《五行志》皆不書十二月之食，下文帝詔亦祇言十一月晦日食。以今癸卯元術上考，是年十二月癸卯朔〔顓頊術同。《漢書》紀、志並爲十一月癸卯晦，則又合殷術〕，太陰交周六宮○一度○四分二十九秒，入食限。蓋史文失書日名，而是月望太陰交周初宮十六度二十四分三十六秒，月亦入食限。（圖21）②

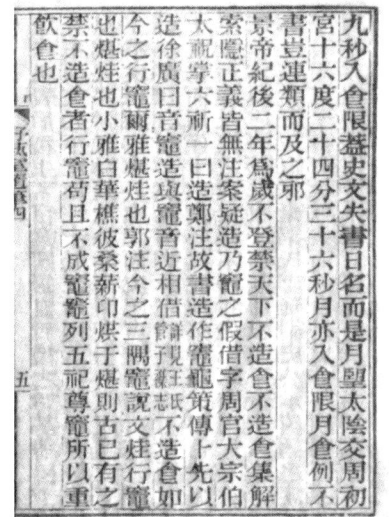

圖21　清同治十三年金陵冶城賓館刻本《舒藝室隨筆》

---

① 案《漢書》卷四《文帝紀》（第119頁）載"三年冬十月丁酉晦，日有食之。十一月丁卯晦，日有蝕之"。又卷二七下之下《五行志》下之下（第1501頁）更詳細記載說，文帝"三年十月丁酉晦，日有食之，在斗二十二度。十一月丁卯晦，日有食之，在虛八度"。所記日食宿度清楚，宛若確實連續兩月發生了月食，但其"十一月丁卯晦"這一次日食，所記實有訛誤，清人張文虎在《舒藝室隨筆》（清同治十三年金陵冶城賓館刻本）卷五（第2a—2b頁）已經指出其十一月丁卯之食，應屬誤記，晚近天文學史研究者更進一步指出，這次日食正確的發生時間，應該是在這一年的十二月。說見陳遵嬀：《中國天文學史》第五編第二章第五節《中國歷代日食》之《中國日食表》，上海：上海人民出版社，2006年，第624頁。

② （清）張文虎：《舒藝室隨筆》卷四，第4b—5a頁。

這樣一來，就祇剩下一種可能："十二月望，日又食"的"日"字，是"月"的形訛。其實早在張文虎之前，明人陳霆、焦竑、陳仁錫和清人顧炎武、方苞，就都已經指出過這一點，如陳霆語云："此月食無疑也，刊本字誤耳。"①

徐廣注意到"日又食"的"日"字別有一本寫作"月食"，却拘泥於"史書不紀月蝕"而不敢采信，張文虎對此，亦同樣感到困惑，乃謂"月食例不書，豈連類而及之邪"②？所謂"史書不紀月蝕"，是因爲在漢代，人們已經比較清楚地掌握了月食發生的規律，能夠準確地預報月食，一般就不把月食作爲凶徵妖兆而著録於史册，但在這時却還没有掌握日食的規律，不能預測日食的發生，從而把日食作爲異常天象而詳加記録，並用占辭對它們進行星占解釋③，即如司馬遷所説："月蝕，常也；日蝕，爲不臧也。"④所以，在大多數情况下，史籍中確實不會載録月食。

但通常不記載，不等於絶對不能寫。清人梁玉繩即曾針對"史書不紀月蝕"的説法考述説：

> 以爲史不紀月食，則又不然。古者"日食修德，月食修刑"〔《公羊傳》文〕。《禮·昏義》言"陰事不得，適見于天，月爲之食"，《天官書》言"月蝕，將相當之"。故《詩傳》云"月食非常也，比之日食猶常也"。《周禮》鼓人職云"救日月，詔王鼓"，太僕職云"軍旅田役贊王鼓，救日月亦如之"，《左傳》莊二十五年云"非日月之眚不鼓"。是知日月之食並嚴，而月食不書，惟《春秋》之法，未可概論。即如《史記·景帝紀》後三年書"日月皆食"，《六國表》秦躁公八年書"日月蝕"，史公何嘗不紀，但不全紀耳。⑤

方苞亦謂"並書月食者，以與日食同月也。景帝後二年十月日月皆食，亦並書"⑥，足見月食之書與不書，還要看具體情况，不宜一概而論。

---

① （明）陳霆：《兩山墨談》卷一五，明嘉靖十八年德清知縣李檗刻本，第12b—13a頁。（明）焦竑：《焦氏筆乘》卷二"徐廣注誤"條，上海：商務印書館，1937年，《國學基本叢書》本，第32—33頁。（明）陳仁錫：《史記考》之《孝文本紀考》，第1a頁。（清）顧炎武：《日知録》卷二七《史記》注條，上海：上海古籍出版社，1985年，影印清道光十四年刊清黄汝成《日知録集釋》本，第2000頁。（清）方苞：《史記注補正》，清康熙嘉慶間桐城方氏刊《抗希堂十六種》本，第12b頁。
② （清）張文虎：《舒藝室隨筆》卷四，第5a頁。
③ 石雲里、邢鋼：《中國漢代的日月食計算及其對星占觀的影響》，刊《自然辯證法通訊》2006年第2期，第79—85頁，第112頁。
④ 《史記》卷二七《天官書》，第1588頁。
⑤ （清）梁玉繩：《史記志疑》卷七，第255頁。
⑥ （清）方苞：《史記注補正》，第12b頁。

斟酌《史記·孝文本紀》，不難看出，司馬遷記述"十一月晦，日有食之。十二月望，月又食"，這是在講漢文帝下詔自省的緣由；也就是説，這是在寫録當時的實際情況，即記與不記乃取決於漢文帝怎樣看待這次月食，而不是按照通行的史書記載原則去作取捨。對此，明人陳霆、焦竑嘗釋之曰：

> 時以晦既日食，望又月食，不半月間而兩經災變，故於望日下詔書脩省，而懼災之意，則因感月食之變而益謹日食之戒也，故詔止云"乃十一月晦，日有食之"。景帝後三年十月，日月皆食，云"十月"而不繫以日，必是月朔、望，日、月分食，非一日事也。①

這種認識，實屬允當。審《漢書·文帝紀》記此事但云"十一月癸卯晦，日有食之"，略而不談"十二月望，月又食"②，自是班固没有看懂太史公的旨意，固已損害了歷史本來的面目，逮宋人司馬光著《通鑒》，亦因未能領悟太史公的用意而捨此月食不顧③；至於《漢書·五行志》對這次月食闕而不録，則是其單純記載像日食這樣的天象之大變，對月食例皆不録，不像《文帝紀》這樣與漢文帝的行事直接相關聯。

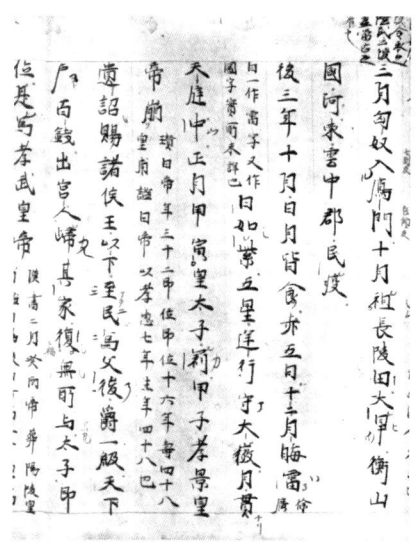

圖22　昭和十年京都大學影印日本古寫本《史記·孝景本紀》

---

① （明）陳霆：《兩山墨談》卷一五，第12b—13a頁。（明）焦竑：《焦氏筆乘》卷二"徐廣注誤"條，第32—33頁。
② 《漢書》卷四《文帝紀》，第116頁。
③ （宋）司馬光：《資治通鑒》卷一三，漢文帝二年，第448頁。

術數觀念的構成相當繁雜，又無法用常理來驗覈，漢代的情況現已無法一一知悉。我們說漢朝人因掌握月食的規律而一般不再特地記錄每一次月食，並不等於當時社會已經普遍無視月食的警示作用。班固在《漢書·天文志》中，對此就做有概括的說明：

> 古曆五星之推，亡逆行者，至甘氏、石氏《經》，以熒惑、太白爲有逆行。夫曆者，正行也。古人有言曰："天下太平，五星循度，亡有逆行。日不食朔，月不食望。"夏氏《日月傳》曰："日月食盡，主位也；不盡，臣位也。"《星傳》曰："日者德也，月者刑也，故曰日食修德，月食修刑。"然而曆紀推月食，與二星之逆亡異。熒惑主内亂，太白主兵，月主刑。自周室衰，亂臣賊子師旅數起，刑罰失中。雖其亡亂臣賊子師旅之變，内臣猶不治，四夷猶不服，兵革猶不寢，刑罰猶不錯，故二星與月爲之失度，三變常見；及有亂臣賊子伏尸流血之兵，大變乃出。甘、石氏見其常然，因以爲紀，皆非正行也。詩云："彼月而食，則惟其常；此日而食，于何不臧？"《詩傳》曰："月食非常也，比之日食猶常也，日食則不臧矣。"謂之小變，可也；謂之正行，非也。故熒惑必行十六舍，去日遠而顓恣。太白出西方，進在日前，氣盛乃逆行。及月必食於望，亦誅盛也。①

當時人對月食警示作用的具體說明，譬如《淮南子》中嘗有語云"逆天暴物，則日月薄蝕"②，東漢明帝在詔書中述及天變，亦以"日月薄蝕，彗孛見天"相並稱③。

逮北周庾季才撰著《靈臺秘苑》，仍清楚記述月食是諸多兇險的徵兆：

> 或臣行刑直（執？）法，中怨氣盛溢，害及良善；或人君行適過專，受所制，則月食。不救，則水旱壞。
> 月食，糴貴，大臣失刑，其國有大戰。所宿分貴人死，兵常在内。
> 月食者，其分受殃。兵來而食者，所當之分戰不勝。
> 又曰食出則軍折傷。
> 又曰修六宮之職與刑事，月食戒在臣下，防夷狄，察陰謀。
> 一曰食盡女后當之。兵在外，兵罷。不盡，則大官應之。

---

① 《漢書》卷二六《天文志》，第 1290—1291 頁。
② 《淮南子·泰族訓》，據何寧：《淮南子集釋》卷二〇，北京：中華書局，1998 年，第 1375 頁。
③ 《後漢書》卷二《明帝紀》，第 106 頁。

又曰月食損光明，咎女后，破軍殺將。少破半，災輕；大半，災重。食既，大臣有咎，女后退。若薄，則爲女后憂，大臣失其所理。凡軍行遇之，宜將軍不出，有謀叛。①

其中像"大臣失刑，其國有大戰""月食戒在臣下，防夷狄，察陰謀""不盡，則大官應之""食既，大臣有咎""若薄，……大臣失其所理"，等等，還都與當政大臣的陰謀和咎過有過，特別是如梁玉繩所云，《史記·天官書》中還有"月食，將相當之"這樣的話②，漢文帝不能不心存顧忌（事實上，直到清朝末年，發生月食時，各地方官員仍須奉旨"救護"③）。至於一月之内，日月並食，例如焦竑和方苞、梁玉繩三人都提到的漢景帝"後三年十月，日月皆食"這樣的天象，《史記》記載說，緊隨其後未久，孝景皇帝劉啓就在翌年正月駕崩④。性質如此嚴重，更會引起文帝的警覺⑤。

如本節上一條所述，代王劉恒之入承大統，本來是陳平、周勃等從龍起事的功臣，爲控制朝政而擇立，故袁盎諛頌劉恒此番入京，是面對"大臣專制"而奮勇"馳不測之淵"，亦事出有因。劉恒傳車剛到渭橋，尚未進入長安城，太尉周勃便請求單獨覲見，奉上天子之璽，以爭奪首功（圖23）。由於周勃當時身爲太尉，司掌的職事至關重要，漢文帝即位後，隨即將其擢升爲右丞相，予以撫慰，而把策劃誅殺諸呂、擁立代王"本謀"的右丞相陳平，降爲左丞相。在誅殺諸呂之前，陸賈曾向陳平獻策，聯絡周勃：

陸生曰："天下安，注意相；天下危，注意將。將相和調，則士務附；士務附，天下雖有變，即權不分。爲社稷計，在兩君掌握耳。臣常欲謂太尉絳侯，絳侯與我戲，易吾言。君何不交驩太尉，深相結？"爲陳平畫吕氏數事。陳平用其計，廼以五百金爲絳侯壽，厚具樂飲，太尉亦報如之。此兩人深相結，則吕氏謀益衰。

透過上述情況，可以看出，漢文帝做出的這一人事調動，意在利用周勃急於爭功的心

---

① （北周）庾季才撰，（宋）王安禮重修：《靈台秘苑》卷八《太陰·月食》，臺北：臺灣商務印書館，1986年，影印文淵閣《四庫全書》本，第8b—9a頁。
② 《史記》卷二七《天官書》，第1588頁。
③ （清）佚名：《視學撮要》（寒齋藏清末寫本）之《日月食告示》，第4a頁。
④ 《史記》卷一一《孝景本紀》，第569頁。
⑤ 案（唐）張鷟：《朝野僉載》（北京：中華書局，1979年）卷一（第19頁）有記載云，在武周"長安二年九月一日，太陽蝕盡，默啜賊到并州。至十五日夜，月蝕盡，賊並退盡"，雖説是"月蝕盡"而賊亦退盡，但這同樣表明一月之内日、月並食是賊人進犯的象徵，威脅不容忽視。

意，有意製造矛盾，打破陳平和周勃的同盟，並首先壓制滿腹韜略的陳平。這一職位安排，看似滿足了周勃的慾望，但同時他也不得不騰出了太尉這個更關鍵的位置。漢文帝隨之又施展手腕，進一步平衡兩人，成功地逼迫周勃與陳平再次對調位置，威勢之凌厲，竟嚇得周勃"謝病請免相"①。就在日、月食相繼發生這一年年初的十月，陳平病故。爲穩定朝政，漢文帝在十一月重新任用周勃爲丞相，但同時又發布詔命，令列侯出關就國②。此舉顯然意在減除功臣勳舊對朝政的影響，但諸多列侯却相互觀望，頑固地抵制文帝的詔命。

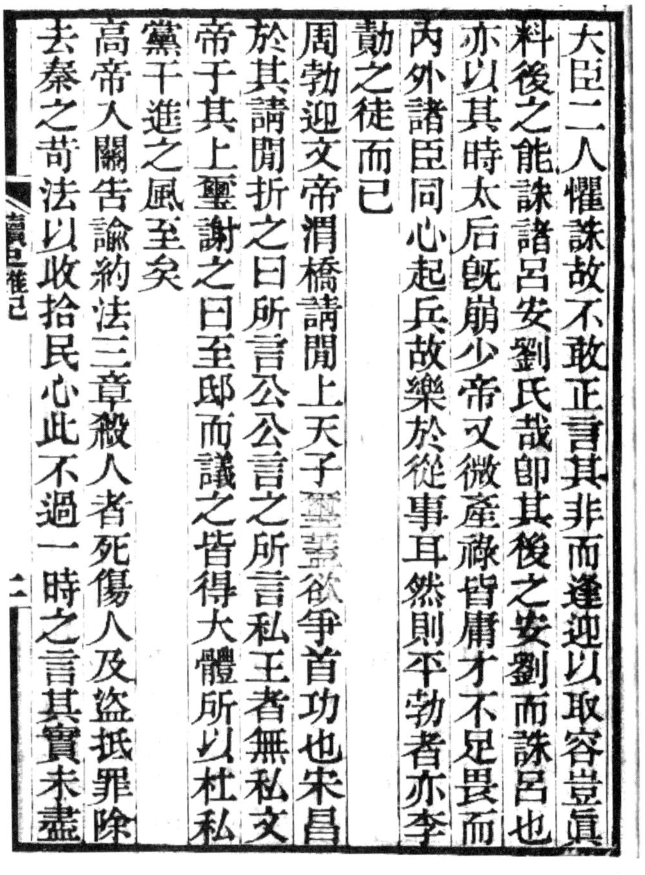

圖23 清光緒四年刻本方宗誠《讀史札記》

就在這樣緊張對峙的時刻，十一月底發生了日食這一災變，漢文帝不能不爲之警怵。假若此時此刻，漢文帝對怎樣應對還有所猶豫的話，在隨後半個月又發生的月

---

① 《史記》卷一〇《孝文本紀》，第527—535頁；卷五六《陳丞相世家》，第2502—2505頁；卷五七《絳侯周勃世家》，第2516—2517頁；卷九七《酈生陸賈列傳》，第3271—3272頁。（清）方宗誠：《柏堂讀書筆記》之《讀史札記》，清光緒四年六月刻本，第2a頁。

② 《史記》卷一〇《孝文本紀》，第535頁；又卷二二《漢興以來將相名臣年表》，第1335頁。

食，則迫使他不得不頒布詔書，加以禳解。司馬遷看似漫不經心地寫下的"十二月望，月又食"這句話，其實正透露出漢文帝焦灼急迫的心境。

回顧西漢開國以來的歷史發展進程，似乎不難看出，直至漢武帝時期，歷朝政治鬥爭的主綫，始終都是維護和強化漢家帝室唯我獨尊的地位，這也可以概括爲建造和提升皇權。爲此，先是漢高祖尋找各種借口，逐一誅除此前不得不封授的異姓諸侯王。吕后向劉邦提議斬殺彭越時講的下面這一段話，最清楚不過地點明了這些異姓諸侯王被禍的實質性原因："彭王壯士，今徙之蜀，此自遺患，不如遂誅之。"① 這些亂世英雄，哪個不是壯士？自然無一再有生路。

除了這些異姓諸侯王之外，對於漢家天子來説，最主要的整治對象，就是與其一道打下江山的那些既没有血緣關係而又權高位重的大臣了。從叔孫通定朝儀，來警示這些妄呼爭功以至"拔劍擊柱"的功臣，令其知所就敬畏，明白他們與劉邦之間的君臣界限神聖不可冒犯②。儘管如此，至高祖崩時，吕后因深深忌憚這些功臣，竟謂"諸將與帝爲編户民，今北面爲臣，此常怏怏，今乃事少主，非盡族是，天下不安"③。後來到惠帝故世時，吕后亦因畏忌這班開國元勳，竟致哀泣泣不能下④。可知抑制功臣，是西漢初期建造皇權過程中的另一項重要舉措。

漢高祖抑制功臣的辦法，首先是在論功行封時刻意壓抑武功的重要性，宣稱"野戰略地之功，此特一時之事"，而且猶如追殺獸兔的獵狗，不過待人主"發蹤指示獸處"後始得奔走而已，故特拔擢"未嘗有汗馬之勞，徒持文墨議論"的蕭何位居首功⑤。戰功最著的曹參，不僅屈居於次位，而且僅食邑萬六千户。並觀與蕭何一樣"未嘗有戰闘功"的張良，劉邦却一開口就讓他"自擇齊三萬户"（張良自知這會招致衆將怨恨，實際僅擇"留"地一邑，食萬户）⑥，抑此揚彼的用意，一清二楚。

但劉邦對蕭何、張良這樣施政設計的"人傑"，同樣充滿戒心。《史記·蕭相國世家》下面這一段記載，最能説明這一問題：

> 漢十一年，陳豨反。高祖自將，至邯鄲。未罷，淮陰侯謀反關中。吕后用蕭何計，誅淮陰侯，語在《淮陰》事中。上已聞淮陰侯誅，使使拜丞相何爲相國，

---

① 《史記》卷九〇《魏豹彭越列傳》，第 3146—3147 頁。
② 《史記》卷九九《劉敬叔孫通列傳》，第 3296—3298 頁。
③ 《史記》卷八《高祖本紀》，第 492 頁。
④ 《史記》卷九《吕太后本紀》，第 507—508 頁。
⑤ 《史記》卷五三《蕭何世家》，第 2446—2447 頁。
⑥ 《史記》卷一八《高祖功臣侯者年表》，第 1503—1504 頁，第 1063 頁；又卷五五《留侯世家》，第 2481 頁。

益封五千户,令卒五百人、一都尉,爲相國衛。諸君皆賀,召平獨弔。……召平謂相國曰:"禍自此始矣。上暴露於外而君守於中,非被矢石之事而益君封置衛者,以今者淮陰侯新反於中,疑君心矣。夫置衛衛君,非以寵君也。願君讓封勿受,悉以家私財佐軍,則上心説。"相國從其計,高帝乃大喜。

漢十二年秋,黥布反。上自將擊之。數使使問相國何爲。相國爲上在軍,乃拊循勉力百姓,悉以所有佐軍,如陳豨時。客有説相國曰:"君滅族不久矣。夫君位爲相國,功第一,可復加哉?然君初入關中,得百姓心,十餘年矣,皆附君,常復孳孳得民和。上所爲數問君者,畏君傾動關中。今君胡不多買田地,賤貰貸以自汙?上心乃安。"於是相國從其計,上乃大説。①

端飭恭謹如蕭何者,尚遭劉邦忌憚如此,那麽,"運籌策帷幄之中,決勝於千里之外"的張良,自可想而知。漢室定都關中未久,張良即以身體多病而"道引不食穀,杜門不出歲餘",除了體質衰弱之外,這更多地應是出自退身遠禍的考慮。待他揣摩漢高祖的心意,建言尊立蕭何爲相國,更深信像自己這樣的人物,絕非漢高祖心胸所能容納,故聲言"願棄人間世,欲從赤松子游"②,徹底遠離朝政,不再介入任何是非。蕭何、張良處境如此,我們也就很容易理解,後來曹參、陳平相繼爲相,無不耽溺醇酒美婦,不敢在政事上略施主張了。

在漢高祖去世之前,吕后與這些開國功臣本來一直合作得比較融洽。其中最典型的事例,是漢武帝想要廢黜吕后所生太子另立戚夫人子趙王如意,史稱"幾代太子者數矣,賴大臣争之,及留侯策,太子得毋廢"③。但也正因爲如此,吕后也纔更清楚這些功臣左右朝政的力量,出現了前文所説她在高祖故世時意欲盡誅功臣、惠帝死去時亦泣不能下的情況。於是,吕后不得不封授諸吕爲王,以防範從龍功臣;同時,她也設法籠絡這些功臣中一些比較重要的核心成員,如特設太尉一官並令周勃出任此職④,就是其手段之一。然而,諸位功臣爲維護其固有的權位,愈加結爲一體,抗衡吕氏。

高祖死後,不管是在惠帝時期,還是少帝時期,實際上都是由吕后掌控着漢室的皇權。因而,功臣們對吕氏的抗衡,實際上意味着要與大漢帝室分享更多的權力。雖

---

① 《史記》卷五三《蕭相國世家》,第2449—2450頁。
② 《史記》卷五五《留侯世家》,第2483、2487頁。
③ 《史記》卷九《吕太后本紀》,第503頁;又卷五五《留侯世家》,第2483—2486頁。
④ 《史記》卷九《吕太后本紀》,第510—512頁。

然在對抗諸呂把持朝政這一點上，劉氏同姓諸王與當朝功臣的立場往往一致，像齊王襄甚至公然起兵，但諸呂一旦除去，劉氏後人代王劉恒直接身居帝位，迎立文帝的陳平、周勃之輩，馬上也就轉化成爲文帝所要防範和駕馭的首要對象①。事實上，當代王劉恒在應詔入京繼承帝位時，其郎中令張武即已指明這一點："漢大臣皆故高帝時大將，習兵，多謀詐，此其屬意非止此也。"②換句話說，在控御功臣這一點上，漢文帝與呂后是站在同一立場上的。他們都是在繼承漢高祖時期既有的方針，因爲他們同樣代表着漢家的皇權。

正因爲皇后和皇帝在維護皇權這一點上，休戚與共，利害攸關，皇帝往往要倚仗后族后黨，而相對弱勢的后族后黨，自然有助於保障功臣們的安全。史載盡誅諸呂之初，與事大臣商議帝位繼承者事宜，經過如下：

> 諸大臣相與陰謀曰："少帝及梁、淮陽、常山王，皆非真孝惠子也。呂后以計詐名他人子，殺其母，養後宮，令孝惠子之，立以爲後及諸王，以彊呂氏。今皆已夷滅諸呂，而置所立，即長用事，吾屬無類矣。不如視諸王最賢者立之。"或言"齊悼惠王高帝長子，今其適子爲齊王，推本言之，高帝適長孫，可立也"。大臣皆曰："呂氏以外家惡而幾危宗廟，亂功臣。今齊王母家駟鈞，惡人也，即立齊王，則復爲呂氏。"欲立淮南王，以爲少，母家又惡。迺曰："代王方今高帝見子最長，仁孝寬厚。太后家薄氏謹良。且立長故順，以仁孝聞於天下，便。"迺相與共陰使人召代王。③

上面這段記載中，最值得注意的是"呂氏以外家惡"而"亂功臣"這句話，正透露出陳平、周勃等人發動政變的根本原因。正因爲如此，所以他們才會選擇母族"外家"毫無依恃的代王劉恒來承繼帝位。

逮文帝登基、竇氏被册立爲皇后之後，儘管竇氏出身微賤，同樣無所依恃，但周

---

① 案在文帝剛一即位的時候，實際上是同樣防範、應對劉氏諸王與權臣，觀其於登基三個月後便急忙册立太子，面對臣下請建儲位的奏言，答復說："楚王，季父也，春秋高，閱天下之義理多矣，明於國家之體。吳王於朕，兄也；淮南王，弟也：皆秉德以陪朕，豈爲不豫哉！諸侯王宗室昆弟有功臣，多賢及有德義者，若舉有德以陪朕之不能終，是社稷之靈，天下之福也。今不選舉焉，而曰必子，人其以朕爲忘賢有德者而專於子，非所以憂天下也。朕甚不取。"（見《漢書》卷四《文帝紀》，第 111 頁）這種假惺惺的推讓，正顯示其如此迅捷地確定太子，強化其身居帝位的合法性，正是爲消除楚王、吳王、淮南王之類強宗大王的覬覦之心。不過相較於此，文帝更須防範權臣們重演故事，改換其他劉姓宗室子弟。
② 《史記》卷一〇《孝文本紀》，第 525 頁。
③ 《史記》卷九《呂太后本紀》，第 510 頁。

勃輩功臣對竇家嫡系族人，還是滿懷畏懼。竇皇后父母早亡，在世親人祇有一兄一弟，這些功臣們亦防微杜漸，不敢掉以輕心：

> 絳侯、灌將軍等曰："吾屬不死，命乃且縣此兩人。兩人所出微，不可不爲擇師傅、賓客，又復效呂氏，大事也。"於是乃選長者士之有節行者與居。竇長君、少君由此爲退讓君子，不敢以尊貴驕人。①

周勃等人對竇皇后家人如此警惕，自是緣於這些開國元勛與劉氏帝室之間的權力衝突。

漢文帝一入未央宮，當即"夜拜宋昌爲衛將軍，鎮撫南北軍。以張武爲郎中令，行殿中"，將這些布置停當之後，始"還坐前殿"②。宋昌和張武這兩個人是他從代國帶來的腹心舊臣。如此迅速地接管京城和未央宫的戍衛，針對的對象，當然是周勃之輩。

基於這樣的背景，再回過頭來審視漢文帝這道詔書，可見在冠冕堂皇地自承"天下治亂，在朕一人"的同時，他又特別指出："唯二三執政猶吾股肱也。"漢朝遇重大災異，通常都是要策免三公之類的秉政重臣，以燮理陰陽③。例如，陳平就講過："宰相者，上佐天子理陰陽，順四時，下育萬物之宜。"④所謂"二三執政猶吾股肱也"，顯然直指周勃其人理應承擔的責任。我們看前述《漢書·天文志》引錄的夏氏《星傳》⑤，已經明言"月食修刑"，班固且謂"月必食於望，亦誅盛也"，亦即闡釋所謂"修刑"乃是抑制用刑過濫，再看後來董仲舒向漢武帝奏對災異靈應，更直接面向當政臣僚指斥云："臣行刑罰執法，不得其中，怨氣盛，並濫及良善，則月蝕。"⑥尤以理解漢文帝因月食而向周勃等"二三執政"問責，實屬順理成章的事情。

三個月後，就在文帝二年這一年的三月，孝文皇帝劉恒又頒布這樣一份詔書：

> 古之治天下，朝有進善之旌，誹謗之木，所以通治道而來諫者。今法有誹謗

---

① 《史記》卷四九《外戚世家》，第 2394—2395 頁。
② 《史記》卷一〇《孝文本紀》，第 529 頁。
③ （清）趙翼：《廿二史劄記》卷二 "災異策免三公" 條，第 22b—24b 頁。
④ 《史記》卷五六《陳丞相世家》，第 2504 頁。
⑤ 案（清）洪頤煊《讀書叢錄》卷二〇 "星傳" 條（清道光二年廣東富文齋刻本，第 2b 頁）述云："《天文志》引夏氏《日月傳》曰：'日月食盡，主位也；不盡，臣位也。'《星傳》曰：'日者德也，月者刑也。'此《星傳》疑亦夏氏所作。" 洪氏所見應是。
⑥ （唐）瞿曇悉達：《唐開元占經》卷一七《月占·月薄蝕》引董仲舒奏對災異說，北京：中國書店，1989 年，影印清文淵閣《四庫全書》本，第 142 頁。

妖言之罪，是使衆臣不敢盡情，而上無由聞過失也。將何以來遠方之賢良？其除之。民或祝詛上，以相約結而後相謾，吏以爲大逆；其有他言，而吏又以爲誹謗。此細民之愚，無知抵死，朕甚不取。自今以來，有犯此者，勿聽治。①

首先需要稍加説明的是，詔書中"民或祝詛上，以相約結而後相謾"這句話，今新點校本連讀爲"民或祝詛上以相約結而後相謾"，這種標點形式，存在很大問題。

這不僅是語氣舒緩、停頓長短的問題，而是點校者没有很好地理解這句話的語義。當然，我們也可以把這理解成是點校者在没有把握的情况下，盡量尊重古人舊讀，因爲前人對此文句的理解，就一向存在嚴重偏差。

例如，劉宋裴駰的《史記集解》和唐人司馬貞的《史記索隱》述云：

（集解）《漢書音義》曰："民相結共祝詛上也。謾者，而後謾而止之，不畢祝詛也。"

（索隱）韋昭云："謾，相抵謾也。"《説文》云："謾，欺也。"謂初相約共行祝，後相欺詐，中道而止之也。

這些莫名其妙的糊塗話，真是越説越不明白，今點校者既同樣看不懂《史記》原文，也没有弄明白裴駰和司馬貞到底想説些什麽，於是，就出現了下面這樣一段針對《史記集解》和《史記索隱》的校勘記：

謾者而後謾而止之——此處文意不通，疑有脱誤。按：《漢書》卷四《文帝紀》"以相約而後相謾"顏師古注："初爲要約，共行祝詛，後相欺詐，中道而止，無實事也。"

謂初相約共行祝——"祝"下疑脱"詛"字。參見上條。

點校者引述的顏師古注語，與裴駰、司馬貞所説並没有任何區别，或者説南朝劉宋人裴駰、唐人顏師古和司馬貞都祇是沿承了東漢人應劭《漢書集解音義》的舊解，都是把"相約結而後相謾"的主語看成是"民"，而這些所謂的"民"，初則相互約結欲詛咒今上，繼之又相互欺瞞詐騙，中止了這一罪行。但這種解釋，實在太過生硬。

---

① 《史記》卷一〇《孝文本紀》，第537頁。

用巫術來詛咒什麽人,不像揭竿造反,用不着拉幫結夥,也用不着預先演練埋伏,而且如文帝詔書所言,詛咒當今皇帝,這是大逆不道的重罪,誰又敢公然成群結夥地進行?可見前人舊説,無不窒礙牴牾。

通觀上下文義,這兩句話本來不難理解。即漢文帝云爲"通治道"而欲除去"誹謗"和"妖言"兩罪(《史記·漢興以來將相名臣年表》將文帝此舉概括爲"除誹謗律"[①])。作爲這兩項罪名具體針對的罪行,漢文帝列舉的"妖言"之罪是"民或祝詛上",亦即直接詛咒當今皇帝,故"吏以爲大逆",而如此嚴重的行徑能夠得到漢文帝的寬宥,本來有一個重要前提,這就是皇帝在已經與民"相約結"亦即應允民衆的情況下,隨後復又"相謾",也就是朝廷説話不算數,言而無信,欺騙民衆,並不是任何一種詛咒的"妖言"都可以除罪。至於漢文帝舉述的"誹謗"罪實例,也是承此而來,即謂同樣是在朝廷與民衆"相約結而後相謾"的情況下,若民衆别有其他怨言,"而吏又以爲誹謗"。

那麽,如此簡單的文句,何以會被歷代注解《史記》的人橫加曲解以至扞格難通呢?其中最關鍵的問題,是應劭、裴駰、張守節等人都對子民詛咒今上而竟能蒙受文帝寬宥這一點感到難以理解,以爲這是不可能發生的事情。於是,祇好不顧正常的文法倫次,從民衆自行"中止犯罪"這一角度,來找尋漢文帝將其除罪的緣由。

孤立地看漢文帝詔書裏的這些話,似乎祇是在展示其寬仁厚德的品性,但同本年十二月文帝頒佈的那道詔書一樣,若是把它放到當時權力鬥爭的漩渦中來察看,便不難發現,漢文帝發布這道詔書的實質性用意,是要通過在一定程度上減輕"妖言"和"誹謗"的罪責,以達到"來諫者"的目的,而所謂"來諫者"的實質性用意,則是指摘揭發此前朝廷施政的過失,找到整治周勃一輩人的由頭。蓋文帝本人即位剛剛一年有餘,這些過失都是前朝舊事,而前朝的主宰吕后已經離世,並且連同其整個家族,都已經被剷除乾凈,現在祇能由當時主政的大臣來承擔責任了,周勃自然首當其衝。所謂"衆臣不敢盡情,而上無由聞過失",所謂"相約結而後相謾",當然都是針對周勃、陳平之輩而發。

判明這一旨意,我們也就可以按照正常的文法邏輯,把漢文帝二年三月詔書中這句話,從中間點開,讀作"民或祝詛上,以相約結而後相謾,吏以爲大逆"。——這也可以説是本文附帶解決的一處《史記》標點問題。事實上,中華書局點校本《漢書》

[①] 《史記》卷二二《漢興以來將相名臣年表》,第1335頁。

對漢文帝這句話就作出了正確的標點①。兩相參證，會更準確地把握其文理辭義。

關於《史記》這段文字的校勘，順便再談一點看法，即點校者以爲《史記索隱》"謂初相約共行祝"這句話，"祝"下疑脱"詛"字，這顯然是因爲《史記》正文講的就是"民或祝詛上"，《史記集解》引述的《漢書音義》也説"民相結共祝詛上""不畢祝詛"。但"祝"與"詛"二字的組合，並非密不可分，"祝詛"連用，是指通過"祝"這一形式來實行"詛"這一法術，或者説達到"詛"這一目的，唐人孔穎達稱"以言告神謂之祝，請神加殃謂之詛"②，就很好地解釋了二者之間的語義關係。明此可知，在《史記》正文和《史記集解》都已講明"祝詛"之事的情況下，《史記索隱》單言"祝"字，亦自可兼該以"祝"行"詛"之義，似不必疑惑今本《索隱》在"祝"字之下脱佚"詛"字。

幾個月之後，到這一年年底的時候，漢文帝就又採取了一項重大措施，嚴密控制全國武裝力量的調動：

九月，初與郡國守相爲銅虎符、竹使符。③

從字面上看，這很容易給人以漢廷剛剛開始使用銅虎符、竹使符的印象，但實際情況却並非如此。《史記·齊悼惠王世家》載吕后死去之後，齊哀王劉襄欲擅自發兵，以攻諸吕，"齊相召平聞之，乃發卒衛王宫"，齊王中尉魏勃給召平曰："王欲發兵，非有漢虎符驗也，而相君圍王，固善。勃請爲君將兵衛衛王。"④皮錫瑞在清末分析此事，稱"勃此言在齊王誅諸吕時，文帝尚未立，而已有虎符，則爲虎符不始於文帝二年明矣"⑤。然而在皮氏之先，清人沈欽韓曾針對《史記·齊悼惠王世家》這一記載，另行做有解説，乃謂魏勃所説虎符，是史家以後事追稱前物，蓋"前此未有虎符之目也"⑥；更早復有宋人吕祖謙推測魏勃所説文帝之前使用的虎符或非銅質，

---

① 《漢書》卷四《文帝紀》，第 118 頁。附案《漢書·文帝紀》繫漢文帝此詔於文帝二年五月，與《史記·孝文本紀》之記於二年三月者不同，司馬光《資治通鑑》卷一三漢文帝前二年（第 453—454 頁）、吕祖謙《大事記》等俱從《漢書》。唯二者之間，孰正孰誤，尚不易斷定，不妨姑兩存其説。
② （唐）孔穎達：《尚書正義》卷一五《無逸》，臺北：鼎文書局，1972 年，重印日本昭和四年影印宋刻單疏本，第 790 頁。
③ 《史記》卷一〇《孝文本紀》，第 538 頁。
④ 《史記》卷五二《齊悼惠王世家》，第 2429—2430 頁。
⑤ （清）皮錫瑞：《師伏堂筆記》卷三，民國十九年楊氏積微居刻本，第 13a—13b 頁。案皮錫瑞對這一問題的看法，並不十分確定，故於文末復綴加一語云："本紀與世家必有一誤。"
⑥ （清）沈欽韓：《漢書疏證》卷二七，第 764 頁。

"此謂之'初作'者,豈非用銅始於此乎"①?由此進一步推溯,則曹魏時人張晏注釋《漢書》同一記載,已有語云"符以代古之圭璋,從簡易也"②,元人方回對此亦表示認同③,上面所説呂祖謙的想法,似與之同出一轍。實則漢初頻繁徵調兵員,内外征討,魏勃此語,足證在文帝之前,固已憑虎符發兵,不易毫無根據地將其歸爲"後事",而今世所知秦新郪兵符和陽陵兵符俱爲銅質虎形,亦顯示所謂"銅虎符"傳承有自,本是從嬴秦沿襲下來的調兵憑證,也不宜無端揣測此前行用過玉質的圭璋。

那麽,《史記》中爲什麽又出現了漢文帝初年"初與郡國守相爲銅虎符、竹使符"這一紀事呢?我們看陳平等功臣發動政變的經過,當其誅除諸吕之際,"太尉(周勃)欲入北軍,不得入。襄平侯(紀)通尚符節,乃令持節矯内太尉北軍,……太尉遂將北軍"④,這顯示周勃等人曾經一度擅自持有調兵統兵的符節,而自此以後直到代王劉恒入京之前,軍隊的統轄權,都完全控制在周勃手中。君不見後來淮南王劉安謀反,尚有"盜寫虎符"之舉⑤,這些符節是否曾被周勃等仿製贋造,對於處心積慮褫奪周勃一輩功臣權柄的漢文帝來説,自然會倍加擔心。因而,可以推測,漢文帝二年這次授予各個郡國守相的銅虎符、竹使符,應該是廢棄舊符而重頒新符。事實上,漢廷在文帝二年之後,也還給各個郡國重新頒發過虎符,如傳世"張掖太守虎符",即"爲景帝中二年以後所頒"⑥。故史書以"初與"稱之,所説自有欠精準。

牢固地掌控軍事力量的調發權力之後,緊接着,漢文帝便於翌年(文帝三年)歲初,趁十月晦日又一次出現日食而需要燮理陰陽的機會,在十一月下詔云:"前日詔遣列侯之國,或辭未行。丞相朕之所重,其爲朕率列侯之國。"於是,"絳侯勃免丞相就國,以太尉潁陰侯嬰爲丞相,罷太尉官,屬丞相"⑦。即强制解除了周勃丞相的職位,位,令其帶頭離京就國。宋人吕祖謙清楚揭示其内在緣由曰:"以率列侯之國爲名而罷之也。勃功成不退,固非人主所能久安。"⑧借助上次連續發生的日食和月食,以及這次重又出現的日食,斷然清除了這位令其難以安臥御榻的前朝重臣。高祖臨崩前,

---

① (宋)吕祖謙:《大事記解題》卷一〇,第642頁。
② 《漢書》卷四《文帝紀》唐顔師古注引張晏語,第118頁。
③ (元)方回:《古今考》卷二四"漢銅虎符、竹使符"條,臺北:臺灣學生書局,1971年,影印明萬曆十二年王圻校刻本,第855頁。
④ 《史記》卷九《吕太后本紀》,第518頁。
⑤ 《漢書》卷六四下《賈捐之傳》,第2833頁;又卷四四《淮南王安傳》,第2150頁。
⑥ (清)吴雲:《兩罍軒彝器圖釋》卷一〇"漢張掖太守虎符"條,臺北:臺聯國風出版社,1980年,影印清同治十二年刻本,第445—447頁。
⑦ 《史記》卷一〇《孝文本紀》,第538頁;又卷五七《絳侯周勃世家》,第2517頁。
⑧ (宋)吕祖謙:《大事記解題》卷一〇,第643頁。

吕后詢問百歲後可居相位者，劉邦告延至周勃之後"亦非而所知也"[①]，正顯示出周勃是那一代功臣當中最後的重臣。

六個月之後，匈奴入侵北地，漢文帝遣丞相灌嬰統兵征討，擊退匈奴後文帝行幸太原，濟北王興居趁機發兵造反。漢文帝當即調遣這支征討匈奴的軍隊前往鎮壓，可是却奪走灌嬰的兵權，"罷丞相及行兵，皆歸長安"，另"遣棘蒲侯陳武爲大將軍，將十萬兵擊之"。耐人尋味的是，在灌嬰統兵擊退匈奴，尚未返回長安之時，文帝復"發中尉材官屬衛將軍，軍長安"，這位衛將軍就是隨從劉恒從代地來到長安的親信宋昌[②]。匈奴既然已經逃遁，長安便無須爲之戒備，宋昌率大軍列陣於京城，祇能用來防備灌嬰在被解除兵權時以武力相抗。又當年吕后去世之後，齊王發兵西來長安，吕禄便是委任這位灌嬰爲大將軍出擊齊軍，而灌嬰行至滎陽後反與齊王聯手。正是依賴灌嬰這一舉措，陳平、周勃等纔得以從容誅除諸吕，迎立代王[③]。因而，漢文帝做出上述安排，其最直接的目的應是預防灌嬰重施故伎。一年多以後，灌嬰卒於相位[④]，從而也就徹底結束了樊酈滕灌一輩開國功臣深度分享朝政的時代（所謂"滕公"夏侯嬰雖然還健在人世，並身任太僕，但夏侯嬰自隨從高祖初起於沛時起，始終居職太僕，從未執掌要害的權力）。

由此可見，文帝二年十一二月間連續發生的日食和月食，看似純屬天文現象，實際上却與當朝核心政治息息相關，也可以說是西漢前期政治史上一項標志性的事件，是漢廷最終全面清除開國重臣的轉折點，有必要清楚加以辨析，而基於以上論述，實應依從明人陳霆、焦竑和清人顧炎武、方苞、張文虎諸人的看法，在"十二月望，日又食"這句話的下面，根據《史記集解》舉述的別本《史記》，增列一條注語，説明"日又食"當屬"月又食"的訛誤。

五、漢興以來諸侯王年表

《史記·漢興以來諸侯王年表》原文

漢興，序二等。高祖末年，非劉氏而王者，若無功上所不置而侯者，天下共

---

① 《史記》卷八《高祖本紀》，第491—492頁。
② 《史記》卷一〇《孝文本紀》，第533、538頁。
③ 《史記》卷九五《樊酈滕灌列傳》，第3238頁。
④ 《史記》卷一〇《孝文本紀》，第538—539頁；又卷二二《漢興以來將相名臣年表》，第1336頁；卷五二《齊悼惠王世家》，第2438—2439頁；卷九五《樊酈滕灌列傳》，第3239頁。

誅之。高祖子弟同姓爲王者九國，唯獨長沙異姓，而功臣侯者百有餘人。自雁門、太原以東至遼陽，爲燕、代國；常山以南，太行左轉，度河、濟、阿、甄以東薄海，爲齊、趙國；自陳以西，南至九疑，東帶江、淮、穀、泗，薄會稽，爲梁、楚、吳、淮南、長沙國；皆外接於胡、越。而內地北距山以東盡諸侯地，大者或五六郡，連城數十，置百官宮觀，僭於天子。漢獨有三河、東郡、潁川、南陽，自江陵以西至蜀，北自雲中至隴西，與內史凡十五郡，而公主、列侯頗食邑其中。何者？天下初定，骨肉同姓少，故廣彊庶孽，以鎮撫四海，用承衛天子也。①

上面這段《漢興以來諸侯王年表》卷首的小序，今點校本雖然已經有所校補，但仍未能盡善，至少還有兩處文字需要改訂。

〖今案〗

首先是序文稱"高祖子弟同姓爲王者九國，唯獨長沙異姓"，更清楚地說，這是在講"高祖末年"實際存在的九個同姓諸侯王以及長沙國這一個異姓諸侯王，而繼之具體舉述的"同姓爲王者"有燕、代、齊、趙、梁、楚、吳、淮南八國（今中華書局本的底本清同治金陵書局本原闕佚"吳"字，點校者已據景祐等本補入，當是），下面表格正文裏開列高祖時期封授的同姓諸侯王國，除了這八國之外（其中吳國初記作荊國，在高祖十二年欄下記"更爲吳國，十月辛丑，初王濞元年"，序文稱"吳"不稱"荊"，正符合其說明高祖末年諸侯王國的用意），還另有一個淮陽國②。這一點在《史記·吕太后本紀》中也有清楚記載③。斟酌《漢興以來諸侯王年表》小序的整體文義，乃意在一一舉述下文表格正文中漢高祖末年十大諸侯王國的分布形勢，而此表正文載高祖十一年三月封子友爲淮陽王，後二年亦即孝惠元年始改國爲郡④，南朝劉宋人徐廣釋"高祖子弟同姓爲王者九國"，即在上述八國之外，另列有"淮陽"⑤，故序文中自無獨遺淮陽國的道理，此處必有脫誤。尋上下文脉以及淮陽國所處地理位置，太史公

---

① 《史記》卷一七《漢興以來諸侯王年表》，第967—968頁。
② 《史記》卷一七《漢興以來諸侯王年表》，第970—971頁，第978頁。
③ 《史記》卷九《吕太后本紀》，第505頁。
④ 《史記》卷一七《漢興以來諸侯王年表》，第970—979頁。案《史記》卷八《高祖本紀》（第489頁）記淮陽王友受封事在十一年夏，與此稍異。
⑤ 《史記》卷一七《漢興以來諸侯王年表》劉宋裴駰《集解》，第968頁。

書原本中的"淮陽"二字,或當在"吳、淮南"之間。蓋以"淮陽""淮南"兩名相近而在傳鈔寫録過程中奪落。

《史記》這一闕佚,產生的時間應當很早。在撰著《漢書》的東漢時期,所見到的《史記》,似已然如此。對讀《漢書·諸侯王表》可知,受《漢興以來諸侯王年表》這一缺損牽連,其行文紀事也產生了很大錯亂。

由於所依據的《漢興以來諸侯王年表》小序中闕佚淮陽國,《漢書·諸侯王表》成文之際,便把司馬遷講述的"高祖子弟同姓爲王者九國,唯獨長沙異姓",理解成了包括異姓王國長沙在內漢高祖時期總共存在九個王國。其前序述之曰:

> 漢興之初,海内新定,同姓寡少,懲戒亡秦孤立之敗,於是剖裂疆土,立二等之爵,功臣侯者百有餘邑,尊王子弟,大啟九國。自雁門以東,盡遼陽,爲燕、代。常山以南,太行左轉,度河、濟,漸于海,爲齊、趙。穀、泗以往,奄有龜、蒙,爲梁、楚。東帶江、湖,薄會稽,爲荊吳。北界淮瀕,略廬、衡,爲淮南。波漢之陽,亘九嶷,爲長沙。諸侯比境,周帀三垂,外接胡越。天子自有三河、東郡、潁川、南陽,自江陵以西至巴蜀,北自雲中至隴西,與京師内史凡十五郡,公主、列侯頗邑其中。而藩國大者夸州兼郡,連城數十,宫室百官同制京師,可謂撟枉過其正矣。①

兩相比較可知,《漢書》此文顯然是用《史記·漢興以來諸侯王年表》的小序改竄而成。與司馬遷原文相比,這裏最大的問題,是明確地把異姓諸侯王國長沙列在了漢初"尊王子弟,大啟九國"的九大王國數内,而這等於把淮陽國明確摒除在外。唐人顏師古注《漢書》,完全沒有看明白《諸侯王表》序文中這些話的來路和其中的問題,在"大啟九國"句下隨文疏釋云:"九國之數在下也。"②即謂下文舉述的燕、代、齊、趙、梁、楚、荊吳、淮南、長沙即此"九國"。顯而易見,這同樣不符合司馬遷講述的實際情況。

《漢書·諸侯王表》序文另一悖戾史實的地方,是下面的表格正文,在劉邦封授的王國部分,沒有載録高祖十一年分封給其子劉恢的梁國③。同時,較諸《史記》,《漢

---

① 《漢書》卷一四《諸侯王表》,第 393—394 頁。
② 《漢書》卷一四《諸侯王表》唐顏師古注,第 394 頁。
③ 《漢書》卷一四《諸侯王表》,第 397—406 頁。《史記》卷八《高祖本紀》,第 489 頁;又卷一七《漢興以來諸侯王年表》,第 976—977 頁。

書》中又新設有《異姓諸侯王表》，把高祖末年依然在位的長沙王吳臣隨同乃父吳芮一道改列入此表①。這樣一來，《漢書·諸侯王表》小序中提到的"九國"，與其表格正文便完全失去照應，讀者愈加不易看出其中的問題。

針對《漢書》這一做法，宋人王應麟即已辨析説："漢大啓九國，燕、代、齊、趙、梁、楚、荆吳、淮南、淮陽，皆同姓也，長沙異姓不與焉。《漢表》削淮陽而列長沙，當從《史記》。"②（圖 24）如上所述，稍一檢讀《史記·漢興以來諸侯王年表》，這是顯而易見的事情，難怪全祖望詬病云："《漢表》最無義，皆妄改《史記》者也。"③

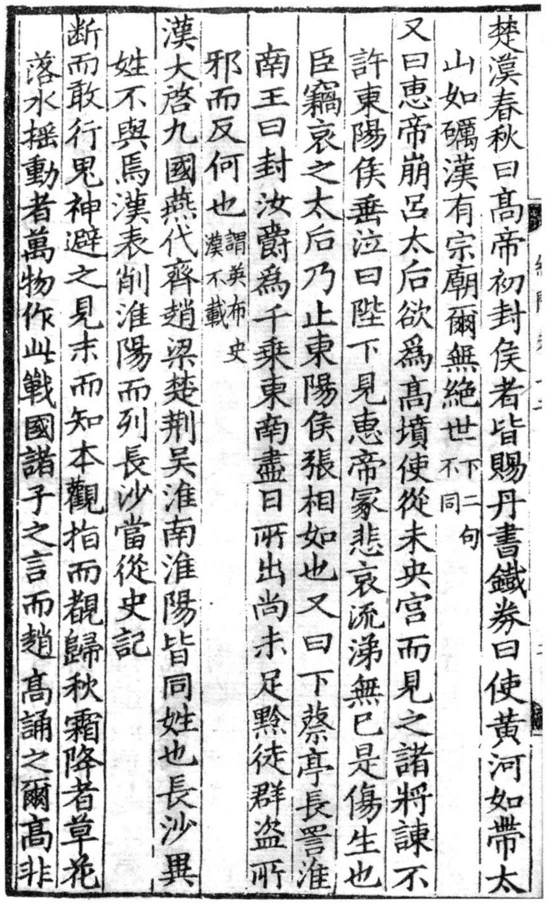

圖 24 《四部叢刊三編》影印元刻本《困學紀聞》

---

① 《漢書》卷一三《異性諸侯王表》，第 377—379 頁。
② （宋）王應麟：《困學紀聞》卷一二《考史》，上海：商務印書館，1935 年，《四部叢刊三編》影印江安傅氏雙鑑樓藏元刊本，第 2b 頁。
③ （清）翁元圻：《翁注困學紀聞》卷一二《考史》，上海：商務印書館，1935 年，《萬有文庫》本，第 993 頁。

那麼，《漢書·諸侯王表》又何以会出現如此嚴重的紕繆呢？這主要是因爲在《漢書》諸表當中，其中有一部分内容，並不是由班固本人撰著。《後漢書·列女傳》載"曹世叔妻者，同郡班彪之女也，名昭，……博學高才。……兄固著《漢書》，其八表及《天文志》未及竟而卒，和帝詔昭就東觀臧書閣踵而成之。時《漢書》始出，多未能通者，同郡馬融伏於閣下，從昭受讀，後又詔融兄續繼昭成之"①。由於續成於班昭、馬續之手，《漢書》諸表便不同程度地存在原作者班固所不應有的草率粗疏問題，有些缺陷還相當嚴重。例如，其《古今人表》但次古人而不表今人，與班固自定"通於上下"的篇章名稱明顯牴牾②。雖有歷代學者做出種種解説，試圖爲之開釋，但終究無以服人。實際上還是應當如唐人顏師古所云，此乃"其書未畢故也"③，即班固遺留下來的未竟之稿，僅成"古人"部分，而班昭、馬續未能繼之補完"今人"。由此可知，《漢書·諸侯王表》這些舛錯，也應當是班昭、馬續之輩的疏失，如今萬萬不宜援依其錯誤表述來印證今本《史記·漢興以來諸侯王年表》文字的準確性。

《漢興以來諸侯王年表》序文中另一處值得斟酌的文字，是"而内地北距山以東盡諸侯地"這句話中的"北"字。所謂"北距山以東"，實在難以落實是北面的哪一座山；而且"北距山以東"的講法也很別扭。按照通常的邏輯，似乎更應該寫作"北距山以南"或"西距山以東"。

清人方苞嘗就此辨析説：

  "北"當作"比"，其外接胡越，而内地比次距山以東也。與下"漢郡八九十，形錯諸侯間，犬牙相臨"正對。④（圖25）

方苞提到的"漢郡八九十，形錯諸侯間，犬牙相臨"，是《史記·漢興以來諸侯王年表》下文記述的西漢後期朝廷直轄之郡與諸侯王國的分布情況⑤。上引《漢書·諸侯王表》小序所説"諸侯比境，周帀三垂，外接胡越"，顏師古注曰"比謂相接次也"⑥，顯而易見，"諸侯比境"一語正是由"内地比距山以東"云云點竄成文，班固所見《史記》正是書作"比"字。又王應麟《玉海》轉述《史記》此文，也是書作

---

① 《後漢書》卷八四《列女傳》，第2784—2785頁。
② 《漢書》卷一〇〇下《敘傳》下，第4241頁。
③ 《漢書》卷二〇《古今人表》唐顏師古注，第861頁。
④ （清）方苞：《史記注補正》，第14a頁。
⑤ 《史記》卷一七《漢興以來諸侯王年表》，第968—969頁。
⑥ 《漢書》卷一四《諸侯王表》唐顏師古注，第394—395頁。

"比距山以東"①。這些情況,足以佐證方氏這一認識,通貫暢達,是很合理的判斷。其所"距"之山,應即關中與關東兩大區域之間的天然分界崤山山地,而"盡諸侯地"云者,乃謂多屬諸侯王國的屬地。

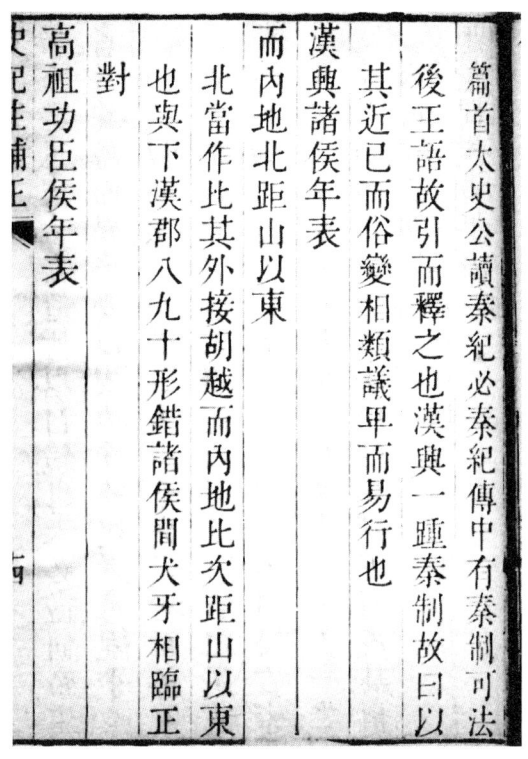

圖 25　清康熙嘉慶間桐城方氏刊《抗希堂十六種》本《史記注補正》

另外,上述相關文句的標點,也需要適當調整。即現點校本的"皆外接於胡、越。而內地北距山以東盡諸侯地",這兩個句子中間的句號,應當改爲逗號,"皆"字前面上一句句末的句號,也以改作句號爲宜。同時,"而內地北距山以東盡諸侯地"這個句子,則應從中逗開,讀作"而內地北距山以東,盡諸侯地"。蓋"皆外接於胡、越,而內地比距山以東,盡諸侯地",是通叙各諸侯王國所占據地域的分布形勢。如梁和淮陽兩國,並非毗鄰胡、越,不能統攝於"皆外接於胡、越"句下。祇有將"皆外接於胡、越"與"而內地比距山以東"連讀,纔合乎實際情況。

依照上面的論述,《史記·漢興以來諸侯王年表》小序中的相關部分,似應改訂如下:

---

① (宋)王應麟:《玉海》卷一七《地理·郡國》"漢同姓九國"條,南京:江蘇古籍出版社,1988 年,影印清光緒浙江書局刻本,第 330 頁。

> 自陳以西,南至九疑,東帶江、淮、穀、泗,薄會稽,爲梁、楚、吳、淮陽、淮南、長沙國。皆外接於胡、越,而內地北距山以東,盡諸侯地,大者或五六郡,連城數十,置百官宮觀,僭於天子。

即使出於慎重的考慮,不輕易變更底本的文字,也應當增附校記,加以說明。

六、河渠書

《史記·河渠書》原文

> 自是之後,用事者爭言水利。朔方、西河、河西、酒泉皆引河及川谷以溉田;而關中輔渠、靈軹引堵水;汝南、九江引淮;東海引鉅定;太山下引汶水:皆穿渠爲溉田,各萬餘頃。佗小渠披山通道者,不可勝言。然其著者在宣房。①

上文今中華書局點校本未加校勘,但"佗小渠披山通道者"這句話存在一定問題,需要考辨。

〖今案〗

"佗小渠披山通道者"這句話,傳世諸刻本《史記》並無異文,文句也沒有特別明顯的問題,因而沒有引起校勘者注意。然檢讀東瀛京都神田香嚴氏所藏日本平安時代的古寫本《河渠書》殘卷(或亦稱作"唐寫本",實則似屬日本學者寫録),乃書作"他川渠陂山通道者"②,與傳世刻本出入很大。

羅振玉在影印這一古寫本殘卷(圖26)的時候,就已經作出辨析説:

> "佗(德勇案:古寫本實書作"他",同"佗")川渠陂山通道者",今本作"佗小渠陂山通道者","川"譌"小","陂"譌"披"。"陂山"者,鑿高使夷

---

① 《史記》卷二九《河渠書》,第1705頁。
② 《古寫本史記殘卷》,1918年羅振玉影印本。案此本未標記頁碼。

如陂也。①

賀次君《史記書録》，照樣復述了羅振玉這一說法②。羅氏所說"陂"字的可信性，尚可證之於其他文獻。如唐李賢等注《後漢書》，引述《史記》此文，即作"陂山通道"③；又杜佑撰著《通典》，移用《河渠書》文，也是如此④。更早，還有班固增改《史記·河渠書》著《漢書·溝洫志》，亦同樣書此四字⑤。足見這一古寫本殘卷，應是保存了《史記》舊本的本來面目。

"川"字和"小"字孰是孰非，情況則比較複雜。單純從字面上看，似乎二者皆通，難以做出非此即彼的判斷，但嚴密分析《河渠書》行文的邏輯結構，還是可以有所別擇。

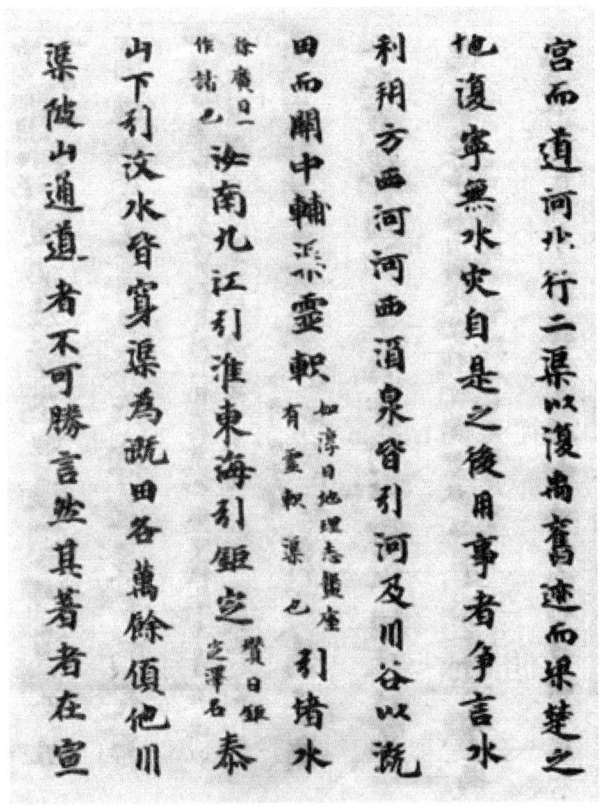

圖26　民國初年羅振玉影印古寫本《史記·河渠書》殘卷

---

① 《古寫本史記殘卷》篇末附羅振玉跋語。
② 賀次君：《史記書録》之《史記集解河渠書殘卷》，北京：商務印書館，1958年，第28頁。
③ 《後漢書》卷二八下《馮衍傳》唐李賢等注，第1002頁；又卷八八《西域傳》唐李賢等注，第2914—2915頁。
④ （唐）杜佑：《通典》卷二《食貨·水利田》，第172頁。
⑤ 《漢書》卷二九《溝洫志》，第1684頁。

我們看從"自是之後"到"佗小渠披山通道者"這句話之前的那一段文字，所叙述的每一處水利灌溉工程，無不具體説明渠道分引的水源，如河水、淮水、汶水和鉅定澤等。其中稍顯特別的是所謂"堵水"。這個堵水，假若是一條特定的河流，地位且如此重要，在其他文獻中却没有見到任何記載，以致注釋《史記》者竟無從措手，對於西漢京畿所在的關中地區來説，未免令人費解。

南朝劉宋人裴駰著《史記集解》，引述同時代人徐廣見到的别本《史記》，是把這一"堵水"書作"諸川"①。参照這一情况，清人梁玉繩以爲"'堵'乃'諸'之誤"②。其實更早在《漢書·溝洫志》裏，就是直接寫成"諸川"，徐廣見到的别本《史記》，或是依據《溝洫志》更改了《河渠書》的原文亦未可知。但這並不意味着《漢書》的寫法就更合理。稍加審度，就會發現，班固在利用《史記·河渠書》舊稿增撰《漢書·溝洫志》時，其相關的内容，較諸司馬遷的本意，頗有違異。

《漢書·溝洫志》相應内容如下：

> 自是之後，用事者爭言水利。朔方、西河、河西、酒泉皆引河及川谷以溉田。而關中靈軹、成國、湋渠引諸川，汝南、九江引淮，東海引鉅定，泰山下引汶水，皆穿渠爲溉田，各萬餘頃。它小渠及陂山通道者，不可勝言也。③

在這當中，最顯著的差異，是在《河渠書》"而關中輔渠、靈軹引堵水"這句話裏，加入了"成國、湋渠"兩條渠道，同時又去掉了《河渠書》原有的"輔渠"。經過這樣的增改之後，《漢書·溝洫志》中"引諸川"的寫法確是恰如其分。蓋至少就成國渠和湋渠而言，其"成國渠首受渭"④，即浚引渭水入渠；而湋渠的水源是從秦嶺北坡韋谷（亦即東漢楊孟文《石門頌》所説"圍谷"）流出的湋水⑤。不同的水渠，引自不同的河流，此非"諸川"而何？若是像《河渠書》一樣寫成"堵水"，則對"堵水"這一地名很難作出合理的解釋。

但若是分析《史記·河渠書》原來的記載，情况則有所不同。《河渠書》提到的

---

① 《史記》卷二九《河渠書》劉宋裴駰《集解》，第1705—1706頁。
② （清）梁玉繩：《史記志疑》卷一六，第825頁。
③ 《漢書》卷二九《溝洫志》，第1684頁。
④ 《漢書》卷二八上《地理志》上，第1574頁。
⑤ 《漢書》卷二九《溝洫志》唐顔師古注引曹魏如淳語，第1684頁。（宋）宋敏求：《長安志》卷一八《盩厔》，北京：中華書局，1990年，《宋元方志叢刊》影印清乾隆五十二年畢沅靈巖山館刻本，第187頁。參見黄盛璋：《川陜交通的歷史發展》，原刊《地理學報》1957年第11期，此據作者文集《歷史地理論集》，北京：人民出版社，1982年，第207頁。

"輔渠",亦稱"六輔渠",在《漢書·溝洫志》中有很具體的記載:

> 自鄭國渠起,至元鼎六年,百三十六歲,而兒寬爲左内史,奏請穿鑿六輔渠,以益溉鄭國傍高卬之田。①

唐人顏師古釋之曰:

> 《溝洫志》云"兒寬爲左内史,奏請穿六輔渠以益溉鄭國旁高卬之田",此則於鄭國渠上流南岸更開六道小渠,以輔助溉灌耳。今雍州雲陽、三原兩縣界此渠尚存,鄉人名曰"六渠",亦號"輔渠",故《河渠書》云"關内則輔渠、靈軹"是也。②

簡單地説,"輔渠"或"六輔渠"是源出於鄭國渠的輔助性水渠。

靈軹渠的情况,稍顯模糊。《漢書·地理志》載靈軹渠在右扶風鰲厔縣境内,係"武帝穿也",同時《地理志》在同郡鄠縣下另外還載有成國渠,"東北至上林入蒙籠渠"③,而酈道元《水經·渭水注》稱靈軹渠爲蒙蘢(籠)渠别名,在鰲厔縣北上承於從武功縣東來的成國渠;《渭水注》同時又記載成國渠尚由此繼續東流,迄至霸水口下,始匯入渭水④。根據這樣的記載,今譚其驤主編《中國歷史地圖集》,就把靈軹渠繪爲由成國渠分流入渭的一條支渠⑤。這樣的支渠,自然是成國渠上的輔助性渠道,性質與六輔渠相同。

知悉輔渠(六輔渠)和靈軹渠這一特殊性質,也就很容易明白,司馬遷稱"關中輔渠、靈軹引堵水",乃是著重記述關中地區在人工幹渠上分設的較大規模支渠,這是一種特殊的水利工程形式,而所謂"堵水"就很有可能是稱謂幹渠水道的專門用語。意者分水入渠,類皆需要築碣堰阻,其勢如堵,故有此名。不過,進入東漢以後,像這樣的術語,大概已經不甚通行,班固或即因未能看懂其語義而誤視作"諸水"的形訛。班固在把"引堵水"改書爲"引諸川"的同時,又增入成國渠和湋渠兩條水渠,

---

① 《漢書》卷二九《溝洫志》,第1683頁。
② 《漢書》卷五八《兒寬傳》唐顏師古注,第2630頁。
③ 《漢書》卷二八上《地理志》上,第1547頁。
④ (北魏)酈道元:《水經·渭水注》,據清王先謙《合校水經注》卷一九,第283頁,第293頁。楊守敬、熊會貞:《水經注疏》卷一九,南京:江蘇古籍出版社,1989年,第1552—1553頁。
⑤ 譚其驤主編:《中國歷史地圖集》第二册《西漢司隸部圖》,北京:中國地圖出版社,1982年,第15—16頁。

再隨手删掉附屬於鄭國渠的"輔渠"（班固大概没有弄清靈軹渠亦屬次一級的渠道，纔没有將其删除）[①]。徐廣所見別本《史記》的"諸川"，大概同屬淺人誤改。

"堵水"雖然不是單一地名的專稱，但在這裏也有比較具體的指向，而如前所述，河水、淮水、汶水和鉅定澤這幾處在"佗小渠披山通道者"（或"他川渠陂山通道者"）句前提到的水體，更都是特定的專名。在此前提之下，我們再來比較"佗小渠"和"他（佗）川渠"這兩種寫法，究竟哪一種更爲合理。

從語氣上看，所謂"他（佗）川"，應是針對前面已經舉述過的堵水、河水、淮水和汶水等川流而言。在梁劉昭注《續漢書》引述的《漢祀令》中，我們可以看到類似的用法：

> 天子行有所之，出河，沈用白馬珪璧各一，衣以繒緹五尺，祠用脯二束，酒六升，鹽一升。涉渭、灞、涇、雒佗名水如此者，沈珪璧各一。律，在所給祠具；及行，沈祠佗川水，先驅投石，少府給珪璧。不滿百里者不沈。[②]

這裏的"佗川水"與古寫本《河渠書》的"他（佗）川渠"結構完全相同，所謂"佗（他）川"，都是相對於前面已經提到過的河川而言。參照這一句式，我們有理由推測，在"佗小渠"和"佗（他）川渠"這兩種寫法當中，恐怕還是要以古寫本《河渠書》的"川"字爲正。

另外，從文字互訛的規律來看，對於後世來說相對比較生疏的詞句，更容易訛變成爲當時人比較習慣的用法。"佗川"後世很少使用，讀之難免會有隔膜，而"小渠"的詞義却很顯豁。因此，由"川"字訛作"小"字的可能，會大大高於反向的訛變。

更進一步檢讀《册府元龜·邦計部》采録的《漢書·溝洫志》文，"佗小渠"亦書作"它（佗）川渠"[③]，顯示出《漢書·溝洫志》的舊本，其實也是書作"川"字，而這正應該是承用《史記·河渠書》的舊文。

前文指出應當依據古寫本《河渠書》殘卷把"披山通道"改訂爲"陂山通道"，其實這樣做祇是想要恢復《史記》原本的用字，以保持當時的用法，而改與不改，並

---

① 案梁玉繩《史記志疑》卷一六（第825頁）謂靈軹渠與成國渠乃"所謂輔渠也"，差誤殊甚。
② （晋）司馬彪：《續漢書·祭祀志》上梁劉昭注，見《後漢書》志第七，第3162頁。
③ （宋）王欽若等：《册府元龜》卷四九六《邦計部·河渠》，北京：中華書局，1960年，影印明崇禎刻本，第5938頁。

沒有語義的差別。蓋按照清人王念孫的考述，不管是寫作"披"，還是"陂"，在這裏都是用作"傍"義①，唐人李賢述此義曰"循"②。又顔師古注《漢書·溝洫志》，謂"陂山，因山之形也"，講的也是同樣的意思。《史記·漢興以來諸侯王年表》稱"吴楚時，前後諸侯或以適削地，是以燕、代無北邊郡，吴、淮南、長沙無南邊郡，齊、趙、梁、楚支郡名山陂海者咸納於漢。……而漢郡八九十，形錯諸侯間，犬牙相臨，秉其阸塞地利，彊本幹，弱枝葉之勢"③，所説"陂海"之支郡，正與燕、代北部的邊郡和吴、淮南、長沙南部的邊郡性質相同，意即沿海的邊郡，西漢朝廷的用意，是要消除各諸侯王緣邊濱海的地利，并以漢郡與之"犬牙相臨"，使其背後失去依托，以實現所謂"彊本幹，弱枝葉之勢"。故"陂海"的"陂"字，同樣是依循傍靠之義，適可與此"陂山"互證。這一語義的"陂"字，有時還寫作"波"。《漢書·諸侯王表》有"波漢之陽"一語，顔師古注曰："波漢之陽者，循漢水而往也。水北曰陽。"④也是把這個"波"（陂）字釋作"循"義。顔師古復謂《漢書·溝洫志》"陂山通道"的"道"字，其義乃"引也。……讀曰導"⑤。"通導"正承"循山"而言，因知羅振玉謂"'陂山'者，鑿高使夷如陂也"，所説並不準確。

據此，所謂"他（佗）川渠陂山通道者"，意即依循山形地勢在其他河川上浚引的渠道，此即《史記·河渠書》卷首引述的《禹貢》"隨山浚川"這一經義⑥，固與其上文乃至《河渠書》通篇所述密合無間，亦《史記》行文嚴整之一例。

南宋人章如愚論漢代水利，嘗有如下一段論述：

> 自漢以來，講明尤備，内而京師，外而列郡，又遠而邊地，源流瓜分，原隰碁布，歷歷可見矣。嚴熊穿龍首渠於馮翊之地，兒寬穿六輔渠於左内史之治，白公引涇水於池陽之區，決渠降雨，荷臿成雲，衣食京師，億萬之口，豈非京師之利乎？其他郡縣，泰山則引汶，東海則引鉅定，汝南、九江則引淮，朔方、西河、酒泉諸郡則皆引河及川谷以溉田，陂山通道，在在相望，豈非諸郡之利乎？輪臺以東，有

---

① （清）王引之：《經義述聞》卷三一"披"條，南京：江蘇古籍出版社，2000年，《高郵王氏四種》影印清道光七年重刊本，第732—733頁。
② 《後漢書》卷八八《西域傳》唐李賢注，第2914—2915頁。
③ 《史記》卷一七《漢興以來諸侯王年表》，第969頁。
④ 《漢書》卷一四《諸侯王表》並唐顔師古注，第394—395頁。
⑤ 《漢書》卷二九《溝洫志》唐顔師古注，第1684—1685頁。
⑥ 《史記》卷二九《河渠書》，第1695頁。

渠溉田五千頃,是雖極邊之地,水道源流,無不加意,又豈非邊地之利乎?[1]

文中所説"陂山通道,在在相望",顯然是把《史記·河渠書》和《漢書·溝洫志》中所説的"陂山通道"理解爲因勢利導,興修水利工程[2],而與開築道路無關。

按照這樣的理解,"他(佗)川渠陂山通道者"這句話,也祇能通貫連讀,《漢書·溝洫志》在"渠"字與"陂山通道者"之間較《河渠書》增添一個"及"字,使"佗川渠"與"陂山通道者"判若兩事,顯示出班固没有能夠準確地理解"陂山通道"的含義,不過信手敷衍成文而已(觀顔師古之注既謂"陂山,因山之形也",復謂"一曰,陂山,遏山之流以爲陂也"[3],知顔氏對這句話也缺乏清楚的認識)。

如上所論,今本《河渠書》中"佗小渠披山通道者"這句話,似可考慮采納羅振玉的看法,將其改訂爲"佗川渠陂山通道者";至少應添加一條校記,注明古寫本《河渠書》的異文(唯古寫本中"他川渠"的"他"字應屬鈔録者俗寫,《通典》引述者亦作"佗"字可證[4])。

七、燕召公世家

《史記·燕召公世家》原文

二十四年,頃侯卒,子哀侯立。哀侯二年卒,子鄭侯立。鄭侯三十六年卒,子繆侯立。繆侯七年,而魯隱公元年也。十八年卒,子宣侯立。

宣侯十三年卒,子桓侯立。

桓侯七年卒,子莊公立。

莊公十二年,齊桓公始霸。……三十三年卒,子襄公立。

襄公……四十年,襄公卒,桓公立。

桓公十六年卒,宣公立。

---

[1] (宋)章如愚:《羣書考索》卷六六《地理門·水利類》"古今水利總論"條,北京:書目文獻出版社,1992年,影印明正德戊辰慎獨齋刻本,第445頁。

[2] 案章如愚在《羣書考索》同卷"武帝水利"條引録《史記·河渠書》的内容(第442頁),就是書作"陂山",而不是今通行本之"披山"。

[3] 《漢書》卷二九《溝洫志》唐顔師古注,第1684—1685頁。

[4] (唐)杜佑:《通典》卷二《食貨·水利田》,第172頁。

宣公十五年卒，昭公立。

昭公十三年卒，武功立。

武公十九年卒，文公立。

文公六年卒，懿公立。

懿公……四年卒，子惠公立。

惠公……六年，……惠公至燕而死。燕立悼公。

悼公七年卒，共公立。

共公五年卒，平公立。

平公……十九年卒，簡公立。

簡公十二年卒，獻公立。

獻公……二十八年，獻公卒，孝公立。

孝公……十五年，孝公卒，成公立。

成公十六年卒，湣公立。

湣公三十一年卒，釐公立。

釐公三十年，……釐公卒，桓公立。

桓公十一年卒，文公立。

文公……二十九年，文公卒，太子立，是爲易王。①

今中華書局新點校本在"子桓侯立"下附有校記云："張文虎《札記》卷四：'毛本無"子"字。'按：敦煌本無'子'字。"又"子莊公立"和"子襄公立"句下亦有校記曰："敦煌本無'子'字。"②似此校語，故屬慎重其事，但此處文字，舛誤至爲明顯，本來可以作出更爲清楚的處置。

〔今案〕

劉宋裴駰《史記集解》轉述同時人徐廣的解説，謂"《古史考》曰《世家》自宣侯已下不説其屬，以其難明故也"③。《古史考》爲三國時人譙周所著，譙周云《世家》自宣侯已下不説其屬"，也就是説他當年見到的《史記·燕召公世家》，在記述桓侯、莊公和襄公等燕國君主時，本没有清楚説明其身份所屬。

---

① 《史記》卷三四《燕召公世家》，第1877—1881頁。
② 《史記》卷三四《燕召公世家》篇末附校勘記，第1890頁。
③ 《史記》卷三四《燕召公世家》劉宋裴駰《集解》，第1877—1878頁。

後來唐人司馬貞撰著《史記索隱》,更完整地轉述了譙周這一說法:

譙周曰:"《系本》謂'燕自宣侯已上皆父子相傳無及,故《系家》桓侯已下並不言屬,以其難明故也'。"按今《系本》無燕代系,宋忠依《太史公書》以補其闕。尋徐廣作《音》尚引《系本》,蓋近代始散逸耳。

文中"系家""系本"和"無燕代系"的"系",都是司馬貞爲迴避太宗李世民的廟諱而以之替代原本的"世"字。《系家》自然是指《史記・燕召公世家》,"系本"則是漢人宋忠(或作"宋衷")所撰記載先秦古國世系的書籍《世本》。司馬貞這段話告訴我們,宋忠在撰著《世本》時,關於燕國的世系,没有找到更早的史料依據,於是,便摭取《史記・燕召公世家》相關的内容,寫入書中,而宋忠當時所見到的《史記》,在燕宣侯以前,都是父死子繼,世代相傳(即所謂"父子相傳"),没有出現過兄終弟及的繼承形式(即所謂"無及"),不過所謂父子世代傳承,《燕召公世家》也祇是寫到燕宣侯爲止,從燕桓侯開始,司馬遷也因無法弄清其實際狀況而闕略不書(《古史考》云"《世家》自宣侯已下不説其屬",是不包括宣侯在内)。

《世本》原書,久已散佚,司馬貞能夠清清楚楚地講出"宋忠依《太史公書》以補其闕"云云這樣的話,就説明在他所見到的《世本》完書當中,宋忠本人對此曾作有具體的説明,這也就意味着漢代流行的《史記》,其《燕召公世家》載録燕國君主的世系,在桓侯以下,便是俱無所屬,而這當然是太史公書固有的面目。覈諸《燕召公世家》的記載,更準確地説,這應該是從燕桓侯起直至首次稱王的燕易王之前的情況。檢今本《史記・燕召公世家》,在這一期間,除了前面提到的桓侯、莊公和襄公的情況比較特殊之外,其餘各位公侯仍大體符合宋忠、譙周等人所説的情況。

今中華書局點校本既已參校敦煌寫本《史記・燕召公世家》殘卷(P.2627)(圖 27),並已注意到"子桓侯立""子莊公立"和"子襄公立"這三個"子"字,都不見於敦煌寫本,那麼,參看《史記集解》和《史記索隱》的記述,並通看《燕召公世家》相關紀事的總體情況,自應知悉此敦煌寫本正保存着《史記》原有的面貌[①],完全可以據此删除這三個後世增衍的"子"字;至少應該在校勘記中寫明這三個"子"字確屬後世竄入的衍文無疑,以確保治史者不被今本《史記》所誤導,造成不必要的錯亂。

---

① 饒宗頤編:《敦煌書法叢刊》第一〇卷《經史》八,東京:二玄社,1985 年,影印巴黎國立圖書館藏敦煌寫本,第 30—33 頁。

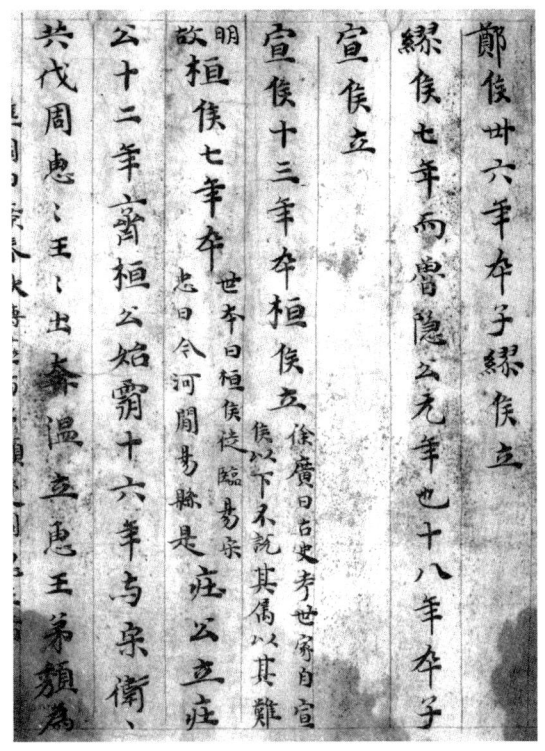

圖 27　敦煌寫本《史記·燕召公世家》殘卷

　　對此還需要附加說明的是，在"子桓侯立""子莊公立"和"子襄公立"這三個"子"字當中，最後一處"子"字增衍的時間相對較晚。蓋北宋中期人蘇轍依據《史記》改寫的《古史》，"子桓侯立"和"子莊公立"已如今本《史記》，而在"襄公立"前尚未羼入此一"子"字①；甚至南宋紹興初杭州刊刻的十四行單附《集解》本《史記》亦依然如此②。

八、匈奴列傳

《史記·匈奴列傳》原文

　　初，匈奴好漢繒絮食物，中行說曰："匈奴人眾不能當漢之一郡，然所以彊

---

　　① （宋）蘇轍：《古史》卷一一《燕召公世家》，臺北："故宮博物院"，1991年，影印該院所藏南宋浙本，第45a頁。
　　② 見南京的鳳凰出版社在2011年影印的南宋紹興初杭州刻十四行單附《集解》本《史記》卷一一《燕召公世家》，第838頁。

者，以衣食異，無仰於漢也。今單于變俗，好漢物，漢物不過什二，則匈奴盡歸於漢矣。其得漢繒絮，以馳草棘中，衣袴皆裂敝，以示不如旃裘之完善也；得漢食物，皆去之，以示不如湩酪之便美也。"於是說教單于左右疏記，以計課其人衆畜物。①

文中"湩酪"一語，唐司馬貞《史記索隱》所依據的版本，書作"重駱"，小司馬釋之曰："音湩、酪二音。《三蒼》云：'湩，乳汁也。'……《穆天子傳》云'牛馬之湩，臣菟人所具'。"②這裏引述的《穆天子傳》，傳世《史記》諸本，凡散入司馬氏《索隱》者，文句都一如單行之本。今中華書局新點校本依循舊本，未能察知其間存在着嚴重訛誤。

〔今案〕
覆案明天一閣刻本《穆天子傳》和清人洪頤煊依據《太平御覽》等校訂的《竹書穆天子傳》，兩相參訂，與"牛馬之湩，臣菟人所具"這句話相關的內容應該是：

> 天子乃遂東南翔行，馳驅千里，至于巨蒐氏。巨蒐之人䣱奴，乃獻白鵠之血，以飲天子；因具牛羊之湩，以洗天子之足，及二乘之人。甲戌，巨蒐之䣱奴觴天子于焚留之山。③

雖然明天一閣刻本"巨蒐之人"係鐫作"臣蒐之人"，與司馬貞引述的"臣菟"（"菟"或書作"蒐"）有些相近，但宋刻本《太平御覽》前後三次摘錄此文，俱鐫作"巨蒐"④，北宋初年人吳淑的《事類賦》及其自注，前後兩次引述這一記載；北宋仁宗天聖三年上石的《宋重修涇州回山王母宮頌並序》亦述及周穆王此行，同樣都是以"巨蒐"相稱⑤。特別是今本《列子》成書於《穆天子傳》被盜掘面世之後不久，

---

① 《史記》卷一一〇《匈奴列傳》，第 3504 頁。
② （唐）司馬貞：《史記索隱》卷二五，第 272 頁。
③ （晉）郭璞注：《穆天子傳》卷四，上海：商務印書館，民國《四部叢刊初編》影印明天一閣刻本，第 20a 頁。（清）洪頤煊校：《竹書穆天子傳》卷四，嘉慶甲子夏鄂不館刻本，第 3a—3b 頁。
④ （宋）李昉等：《太平御覽》卷三七二《人事部·足》，第 1717—1718 頁；又卷八九六《獸部·馬》，第 3976 頁；卷九一六《羽族部·鶴》，第 4061 頁。
⑤ （宋）吳淑：《事類賦》（清乾隆甲申劍光閣重刊明嘉靖華麟祥刻本）卷一八《禽部·鶴》，第 5a 頁；又卷二一《獸部·馬》，第 5a 頁。（清）吳玉搢：《金石存》卷五宋陶穀撰《宋王母宮頌》，上海：商務印書館，1936 年，《叢書集成初編》影印清李調元刻《函海》本，第 171 頁。

其中襲用《穆天子傳》編錄的《周穆王》這一篇，亦爲"巨蒐"①，可見汲冢所出《穆天子傳》的原本，自是書作"巨蒐"。

又唐人殷敬順《列子釋文》，在"巨蒐"之"蒐"字下注云："蒐，西戎國名。"②其後，宋人羅泌更清楚說明此"巨蒐氏即《夏貢》（德勇案：乃謂《夏書·禹貢》）之渠搜"③；清人汪中亦釋之曰："《列子·周穆王篇》'馳驅千里，至於巨搜'，'巨搜'即《禹貢》之'渠搜也'。"④"巨""渠"二字在字形、語音和語義上都具有直接的關聯⑤，從而愈加顯現書作"巨蒐"的合理性。

按照以上考述，可知今本《史記索隱》"臣蒐"（或"臣菟"）二字應是"巨蒐"的形訛。當年顧頡剛在讀書筆記之中，曾列有"張文虎校《史》之粗"一條，誤以爲至金陵書局本刊出，纔把"巨蒐"訛爲"臣蒐"⑥。其偏責張氏，雖稍顯過當，但金陵書局本未能訂正傳世版本這一明顯的訛誤，自是失於粗疏，今重新修訂《史記》，則可以考慮添附一條校記，指明這一問題（《史記索隱》的訛誤由來已久，出於慎重起見，最好不要改動原文）。

九、淮南衡山列傳

《史記·淮南衡山列傳》原文

（漢文帝）使使召淮南王。淮南王至長安。

"丞相臣張倉（蒼）、典客臣馮敬行御史大夫事、宗正臣逸、廷尉臣賀、備盜賊中尉臣福昧死言：淮南王長廢先帝法，不聽天子詔，居處無度，爲黃屋蓋乘輿，出入擬於天子，擅爲法令，不用漢法及所置吏，以其郎中春爲丞相，聚收漢

---

① 《列子·周穆王》，據晉張湛注：《沖虛至德真經》卷三，民國商務印書館《四部叢刊初編》影印常熟瞿氏鐵琴銅劍樓藏宋刻本，第2a頁。

② 據日本延享四年皇都書林山本平左衛門等翻刻《世德堂六子》本《列子》卷三《周穆王》附唐殷敬順《釋文》，第4b頁。

③ （宋）羅泌：《路史》之《國名紀》卷己《雜國》下，上海：中華書局，民國《四部備要》本，第43a頁。

④ （清）汪中：《舊學蓄疑》，北京：中華書局，1965年，《清人考訂筆記七種》影印清光緒初年刻《木犀軒叢書》本，第5a—5b頁。

⑤ 別詳拙文《中華書局新點校本〈史記〉部分書稿閱讀記》，刊虞萬里主編：《經學文獻研究集刊》第12輯，上海：上海書店，2014年，第352—360頁。

⑥ 顧頡剛：《顧頡剛讀書筆記》第七卷上《湯山小記》十"張文虎校《史》之粗"條，第5146頁。

诸侯人及有罪亡者，匿與居，爲治家室，賜其財物爵禄田宅，爵或至關内侯，奉以二千石所不當得，欲以有爲。大夫但、士伍開章等七十人，與棘蒲侯太子奇謀反，欲以危宗廟社稷。使開章陰告長，與謀使閩越及匈奴發其兵。開章之淮南見長，長數與坐語飲食，爲家室娶婦，以二千石俸奉之。……長當弃市，臣請論如法。"①

以上標點，一如今中華書局點校本，點校者在"奉以二千石所不當得"句下附有校勘記述云：

> 王念孫《雜志·史記第六》："'所不當得'，衍'不'字。《漢書》作'奉以二千石所當得'。如淳曰：'賜亡畔來者，如賜其國二千石也。'薛瓚曰：'奉畔者以二千石之秩禄也。'《集解》引此二説爲解，則正文内本無'不'字明矣。"

所謂《雜志》，是指王念孫的《讀書雜志》②。王念孫這一説法，似是而實非，並不可信。雖然點校者在這裏秖是備列其説，以供研治太史公書者參考，但鑒於王念孫在史籍校勘方面的崇高威望，如此鄭重地把這條校訂附綴在《史記》本文之下，還是很容易對讀者造成誤導，故有必要予以辨析。

[今案]

王念孫對這條文字的校勘，主要是參照了今本《漢書》的異文。後來王先謙出於同樣的原因，也推測説："似《史記》本無'不'字，後人增之也"③。這看起來好像是順理成章的事情，實際上却存在很大問題。

明人唐順之、茅坤稱道張蒼等人劾奏淮南王劉長謀反等諸項罪狀"條貫嚴密"④，而《漢書·淮南王傳》載録的張蒼等人奏語，較諸《史記》，已經做了不少删減，書作：

---

① 《史記》卷一一八《淮南衡山列傳》，第 3741 頁。
② （清）王念孫：《讀書雜志》之《史記》第六"奉以二千石所不當得"條，北京：中國書店，1985 年，第 41 頁。
③ （清）王先謙：《漢書補注》卷四四《淮南王傳》，北京：中華書局，1983 年，影印清光緒二十六年虛受堂刊本，第 1023 頁。
④ 見（明）凌稚隆輯，李光縉增補：《史記評林》卷一一八《淮南衡山列傳》錄唐順之、茅坤評語，第 584 頁。

>　　丞相張蒼,典客馮敬行御史大夫事,與宗正、廷尉雜奏:"長廢先帝法,不聽天子詔,居處無度,爲黄屋蓋儗天子,擅爲法令,不用漢法。及所置吏,以其郎中春爲丞相,收聚漢諸侯人及有罪亡者,匿與居,爲治家室,賜與財物爵禄田宅,爵或至關内侯,奉以二千石所當得。大夫但、士伍開章等七十人,與棘蒲侯太子奇謀反,欲以危宗廟社稷,謀使閩越及匈奴發其兵。……"①

上面"擅爲法令,不用漢法。及所置吏,以其郎中春爲丞相"這一段文字,點校者把"不用漢法"與"及所置吏"用句號斷開,與今中華書局本《史記·淮南衡山列傳》之連讀爲"不用漢法及所置吏"不同。檢《漢書·淮南王傳》載薄昭與淮南王劉長書,稱"漢法,二千石缺,輒言漢補,大王逐漢所置,而請自置相、二千石。皇帝天下正法而許大王,甚厚"②,知應以《史記》的標點爲是,其不用漢所置吏云者,即就此"自置相、二千石"而言。與我們在這裏討論的問題直接相關的是,《漢書·淮南王傳》在"奉以二千石所當得"這句話的下面,省略了"欲以有爲"四字,而移除這幾個字之後,上下文間的語感已經有所不同,致使原本"條貫嚴密"的老吏成案,呈現出明顯的罅漏。

王念孫注意到裴駰《史記集解》引述如淳和薛瓚(案即注釋《漢書》的"臣瓚",其人應以"傅瓚"爲是,王念孫視作"薛瓚"或誤③,下文仍以"臣瓚"稱之)注解《漢書·淮南王傳》的話,一者云"賜亡畔來者,如賜其國二千石也",再者云"奉畔者以二千石之秩禄也",便以爲裴駰"《集解》引此二説爲解,則正文内本無'不'字明矣"。這種説法,顯然忽略了《史記·淮南衡山列傳》原文中"欲以有爲"四字上承的前提。

今中華書局點校本將"奉以二千石所不當得"作一句通貫連讀,應是遵從清人張文虎的意見。蓋此前明凌稚隆等撰《史記評林》,尚在"奉以二千石"下逗開④,中華書局舊點校本亦然⑤,而張文虎氏乃特地指出此"九字當作一句讀"⑥。其實先於張

---

① 《漢書》卷四四《淮南王傳》,第 2141 頁。
② 《漢書》卷四四《淮南王傳》,第 2137 頁。
③ 別詳拙文《談歷史上首次出土的簡牘文獻——〈茂陵書〉》,原刊《文史哲》2012 年第 4 期,見鄙人文集《石室賸言》,北京:中華書局,2014 年,第 61—62 頁。
④ (明)凌稚隆輯,李光縉增補:《史記評林》卷一一八《淮南衡山列傳》,第 585 頁。
⑤ 見中華書局 1982 年 11 月第 2 版《史記》卷一一八《淮南衡山列傳》,第 3077 頁。
⑥ (清)張文虎:《校勘史記集解索隱正義札記》卷五,第 695 頁。

氏，明人陳仁錫就提出過與之相同的看法①。然而，細心斟酌如淳和臣瓚的注解，可以看到，他們的釋讀，應該與凌稚隆等人以及中華書局舊點校本的讀法相同，是把"奉以二千石所不當得"這句話從中間斷開，讀作"奉以二千石，所不當得"，而之所以會出現這種"所不當得"的情況，乃是緣於淮南王劉長"欲以有爲"。在此基礎上，纔在"欲以有爲"一句結束之後，注出有關"二千石"一說的看法。即如淳和臣瓚兩人，是把"奉以二千石"與上文謂淮南王長"聚收漢諸侯人及有罪亡者，匿與居，爲治家室，賜其財物爵禄田宅，爵或至關内侯"云云一氣連讀下來，其"所不當得"者，不唯"奉以二千石"而已，至少還要包括上面提到的"爵或至關内侯"一事（張蒼等指控劉長共"賜人爵關内侯以下九十四人"②）。

觀如淳所說"賜亡畔來者，如賜其國二千石也"，與臣瓚所說"奉畔者以二千石之秩禄也"③，即可清楚判明兩人所說，都是總承"聚收漢諸侯人及有罪亡者"之語而來。探其言外兼該之意，知如淳謂淮南王劉長"賜亡畔來者"，乃或賜爵至關内侯，或"如賜其國二千石也"；臣瓚則云劉長之"奉畔者"，或以關内侯之爵位，或"以二千石之秩禄也"。即"關内侯"是淮南王劉長賜予亡畔來者之爵，"二千石"之俸則爲其賜予亡畔來者之禄。總之，在他們兩人看來，賜爵至關内侯之位，與給予俸禄以二千石之階，是平行的並列關係，故唐人司馬貞在此基礎上補充疏釋云："謂有罪之人不得關内侯及二千石"④，這就更進一步明確點出，《史記》提到的"所不當得"（亦即司馬貞所說"不得"）者，自是包括"爵或至關内侯"與"奉以二千石"兩事在内，而司馬遷稱淮南王劉長之"欲以有爲"，正是直接承接這些"所不當得"的舉措而言⑤（圖28、圖29），清人牛震運即特別賞譽說："'所不當得，欲以有爲'，二語古拙含蓄。"⑥

---

① （明）陳仁錫：《史記考》之《淮南衡山列傳》，第1a頁。
② 《史記》卷一一八《淮南衡山列傳》，第3741頁。
③ 《史記》卷一一八《淮南衡山列傳》劉宋裴駰《集解》，第3742頁。《漢書》卷四四《淮南王傳》唐顏師古注，第2142頁。
④ 《史記》卷一一八《淮南衡山列傳》唐司馬貞《索隱》，第3742頁。
⑤ 案今中華書局本承用其底本同治金陵書局本的形式，把引述如淳和臣瓚注語這條《史記集解》，改插在"奉以二千石"之下，但金陵書局本之前的所有舊本，例如南京的鳳凰出版社2011年影印的南宋紹興初杭州刻十四行單附《集解》本（第1880頁）、北京圖書館出版社2003年在《中華再造善本》叢書中影印的宋乾道七年蔡夢弼東塾刻附《集解》《索隱》本（第2a頁）、同樣是北京圖書館出版社2003年在《中華再造善本》叢書中影印的宋淳熙三年張杅桐川郡齋刻附《集解》《索隱》本（第2a頁）、臺北藝文印書館在1966年重印的百衲本影印南宋慶元間建安黃善夫家塾刻三家注本（第3a頁），等等，都是將這條《集解》附在"所不當得，欲以有爲"句下，今傳單行的司馬貞《史記索隱》原本（卷二六，第292頁），則是把"按謂有罪之人不得關内侯及二千石"云云，繫於"所不當得"句下，這種情況，愈加凸顯不管是如淳、臣瓚兩人，還是裴駰、司馬貞，他們所做的注解，都不是僅僅針對"奉以二千石"這一句話。
⑥ （清）牛震運：《空山堂史記評注》卷一一，北京：中華書局，2012年，崔凡芝《空山堂史記評注校釋》本，第713頁。

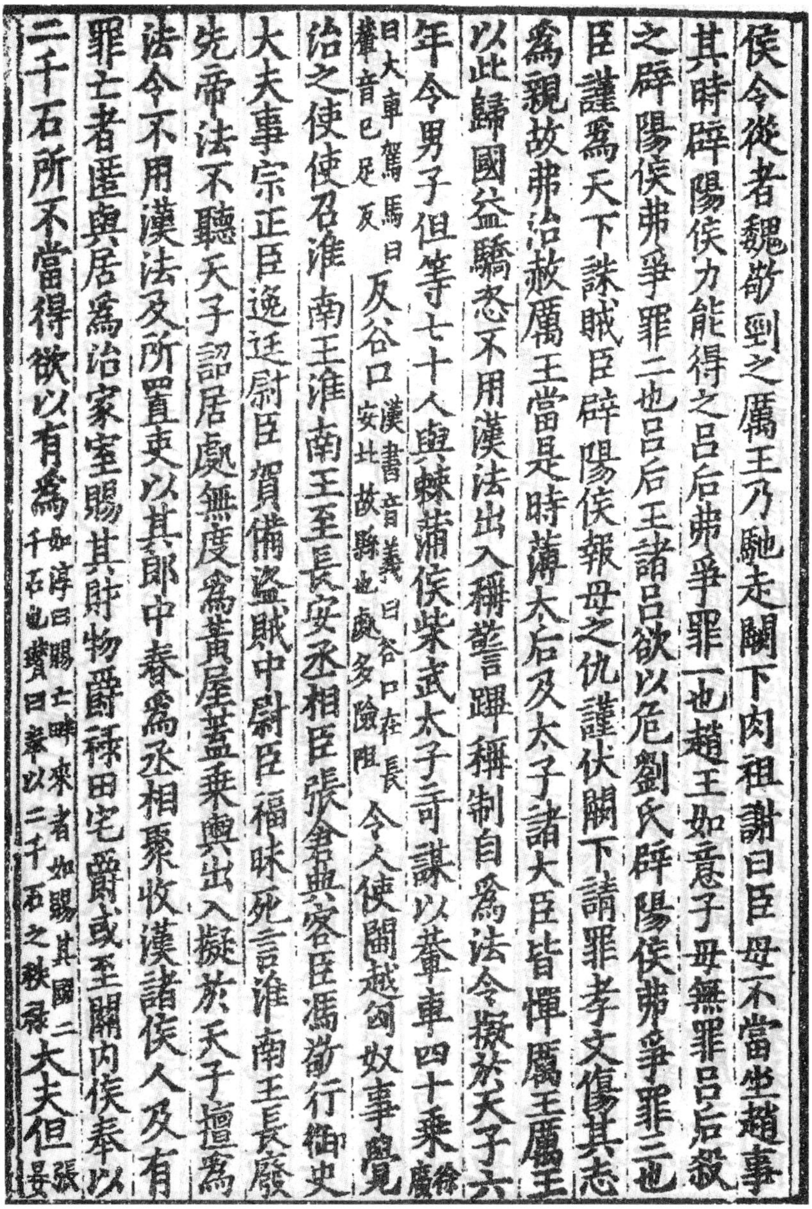
侯令從者魏敬剄之厲王乃馳走闕下肉袒謝曰臣母不當坐趙事
其時辟陽侯力能得之呂后弗爭罪一也趙王如意子母無罪呂后殺
之辟陽侯弗爭罪二也呂后王諸呂欲以危劉氏辟陽侯弗爭罪三也
臣謹爲天下誅賊臣辟陽侯報母之仇謹伏闕下請罪孝文傷其志
爲親故弗治赦厲王當是時薄太后及太子諸大臣皆憚厲王厲王
以此歸國益驕恣不用漢法出入稱警蹕稱制自爲法令擬於天子六
年令男子但等七十人與棘蒲侯柴武太子奇謀以輂車四十乘徐廣
曰大車駕馬曰輂音己足反反谷口漢書音義曰谷口在長安北故縣也處多險阻令人使閩越匈奴事覺
治之使使召淮南王淮南王至長安丞相臣張倉典客臣馮敬行御史
大夫事宗正臣逸廷尉臣賀備盜賊中尉臣福昧死言淮南王長廢
先帝法不聽天子詔居處無度爲黃屋蓋乘輿出入擬於天子擅爲
法令不用漢法及所置吏以其郎中春爲丞相聚收漢諸侯人及有
罪亡者匿與居爲治家室賜其財物爵祿田宅爵或至關內侯奉以
二千石所不當得欲以有爲如淳曰賜亡畔來者如賜其國二千石也瓚曰奉以二千石之秩祿大夫但張晏

圖 28　鳳凰出版社影印南宋紹興初杭州刻十四行單附《集解》本《史記》中如淳和臣瓚注語所在的位置

在張蒼等人陳奏淮南王劉長的罪狀之後，漢文帝令“列侯二千石”議定其罪責，張蒼等人定讞云“長不奉法度，不聽天子詔，乃陰聚徒黨及謀反者，厚養亡命，欲以有爲”[①]，所謂“厚養亡命”云者，正是對上述包括給予其“所不當得”者在内一系列舉止的概括説明。

① 《史記》卷一一八《淮南衡山列傳》，第 3743 頁。

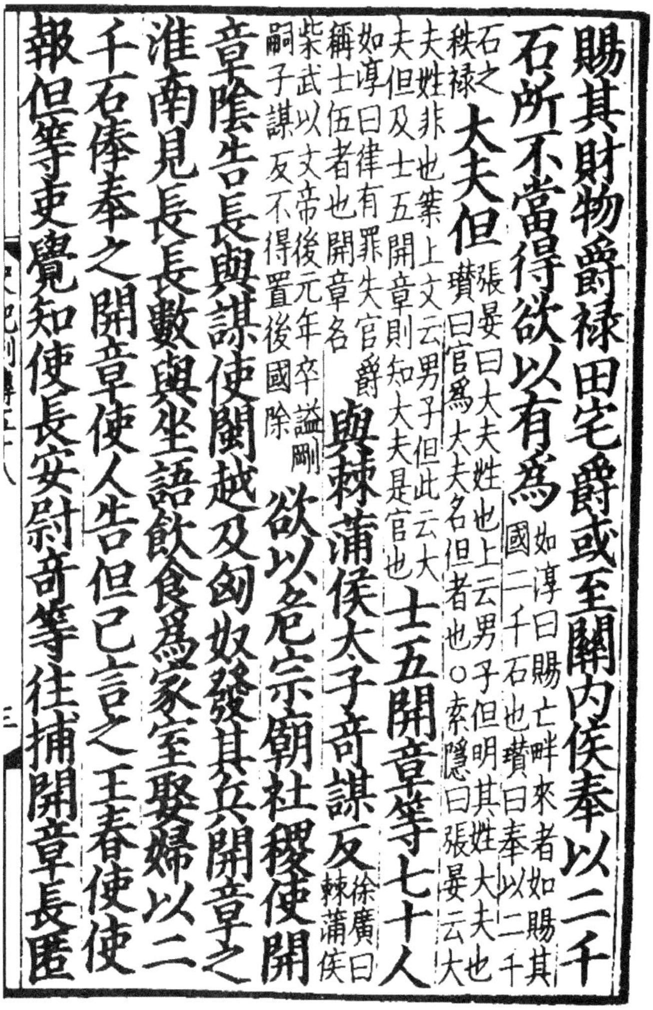

賜其財物爵祿田宅爵或至關內侯奉以二千石所不當得欲以有爲如淳曰賜亡畔來者如賜其國二千石也瓚曰奉以二千石之秩祿大夫但張晏曰大夫姓也上云男子但明其姓大夫也瓚曰官爲大夫名但者也○索隱曰張晏云大夫姓非也案上文云男子但此云大夫但及士五開章則知大夫是官也士五開章等七十人如淳曰律有罪失官爵稱士伍者也開章名與棘蒲侯太子奇謀反徐廣曰棘蒲侯柴武以文帝後元年卒謚剛嗣子謀反不得置後國除欲以危宗廟社稷使開章陰告長與謀使閩越及匈奴發其兵開章之淮南見長長數與坐語飲食爲家室娶婦以二千石俸奉之開章使人告但已言之王春使使報但等吏覺知使長安尉奇等往捕開章長匿

圖 29　百納本《史記》中如淳、臣瓚注語所在的位置

由如淳和臣瓚疏釋《漢書》的注語反推，似乎不難看出，他們讀到的《漢書・淮南王傳》，在“所不當得”還是“所當得”這一問題上，應該一如《史記・淮南衡山列傳》，係書作“收聚漢諸侯人及有罪亡者，匿與居，爲治家室，賜與財物爵禄田宅，爵或至關内侯，奉以二千石，所不當得”（“所不當得”若如今本書作“所當得”，那麽，聯承上文，就會出現“爵或至關内侯所當得”的文意，整個這段話也就講不通了）。南宋孝宗時人倪思撰著《班馬異同》，一一羅列《漢書》與《史記》同一紀事的文字差異，而在此《史記》“所不當得”句下，却未列出《漢書》所載是與之絶然相反的“所當得”一語[①]，顯示出倪氏所見《漢書・淮南王傳》的寫法，尚與《史記・淮南衡山列

① （宋）倪思：《班馬異同》卷二八，臺北：臺灣商務印書館，1986 年，影印文淵閣《四庫全書》本，第 5b 頁。

傳》相同。王先謙嘗謂"如、薛、顏三家所見《漢書》，本皆無'不'字"①，至少對於如淳和臣瓚來說，這種判斷是很不妥當的。昔清人周壽昌校勘《漢書》，即特地注出《淮南王傳》之"所當得"一語，"《史記》作'所不當得'"②，顯示出在周氏看來，或應以"所不當得"為正；而乾隆年間清廷校刊武英殿本，更逕行依據《史記》，補入"不"字，鐫作"所不當得"③，這纔是比較合理的認識和做法。今本《漢書》連讀作"奉以二千石所當得"，或始自唐人顏師古的注本。

根據以上論述，可知《史記·淮南衡山列傳》"賜其財物爵祿田宅，爵或至關內侯，奉以二千石，所不當得"這句話，並沒有誤衍"不"字，王念孫和王先謙的看法實有差誤，今中華書局點校本附綴《讀書雜志》的說法，不僅沒有必要，而且還很容易給讀者造成誤導，去之可也。同時，應當恢復中華書局舊點校本的讀法，在"奉以二千石"下逗開。

一〇、龜策列傳

（一）《史記·龜策列傳》原文

太史公曰：自古聖王將建國受命，興動事業，何嘗不寶卜筮以助善！
……至高祖時，因秦太卜官。天下始定，兵革未息。及孝惠享國日少，呂后女主，孝文、孝景因襲掌故，未遑講試，雖父子疇官，世世相傳，其精微深妙，多所遺失。至今上即位，博開藝能之路，悉延百端之學，通一伎之士咸得自效，絕倫超奇者為右，無所阿私，數年之間，太卜大集。會上欲擊匈奴，西攘大宛，南收百越，卜筮至預見表象，先圖其利。及猛將推鋒執節，獲勝於彼，而蓍龜時日亦有力於此。上尤加意，賞賜至或數千萬。如丘子明之屬，富溢貴寵，傾於朝廷。至以卜筮射蠱道，巫蠱時或頗中。素有眦睚不快，因公行誅，恣意所傷，以破族滅門者，不可勝數。百僚蕩恐，皆曰龜策能言。後事覺奸窮，亦誅三族。
……余至江南，觀其行事，問其長老，云龜千歲乃遊蓮葉之上，蓍百莖共一根。又其所生，獸無虎狼，草無毒螫。江傍家人常畜龜飲食之，以為能導引致

---

① （清）王先謙：《漢書補注》卷四四《淮南王傳》，第 1023 頁。
② （清）周壽昌：《漢書注校補》卷三四，第 584 頁。
③ 見清乾隆四年武英殿刻本《漢書》卷四四《淮南王傳》，第 5a 頁；又卷末附《考證》，第 1b 頁。

氣，有益于助衰養老，豈不信哉！

　　褚先生曰：臣以通經術，受業博士，治《春秋》，以高第爲郎，幸得宿衛，出入宮殿中十有餘年。竊好《太史公傳》。《太史公之傳》曰："三王不同龜，四夷各異卜，然各以決吉凶，略闚其要，故作《龜策列傳》。"臣往來長安中，求《龜策列傳》不能得，故之大卜官，問掌故文學長老習事者，寫取龜策卜事，編于下方。①

針對上文中"素有眥睚不快，因公行誅，恣意所傷，以破族滅門者，不可勝數"這段話，中華書局新點校本附有校記云：

　　眥睚疑當作"睚眥"。按《史記》多作"睚眥（眥）"。如本書卷七九《范雎蔡澤列傳》曰"一飯之德必償，睚眥之怨必報"；卷一二四《游俠列傳》"其陰賊著於心，卒發於睚眥如故云"；又曰"解布衣爲任俠行權，以睚眥殺人"。《漢書》卷六《司馬遷傳·報任安書》云"欲以廣主上之意，塞睚眥之辭"，顏師古注："睚眥，舉目眥也，猶言顧瞻之頃也。"②

這種説法，看似有理有據，實際存在很大問題，需要予以辨正。

〔今案〕

點較者附加這一校記，是想從時人用語習慣、特別是太史公行文遣詞的特點來推斷"眥睚"不如"睚眥"更符合通行的用法，故此語或爲"睚眥"的乙誤。像這樣援依著述的通例來判別個案的做法，本來非常合理，可以説是校勘古籍需要著重把握的一項基本原則。然而在具體操作的過程中，首先需要確認研究者據以量度的這一通例是否真實可靠，而這往往會涉及很多複雜的問題。

對待《史記》當中這一"眥睚"還是"睚眥"的問題，首先需要明確的是，"眥睚"的語義是否絕不可通、或是不符合《龜策列傳》的上下文義？

許慎《説文》原本失收"睚"字，而在目部載有"眥"之異體"眥"，清人王筠就《説文》所記闡釋説：

---

① 《史記》卷一二八《龜策列傳》，第3917—3920頁。
② 《史記》卷一二八《龜策列傳》附校勘記，第3946—3947頁。

(《說文》) 眥，目匡也〔(王筠釋云)《文選》注引作“眶”，俗字也。《字林》：眥，目厓也。《列子》注：眥，目際也。《史記·項羽本紀》：目眥盡裂。《淮南王安傳》：涕滿匡而橫流〕。從目此聲。[①]（圖 30）

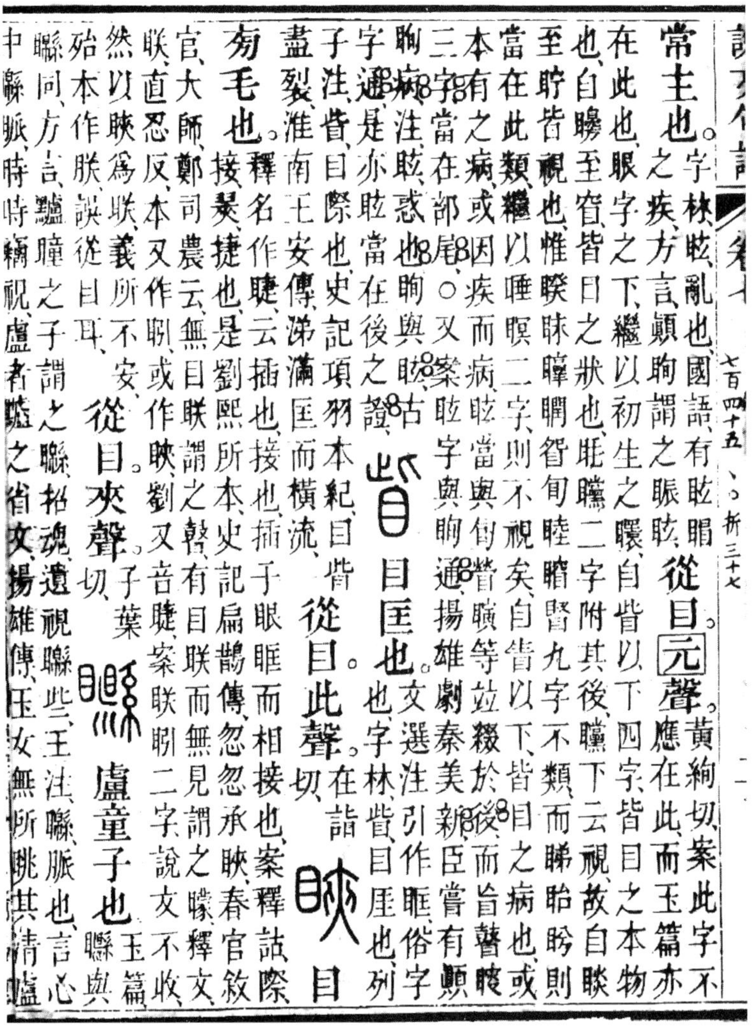
常主也。字林眩亂也國語有眩瞤從目元聲。黃絢切案此字不之疾方言顛眴謂之賑眩應在此而玉篇亦在此也眼字之下繼以初生之曝自眥以下四字皆目之本物也自矃至眢皆目之狀也眂矘二字附其後矘下云視故自睞至眝皆視也惟睽眛矘瞷眢旬睦瞻瞖九字不類而睇眙眄則當在此類繼以睡瞑二字則不視矣自眚以下皆目之病也或本有之病或因疾而病眩當與眴眥瞔等竝綴於後而旨瞽睉三字當在部尾○又案眩字與眴通揚雄劇秦美新臣嘗有顛眴病注眩惑也眴與眩古字通是亦眩當在後之證

目匡也。文選注引作眶俗字也字林眥目匡也列子注眥目際也史記項羽本紀目眥盡裂淮南王安傳涕滿匡而橫流從目此聲。在詣切

目旁毛也。釋名作睫云插也接也插于眼眶而相接也案釋詁際接翜捷也是劉熙所本史記扁鵲傳忽忽承睞春官敘官大師鄭司農云無目睞謂之瞽有目睞而無見謂之矇釋文睞直忍反本又作眲或作映劉又音睫案睞眲二字說文不收然以映爲睞義所不安殆本作眹誤從目耳從目夾聲。子葉切

盧童子也。玉篇矑與矊同方言矑瞳之子謂之矊招魂遺視矊些王注矊脈也言心中矊脈時時竊視盧者黸之省文揚雄傳玉女無所眺其清矑

圖 30　清同治四年原刻本《說文解字句讀》

王筠引述的《字林》，作者吕忱，大約撰著於西晉時期。這部《字林》是繼《說文》之後最重要的字書，對許慎書多有補益，惜久已散佚。王筠引述的這條《字林》，應是出自唐初人陸德明的《經典釋文》[②]。《字林》釋“眥”（眦）字爲“目厓”，而

① （清）王筠：《說文解字句讀》卷七，清同治四年原刻本，第 2b 頁。

② （唐）陸德明：《經典釋文》卷三〇《爾雅音義》下，上海：上海古籍出版社，1985 年，影印北京圖書館藏宋刻本，第 1716 頁。

"眭"字顯然是從目從厓,即示眼目之厓,或亦直接通作"厓"字,如《漢書·孔光傳》即稱王莽"厓眥莫不誅傷"[1]。至北宋初年人徐鉉釐定《説文》,附入"眭"字,亦以"目際"釋"眭"[2]。"目際"與"目厓"不僅文義相當,而且更與所謂《列子》之注釋"眥"的用語完全相同[3]。實則"眭""眦(眥)"兩字俱從"目",而"此"乃"止也"[4],自與"厓"義相通。從而可知"眦(眥)""眭"兩字義本相當,俱可解作目際眼眶,而"眭眦(眥)"或者"眦(眥)眭"都是以同義並列形式構成的雙音節詞,以張大眼眶來表示瞋目而視、乃至怒目而視的樣態。《史記·項羽本紀》記鴻門宴,謂"(樊)噲遂入,披帷西嚮立,瞋目視項王,頭髮上指,目眥盡裂"[5],這一記載就很好地體現了"目眥"與"瞋目"的關係,印證了把"眭眦(眥)"或"眦(眥)眭"解作瞋目之態的合理性。相對而言,顔師古把"眭眦"解作"舉目眥也,猶言顧瞻之頃也",似乎很不準確。

知悉"眭眦(眥)"或"眦(眥)眭"的含義及其詞語構成形式,也就清楚了這兩個詞彙完全可以對等替換,而覈諸古人的實際使用情況,也正是如此。例如,東漢末陳琳《爲袁紹檄豫州》這篇檄文,有句云"故太尉楊彪,典歷二司,享國極位,操因緣眦眭,被以非罪"[6],就是書作"眦眭"。由此可見,太史公書之"眦眭不快",語義通暢而又切合《龜策列傳》的上下文義,並不是非加訂正不可的文字,今點校《史記》,在沒有其他任何版本依據的情況下,本來沒有必要對此施加校勘。

假如校勘者一定要對《龜策列傳》中"眦眭"一詞的正確性加以判斷,那麼,就祇剩有一條途徑,這就是"眦眭"是否符合司馬遷遣詞用語的習慣。首先需要説明的是,單一依靠這種方法,得出的結論,是具有很大不確定性的。這是因爲即使是同一個人、在同一部著述中,出於修辭的需要,也完全可以交替使用像"眭眦(眥)"和"眦(眥)眭"這樣的詞語,以調節文氣,增強其靈動性。

若是不考慮這一層用意,單純分析某一個人或是某一時代通行的用法,則需要認

---

① 《漢書》卷八一《孔光傳》,第 3362 頁。(清)鈕樹玉:《説文新附考》卷二,清同治甲戌湖北崇文書局重刻本,第 2b 頁。
② (漢)許慎:《説文解字》卷四上《目部》,北京:北京圖書館出版社,2004 年,《中華再造善本》叢書影印國家圖書館藏宋刻元修本,第 3a 頁。(宋)丁度等:《集韻》卷二,上海:上海古籍出版社,1985 年,影印上海圖書館藏述古堂影宋鈔本,第 101 頁。
③ 案王筠所説《列子》注,應指唐人殷敬順的釋文,語見日本延享四年皇都書林山本平左衛門等翻刻明《世德堂六子》本《列子》卷五《湯問》附殷氏《釋文》,第 7b 頁。
④ (漢)許慎:《説文解字》卷二上《止部》,第 8b 頁。
⑤ 《史記》卷七《項羽本紀》,第 399 頁。
⑥ (梁)蕭統:《文選》卷四四漢陳琳《爲袁紹檄豫州》,北京:中華書局,1977 年,影印清嘉慶胡克家仿宋刻本,第 617 頁。

定用以比較的兩類用例確是出自同一作者,或是近似的年月。然而,恰恰是在這一點上,今點校史記的學者,似乎存在着嚴重的疏誤。

太史公原書久有亡佚,《漢書·藝文志》所著録者即稱"十篇有録無書"①,這是稍習《史記》者類皆知悉的情况。關於《史記》這些亡佚之篇的具體篇目,前引《史記·龜策列傳》本文載西漢元、成二帝間人褚少孫嘗謂"臣往來長安中,求《龜策列傳》不能得",故爲補撰;其後曹魏人張晏亦稱《龜策列傳》在十篇亡佚者之中②。如前列引文所見,傳世《史記》之《龜策列傳》清楚載有褚少孫編撰的説明,其出自褚氏增補,自毋庸置疑。

此事稍顯複雜的是,前列引文中在"褚先生曰"之前,從"太史公曰"到"余至江南,……豈不信哉"之間這一大段文字,乍看起來,儼若司馬遷的文筆,尤其是繼"孝文、孝景"之後所説"今上即位",自是武帝朝臣子的口吻,而褚少孫行年已遲至元、成之間,故清人錢大昕即已指明"其詞非褚先生所能作"③。更早在南宋初年,吕祖謙曾將此"太史公曰"云云視作原本《史記·龜策列傳》在正文之前的序文,辨析説:

> 其序具在。自"褚先生曰"以下,乃其所補爾。方班固時,東觀蘭台所藏十篇雖有録無書,正如《古文尚書》,兩漢諸儒皆未嘗見,至江左始盛行,固不可以其晚出遂疑以爲僞也。作者關鍵,張晏雖不足以知之,如此傳,序存傳亡,使晏稍詳讀之,不應悉以爲非。亦由《史記》高古,習之者少,晏亦未嘗究觀爾。④

清人臧庸、王鳴盛等持論與之大體相同⑤。

可是,與王鳴盛同時人梁玉繩,對此却另有不同的解釋:

> 案史公此傳亡,褚生補之,而其序則託之史公者也。《史公·封禪書》首曰"自古受命帝王曷常不封禪",而《日者》序曰"自古受命而王何嘗不以卜筮",此

---

① 《漢書》卷三〇《藝文志》,第 1714 頁。
② 《史記》卷一三〇《太史公自序》劉宋裴駰《集解》,第 4029 頁。
③ (清)錢大昕:《廿二史考異》卷五,上海:商務印書館,1937 年,《叢書集成初編》本,第 92 頁。
④ (宋)吕祖謙:《東萊吕太史别集》卷一四《辨史記十篇有録無書》,杭州:浙江古籍出版社,2005 年,《吕祖謙全集》本,第 567 頁。
⑤ (清)臧庸:《拜經日記》卷九《張晏説褚補史記四篇》,京都:東方文化研究所,1935 年,影印清乾嘉間刊《拜經堂叢書》本,第 8a—8b 頁。(清)王鳴盛:《十七史商榷》卷一《史記》"十篇有録無書"條,上海:商務印書館,1937 年,《叢書集成初編》排印《史學叢書》本,第 6—8 頁。

序曰"自古聖王何嘗不寶卜筮",胡屢襲之耶?巫蠱起于征和,乃言丘子明之屬因巫蠱族誅,則非史記太初之限。"余至江南"以下尤義支辭弱。①

近人余嘉錫在此基礎之上,更進一步,指出"今傳所稱'太史公'云云者,又爲元、成以後人所補,未必出自褚先生,故二篇並列,各不相謀。……不獨非太史公書,亦必不出於少孫之手也"。至於《龜策列傳》篇首之"太史公曰"以及"余至江南"諸語,"蓋補太史公書,即作太史公語耳"。②

依據梁玉繩、余嘉錫一輩人的研究結果,本文所論"眦睚不快"一語,正屬西漢元、成二帝以後人補撰,固不必與司馬遷原著的《范雎蔡澤列傳》和《游俠列傳》行文相同。不僅如此,結合梁玉繩、余嘉錫等人的論述可知,此處采用與太史公慣用之"睚眦(眥)"不同的"眦(眥)睚"一語,正從另一個側面,體現出其後人補撰的性質。明此可知,今點校本附綴的這一條校記,不僅對閱讀和利用《龜策列傳》無所助益,而且還很容易對讀者造成誤導,使之因不能清楚認知今本《史記·龜策列傳》的作者而將其視作太史公書固有的內容,貽害非淺。

---

① (清)梁玉繩:《史記志疑》卷三五,第1457—1458頁。
② 余嘉錫:《太史公書亡篇考》,見作者文集《余嘉錫論學雜著》,第73—79頁。(清)梁玉繩:《史記志疑》卷一四,第756頁。

日本東洋文庫所藏隋代石刻拓本經眼録*

周曉薇

東洋文庫是日本最大的以收藏東方學圖書資料爲中心的圖書館，是日本三大漢學研究重鎮之一，是世界五大東方學研究圖書館之一，也是專門把中國與中國文化作爲主要研究對象的圖書館兼研究所。文庫創立於 1924 年，1948 年起成爲日本國立國會圖書館的分館，1961 年又應聯合國教科文組織的要求附設了東亞文化研究中心，這就是這座百年歷史藏書百萬册的圖書館區别於其他圖書機構的獨特之處，也是東洋文庫在日本學術界享有盛名的一個重要的原因。2016 年 11 月 7 日至 12 月 6 日，筆者應邀訪問了日本東洋文庫，並針對東洋文庫所藏中國石刻拓本中的隋代拓本進行集中考察調研。承蒙明治大學東亞石刻研究所所長氣賀澤保規教授的推薦與幫助，調研工作自始至終得到了東洋文庫專務理事山川尚義先生、研究部課長會谷佳光博士、速水大博士以及山村義照、徐小潔等諸位研究員的傾力支持與熱情關照，並爲我們提供了良好的工作條件，從而順利完成了考察研究。

東洋文庫自肇建以來，一直未輟收集與接受有識者的寄贈，其大宗的入藏約有：1932 年入藏岩崎文庫的漢唐名碑法帖，1933 年入藏小林胖生氏的遼代哀册與墓誌拓本，1935 年入藏的東北清代碑拓，1936 年入藏的僞滿洲國立博物館藏拓，1941 年入藏的上海四明公所會館碑拓，1968 年入藏平凡社的富岡謙藏氏舊藏拓本約 2100 種[①]，

作者簡介：周曉薇（1957—），陝西師範大學歷史文化學院教授。

* 項目基金：本文係國家社會科學基金重點課題《新出隋代墓誌銘整理與研究》（14AZS004）關聯成果。

① 參見《東洋文庫新收中國拓本目録稿》（平凡社寄贈），《東洋文庫書報》3 號—5 號，1972 年 3 月—1974 年 3 月。其中僅龍門石窟造像記就有 800 餘種。

1924 年入藏前間恭作氏的朝鮮石刻拓本，此外還有入藏年份不詳的鈐有"河南圖書館藏石"印的洛陽出土北魏隋唐墓誌拓本 180 餘種。東洋文庫迄今所藏中國石刻拓本約 3000 種，其中隋代石刻拓本有 54 種。本文謹將在東洋文庫所經眼的隋代石刻拓本與該文庫 2002 年編纂的《東洋文庫所藏中國石刻拓本目錄》（以下簡稱《目錄》）一一檢讀對照，並就所見拓本的特殊內涵與其凡例中所未能反映的諸如印鑒、題跋、原石所在及摻入的石印本等信息，以表格形式進行對應注明，表格中左半部分的文字爲《目錄》中隋代石刻拓本編號及條文的抄錄，表格中右半部分的文字爲筆者在經眼時所做的備註，姑名之爲《日本東洋文庫所藏隋代石刻拓本經眼錄》。

《目錄》隋代石刻拓本編目與著錄條文抄錄	筆者經眼備注
673　寇奉叔墓誌　（隋）開皇 3 年 10 月 1 日　墓誌：隋故使持節儀同大將軍昌國惠公墓誌銘，38 行行 38 字，1 枚，66cm×66cm。　墓誌蓋：隋故儀同亳州刺史昌國公寇使君墓誌。4 行行 4 字（楷書 陽刻），1 枚，54cm×53cm	實有兩套，一套鈐長方朱文楷書"河南圖書館藏石"印（以下簡稱"河南圖書館藏石"印），高 3.8cm，寬 0.8cm。石存河南博物院
674　寇遵考墓誌　（隋）開皇 3 年 10 月 19 日　墓誌：翊師大將軍儀同三司大内史大納言扶風郡太守濩澤公之墓誌銘，33 行行 33 字，1 枚，58cm×58cm。　墓誌蓋：隋故濩澤公寇府君銘，3 行行 3 字（楷書 陰刻），1 枚，54cm×54 cm	實有兩套，一套鈐"河南圖書館藏石"印。石存河南博物院
675　楊居墓誌　（隋）開皇 4 年 3 月 10 日　墓誌：21 行行 20 字，1 枚，48cm×50cm。　墓誌蓋：大隋前潘城録事參軍楊公之墓誌，2 行行 7 字（楷書陰刻），1 枚，38cm×51cm	志蓋拓本未拓高浮雕兔形紋飾，僅有兩側蓋題，鈐長方朱文楷書"東洋文庫"印（以下簡稱"東洋文庫"印），高 4.9cm，寬 1.3cm。唯印鑒鈐壓在拓本文字上，不妥。拓本背面鈐"昭和十一年一月廿五日財團法人東洋文庫 103287"橢圓形墨文印。石存遼寧省博物館
676　王他奴造像記　（隋）開皇 4 年 9 月 20 日　全 16 行行 5 字 6 字不等，1 枚，24cm×32cm	鈐"東洋文庫"印
677　元英墓誌　（隋）開皇 5 年 7 月 1 日　墓誌：18 行行 18 字，1 枚，43cm×43cm。　墓誌蓋：故潁州別駕元洪儁墓誌大隋開皇五年七月一日合葬，3 行行 8 字（楷書 陰刻），1 枚，36cm×35cm	皆鈐"東洋文庫"印。石存故宮博物院
678　造像記未詳　（隋）開皇 5 年 9 月 15 日　11 行行 12 字，年月 1 行 20 字，邑子等題名欄 3 段各 15 行未刻，1 枚，28cm×74cm	造像供養人爲孫龍伯，鈐"東洋文庫"印
679　龍藏寺碑　（隋）開皇 6 年 12 月 5 日　碑陽：（隋）[張公禮/文]，原 30 行行 50 字，1 帖（60 葉），27cm×10cm。　碑額：失 [恒州刺史鄂國公爲國勸造龍藏寺碑，3 行行 5 字（楷書 陰刻）]。　碑陰：失。　碑側：失	無額題與碑陰題名，首尾有收藏印，起首鈐"香罏珍藏"，册尾鈐"盛家珍藏"。石存河北正定隆興寺
680　龍藏寺碑　（隋）開皇 6 年 12 月 5 日　碑陽：（隋）[張公禮/文]，30 行行 50 字，1 枚，160cm×88cm。　碑額：恒州刺史鄂國公爲國勸造龍藏寺碑，3 行行 5 字（楷書 陰刻），1 枚，43cm×31cm。　碑陰：題名 7 段至 30 行不等，1 枚，111cm×87cm。　碑陰額：題名 2 段，上段 8 行，下段 12 行，1 枚，45cm×43cm	此拓額與陰俱全，難得。然以損泐字衡，應是上世紀初之近拓本。又，依照編例，此條應與 679 條合併
681　樊尚造像記　（隋）開皇 7 年 2 月 30 日　5 行行 7 字至 9 字不等，1 枚，27cm×14cm	鈐"東洋文庫"印

續表

《目錄》隋代石刻拓本編目與著錄條文抄錄	筆者經眼備注
682　淳于儉墓誌　（隋）開皇 8 年 11 月 20 日　墓誌：13 行行 21 字，連題共 1 枚，95cm×41cm，　題：淳于儉墓誌銘，橫 1 行（楷書 陰刻）	有額，薄紙。道光末年山東淄川出土，今存不詳
683　王蘭差造像記　（隋）開皇 8 年 8 月 8 日　14 行行 3 字至 5 字不等，1 枚，7cm×32cm	鈐"東洋文庫"印。原在陝西涇陽，今存不詳。見載於《金石萃編》與《補寰宇訪碑錄》。"差"或作"荖"
684　管妃造像記　（隋）開皇 9 年 3 月 23 日　24 行行 2 字 3 字不等（隸書楷書混），1 枚，70cm×60cm	整紙裱褙，鈐"東洋文庫"印與"財團法人東洋文庫昭和十二年七月廿四日 108833"橢圓形墨文印。端方舊藏，今流失國外。見載於《金石萃編》
685　管妃造像記　（隋）開皇 9 年 3 月 23 日　10 行行 5 字 6 字不等，1 枚，10cm×16cm	鈐"東洋文庫"印
686　耿旭造像記　（隋）開皇 9 年 11 月 23 日　9 行行 7 字至 10 字不等，1 枚，13cm×20cm	鈐"東洋文庫"印
687　僧璨塔磚記　（隋）開皇 12 年 7 月　（隋）道信 / 文，5 行行 6 字年月 1 日 8 字（楷書 陽刻），1 枚，21cm×27cm	拓本有跋①，並附籤紙一枚云："漢軍旗人，漢姓鄭，鄭成功之後、東洋人之外孫。跋者氏名鄭姓，名文焯，字叔問。"知此拓即晚清著名詞人鄭叔問所藏②。鈐有篆書"石芝供養"白文長方形印、篆書"葉銘拓金石記"朱文方形印、篆書"大壺"朱文方形印鑒。亦鈐"東洋文庫"印
688　比丘尼□摠造像記　（隋）開皇 12 年 5 月 8 日　10 行行 3 字，1 枚，6cm×26cm	鈐"東洋文庫"印
689　皇甫鳳詳造像記　（隋）開皇 12 年　13 行行 4 字至 6 字不等，1 枚，11cm×31cm	鈐"東洋文庫"印
690　劉醜覩造像記　（隋）[開皇 14 年] 10 月 13 日　9 行（首 1 行欠）行 5 字，1 枚，13cm×26 m	鈐"東洋文庫"印
691　羣賓墓誌　（隋）開皇 15 年 10 月 24 日　墓誌：周驃騎[將軍]右光祿大夫雲陽縣開國男羣君墓誌銘，31 行行 32 字，1 枚，52cm×52cm	實有兩枚，皆為端方陶齋所藏。鈐有 4cm 見方篆書"陶齋所藏金石刻辭"朱文印與篆書"小田切富卿"方形白文印③，亦鈐有"東洋文庫"印和"財團法人東洋文庫昭和十一年十二月卅一日 107444"橢圓形墨文印。墓誌出土後在文末附刻吳榮光題記："嘉慶己卯四月偃師段嘉謨訪出此石於武功縣之南鄉，移至縣署大堂。南海吳榮光觀並記。"先後歸段嘉謨、趙幹生、端方，今佚

① 跋云："此璨大士岫結塔磚記，近歲出於皖公山下，今為石埭徐氏所藏。按宋王象之《輿地碑記目》卷二安慶府碑記有山谷寺璨大師碑銘，唐寶應元年房琬文、徐浩書。是璨大師即為僧寶無疑。蓋山谷寺主之名僧也，故得房徐二公撰碑而書之。舒州即今之安慶。記云隱化於舒之皖公山，釋氏火葬曰'化'。莊子所謂'怛化'。六朝文'化為異物'，並謂身形之遷化也。璨沒於開皇十二年七月，碑銘今已淪佚，賴此磚記猶足考見。且在唐建碑以前，信可珍閟也。""光緒橫艾之年孟陬月既望，叔問題記。"

② 鄭文焯（1856—1918），字俊臣，號小坡，又號叔問，晚號鶴、鶴公、鶴翁、鶴道人，別署冷紅詞客，曾夢游石芝崦，見素鶴翔於雲間，因自號石芝崦主及大鶴山人，奉天鐵嶺（今屬遼寧）人，隸正黃旗漢軍籍，而托為鄭康成裔，自稱高密鄭氏。光緒舉人，曾任內閣中書，後旅居蘇州。工詩詞，通音律，擅書畫，懂醫道，長於金石古器之鑒。其父瑛榮，字蘭坡，漢軍正白旗人，咸豐十一年至同治二年任陝西巡撫，雅善丹青，又富收藏，所藏《宋拓集王聖教序未斷本》，有翁同龢為之題跋。

③ 小田切富卿，為清末日本駐上海領事館領事，其人與董康、李伯元等交厚。見《李伯元詩集》及日人永井禾原《來青閣集》卷二《與董綬經康、李伯元寶嘉、小田切富卿、山根立庵彪、牧放浪卷次郎飲天香閣，席上贈李伯元》。

續表

《目録》隋代石刻拓本編目與著録條文抄録	筆者經眼備注
692　[斐慈明邑子等造像記]？（龍門）（隋）開皇 15 年　存 2 行行 9 字 2 字，1 枚，27cm×11cm	—
693　美人董氏墓誌　（隋）開皇 17 年 10 月 12 日　墓誌：美人董氏墓誌銘，（隋）蜀王楊秀／文，21 行行 23 字，1 枚，50cm×45cm	石印本，有楊守敬題跋："此董美人墓誌，舊藏上海徐渭仁家，毀於庚辛之亂。此爲香山甘翰臣藏拓本。"有篆書"楊守敬印""陶齋藏石"方形白文印。亦鈐"東洋文庫"印與"東洋文庫"圓形墨文印各一枚
694　國清寺佛像石刻　（隋）開皇 17 年　7 枚附 1 枚；約 104cm×45cm	—
695　牛□□鄭□妃造像記　（隋）開皇 18 年 6 月　8 行行 13 字，記左右題名 14 行，1 枚，64cm×52cm。陰：題名 2 段，上段 1 行，下段 14 行，1 枚，63cm×38cm	—
696　郭休墓誌　（隋）仁壽 2 年 8 月 4 日　墓誌：16 行行 16 字（隸書篆書混），1 枚，38cm×38cm。墓誌蓋：大隋處仕郭君墓誌銘，3 行行 3 字（篆書 陽刻），1 枚，40cm×40cm	皆鈐 3cm 見方白文篆書"北京大學研究所傳拓金石之記"印。曾歸北京大學，今存不詳
697　郭休墓誌　（隋）仁壽 2 年 8 月 4 日　墓誌：16 行行 16 字（隸書篆書混），1 枚，38cm×38cm。墓誌蓋：大隋處仕郭君墓誌銘，3 行行 3 字（篆書 陽刻），1 枚，40cm×40cm	依照編例，此條應與 696 條合併
698　大隋皇帝舍利寶塔下銘（鄧州大興國寺）（隋）仁壽 2 年 4 月 8 日　14 行行 13 字，1 枚，圓形徑 56cm	石存開封博物館
699　大隋皇帝舍利寶塔下銘（鄧州大興國寺）（隋）仁壽 2 年 4 月 8 日　14 行行 13 字，1 枚，圓形徑 58cm	依照編例，此條應與 698 條合併
700　蘇慈墓誌　（隋）仁壽 3 年 3 月 7 日　墓誌：大隋使持節大將軍工兵二部尚書司農太府卿太子左右衛率右庶子洪吉江虔饒袁撫七州諸軍事洪州總管安平安公故蘇使君之墓誌銘，37 行行 37 字，1 枚，80cm×83cm	蟬翼拓，鑱跋本。第二行下端鈐"東洋文庫"印。石存陝西蒲城縣博物館
701　蔡夫人張貴男墓誌　（隋）大業 2 年 12 月 29 日　墓誌：隋邯鄲縣令蔡府君故妻張夫人墓誌銘，26 行行 26 字，1 枚，58cm×58cm	實有三枚，其中一枚爲石印本，有楊守敬題跋："隋張夫人貴男墓誌，新出於邯鄲縣，書法精妙，不減丁道護。爲端陶齋所得，石移都城，滬上旋有翻刻，此原拓也。"此拓本闕墓誌最下端三橫行文字，所缺部分的右側一半印在尉富娘墓誌石印本下面而未經裁割。皆鈐"東洋文庫"印。端方舊藏，今佚
702　朱妃造像記　（隋）大業 2 年 7 月 26 日　6 行行 4 字 5 字不等，1 枚，7cm×18cm	
703　甄大伽造像記　（隋）大業 2 年 9 月 3 日　6 行行 3 字 4 字不等，1 枚，15cm×16cm	
704　任軌墓誌　（隋）大業 4 年 2 月 9 日　墓誌：22 行行 23 字（隸書），1 枚，56cm×55cm。墓誌蓋：隋故朝散大夫將作少匠任君墓誌之銘，4 行行 4 字（篆書 陽刻），1 枚，49cm×49cm	實有兩套，一套鈐"河南圖書館藏石"印。石存開封博物館
705　張弌息君卿造像記　（隋）大業 4 年 8 月 15 日　15 行行 4 字，1 枚，5cm×31cm	—
706　范高墓誌　（隋）大業 6 年 4 月 17 日　墓誌：大隋處士故范君墓誌銘，21 行行 21 字（隸書楷書間），1 枚，38cm×37cm	無蓋，鈐"河南圖書館藏石"印。石存河南博物院
707　羊瑋墓誌　（隋）大業 6 年 9 月 15 日　墓誌：隋故朝請大夫右禦衛東陽府鷹揚郎將羊君墓誌，27 行行 27 字，1 枚，47cm×46cm	實有兩枚，其中一枚左右鈐"河南圖書館藏石"印。石存中國國家博物館
708　董穆墓誌　（隋）大業 6 年 11 月 3 日　墓誌：大隋大業六年歲次庚午十一月戊午朔三日庚申襄城郡汝南縣前主簿墓誌，14 行 17 字 20 字不等，1 枚，43cm×45cm	無蓋，鈐"東洋文庫"印。端方舊藏，今佚

續表

《目錄》隋代石刻拓本編目與著錄條文抄錄	筆者經眼備注
709 段模墓誌 （隋）大業 6 年 12 月 5 日 墓誌：周故儀同大將軍府參軍事段君墓誌銘，21 行行 22 字，1 枚，46cm×45cm	無蓋。鈐"財團法人東洋文庫昭和十一年一月廿五日"橢圓形墨文印。石存遼寧省博物館
710 前靜漠將軍甄元希碑殘石 （隋）大業 6 年 碑陽：存 5 行行存 5 字 6 字，1 枚，27cm×27cm	鈐"東洋文庫"印。石存不詳
711 （陳叔毅）修孔子廟碑 （隋）大業 7 年 7 月 2 日 碑陽：（隋）仲孝俊／文，21 行行 47 字（隸書），額貼付共 1 枚，163cm×88cm + 30cm×21cm。碑額：修孔子廟之碑，2 行行 3 字（篆書 陽刻）	實有兩枚，一爲烏金拓，一爲蟬翼拓。皆爲稍舊拓本。石存山東曲阜孔廟漢魏碑刻陳列館
712 蕭瑒墓誌 （隋）大業 8 年 8 月 13 日 墓誌：隋故秘書監左光禄大夫陶丘簡侯蕭君墓誌銘，原 24 行行 24 字，末 2 行分離，北齊崔頠墓誌合拓，1 枚，59cm×53cm	石印本。鈐"東洋文庫"印。石存洛陽博物館
713 姜明墓誌 （隋）大業 9 年 2 月 28 日 墓誌：周上儀同三司岐山縣開國侯姜君墓誌銘，25 行行 25 字，1 枚，51cm×51cm	鈐"東洋文庫"印。石存河南博物院
714 姜明墓誌 （隋）大業 9 年 2 月 28 日 墓誌：周上儀同三司岐山縣開國侯姜君墓誌銘，25 行行 25 字，1 枚，51cm×51cm	依照編例，此條應與 713 條合併
715 張盈墓誌 （隋）大業 9 年 3 月 10 日 墓誌：隋故朝散大夫張府君墓誌銘，24 行行 24 字，1 枚，55cm×54cm。墓誌蓋：隋朝散大夫張府君志，3 行行 3 字（篆書 陽刻），1 枚，45cm×45cm	實有兩套，一套鈐"河南圖書館藏石"印。石存開封博物院
716 張盈夫人蕭鋹性墓誌 （隋）大業 9 年 3 月 10 日 墓：隋故朝散大夫張府君夫人蕭氏墓誌銘，24 行行 24 字，1 枚，53cm×54cm。墓誌蓋：隋朝散張盈妻蕭氏志，3 行行 3 字（篆書 陽刻），40cm×40cm（墓誌貼付）	實有兩套，一套鈐"河南圖書館藏石"印。石存開封博物院
717 豆盧寔墓誌 （隋）大業 9 年 10 月 3 日 墓誌：大隋故金紫光禄大夫豆盧公墓誌銘，39 行行 40 字（隸書），1 枚，72cm×72cm。墓誌蓋：大隋故金紫光禄大夫豆盧公墓誌之銘，4 行行 4 字（篆書 陽刻），1 枚，59cm×59cm	實有兩套，一套鈐"河南圖書館藏石"印。石存開封博物館
718 趙朗並夫人孫氏墓誌 （隋）大業 9 年 10 月 15 日 墓誌：隋故偏將軍北海縣令趙君墓誌銘，25 行行 26 字（隸書），1 枚，49cm×48cm。墓誌蓋：隋故北海縣令趙君銘，3 行行 3 字（篆書 陽刻），1 枚，38cm×36cm	皆鈐"河南圖書館藏石"印。石存開封博物館
719 宋仲墓誌 （隋）大業 9 年 12 月 16 日 墓誌：25 行行 25 字（隸書篆書混），1 枚，44cm×44cm	志石左上角已斷，鈐"河南圖書館藏石"印。石存開封博物館
720 蕭瑾墓誌 （隋）大業 9 年 12 月 28 日 墓誌：大隋故榮陽郡新鄭縣令蕭明府墓誌銘，30 行行 30 字（隸書篆書混），1 枚，55cm×54cm	無蓋，鈐"河南圖書館藏石"印。石存開封博物館
721 唐該並夫人蘇洪姿墓誌 （隋）大業 11 年 2 月 21 日 墓誌：24 行行 25 字（隸書），1 枚，43cm×42cm。墓誌蓋：大隋帥都督故唐君故蘇夫人墓誌銘，3 行行 5 字（篆書 陽刻），1 枚，35cm×35cm	皆鈐"財團法人東洋文庫昭和十一年一月廿五日 103287"橢圓形墨文印。曾歸羅振玉，今存遼寧省博物館
722 張波墓誌 （隋）大業 11 年 3 月 22 日 墓誌：隋故張君墓誌銘，16 行行 16 字，1 枚，33cm×34cm。墓誌蓋：隋故墓銘，2 行行 2 字（篆書 陽刻），1 枚，25cm×25cm	實有兩套，一套鈐"河南圖書館藏石"印。石存開封博物館
723 尉富娘墓誌 （隋）大業 11 年 5 月 17 日 墓誌：大隋左武衛大將軍吴公李氏女墓誌文，23 行行 24 字，1 枚，44cm×44cm	石印本，有楊守敬題跋："此尉富娘墓誌，同治初出土，近日市上只見摹本，此據香山甘氏拓本。"鈐"東洋文庫"印，拓本下方連接大業二年張貴男墓誌最下三行而未及裁割。曾歸周夢坡，今存上海博物館
724 元智墓誌 （隋）大業 11 年 8 月 24 日 墓誌：大隋故朝請大夫夷陵郡太守太僕卿元公之墓誌銘，37 行行 37 字，1 枚，58cm×58cm	石印本，有楊守敬題跋曰："此元公墓志，道光間出土，陽湖陸水攜之藏其家，庚申之亂爲兵所碎，此據香山甘氏拓本。"殘石今存故宮博物院

續表

《目録》隋代石刻拓本編目與著録條文抄録	筆者經眼備注
725 元智夫人姬氏墓誌 （隋）大業 11 年 8 月 24 日 墓誌：大隋故太僕卿夫人姬氏之志／[歐陽詢／文並書]，27 行行 27 字，1 枚，49cm×49cm	石印本，有楊守敬題跋"此姬氏墓誌與元公同時出，並爲陸氏所得，咸豐庚申亦碎於兵"。墓誌左下角鎸刻篆書"星吾所藏金石文字"方形朱文印。拓本下部連接張貴男墓誌最下三橫行之左半部分，適可與尉富娘墓誌石印本下連接的張貴男墓誌下部三橫行之右半部分相銜接。殘石今存故宫博物院
726 楊厲墓誌 （隋）大業 12 年 7 月 18 日 墓誌：大隋滕王故長子墓誌之銘，22 行行 22 字，1 枚，47cm×47cm	鈐"財團法人東洋文庫昭和十一年一月廿五日 103287"橢圓形墨文印。曾歸陶蘭泉，今存遼寧省博物館
727 季子[賫]等造像記（龍門） （隋）大業 12 年 4 月 25 日 9 行行 7 字，1 枚，14cm×29cm	《龍門區系石刻文萃》題作"李子賫造像記"①
728 （佛説）寶梁經沙門品第一比丘品第二 （隋）大業年間？ 碑陽：90 行行 36 字，1 枚，59cm×141cm	
729 （佛説）寶梁經沙門品第一比丘品第二 （隋）大業年間？ 碑陽：90 行行 36 字，1 枚，58cm×141cm	依照編例，此條應與 728 條合併
730 （佛説）寶梁經沙門品第一比丘品第二 （隋）大業年間？ 碑陽：90 行行 36 字，1 枚，58cm×138cm	依照編例，此條應與 728 條合併
731 維摩詰所説經佛國品第一殘石（房山？） （隋）？ 存 16 行行存 16 字 17 字（原 120 字？），1 枚，38cm×36cm	—
732 張平吳等造像記 （隋）附 存 6 行行 9 字，題名 2 段各存 5 行，1 枚，21cm×23cm	—

案：《東洋文庫所藏中國石刻拓本目録》所收拓本總計 2933 種，從對上表的梳理可以看出，《目録》所列隋代石刻拓本雖有 60 種（673—732），但若除去名目相同而重複編號者，實有 54 種，計有碑 2，墓誌 31，造像記 17，佛經刻石拓本 2，舍利塔銘 1，佛像石刻拓本 1。究其原因，是有的拓本分别爲册頁裱本和整紙拓本，如龍藏寺碑；有的拓本有複本却分别著録爲 2 種，如大業九年姜明墓誌；但也有的有複本而没有統計到《目録》中，如大業二年張貴男墓誌拓本在目録中爲 1 枚，實際有 3 枚，因此整個《目録》的數據嚴格來說是不精確的，譬如 517 號北齊天保九年皇甫琳墓誌著録有墓誌與墓誌蓋各 1 枚，而 518 號又著録有皇甫琳墓誌 1 枚而没有墓誌蓋，實際它們應歸爲一種。

《目録》的另一個問題是所收不盡爲石刻拓本，有少量石印本也摻雜其中，而這些石印本是不屬於石刻拓本的，應該視爲印刷品而予以剔除。如大業二年張貴男墓誌有 3 枚，其中 1 枚是石印本，而且是殘缺本，尺寸也稍大於原石拓本。

---

① 張乃翥輯：《龍門區系石刻文萃》，北京：國家圖書館出版社，2011 年，第 37 頁。

再次，《目録》要素没有對拓本中的題跋者、題跋内容和所鈐印鑒乃至原石所在等做釋文及説明，影響了對拓本文獻價值的揭示。如開皇十五年鞏賓墓誌鈐有清末金石學家端方的"陶齋所藏金石刻辭"印，仁壽四年郭休墓誌鈐有"北京大學研究所傳拓金石之記"印，開皇十二年僧璨塔磚記有鄭成功後裔鄭文焯題跋，還有一些拓本鈐有"河南圖書館藏石"印，等等，都是很重要的信息，而且可以瞭解拓本的來源與遞藏，如20世紀20年代前後從當時設在開封的河南圖書館流出的洛陽出土北朝隋唐墓誌拓本，乃是東洋文庫收藏較爲集中的一類。

此次調研，除主要針對隋代石刻拓本外，還借機流覽了個别感興趣的拓本，譬如後秦弘始四年吕憲墓表拓本，因爲吕憲墓表與收藏在西安碑林的吕他墓表爲同時同地下葬的一對同胞兄弟，且是存世僅見的兩種後秦時代的刻石，文物價值極爲珍稀。東洋文庫所藏吕憲墓表拓本兩種皆是端方陶齋舊藏，皆鈐2.5釐米見方"陶齋所藏金石刻辭記"印，又鈐有2.8釐米見方"小田切富卿"印，以及"東洋文庫"長方形印和"財團法人東洋文庫昭和十一年十二月卅一日107446"橢圓形印。可知此本端方舊物，轉歸當時日本駐上海領事館領事小田切富卿篋中，小田帶回日本後於1936年庋藏東洋文庫。又見所藏唐代大雁塔東西南三面石門楣綫刻畫拓本，竟是1915年日本人田中直（柳江）手拓本，後贈予東洋文庫，拓本有朱筆題跋"長安大慈恩寺雁塔西門桄上所刻，大正乙卯八月田中直照拓"，"田中直相贈"，並鈐"柳江"二篆字長方形朱文印。這些都應該是很有文物與文獻價值的拓本。

附記：

此次赴日考察，除却以東洋文庫爲主要對象，也抽暇訪問和調查了幾家收藏中國石刻拓本的重要機構及其藏拓情況，如京都大學人文科學研究所、龍谷大學圖書館和淑德大學等。其中京都大學人文科學研究所收藏最富，主要是桑原氏與内藤氏家族的舊藏，僅以截至20世紀80年代整理完成的部分拓本目録爲據，就有隋代石刻拓本126種（含墓誌拓本59種）。所惜近三十年來，京都大學人文科學研究所收藏的石刻拓本一直再未有學者接續進行整理，故仍有大量百年舊拓擱置在庫房，未知何時方能爲學界所利用[1]。龍谷大學收藏的特點是皆爲與佛教有關的石刻拓本，主要來自大谷光

---

[1] 網絡上已有《京都大學人文科學研究所所藏石刻拓本資料》電子數據庫可資共享。另有《日本京都大學藏中國歷代碑刻文字拓本》（全10卷），烏魯木齊：新疆美術攝影出版社，2016年。但網絡電子品與紙媒出版品均非其所藏之全部。

瑞探險隊以及高雄義堅和上的收集[①]。淑德大學所藏隋代石刻拓本數量亦爲數不少，計有碑 33 種（含無年份 5 種），墓誌 65 種，磚銘 2 種，買地券 1 種，造像 82 種（含無年份 6 種），晚清趙烈文天放樓藏隋代石刻拓本 19 種[②]。

2017 年 5 月於西安城南繫日山房

---

① 參詳《龍谷大學圖書館藏故高雄義堅和上收集金石文拓本目録》，昭和 59 年（1984 年）8 月。
② 參詳《淑德大學書學文化セタ一ー藏中國石刻拓本目録》，平成 28 年（2016 年）4 月。

《鄎國長公主神道碑銘（並序）》考釋

郭海文　遠　陽　李　燉

引　言

鄎國長公主是唐睿宗的第七女，但在《新唐書·諸帝公主》的記載中却只有寥寥數語："鄎國公主，崔貴妃所生。三歲而妃薨，哭泣不食三日，如成人。始封荆山。下嫁薛儆，又嫁鄭孝義。開元初，封邑至千四百户。"[①]

鄎國公主墓，在陝西省蒲城縣坡頭鎮東賈村東一里處，封土高約六米。底圍直徑約三十二米，周圍爲耕地，地勢北高南低，呈傾斜狀。墓南有神道碑一座，開元十三年四月刻，《鄎國長公主神道碑銘》一直存在於此，其存在揭開了籠罩在這個大唐公主身上的神秘面紗，讓我們得以探尋她輝煌但又坎坷的人生。目前學術界關於鄎國長公主相關的研究論文主要有六篇[②]。

《鄎國長公主神道碑》碑文系尚書左丞相燕國公"張説撰文，唐玄宗（李隆基）隸書。碑高一丈一尺六寸，廣六尺一寸四分，二十三行，行五十二字。字多漫漶"[③]。張

作者簡介：郭海文（1966—），陝西師範大學歷史文化學院教授；遠陽，陝西師範大學歷史文化學院研究生；李燉，陝西師範大學國際長安學研究院專職編輯。

① （宋）歐陽修：《新唐書》卷八三《諸帝公主》，北京：中華書局，1975年，第3656頁。
② （1）郭海文：《試論唐代公主改嫁的原因》，《河南師範大學學報》（哲學社會科學版）2011年第1期；（2）蒙曼：《公主婚姻與武周以後的政局》，《中國典籍與文化》2002年第4期；（3）郭海文：《唐代公主結縭年齡考——以墓志爲中心》，《碑林集刊》第十九輯，西安：三秦出版社，2013年；（4）李娜：《唐代公主再嫁現象考釋》，《中華文化論壇》2009年第2期；（5）孫麗麗：《唐代公主生活研究》，陝西師範大學碩士學位論文，2007年；（6）常春：《唐代公主書法藝術管窺》，《陝西師範大學學報》（哲學社會科學版）2013年第3期。
③ 李慧主編：《陝西石刻文獻目録集存》，西安：三秦出版社，1990年，第82頁。

説《張説集校注》卷二一録有此文，此外，周紹良先生主編的《全唐文新編》卷二三〇①及王昶輯《金石萃編》卷七五②亦有此銘文的收録。現以《張説集校注》本爲底本，與其餘二者進行對校，將碑銘摘録於此。

鄎國長公主神道碑銘（並序）

張説

臣聞，堯有娥英，致③九族之敦序④；舜有宵⑤燭，動百里之光耀⑥。大聖之後，天必縱之；積善之家，神所慶矣。豈惟⑦上帝之女，雲漢爲靈，平王之孫，肅雍⑧其德，連華前志，世⑨有其人。皇唐鄎國長公主者，睿宗之第七女也，母曰崔貴妃。構累聖而成門，合濟美而爲室，藴乾坤之純粹，演日月之清明。神媛誕靈，常言所絶，免懷之歲，天奪聖善，不食三日，哀比成人，文母流胎教之慈，曾子得生知之孝；由是宫闈延矚，邦國遠聞。及乎⑩玉笄耀首，油駢⑪在馭，錫之美地，邑以荆山，求之令族，嬪於薛氏。爾其居玩圖史，動修⑫法度，服其澣⑬濯，恭儉之教興；鼓其琴瑟⑭，敬讓之風被。其行己也，安親惠下之謂仁，敬宗合好⑮之謂義，降貴接卑之謂禮，恕情周物之謂智，推心而行，罔不該備。其理家也，侍饌⑯饔餗之均和，主饋醴酏之品齊，絲竹五⑰音之徽靡，纂組九華之縟麗，經目所涉，莫⑱不精詣。每至三元上賀，五日中參，進對詳華，折旋舒婉。故以式瞻貴里，儀範通門，如千花之泛⑲惠風，百草⑳之涵膏露。窈窕

---

① 周紹良主編：《全唐文新編》卷二三〇，長春：吉林文史出版社，2000年，第2603—2604頁。
② （清）王昶輯：《金石萃編》卷七五，江蘇：江蘇古籍出版社，1998年，第516—517頁。
③ 周本爲"承"。
④ 王本爲"敘"。
⑤ 王本爲"宵"。
⑥ 王本爲"曜"。
⑦ 王本爲"唯"。
⑧ 王本爲"邕"。
⑨ 周本、王本均爲"代"。
⑩ 王本此處缺"及乎"二字。
⑪ 周本、王本均爲"輧"。
⑫ 王本爲"循"。
⑬ 王本爲"浣"。
⑭ 王本此處爲"瑟琴"。
⑮ 王本此處爲"好合"。
⑯ 周本、王本均爲"視膳"。
⑰ 周本、王本均爲"七"。
⑱ 周本爲"罔"，王本爲"網"。
⑲ 周本爲"汎"。
⑳ 周本、王本均爲"卉"。

之儀①克舉，蕃②衍之福大來，有男子四，女子五，瑶碧生階，芝蘭滿室③也。習禮明詩，日漸庭闈④之訓；銀章艾綬，地連恩澤之侯。自先朝徹膳之辰，迄今⑤公主成筓之日，外降⑥過制，内疾⑦余哀，手寫金字梵經三部，躬繡彩線佛像⑧二鋪。貝葉真偈，現心相於銀鉤；蓮花妙容，呈意生於玉指。孝思惟則，道遠乎哉。開元繼明，推恩由己，進封鄎國長公主，食邑一千一⑨百户。田賦廣而彌儉，禮秩尊而益恭。其後君子晨歌，夫人晝哭，未亡爲稱，生意盡矣。撫視遺孤，將守柏舟之誓；志期⑩剃落，永從奈苑之游。朝制斷恩，改降鄭氏。陵谷可移⑪，隋⑫和之德不昧；寒暑有遷，松筠⑬之性如一。均養七子，麻蔭二宗，汾陰之室忘亡，榮陽之党相慶。既而善福虚應，寝疾彌留，盡國醫之伎⑭，遠方畢至；供禦府之藥，中使相望，命之必至，不可支也。堂邑山林，忽焉瘁色；平陽歌舞，適足愁人。開元十三年二月庚午，薨於河南縣之修業⑮里，春秋三十⑯有七。震悼紫庭，哀傷朱邸，傾家若墜，舉國同悲。有詔光禄卿孟温禮⑰監護喪葬，京兆⑱尹能⑲延休副焉。窀穸之禮，一如涼國長公主故事。夏四月，恩旨陪葬於橋陵，不祔，不從古之道也。皇上念同氣之致⑳美，感閲川之永謝，恨棠㉑華之半缺，悲瑶草之先化，乃命國史，昭銘懿迹，降恩禮於雲露，寫哀詞於金石。水非湘渚，還

---

① 周本、王本均爲"宜"。
② 周本、王本均爲"繁"。
③ 周本、王本此處均多一"者"字。
④ 王本爲"閨庭"。
⑤ 周本、王本此處均少一"今"字。
⑥ 周本、王本此處均爲"除"。
⑦ 王本爲"疢"。
⑧ 王本爲"象"。
⑨ 周本、王本均爲"四"。
⑩ 周本、王本均爲"祈"。
⑪ 王本爲"易"。
⑫ 王本爲"隨"。
⑬ 周本、王本均爲"竹"。
⑭ 周本爲"技"。
⑮ 王本爲"榮"。
⑯ 王本爲"卅"。
⑰ 王本此處爲"孟德"。
⑱ 王本此處多一"少"字。
⑲ 周本爲"馮"。
⑳ 王本爲"懿"。
㉑ 王本爲"棣"。

起帝子之祠①；山是洛陽，即封天妹之塚②。銘曰：

　　帝系白雲，仙③源紫氣。漲家成國，承天祚④貴。赫赫聖祖，曰文曰武。皇皇睿宗，一變萬邦。挺生淑媛，慈和孝恭。清臚如神，蛾⑤眉無雙。邸⑥第立官，湯沐建封。爰⑦及笄總，禮施環佩。鳴鳳獻祥，乘龍擇對。帝唐降女，天乙歸妹。珠玉過庭，蘋蘩正内。蛟門早聞，龍湖忽上。無地何載，無天何仰。金殿⑧書經，華絲繡像。欲報之德，昊天罔⑨極。孰是言歸，良人永違。銀爐煙斷，羅幕霜飛。懇願毁形，托⑩身壞衣。不諒人只，改嬪他士。稟命曰從，從人曰順。息嬀繩楚，懷嬴羈⑪晉。反經合權，與道同韻⑫。燠休二室，均歡等潤。四海謐清，九族和平。萬物向榮，眾雛未成。心戀盛明，形隨落英。祖載鼎城，歸㐸⑬咸京。挽歌揚⑭聲，鹵簿凶行。哀哀聖情，惻惻同生，橋山片石，千秋令名。⑮

一、生平簡考

據碑銘記載："開元十三年二月庚午，薨於河南縣之修業里，春秋三十有七。"開元十三年爲公元 725 年，公主三十七歲去世，可知公主出生於公元 689 年，爲則天順聖皇后載初元年。

（一）鄎國長公主的父系與母系情況

像所有的碑銘一樣，碑文的開題一般都是一些溢美之詞，記錄的都是碑主的家世

---

① 王本爲"詞"。
② 王本爲"塚"。
③ 周本、周本均爲"仟"。
④ 周本、王本均爲"作"。
⑤ 周本、王本均爲"娥"。
⑥ 王本爲"邱"。
⑦ 王本爲"年"。
⑧ 周本、王本均爲"殿"。
⑨ 王本爲"網"。
⑩ 周本、王本均爲"託"。
⑪ 周本、王本均爲"霸"。
⑫ 王本爲"韻"。
⑬ 周本、王本均爲"窆"。
⑭ 周本、王本均爲"歇"。
⑮ 《鄎國長公主神道碑銘（並序）》，張說：《張說集校注》卷二一，北京：中華書局，2013 年，第 1014 頁。

背景、生平等。鄎國長公主的碑銘與此一樣，和唐代碑銘的記錄形式沒有太大差異。《鄎國長公主神道碑銘（並序）》記載，"皇唐鄎國長公主者，睿宗之第七女也，母曰崔貴妃。"從中可看出：

父親：公主的父親爲唐睿宗。"睿宗玄真大聖大興孝皇帝諱旦，高宗第八子也"①。可知鄎國長公主爲高宗與武則天之孫女，睿宗之女，玄宗李隆基同父異母的妹妹。

母親：公主的母親爲崔貴妃。但"免懷之歲，天奪聖善，不食三日，哀比成人"，所以可知公主三歲時崔貴妃去世，但《舊唐書》和《新唐書》中對崔貴妃皆無明確記載。據《舊唐書·後妃上》記載："唐因隋制，皇后之下，有貴妃、淑妃、德妃、賢妃各一人，爲夫人，正一品。"②但唐睿宗時，另有一位明確記載的豆盧貴妃，妃，所以崔氏的貴妃封號很可能是死後追封的。

兄長：因爲崔貴妃在《舊唐書》和《新唐書》中均無記載，查閱新、舊《唐書》中睿宗有記載的子女，只有惠文太子李範生母記載爲崔孺人，考古發現睿宗唐孺人與崔孺人墓，但崔孺人墓誌銘卻缺失③，所以崔孺人與鄎國長公主之母崔貴妃是否爲同一一人已無處可考，更無從得知鄎國長公主是否有同母兄弟姐妹。後其異母兄長李隆基後來繼承皇位，是爲唐玄宗。

（二）品行才華

碑銘記載："構累聖而成門，合濟美而爲室，蘊乾坤之純粹，演日月之清明。神媛誕靈，常言所絕，免懷之歲，天奪聖善，不食三日，哀比成人，文母流胎教之慈，曾子得生知之孝；由是宮闈延矚，邦國遠聞。"雖可能有些溢美之詞，但仍可見鄎國長公主的品行和才華均爲上乘。

1. 公主的品行仁禮恭敬，恪守孝道

碑銘記載："爾其居玩圖史，動修法度，服其澣濯，恭儉之教興；鼓其琴瑟，敬讓之風被。其行己也，安親惠下之謂仁，敬宗合好之謂義，降貴接卑之謂禮，恕情周物之謂智，推心而行，罔不該備。其理家也，侍饌饔餗之均和，主饋醴醻之品齊，絲竹五音之徽靡，纂組九華之縟麗，經目所涉，莫不精詣。"這是對公主的一個總的評價。具體可分爲四點：

---

① （宋）歐陽修：《新唐書》卷五《睿宗玄宗》，北京：中華書局，1975年，第115頁。
② （後晉）劉昫：《舊唐書》卷五一《後妃上》，北京：中華書局，1975年，第2161頁。
③ 史家珍，吳業恒，朱磊：《唐安國相王孺人唐氏、崔氏墓發掘簡報》，《中原文物》2005年第6期，第32頁。

（1）鄎國長公主孝著閨門

鄎國長公主對父母的孝仁之心，在史料中也有提及。《新唐書·諸帝公主》記載："鄎國公主，崔貴妃所生。三歲而妃薨，哭泣不食三日，如成人。"①崔貴妃去世時，鄎國長公主年僅三歲，却如同成人般哭泣絶食三日，足見公主之孝。

（2）鄎國長公主爲人仁善有禮

前文已經講到，鄎國長公主擁有高貴的出身，但公主並没有因此驕横，而是嚴格遵守禮法，據碑銘記載鄎國長公主"安親惠下"，"降貴接卑"，由此可知公主爲人仁善守禮。

（3）鄎國長公主爲人勤儉節約，處事周到

碑銘記載公主"服其澣濯"。據《新唐書·食貨二》記載："是時，因德宗府庫之積，頗約費用，天子身服澣濯。"②"澣濯"指洗過多次的衣服，舊衣。身爲公主，却身著舊衣，足見公主爲人勤儉節約。碑銘又載公主"恕情周物之謂智，推心而行，罔不該備"，由此可見公主心思細密，處事周到。

（4）鄎國長公主持家有道

碑銘記載公主"其理家也，侍饍饔飱之均和，主饋醴酏之品齊，絲竹五音之徽靡，篆組九華之縟麗，經目所涉，莫不精詣"，公主在安排家庭各項事務時均井井有條，可見公主持家有道。

碑銘除了記載鄎國長公主美好的品性以外，還記載了公主在藝術上和文學上非凡的造詣。

2. 公主在文學和藝術上的才華

《禮記·内則》有這樣的記載："女子十年不出，姆教婉娩聽從；執麻枲、治絲繭、織紝組紃，學女事以共（供）衣服。觀於祭祀、納酒漿、籩豆、菹醢，禮相助奠。"③唐代是一個相當注重文化教育的朝代，上自統治階級，下至黎民百姓，都把教育放在相當重要的位置，認爲教育可以興邦立業。而皇室更是注意對王子的教育。相對於普通老百姓而言，皇室成員具有更爲優越的受教育條件④。在唐代，太子與諸王都有專人負責教育，因爲貴爲公主，所以鄎國長公主很小就受到良好的教育。碑銘中記載"爾其居玩圖史"，"絲竹五音之徽靡，篆組九華之縟麗，經目所涉，莫不精

---

① （宋）歐陽修：《新唐書》卷八三《諸帝公主》，北京：中華書局，1975年，第3656頁。
② （宋）歐陽修：《新唐書》卷五二《食貨二》，北京：中華書局，1975年，第1359頁。
③ （清）孫希旦撰，沈嘯寰點校：《禮記集解》，北京：中華書局，1989年，第772—773頁。
④ 郭海文、趙文朵：《〈唐安公主墓誌〉考釋》，《碑林集刊》第二十一輯，西安：三秦出版社，2015年，第82頁。

詣";"自先朝徹宸之辰,迄今公主成笄之日,外降過制,内疾餘哀,手寫金字梵經三部,躬繡彩線佛像二鋪。貝葉真偈,現心相於銀鉤;蓮花妙容,呈意生於玉指"。這就可以看出四點:第一,公主文學造詣深厚,精通圖史;第二,公主通曉音律;第三,公主了悟佛經;第四,公主精於女紅。

(三) 册封與食邑

據碑銘記載:"及乎玉笄耀首,油駢在馭,錫之美地,邑以荆山。"由此可知公主是在及笄之時册封爲荆山縣主。根據《全唐文》卷六四七《李愬妻韋氏封魏國夫人制》:"涼國公李愬妻韋氏,德宗皇帝之外孫也。笄年事愬,克有令儀,天蔭雖高,猶執婦道。"①《釋名疏證補》曰:"笄,繫也。所以繫冠使不墜也。"畢沅曰:"士冠禮有皮弁笄、爵弁笄。"鄭注:"笄,今之簪也。"②即指用簪子來插住挽起的頭髮,以示女子成年。《禮記·内則》:"十有五而笄。"鄭玄注:"謂應年許嫁者,女子許嫁,笄而字之。其未許嫁,二十則笄。"③同時,《儀禮·士昏禮》稱:"女子許嫁,笄而禮之,稱字。"④可見,古代笄禮的時間特指的是在女子年滿十五歲的時候。所以鄖國長公主册封爲荆山縣主時是 15 歲。通過前文可知公主出生於公元 689 年,故公主 15 歲時爲公元 704 年,即武則天長安四年,此時唐睿宗身份爲相王,據《舊唐書·職官二》:"凡外命婦之制,皇之姑,封大長公主,皇姊妹,封長公主,皇女,封公主,皆視正一品。皇太子之女,封郡主,視從一品。王之女,封縣主,視正二品。"⑤相王之女可封爲縣主,所以鄖國長公主初封荆山縣主。

唐代公主的封號通常可分爲三種,宋仁宗時王宗道、王洙等檢討前代封爵典故言:"唐制封公主,有以國名,有以郡名,有以美名者。"⑥荆山即郡名。荆山縣屬山南東道之襄州,治今湖北南漳縣西。據《舊唐書·地理二》載:"南漳:漢臨沮縣,屬南郡。晋立上黄縣,後魏改爲重陽縣,隋改爲南漳。武德二年,分南漳置荆山縣。又於縣治西一百五里置重州,領荆山、重陽、平陽、渠陽、土門、歸義六縣。七年,省渠陽入荆山,省平陽入重陽,又省土門、歸義二縣併房州之永清。貞觀元年,廢重

---

① (清)董誥:《全唐文》卷六四七元稹《李愬妻韋氏封魏國夫人制》,北京:中華書局,1983 年,第 6554 頁。
② (東漢)劉熙撰,(清)畢沅疏證,(清)王先謙補:《釋名疏證補》卷四《釋首飾第十五》,北京:中華書局,2008 年,第 154 頁。
③ 《禮記正義》卷二八《内則》,《十三經注疏整理本》,北京:北京大學出版社,2000 年,第 1014 頁。
④ 《儀禮注疏》卷六《士昏禮》,《十三經注疏整理本》,北京:北京大學出版社,2000 年,第 109 頁。
⑤ (後晋)劉昫:《舊唐書》卷四三《職官二》,北京:中華書局,1975 年,第 1821 頁。
⑥ 《續資治通鑑長編》卷一二四,宋仁宗寶元二年九月己亥條,中華書局,1985 年,第 2924 頁。

州,以荊山屬襄州。移重陽入州城,改屬遷州。八年,省重陽入荊山。開元十八年,省荊山,移治於南漳故城,乃改爲南漳。"①這即是荊山縣主封號之來源。

及至玄宗即位,"開元繼明,推恩由己,進封鄎國長公主,食邑一千一百户"。前文已提到唐代規定:"凡外命婦之制,皇之姑,封大長公主,皇姊妹,封長公主,皇女,封公主,皆視正一品。"②荊山縣主因是玄宗的妹妹而進封爲鄎國長公主。此是以國名爲封號。息(鄎)國是西周至春秋初期的姬姓諸侯國。息國故城位於今河南息縣城西南6千米的青龍寺一帶,春秋初期爲楚文王所滅,其地被楚國設置爲縣。③

關於鄎國長公主的食邑,唐代食封制度經歷了一個發展變化的過程,封户也隨之有變。唐代初年"公主三百户,長公主加三百户,有至六百户"④。高宗以後,以太平公主故,公主恃寵,不斷逾越定制。玄宗即位,開始整肅食封,開元初年,重新確定封户數,"皇妹爲公主者,食封一千户,中宗女亦同。其後,皇子封王者賜封二千户,皇女爲公主者賜封五百户"⑤。但到了開元後期,咸宜公主得寵,"咸宜賜湯沐,以母惠妃封至一千户,諸皇女爲公主者,例加至一千户。其封自開元已來,皆約以三千爲限"⑥。鄎國長公主進封是在開元初年,按例應食封一千户。而據《鄎國長公主神道碑銘(並序)》記載"開元繼明,推恩由己,進封鄎國長公主,食邑一千一百户"。《全唐文》則記載:"開元繼明,推恩由己,進封鄎國長公主,食邑一千四百户。"《新唐書·諸帝公主》記載:"鄎國公主,崔貴妃所生……開元初,封邑至千四百户。"後兩者與前者之間存在差異,且這三條記載又都與"皇妹爲公主者,食封一千户"的規定不符。對比同期的公主碑銘,《代國長公主碑》記載"錫之美邑,食封一千四百户,置邑官焉";《大唐故金仙長公主(無上道)志石銘並序》也記載"暨主上嗣升大寶,仁先友愛,進封長公主,加實賦一千四百户焉",由此可以推測玄宗初期的長公主食封應爲一千四百户,所以鄎國長公主的食封應以《新唐書》的記載爲准,爲一千四百户。

---

① (後晉)劉昫:《舊唐書》卷三九《地理二》,北京:中華書局,1975年,第1550—1551頁。
② (後晉)劉昫:《舊唐書》卷四三《職官二》,北京:中華書局,1975年,第1821頁。
③ 閆孟蓮:《息國歷史與地理論考》,《信陽師範學院學報》(哲學社會科學版)2010年第1期,第93—95頁。
④ (後晉)劉昫:《舊唐書》卷一〇七《玄宗諸子》,北京:中華書局,1975年,第3267頁。
⑤ (後晉)劉昫:《舊唐書》卷一〇七《玄宗諸子》,北京:中華書局,1975年,第3267頁。
⑥ (後晉)劉昫:《舊唐書》卷一〇七《玄宗諸子》,北京:中華書局,1975年,第3267頁。

二、婚 姻 情 況

據《新唐書·諸帝公主》記載:"下嫁薛儆,又嫁鄭孝義。"①可知公主曾有過兩段婚姻,分別是與薛儆和鄭孝義。

(一)求之令族,嬪于薛氏

據碑銘記載:"及乎玉笄耀首,油軿在馭,錫之美地,邑以荆山,求之令族,嬪於薛氏",由此可知公主是在及笄之時嫁與薛儆,上文已說過古代笄禮的時間特指的是在女子年滿十五歲的時候,所以鄎國長公主嫁給薛儆時是 15 歲。公主 15 歲時被封爲荆山縣主,而《唐銀青光禄大夫駙馬都尉上柱國汾陰郡開國公贈兗州都督薛君(儆)墓誌銘並序》中記載薛儆"迺尚荆山縣主"②,身份與時間點符合,所以鄎國長公主出嫁時應爲 15 歲。至於"求之令族"則可知公主的擇偶標準是挑選名門世族中合適的人。

鄎國長公主的駙馬薛儆在《新唐書》與《舊唐書》中均沒有傳記,但在《全唐文補遺》第七輯中有其墓誌銘收録,即《唐銀青光禄大夫駙馬都尉上柱國汾陰郡開國公贈兗州都督薛君(儆)墓誌銘並序》③,較爲詳細地記載了薛儆的生平經歷。

駙馬的墓誌中講到:"君諱儆,別名縝,軒轅之裔也。……曾大父德,充廬奴侯,相州刺史。祖懷安,贈慶州刺史。皇考瑊,贈絳州刺史。公即季子也。駙馬都尉瓘之侄,駙馬都尉紹之弟,淄川郡王之外孫,睿宗皇帝之子婿。"④據此可知駙馬的家世顯赫。薛儆是薛瓘的侄子,薛紹的堂弟。薛紹與薛儆的曾祖父就是薛德元,爲廬奴侯,相州刺史;薛德元有長子薛懷昱(司衛卿、絳衛二州刺史、河東縣侯),次子薛懷安(慶州刺史,絳州刺史);薛懷昱的兒子是薛瓘,孫子是薛紹,而薛懷安的孫子就是薛儆。薛瓘(奉宸將軍)娶唐太宗與長孫皇后之女城陽公主爲妻,生薛顗、薛緒、薛紹;幼子薛紹(散騎常侍、右武衛將軍、平陽縣子)又以唐高宗的嫡女太平公主爲妻,生二子二女;而薛儆本人又尚唐睿宗之女鄎國公主爲妻,成爲了睿宗皇帝的女

---

① (宋)歐陽修:《新唐書》卷八三《諸帝公主》,北京:中華書局,1975 年,第 3656 頁。
② 《唐銀青光禄大夫駙馬都尉上柱國汾陰郡開國公贈兗州都督薛君(儆)墓誌銘並序》,吴鋼主編:《全唐文補遺》第 7 輯,西安:三秦出版社,2000 年,第 37 頁。
③ 《唐銀青光禄大夫駙馬都尉上柱國汾陰郡開國公贈兗州都督薛君(儆)墓誌銘並序》,吴鋼主編:《全唐文補遺》第 7 輯,西安:三秦出版社,2000 年,第 37 頁。
④ 《唐銀青光禄大夫駙馬都尉上柱國汾陰郡開國公贈兗州都督薛君(儆)墓誌銘並序》,吴鋼主編:《全唐文補遺》第 7 輯,西安:三秦出版社,2000 年,第 37 頁。

婿,足見其家世顯赫。所以,薛儆爲薛紹之堂弟,但兄弟二人却分別娶了姑侄二人。

據《唐銀青光禄大夫駙馬都尉上柱國汾陰郡開國公贈兗州都督薛君(儆)墓誌銘并序》記載:薛儆"開元八年十二月七日,春秋卌二,薨于安業里"①,可知薛儆出生於公元678年。薛儆是通過科舉考試進入仕途的("甲科升焉")。初時僅是"補安國府典簽,轉法曹"。法曹,即法曹參軍事,掌法律,督盗賊,知鞠獄,只是從七品下的小官。但其中"安國府"應爲"安國相王府",此時爲武則天在位時期,"安國相王府"即李旦的府邸,所以薛儆爲官之途是由相王府起步的。在這裏,他應該與之後的兩任皇帝睿宗和玄宗維持了良好的關係,這也會是他之後可以"尚荆山縣主"的一個重要因素。

薛儆任汾州司兵時,還應在武則天時代,墓誌僅記爲"霓氛生妖,龍躍將墜",但不知具體年代。司兵爲州内掌武官選及兵甲、門禁、烽候的地方官,與法曹一樣也是品級較低的官。到薛儆"尚荆山縣主"後,其官職升爲朝散大夫、秘書郎、太常丞,前者爲從五品下的文階官,秘書省郎則分掌四部書,秩從六品,太常丞爲從五品官。此時公主剛及笄,15歲,爲公元704年,即則天順聖皇后長安四年,此時薛儆爲26歲。

之後薛儆墓誌又記載"屬韋武亂常,是作蝥螣,長策潛輔。聖君用康。皇哉唐哉,寰海夷謐"②。這句話是説時值中宗韋皇后和武三思等人禍亂朝綱,就像斑蝥和螣蛇一樣,薛儆提出了有效的計策,潛心輔助,聖君最終平定了禍患。皇皇大唐,四海安定。因爲薛儆的立功,故公元712年玄宗一即位,即"縣主封鄎國長公主,君拜駙馬都尉,殿中少監,覿親也。加銀青光禄大夫、太僕少卿、上柱國、汾陰公,邑二千,封五百,懋功也"。這也是唐玄宗對其站對政治立場的一種嘉獎。之後薛儆"轉岐州刺史,告身禦書,明寵也",連薛儆上任岐州刺史的告身,都是由唐玄宗親筆所寫,足見盛寵。

之後,薛儆"有累授澤鄧二刺史,虢鄧二別駕",他任職期間,"厘刑法,輯章典,郡無奸人焉,宥聞罪,法積德,郡無冤人焉"。其後又歷任除鄆州刺史,乞絳州別駕,汾州別駕等,而鄎國長公主身爲他的妻子,也會跟隨薛儆到處上任,故鄎國長公主這第一段婚姻也是在不停的輾轉之中度過的。

薛儆在汾州別駕任上不幸染病,"遘疾於郡,來朝鎬都,開元八年十二月七日,

---

① 《唐銀青光禄大夫駙馬都尉上柱國汾陰郡開國公贈兗州都督薛君(儆)墓誌銘并序》,吳鋼主編:《全唐文補遺》第7輯,西安:三秦出版社,2000年,第37頁。
② 《唐銀青光禄大夫駙馬都尉上柱國汾陰郡開國公贈兗州都督薛君(儆)墓誌銘并序》,吳鋼主編:《全唐文補遺》第7輯,西安:三秦出版社,2000年,第37頁。

春秋卅二，薨于安業里，命也"。染病後回到京城，於開元八年（720）病逝於安業里。"明年，歲次辛酉七月景午朔十六日辛酉，歸葬于萬泉之孤山，塋于孟仲之次，禮也"。開元九年薛儆葬於萬泉縣一座孤山之上。

但薛儆去世後，其墓誌中只有贈官"兗州都督"，却將諡號空了出來①，這一點一直讓後來的研究者們困惑。人臣初亡之際的贈官並非徒有虛名，而是有其實際的意義。根據喪葬令，"諸贈官者，購物及供葬所須，並依贈官品給"②，所以薛儆葬禮的規格，並非以臨終所任的汾州別駕（從四品下）而定，而是按照兗州都督（正三品）這一贈官的標準來操辦。諡號方面，據《唐六典·考功郎中》記載"諸職事官三品已上、散官二品已上身亡者，其佐史録行狀申考功，考功責歷任勘校，下太常寺擬諡訖，覆申考功，於都堂集省內官議定，然後奏聞"③，所以薛儆有請諡資格。但贈諡不同於贈官，贈官一般卒後即贈，更多是爲了體現出皇帝的恩澤；而贈諡則範圍小，規格高，而且要經過嚴格評議，並非統治者個人所能決定的，而是給後人提供典範的"不刊之令"④，所以贈諡的受重視程度遠勝贈官，由於有評議這一過程的存在，所以其耗時也要長於贈官。但在薛儆去世之前，却發生了另一件事，（開元八年十月）"上禁約諸王，不使與群臣交結。光禄少卿駙馬都尉裴虛已與岐王範游宴，仍私挾讖緯；戊子，流虛已於新州，離其公主"⑤。這導致了玄宗忌憚外戚與諸王之間的交往，不願再贈諡給薛儆以提高外戚的地位，很大程度地影響到了評議的結果，從而導致了薛儆墓誌上諡號的空缺。但這對於已去世的薛儆來說已經沒有多大關係了。

薛儆死後，公主"撫視遺孤，將守柏舟之誓；志期剃落，永從奈苑之游"，由此可見鄎國長公主與駙馬薛儆的感情深厚。

薛儆去世時鄎國長公主三十一歲，薛儆與公主共養育九位兒女，"有男子四，女子五，瑶碧生階，芝蘭滿室者也。習禮明詩，日漸庭闈之訓；銀章艾綬，地連恩澤之侯"。但薛儆墓誌明確記載的僅有三子，"嗣子鏞、鏐、鎔等，孺號龍鍾，未救喪事"；還有一子薛誋，未見於墓誌，但在《舊唐書》中有提及。據《舊唐書·玄宗

---

① 《唐銀青光禄大夫駙馬都尉上柱國汾陰郡開國公贈兗州都督薛君（儆）墓誌銘並序》，吳鋼主編：《全唐文補遺》第7輯，西安：三秦出版社，2000年，第37頁。
② 天一閣博物館、中國社會科學院歷史研究所天聖令整理課題組：《天一閣藏明抄本天聖令校正（附唐令復原研究）》下册，中華書局，2006年，第710頁。轉引自李雨生：《山西唐代薛儆墓幾個問題的再思考》，《中國國家博物館館刊》2013年第5期，第10頁。
③ （唐）李林甫：《唐六典》卷二《考功郎中》條，北京：中華書局，1992年，第44頁。
④ 吳麗娱：《唐代贈官的贈賻與贈諡——從〈天聖令〉看唐代贈官制度》，《唐研究》第十四卷，北京：北京大學出版社，2008年，第413—438頁。
⑤ （宋）司馬光：《資治通鑑》卷二一二，唐玄宗開元八年十月戊子條，北京：中華書局，1956年，第6741頁。

下》記載："先是，郇國公主之子薛諗與其党李談、崔洽、石如山同於京城殺人，或利其財，或違其志，即白日椎殺，煮而食之。其夏事發，皆決殺於京兆府門，諗以國親流瀼州，賜死於城東驛。"①由此可知薛諗被玄宗賜死。

據《舊唐書·玄宗諸子》記載："（李瑛）先天元年八月，進封鄖王。開元三年正月，立爲皇太子……十三年，改名鴻，納妃薛氏……二十五年七月，改名瑛……二十五年四月，楊洄又構於惠妃，言瑛兄弟三人與太子妃兄駙馬薛鏽（尚玄宗女唐昌公主）常構異謀。玄宗遽召宰相籌之，林甫曰：'此蓋陛下家事，臣不合參知。'玄宗意乃決矣。使中官宣詔於宮中，並廢爲庶人，鏽配流，俄賜死於城東驛。天下之人不見其過，咸惜之"②。可知，公主的一個女兒曾爲太子李瑛的妃子，李瑛及公主的兒子薛鏽也被賜死。

據《資治通鑒》卷二百一十九記載："戊戌，永王璘敗死，其党薛鏐皆伏誅。"③可知薛鏐因參與永王謀反於至德二年（757）被殺。

在此，郇國長公主的第一段婚姻結束。至此，公主與駙馬的四個兒子中三個兒子都因政治鬥爭被殺。

（二）朝制斷恩，改降鄭氏

碑銘記載："朝制斷恩，改降鄭氏"，公元720年，在薛儆去世後，玄宗下詔令郇國長公主改嫁鄭孝義。

公主碑銘又記："均養七子，麻蔭二宗，汾陰之室忘亡，滎陽之党相慶"，由此可知駙馬鄭孝義爲滎陽鄭氏，且公主可以兼顧薛家和鄭家，處事周到。公主改嫁的時間不可知，但從"均養七子，麻蔭二宗""開元十三年二月庚午，薨于河南縣之修業里，春秋三十有七"可推算出公主喪夫不久即改嫁。因爲"均養七子"是說她與前夫有四子，後與鄭氏又生三子，共七子。薛儆死於720年，公主死於725年，五年間與後夫生養三子，當爲前夫死後不久公主改嫁他人。

薛儆去世不久玄宗即下詔讓郇國長公主改嫁，看起來未免顯得寡恩，很是反常，這可能與唐玄宗不肯給薛儆諡號是一個原因，即因同年駙馬都尉裴虛己與岐王範游宴一事，忌憚外戚勢力與諸王結交，爲顯兄弟友愛，唐玄宗不能加罪於兄弟，就只能從外戚勢力下手，削弱外戚實力。而汾陰薛氏正是此時最爲強盛的外戚勢力之一，又與

---

① （後晋）劉昫：《舊唐書》卷九《玄宗下》，北京：中華書局，1975年，第211頁。
② （後晋）劉昫：《舊唐書》卷一七〇《玄宗諸子》，北京：中華書局，1975年，第3258—3260頁。
③ （宋）司馬光：《資治通鑒》卷二一九，唐肅宗至德二年二月戊戌條，北京：中華書局，1956年，第7019頁。

太平公主有着密切關係，玄宗對太平公主的忌憚之心更重，且太平公主與李旦爲抗衡韋後所形成的聯盟早已解散，身爲睿宗女兒的鄎國長公主也不必再與太平公主的夫家薛家聯姻以鞏固聯盟關係了，種種因素疊加，故薛儆剛去世，唐玄宗就立刻將鄎國長公主改嫁鄭氏，這也是當時的政治環境使然。

據《新唐書·宰相世系五上》①記載：滎陽鄭氏先祖可追溯到周宣王分封的鄭國，鄭國滅亡後以國爲氏。東漢末年，以鄭當時一脉的鄭渾、鄭泰等人爲開始，逐漸發展爲高門望族。北魏時與范陽盧氏、清河崔氏、太原王氏並稱爲四姓，到了唐朝，鄭姓在中國北方的滎陽已經發展到了鼎盛時期。有唐一代，鄭姓家族出現了 22 名進士，6 名狀元，8 位駙馬，9 位宰相，家族地位和聲望十分顯赫。鄭孝義即其中的八駙馬之一，但其在《新唐書》與《舊唐書》中均沒有傳記，詳細家世生平已不可考，但這也側面顯示了滎陽鄭氏很少參與到唐前期的任何政治大事中，甚至中唐以前，滎陽鄭氏在政治上都不太活躍，新、舊《唐書》中有傳的僅有鄭善果、鄭元壽、鄭虔等寥寥數人②，雖門第高貴但在唐初却不是顯赫的外戚勢力，又與太平公主和諸王勢力均無甚聯繫，與薛儆相對比，正符合唐玄宗爲鄎國長公主選取第二位駙馬的標準。

前文已經提到，鄎國長公主碑銘記載"均養七子，麻蔭二宗"，又記鄎國長公主與薛儆"有男子四，女子五"，所以可知鄎國長公主與鄭孝義有三子，但都無明確記載。

開元十三年二月庚午，鄎國長公主去世，至此鄎國長公主第二段婚姻結束。

縱觀鄎國長公主的婚姻生活，雖碑銘中並未提及公主參與任何政治事件，但無論是公主第一次婚姻的擇偶標準，薛儆的墓誌銘提到的韋武之亂，還是玄宗下令讓公主改降鄭氏的原因，都體現了政治因素對鄎國長公主婚姻生活的影響從未間斷，直至其去世。

三、瘞玉埋香

據《鄎國長公主神道碑銘（並序）》記載："開元十三年二月庚午，（鄎國長公主）薨于河南縣之修業里，春秋三十有七。"

---

① （宋）歐陽修：《新唐書》卷七五上《宰相世系五上》，北京：中華書局，1975 年，第 3258 頁。
② 張衛東：《唐代滎陽鄭氏個案研究》，陝西師範大學碩士學位論文，2003 年，第 30 頁。

（一）死亡原因

鄑國長公主去世時才三十七歲，那麼是什麼原因導致了鄑國長公主在大好年華逝世？正史中對其並無相關記載。碑銘對其死因的記載也並不詳細，只有"既而善福虛應，寢疾彌留，盡國醫之伎，遠方畢至；供禦府之藥，中使相望，命之必至，不可支也"一句記載了公主的死因是生病不治而死。"寢疾"，指臥病。語出《左傳·昭公七年》："寡君寢疾，於今三月矣。"[①]但公主因什麼原因得病？具體得了什麼病？今天的我們已經不得而知了。

公主出嫁時15歲，去世時37歲，據碑銘記載："蕃衍之福大來，有男子四，女子五。"說明公主在兩段婚姻中應有9個孩子，但後文又說其"均養七子，蔴蔭二宗"，則說鄑國長公主有7個兒子，正史與碑銘中均找不到關於鄑國長公主生育孩子具體數量的記載，只能知道她在改嫁鄭孝義時後生了3個兒子，但有沒有生育女兒已不得而知，所以鄑國長公主在22年的婚姻生活中至少生育了12個孩子，平均1.8年生育一個孩子，或許生育過多也是公主早亡的原因之一。而且三個兒子、一個女婿都因政治原因被殺，這對一個母親的傷害是極大的。

且公主一生雖未親身參與任何政治鬥爭，但在第一段婚姻中，因薛氏為顯赫外戚，並與太平公主之亂有直接親屬關係，公主必常年憂思過重；而且駙馬都尉薛儆曾輾轉多地任職，公主身為妻子，必會跟隨左右，舟車勞頓，定會身體疲憊，這都會影響到公主的身體健康，最終導致公主早逝。

（二）喪葬禮

《論語·學而》："曾子曰：'慎終，追遠，民德歸厚矣！'"[②]唐朝提倡以孝治國，喪葬禮儀滲透着親情，培育了感恩心。人性就是這樣被呵護，文明由此而弘揚[③]。鄑國長公主作為玄宗的妹妹，去世時又正值開元盛世之時，國力強盛，玄宗自然要為鄑國長公主舉行一場隆重的喪葬禮。

1. 官員護喪

唐代公主薨亡後，朝廷不僅會派人前往弔祭，還會專門派遣官員監護喪事。鴻臚

---

① 楊柏峻編著：《春秋左傳注》，北京：中華書局，1981年，第1078頁。
② 張燕嬰譯注：《論語》，北京：中華書局，2006年，第6頁。
③ 《大唐西市博物館藏墓誌·前言——走進隋唐人的精神世界》，胡戟：《大唐西市博物館藏墓誌》，北京：北京大學出版社，2012年，第17頁。

寺便是負責重要人物喪葬事務的機構之一，至於承詔負責協助亡者家屬辦理喪事的大臣，則是根據逝世者的品級來派遣："一品則鴻臚卿護其喪事，二品則少卿，三品丞。人往皆命司儀示以制。"①而據碑銘"有詔光祿卿孟溫禮監護喪葬，京兆尹能延休副焉"，鄎國長公主在下葬時，其喪事監護就是光祿卿孟溫禮，光祿寺一般設有卿一人，從三品；且當時的京兆尹能延休副焉，官職爲正四品上。由此可見唐玄宗對鄎國長公主喪禮的重視。

2. 窀穸之禮

"窀穸"是"埋葬"之意，《左傳・襄公十三年》："若以大夫之靈，獲保首領以歿於地，惟是春秋窀穸之事，所以從先君於禰廟者，請爲'靈'若'厲'，大夫擇焉。"杜預注："窀，厚也；穸，夜也。厚夜猶長夜。春秋謂祭祀，長夜謂葬埋。"

（1）徹懸久悼

"徹懸"指的是停奏音樂。《資治通鑒》晉恭帝元熙元年條載："今入歲以來，陰陽失序，風雨乖和，是宜減膳徹懸，側身修道。"②胡三省注："古者，天子膳用六牲，具馬、牛、羊、犬、豕、雞。諸侯膳用三牲。懸，樂懸也。天子宫懸，諸侯軒懸。大荒、大劄。天地有裁，國有大故，則減膳徹樂。"在古代，每有天災或天象變異時，皇帝則減少菜肴，停止奏樂，以此自責。鄎國長公主去世時，玄宗却爲妹妹"徹懸"，由此可見，玄宗對妹妹鄎國長公主葬禮重視之程度。

（2）陪葬於橋陵

據公主墓誌"夏四月，恩旨陪葬於橋陵，不祔，不從古之道也"可知鄎國長公主去世之後陪葬了橋陵。橋陵是唐睿宗李旦的陵寢，位蒲城縣西北約 15 千米處的豐山（唐時稱爲"橋山"，又稱"蘇愚山"）西南。橋陵以豐山爲陵，在山腹開鑿地宫，並在四周建造陵牆。豐山氣勢雄偉，蜿蜒如巨龍盤峙，登頂南眺，平野遼闊，一望無垠。陵穴高出周圍平地 250 米左右，四周諸峰環繞，山勢巍峨，蔚爲壯觀。唐睿宗李旦有 6 個兒子，11 位公主，但能陪葬橋陵的據《唐會要》記載却只有 7 人，分別爲惠宣太子李業、惠莊太子李撝、惠文太子李範、金仙長公主、涼國長公主、鄎國長公主駙馬和李思訓③。前文可知薛儆已葬於萬泉縣一座孤山之上，所以這裡所說的"鄎國長公主駙馬"應爲鄭孝義，應該是鄎國長公主與鄭孝義合葬，一起陪葬了橋陵。

---

① （宋）王溥：《唐會要》卷三八《葬》，北京：中華書局，1985 年，第 691 頁。
② （宋）司馬光：《資治通鑒》卷一一八，晉恭帝元熙元年條，北京：中華書局，1956 年，第 3728 頁。
③ （宋）王溥：《唐會要》卷二一《陪陵名位》，北京：中華書局，1988 年，第 415 頁。

（三）撰者書人

碑銘記載："皇上念同氣之致美，感閱川之永謝，恨棠華之半缺，悲瑶草之先化，乃命國史，昭銘懿迹，降恩禮於雲露，寫哀詞于金石"。《鄎國長公主神道碑銘（並序）》撰寫者爲唐朝著名政治家、文學家張說，在《舊唐書》和《新唐書》中均有其列傳。

鄎國長公主開元十三年（725）去世，玄宗下令張說爲鄎國長公主撰寫碑銘，此時其身任中書令，修書使，集賢院學士知院事。

據《資治通鑑》記載："（開元十一年）癸亥，以張說兼中書令。……上置麗正書院，聚文學之士秘書監徐堅、太常博士會稽賀知章、監察禦使鼓城趙冬曦等，或修書，或侍講；以張說爲修書使以總之。"①

據《舊唐書·張說傳》記載："十三年，受詔與右散騎常侍徐堅、太常少卿韋縚等撰東封儀注。舊儀不便者，說多所裁正，語在《禮志》。玄宗尋召說及禮官學士等賜宴於集仙殿，謂說曰：'今與卿等賢才同宴於此，宜改名爲集賢殿。'因下制改麗正書院爲集賢殿書院，授說集賢院學士知院事。"②

據《新唐書·百官二》記載："中書令二人，正二品。掌佐天子執大政，而總判省事。"③據此可知身爲中書令的張說，爲正二品官；"學士、直學士、侍讀學士、修撰官，掌刊緝經籍。凡圖書遺逸、賢才隱滯，則承旨以求之。謀慮可施於時，著述可行於世者，考其學術以聞。凡承旨撰集文章、校理經籍，月終則進課於內，歲終則考最於外。（開元……十一年，置麗正院脩書學士，光順門外，亦置書院。十二年，東都明福門外亦置麗正書院。十三年，改麗正脩書院爲集賢殿書院，五品以上爲學士，六品以下爲直學士，宰相一人爲學士知院事，常侍一人爲副知院事，又置判院一人、押院中使一人。）"④又因《舊唐書·張說傳》記載張說爲集賢院學士知院事，可知張說此時爲宰相。

由上，從張說撰寫碑銘時品級之高也可看出唐玄宗對鄎國長公主的重視。且《鄎國長公主神道碑銘（並序）》的書丹者爲唐玄宗本人，更顯鄎國長公主的受重視程度。

---

① （宋）司馬光：《資治通鑑》卷二一二，唐玄宗開元十一年二月癸亥條，北京：中華書局，1956 年，第 6755—6756 頁。
② （後晉）劉昫：《舊唐書》卷九七《張說傳》，北京：中華書局，1975 年，第 3054 頁。
③ （宋）歐陽修：《新唐書》卷四七《百官二》，北京：中華書局，1975 年，第 1210 頁。
④ （宋）歐陽修：《新唐書》卷四七《百官二》，北京：中華書局，1975 年，第 1212—1213 頁。

四、結　語

综上所述，鄜國長公主出生於則天順聖皇后載初元年，一生經歷了其父的幾次退讓皇位，武周王朝的建立及神龍政變後李唐皇室的恢復，以及韋後之亂和太平公主之亂，一直到開元盛世年間去世。如此看來她的一生應該是時時處於動蕩不安之中的，尤其是鄜國長公主的第一任丈夫薛儆爲太平公主第一任丈夫薛紹的堂弟，在太平公主之亂時極有可能會受到波及，但這些在其碑銘中均沒有體現。其碑銘主要介紹了鄜國長公主的生平經歷，才華品德，婚姻生活，死亡時間以及其隆重的喪葬儀式，並著重表達了玄宗對這個妹妹的看重，爲其親書碑銘。至於碑銘中完全沒有提及政治動蕩，筆者認爲可能的原因有二：一是時人對於武周這段改朝換代的時期的忌諱，故省略不提；二是這些政變確實沒有影響到鄜國長公主的生活，故不必要提。

總之，《鄜國長公主神道碑銘（並序）》史料價值頗高，它不僅讓我們瞭解了公主的生平，補充了正史記載不足，豐富了鄜國長公主的人物形象，也讓我們對武周時期，中宗朝，睿宗朝，玄宗開元盛世時期等歷史階段有了更直觀、更感性的認識，值得今人多加品讀，細細體味。

率更筆法有遺篇

——新見唐貞觀八年《翟天德墓誌》解析*

王其禕　王　菁

　　或許真就遭逢了天人相諧的際遇，進入 21 世紀以來，在物華天寶的古都長安，竟一而再再而三地出土了極有可能出自歐陽率更手筆的唐貞觀八年（634）《李譽墓誌》[①]、唐貞觀十年（636）《王女節墓誌》[②]、唐貞觀十四年（640）《鄧通夫人任氏墓誌》[③]、唐貞觀十五年（641）《丘師墓誌》[④]，而這些"歐楷真身"的橫空出世，不僅與遺世獨立的《九成宫碑》《皇甫誕碑》《温彦博碑》以及 20 世紀 70 年代在陝西旬邑縣出土的貞觀十

　　作者簡介：王其禕（1957—），西安碑林博物館陳列研究部研究員；王菁（1986—），北京大學藝術學院博士生。
　　* 　基金項目：本文係 2014 年度國家社科基金重點課題《新出隋代墓誌銘整理與研究》關聯成果。
　　① 　《李譽墓誌》拓本大約在 2014 年 8 月始見披露於網路，如"駝龍方相華的博客"，後在立體媒體廣爲傳播，墓誌石流轉於私人，今下落不明。2015 年 3 月 22 日復旦大學董剛在第十一屆北京大學史學論壇上作了題爲《新見唐李譽墓誌綜考》的演講。
　　② 　《王女節墓誌》於 2012 年 10 月入藏西安碑林博物館。參詳拙文《"率更"楷法有遺篇——新發現唐貞觀十年〈王女節墓誌〉解讀》，《書法叢刊》2013 年第 6 期。拙文《歐楷遺珍：長安新出唐貞觀年間三方墓誌考釋與其書者辯證》，《第九屆中國書法史論國際研討會論文集》，北京：文物出版社，2013 年 10 月。
　　③ 　《鄧通夫人任氏墓誌》今藏西安市長安區博物館，圖文載《長安新出墓誌》，北京：文物出版社，2011 年。參詳拙文《歐楷遺珍：長安新出唐貞觀年間三方墓誌考釋與其書者辯證》，《第九屆中國書法史論國際研討會論文集》，北京：文物出版社，2013 年 10 月。
　　④ 　《丘師墓誌》今存不詳，圖文載在齊運通《洛陽新獲七朝墓誌》，北京：中華書局，2012 年。又，國家圖書館出版社 2012 年出版的趙君平《秦晉豫新出墓誌蒐佚》第 1 册與北京大學出版社 2013 年出版的胡海帆、湯燕《北京大學圖書館新藏金石拓本菁華一九九六—二〇一二》亦載有圖版。《書法》2012 年第七期刊載的郭茂育《新出土唐〈丘師墓誌〉》一文有以考察。參詳拙文《歐楷遺珍：長安新出唐貞觀年間三方墓誌考釋與其書者辯證》，《第九屆中國書法史論國際研討會論文集》，北京：文物出版社，2013 年 10 月。

一年（637）《侯君集母寶娘子墓誌》等異彩相暉[1]，更且爲歐書的研討與臨習增添了豐富的新史料和新素材。所謂的"天人之際"，或許更得益於筆者所處的古長安之地利與供職於西安碑林之便利，於是繼筆者披露了《王女節墓誌》及其書者問題的研究之後，竟於今年五月又有幸搜集到長安地區新近出土的唐貞觀八年（634）《翟天德墓誌》拓本，甫一檢視，即爲歐書氣息之濃郁、面貌之逼真而驚嘆莫已，遂草撰小文，勉力解析，以饗讀者諸君並祈有以進教。

《翟天德墓誌》未見墓誌蓋，墓誌石今存何所亦不得詳。誌石拓本高50、寬49.5釐米，誌文21行，滿行22字，楷書，有方界格。誌文如下：

大唐故五雲府車騎翟府君墓誌銘

君諱天德，字抱義，雍州盩厔人。氏胄蟬聯，詳諸史册。曾祖薩，祖演，並不慮不營，以道自樂。父波，周朝邑縣令，訟理政平，弦歌流響。君幼而奇穎，早稱鳳智，閨門孝友，姻睦叶和。丁朝邑君憂，杖而後起。隋開皇三年起家爲別將領，七年事蜀王，以君才幹可稱，委之禁旅，進授都督，領親信。大業三年進授旅帥，領如故。隋運將謝，＿聖主膺期，君推誠有奉，原州起義，當時褒賞，特異恒流。義寧元年授正議大夫，二年奉使將突厥客往涼州招慰李軌。武德元年授車騎將軍五雲府領，其年補萬春公主家令。三年陰磐守固勳授開府儀同三司。六年直中書省，以公事免，仍以其年授右三副監。公家之利，知無不爲，與善徒言，奄歸玄壤。以貞觀八年七月廿五日卒於京宅，時年七十八。仍以其年十二月廿日葬於雍州長安縣＿＿鄉山禮也。惟君立履誠信，行己忠篤，身無擇行，口無擇言，筮賓啓手，終始若一。懼山飛地絕，乃爲銘云：

慶源自遠，基構蟬聯。乃祖乃父，徽猷在栴。爰挺若人，嗣此清塵。孝能竭養，忠不顧身。釋褐從仕，觀國之賓。曰仁與義，唯道是親。執雌持下，人胥攸詠。鐵石其志，松筠其性。修途方騁，遽嗟身壑。愁雲泛濫，寒郊蕭索。一瞑不追，泉扃寂漠。春秋迭代，德音無斁。

就誌文所揭示的史料信息而言，大約可以分析這樣幾個問題，一是翟天德一族的世系及其履歷事功，二是由翟氏房支的梳理以見證翟氏一族在隋唐之間是否有趨於中央化

---

[1] 參見王友懷主編《咸陽碑刻》上册，西安：三秦出版社，2003年；張永超：《歐陽詢晚年書法珍品——大唐兵部尚書侯君集之母寶娘子墓誌簡介》，《書法叢刊》2007年第3期；王其禕編：《唐侯君集母寶娘子墓誌銘》，西安：陝西人民出版社：《中國珍稀碑帖叢書》，2009年。

的態勢，三是墓誌中兩次出現"隋"字的問題，四是從筆法字樣的角度以探討其書法有可能出於歐陽詢之手。

一、翟天德的家族世系與其履歷事功

翟天德與其父波、祖演、曾祖薩四代皆不載於史籍，其祖、曾二人皆未入仕，而其父翟波嘗任北周朝邑縣（今陝西大荔）令，推之，此翟氏一族或自翟波任朝邑令時始徙居關中並進而落籍鼇屋，然後方有翟天德丁憂杖起並於開皇三年（583）起家別將之仕途。其開皇七年（587）所事蜀王，當即高祖楊堅第四子楊秀，楊秀本傳曰"開皇元年，立爲越王。未幾，徙封於蜀"①。原州（今寧夏固原）起義一事，不見於《隋書》。然據《舊唐書·丘行恭傳》曰："行恭善騎射，勇敢絕倫。大業末，與兄師利聚兵於岐、雍間，有衆一萬，保故郿城，百姓多附之，群盜不敢入境。初，原州奴賊數萬人圍扶風郡，太守竇璡堅守，經數月，賊中食盡，野無所掠，衆多離散，投行恭者千餘騎。行恭遣其酋渠説諸奴賊共迎義軍。行恭又率五百人，皆負米麥，持牛酒，自詣賊營，奴帥長揖，行恭手斬之，謂其衆曰：'汝等並是好人，何因事奴爲主，使天下號爲奴賊。'衆皆俯伏曰：'願改事公。'行恭率其衆與師利共謁太宗於渭北，拜光禄大夫。"②似可推斷彼時的翟天德或即以"原州奴賊"的身份先是投靠了丘行恭，然後又隨行恭兄弟一道起義迎接李世民義軍入關的。那麼，翟天德此前所授"都督領親信"和"旅帥領如故"者，其軍府或正在隋代的原州平涼郡。而其之所以能得到"當時褒賞，特異恒流"，或亦因爲其以酋帥身份"推誠有奉"之緣故。《隋書·煬帝紀下》載隋義寧元年（617）"秋七月壬子，熒惑守積屍。丙辰，武威人李軌舉兵反，攻陷河西諸郡，自稱涼王，建元安樂"③。《舊唐書·高祖紀》載隋義寧二年（618）八月（是年五月已入唐朔，改元武德）"涼州賊帥李軌以其地來降，拜涼州總管，封涼王"，十一月"乙巳，涼王李軌僭稱天子於涼州"，武德二年（619）夏四月"辛亥，李軌爲其偽尚書安興貴所執以降，河右平"④。《舊唐書·李軌傳》載義寧元年軌自稱河西大涼王，建元安樂，"初，突厥曷娑那可汗率衆内屬，遣弟闕達度闕設領部落在會寧川中，有二千餘騎，至是自稱可汗，來降於軌"。又曰"時高祖方圖薛舉，

---

① 《隋書》卷四五《楊秀傳》，北京：中華書局，1973年，第1241頁。
② 《舊唐書》卷五九《丘行恭傳》，北京：中華書局，1975年，第2326頁。
③ 《隋書》卷四《煬帝紀下》，北京：中華書局，1973年，第92—93頁。
④ 《舊唐書》卷一《高祖紀》，北京：中華書局，1975年，第8—9頁。

遣使潛往涼州與之相結，下璽書謂之爲從弟"①。今據《翟天德墓誌》，知彼時有翟天德在義寧二年（618）嘗奉使率"突厥客"前往涼州招慰李軌，所謂的"突厥客"，當即彼時已經内屬的"突厥曷娑那可汗"，故此條史料值得重視，或許翟天德正是這一年唐高祖"遣使潛往涼州與之相結，下璽書"的使臣之一。入唐後，翟天德任五雲府車騎將軍，又任萬春公主家令。五雲府不見於隋唐史籍，可補一武德初年軍府名稱。據兩《唐書》職（百）官志知武德初年改府副爲車騎將軍，即折衝都尉府之第二長官，品階爲正五品上。唐高祖有女十九人，第六女長沙公主始封萬春②。公主家令爲從四品上。"陰磐"即陰盤，爲涇州屬縣（今甘肅涇川）。"陰磐守固"或當理解爲嘗參與固守陰盤城，然史籍未載武德三年（620）在陰盤有戰事發生，倒是在武德七年（624）秋七月癸未嘗發生過"突厥寇陰盤"戰事③，故翟天德是否因參與了守衛陰盤遂以勳勞得授從一品的文散階開府儀同三司，終不能證實。"直中書省"爲職事名，即以他官兼掌中書省職事者，岑文本即在"貞觀元年，除秘書郎，兼直中書省"④，那麼翟天德究竟是以何種官職入"直中書省"？墓誌未交待清楚，而又何故旋"以公事免"？誌文亦諱莫如深。"右三副監"當即右三護軍府副監，爲掌領直屬親王的親衛、勳衛及外軍之監軍副職，品階當爲四品五品之間。前述貞觀十五年《丘師墓誌》亦有"今上地居當璧，樹德在田，廣引群英，旁招俊乂，公爲左二護軍，董統鷹揚，參籌帷幄"云云。唯唐初，秦王、齊王府下各置有左右六護軍府。翟天德任在武德六年（623），則其所任究竟是秦王府還是齊王府之右三護軍府副監，尚不能確知。但從其於史無徵且聲名不彰推測，所任"右三副監"很可能爲齊王李元吉的屬下。翟天德卒於京宅，葬於雍州長安縣，唯墓誌於葬地所在鄉名留缺未填，而既曰長安縣，則其塋域當在大興城西。

二、由翟氏房分的梳理以見證隋唐之間趨於中央化之翟氏一族

據《廣韻》，"翟"氏在唐前讀作"狄"，唐以後始多讀作"宅"。翟氏姓源本出於黄帝後裔所建立的周代諸侯國翟國（陝西延長一帶），春秋時爲晉國所滅，翟人遂以國

---

① 《舊唐書》卷五五《李軌傳》，北京：中華書局，1975年，第2249—2250頁。《新唐書》卷八六《李軌傳》亦載："武德元年，高祖方事薛舉，遣使涼州，璽書慰結，謂軌爲從弟。"北京：中華書局，1975年，第3709頁。
② 《新唐書》卷八三《諸帝公主傳》，北京：中華書局，1975年，第3643頁。
③ 《資治通鑑》卷一九一《唐紀七》，北京：中華書局，1956年，第5989頁。
④ 《舊唐書》卷七〇《岑文本傳》，北京：中華書局，1975年，第2536頁。

爲氏。正史爲翟氏立傳者不多，梳理所得，《漢書·翟方進傳》曰汝南上蔡人，爲漢成帝朝宰相、經學家，時稱"儒宗"①；《後漢書·翟酺傳》曰廣漢雒人，安帝時任酒泉太守、京兆尹，順帝時任匠作大將②；《晉書·隱逸傳》有尋陽人翟湯、翟莊、翟矯、翟法賜四代，皆隱於廬山③；《宋書·翟法賜傳》曰尋陽柴桑人，屢辟不就，卒於廬山④；《隋書·孝義傳》有楚丘人翟普林，大業中以孝授孝陽令⑤；《唐書》中無有翟氏人物傳，然《新唐書·忠義傳》所載武德以來功臣第二等中有"殿中監兼知總監、汝南郡公翟無言"⑥，按照第二等功臣排列順序爲"以次年"，而翟無言排在"刑部尚書、太子賓客、魏國公楊元琰"之後，元琰卒在開元六年（718），則翟無言亦當與元琰同時代。又見《新唐書·則天皇后紀》載有長安五年（705）遭伏誅者中有張柬之、楊元琰與"檢校司農少卿兼知總監翟世言"等⑦，可推"翟世言"或即"翟無言"。《舊唐書·李勣傳》又載："大業末，韋城人翟讓聚衆爲盜，勣往從之。"⑧由此可知漢晉時期翟氏郡望大抵有汝南上蔡（今河南上蔡縣）、廣漢雒（今四川廣漢市雒城）、尋陽柴桑（今江西九江市）三房，又據《隋書》知有楚丘一支，楚丘縣在隋屬梁郡，當今山東曹縣東南。據《舊唐書》知有韋城一支，韋城縣在隋屬東郡，當今河南滑縣東南。而據出土唐墓誌復知有下邽一支⑨，當今陝西渭南。今據《翟天德墓誌》再添周隋間定著雍州蟄屋之翟氏一族，且在隋唐之間漸已從武將而文質化並進入到中央官（家令、直中書省、親王府右三副監）系統，更且居葬於京城焉。普查唐代翟氏，徙籍長安者僅此翟天德一支，至於其祖籍或許也應是從山東河南一帶翟氏大房從來。另有徙籍洛陽者亦自成爲翟氏在唐代的新貫⑩，但終唐一代，翟氏並未出現顯赫一時

---

① 《漢書》卷八四《翟方進傳》，北京：中華書局，1962年，第3411—3442頁。
② 《後漢書》卷八四《翟酺傳》，北京：中華書局，1965年，第1602—1606頁。
③ 《晉書》卷九四《隱逸傳》，北京：中華書局，1974年，第2444—2445頁。
④ 《宋書》卷九三《翟法賜傳》，北京：中華書局，1974年，第2286頁。
⑤ 《隋書》卷七二《孝義傳》，北京：中華書局，1973年，第1669頁。
⑥ 《新唐書》卷一九一《忠義傳》，北京：中華書局，1975年，第5523頁。
⑦ 《新唐書》卷四《則天皇後紀》，北京：中華書局，1975年，第105頁。
⑧ 《舊唐書》卷六七《李勣傳》，北京：中華書局，1975年，第2483頁。《新唐書》本傳略同。
⑨ 貞觀廿一年《萬年縣尉孔長寧墓誌》曰："夫人姓翟，下邽人也。齊、瀛、萊等十三州總管顯之孫，親衛大督孝通女。"載周紹良、趙超：《唐代墓誌彙編》，上海：上海古籍出版社，1992年，上冊第95頁。永徽二年《支彥墓誌》曰："夫人下邽翟氏，漢丞相翟公之後也。"載周紹良、趙超：《唐代墓誌彙編》，上海：上海古籍出版社，1992年，上冊第144頁。開元十六年《翟德墓誌》曰："君諱德，字通理，其先馮翊下邽人。七代祖□，後魏上黨郡守。子孫居壺關也。"趙力光：《西安碑林博物館新藏墓誌彙編》，北京：綫裝書局，2007年，中冊第366頁。
⑩ 顯慶五年《翟惠隱墓誌》曰："君諱惠隱，其先洛陽人也。三代祖徙居於洛，故今爲洛陽人焉。"周紹良、趙超：《唐代墓誌彙編》，上海：上海古籍出版社，1992年，上冊第306頁。上元三年《翟瓚墓誌》曰："君諱瓚，字元宗，河南洛陽人也。"周紹良、趙超：《唐代墓誌彙編》，上海：上海古籍出版社，1992年，上冊第621頁。

的高官貴宦則是事實，因此，翟氏一族在唐代企圖借助中央化和落籍長安以興旺發達的希冀終究未能實現。

三、關於唐代墓誌中出現的"隋"字

《翟天德墓誌》中於隋代的"隋"字兩見，這或許會讓常人產生疑惑。因爲囿於舊說與習見，人們可能多據相傳而以爲是隋文帝惡"隨"字從辶喻其奔走不定遂改爲"隋"字，事實上也是在隋代的石刻文獻中多見用"隋"字，而在唐代的石刻文獻中又多回改爲"隨"字①。這個問題自古及今仍在聚訟不休中，不過，讀到當代學者葉煒《隋國號小考》一文，似覺其分析和結論亦自有道理。畢竟距隋三百年後方始出現晚唐五代乃至宋元人的撰著相繼將此無從解釋的情形給予附會和遞傳，因此無論是徐鍇所說的"隨文帝惡'隨'字爲'走'，乃去之成'隋'字"②，還是吳曾所說的"'隋'字古無之。文帝受禪，以魏、周、齊不遑寧處，惡之，遂去'走'，單書'隋'字"③，抑或是胡三省所說的"楊忠從周太祖，以功封隨國公；子堅襲爵，受周禪，遂以隨爲國號。又以周齊不遑寧處，去'辶'作'隋'，以辶訓走故也"④，恐怕都只是一家之揣測而無從信據焉。故葉煒的結論是："我們認爲隋朝並不存在一個'改隨爲隋'的事件，楊堅本任'隋國公'、'隋王'，隋國號即由此而來。因爲當時存在'隨'、'隋'互用的現象，所以今天所見隋代石刻材料中，還有少量以"隨"稱隋朝的。這或許是一個比隋朝滅亡後近三百年才提出的'改隨爲隋'說更自然一些的解釋吧。"⑤其實，還可以據以佐證"隋""隨"通用的案例，就是隋代以前的石刻文學中已然有不少"隋"字的出現⑥，這更能說明"隋"字確實不是始出現於隋代且爲彼時所持有的字樣。不過，既然"隋"字與"隨"字的出現在隋唐兩朝呈現出截然相反的情形，恐怕還需進而探究其更加詳確真實的緣由所在。今以長安新發現的疑似歐書的五種墓誌和遺世的歐書碑版作統計，也能見出此種情形，即書作"隋"者僅有《翟天德墓誌》與《鄧通

---

① 日本學者高橋繼男《國號隋字考》一文嘗統計在隋代石刻中出現的隋與隨字爲約爲九比一，在唐代則正相反。載《法制史研究》第44輯，創文社，1995年。
② （南唐）徐鍇：《說文解字繫傳》卷三六《去妄》，北京：中華書局，1987年，第323頁。
③ （南宋）吳曾：《能改齋漫録》卷二《事始》，上海：上海古籍出版社，1979年，上册第35頁。
④ 《資治通鑒》卷一七七《隋紀一》，胡三省注，北京：中華書局，1956年，第5503頁。
⑤ 《北大史學》第11輯，北京：北京大學出版社，2005年，第218頁。
⑥ 檢讀漢唐之間的石刻文字，約有東漢建寧元年（168）《衡方碑》"樽隋在公"，南朝齊永明十一年（493）《吕超墓誌》"隋郡王國"，北魏孝昌二年（526）《元則墓誌》"若隋曜淵"，西魏大統二年（536）《趙超宗妻王氏墓誌》"隋郡内史"，這些"隋"字皆無"辶"旁。圖版參見毛遠明《漢魏六朝碑刻校注》，北京：綫裝書局，2008年。

夫人任氏墓誌》兩種，而書"隋"作"隨"者則有《李譽墓誌》《王女節墓誌》《丘師墓誌》《九成宮碑》《皇甫誕碑》等五種。另外，以隋墓誌爲例，書"隋"作"隨"者也確有少數，如開皇五年（585）《元儉墓誌》①、開皇十年（590）《楊胐墓誌》②、開皇十一年（591）《楊颽墓誌》③、開皇十八年（598）《□徹墓誌》④、開皇十八年（598）《成肆虎墓誌》⑤、大業十二年（616）《□伋昂墓誌》⑥。由此數據這般懸殊的情形來看，説唐人是刻意將"隋"字回改爲"隨"字應不過分，這裏是否存在着唐人在政治意識與文化心理上帶有自然或不自然的否定前朝的動因也説不定，當然在初唐猶不免有稍多從隋入唐者因習慣或情感因素而往往依舊將"隋"字流露出來的情形，而這樣的情形其實也並不與"隋""隨"通用的常態相抵觸。

四、從筆法字樣分析其書法或即出於歐陽詢之手

　　墓誌無書撰者署名，這是彼時墓誌銘的常態。另外，誌文中亦未發現有與書者可資關聯的史料信息。因此，要分析書者爲誰的問題，就只有從筆法字樣入手。之所以判斷其書法酷似歐楷，乃基於其典型筆法與間架結構之基本合轍。所謂基本合轍，是因爲即使是一人所書，因爲摹手與刻工的不同及水準高低，總會出現精粗、肥瘦、疏密、敧側等不同差異，但無論如何其基本筆法特徵和神態風格是趨於一致的。當然，筆者能夠疑似爲歐陽詢書寫的一個基本前提，乃在於墓誌的葬年爲貞觀八年（634），下距其貞觀十五年（641）卒世尚有七年時光⑦。而這一段時間，正是率更楷法大盛於長安之時，前有貞觀五年（631）的《化度寺塔銘》和貞觀六年（632）的《九成宮碑》，後有貞觀十一年（637）的《温彦博碑》和可能書於貞觀十年（636）前後的《皇甫誕碑》⑧，至於彼時更有多少墓誌銘的書法是出自歐陽詢手，想來真難以估量。而值此歐陽在世之時，恐怕不可能有模仿其筆法而無所忌憚的大膽之徒的妄爲之舉，縱然

---

① 齊運通編：《洛陽新獲七朝墓誌》，北京：中華書局，2012 年，第 43 頁。
② 王其褘、周曉薇編：《隋代墓誌銘匯考》，北京：綫裝書局，2007 年，第 2 册第 22 頁。
③ 王其褘、周曉薇編：《隋代墓誌銘匯考》，北京：綫裝書局，2007 年，第 2 册第 43 頁。
④ 王其褘、周曉編：《隋代墓誌銘匯考》，北京：綫裝書局，2007 年，第 2 册第 297 頁。
⑤ 趙君平、趙文成編：《河洛墓刻拾零》，北京：北京圖書館出版社，2007 年，上册第 52 頁。
⑥ 王其褘、周曉薇編：《隋代墓誌銘匯考》，北京：綫裝書局，2007 年，第 5 册 293 頁。
⑦ 唐張懷瓘云歐陽詢"以貞觀十五年卒，年八十五"，見（唐）張彦遠：《法書要録》卷八"張懷瓘《書斷》中"，北京：人民美術出版社，1986 年，第 285 頁。《新唐書》卷一九八《儒學上·歐陽詢傳》亦云"卒，年八十五"，北京：中華書局，1975 年，第 3646 頁。
⑧ 參詳拙文《歐楷遺珍：長安新出唐貞觀年間三方墓誌考釋與其書者辯證》，《第九届中國書法史論國際研討會論文集》，北京：文物出版社，2013 年 10 月。

是真有喜愛且臨習率更楷法而能夠亂真者，應該也不敢以酷似歐書的面目爲時人書丹吧？至於詢子小歐陽的筆法則不僅與其父迥異其趣，更且在貞觀八年（634）時還只是個少年，絕不可能有爲翟天德這樣的貴宦書寫墓誌的資歷。反之，以翟天德官居四、五品之貴顯而延請書壇耆宿的老臣歐陽詢爲之書寫墓誌，按理倒不是沒有可能的。爲此，筆者還必須在推測書人疑爲歐陽的前提下進入書法層面的分析。姑將《翟天德墓誌》中顯然呈現出歐書所特有的獨特筆法和典型字樣分類解讀如下：

1. 氵旁

歐書氵旁的第二點出鋒多向下作懸針式。此墓誌中凡三點水旁的字皆如此。

2. 右彎鉤

歐書右彎鉤多作内圓外方式。此墓誌中凡右彎鉤筆法皆不例外。

3. 馬字旁

歐書偏旁有"馬"字者，多將"馬"腳寫作三點，此墓誌中"騎"字兩見，"騁"字一見，其馬腳即皆作三點。

4. 戈法

歐書戈法的鉤腳或出鋒或不出鋒，都呈現出挺拔的角度，也是其自家特徵。

5. 辶旁

歐書辶法的角度比較平緩，多少能呈現出隸書筆法的韻味。

6. 左欹

歐書的字勢有向左欹側的特點，從而構成它的險勁風格。

從以上字樣與筆法中可以看出其總體特徵確實不失爲歐書的楷法程式：字勢高聳而結構攲側，上疏下緊，重心偏低；筆勢險勁而森嚴峻挺，折筆方峭，出鋒刻厲；"辶"旁與"乚"法，皆表現爲隸書的兼方帶圓的用筆特徵。而若以之與歐書碑版相較，此墓誌楷法似尤近於《皇甫誕碑》的面目，茲將兩者相同字樣表覽如下，或更能見其似是程度①。

翟天德誌	君	府	長	安	丁
皇甫誕碑	君	府	長	安	丁
翟天德誌	道	德	故	又	飛
皇甫誕碑	道	德	故	以	飛
翟天德誌	容	禁	將	地	後
皇甫誕碑	容	禁	將	地	後
翟天德誌	史	和	銘	起	公

---

① 《皇甫誕碑》今藏西安碑林博物館。本文比勘所用拓本爲日本二玄社1989年出版的《中國法書選》第29册《皇甫誕碑》。

續表

皇甫誕碑	史	和	銘	起	公
翟天德誌	信	授	蜀	為	忠
皇甫誕碑	信	授	蜀	為	忠
翟天德誌	務	貞	字	雖	州
皇甫誕碑	務	貞	字	雖	州
翟天德誌	義	氏	若	遠	也
皇甫誕碑	義	氏	若	遠	也
翟天德誌	春	秋	清	信	歌
皇甫誕碑	春	秋	清	信	歌
翟天德誌	門	鳳	早	車	騎
皇甫誕碑	門	鳳	早	車	騎

誠然，在比較中可以見出，《翟天德墓誌》的書法似更多顯出纖弱簡率的面貌，而《皇甫誕碑》的字樣則更多嚴謹端正、精熟持重的氣象，然其基本的筆法風格與書寫習慣確實是一致的。之所以存在差異感，當然不是出於書寫時段不同的緣故，而主要應該是所選擇的爲之摹寫和奏刀者在水準上有着高低優劣之別，以致造成了我們在視覺上的差異感。因此，筆者認爲在可以確認墓誌的真實性的基礎上，即便容有字樣、筆畫乃至間架上的不盡一致，包括前述歐書其他碑版與新發現的幾種墓誌銘也都有着一定的書法差異而並不都能趨於完全一致，故將《翟天德墓誌》的書者推定爲歐陽詢其人，也還是能夠近乎情理的。

二〇一七年五月修訂於西安南郊隋齋

附：貞觀八年《翟天德墓誌》拓本圖版

西北地区古籍版本鉴定抉误*

景新强

2014年5月，西北五省在陕西省圖書館舉辦了"絲綢之路古籍展覽"，許多珍貴善本直面世人，引起社會廣泛關注。同年，《第一批陝西省珍貴古籍名録圖録》出版，次年《第二批陝西省珍貴古籍名録圖録》出版①，著録豐富，琳琅滿目，是陝西省古籍保護工程的階段性成果。筆者作爲古籍展覽的觀衆和《圖録》的讀者，學習景仰之餘，有感於西北地區在古籍版本鑒定領域還存在一些問題，需要指出，並希望在下一步的古籍保護、珍貴古籍申報工作中得到改進。也請從事古籍版本典藏與研究工作的同仁們批評指正。

1. 韓五泉詩四卷，朝邑縣志二卷，附録二卷，韓安人遺詩一卷

《第一批陝西省珍貴古籍名録圖録》241頁著録，題"嘉靖十六年趙伯一刻本"。匡高19.4釐米，寬13.2釐米，半葉九行，行二十二字，白口，左右雙邊，陝西省圖書館藏。

按，韓邦靖（1488—1523）字汝度，號五泉，陝西朝邑（今大荔）人，韓邦奇之弟。尚華陰屈西溪女屈淑（即韓安人），無子，有一女韓翼。有《韓五泉詩》《朝邑縣志》等傳世。《四庫全書總目》集部別集類存目三著録《韓五泉詩集》四卷附録二卷，云"是集乃其兄邦奇所編，以志傳二卷附録於後"②。《四庫存目標注》著録現存韓氏詩集七種版本③，其中最早的是國家圖書館藏明嘉靖十六年趙伯一刻本，作《韓五泉

作者简介：景新强（1978—），西北大學歷史學院講師。
* 基金項目：本文承"西北大學首批MOOC建設項目古籍版本鑒定"資助
① 兩批次《陝西省珍貴古籍名録圖録》均由三秦出版社出版，下文引述用簡稱，不再出注。
② （清）紀昀等：《四庫全書總目》，北京：中華書局，1997年，第2418頁。
③ 杜澤遜：《四庫存目標注》，上海：上海古籍出版社，2007年，第2714頁。

詩》四卷附錄二卷，半葉九行，行十八字，白口，四周單邊。《四庫全書存目叢書》據以影印①。經比對《第一批陝西省珍貴古籍名錄圖錄》著錄本，絕非嘉靖十六年趙伯一刻本，《圖錄》誤。

《存目標注》著錄了另外三種明刻本：其一爲嘉靖十九年樊得仁翻刻趙伯一本，行款版式全同趙本；其二爲另一嘉靖本，半葉十行十九字，也與《圖錄》本不同；其三爲萬曆四十年刻本，"作《韓五泉詩》四卷《韓安人遺詩》一卷《韓五泉附錄志傳》二卷，與韓邦靖纂《朝邑縣志》二卷合刻"，此本行款版式字體不明，暫存疑。《標注》另外著錄了三種清代版本：其一爲康熙十六年刻本，作《韓五泉先生詩集》四卷附《韓安人遺詩》一卷，共一册；其二爲嘉慶元年是政堂刻本，作《韓五泉詩集》二卷附《韓安人遺詩》，與《朝邑縣志》二卷合刻；其三爲嘉慶七年刻本，作《韓五泉詩》四卷附錄二卷附《韓安人遺詩》一卷，與《朝邑縣志》二卷合刻。

那麽《第一批陝西省珍貴古籍名錄圖錄》著錄的是哪一種韓集版本呢？李鳳霞也調查了韓集現存諸本②，共統計爲：①嘉靖趙伯一刻本；②嘉靖樊得仁翻刻趙本；③又一嘉靖本；④《韓五泉詩》四卷附錄二卷、《韓安人遺詩》不分卷，清康熙刻本（李注：此本今已不傳）；⑤清刻本，《韓五泉詩》四卷、附錄二卷、《韓安人遺詩》不分卷，清刻本，半葉九行二十二字，左右雙邊，白口，單黑魚尾，版心上方鎸書名卷數；⑥清嘉慶元年張我華是政堂刻本，半葉十行二十二字，四周雙邊，白口，單黑魚尾，版心下方鎸"是政堂藏書"。

至此，《第一批陝西省珍貴古籍名錄圖錄》著錄本的版本可以合理解決了，我認爲就是李鳳霞調查的第 5 種清刻本，版式行款卷帙全同。據《圖錄》本的字體是方體字，拘滯方板，字形並不怎麽好，應是清代陝西地區的方體字本子，不應是明代嘉靖本字體。李鳳霞目驗此清刻本後認爲"玄"字均避作"元"，"曆"字不避諱，是康雍時期的刻本，至確③。

但上述杜澤遜、李鳳霞兩人的版本調查是有矛盾的，焦點在於是否有所謂"萬曆四十年本"，惜李鳳霞並無正面解答。先説李氏調查結果的第 4 種"康熙刻本"。此本是李氏依據第 6 种嘉慶元年是政堂刻本書後有張我華《校勘韓五泉詩集書後》一文記載推測出的，並斷言"此本今已不傳"。張我華云"惟朝邑本作四卷，詩百六十四篇，末附韓安人遺詩一編，有康對山序，侄孫屈受善萬曆壬子跋語，後書康熙丁巳七

---

① 《四庫全書存目叢書》集部第 62 册，濟南：齊魯書社 1997 年。
② 李鳳霞：《韓邦靖屈淑及韓五泉詩韓安人遺詩研究》，西安：西北大學碩士學位論文，2010 年，第 28—34 頁。
③ 《韓邦靖屈淑及韓五泉詩韓安人遺詩研究》，第 33 頁。

世孫韓某敬書，則朝本乃康熙中所刻"①，則此朝邑本就是康熙丁巳（十六年）韓邦靖七世孫刻本，刻於朝邑縣。康熙丁巳本《四庫存目標注》著録山西大學藏一部②，惜未目驗，版式行款不明。

再説所謂"萬曆四十年本"。據《四庫存目標注》，"萬曆四十年本"是《韓五泉詩》《韓安人遺詩》《附録志傳》和《朝邑縣志》的合刻本，我認爲就是李鳳霞著録的第 5 種清刻本，因爲此本的《韓安人遺詩》後有韓邦靖内侄孫屈受善作於萬曆壬子（四十年）的《韓安人遺詩跋》，而無清代刻書年款。此本流傳廣泛，常被誤爲"萬曆四十年本"著録。《第一批陝西省珍貴古籍名録圖録》著録的陝西省圖書館藏本也有屈受善萬曆壬子跋，不知爲何被無視，反而定爲嘉靖趙伯一本。至於《四庫存目標注》之誤載，應是杜澤遜未親自目驗嘉靖以下諸本，以各地館藏卡片著録的，所以只有基本信息而無版式行款序跋等細節。真正的萬曆四十年屈受善刻本，也許只刊刻了屈淑（韓安人）的遺詩，冠以韓、屈夫婦謝世後他們的女兒韓翼向當時大儒武功康海請來的《韓安人遺詩序》，補綴於《韓集》之後的，此本恐已無傳。現存《韓五泉詩》及其若干附件的結構，應是康熙十六年朝邑韓氏家刻本重編形成的，這也符合後人重編刻先人文字往往附麗彙編的習慣。最後説説嘉慶七年刻本，此本韓氏夫婦著作合刻，或應是康熙本的一個重刊本。

2. 痘疹世醫心法十二卷，格致要論十一卷，碎金賦二卷

《第二批陝西省珍貴古籍名録圖録》87 頁著録，題"嘉靖二十八年刻本"。匡高 21.3 釐米，寬 15.2 釐米，半葉十行，行二十字，白口，四周雙邊，陝西省圖書館藏。

按此書明萬全撰。全（約 1500—1580），字密齋，湖北羅田人，祖籍江西，明代後期著名醫學家，兒科專家。萬全著作甚多，清人彙編爲《萬密齋全書》，其著作《四庫》均未收。

萬全代表作爲"痘疹"系列，明代有"痘疹全書"系和"痘疹""要論""碎金"分編本兩系統③，此書爲分編本系統。《販書偶記》著録僅清刻諸本，篇卷編次不同④，姑不論。分編本有萬曆十一年陳允升刻本、萬曆二十九年秦大夔刻本、另一種萬曆本，《續修四庫全書》影印陳本。《北京圖書館古籍善本書目》著録萬曆三十八年彭端吾刻本《心法》十二卷《碎金》二卷⑤，無《格致要論》，二册，九行二十字，白口

---

① 引自《韓邦靖屈淑及韓五泉詩韓安人遺詩研究》，第 34 頁。
② 《四庫存目標注》，第 2714 頁。
③ 《中國古籍善本書目·子部》，第 244 頁。
④ 孫殿起：《販書偶記附續編》，上海：上海古籍出版社，1999 年，第 231 頁。
⑤ 《北京圖書館古籍善本書目》，北京：書目文獻出版社，1987 年，第 1274 頁。

左右雙邊，應該是《中國古籍善本書目》著録的萬曆三十八年刻《全書》本佚去《玉髓摘要》二卷者，非分編本系統。以上諸本除秦大夔本外，版式行款均與此本不同。秦本《中國古籍善本書目》只著録了《痘疹世醫心法十二卷》單刻本，無"要論""碎金"，故此本與秦本關係仍需考訂。

此陝圖藏本據《圖録》爲單黑魚尾，版心下方有刻工，單字名，目録前有序，落款"嘉靖二十又八年歲己酉冬十二月既生魄後學萬全拜首謹書"，因此定爲嘉靖二十八年刻本。但此款識不足據，因爲《續修四庫》影印陳允升本書前有萬全親撰《重刻痘疹心要序》《痘疹心要改刻始末》兩文，講到自己的著作此前已有三刻。初刻爲贛本，包含《痘疹骨髓賦》《西江月》《世醫心法》，是萬全長子萬邦忠私自流出，爲"好事者"王濓"剽竊"，刻於贛州軍門，其中"《世醫心法歌括》又嘉靖己酉庚戌二年所作，欲以傳，後未敢示人"，萬全認爲這是個未經授權、言辭俗俚也不盡完善的本子。後來第二刻隆慶己巳（三年）鄖本，萬全將《骨髓賦》改名爲《碎金賦》[①]。那麼此落款嘉靖二十八年己酉的序言就是萬全當時寫作《世醫心法歌括》的序言，並非刻書序。那麼贛本應晚於嘉靖二十八年，早於隆慶三年，此陝圖藏本是否爲嘉靖間贛本呢？以字體審之，此本是典型的萬曆方體字，字迹風格甚至晚於《續修四庫》影印的萬曆十一年陳允升本，是萬曆中後期刻本。隆慶初刻本也不見著録，應無傳。

查《四部總録醫藥編》有萬曆三十八年刻本，版式行款未知[②]。《中國古籍善本書目》著録萬曆二十九年秦大夔本，版式行款與此本全同，版心下方有刻工[③]，唯獨款目不同。此本似爲秦大夔本，而《書目》著録之秦本不全耳。

3. [正德]朝邑縣志二卷，（明）王道，韓邦靖纂修

匡高 19.3 釐米，寬 14.4 釐米。半葉九行，行二十二字，白口，或左右雙邊或四周單邊。"絲綢之路古籍展"題：明正德十四年（1519）刻本。陝西省考古研究院藏。

按《朝邑縣志》區區兩卷，約 6700 餘字，在明代方志中有"宏綱細目""文省而事不漏"[④]的稱譽，與同時期康海《武功縣志》齊名。藏園著録正德十四年本，爲八行十六字黑口四周雙邊[⑤]，與此本明顯不同，原鑒定有誤。此志入清後被多次刊刻，也被

---

① 續修四庫全書編委會：《續修四庫全書》，上海：上海古籍出版社，1996 年，第 1011 册，第 248—249 頁。
② 丁福保、周雲青編：《四部總録醫藥編》上册，北京：商務印書館，1955 年，第 406 頁。
③ 《稿本中國古籍善本書目》，濟南：齊魯書社，2003 年，第 863 頁上左。
④ 《四庫全書總目》，第 937 頁。
⑤ 《藏園訂補郘亭知見傳本書目》，第 371 頁。

刻入叢書，其現存版本見馮寶琳的研究①。前述嘉慶元年張我華刻韓邦靖遺著，也有此志，張氏在單刻此志之餘，並爲之作注，一并刻出，版心鐫"是政堂藏書"或"長春外史"。張我華是政堂本現藏國圖，馮寶琳未論及。

《中國地方志叢書》影印《正德朝邑縣志》，扉頁鐫"韓五泉先生著、朝邑縣志、同義文會藏板"三欄②。此本九行二十二字，序言均書法上版，大字六行，承正德原本而來。同義文會爲光緒間書坊③，避諱已經不嚴，卷一第一頁b面第一行"曆"字不避諱。《中國地方志集成》影印本無扉頁，經比對亦爲同義文會本④。

筆者又見一康熙五十一年刻本⑤，經比對與陝西省考古研究院藏本字體、版式、乃至版面傷損完全一致，唯獨康熙本首頁作四周單邊，竹紙印，而考古院本首頁雙邊，偶有單邊，白紙印，故康熙五十一年本應是鏟去内邊的後印本，馮寶琳亦認爲白紙印本早於竹紙印本⑥。兩本首頁"曆"字均不避諱。故此考古院藏本，是康熙刻本。康熙五十一年本是王兆鼇所刻，按兆鼇雲南寧州（今華寧）人，康熙中知朝邑縣，任内撰《朝邑縣後志》刊行⑦。王兆鼇本但仍有謎團待解。前述陝西省圖書館藏《韓五泉詩、朝邑縣志、附錄、韓安人遺詩》系列著作，爲康雍時期刻本。經筆者比對，此考古院藏本《朝邑縣志》居然與上述韓集系列中的《朝邑縣志》版刻一致，行款、字體、傷損等均一樣。頗爲懷疑所謂康熙五十一年王兆鼇刻本《朝邑縣志》實際是康熙中韓集系列本子抽出單印的本子，後來王氏自著的《朝邑縣後志》在刊刻的時候也依據前例，照式開版，也側面證明康熙中韓集系列開版時間早於五十一年。這些本子都刊刻於陝西朝邑縣地方，借版後印是可能的。

4. 納書楹邯鄲記全譜二卷，（清）葉堂訂譜，（清）王文治參訂

"絲綢之路古籍展覽"題"清乾隆三年（1738）刻本"。寧夏回族自治區圖書館藏。

按葉堂（約1723—1803）⑧，字廣明，號懷庭，長洲人，乾隆間著名戲曲音樂家，名醫葉桂孫。葉堂一生究心昆劇，精研曲律，晚年將著作修訂重編，合刻爲《納書楹曲譜》正集四卷、續集四卷、補遺四卷、外集二卷、《納書楹玉茗堂四夢全譜》八

---

① 馮寶琳：《正德朝邑縣志的版本問題》，《文獻》1989年2期，第136—144頁。
② 《中國地方志叢書》華北地方第540號，台北：成文出版社有限公司1976年，扉頁。
③ 馮寶琳：《正德朝邑縣志的版本問題》。
④ 《中國地方志集成》，南京：鳳凰出版社，2007年，陝西府縣志輯第21册。
⑤ "愛問共享"：http://ishare.iask.sina.com.cn/f/36782836.html。
⑥ 《正德朝邑縣志的版本問題》，第142頁。
⑦ （清）張廷樞：《朝邑縣後志序》，《中國地方志叢書》華北地方第241號，臺北：成文出版社有限公司，1969年，第1—13頁。
⑧ 葉堂生辛年見：謝凌雲：《葉堂與〈納書楹曲譜〉研究》，蘇州：蘇州大學碩士學位論文，2010年，第7頁。

卷，行於世，在昆曲史上產生了深遠影響。納書楹是葉堂書齋號。

現存《納書楹曲譜》《納書楹玉茗堂四夢全譜》最早爲乾隆五十七年葉氏自刻本，卷首有葉堂自序、自訂凡例，卷末有王文治後序。王文治（1730—1802），字禹卿，號夢樓，江蘇丹徒人，嗜好戲曲，精於音律，與葉堂交遊甚厚，相與切磋。今《續修四庫全書》影印乾隆五十七年葉氏自刻本[①]。"玉茗堂四夢"即《牡丹亭》《紫釵記》《邯鄲記》《南柯記》，是明代戲劇家湯顯祖的名作，清葉堂爲之譜昆曲調；此《納書楹邯鄲記全譜》二卷，即"納書楹玉茗堂四夢全譜"之一。經筆者比對《續修四庫》本，兩本完全一致，爲一版。據書前葉堂《納書楹四夢全譜自序》，葉氏於"四夢"曲譜，先行完成邯鄲、南柯、牡丹三夢，但並未提及刊行事[②]。王文治乾隆五十七年正月《納書楹曲譜序》云"擇雜曲之優雅者，除《北西廂》、《臨川四夢》全本先已行世外，自《琵琶記》而降凡如千篇命之曰《納書楹曲譜》"[③]，則"四夢"已有行世，是抄本是刻本今則不知。據王序，"四夢"初不在刊刻計劃中，但同月葉氏作《四夢全譜自序》，則有同時刊刻四夢的謀劃。筆者審視影印本《四夢全譜》，無乾隆三年刊刻題識，斷乎不是乾隆三年刻本也。渠所審定，不知何據？

5. 閱微草堂筆記二十四卷，（清）紀昀撰

匡高17.3釐米，寬11.9釐米，半葉十行，行二十一字，黑口，左右雙邊。"絲綢之路古籍展覽"題"清嘉慶五年（1800）刻本"。新疆維吾爾自治區圖書館藏。

《閱微草堂筆記》算是清代中葉的名人名作了，本書是一部志怪小説集，包含《灤陽消夏録》六卷、《如是我聞》四卷、《槐西雜志》四卷、《姑妄聽之》四卷、《灤陽續録》六卷，共五種，合二十四卷。此書筆墨詼諧，教人勸善，問世以來讀者衆多，因此版本也多，還有節本，也被多次納入叢書流傳。最早的五種合刻本爲嘉慶五年北平盛氏本、嘉慶二十一年北平盛氏重刊本、道光二年屠倬《潛園集録》本、道光十五年廣州財政司刊本等。嘉慶五年初刻本有一突出特點，"版心上有嘉慶五年校刊，下有北平盛氏藏板等十二字者，爲原刊本也"[④]。新疆維吾爾自治區圖書館藏本版心作大黑口，對魚尾，顯然非嘉慶五年本。之所以誤判者，此本前當保留了嘉慶五年盛氏初刻的舊序。以序跋判斷版刻時代，是拘泥而危險的，特別是明清時期版本重刻頻次很高，往往在内封面、序跋、行款、版式等方面保持舊觀；此類本子若佚去重刻款識，

---

① 《續修四庫全書》，上海：上海古籍出版社，2002年，第1756—1757册。
② 《續修四庫全書》，第1757册，第169頁。
③ 《續修四庫全書》，第1757册，第168頁。
④ 孫殿起：《販書偶記附續編》，上海：上海古籍出版社，1999年，第294頁。

很容易造成困擾。《筆記》是暢銷書，翻版重刻也是常事。審此本字體爲方體字，但粗率鬆散，連史紙印，當爲道光後某一坊本，且不精工。因未見全書，不能查檢避諱字和校勘原文，未敢遽定。

胡光明研究了《筆記》的諸版本，認爲：北平盛氏有嘉慶五年、十七年、二十一年三刻；道光十五年刻本以及此後諸本等；道光十五年本是此後諸本之源①。另《續修四庫全書》影印了國家圖書館藏本，頁眉有翁心存批校，國家圖書館出版社近年還影印此本單獨綫裝出版，均題嘉慶五年盛氏刻本，誤，應是嘉慶十七年盛氏再刻本。經比對，新疆館藏本也非嘉慶十七年本。筆者所見道光十五年本首頁書影第六行"聊"字右邊作"邜"，第八行"御"字右邊作"阝"，也與新疆館藏本不同。新疆館藏本書前有目錄。據胡光明文，道光二十七年小蓬萊山館本無目錄，光緒三年唐文星書坊本也無目錄，蘇州振新書社本有嘉慶五年盛氏序，有無目錄胡氏未提及②，以文意判斷書前應有目錄。則新疆館藏本極有可能是蘇州振新書社本，屬清末本子。

6. 漢西域圖考七卷首一卷，（清）李光廷撰

匡高17.7釐米，寬13釐米。半葉九行，行二十一字，小字雙行同，白口，四周單邊。"絲綢之路古籍展覽"題"清同治九年（1870）刻本"。新疆維吾爾自治區圖書館藏。

按《漢西域圖考》七卷，《清史稿·藝文志》著錄③，是一部西域中亞歷史地理著作。此書前有陳澧同治庚午（九年）八月《漢西域圖考序》。卷一爲《圖説》；卷二爲《天山以南諸國沿革考》；卷三爲《天山以北諸國沿革考》；卷四爲《清新疆軍台道里表》；卷五爲《蔥嶺諸國沿革考》；卷六爲《蔥嶺以西諸國沿革考》；卷七爲附錄。該書特點是插圖用西洋地圖法繪製；所關注的"西域"更擴大到帕米爾以西、喀喇昆侖山以南地區，視野開闊。李光廷（1812—1880），字恢垣，番禺人，咸豐二年進士，官吏部驗封清吏司，退閑後回鄉著述講學。有《漢西域圖考》《廣元遺山年譜》等行世。

李軍對《漢西域圖考》有初步研究④，但李軍只見到光緒八年趙氏活字本。該書最早爲同治九年刻本，内封面爲"庚午九月陳澧篆"《漢西域圖考》書名，凡例末題"粤東省城西湖街富文齋承接刊印"，每卷末有"男邁庸、邁平校字"款，當爲李氏家刻交由廣州書坊富文齋承辦。此本半葉九行，行二十一字，白口，單魚尾，四周雙

---

① 胡光明：《〈閱微草堂筆記〉版本與評點研究》，北京：北京大學碩士學位論文，2011年，第21—29頁。
② 胡光明：《〈閱微草堂筆記〉版本與評點研究》，第22—23頁。
③ 《清史稿》，北京：中華書局，1977年，第4268、4299頁。
④ 李軍：《西北史地學巨著〈漢西域圖考〉論略》，《魯東大學學報》（哲社版）2015年1期，第1—5頁。

邊①。光緒八年，趙登詒用木活字排印，插圖仍爲雕版，內封面覆刻同治本，序言、卷次、行款版式等一仍其舊。唯書口下方鎸"陽湖趙氏壽諼草堂"八字，書後有光緒八年趙登詒跋。

審新疆館藏本，書口亦有"陽湖趙氏壽諼草堂"，當爲光緒八年趙氏活字本。原鑒定錯誤，當爲信從書前保留的陳澧同治九年舊序所致。按趙氏活字本特徵極爲明顯，版匡直角處均裂口；同治本爲四周雙邊，而活字本爲四周單邊。

---

① "孔夫子舊書網"：http://book.kongfz.com/item_pic_22654_278320742/

古代歷史文化探討

甲骨文中的"地理空間"

張興照

地理空間是人賦予自然界的一個概念與表述，甲骨文字構造反映了殷人地理認知方面的空間觀念，包括空間方位界定、疆域意識及層級結構劃分。

人類生存於一定的地理環境中，其對外部世界的感知除了具體的自然物象，還需有空間方位之辨。雜亂的世界在人的眼中可變得規範與有序，這是人對自然的空間界定，是地理環境在人頭腦中的基本反映。

一、地理空間方位

大量甲骨文字已透現出殷人不同範圍等次的空間視野及方位辨稱。

1. 殷人"中"的方位概念

甲骨文裏有東西南北中之中，有左中右之中，有大中小之中，前兩者無疑具有方位概念。"中"字形作 、 、 、 等。唐蘭謂："中者最初爲氏族社會之徽幟……古時用以聚衆……蓋古者有大事，聚衆於曠地，先建中焉，群衆望見中而趨附。群衆來自四方，則建中之地爲中央矣。列衆爲陣，建中之酋長或貴族，恒居中央，而群衆左之右之望見中之所在，即知爲中央矣。（若爲三軍，則中軍也）然則中本徽幟，而其所立之地，恒爲中央，遂引申爲中央之義，因更引申爲一切之中。"[①] 于省吾謂："甲骨文的中字本象有旒之旂，商王有事，立中以招集士衆，士衆圍繞在旂之周圍以聽命，故中字又引申爲中間之中。甲骨文的'王作三師右中左'，已用中字爲中間之

作者簡介：張興照（1972—），中國社會科學院歷史研究所副研究員。
① 唐蘭：《殷虛文字記》，北京：中華書局，1981年，第53—54頁。

中。""甲骨文之言東南西北四土以及四方,均就以'大邑商'爲中心言之。"①唐、于所論揭示了"中"之本義②,甲骨文中多有"立中"之語③,特別是占卜立中時"無風"之辭(《合集》7369、《英藏》680)正是其反映。而"中"所具有的"中央""中間"之義即由此而來。卜辭有"中商",正是相對於周圍的四方與四土而言,顯見其自居中央之意。"中"的不同字形在甲骨文中的意義或有所區分④,"中宗""中子""中商"之"中"作 中、中;"立中""中日"之"中"作 、。但也有互用之例,如"中录"之"中", (《合集》13375 正)、中(《合集》28124)二形兼有。"中商"之"中"作 中(《合集》20650+20652);中室之中作 (《合集》27884),可見作爲方位概念的"中",諸形皆用。現舉"中"之具有方位概念的辭例如下:

  勿于中商。(《合集》7837+20540)
  ……巳卜,王,貞于中商呼……方。(《合集》20453)
  戊申卜,王,貞受中商年。(《合集》20650+20652)
  乙未[卜],囗,貞立事于南,右[从我],中从舉,左从曾。(《合集》5504,并參《合集》5512 正)
  丙申卜,貞肇马左右中,人三百。六月。(《合集》5825)
  丁酉,貞王作三師右中左。(《合集》33006)
  叀中彔先。(《合集》28124,圖 1)
  乙亥卜,今日至于中彔。(《屯南》2529)
  燎中田……(《合集》21199 正)

---

① 于省吾:《釋中國》,載彭衛、張彤、張金龍主編:《20 世紀中華學術經典文庫·歷史學·中國古代史卷》(上冊),蘭州:蘭州大學出版社,2000 年,第 179、175 頁。
② 田樹生以爲"甲骨文'中'等形,一象旌旗,一象建鼓,都是指揮和號令的工具"(《釋中》,《殷都學刊》1991 年第 2 期)。有學者以爲是測風、測影的測天儀(參見《甲骨文字詁林》,北京:中華書局,1996 年,第 2940—2943 頁)。
③ 肖良瓊謂立杆測影,見《卜辭中的"立中"與商代的主表測景》,《科學史文集》第 10 輯,上海科技出版社,1983 年;何駑謂測"地中",見《"中"與"中國"的由來》,《中國社會科學報》2010 年 5 月 18 日。
④ 羅振玉以爲"中"字諸形"判然不相混淆"。姚孝遂認爲"區分甚嚴,僅有個別例外"。(參見《甲骨文 字詁林》,第 2935、2943 頁)我們承認有相當大的區分度,但也不能將其強作區分,因爲 中 乃 之省體恐怕是不能否認的,下面幾辭"中"之字形:"右中左"(《合集》33006 作 —曆組)、"中丁"(《合集》14868 作)、"小臣中"(《合集》5575 作 中)或正體現出其省變之迹。

圖 1　《合集》28124

由以上辭例來看，"中"的方位概念在商代意義明確，應用廣泛。除了地點位置的方位表述（中泉、中田），亦用於以方位來劃類分部（左右中人、三師右中左）。殷人已將中與東西南北聯繫起來，如中泉與東泉（《合集》28124）並貞。最可注意者，卜辭中有商（意即中商[①]）與東南西北四方並言（《屯南》1126）、商與四土受年相對應（《合集》36975），殷人以自身及所在的王都爲基點來認識和規範周圍的世界，卜辭中每言"我""商""中商""大邑商"等，均爲"中"之所在，殷人"中"的這一方位概念應即"中國"一詞產生的源頭[②]。

2. 四方觀與八方觀念

中國自古即有天地（上下）、四方（東西南北）之觀念，這是界定空間的最基本表述。殷人已有明確的四方觀，文獻中多載商人言語中的"四方"之辭。《史記·殷本紀》載："湯出，見野張網四面，祝曰：'自天下四方皆入吾網。'"《尚書·盤庚上》載盤庚語："紹復先王之業，厎綏四方。"《國語·楚語上》載武丁作書曰："以余正四方。"《尚書·微子》載微子語："殷其弗或亂正四方。"《詩·商頌》

[①]　"□巳卜，王，貞于中商乎〔禦〕方。"（《合集》20453）與之同爲自組，應同爲占卜一事的卜辭："壬午卜，自貞乎禦方于商。"（《合集》20450）可見，商亦稱中商。

[②]　胡厚宣以爲"殷代必已有'中國'意義之稱謂"（見《論殷代五方觀念及中國稱謂之起源》，載《甲骨學商史論叢初集》，石家莊：河北教育出版社，2002年）。于省吾《釋中國》認爲"中國"一詞產生於周初。

追述商王成湯與武丁功迹的詩句："古帝命成湯，正域彼四方。"(《玄鳥》)"商邑翼翼，四方之極。"(《殷武》)若謂文獻所載或爲後人之觀念與言語加於古人，則甲骨文中大量有關東西南北四方之辭可證殷人四方觀的存在。卜辭有明言四方者：

其來年四方東豚。(《合集》28239)
辛□酚四方。(《合集》34143，《合集》41640 重見)
庚戌卜，寧于四方，其五犬。(《合集》34144)
壬辰卜，寧疾於四方，三羌又九犬。(《屯南》1059)

上揭諸辭以四方爲祭祀對象，已隱含着方位觀念。值得注意者，"酚四方"一辭同版有"侑出日"，關及揆度日影序四方①。甲骨文中又有明言東南西北四方及四方風名者(《合集》14294，見表 1)，更可看出四方的地域性與方位性。如果説四方與四方風不單表述空間方位，而是有與四季氣候變化相應的候時性在内，則下面一辭：

南方。
西方。
北方。
東方。
商。(《屯南》1126，圖 2)

圖 2　《屯南》1126

---

①　宋鎮豪以爲甲骨文"中汞"對應於"東汞""西汞"以及"中室"對應於"東室""西室"等反映了基於太陽周日視運動而産生的重視東西軸綫的方位觀，殷人已掌握了相當精細的天象測算與序方位的知識。參見《夏商社會生活史》(增訂本)，北京：中國社會科學出版社，2005 年，第 783—784 頁。

將商與四方相對而言，完全是地域空間界劃的反映。由於商又可被稱爲中商，在大範圍的空間感知上，殷人以商（中商）爲基點、爲"中"，描述周圍空間爲東、南、西、北。胡厚宣據此認爲"殷代已有中東南西北五方之觀念明矣"[①]。可以説"中"與"四方"應已成爲殷人認識、講述空間的習慣用語和成熟觀念。卜辭：

> 東。
> 南。
> 西。
> 🐾。（《花東》18）

此辭"東""南""西""🐾"（或與"北"有關）刻於龜甲下部，四字上下左右分開刻寫，相連呈四邊形，是方位在刻寫部位上的反映。另甲骨文有四土之稱：

> 壬申卜，奏四土于🐾□。（《合集》21091）
> □申卜……四土……宗。（《合集》33272）己巳王卜，貞今歲商受年。王占曰：吉。東土受年。
> 南土受年。西土受年。
> 北土受年。（《合集》36975）

受年之辭，將商與東土、南土、西土、北土對文，無疑四土即四方觀在地域上的落實。方位有界定性，它既可以就人們視野所及、頭腦所想的大範圍、無限遠空間進行界定，更可以來指稱自身周圍小範圍的地理事物或地域概念。方位還有指向性，即可以標示位置所在及起訖的趨向。下面擇取一些四方觀對地理空間的表述，匯爲表1：

對於商代是否有八方的觀念，我們還不敢有十分的斷定。一是傳統文獻未見其時有關八方的記載，先秦文獻言四方所指稱的方位範圍較廣，似已將八方涵蓋在内；二是甲骨文出現一些可能是八方觀念反映的方位用詞，但對其解讀尚存分歧。我們以常理度之，在四方觀已很成熟的情況下，出現介於東、南、西、北四個方向之間的中間方位概念是很有可能的。文獻的缺載及甲骨文記錄的模糊或是由於書面語的表達不及

---

① 胡厚宣：《論殷代五方觀念及中國稱謂之起源》，載《甲骨學商史論叢初集》，石家莊：河北教育出版社，第279頁。

表 1　甲骨文中的四方觀及其對地理空間的表述

	東		南		西		北	
空間方位界劃	東方（11）①	T1126	南方（9）	T1126	西方（9）	T1126	北方（11）	T1126
	東土（12）	H36975	南土（20）	H36975	西土（23）	H36975	北土（17）	H36975
	東對（1）	H36419	—	—	西對（2）	H30600	北對（1）	T4529
	東戈（1）	H33208	南戈（1）	H33208	西戈（1）	H33208	北戈（1）	H33208
	—	—	南奠（6）	H7884	西奠（2）	H24	北奠（3）	H32277
空間方位表稱	東單	H28115	南單	H28116	西單	H9572+9583+5080+17331+16399+17464	北單	H33040
	東沚	W1648	南沚	H9518	（河）西沚	T4489	北沚	H36758
	東彔	H10971	南鹿	H10912	西鹿	H29031	北彔	H29409
	（㭖）東田	H29246	南田	H32271	西田	H36181+36523	（我）北田	H9750+9802+乙補5075
	東室	H13556 反	南室	H13557+4013+15348+15690+B4095	西室	H30372	北室	HD3
	東官	HD81	南宣	H30374	西宗	H36482	北宗	H38231
	東寢	H34067	南門旦	H34071	西寢	H34067	—	—
空間方位指向	河東	H5566	滴南（沚）	H33178	（北）西	H33207	淵北	T722
	田從東	H10903	田從南	H10903	田（從）西	H10903	田從北	H10903
	（雨）自東	H3183 正甲	（雨）自南	H12724	（艱）自西	H584 正甲+B5597 9498 正+7143 正+東大 B571a	（艱）自北	H137 反+16890 反
	于東	H11468	黍于南	H9518	往于西	H10050	黍于北	H9535+6591
	在東	H6906	在南	H564 正	在西	H8832	在北	H914 正

注：表中甲骨片號的著録書名用字母代替，H 爲《合集》，T 爲《屯南》，W 爲《懷特》，HD 爲《花東》

實際語彙及其思想的豐富而致。今天我們一些日常用語不會出現在書面語中，一些思想觀念也未必能被文字所記録，古代同樣如此，並甚於今天。由於古代漢語的簡練及甲骨文記載內容的限制，殷人八方觀念或許被掩蓋了。據考古發現，安徽含山凌家灘出土一玉片，上有箭頭可能指示八方方位，其時代爲大汶口文化中期②。殷墟考古發掘亦見到飾有八角星紋樣的車馬器出土③。先民八方觀念的產生應該是很早的。

甲骨文中出現"東南""西南""西北""北西""東北""北東"等，有些或即是複合方位詞。下面擇取一些辭例進行分析：

---

① 括弧内爲該方位界劃在甲骨文中出現的次數，下同。
② 陳久金、張敬國：《含山出土玉片圖形試考》，《文物》1989 年第 4 期。
③ 中國社會科學院考古研究所編著：《殷墟的發現與研究》，北京：科學出版社，1994 年，第 142 頁。

己亥卜，內，貞王有石在鹿北東，作邑于之。一
王有石在鹿北東，作邑于之。二。
作邑于鹿。三。(《合集》13505 正，圖 3)

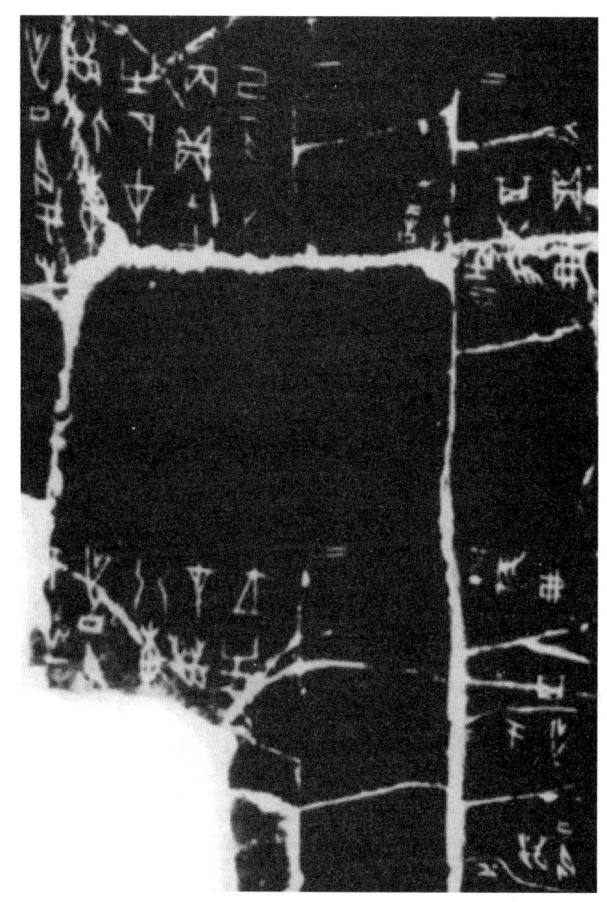

圖 3　《合集》13505 正

辭中"鹿北東"（鹿作地名，可讀爲麓）不外四種解讀： 鹿北之東；鹿之北東（即鹿之東北）；鹿北還是鹿東——貞問之辭；鹿北與（或）鹿東——陳述之辭。卜辭中在地名後接一個方位詞是很多的，但幾乎全是表示泛指性的地域表述，如"河東"（《合集》5566）、"滴南"（《合集》33178）、"自西"（《合集》30284）、"淵北"（《屯南》722）等，爲山川湖泊之東南西北方，非具體地名；"北"（《合集》8785）、"目北"（《合集》29285）、"京北"（《合集》33694）等爲具體地名+方位詞，亦很難將其看作具體地名。而卜辭中地名+方位詞+方位詞極少見，如前述："鹿北東"，還有"龍西北"（《懷特》1654），在這兩例中具體地名+方位詞仍表示具體地名的可能性

應該排除("龍西北"之義詳下)。所以"鹿北東"不應解作地名"鹿北"之東。若謂"鹿北東"表示鹿之北之東,豈不正是鹿之北東(東北)之意?這組卜辭是貞問作邑的地點而非石料所在(北還是東),所以不可解作鹿北還是鹿東有石料①。

"有石在鹿北東"非貞問之辭,而是既定之語,則還有這樣一種解讀:鹿北與(或)鹿東有石料。我們認爲在這組卜辭中這樣解讀也是不大合適的,因爲 1、2 辭是"作邑于之",3 辭是"作邑於鹿","之"指的不是應鹿,而是鹿北東,而若把"之"解作鹿北或鹿東未始沒有可能,則辭義爲貞問在鹿北或鹿東作邑,還是在鹿作邑。但這樣解讀總有些迂曲牽強,不如解作鹿之東北曉暢。同樣,卜辭:

壬午卜,有戎在東北,獲。弗獲。(《合集》20779+20594+20265)

是貞問能否獲東北之戎,而非貞問戎之所在,所以東北不能解作東還是北。若解作東或北,即貞問能否獲取東或北之戎,則顯得牽強。另卜辭:

戊戌,貞令眾涉龍西(或釋迺)北,亡憂。(《懷特》1654)

龍爲水名,則涉龍西北絕難解作涉龍西之北,只能是涉龍水之西北,指涉龍水至西北岸(方)。另有不與地名聯繫的表述方位指向之辭:

□□卜,今日方其征。不征。延雨自西北,少。(《合集》21021+21316+21321+21016)

延雨自西北,非貞問之辭,而是一種事實的陳述,雨不能同時來自西與北兩個方向。然則此辭中的"西北"不應看作西和北、西或北,而應看作複合方位——西北。卜辭又有:

□其逐杏麋,自西東北,亡戋。自東西北逐杏麋,亡戋。(《合集》28789,圖4)

---

① "有石"或可讀作"侑石",則此辭之"石"並非指石料,而是商王侑祭的社主。參見宋鎮豪:《夏商社會生活史》(增訂本),北京:中國社會科學出版社,2005年,第97頁。

圖4 《合集》28789

有觀點以爲此辭講的是從東、西、北三個方向逐鹿①，果如此的話，無須"西東北"改作"東西北"。黃天樹認爲："這是一組選貞卜辭，占卜的焦點是要選擇一條追逐麋鹿的最佳路綫，而不是講從'東西北'三面合圍。這組選貞卜辭的大意是，貞問追逐的路綫是從西往東再往北追逐杏地之麋好呢，還是從東往西再往北追逐杏地之麋好呢。"②我們同意黃先生"追逐路綫"說，但這條路綫應該更簡單、簡明些，即貞問是從西邊往東北方向還是從東邊往西北方向追逐麋鹿。

上舉辭例中的北東、東北、西北均以不分開，看作複合方位詞爲宜，東北又作北東，顯示出殷人八方觀念還未在表達習慣上定型。下面一辭：

---

① 甘露：《甲骨文方位詞研究》，《殷都學刊》1999年第4期。
② 黃天樹：《說殷墟甲骨文中的方位詞》，載《黃天樹古文字論集》，北京：學苑出版社，2006年。

己未卜，其剛羊十于西南。(《合集》32161)

此辭"西南"非複合方位詞，而是西與南，指方神。如同卜辭：

貞燎東、西，穀卯黄牛。燎于東、西，侑伐穀卯黄牛。(《合集》14315 正)

東、西指方神。可見，在祭祀卜辭中，兩個方位字連用作爲祭祀對象，不能看作複合方位詞。

對於殷人的八方觀，宋鎮豪認爲"殷人序四方是以太陽爲准"，"隨着季候現象的深入觀測，當可發現日影因四時迴圈而方向有變，結合自然空間的劃分，有可能產生八方觀"。但八個方向的觀念"尚未成爲社會思想觀念的主流認識，當時基本處於兩度空間四方區劃與四時感性認識的對應關係之思維模式發展階段"①。

綜上，甲骨文顯示殷人應已具有八方觀念並用於指稱地理空間，但其使用不多，表述尚未定型。複合方位詞的推斷須由對辭例與文義的分析得出。

3. 殷人其他方位辨稱

陳夢家列舉卜辭關於方位的指詞有：東、西、南、北、中、左、右、大、小、高、後、上、下、外、內，除了表處所的方向，宗廟神主所在的方位或次第亦包括在內②。我們探討的是地理空間的方位，則剔除大小高後，殷人方位辨稱除了前述東南西北中，還有左（𠂇）、右（𠂇）、上（二）、下（二）、內（入）、外（卜）。空間之左右是以左右手之義引申；空間之上下是以長短畫位置示意；古文字入、內同源，入可有內義；外之本義源於卜兆，兆枝所向爲內，另一面即外，故借卜爲外義。黄天樹考證甲骨文中的"陰"（即淦）、"陽"（昜）作爲方位詞分別指"水之南、山之北也"；"水之北、山之南也"③。分舉辭例如下：

乙未［卜］，□，貞立事于南，右［从我］，中从輿，左从曾。(《合集》5504，并參《合集》5512 正)

丁酉，貞王乍三師，右、中、左。(《合集》33006，圖 5)

---

① 宋鎮豪：《夏商社會生活史》（增訂本），北京：中國社會科學出版社，2005 年，第 803—804 頁。
② 陳夢家：《殷虛卜辭綜述》，北京：中華書局，1988 年，第 119—120 頁。
③ 參見黄天樹：《說甲骨文中的"陰"和"陽"》，載《黄天樹古文字論集》，北京：學苑出版社，2006 年。按，甲骨文中"陰""陽"二字表述方位尚無堅强的證據，在此列出，僅供參考。

圖 5 《合集》33006

右戍不雉衆。

中戍不雉衆。

左戍不雉衆。(《屯南》2320)

亞立,其于右利。

其于左利。(《合集》28008)

庚戌卜,王曰,貞其利右馬。

庚戌卜,王曰,貞其利左馬。(《合集》24506)

送于右牧。

[送]于左牧。(《合集》28769)

叀右獲。叀右获。(《合集》37520)

是謂左右之辨。

貞涉于上下。(《蘇德》D136 反,圖 6)

貞冓于下禦方。(《合集》6800)

□[酉]卜,貞[于]上禦方。五月。(《合集》6801)

貞王比望乘伐下危。(《合集》322)

在下南田,受禾。(《合集》28231)

王立于上。(《合集》27815)

癸未卜,在上,貞王旬亡。在正月。(《英藏》2531+36854)

是謂上下之辨。

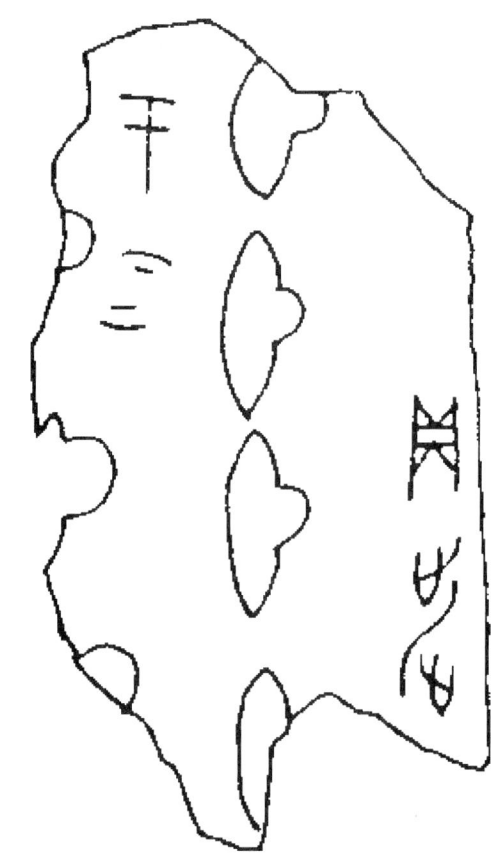

圖6 《蘇德》D136 反

庚辰卜,于外阝(祀)①土。

庚辰卜,于內阝(祀)土。(《合集》34189,圖7)

甲寅,貞在外有憂,雨。(《屯南》550)

其自外有來憂。(《合集》32914)

---

① 阝義爲祀,參見宋鎮豪:《夏商社會生活史》(增訂本),北京:中國社會科學出版社,2005年,第825頁。

辛酉，貞王曰彷，亡憂在內。(《屯南》756)

癸酉卜，出，貞旬有亡［憂］在內。(《合集》41228)

是謂內外之辨。

其秦河，叀舊🔲用，于淦（陰）酒。(《合集》30429)

于南🔲（陽），西🔲。(《屯南4529》)

是謂陰陽之辨。

圖 7　《合集》34189

二、地理空間結構

殷人對地理空間的認識，還表現在疆域意識的產生及層級結構的劃分、表述方面。殷人的區劃疆域意識在一些甲骨文字形中可以透現出來。田字作🔲（《合集》6057反）、🔲（《合集》32992反）、🔲（《合集》33211）等形，其中縱橫交錯的小路將田地區分劃界。又有"周"字，字形作 ▦（《合集》6812）、▦（《合集》8456）、▦（《合集》20074）等。徐中舒以爲此字"象界劃分明之農田，其中小點象禾稼之形"①。周法高、張日昇謂："囗象四周田界，其中阡陌縱横，∷象田中所植"②。田、周字形所示爲農田之劃界，而地域的區劃意識即可由此產生。卜辭有"畕"，字形作 ▦（《英藏》744），《説文》："畕，比田也。"二田相比會田之有界，畕爲疆的古寫。又有 ▦，字形作 ▦（《合集》27879），上下兩橫表示田界。後世"畺"即由畕與 ▦ 演變而來。《説文》："畺，界也。從畕；三，其界畫也。"疑甲骨文已有"疆"，字形作 ▦（《合集》37831），與金文盂鼎銘文中的" ▦ "及頌簋中的" ▦ "近。殷人以田表示界劃，又有"邦"字爲證。"邦"字形作 ▦（《合集》27150+30532），從 ▦（豐）從田，象植木於田界之形，田示疆域，樹爲界標。《説文》"邑部"："邦，國也。……▦，古文。"甲骨文邦字與古文 ▦ 形近。卜辭有"求年于邦土"（《合集》846）、"求年于邦"（《合集》10104+847）正用疆土之義。疆土之分界，又有與"邦"相通之"封"字。封，甲骨文字形作 ▦（《合集》27498）、▦（《合集》28821），從豐從土，或加又，"字象植樹土上，以明經界。"③《周禮·地官·封人》："封人掌詔王之社壝，爲畿封而樹之。"《周禮》保存了封字的最初含義。封土成堆，植樹其上，以爲封疆標識。封、邦義近。《尚書·蔡仲之命》："乃命諸王邦之蔡。"這裏的"邦"即與"封"相通。王國維以爲 ▦ "《説文》古文從止乃從豐之僞，古封邦爲一字"（《古籀疏證》）。《説文》："封，爵諸侯之土也。"卜辭有一封（▦）[方]（《合集》39777）、二封方（《合集》36243）、三封方（《合集》36530）、四封方（《合集》36528反）。④甲骨文又有"對"字，字形作：▦（《合集》30600）、▦（《屯南》4529）、▦（《合集》36790）。"'對'字像手植叢樹於土上作表記之形，疑讀如垂，同陲，意指邊垂疆界標識。"⑤

《爾雅·釋詁》："疆、界、邊、衛、圉，垂也。"卜辭有"作圍於東對"（《合

---

① 徐中舒：《甲骨文字典》，成都：四川辭書出版社，1989年，第94頁。
② 周法高、張日昇：《金文詁林》，香港中文大學，1975年，第674頁。
③ 李孝定：《甲骨文字集釋》，《"中央研究院"歷史語言研究所專刊》之五十，1970年，第3991頁。
④ "一封方"、"二封方"……或可讀作"一邦方"、"二邦方"……。近來有學者以爲"封"在甲骨文中另有其字，即一般釋作"聖"的字，形如 ▦、▦、▦ 等，"以象雙手的字符與土爲基本成分，其中偶見增加象田界的'▦'形字符，其取意應來自田畝封疆行爲"。參見葛英會：《釋殷墟甲骨的土田封疆卜辭》，載北京大學古代文明研究中心：《古代文明研究通訊》第33期，2007年。
⑤ 宋鎮豪：《夏商社會生活史》（增訂本），北京：中國社會科學出版社，2005年，第37頁。

集》36419），正所謂封疆劃界之義。《詩·大雅·皇矣》"帝作邦作對"可證"對"與"邦"義近。高亨謂："邦，借爲封。封，邊疆也。對，與疆同意。古代國家常在邊界上種植樹木以作標志，略似後代的柳條邊，這叫做對。"[①] 甲骨文中邦、封、對三字之形義正可與後世所謂"爲畿封而樹之"（《周禮》），"封疆畫界者，封土爲臺，以表識疆境也"（《古今注·都邑》）相應。

與界劃、疆界緊密聯繫的是區域的概念。甲骨文有字根囗，音讀同圍，象四周圍起的樣子，或爲圍之初文，其形義透現出"域"的概念。甲骨文中從囗之字如圉、囿、邑、啚等均同範圍、區域、疆域的概念有關，試析之。

前述卜辭"作圉於東對"之"圉"，字形作 （《合集》522 反+7150 反），本義爲監獄，囗之圍義顯見。《說文》："一曰圉垂也。"《左傳》隱公十一年："亦聊以固吾圉也。"杜預注："圉，邊垂也。"

囿，甲骨文字形作 （《合集》9488）、 （《合集》9489），象域中有草木之形。《說文》："囿，苑有垣也。……一曰養禽獸曰囿。"本義當爲苑囿，《詩·大雅·靈臺》"王在靈囿，麀鹿攸伏"正用其義。卜辭有"王往……囿"（《合集》9488、9490）語，囿或其本義。卜辭又有"龍囿"（《合集》9552）則爲地名。引申其義，"分別區域也叫囿，用同'域'，《秦公簋》'高引又（有）慶，竈囿四方'之'竈囿'即《毛詩·商頌·玄鳥》'肇域彼四海'之'肇域'"[②]。

邑，甲骨文字形一般作 （《合集》7322 臼），亦有作 （《合集》17706）者，從囗從人，商金文或 作（邑爵）。由字形說解甲骨文中的邑，或以其本義爲城邑[③]、都邑[④]，恐非。邑之本義爲聚落，不必爲城邑。《釋名》："邑，人聚會之稱也。"卜辭言邑有多至十邑（《合集》28098）、廿邑（《合集》6798）、卅邑（《合集》707 正）、四十邑（《合集》7077），可爲證。甲骨文中無"都"字，商的都城亦稱爲邑：如大邑商（《合集》36511）、天邑商（《英藏》2529+《合集》36541+36544+36547）、王邑（《合集》39998）。《詩·商頌·殷武》："商邑翼翼，四方之極。"商邑即指商王都。《說文》："邑，國也。"《爾雅·釋地》郭璞注："邑，國都也。"是國、都皆可得稱爲

---

① 高亨：《詩經今注》，上海：上海古籍出版社，1980 年，第 390 頁。
② 季旭昇：《說文新證》上冊，臺北：藝文印書館，2002 年，第 518 頁。
③ 黃天樹：《〈說文解字〉部首與甲骨文》，載《黃天樹古文字論集》，北京：學苑出版社，2006 年。
④ 季旭昇：《說文新證》上冊，臺北：藝文印書館，2002 年，第 527 頁。

邑。于省吾以爲🔲乃邑之初文，其從🔲，表示城邑四面有垣牆之形；其從🔲，表示都邑以外的四郊①。從這個角度講，邑與國可以建立起聯繫。林澐由🔲這一字形做出推想：相鄰的邑之間會產生領地界限的觀念，而國界與邑界的觀念又有繼承發展的一面。古人把國稱爲邑，或有這方面的原因②。

啚：字形作🔲（《合集》6057 反），字像封域有倉，古鄙字。郭沫若以爲："啚字從口從㐭，示倉㐭所在之處，自爲邊鄙也。"③陳夢家謂鄙"當爲都城之外居住的地區，聚若干小邑而成"④。卜辭中既有"商鄙"（《英藏》2525+《合集》36494+36490+《合補》12877），又有諸侯方國之鄙，如"攸侯喜鄙"（《合集》36484）。

有區域，則有大小、廣狹、內外之別，反映在地理空間上，則是地域的層級結構。《周禮·地官·小司徒》："分地域而辨其守。"鄭注："分地域，謂建邦國，造都鄙，制鄉遂也。"賈疏："言'分地域'者，謂建邦國之等，各有營域遠近疆界。"是爲地域的政治架構。《爾雅·釋地》："邑外謂之郊，郊外謂之牧，牧外謂之野，野外謂之林，林外謂之坰。""此釋郊野之地遠近……不同之名也。"是謂地域的自然分區。商代疆域的界劃與結構不同於後世，而有其自身的特點。前述甲骨文的"王邑"與"商鄙"，正爲鄭玄所言之"邦國""都鄙"。都鄙之下，謂之鄉遂，囿於材料匱乏，也由於這並非我們所要探討的主題，商代基層行政組織且按下不表。商代都鄙之外，則有奠（甸）、戈，可予討論。《爾雅》所講的郊、牧、野、林、坰，甲骨文中皆可探究其字。今逐一析之。

奠：字形作🔲（《合集》32277），本義爲祭奠，卜辭假借爲甸。《禹貢》："禹敷土，隨山刊木，奠高山大川。"《詩·小雅·信南山》："信彼南山，維禹甸之。"是奠、甸義同。卜辭有"我奠"（《合集》9767）、"南奠"（《合集》7884）、"西奠"（《合集》24）、"北奠"（《合集》32277）等。陳夢家謂："奠當在殷王國範圍之內，疑即郊甸之甸。"⑤裘錫圭揭甲骨文用爲動詞的奠字，本指商王朝處置服屬者的一種方

---

① 于省吾：《釋中國》，載彭衛、張彤、張金龍主編：《20 世紀中華學術經典文庫·歷史學·中國古代史卷（上冊）》，蘭州：蘭州大學出版社，2000 年，第 179 頁。
② 林澐：《關於中國早期國家形式的幾個問題》，《吉林大學社會科學學報》1986 年第 2 期。
③ 郭沫若：《殷契餘論·釋啚㐭》，載《郭沫若全集·考古編》，北京：人民出版社，1982 年。
④ 陳夢家：《殷虛卜辭綜述》，北京：中華書局，1988 年，第 323 頁。
⑤ 陳夢家：《殷虛卜辭綜述》，北京：中華書局，1988 年，第 324 頁。

法①。宋鎮豪據"我奠""南奠""北奠"等推測:"當時存在着圍繞在商王朝四周可控制地理範圍內安置被奠者的慣例,長此以往而人爲形成一特殊的政治地理圈,此已名詞化的'奠',性質與《周禮·天官·甸師》(引者按,《天官·序官》"甸師"下鄭注)說的'郊外曰甸'有淵源關係,或可讀如甸。""奠應指王朝外服可控制區範圍,相當商國的畿甸外圍所至。"②

戈:字形作𠂤(《合集》33208),卜辭有"東戈""南戈""西戈""北戈"四戈之稱(《合集》33208)。陳夢家由金文"或""域""國"一字,戈聲,懷疑卜辭的四戈爲四或四國,"戈"當指邊境之地。③宋鎮豪謂:"'四戈'當爲'四土'外周邊'四至'的與商王朝若接若離彈性伸縮邊地。"④

郊:甲骨文有"蒿",字形𦫳(《合集》29375)、𦫳(《合集》36534),從高從木或從草,本義或爲草名。《詩·小雅·鹿鳴》:"呦呦鹿鳴,食野之蒿。"卜辭有"蒿田"(《合集》29375、36534)。宋鎮豪據《周禮·地官·載師》"近郊之地",鄭玄注"故書……郊或爲蒿",鄭注引杜子春云"蒿讀爲郊,五十里爲近郊,百里爲遠郊",推測卜辭中的"蒿"讀如郊,"蒿田"讀爲"郊田",即在郊田獵⑤。《周禮》賈疏云:"先鄭及子春等不從故書者,以其……蒿……義無所取故也。"由卜辭"蒿田"來看,田獵之地必爲草蒿之區,近郊或遠郊之野,《周禮》故書"近蒿之地"正透現其本義,"蒿"用爲"郊"當無疑。《爾雅》邢疏:"云'邑外謂之郊'者,邑,國都也。謂國都城之外名郊也。"

牧:字形作𦫳(《合集》11398)、𦫳(《合集》28351),象手持鞭驅趕牛羊放牧之形,本義即爲放牧。卜辭有左牧、右牧(《合集》28769)、南牧、北牧(《合集》28351),或爲牧場之稱。《周禮·天官·大宰》有"藪牧"之職,鄭玄注:"澤無水曰藪。牧,牧田,在遠郊。皆畜牧之地。"《爾雅》邢疏:"云'郊外謂之牧'者,言可放牧也。《書·牧誓》云:'王朝至於商郊牧野,乃誓'是也。"

野:字形作𡉏(《合集》18006+13587),從林從土,隸爲埜,野之古文,本義爲郊外荒野林莽之地。《説文》:"野,郊外也。"《爾雅》邢疏:"云'牧外謂之野'者,言牧外之地名野。《詩》傳云'郊外曰野'者,以細別言之,則郊外之地名牧,牧

---

① 裘錫圭:《説殷墟卜辭的"奠"——試論商人處置服屬者的一種方法》,載《"中央研究院"歷史語言研究所集刊》第64本3分,1993年。
② 宋鎮豪:《夏商社會生活史》(增訂本),北京:中國社會科學出版社,2005年,第39頁。
③ 陳夢家:《殷虛卜辭綜述》,北京:中華書局,1988年,第321頁。
④ 宋鎮豪:《夏商社會生活史》(增訂本),北京:中國社會科學出版社,2005年,第41頁。
⑤ 宋鎮豪:《夏商社會生活史》(增訂本),北京:中國社會科學出版社,2005年,第32頁。

外之地名野；若大判而言，則野者郊外通名。"

林：字形作 䒑（《合集》33756），象兩樹並列，本義爲樹林。《説文》："林，平土有叢木曰林，從二木。"卜辭有用爲地名與方國者，如："王逐……林兕"（《合集》11010）、"林方"（《合集》36968+41762），《爾雅》邢疏："云'野外謂之林'者，言野外之地名林，以其去都邑遠，薪采者少，其地可長平林，因名云也。"

冂（坰）：字形作 门（《合集》20021）。《説文》："邑外謂之郊，郊外謂之野，野外謂之林，林外謂之冂。象遠介也。冋，古文冂，從口，象國邑。坰：冋或從土。"是《説文》之"冂"同於《爾雅》之"坰"。于省吾謂卜辭"勿冂"（《明》754）即"物迥"，"是説自然界的物色遥遠"①。《爾雅》邢疏："云'林外謂之坰'者，言林外之地，最爲遠野，名坰。《魯頌》云：'駉駉牡馬，在坰之野。'毛傳云'坰，遠野'是也。"

《爾雅》之言本來就是地理空間結構的一種理想界劃與書面式表達，實際狀況不必這樣規範齊整②。於商代而言，這些字彙雖已出現，但其義未必如此，上述結構自然不可套用。不過甲骨文中這些字彙或在一定程度上反映了殷人對地理空間層級結構的某種認識。結合商代的歷史氛圍及甲骨文字彙，宋鎮豪曾勾勒商國疆域經緯如圖 8：

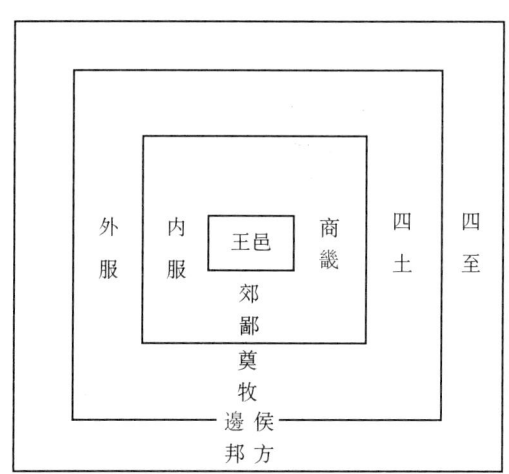

圖 8　商代政治地理架構圖

（采自宋鎮豪《論商代的政治地理架構》）

---

① 于省吾：《釋冂、髙》，《甲骨文字釋林》，北京：中華書局，1979 年，第 411 頁。
② 王砅注《素問》曰："邑外謂之郊，郊外謂之甸，甸外謂之牧，牧外謂之林，林外謂之坰，坰外謂之野。"與《爾雅》《説文》又異。是此種地域界劃本身即不規範。

仿《爾雅》及《説文》之例，以甲骨文字彙可表述商代疆域的層級結構爲：王邑（大邑商）外謂之郊鄙，郊鄙外謂之奠牧、奠牧外謂之邦方、邦方外謂之四戈。或以簡略通用語述爲商邑外謂之畿甸、畿甸外謂之四土、四土外謂之四至。

骨簽年代研究

劉慶柱　李毓芳

  1986 年中國社會科學院考古研究所在漢長安城未央宮第三號建築遺址考古發掘，出土了總數 64 305 片骨簽，其中刻字骨簽約 57 644 片，無字骨簽 6661 片。骨簽以動物骨骼（主要是牛骨）製作而成。骨簽製作過程是先把動物骨骼加工成長條形，大小相近，一般長 5.8—7.2 釐米，寬 2.1—3.2 釐米，厚 0.2—0.4 釐米。從漢長安城遺址考古發現的"半成品"骨簽觀察，骨簽的製作是首先把動物骨骼分成長 8 至 10 釐米、寬約 3—4 釐米、厚約 1 釐米左右的骨料，其上半部長約 2 釐米作用的正反兩面進行磨光處理，然後把初步加工的骨料從其立面一分爲二剖開，形成兩個備用骨簽。骨簽形制一般爲骨簽上、下端呈圓弧形，下端較尖。背平，背面留有從骨料之上鋸取骨片時的鋸痕。骨簽正面的橫截面爲圓弧形，弧面微起，有與背面方向一致的豎行鋸痕。正面上部的圓弧面經進一步加工，形成一個磨光平面，此平面一般長 3.5—4 釐米，寬 1.5—2 釐米。骨簽上的文字均刻於平面之上。骨簽中腰一側有一半月形凹槽。

  骨簽根據其刻文內容，分爲工官類、中央官署類、列侯及其他類、兵器類、代號及數量類等。工官類有河南工官、南陽工官和潁川工官，其中河南工官類骨簽數量最多。工官類骨簽刻文從時間上區分，有兩類：有紀年刻文的骨簽與有年號的刻文骨簽，一般來說，前一種時代較早，後一種時代較晚。

  骨簽出土於未央宮第三號建築遺址的第三層（即西漢時代文化層），這是骨簽屬於

作者簡介：劉慶柱（1943—），中國社會科學院學部委員、考古研究所研究員；李毓芳（1943—），中國社會科學院考古研究所研究員。

西漢時代遺物的考古地層學證據。骨簽上的大量有關年代刻文內容，又爲研究骨簽的更爲具體年代提供了重要資料。

帶有紀年刻文内容的骨簽，其中的刻文有的有年號，有的無年號。有年號刻文的，其年代最早者爲武帝"太初"年間的骨簽，晚者到西漢晚期的漢成帝綏和年間刻文的骨簽。本文以有紀年工官刻文的骨簽爲主，主要以出土數量最多的河南工官刻文骨簽爲例，兼及南陽工官與潁川工官刻文骨簽的年代學探討。本文探討骨簽時代以河南工官的材料爲重點。骨簽年代研究的關鍵是探討有"紀年"而無"年號"的骨簽時間範圍。

1. 河南工官

現將屬於河南工官的無年號刻文骨簽依照工官令與丞的組合，按照工官令、丞的組成及其年代，分組歸類如下：

第1組 （令"定"，丞"緩廣"或"廣緩"）

03941：
元年河南工官令定丞緩廣
作府夫工孝造

25981：
二年河南工官令定丞廣緩
作府地工九造

46924：
三年河南工官令定丞緩廣
□府賢福冗工畢何工舒□

04581：
四年河南工官令定丞緩廣
作府夫工孝造

20946：
五年河南工官令定丞廣
緩作府棟工根造

01258：
六年河南工官令定丞緩
廣作府夫工成造

第2組 （令"定"，丞"立廣"或"廣立""立"）

48519：
元年河南工官令定丞立廣作
府思人工暨造

01592：
二年河南工官令定丞立廣
作府遷廷工造

01337：
三年河南工官令定丞立廣
作府思人工暨造

02140：
四年河南工官令定丞立
廣作府惠人工主造

43786：
五年河南工官令定丞立廣
作府思工肩造

02443：
六年河南工官令定丞緩
廣作府棣工武造

第3組 （令"定"，丞"廣元"）

39730：
元年河南工官令定丞廣
元作府滿工樂造

09542：
□年河南工官令定丞廣
元作府地工方造

02366：
三年河南工官令定丞廣
元作府地工九造

09180：
四年河南工官令定丞廣
元作府滿工信造

01573：
五年河南工官令定丞廣元
作府左工通造

11410：
六年河南工官令定丞廣
元̣作府棣工重造

第 4 組　（令"定"，丞"文立"或"立文""立"）

02824：
元年河南工官令定丞文
立作府地工易造

25982：
二年河南工官令定丞文立
作府夫工□造

21601：
四年河南工官令定丞文
立作府地工甲造

06276：
五年河南工官令定丞
立文作府廷工嬰造

10300：
六年河南工官令定丞文立
令史不疑工鼠造

第 5 組　（令定，丞廣騫）

08071：
元年河南工官令定丞廣

驚作府夫工寄造
04683：
二年河南工官令定丞廣
驚作府滿工元造
06332：
三年河南工官令定丞廣
驚作府滿工祿造
04126：
四年河南工官令定丞廣
驚作府滿工堯造
08461：
五年河南工官令定丞廣
驚作府滿工免造
17686：
六年河南工官令定丞廣
驚作府夫工茱造

第6組　（令"中意"，丞"安過"或"安"）

07658：
元年河南工官令中意丞安過作
府聖冗工德富工加造
38227：
四年河南工官令中意丞安過作府
□冗工何工惠造
10692：
五年河南工官令定中意丞安過作府
聖冗□德富工校造
09030：
六年河南工官令中意丞安作
府他冗工鼠遂工宣造

第 7 組　令 ["霸顧成"（集中於二年與四年），"霸"，丞 "沄果成""廣果成""廣成"〔"廣"〕]

05247：
元年河南工官令霸丞廣
成作府渠工惠造

01326：
二年河南工官令霸顧成丞沄
果成作府賢工鼠造

33632：
三年河南工官令霸丞
……府渠工宛造

04987：
四年河南工官令霸顧成丞沄
果成作府賢工偃造

46142：
五年河南工官令霸丞廣成
□……

47154：
六年河南工官令霸顧成丞□
廣成作府嗇夫……

第 8 組　（令"謝"，丞"種定"或"定種"）

02066：
元年河南工官令謝丞種
定作府嗇夫輔始工外
成河南郡殘

02858：
元年河南工官令謝丞種
定作府嗇夫輔始工始

昌造

09040：
二年河南工官謝丞種
定作府輔工楚造

03945：
三年河南工官令謝丞種
定嗇夫元工國造

02825：
四年河南工官令謝丞定
種作府距工樂造

04684：
五年河南工官令謝
丞種定作府嗇夫
輔始工朔造

09776：
六年河南工官令謝丞種
定作府輔工傷造

第9組　（令"俞初"或"俞利"，丞"果成沄"或"果成"）

07650：
元年河南工官令俞利丞果成沄作府
渠欝冗鼠何工通造

03209：
二年河南工官令俞利丞果成作
府勝冗工可嘉工明造

06780：
三年河南工官令俞利丞果成沄
作府渠欝冗工鼠何工直造

01595：

四年河南工官令俞利丞果

成作府悁冗工鼠何

工生造

10682：

五年河南工官令俞利丞果成沄

作府渠斁冗工可工有工

捐造

42757：

六年河南工官令俞利丞果成作

□勝冗工□□德工胥造

第10組 （令"朔"，丞"果成"）

19956：

元年河南工官令朔丞

……产冗工畢……

26452：

二年河南工官令朔丞廣

……工□造

10834：

三年河南工官令朔丞果成

作府产冗工畢何工士造

019163：

四年河南工官令朔□□作

府产冗工畢於工偃造

01505：

五年河南工官令朔丞果成作府

畢冗工畢何工茲造

18504：

六年河南工官令朔丞果成作府

聖冗工鼠嘉工□造

第 11 組 （令"巨令"，丞"成""成當時"）

01672：
二年河南工官令巨令守丞
□作府嗇夫禄工建造

37772：
三年河南工官令巨守丞
聖作府禄工充造

20945：
四年河南工官令巨令丞成當時
作府嗇夫廣工□造

第 12 組 "河南工官令曾子醉"，骨簽刻文舉例：

43206：
元年……曾子醉
□丞堯……

37213：
四年河南工官令曾子□
□堯猜作府充冗工□□
□造

47368：
五年河……
子醉丞堯猜作府……
……造

41880：
六年河南工官令曾子醉丞
□成作府嗇夫明冗工如工胡造

與 12 組無年號、有紀年的"河南工官令曾子醉"相連有年號"河南工官令曾子醉"骨簽舉例：

01130：
太初元年河南工官令曾□
醉丞堯猜作府充
冗工堯□造

43602：
太初三年河南工官令醉守丞
□作府安佐生工土直何於造

43652：
太初三年河南工官令醉守丞廣
成作府□冗工德……
造

11390：
天漢二年河南工官令醉守
丞□作府佐相工直
嘉偃造

11919：
天漢三年河南工官令醉守丞
喜作府嗇夫關工堯充□
年造

43200：
天漢四年河南工官令醉守丞
喜作府□工直造

43213：
太始元年河南工官令曾子
醉丞堯猜作府佐
工堯德工喜造

11265：
太始四年河南工官令醉守丞
喜作府嗇夫關工堯主工
客造

33371：

太始五年河南工官令曾子醉丞堯
□作府嗇夫□冗工……充富工
□造

鑒於上述有紀年的"河南工官令曾子醉"刻文骨簽，其中有太初、天漢、太始等年號的刻文骨簽發現，因此可以認爲第 12 組刻文骨簽時代是無年號刻文骨簽的"最後"時期，其與刻文骨簽中"太初"及其以後的骨簽，年代相連接。

以上 12 組骨簽刻文均無年號，只有紀年，其各組紀年範圍均在元年至五年或六年，因此它們不屬於漢景帝"後元"（共 3 年）與漢武帝"後元"（共 2 年）時期的，這次出土的五萬多件刻文骨簽中，未見歷史文獻記載的漢武帝太初之前年號的刻文骨簽，我們推測上述 12 組刻文骨簽時代應爲太初之前至文景帝時期的遺物。

以下應爲武帝"後元"時期刻文骨簽，其刻文內容不見於"後元"之前的年號中，又與漢武帝後元時代相連的"始元"時期存在。

第 13 組　（令"石"，丞"尚""福"）

28480：
元年河南工官守令石丞福文□
護工卒史直作府嗇夫侍
樂成鼠佐熹冗工堯
工禁造

06821：
二年河南工官守令石守丞福文
護工卒史直作府嗇夫侍樂
成相冗工堯始工時造

52644：
三年河南工官守令
石丞賜德尚護工卒史堯
令史闗荼中作府嗇夫廣
……

（52644 號骨簽屬於漢武帝後元之超長紀年）

在昭帝"始元"時期的骨簽之中，有與 13 組河南工官令相同的刻文骨簽，如：

50019：
始元年河南工官守令石丞賜德
尚護工卒史堯令史關荼中
作府嗇夫廣佐賢冗工充
工樂造

25770：
始元三年河南工官守令石丞
尚賜德護工卒史堯令史關荼
中作府嗇夫廣佐都冗工廣
工禁造

第 14 組　（令"它"，丞"福""福文成"，護工卒史"直"或"堯"）

54863：
元年河南工官守令它守丞福
護工卒史直作府嗇夫
□於置其冗工堯寬
……

52880：
二年河南工官守令它守
丞福文成護工卒史直作府
嗇夫侍樂成忠佐熹
冗工堯異工方造

在昭帝"始元"時期的骨簽之中有與 14 組工官令之名字組合相同的刻文骨簽，如：

28211：
始元二年河南工官令它……
護工卒史堯作府嗇夫關/樂冗工……

25721：
始元四年河南工官守令它守丞常
侍寬護工卒史堯令史丹作府嗇夫
魏佐□冗工樂安世工□造

53775：
始元四年河南工官守令它守丞賜
尚護工卒史德作府嗇夫
侍相樂成冗工堯□主
工德造

第15組　（令"寬邰石""寬邰""寬""邰"，丞"福文成""福文""福"或"尚賜德"，護工卒史"直"或"堯"；此組應爲武帝後元的骨簽）

55197：
二年河南工官令寬邰
□尚賜德護工卒史
堯作府嗇夫關佐熹
冗工樂異工偃造

與15組對應的昭帝始元時期的河南工官令名的骨簽刻文，如：

07104：
始元年河南工官令寬邰守丞福文成護
工卒史直作府嗇夫慶子佐都冗工堯
春工□造

06966：
始元二年河南工官令寬邰
石丞尚賜德護工卒史堯作
府嗇夫關冗工樂……

32819：
始元六年河南工官令寬邰守丞

福文成護工卒史直作府

齒夫慶子佐都冗工樂

建工鼠造

（始元年至始元六年的河南工官令爲"寬郜石"，又簡稱"寬郜"或"石"；丞爲"福文成""賜德尚"或"尚賜德"）

第16組　（守令"若秦"）

20667：
元年河南工官守令若秦守丞畢

卒史不害作府齒夫丹佐堯

工克昌棣工守造

40767：
三年河南工官令若秦丞□

作府齒夫□德冗工/造

"始元"年間與16組骨簽刻文工官令名相同者，如：

02329：
始元年河南工官守令若秦守丞畢護

工卒史不害作府齒夫丹佐相冗工克

昌富工貞造

00838：
始元二年河南工官守令若秦

守丞□護工卒史不害作府

守齒夫□佐□冗工克昌強

工政造

00492：
始元三年河南工官守令若秦丞千

秋護工卒史不害令史都作府齒

夫慶佐不疑冗工充昌富工

世造

01655：

始元四年河南工官守令若秦丞千

秋護工卒史不害令史都作府嗇

夫慶佐不疑冗工充昌工□工

光惠造

01285：

始元五年河南工官守令若秦丞千秋

護工卒史不害令史都作

府嗇夫慶佐不疑冗工昌

克強工充造

00394：

始元六年河南工官守令若秦

丞千秋護工卒史不害作府

嗇夫慶令史都佐護冗工

昌樂工建工安世造

第17組　（令"彭沮"）

00347：

天漢四年河南工官令彭守丞喜

作府佐根工五脫造

53774：

元年河南工官令彭沮守令它守丞

成德護工寬作府嗇夫關佐

樂嬰冗工□直工忠造

51759：

二年河南工官令彭沮守

令它守丞成丞福□□作

□嗇夫關忠令史……

在始元時期刻文骨簽，有與 17 組骨簽工官令名刻文相近者，如：

52361：
始元年河南工官令彭沮守……
守丞福護工卒史不害……
嗇夫□於置其佐光冗……
充寬工聖造

上述骨簽刻文有紀年無年號的河南工官中，屬於"後元"的"元年"與"二年"的骨簽爲 13 至 17 紀年組。在此基礎之上，1 組至 12 組有紀年、無年號的骨簽，應該屬於"太初"以前的無年號骨簽（其中 12 組中有一部分有年號者屬於太初及其以後的骨簽。在 1 至 12 紀年組（12 組限於無年號者）中：有元年至六年紀年組的爲 1 組至 10 組及 12 組，11 紀年組爲二年至四年。而太初之前漢武帝有 6 個紀年組爲 6 年，漢景帝前元 7 年、中元 6 年，漢文帝後元 7 年，漢景帝與漢武帝 6 年以上紀年組共 3 個，也就是説漢武帝、漢景帝和漢文帝共有 6 年以上無年號紀年組 9 個。推測無年號骨簽的時代的上限可至漢文帝時期。

漢昭帝及其以後的有年號刻文骨簽：

始元年之後有年號的刻文骨簽，一直延續至漢成帝"綏和"年間，骨簽舉例：

32859：
始元三年河南工官守令石丞賜德尚護
工卒史堯令史關荼中作府嗇夫廣
佐尊冗工克强工黃造

06449：
始元四年河南工官守令石守丞常侍寬
護工卒史堯令史丹作府嗇夫魏
佐喜冗工樂安世工宗造

13601：
始元五年河南工官令若秦丞
千秋護工卒史不害令史都作
府嗇夫主佐千秋冗工樂昌

畢工偃造

13358：
始元六年河南工官守令若秦守
丞畢護工卒史不害作府
嗇夫丹佐奉冗工充樂
柱工政造

08265：
元鳳元年河南工官守令若秦丞千秋
護工卒史安世作府嗇夫相佐直冗
工充昌棣工守造

05399：
元鳳二年河南工官令萬歲丞千秋護
工卒史堯令史成作府嗇夫魏佐
武成冗工克樂劫工勝
之造

40557：
元鳳三年河南工官令萬歲丞千秋
守丞常持護工卒史堯令史相作
府嗇夫不疑佐千秋冗工充
樂□工宗造

49021：
元鳳四年河南工官令萬歲丞千
□護工卒史堯令史成作府嗇夫
國佐奉冗工克昌強工同□

02632：
元鳳六年河南工官守令若秦丞千秋
護工卒史安世作府嗇夫相佐直冗
工克昌棣工□造

15342：
本始元年河南護工卒史關工……
萬歲守丞嘉令史成作府嗇夫□

佐子冗工鳳廣丑工調造

50450：

地節二年河南護工卒史富工官……

丞德令史邵作府嗇夫廣佐奉□

廣忠工明造

55442：

元康元年河南護工……

丞胡德令史猷嗇……

壽冗工廣□工……

12682：

元康四年河南守護工卒史直

工官令霸軍丞通令史林作

府嗇夫弘佐福冗工□工

寄造

15019：

神爵元年河南護工卒史直工官令□軍

丞廣令史護常持惠作府嗇夫□□

□佐廣冗工□工具造

00489：

五鳳二年河南工官工世冗工歸佐勝

嗇夫世造令史寬掾柱丞充令史忠

護工卒史辟主

44380：

五鳳四年南陽護工卒史嬰士官

守令通左丞堯令史田作府□

禹冗工……

15179：

甘露元年河南工……

52468：

甘露二年河南護工卒史

□丞寬令史廣畢

□林工□造

06725：
甘露三年河南工官工忠工
千秋令史樂嗇夫尊
守令史甲守丞江夅
守令湯守護工卒史得造

00634：
甘露四年河南工官工世工尉□佐
助嗇夫田令史尊掾猜□丞胜
□守令湯守護工卒史……
□主……

此外，還有穎川工官、南陽工官、衛尉、光禄及其他不明工官的黃龍、永光、建昭、陽朔、綏和等年號的刻文骨簽，如：

00683：
永光三年衛尉旅賁令
丞誼令史勝嗇夫
工年繕

00495：
永光四年光禄弩官郎中
晏工輔繕力六石

14350：
建昭四年？□令
嗇夫建工延年繕力

15003：
建昭五……
……
……

14976：
陽朔三年南陽工官護

……史□□丞……
令史盧作府嗇夫□
……造

00380：
綏和元年曾壽子工疆年
嗇夫□令史□掾□
守丞□令寬省
弋六石□

在中央官署的少府所屬骨簽中，27093 號骨簽是未央宮中央官署遺址出土中唯一一件紀年超過"六年"的骨簽：

27903：
七年內官
第五十四

而在太初之前，西漢皇帝紀年中只有景帝前元與文帝後元達到"七年"，文帝前元與高祖紀年超過"七年"。也就是說，這件骨簽說明漢長安城未央宮中央官署遺址出土的骨簽時代上限至遲可以至景帝前元時期。

關於西漢工官設置時代，長期以來學術界說法不一。陳直先生根據西安三橋鎮高窯村出土的西漢銅器銘文推斷："郡國工官之設最早在武帝末期"[①]。方詩銘先生根據《史記·周勃世家》的記載"條侯子為父買工官尚方甲楯五百被可以葬者"，推測關東六郡最遲在景帝後元元年，郡國地方已有"工官"的設置[②]。

前面就刻文骨簽時代進行了探討，可以說漢代工官的設置時代絕不會在武帝末期，最晚要在漢景帝時期，甚至可能早至文帝時期。其中河南工官設置收到較早，至於南陽工官和潁川工官較晚，但是其至遲在武帝初年或景帝末年已設置，蜀、廣漢郡工官可能從秦代沿襲下來。

2. 超長紀年研究

《漢書·律曆志》記載，武帝建元、元光、元朔、元狩、元鼎、元封各六年，太初、天漢、太始、征和各四年，後元二年。昭帝始元、元鳳各六年，元平一年。宣帝

---

① 陳直：《古物三考》，《文史考古論叢》，天津：天津古籍出版社，1988年，第540頁。
② 方詩銘：《從出土文物看漢代"工官"的一些問題》，《上海博物館集刊》，1982年。

本始、地節、元康、神爵、五鳳、甘露各四年，黄龍一年。但是在骨簽刻文中出現一些超長紀年的骨簽刻文，如：

（1）太始

漢武帝"太始"紀年爲四年，骨簽刻文中的超時紀年不但有"太始五年"，還有"太始六年"，例：

07655：
太始五年河南工官令曾子曾子
醉丞堯猜作府佐工堯猜
工□造

14346：
太始五年潁川……/□□……/

33371：
太始五年河南工官令曾子醉丞堯
□作府嗇夫□冗工……充富工
□造

35250：
太始五年河南工官令曾子醉
丞堯猜作府嗇夫喜冗工思
工□造

40000：
太始五年河南工官令……
護工卒史堯令史關荼……
夫廣佐廣都冗工……

43833：
太始五年南陽工官令
□□元作府嗇夫……
冗工地工旦造

53362：
太始五年潁川工官令廣□
畢護工福作府佐廣□□
嬰工賜造

55675：

太始五年河南工官守令……

□……

07024：

太始六年河南工官令曾子

醉丞堯猜作府佐工喜

工惠契奉造

29560：

太始六年河南工官令曾子

丞堯猜作府佐□□

工堯□年安造

39377：

太始六年河南工官令……

……

42114：

太始六年河南工官令曾子醉

丞堯猜作府嗇夫充工□□□

足武造

49844：

太始六年河南工官□

……守丞福文成

……作府

……造

（2）征和

征和爲漢武帝最後的年號之一，據文獻記載，共有四年，相當於公元前92至公元前89年，之後爲漢武帝後元紀年，無征和五年。未央宮出土了較多的刻文"征和五年"骨簽，廣見於潁川工官、南陽工官。"征和五年"曾見於居延舊簡（居273.9（甲1443）："征和五年正月庚申朔"）。《漢書·趙充國傳》亦載："至征和五年，先零豪封煎等通使匈奴，匈奴使人至小月氏。"①

屬於河南工官的"征和五年"骨簽舉例：

---

① 《漢書》卷六九《趙充國傳》，北京：中華書局，1962年，第2973頁。

41439：
征和五年河南工官
令捐丞吉未作府嗇
夫佐冗工□工堯造

屬於南陽工官的"征和五年"骨簽舉例：

00337：
征和五年南陽工官令捐守
丞□作府嗇夫□佐光
工土造丙
造

13309：
征和五年南陽工官令
捐守丞金銖作嗇
夫飛冗工世工涅造

14667：
征和五年南陽工官令捐守丞
秋作府嗇夫從冗工□
工敞造戊

屬於穎川工官"征和五年"的骨簽舉例：

00643：
征和五年穎川工官令廣守
丞奉護工福作府佐廣
冗工春工高造

13612：
征和五年穎川工官令廣守
丞重護工福作府佐光荼
冗工本工剌造

14515：
征和五年潁川工官令廣
守丞□護工相□作府
佐眾冗工□□工年造
52420：
征和五年潁川工官令安
丞奉護工福作府佐□
冗工氾工廣造
57482：
征和五年潁川工官令廣守
丞福作府佐德冗工
聖造甲

上述"征和五年"的超長紀年以"南陽工官"和"潁川工官"，較多。

（3）武帝"後元"

根據前述河南工官令"寬郜"與守令"石"均爲漢武帝後元及其後漢昭帝始元年號的骨簽，而漢武帝"後元"只有二年，超過二年以上的紀年應該屬於超長紀年。屬於漢武帝"後元"時期骨簽，前面已經探討，根據上述認識，沒有年號、只有紀年的河南工官令寬郜、守令"石"均屬於這一時期的骨簽，其中超長紀年骨簽舉例如下：

52377：
三年河南工官令寬郜丞
尚賜德護工卒史堯作
府齒夫關佐喜冗工德
廣工回造
52644：
三年河南工官守令
石丞賜德尚護工卒史堯
令史關中作府齒夫廣
……

《漢書·律曆志》所載武帝年號先後爲"建元""元光""元朔""元狩""元鼎""元封""太初""天漢""太始""征和",最後爲無年號的"後元"。"太初"之前的武帝六組年號,每組爲六年。"太初"至"征和"的武帝四個年號,每組年號爲四年。"後元"計二年。關於武帝的紀年年號,從中古時代以來,學界就有多種説法。顔師古認爲"自古帝王未有年號",漢武帝的"建元"可謂帝王年號"始起於此"①。也有一些學者提出不同觀點,楊樹達認爲武帝年號始於"元狩"②;劉攽認爲元鼎四年開始有年號,之前的武帝年號均爲有司所追命③;沈欽韓提出武帝年號始於"元封"④。陳直認爲傳世器物中有"建元""元光""元封"等年號文字,於是提出武帝"太初"之前的六個年號並非"追命""追改"⑤,問題是上述"器物"或"傳世"或"徵集",均非考古發掘出土,在没有辨明真僞之前,對於上述資料的使用及推斷需要審慎對待。近年辛德勇指出,年號之始應該是太初元年,此前爲追記⑥。據此武帝之建元、元光、元朔、元狩元鼎、元封均爲追記,景帝3個紀年組(前元、中元、後元)和文帝2個紀年組(前元、後元)均無年號。若以10個無年號紀年組推算,上述刻文河南工官的時代應始於文帝時期。骨簽27903"七年内官/第五十四",可能至遲不晚於漢景帝"前元"之"七年",甚或有可能不排除是漢文帝"後元"七年之可能。從文帝後元至武帝太初之前的10個紀年組,除文帝後元和景帝前元紀年爲一至七年之外,其餘諸紀年組紀年均在一至六年或六年以内。據此我們推斷"河南工官"之設當在文景之際。

---

① 《漢書》卷六《武帝紀》顔師古注,北京:中華書局,1962年,第156頁。
② 楊樹達:《漢書窺管》,上海:上海古籍出版社,1984年。
③ (清)王先謙:《漢書補注》,北京:中華書局,1983年。
④ (清)沈欽韓:《漢書疏證》卷二,光緒二十六年浙江書局刻本。
⑤ 陳直認爲:"日知録及廿二史劄記,皆以武帝建元、元光兩年號爲追記者,其實不然。筠清館金石記卷五,三十九頁,有'高陽右軍,建元二年'戈。杭州鄒氏藏建元元年磚。西安南郊曾出土有'建元四年長安高'陶尊(現藏西北大學歷史系文物陳列室)。又小校經閣金文卷十一,一百四頁,有元光二年尺,其非追記可知。"陳直:《漢書新證》,天津:天津人民出版社,1979年,第26頁。
⑥ 辛德勇:《建元與改元——西漢新莽年號研究》,北京:中華書局,2013年。

兩漢之交動盪政局中的扶風名士

孫家洲

扶風，西漢武帝太初元年地名改革中所得佳名，全稱爲"右扶風"，與左馮翊、京兆尹並稱爲"三輔"[1]。西漢時，爲京畿之地。東漢政權以洛陽爲都，"三輔"之地，儘管依舊享有政治上的較高名分，但是，在國家政治格局中的實際地位，與西漢時期相比，確實有明顯的下降。都城東遷，對於三輔之地在兩漢時期的不同地位的影響，是另外一個值得討論的問題。本文聚焦的是：在兩漢之交的動盪政局時期，在政治舞臺上，活躍着多位出生於扶風的名士。他們在"光武中興"的過程中，不論是光武帝逐鹿天下的對手，還是輔弼王業的功臣，都發揮過重要的作用。關注和分析這一現象，可以從地域文化的視角，加深對東漢政權建立過程的認識。

1. 公孫述

"公孫述字子陽，扶風茂陵人也。哀帝時，以父任爲郎。……後太守以其能，使兼攝五縣，政事修理，姦盜不發，郡中謂有鬼神。王莽天鳳中，爲導江卒正，居臨邛，複有能名。"[2]及至反莽義軍大起，公孫述乘亂行事，自稱"輔漢將軍、蜀郡太守兼益州牧"，而漸開割據之勢。稍後，他接收其部屬功曹李熊的建言："方今四海波蕩，匹夫橫議。將軍割據千里，地什湯武，若奮威德以投天隙，霸王之業成矣。宜改名號，以鎮

作者簡介：孫家洲（1955—），中國人民大學歷史學院教授。
[1] 《漢書》卷一九上《百官公卿表上》，中華書局，1962年，第736頁。關於"三輔"的相對位置，注引顏師古曰："《三輔黃圖》云京兆在尚冠前街東入，故中尉府，馮翊在太上皇廟西入，右扶風在夕陰街北入，故主爵府。長安以東爲京兆，長陵以北爲馮翊，渭城以西爲右扶風也。"
[2] 《後漢書》卷一三《公孫述傳》，北京：中華書局，1965年，第533頁。

百姓。"①自立爲蜀王,都成都。割據巴蜀的局面正式奠定。在光武帝劉秀稱帝的當年——建武元年四月,公孫述"自立爲天子,號成家。色尚白。建元曰龍興元年"②。公孫述由此開始了在巴蜀之地長達十二年的割據統治。在公孫述割據局面粗成時期,其屬下軍隊的構成中,關中豪傑諸部佔據了很大的比例,這與公孫述本人是扶風茂陵人,或許有相當的關係。"自更始敗後,光武方事山東,未遑西伐。關中豪桀呂鮪等往往擁衆以萬數,莫知所屬,多往歸述,皆拜爲將軍。遂大作營壘,陳車騎,肆習戰射,會聚兵甲數十萬人"③。也正是因爲公孫述善於籠絡人心,劉秀把公孫述視爲最危險的敵手。有一個細節,很能説明問題:"述亦好爲符命鬼神瑞應之事,妄引讖記",劉秀本人居然親自致信給公孫述,與之從容討論讖記的含義該如何理解,並好言相勸,希望公孫述歸降:"圖讖言'公孫',即宣帝也。代漢者當塗高,君豈高之身邪?乃復以掌文爲瑞,王莽何足效乎!君非吾賊臣亂子,倉卒時人皆欲爲君事耳,何足數也。君日月已逝,妻子弱小,當早爲定計,可以無憂。天下神器,不可力爭,宜留三思。"④公孫述並不回復劉秀的解釋與勸降,表現出的是對劉秀的蔑視。後來,光武帝爲了統一巴蜀,付出了慘重的代價,來歙、岑彭兩位漢軍名將先後被刺客所殺,其後的漢軍統帥吳漢也被公孫述的部將延岑所敗,"潛遣奇兵出吳漢軍後,襲擊破漢。漢墮水,緣馬尾得出"⑤。光武帝統一天下之戰,以消滅公孫述一役最爲艱難。就此而言,可以説公孫述是與光武帝劉秀爭衡天下的主要對手。

2. 耿弇

"耿弇字伯昭,扶風茂陵人也。……弇少好學,習父業。常見郡尉試騎士,建旗鼓,肆馳射,由是好將帥之事。"⑥耿弇在光武帝的開國功臣集團"雲臺二十八將"之中,有着特殊的地位。在征戰以靖亂世的過程之中,耿弇在兩個關鍵時期,爲劉秀的開國功業作出了不可磨滅的貢獻。

其一,兩定幽燕的"東道主人"。

王莽敗亡前後的河北政局突發巨變:邯鄲卜者王郎詐稱西漢成帝之子劉子輿,起兵於邯鄲,河北吏民因爲"思漢"心切,紛紛回應,一時之間聲勢浩大。

王郎的突然崛起,使得當時以更始政權"破虜將軍行大司馬事"身份經營河北的劉秀,也陷入變動。王郎任官置守,"分遣將帥,徇下幽、冀",移檄州郡,號稱是漢家

---

① 《後漢書》卷一三《公孫述傳》,第534頁。
② 《後漢書》卷一三《公孫述傳》,第535頁。
③ 《後漢書》卷一三《公孫述傳》,第537頁。
④ 《後漢書》卷一三《公孫述傳》,第538頁。
⑤ 《後漢書》卷一三《公孫述傳》,第543頁。
⑥ 《後漢書》卷一九《耿弇傳》,第703頁。

正統，結果是"趙國以北，遼東以西，皆從風而靡。"①一個有趣的歷史場景出現了：當時經營河北的劉秀，本來已經形成了一定的地盤和影響，但是，王郎的聲望竟然蓋過了漢世遠支的劉秀，迫使劉秀暫避其鋒，步步被動。耿弇得知劉秀在盧奴（今河北定縣），就急馳北上謁見，劉秀任命他爲門下吏，並未重用他。耿弇通過護軍朱祐，向劉秀請求歸郡發兵，以定邯鄲。劉秀對這位青年將領開始刮目相看了，笑曰："小兒曹乃有大意哉！"②隨即數次召見，刻意恩慰。耿弇服膺劉秀的胸襟氣度，傾心歸附。

耿弇跟隨劉秀到達薊縣（今北京市）不久，王郎以重賞購求劉秀首級的文書已經在當地流傳開來，並且風傳王郎的軍隊也即將到達，劉秀的部下一時人心惶惶，劉秀本人也產生了率軍南歸暫避鋒芒的念頭。在劉秀召集官屬商量大計時，耿弇獨持異議，反對領兵南下的主張，力主憑藉漁陽、上谷兩郡的精兵，與邯鄲的王郎勢力決戰，他説："今兵從南來，不可南行。漁陽太守彭寵，公之邑人；上谷太守，即弇父也。發此兩郡，控弦萬騎，邯鄲不足慮也。"③劉秀的官屬特別是腹心人物皆不贊同耿弇的主張，劉秀却欣賞耿弇的勇氣，手指耿弇曰："是我北道主人也。"④表明劉秀願意按照耿弇的方案行事，即借重南陽同鄉、漁陽太守彭寵和耿弇之父、上谷太守耿況，在薊縣一帶與王郎決戰。

在劉秀失利倉惶出逃的危急狀況中，耿弇與劉秀失散。但他忠於劉秀事業的初衷未改，他前往昌平縣與其父耿況（時任上谷郡守）相會，勸説耿況決意歸附劉秀。耿況按計行事，派出部將寇恂東行，與漁陽郡守彭寵約定：各發"突騎"二千匹，步兵千人參戰，支持劉秀消滅王郎。上谷、漁陽的步騎精兵六千人投入戰鬥，從根本上改變了戰場上的力量對比。耿弇與景丹、寇恂率領漁陽精兵，南下征討王郎。劉秀在大喜之下，説道："當與漁陽、上谷士大夫共此大功。"⑤劉秀加封耿弇諸人爲偏將軍，使還領其兵。特別加封耿況爲大將軍、興義侯。後來，耿弇等北邊諸將參與了攻克邯鄲、消滅王郎的戰役。

更始政權見劉秀威聲日盛，疑慮其不可復制，就遣使立劉秀爲蕭王，令其罷兵與諸將有功者還長安。此時的劉秀面臨兩難的選擇：如果奉命内還，就會受制於人，甚至慘遭殺戮；如果公開抗命，就要與更始政權反目爲敵，勝負尚在未可知之間。劉秀難下決斷，晝

---

① 《後漢書》卷一二《王昌（郎）傳》，第492頁。
② 《後漢書》卷一九《耿弇傳》，第704頁。
③ 《後漢書》卷一九《耿弇傳》，第704頁。
④ 《後漢書》卷一九《耿弇傳》，第704頁。
⑤ 《後漢書》卷一九《耿弇傳》，第705頁。

臥於邯鄲宮中的温明殿。耿弇單身闖入，立於床下進説大計，力主劉秀趁機自立："今更始失政，君臣淫亂，諸將擅命於畿内，貴戚縱横於都内。天子之命，不出城門，所在牧守，輒自遷易，百姓不知所從，士人莫敢自安。……其敗不久。公首事南陽，破百萬之軍；今定河北，北據天府之地。以義征伐，發號響應，天下可傳檄而定。天下至重，不可令它姓得之。聞使者從西方來，欲罷兵，不可從也。今吏士死亡者多，弇願歸幽州，益發精兵，以集其大計。"①劉秀聞言大喜，封拜耿弇爲大將軍，命令他與吴漢北歸，征發幽州所轄各郡兵衆。耿弇回到上穀，收捕更始政權新任命的上穀、漁陽郡守，"悉發幽州兵，引而南"，參加了劉秀平定河北的諸多惡戰。耿弇時常"將精騎爲軍鋒，輒破走之。"②劉秀在河北的戰略基地得以形成，耿弇的苦戰之功極爲關鍵。

因此，劉秀即位之初，封拜耿弇爲建威大將軍，以酬其功。

在光武帝劉秀南定中原的關鍵時刻，本來是他"龍興之地"的河北，却連續發生了兩起地方大吏的叛亂事件：漁陽郡守彭寵、涿郡郡守張豐先後擁衆造反。兩人的叛亂，對光武帝劉秀的"中興之業"無疑構成了衝擊。當時，劉秀不僅需要平定北方的叛亂，而且還要儘快蕩平割據齊地的張步等地方勢力，否則就會破壞他重建一統的抱負。在這急需良將的時刻，耿弇面見劉秀，"自請北收上穀兵未發者，定彭寵於漁陽，取張豐於涿郡，還收富平、獲索，東攻張步，以平齊地。帝壯其意，乃許之"③。劉秀重用耿弇以鎮壓漁陽叛亂，顯然不僅是因爲耿弇自動請戰，而且還有借重耿氏父子在北邊諸郡的特殊影響的深意。特别是聯繫到彭寵還曾經聯絡上穀郡守耿況一同舉事的背景，重用耿弇平叛的高明之處，就更加彰顯出來了。後來，耿弇等人擊敗彭寵的軍隊，爲劉秀重新控制河北掃清了最大的障礙。

劉秀先後兩次平定河北，耿弇都發揮了極爲重要的作用。

其二，平定齊地的傑出統帥。

建武五年（29），在平定了漁陽彭寵、涿郡張豐之後不久，耿弇接到了劉秀的詔書，要他進討張步。耿弇雷厲風行，展開了平定齊地的惡戰。

張步，琅邪郡不其（今山東即墨南）人，是兩漢之際乘亂而起的齊地豪傑。張步頗具謀略膽識，又有籠絡人才的手腕，經過幾年的苦心經營，形成了一個穩定的軍政集團，占據了東方十二郡之地，自稱"齊王"，成爲勢力强大的的割據者之一。面對如此强敵，光武帝劉秀派出耿弇統兵作戰，實在表現出對他的信任與倚重。

---

① 《後漢書》卷一九《耿弇傳》，第704—705頁。
② 《後漢書》卷一九《耿弇傳》，第706頁。
③ 《後漢書》卷一九《耿弇傳》，第707頁。

耿弇的軍事天才，在這一戰役中淋漓盡致地顯示出來。張步得知漢軍來犯，命令其大將軍費邑率大軍扼守歷下（今山東濟南），又部署另外一支軍隊駐守祝阿（今山東齊河東南），還在太山、鐘城（今山東濟南南）一帶，"列營數十"，擺出以歷下爲中心、全面迎敵的陣勢。耿弇對費邑重兵設防的歷下置之不顧，渡河首先攻擊防守力量較弱的祝阿。在耿弇的精兵猛攻之下，祝阿城防不到半天就被攻破，鐘城守軍在大驚之下，連夜潰逃。一戰而得兩城，耿弇的威名在齊地大盛。其後，耿弇又圍攻齊軍重病防守的巨里（今山東曆城東），耿弇采取"圍城打援"的戰術，大破強敵，齊軍大將費邑被斬殺。耿弇乘勝進步，縱兵平定其餘四十餘營，遂定濟南。本來，張步對以費氏兄弟爲核心的歷下防綫，寄以厚望，以爲他們足以阻止漢軍的腳步。不料，耿弇完全掌握了戰場的主動權，把費氏兄弟玩弄於股掌之上，在漢軍雷霆萬鈞的打擊之下，歷下防綫迅速土崩瓦解。

當時，張步急忙派出他的弟弟張藍統領精兵二萬扼守齊郡的西安縣城（今山東桓臺東），又調集其餘諸郡太守合兵萬餘人堅守臨淄（今山東淄博北）。兩城相距四十里，借此形成互爲犄角之勢。耿弇親臨前綫偵察敵情，發現西安縣城雖小却有堅固的城防，而且張藍所率領的軍隊又是精兵；臨淄名號雖大而實易攻。於是，耿弇巧用聲東擊西之計，突然進攻臨淄，僅僅用了半天就破敵入城。空守西安縣城的張藍心生懼意，率領其部衆逃走。耿弇"擊一而得二"的戰略意圖得以完全實現。

隨後，耿弇在臨淄城下與張步親自率領的二十萬援兵展開了激戰。亂軍之中，飛矢射中耿弇大腿，耿弇以佩刀截斷箭杆，連左右護衛都無人知曉主帥中箭受傷。當時，光武帝劉秀在曲阜一帶，得知耿弇被張步大軍圍攻，形勢十分嚴峻，親自領兵往救。援軍尚未到達，部將陳俊向耿弇建議：張步的軍隊勢力太盛，可暫且閉營休整，等待皇帝所率主力援兵到達之後再與敵決戰。耿弇却表示：不能把強敵留給皇帝對陣，一定要趕在皇帝到達之前克敵制勝。他毅然出兵大戰，自旦及昏，殺傷無數。耿弇料定張步夜間即將退兵，預先布置左右翼伏兵以待之。張步果然引軍撤退，途中遇到漢軍伏兵突起縱擊，齊軍潰不成軍。漢軍獲得全勝，"八九十里僵屍相屬，收得輜重二千餘兩"①。

大捷之後數日，光武帝劉秀到達臨淄勞軍。劉秀在百官俱在的場合，鄭重表彰耿弇說："昔韓信破歷下以開基，今將軍攻祝阿以發跡，此皆齊之西界，功足相方。而韓信襲擊已降，將軍獨拔勍敵，其功乃難於信也。"②把耿弇與西漢的開國元戎韓信反復比較，認爲他的破齊之功甚至超過韓信以上。劉秀的喜出望外，折射出耿弇此戰的勝

---

① 《後漢書》卷一九《耿弇傳》，第711頁。
② 《後漢書》卷一九《耿弇傳》，第711—712頁。

利,是如何來之不易。

耿弇在光武帝的開國之戰中,有"平郡四十六,屠城三百"①的輝煌戰績,未曾遭遇挫折,稱得上是常勝將軍。

3. 耿況

耿弇之父耿況,字俠游,扶風茂陵人。其人其事,已略見於前述。在王莽"新朝"統治時期,出任上谷郡守(王莽改上谷地名爲"朔調",易郡守官名爲"連率")。在動蕩多事之秋,耿氏家族憑借耿況的邊郡大吏的身份,成爲幽燕之地舉足輕重的地方勢力。在光武帝經營河北的前期,他與漁陽郡守彭寵共同發揮過特殊的作用,光武帝也曾經刻意籠絡他。後來在彭寵叛亂時,耿況堅拒彭寵的誘惑,毫不含糊地擁戴劉秀②,從而爲劉秀第二次穩定河北大局,作出了積極貢獻。

4. 竇融(附:史苞)

竇融在東漢開國史上,以"河西集團"的首領人物而著稱。但是,竇融在進入劉秀東漢政權陣營之前,其政治方向的選擇,却多有曲折。"竇融字周公,扶風平陵人也"③。王莽居攝年間,竇融任職强弩將軍司馬,在翟義舉兵反莽之後,新莽政權出兵鎮壓,竇融參與其中,進攻扶風的槐里,以軍功受封爲"建武男"。竇融的妹妹是新莽政權重臣大司空王邑的小妾。因爲有這樣的姻親關係,竇融的早期記錄是新莽政權的積極追隨者。"家長安中,出入貴戚,連結閭里豪傑,以任俠爲名"④。及至王莽統治的末期,青州、徐州的反莽事變不斷,太師王匡奏請以竇融爲助軍,參與東征。及漢兵大舉起事,竇融跟隨王邑參與昆陽決戰,新莽軍隊被劉秀等人指揮的漢軍擊潰。歷史在此處表現出了它的複雜和詭異:劉秀和竇融,這對不久之後的"君臣楷模",在昆陽之戰時都在陣前廝殺,却是"各爲其主"。新莽軍隊慘敗之後,竇融率部長驅入關,經過王邑出面推薦,竇融受拜爲波水將軍,賜黃金千斤,引兵至新豐駐守。等到新莽政權敗亡,竇融率領其部下軍隊投降於更始政權的大司馬趙萌。趙萌對竇融極爲器重,先任用爲校尉,後來又推薦竇融出任鉅鹿太守。身處動蕩之世的竇融,在這個緊要關頭,表現得特別理智。竇融看到更始政權新立,函谷關以東尚處在戰亂狀態,大局不可預料,不欲出關就任巨鹿太守之職。竇融聯想到高祖父曾經擔任張掖太守,從祖父曾任職爲護羌校尉,從弟也曾經

---

① 《後漢書》卷一九《耿弇傳》,第713頁。
② "會上谷太守耿況亦使功曹寇恂詣寵,結謀共歸光武……(彭寵)又自以與耿況俱有重功,而恩賞並薄,數遣使要誘況。況不受,輒斬其使。"《後漢書》卷一二《彭寵傳》,第502—504頁。
③ 《後漢書》卷二三《竇融傳》,第795頁。
④ 《後漢書》卷二三《竇融傳》,第795頁。

擔任武威太守,竇家"累世在河西,知其土俗"的家世背景,此時成爲竇融選擇安身立命之所的重要依據。竇融對其兄弟分析形勢:"天下安危未可知,河西殷富,帶河爲固,張掖屬國精兵萬騎,一旦緩急,杜絕河津,足以自守,此遺種處也。"①兄弟都贊同竇融的高見。於是,竇融每日都到趙萌府中拜訪祈求,辭讓鉅鹿之職,圖謀出任河西官職。趙萌礙於情面,就出面爲竇融向更始皇帝求情,終於獲得新的職務——張掖屬國都尉。竇融大喜,立即携帶家屬西行。此時的竇融把離開大局難卜的關中,看作爲避禍之計。竇融到任張掖之後,"撫結雄傑,懷輯羌虜,甚得其歡心,河西翕然歸之"②。這個"識時務"的選擇,爲後來竇融割據河西以待明主,奠定了基礎。

此時,酒泉太守梁統、金城太守庫鈞、張掖都尉史苞、酒泉都尉竺曾、敦煌都尉辛肜,都是州郡英俊,竇融與他們全力結交,成爲好友。及更始政權敗亡,竇融與梁統等人計議曰:"今天下擾亂,未知所歸。河西斗絕在羌胡中,不同心戮力,則不能自守;權鈞力齊,復無以相率。當推一人爲大將軍,共全五郡,觀時變動。"③諸人認爲竇融"世任河西爲吏,人所敬向,乃推融行河西五郡大將軍事"④。其時的武威太守馬期、張掖太守任仲二人孤立無援,竇融等人移書相告,馬期、任仲二人自行解職而去。於是以梁統爲武威太守,史苞爲張掖太守,竺曾爲酒泉太守,辛肜爲敦煌太守,庫鈞爲金城太守。至此,以竇融爲首的河西五郡自治體制正式形成。這是一個割據自保的地方政治軍事實體。竇融爲政寬和,取得了"上下相親,晏然富殖"的成效。在中原陷入混戰的背景之下,有效地維持了河西的地方秩序,保證了地方經濟的恢復與發展。

後來,竇融等遥聞光武帝劉秀即位,已有東向歸附之意,因爲"河西隔遠,未能自通",只能通過此前已經歸附洛陽光武政權的隗囂間接地表示歸附光武政權。當時的隗囂,得到了光武帝劉秀的禮遇,受封"西州大將軍,得專制涼州、朔方事"⑤,但是,隗囂身爲一時人傑,却不願久居劉秀之下,而暗藏自立之念,從東漢政權的角度來觀察,就是"外順人望,內懷異心"了。作爲劉秀與竇融的中間人,隗囂却派出了辯士張玄游説河西諸豪:"更始事業已成,尋復亡滅,此一姓不再興之效。今即有所主,便相系屬,一旦拘制,自令失柄,後有危殆,雖悔無及。今豪傑競逐,雌雄未決,當各據其土宇,與隴、蜀合從,高可爲六國,下不失尉佗。"⑥也就是鼓動竇融等人仿效戰國時

---

① 《後漢書》卷二三《竇融傳》,第796頁。
② 《後漢書》卷二三《竇融傳》,第796頁。
③ 《後漢書》卷二三《竇融傳》,第797頁。
④ 《後漢書》卷二三《竇融傳》,第797頁。
⑤ 《後漢書》卷一三《隗囂傳》,第522頁。
⑥ 《後漢書》卷二三《竇融傳》,第798頁。

代的六國之君和秦漢之際割據嶺南的趙佗，長期割地稱尊而不再歸附立都於洛陽的劉秀政權。這是一個事關大局的選擇。竇融召集當地豪强與郡守會商，有智者侃侃而論："除言天命，且以人事論之：今稱帝者數人，而洛陽土地最廣，甲兵最强，號令最明。觀符命而察人事，它姓殆未能當也。"在場的諸郡太守和他們的部屬，見解並不一致。竇融"小心精詳，遂決策東向"①。竇融成爲決策東附洛陽劉秀政權的關鍵人物。

光武帝劉秀是很有大局感的政治家，他"聞河西完富，地接隴、蜀"，就產生了主動招撫割據河西的竇融集團以威逼隗囂和公孫述的戰略思路。雙方互派通好的使者相遇於中途。劉秀賜給竇融璽書："制詔行河西五郡大將軍事、屬國都尉：勞鎮守邊五郡，兵馬精强，倉庫有蓄，民庶殷富，外則折挫羌胡，內則百姓蒙福。……今益州有公孫子陽，天水有隗將軍，方蜀漢相攻，權在將軍，舉足左右，便有輕重。以此言之，欲相厚豈有量哉！諸事具長史所見，將軍所知。王者迭興，千載一會。欲遂立桓、文，輔微國，當勉卒功業。欲三分鼎足，連衡合從，亦宜以時定。天下未並，吾與爾絕域，非相吞之國。今之議者，必有任囂效尉佗制七郡之計。王者有分土，無分民，自適己事而已。今以黄金二百斤賜將軍，便宜輒言。"②隨即拜授竇融爲涼州牧。光武帝的這封璽書，對竇融既有足夠的尊重，更有坦誠相待的誠意與厚道。正因爲如此，贏得了竇融及其部屬與盟友的傾心歸附。在隗囂公開叛漢而與公孫述結盟之後，竇融主導下的河西集團毅然選擇站在東漢政權一方，爲牽制和最後平定隗囂與公孫述兩個割據勢力，發揮了獨特的作用，作出了很大貢獻。

在平定隴蜀、統一天下之後，竇融等人自動請命，離開經營多年的河西地區而移居都城洛陽。光武帝對竇融隆禮相待，竇融則以謙遜自守。竇氏家族，安享榮華富貴。

在考察竇融割據河西到歸漢的過程中，我注意到另外一位扶風人——史苞的存在。史苞，原爲張掖都尉，後來在竇融割據河西局面初成之時，武人自相授受而晉職爲張掖太守。《竇融傳》的正文，沒有記載史苞的鄉里籍貫，但是，注引《三輔決錄》注有如此文字："苞字叔文，茂陵人也。"③茂陵邑，是扶風的重要組成部分。在河西集團的六位頭面人物中，史苞是竇融唯一的扶風老鄉。二人的交情或許更爲深厚。因爲史苞的記載太過簡單，無法詳考，故附見於此。

---

① 《後漢書》卷二三《竇融傳》，第798頁。
② 《後漢書》卷二三《竇融傳》，第799頁。
③ 《後漢書》卷二三《竇融傳》，第796頁。

5. 班彪

班彪，即是《漢書》的主要作者班固的父親。"班彪字叔皮，扶風安陵人也"①。史稱："（班）彪性沉重好古"，在更始政權敗亡，三輔大亂之時，隗囂擁衆天水，班彪爲了避難而依投隗囂。隗囂曾經與班彪從容討論天下大勢，有以師禮相待之意。班彪力言"漢家復興"已是不可違逆的大勢，勸隗囂真心歸附劉秀。但是，隗囂另有算計，不加采納。爲此，班彪"傷時方艱，乃著《王命論》"，希望可以規勸隗囂做漢家之臣。隗囂堅持己見，班彪告別而行，選擇了避地河西。河西大將軍竇融禮聘班彪爲從事，"深敬待之，接以師友之道。彪乃爲融畫策事漢，總西河以拒隗囂"②。如此可見，班彪是支持竇融全心附漢的幕後人物之一。等到竇融征還京師，光武帝問他："所上章奏，誰與參之？"可見，劉秀對竇融所上章奏的撰寫水準很爲欣賞。竇融以實相對："皆從事班彪所爲。"光武帝"雅聞彪才，因召入見"③。光武帝劉秀對班彪的敬重之意，表現的也很清楚。

6. 馬援

"馬援字文淵，扶風茂陵人也。"④在並不得志的青年時代，馬援就對人表達過自己的追求"丈夫爲志，窮當益堅，老當益壯。"

王莽統治的末年，四方兵起，馬援曾經擔任王莽政權的新成大尹（即漢中郡守）。及王莽敗亡，馬援避地涼州。光武帝即位之後，馬援留居西州，"隗囂甚敬重之，以援爲綏德將軍，與決籌策"⑤。後來，隗囂在依附洛陽光武帝政權還是依附割據巴蜀的公孫述之間猶豫不定之時，派出了他所信重的馬援前往兩地做實地考察，以定取捨之策。馬援在奉命出使之初，似乎有鄉里之情，故選擇了先去巴蜀考察。馬援本來以爲與公孫述都是扶風茂陵邑人，曾經是同里而居的鄰居，而且私交很好，他推測舊友想見的場面應該是"既至當握手歡如平生"，沒有想到稱帝之後的公孫述自我膨脹很是嚴重，在馬援面前擺足了皇帝的陣勢，"盛陳陛衛，以延援入，交拜禮畢，使出就館……欲授援以封侯大將軍位"⑥。隨行者都有留居巴蜀之意，馬援卻告知他們一番道理："天下雄雌未定，公孫不吐哺走迎國士，與圖成敗，反修飾邊幅，如偶人形。此子何足久稽天下士乎？"⑦隨即告辭公孫述，返歸天水。馬援對隗囂彙報出使巴蜀的感受：

---

① 《後漢書》卷四〇上《班彪傳》，第1323頁。
② 《後漢書》卷四〇上《班彪傳》，第1324頁。
③ 《後漢書》卷四〇上《班彪傳》，第1324頁。
④ 《後漢書》卷二四《馬援傳》，第827頁。
⑤ 《後漢書》卷二四《馬援傳》，第829頁。
⑥ 《後漢書》卷二四《馬援傳》，第829頁。
⑦ 《後漢書》卷二四《馬援傳》，第829頁。

"子陽井底蛙耳，而妄自尊大，不如專意東方。"①也就是建議隗囂歸附洛陽的光武帝。馬援對公孫述的觀察和判斷之準確，足見其眼光之敏銳。

不久，馬援又奉使到洛陽。光武帝劉秀與馬援相見，不設任何帝王儀式，簡易到完全不設防的程度。劉秀以其大政治家的胸襟與言談，使得馬援真心服膺："天下反覆，盜名字者不可勝數。今見陛下，恢廓大度，同符高祖，乃知帝王自有真也。"②從此，馬援就認定光武帝是自己應該輔佐的君王。馬援西歸隴右，"隗囂與援共臥起"，詢問京師得失，馬援極力讚揚劉秀。正是在馬援的一再勸導之下，隗囂才下定決心，歸附洛陽漢家政權。但是，後來隗囂心生異念，與光武帝劉秀漸行漸遠，終於走向了公開為敵。在這個過程中，當時陪同隗囂長子定居洛陽的馬援曾經幾次致信隗囂，加以勸導。隗囂認定馬援背叛了自己，也就反目為仇。在這樣的局面之下，當劉秀統兵征討隗囂時，馬援作為隗囂的舊時部下，主動上書光武帝劉秀，願意幫助漢家政權蕩平隗囂，劉秀自然喜出望外。馬援到達前綫，運用他熟悉當地理與風俗的優勢，為劉秀出謀劃策。"（馬）援因説隗囂將帥有土崩之勢，兵進有必破之狀。又於帝前聚米為山谷，指畫形勢，開示眾軍所從道徑往來，分析曲折，昭然可曉。"光武帝大為振奮："虜在吾目中矣。"③簡而言之，劉秀能夠較快擊敗隗囂，實在得益於馬援之力甚多。

在平定隗囂之後，馬援對於東漢政權穩定在隴右的統治秩序，繼續作出傑出貢獻。"自王莽末，西羌寇邊，遂入居塞內，金城屬縣多為虜有。來歙奏言隴西侵殘，非馬援莫能定。十一年夏，璽書拜援隴西太守。援乃發步騎三千人，擊破先零羌於臨洮，斬首數百級，獲馬牛羊萬餘頭。守塞諸羌八千餘人詣援降。"④"武都參狼羌與塞外諸種為寇，殺長吏。援將四千餘人擊之，……豪帥數十萬戶亡出塞，諸種萬餘人悉降，於是隴右清靜。"⑤

後來，"交阯女子徵側及女弟徵貳反，攻沒其郡，九真、日南、合浦蠻夷皆應之，寇略嶺外六十餘城，側自立為王"⑥。光武帝以璽書封拜馬援為伏波將軍，統兵平叛。經過曠日持久的苦戰，"斬徵側、徵貳，傳首洛陽。"⑦馬援全勝而歸。"伏波將軍"的威名盛傳嶺南。東漢政權在嶺南的統治秩序，得以恢復。

---

① 《後漢書》卷二四《馬援傳》，第 829 頁。
② 《後漢書》卷二四《馬援傳》，第 830 頁。
③ 《後漢書》卷二四《馬援傳》，第 834 頁。
④ 《後漢書》卷二四《馬援傳》，第 835 頁。
⑤ 《後漢書》卷二四《馬援傳》，第 836 頁。
⑥ 《後漢書》卷二四《馬援傳》，第 835 頁。
⑦ 《後漢書》卷二四《馬援傳》，第 838 頁。

馬援直到晚年，還爲東漢政權的北部邊境的安寧，而統兵與匈奴、烏桓作戰。最後，這位百戰名將病死於征伐武陵五溪蠻夷的軍陣之中。實現了他"男兒要當死於邊野，以馬革裹屍還葬耳，何能臥床上在兒女子手中邪"①的壯烈情懷。馬援爲東漢政權重建統一和鞏固統一，真正做到了鞠躬盡瘁死而後已。

7. 方望

方望，是一位曇花一現的風雲人物。由於他活動於政治舞臺上的時間，太過短暫，以至於研究兩漢之交歷史的學者，幾乎没有人關注到他的存在。其實，方望在當時的政治鬥爭中，曾經散發出特殊的光彩。本文有意將他"發掘"出來。

方望，扶風平陵人。其人行事，主要附見於《隗囂傳》，又散見於《光武紀上》《劉玄劉盆子傳》。從《隗囂傳》的記載來看，方望不失爲一位高明的戰略家，可惜未遇明君，未能盡展其才。

"（隗）囂既立，遣使聘請平陵人方望，以爲軍師"②。平陵，是扶風的屬縣。方望首次見到隗囂，就給他作出了高明的戰略規劃。就其指陳天下大勢的氣勢而言，幾乎可以媲美於韓信的"漢中對"、諸葛亮的"草廬對"。請看："足下欲承天順民，輔漢而起，今立者乃在南陽，王莽尚據長安，雖欲以漢爲名，其實無所受命，將何以見信於衆乎？宜急立高廟，稱臣奉祠，所謂'神道設教'求助人神者也。"③隗囂采納其言，遂立漢家宗廟，祭祀高祖、太宗（漢文帝）、世宗（漢武帝），從而使得隗囂打出"復漢"的政治旗幟師出有名。方望還爲隗囂設計了會盟儀式與誓詞，曰："凡我同盟三十一將，十有六姓，允承天道，興輔劉宗。如懷奸慮，明神殛之。高祖、文皇、武皇，禪墜厥命，厥宗受兵，族類滅亡。"④以隗囂的名義公布的"移檄告郡國"文書，也必定出自於方望這位軍師的設計："故新都侯王莽，慢侮天地，悖道逆理。鴆殺孝平皇帝，篡奪其位。矯托天命，僞作符書，欺惑衆庶，震怒上帝。反戾飾文，以爲祥瑞。戲弄神祇，歌頌禍殃。楚、越之竹，不足以書其惡。天下昭然，所共聞見。今略舉大端，以喻吏民。"⑤戳穿了王莽爲自己設計的聖人形象，而把王莽置於政治罪人的地位。從而使得隗囂的起兵反莽具備了正義性。

其後，王莽敗亡，更始政權遣使徵召隗囂兄弟入朝。隗囂將行，方望却表現出高度的政治預見，"方望以爲更始未可知，固止之"，可惜的是，隗囂一心入朝做官，不聽方望的一再勸阻。面對如此局面，方望再一次表現出高士風範，他致書於隗囂，辭

---

① 《後漢書》卷二四《马援傳》，第841頁。
② 《後漢書》卷一三《隗囂傳》，第514頁。
③ 《後漢書》卷一三《隗囂傳》，第514頁。
④ 《後漢書》卷一三《隗囂傳》，第514頁。
⑤ 《後漢書》卷一三《隗囂傳》，第515頁。

官而去。方望的這封辭官文書,不僅文采飛揚,更是見識高遠!摘錄如下:"足下將建伊、呂之業,弘不世之功,而大事草創,英雄未集。以望異域之人,疵瑕未露,欲先崇郭隗,想望樂毅,故欽承大旨,順風不讓。將軍以至德尊賢,廣其謀慮,動有功,發中權,基業已定,大勳方緝。今俊乂並會,羽翮並肩,望無耆耇之德,而猥託賓客之上,誠自愧也。雖懷介然之節,欲潔去就之分,誠終不背其本,貳其志也。何則?范蠡收責句踐,乘偏舟於五湖;舅犯謝罪文公,亦逡巡於河上。夫以二子之賢,勒銘兩國,猶削迹歸愆,請命乞身,望之無勞,蓋其宜也。望聞烏氏有龍池之山,微徑南通,與漢相屬,其傍時有奇人,聊及閒暇,廣求其真。願將軍勉之。"①方望得以全身而退。隗囂兄弟到達長安,成爲更始政權的右將軍、禦史大夫。不多久,就捲入了高層政治鬥爭,隗囂的兩個兄弟死於非命,隗囂本人僥幸逃脫,重新返回天水,建立起割據政權。可惜的是,隗囂再也沒有找到方望這樣的高級軍師了!

8. 萬修

"萬修字君游,扶風茂陵人也。更始時,爲信都令,與太守任光、都尉李忠共城守,迎世祖,拜爲偏將軍,封造義侯。及破邯鄲,拜右將軍,從平河北。建武二年,更封槐里侯。與揚化將軍堅鐔俱擊南陽,未克而病,卒於軍。"②

萬修病逝過早,使得他在光武帝的開國功臣集團中不是顯要人物,但是,萬修在光武帝早期經營河北的過程中,發揮過重要作用,因此受封爲"造義侯",後來,又被改封爲"槐里侯"——這個封號,尤其應該引起我們的注意。因爲在漢武帝的"茂陵"設邑之前本命"茂鄉",隸屬於"槐里"縣之下,光武帝以"槐里侯"作爲萬修的"更封"爵號,顯示的是"榮歸故里"的皇恩,光武帝顯然是在表達對萬修的示寵和籠絡之意。可見,當年的萬修,在光武帝劉秀的心目中是很看重的人物。

9. 其他應該關注的扶風人物

"孔奮字君魚,扶風茂陵人也。"③

"杜林字伯山,扶風茂陵人也。"④

"申屠剛字巨卿,扶風茂陵人也。"⑤

---

① 《後漢書》卷一三《隗囂傳》,第520頁。又,從《光武紀上》(第18頁)的片段記載來看,平陵人方望主謀"立孺子劉嬰爲天子,更始遣丞相李松擊斬之",是方望不得善終。《劉玄劉盆子傳》也有相應的記載,頗堪玩味,此處從略。

② 《後漢書》卷二一《萬修傳》,第757頁。

③ 《後漢書》卷三一《孔奮傳》,第1098頁。

④ 《後漢書》卷二七《杜林傳》,第934頁。

⑤ 《後漢書》卷二九《申屠剛傳》,第1011頁。

"郭伋字細侯,扶風茂陵人也"①

"魯恭字仲康,扶風平陵人也。"②

"張湛字子孝,扶風平陵人也。"③

"蘇竟字伯況,扶風平陵人也。"④

以上七位扶風人士,在光武帝劉秀"中興之業"中,都是堪稱"名臣"的人物。由於本文的篇幅所限,其事迹略而不論。

總計以上所考,在兩漢之交,曾經有18位扶風人士,活躍在當時的政治舞臺上,充任過重要的角色,發揮過特殊的作用。尤其是公孫述、耿弇、竇融、馬援四位,都是舉足輕重的人物。扶風何以多出仁傑?這個現象的出現,值得我們關注。至於造成這一格局的原因何在,擬另文討論。

---

① 《後漢書》卷三一《郭伋傳》,第1091頁。
② 《後漢書》卷二五《卓茂傳附魯恭傳》,第873頁。
③ 《後漢書》卷二七《張湛傳》,第928頁。
④ 《後漢書》卷三〇上《蘇竟傳》第1041頁。

陸游《入蜀記》辨説

周 雯

乾道五年（1169），陸游自家鄉紹興府山陰縣（即今浙江省紹興）啓程，赴夔州治所（即今重慶奉節）任通判（圖1）。他一路上歷經五個多月，逐日所記見聞感想，彙編成《入蜀記》一書。

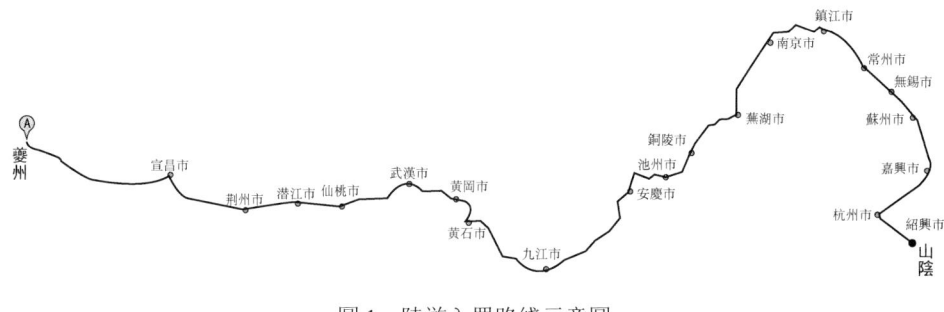

圖1　陸游入蜀路綫示意圖

一、《入蜀記》版本辨析

據《四庫全書總目》著録，《入蜀記》爲六卷，光禄寺卿陸錫熊家藏本[①]。陸錫熊時爲《四庫全書》的總纂官之一，可是在《四庫採進書目》中並未記載其獻書的情況。但是，查檢《文淵閣四庫全書》《文津閣四庫全書》以及《文溯閣四庫全書》可

作者簡介：周雯（1986—），北京大學歷史學系博士。
①　《四庫全書總目》，北京：中華書局，1965年，影印浙江杭州刊本，第529頁。

以發現，其中收録的《入蜀記》却爲四卷本①，其書前提要亦標明爲四卷。除《總目》和文淵閣、文津閣本等書前提要中提到的六卷本、四卷本外，還有一種一卷本的。我們下面就一一辨析這幾種版本的源流問題。

六卷本《入蜀記》，應最先收録在陸游文集《渭南文集》中。《渭南文集》爲陸游生前所編定，由其子陸子遹於嘉定十三年知溧陽時刊刻。陸子遹在序中引述其父之語，云：

> 如《入蜀記》、《牡丹譜》，樂府詞，本當别行，而異時或至散失，宜用廬陵所刊《歐陽公集》例，附於集後。②

可知陸游編訂文集時，把《入蜀記》附於其後之意圖。這個版本現存殘本，藏於國家圖書館。

現在最爲通行的《入蜀記》版本，應是收録在乾隆年間鮑廷博刊刻《知不足齋叢書》裏的六卷本，《知不足齋叢書》依據《入蜀記》的舊抄本校刻而成③。刻成之後，又由鮑廷博本人多加校改，其點校、補證的《知不足齋》本《入蜀記》後由清末藏書家章鈺收藏④。《知不足齋叢書》素以校讎精良著稱，這個版本應該是可以信賴的。

一卷本《入蜀記》，見於明清間刻宛委山堂本《説郛》和明代的叢書《續百川學海》⑤。然而，其中只有六卷本的最後一卷，且於文字多有省減。

而四卷本《入蜀記》，現存最早的版本爲收録在明萬曆四十三年刻印的叢書《寳顔堂祕笈》廣集裏的本子，這個版本的分卷與《四庫》本相同。這個《寳顔堂祕笈》廣集本的内容與《渭南文集》中收録的《入蜀記》，也没有什麽差别，只是重新分卷而已。《寳顔堂祕笈》叢書於所收書書名之前一般都冠以"陳眉公訂正"五字，陳眉公即明末文人陳繼儒，寳顔堂爲其齋號。陳繼儒於明末聲噪一時，錢謙益描述他名氣之大，曰："於是眉公之名傾動環宇，遠而夷酋土司咸丐其詞章，進而酒樓茶館悉懸

---

① （宋）陸游：《入蜀記》，《景印文淵閣四庫全書》第460册，臺北：臺灣商務印書館，1986年，第875頁。
② （宋）陸子遹：《渭南文集》原序，《陸游集》第5册，北京：中華書局，1976年，第2491頁。
③ （清）鮑廷博輯：《知不足齋叢書》總目，北京：中華書局，1999年，重印民國二十二年上海古書流通處影印《知不足齋叢書》初印本，第13頁。
④ 參顧廷龍編：《章氏四當齋藏書目》，北京：北京圖書館出版社，2007年，第374頁。
⑤ （明）陶宗儀等編：《説郛》卷六十五，上海：上海古籍出版社，1988年，《説郛三種》影印清順治三年宛委山堂本，第3001—3006頁。

其畫像，甚至窮鄉小邑，鬻粔妝市鹽豉者，胥被一眉公之名，無得免焉。"①

《寶顔堂祕笈》一書序中稱陳繼儒將自家稀見藏書彙集成此套叢書，并參與了全書的編纂、校訂云云②，然而在陳繼儒寫給友人的信箋裏却稱：

> 但書坊所刻《祕笈》之類，皆僞以弟名冒之。念此曹病貧賈，不能救正，聽其自行，多有極可嘆可厭者。弟之不好名，此亦足以見其一班矣。③

在另一封信中也說：

> 《祕笈》非弟書，書賈贗托以行，中無二三真者。此曹貧，不忍督付丙丁，終當整頓。④

可知所謂《寶顔堂祕笈》實則書坊商人假託陳繼儒之名編纂而成，而其所收書又多有竄改删節，質量不高，故陳繼儒才會說"弟之不好名，此足以見其一班"，"終當整頓"這樣的話。民國時期，商務印書館編纂《叢書集成》時，便批評這部叢書中所刊之書說"多删減，不免爲通人所斥"云云⑤。

清代嘉道時期的學者周中孚云："《入蜀記》六卷（知不足齋本）……《四庫全書》著錄。《宋志》及《宋志補》俱不載，蓋本編在《渭南文集》中也。……《廣祕笈》并作四卷，尚無改舊觀，至《說郛》僅節錄一卷，失其旨矣。"⑥周中孚認爲《入蜀記》原本是編在《渭南文集》里的，所以記載宋代著述的各個目錄都沒有著錄是書。直到《寶顔堂叢書》才出現單行本，雖然書的内容没有改變，但是却把陸游《渭南文集》中原本六卷的《入蜀記》重新編排，變成了四卷。這個說法有一定道理，結合明末書商亂編叢書，"剿襲前人之書而割裂之，以掩其面目"這樣普遍的做法⑦，可以想見，明末書商爲了標榜自己刻印有孤本祕笈，而對《入蜀記》進行重新分卷。

在此還有一事需要辨明，清代藏書家錢曾的藏書目錄《讀書敏求記》中記載有六

---

① （清）錢謙益：《列朝詩集》丁集卷十六，北京：中華書局，2007年，第5931頁。
② 《寶顔堂祕笈（廣集）》序，明萬曆繡水沈氏刻本，第3b頁。
③ （明）陳繼儒：《白石樵真稿》尺牘卷一"與戴悟軒"條，第442頁。
④ （明）陳繼儒：《白石樵真稿》尺牘卷一"答費無學"條，北京：北京出版社，2000年，《四庫禁毀書叢刊》影印明崇禎刻本，第442頁。
⑤ 《叢書集成初編目錄》叢書百部提要，北京：中華書局，1983年，第19頁。
⑥ （清）周中孚：《鄭堂讀書記》卷二四，上海：上海書店出版社，2008年，第416—417頁。
⑦ 《四庫全書總目》卷一三二，第1127頁。

卷本的《入蜀記》，而錢氏的另一部藏書目録《錢遵王述古堂藏書目録》中，則著録"陸務觀 《入蜀記》□卷一本鈔"①，而知錢氏所藏《入蜀記》爲鈔本，可惜卷數空缺。另據瞿鳳起編纂的《虞山錢遵王藏書目録彙編》，以錢氏的《也是園書目》爲底本，其中陸游的《入蜀記》則著録爲十卷。對同一部書的卷數，記載却如此混亂不清。校注《讀書敏求記》的章鈺則引述清代藏書家勞權的説法，云："錢本向在紹興沈氏詒經堂書坊。"②而金長春輯，當塗金氏刻於嘉慶十八年的《詒經堂藏書七種》中收録的《入蜀記》，却爲四卷本。這個四卷本的分卷也與《四庫》本同。若錢氏所藏《入蜀記》原爲詒經堂所有，那麼此《入蜀記》也應爲四卷。因此，我們有理由推斷，錢曾的幾部藏書目録中可能會出現把卷數搞錯這樣的訛誤。

《四庫提要》中所謂"陸錫熊家藏本"，即《四庫全書》收録的《入蜀記》應與上述四卷本屬於同一系統。但是爲何《四庫全書總目》却著録《入蜀記》爲六卷？有人推測《四庫全書》修纂時向浙江諸藏書家徵集書籍，當時鮑家進呈了六卷本的《入蜀記》，四庫館臣在編纂《四庫全書總目》時可能借鑒了《知不足齋叢書》本③。但是，檢核鮑廷博之子鮑士恭呈送的書目，裏面並未有《入蜀記》一書，這種説法於史無徵④。從《四庫全書》書前提要的寫定到《四庫全書總目》的編纂，中間還經過很多環節。現在還没有更好的材料用於解釋爲何《四庫全書》收録的四卷本，到《四庫全書總目》却改爲六卷本。

二、四庫提要中的幾個問題

在四庫提要中，四庫館臣首先介紹了陸游的生平、《入蜀記》一書的内容，並評價道："游本工文，故於山川風土，敘述頗爲雅潔。而於考訂古蹟，尤所留意。"然後列舉《入蜀記》書中的内容，作爲例證加以説明，云其"皆足備輿圖之考證"⑤。但是，仔細比對提要與《入蜀記》中的文段，却還可以發現其所舉例證中的一些問題，現臚列如下，供方家批評指正。

提要云："李白詩所謂新豐酒者，地在丹陽、鎮江之間，非長安之新豐。"此句從《入蜀記》書中卷一的記載中而來。陸游云："過新豐，小憩。李太白詩云：'南國新

---

① （清）錢曾：《錢遵王述古堂藏書目録》卷五，清錢氏述古堂鈔本，此書無頁碼。
② （清）錢曾著，章鈺、管庭芬校證：《讀書敏求記校證》卷二之下，上海：上海古籍出版社，2007年，第181頁。
③ 參（宋）陸游著，蔣方校注：《入蜀記校注》前言，武漢：湖北人民出版社，2004年，第21頁。
④ 吳慰祖校訂：《四庫採進書目》，北京：商務印書館，1960年，第88—96頁。
⑤ 《四庫全書總目》卷五八，第530頁。

豐酒，東山小妓歌。'又唐人詩云：'再入新豐市，猶聞舊酒香。'皆謂此，非長安之新豐也。"①即是說，李白詩句"南國新豐酒"中的新豐，是指陸游落腳的新豐鎮，時屬鎮江府丹陽縣，今在江蘇省丹陽縣東北。館臣舉此句爲例自是想說明陸游的推斷是正確的。陸游有此判斷，是因爲陝西有新豐縣，为漢高祖所置②，而李白詩中却云"南國"，顯然不是指北方的關中地區，陸游讀李白的詩句時可能一直抱有疑慮，直到到達丹陽，發現此處也有一地名爲新豐，便認定李白詩中的"新豐"是指此處。

然而，陸游自己也覺得這個說法還不完滿，因爲唐代另一位詩人王維的《少年行》中，有詩句云："新豐美酒斗十千，咸陽游俠多少年。"③這裡的新豐又明顯是指的陝西了。於是，陸游只好說："然長安之新豐，亦有名酒，見王摩詰詩。"④清末的況周儀就以爲"昔人云新豐美酒乃長安之新豐也"，并以此解釋李白詩曰："李詩云者，殆謂地則新豐，酒則猶是南州風味耳。"⑤這樣的解釋似乎更加牽強。

李白這句詩，出自《出妓金陵子呈盧六四首》第二首，全詩爲：

南國新豐酒，東山小妓歌。對君君不樂，花月奈愁何！⑥

其中第四首，云：

小妓金陵歌楚聲，家僮丹砂學鳳鳴。我亦爲君飲清酒，君心不肯向人傾。⑦

這首詩清楚地顯示，李白寫這四首詩時，應該是在金陵，也就是現在的南京。明瞭新豐不是寫詩之地點，我們再來看史書中對新豐的記載。《三輔舊事》云："太上皇不樂關中，思慕鄉里，高祖徙豐沛屠兒沽酒煮餅商人，立爲新豐縣。"⑧可知，新豐縣地販賣美酒。後來梁元帝作詩，用這個漢代的典故云："試酌新豐酒，遥勸陽臺人。"⑨

---

① （宋）陸游：《入蜀記》卷一，第587頁。
② 參《漢書》卷二八《地理志》，北京：中華書局，1962年，第1543頁。
③ （唐）王維著，陳鐵民校注：《王維集校注》卷一，北京：中華書局，1997年，第33頁。
④ （宋）陸游：《入蜀記》卷一，第587頁。
⑤ （清）況周儀：《蘭雲菱夢樓筆記》，據張宇校注：《〈阮庵筆記五種〉校注》，廣西大學碩士學位論文，2008年，第130頁。
⑥ （唐）李白著，瞿蜕園、朱金城校注：《李白集校注》卷二五，上海：上海古籍出版社，1980年，第1501頁。
⑦ （唐）李白著，瞿蜕園、朱金城校注：《李白集校注》卷二五，第1502頁。
⑧ （梁）蕭統編：《文選》卷一〇唐李善注引《三輔舊事》，北京：中華書局，1977年，影印清嘉慶十四年胡克家印本，第153—154頁。
⑨ （明）張溥輯：《漢魏六朝一百三家集》卷八四《梁元帝集》之《登江州百花亭懷荊楚》，臺北：臺灣商務印書館，1986年，《景印文淵閣四庫全書》本，第687頁。

唐代很多詩人都沿用了這個典故，以"新豐酒"代指美酒，李白另有首詩句"君歌《楊叛兒》，妾勸新豐酒"[①]，"情人道來竟不來，何人共醉新豐酒"[②]，還有李賀"吹笙翻舊引，沽酒待新豐"[③]，這些都是用典的手法，與新豐地名無涉。基於這樣的認識，我們再來理解"南國新豐酒"一句，便知道李白這裡用"新豐酒"泛指南方的美酒，並非如陸游所說爲丹陽新豐鎮當地的酒。

另外，《四庫提要》中云："真州迎鑾鎮乃徐溫改名，非周世宗時所改。"但是，檢核《入蜀記》中的記載，可以發現，四庫館臣此處對原文的理解有偏差。陸游云：

> 晚至真州，泊鑾遠亭。州本唐揚州揚子縣之白沙鎮。楊溥有淮南，徐溫自金陵來覲，溥于白沙，因改曰迎鑾鎮。或謂周世宗征淮時，諸將嘗於此迎謁，非也。[④]

可知，陸游在此說了兩件事，一件是楊溥時爲五代時期南吳的國君，他在白沙鎮朝見徐溫，所以白沙鎮改名爲迎鑾鎮，並未指出是徐溫改的地名；另一件是否認了周世宗征淮時路過此鎮，與周世宗時是否改名迎鑾鎮沒有關係。關於迎鑾鎮的改名問題，在宋代的地理書《輿地紀勝》中，已經考辨得很清楚，云：

> 南唐以永正縣地置迎鑾鎮。《寰宇記》云："本揚州白沙鎮地，僞吳順義二年改爲迎鑾鎮，二者不同。"象之謹按《通鑑》後梁龍德二年歲在壬午，吳主楊溥即位，改元順義，又《通鑑》唐莊宗同光二年歲在乙酉，吳主如白沙鎮，觀樓船，更命白沙曰迎鑾鎮。徐溫自金陵來朝。又《儀真志》引《五代史》楊溥僭位，順義四年溥臨白沙，閱舟師，金陵尹徐溫來見，改白沙鎮爲迎鑾鎮。自後梁龍德二年壬午順數至同光二年乙酉，整整四年，則吳自龍德二年壬午改元，順義亦順數，至順義四年乙酉，亦整整四年。參《通鑑》、《五代史》二書以觀，則當在吳順義四年，及後唐同光二年。《輿地廣記》以爲南唐所改，已是差互，而《寰宇記》以爲在順義二年年月亦非是，當書曰：吳順義四年改白沙鎮曰迎鑾鎮。[⑤]

---

① （唐）李白著，瞿蛻園、朱金城校注：《李白集校注》卷四之《楊叛兒》，第287頁。
② （唐）李白著，瞿蛻園、朱金城校注：《李白集校注》卷十二之《春日獨坐寄鄭明府》，第834—835頁。
③ （唐）李賀著，（清）王琦集注：《李賀詩歌集注》卷二之《惱公》，上海：上海古籍出版社，1978年，第143頁。
④ （宋）陸游：《入蜀記》卷二，第590頁。
⑤ 參（宋）王象之：《輿地紀勝》卷三八，北京：中華書局，1992年，影印道光二十三年岑氏懼盈齋本，第1610—1611頁。

還有，提要云《入蜀記》書中"解南［唐］以七月六日作七夕之由"，"亦足廣見聞"。然則，仔細看書中相關段落，曰：

> 右文林郎監大軍倉王烜來。王言京口人用七月六日爲七夕，蓋南唐重七夕，而常以帝子鎮京口，六日輒先乞巧，翌日，馳入建康赴內燕，故至今爲俗云。然太宗皇帝時，嘗下詔禁以六日爲七夕，則是北俗亦如此。此説恐不然。①

可以知道，首先，這個南唐以七月六日爲七夕之由不是陸游提出的；其次，陸游本人並不認同這個理由，所以才會説出"此説恐不然"這樣的話。以上兩個錯誤，恐怕是撰寫此條的四庫館臣讀書時太草率所致。

三、四庫館臣對《入蜀記》的評價

前文已經提到，四庫館臣對陸游所著《入蜀記》一書的評價還是相當高的，在列舉諸多書中事例來説明這個看法後，館臣接着説："其他搜尋金石、引據詩文以參證地理者，尤不可殫數。"

在《入蜀記》一書中，確有很多與金石有關的內容。僅在提要所舉例證之中就有幾處。如，"宋玉宅在秭歸縣東，舊有石刻，因避太守家諱毀之"。至清末，楊守敬編纂《湖北金石志》時，就利用了這條記載②。又如"廣慧寺祭悟空禪師文，石刻保大九年，乃南唐元宗，非後主。"陸游在書中還詳細記錄了石刻的內容，曰："保大九年，歲次辛亥九月，皇帝以香茶乳藥之奠，致祭於右街清涼寺悟空禪師。"③南宋時期，陳思編纂的記錄各地石刻碑目的書《寶刻叢編》則從現在已不存的《諸道石刻錄》一書中轉引，作"南唐祭悟空禪師文保大九年"④，未能著錄碑刻的內容，由此可見《入蜀記》記載之珍貴。

北宋中期以後，以歐陽修的《集古錄》和趙明誠的《金石錄》爲代表的金石學研究逐漸興起。陸游在書中之所以特別關注碑刻，應與宋代當時的這種學風有關，四庫館臣很敏鋭地注意到《入蜀記》的這個特點。

---

① （宋）陸游：《入蜀記》卷二，第591頁。
② 參（清）楊守敬：《湖北金石志》卷一二，武漢：湖北人民出版社、湖北教育出版社，1997年，《楊守敬全集》本，第876頁。
③ （宋）陸游：《入蜀記》卷二，第592頁。
④ （宋）陳思：《寶刻叢編》卷一五，長沙：商務印書館，1937年，《叢書集成》初編排印十萬卷樓叢書本，第419頁。

但是,四庫館臣評價陸游的另一句話,曰"引據詩文以參證地理",却尚有可商榷之處。僅就館臣所舉的例子,其實更多的涉及對詩作的賞析、箋注。如前面已經提到的,辨析李白詩中的新豐酒;陸游提到甘露寺狠石、多景樓,是由於這兩處景物是當時文人吟詠的對象,蘇軾就有詩"狠石卧亭下,穹窿如伏鼇"①,還有"多景樓上彈神曲,欲斷哀弦再三促"②這樣的句子。還有如"梅堯臣題瓜步祠詩誤以魏太武帝爲曹操","庾亮樓當在武昌,不應在江州。白居易詩及張舜[民]《南遷[録]》並相沿而誤"等等,正史、地理書的記載本没有誤,是詩人寫作的時候搞錯了,這些並非是以詩證史,而是以史改詩。其他如"歐陽脩詩'江上孤峯蔽緑蘿'句,緑蘿乃溪名,非泛指藤蘿","解杜甫詩長年三老字及攤錢字","解蘇軾詩'玉塔卧微瀾'句"等等,則更爲明顯得是以鑒賞詩歌爲旨歸。

四庫館臣説《入蜀記》一書"於考訂古蹟,尤所留意","引據詩文以參證地理",似乎是從清代乾嘉考據學的角度來審視陸游此書。與清代重視經史的研究,尤其推重對輿地的考據不同,南宋的文人士大夫則呈現出另外一種面貌。至南宋時期,題詠各地風景名勝成爲一時風氣。故王象之編纂《輿地紀勝》於諸州既列有"風俗形勝""景物""古迹"等條目,又有"詩"和"四六"諸項,以收羅相關詩文,後來祝穆的《方輿勝覽》,也大致沿用了這樣的體例。王象之在《輿地紀勝》的序文中,爲其作此書的目的有着清楚的表述:

> 世之言地理者尚矣。郡縣有志,九域有志,寰宇有記,輿地有記。或圖兩界之山河,或紀歷代之疆域,其書不爲不多,然不過辨古今、析同異,考山川之形勢,稽南北之離合,資游談而誇辯博則有之矣,至若收拾山川之精華,以借助於筆端,取之無禁,用之不竭,使騷人才士於一寓目之頃,而山川俱若效奇於左右,則未見其書。此《紀勝》之編所以不得不作也。③

與此相似,當時人吕午爲《方輿勝覽》作序,也明確説:"學士大夫端坐窗幾而欲周知天下,操弄翰墨而欲得助江山,當覽此書,毋庸他及。"④其實,《輿地紀勝》和《方輿勝覽》這兩部書的名稱,即已經清楚顯示出上述編纂宗旨,特別是

---

① (宋)蘇軾著,馮應榴輯注:《蘇軾詩集合注》卷七之《甘露寺》,上海:上海古籍出版社,2001年,第279頁。
② (宋)蘇軾著,馮應榴輯注:《蘇軾詩集合注》卷一二之《潤州甘露寺彈箏》,第565頁。
③ (宋)王象之:《輿地紀勝》卷首王氏自撰《輿地紀勝序》,第19—21頁。
④ (宋)祝穆:《方輿勝覽》卷首宋吕午《方輿勝覽序》,北京:中華書局,2003年,第2頁。

《方輿勝覽》原本每卷標題署作"新編四六必用方輿勝覽",將這一性質體現得更爲清晰[1]。

在南宋時人吟詠古迹名勝已蔚然成風的背景下,我們再來看陸游的《入蜀記》,就可以看出,陸游一路處處留心題詠各地的詩句,以及與這些詩句相關的名勝古迹。四庫館臣囿於清代當時的學風,没有注意到陸游書中體現出的這層含義。然而,四庫館臣評價《方輿勝覽》的話放到這裡好像更爲合適,曰:"惟於名勝古蹟多所臚列,而時賦序記,所載獨備。蓋爲登臨題詠而設,不爲考證而設。"[2]

---

[1] (清)楊守敬:《日本訪書志》卷六"方輿勝覽"條,瀋陽:遼寧教育出版社,2003年,第91—92頁。
[2] 《四庫全書總目》卷六八,第596頁。

《奇器圖説》與中外文化交流*

毛瑞方

《奇器圖説》，又叫《遠西奇器圖説》或者《遠西奇器圖説錄最》（以下均簡稱《奇器圖説》），共三卷，是晚明中國學者王徵（1571—1644）與西方入華耶穌會士鄧玉函（Johann Schreck，1576—1630）合譯的一部西方機械工程學漢語著作。這部書以"奇"冠名，形容其所著譯内容之新奇，同時，它所承載的文化交流史也堪稱一朵奇葩。

《奇器圖説》這部書的古代學術史大致分爲三個階段：晚明成書期、晚明出版期和清代傳播期。《奇器圖説》成書的過程就是中西文獻和文化交流的過程，成書後於明末刊刻出版和再版的過程即其開始發揮學術影響的過程。崇禎元年（1628），該書由武位中初刻於揚州，崇禎年間，徽州府書商汪應魁翻刻，徽州書坊吴氏西爽堂也翻刻了該書。後世各個版本無不出於此三個早期版本。《奇器圖説》在清代產生的影響可以從兩個方面著重考察。一是從其被清代書目著錄的情況看其對中國學術和社會的影響。中國古代目錄中類目的變化往往受典籍數量及其種類的變化影響較大，而典籍數量和種類的變化又會受到文化史影響。因此，考察《奇器圖説》在古代目錄中的著錄情況，可以瞭解該書在當時的社會文化中所處的狀況。二是從此書由中入朝的傳播史，看其對其他國家學術和社會的影響。

本文即以《奇器圖説》古代學術史的視角，對《奇器圖説》與中西文化交流、《奇

作者簡介：毛瑞方（1979—），北京師範大學古籍與傳統文化研究院副教授。
* 基金項目：國家社科基金青年項目（12CZS003）；北京外國語大學中國文化走出去協同創新中心立項資助項目（CCSIC2017-YB06）；中央高校基本科研業務費專項資金資助項目（SKZZB2015002）階段性成果。

器圖説》在《四庫全書總目》中的著錄和《奇器圖説》與中朝文化交流三個方面進行探研,旨在通過考察《奇器圖説》這部書的成書過程及其影響,展示宮廷典籍與中外文化交流的互動過程。

一、《奇器圖説》與中西文化交流

《奇器圖説》與中西文化交流的問題,實際上是《奇器圖説》與西學東漸的問題,與西學東漸的大背景、中西學者的合作譯述、該書的文獻來源、該書的價值幾個具體問題緊密相連。

晚明時期,西方科技知識第一次大量傳入中國。遵循學術傳教策略,博學多識的一批西方傳教士帶着西方文化知識和書籍進入中國。利瑪竇(Matteo Ricci,1552—1610)即特別重視科學書籍,隨身帶了很多數學、天文學、宇宙學和自然科技的書籍。最重大的西方書籍輸入中國的事件是"七千部西書入華",指的是萬曆四十二年(1614)到四十六年(1618)間,金尼閣(Nicolas Trigault,1577—1629)奉龍華民(Nicholas Longobardi,1559—1654)之命,返回歐洲專爲中國教區募集西方書籍,並將其帶回中國的事件。其中,科技類書籍包括數學、建築學、天文學、機械物理學、礦冶、醫學、航海術,等等。被金尼閣選中、並隨其同返中國的瑞士科學家鄧玉函,知道中國人極其重視曆法,就設法將哥白尼《天體運行論》、開普勒《哥白尼天文學概要》以及伽利略等人的著作攜來中國。這些西方科技書籍對中國學術界產生了一定的影響。一方面,它掀起了中西方學者翻譯西方科技著作的熱潮。例如,利瑪竇、徐光啓合譯《幾何原本》前六卷;利瑪竇、李之藻合譯《同文指算》前編二卷,《通編》八卷,《別編》一卷;利瑪竇、李之藻合譯《圜容較義》一卷,等等。科技知識的翻譯涉及了天文、數學、水力、測量、機械等領域。另一方面,它們擴大了中國學者的研究視野,豐富了中國學者的研究内容,成爲中國學者科技研究的新源泉。由於晚明時期挽救明朝頹勢的社會要求相對迫切,實學思潮興起,學界重視科技、重視對西方科技著作翻譯的風氣也漸濃。王徵是晚明時期,在探索科技進步方面表現非常突出的人物,是有條理、有計畫地寫一部機械工程學作品的第一位中國人。與他合作著譯《奇器圖説》的正是鄧玉函。

明天啓六年(1626)冬,王徵爲繼母服孝完畢,北行抵達北京等待補官,在此見到了西方傳教士龍華民、湯若望(Johann Adam Schall von Bell,1591—1666)、鄧玉函。在流覽了一批西方科技文獻、補習了數學和力學知識後,他開始與鄧玉函合作翻譯。王徵謙虛地描述合作過程説："於是取諸器圖説全帙分類而口授焉。余信筆疾書，不次不文，總期簡明易曉，以便人人覽閱。"①歷時一個月，完成了《奇器圖説》的著、譯工作。此後，王徵攜帶稿本至揚州赴任。崇禎元年（1628）九月，揚州府儒學訓導武位中重新繪圖，並刊印了該書。

《奇器圖説》的資料來源包括純粹的西學文獻和中西學者合作翻譯或撰著的漢語文獻兩部分。其資料來源主要是金尼閣和鄧玉函他們從歐洲帶回的科技書籍。王徵曾在《〈遠西奇器圖説録最〉序》開篇説："《奇器圖説》，乃遠西諸儒攜來彼中圖書，此其七千餘部中之一支，就一支中此特其千百之什一耳。"②在鄧玉函的幫助下，合譯《奇器圖説》的過程中，王徵研讀了很多相關西學文獻，如荷蘭科學家斯蒂文（Simon Stevin）的《數學劄記》（*Hypomnemata Mathematica*，1605—1608 年）、義大利力學家圭多巴爾多（Guidobaldo del Monte）的《論力學》（*Mechanicorum liber*，1577 年）、義大利科學家拉梅利（Agostino Ramelli）的《奇異精巧的機器》（*Le Diverse e Artificiose Machine del Capitano*），等等。以往很多中外學者對於《奇器圖説》所録的西書底本作過研究，如外國學者霍維茨（Horwitz）、費德豪斯（Feldhaus）、萊斯米勒（Reismüller）、耶格爾（Fritz Jäger）、惠澤霖（Verhaeren）、李約瑟（Joseph Needham），還有中國學者方豪、張柏春等。

另外，當時被翻譯成漢語的西方科技書籍成爲社會新寵。以其作《奇器圖説》時所引用的這類文獻爲例，至少包括他在《奇器圖説·凡例》的"引取"部分列出的 18 部參考著作：《勾股法義》《圓容較義》《蓋憲通考》《泰西水法》《幾何原本》《坤輿全圖》《簡平儀》《渾天儀》《天問略》《同文算指》《敬天實義》《畸人十篇》《七克》《自鳴鐘説》《望遠鏡説》《職方外紀》《西學或問》《西學凡》；其他漢語撰寫的參考書籍還有《表度説》《靈言蠡勺》《西儒耳目資》，等等。據有關學者考證，認爲《勾股法義》《圓容較義》《幾何原本》和《同文算指》"這四部書的内容正可滿足鄧玉函指出的翻譯西方機械圖説所需要的數學基礎"，而且，"《奇器圖説》中的部分術語顯然取自這些著作"③。

《奇器圖説》以獨立的系統介紹了西方機械製造理論和實踐力學。它是 19 世紀之前最具系統性地介紹西方力學知識和機械的中文著作。雖然，它並非某一部西文著作的翻譯，而是摘編、翻譯了多部西文著作内容，但全書的内容編排科學，先講原理，再講應用，比較詳細地介紹了當時西方力學一些基本知識、各種定律和原理，還介紹

---

① （明）王徵：《遠西奇器圖説録最序》，李之勤：《王徵遺著》，西安：陝西人民出版社，1987 年，第 219 頁。
② （明）王徵：《〈遠西奇器圖説録最〉序》，李之勤輯：《王徵遺著》，第 218 頁。
③ 張柏春等：《傳播與會通——〈奇器圖説〉研究與校注》，南京：江蘇科學技術出版社，2008 年，第 87 頁。

了西方複雜、先進的實用機械構造、製作和使用方法，並附有圖解。《奇器圖說》奠定了中國機械工程學的基礎，一是因爲他運用對中國古代機械製造知識的理解和總結，結合西方工程學術體系和知識，初步闡述了他的中國機械工程學理論體系。二是他在《奇器圖説》中還創造了許多中文機械學術語。因此，劉仙洲曾評價說："王徵是我國三百多年前的第一位機械工程學家，他所譯的《奇器圖説》和所著的《諸器圖説》是我國第一部機械工程學（著作）。"[1]

總之，《奇器圖説》是西方力學及機械技術傳入中國的一部經典作品，是第一部科學傳統與工匠傳統相結合而產生的作品，也是學界認識中西科技知識傳播、融合的典型個案。

二、《奇器圖説》在《四庫全書總目》中的著錄

《奇器圖説》最早被清初學者黃虞稷（1629—1691）的《千頃堂書目》著錄。其"食貨類"著錄了《遠西奇器圖説》。清乾隆朝大型宮廷藏書目錄《四庫全書總目》中子部"譜錄類"著錄了《奇器圖説》。清末徐樹蘭在《古越藏書樓書目》政部"工業"類"雜器"子目中著錄了《奇器圖説》。本節以《四庫全書總目》中該書的提要爲綱，詳細考察《奇器圖説》在《四庫全書總目》中的著錄情況。

"《奇器圖説》三卷《諸器圖説》一卷，兩淮監政采進本"是對其版本的著錄，可知這是由兩淮監政購訪、采集、匯送京師的一個合刊本。

提要首先著錄了其書名和作者："《奇器圖説》，明西洋人鄧玉函撰。《諸器圖説》，明王徵撰。"[2]雖然，王徵跟金尼閣學習過拉丁文，但要研讀、翻譯西文還比較困難；雖然，鄧玉函是非常博學的科學家，但其領域主要是在醫學、博物學、數學。因此，《奇器圖説》必需兩人合作譯著才能完成。兩人的合作以由鄧玉函口授，王徵筆錄和潤色的形式進行。提要中也是這樣描述的："徵，涇陽人，天啓壬戌進士，官揚州府推官，嘗詢西洋奇器之法於玉函，玉函因以其國所傳文字口授，徵譯爲是書。"[3]因此，《諸器圖説》和《奇器圖説》的合刻本署名應當是：西海耶穌會士鄧玉函口授，關西景教後學王徵譯繪。在《諸器圖説》的版本問題上，它和《奇器圖説》的合刻本基本是

---

[1] 劉仙洲：《王徵與我國第一部機械工程學》，宋伯胤：《明涇陽王徵先生年譜（增訂本）·王徵研究資料》，西安：陝西師範大學出版社，2004年，第239頁。

[2] 《四庫全書總目》，北京：中華書局，1965年，第984頁。

[3] 《四庫全書總目》，北京：中華書局，1965年，第984頁。

學術公認的,這也是《〈遠西奇器圖説録最〉與〈新制諸器圖説〉版本之流變》①一文將兩書版本流變問題放在一起討論的原因所在。到目前爲止,還没有找到充分證據證明《諸器圖説》單刻本的存在。雖然《一傳世罕見的明刻本——王徵〈諸器圖説〉述略》②一文爲其單刻本的發現和探索作出了可貴嘗試,但其關於《諸器圖説》單刻本的觀點還未被充分證明。

接着,提要總結了書的内容:

> 其術能以小力運大,故名曰"重",又謂之"力藝"。大旨爲天地生物,有數、有度、有重。數爲演算法,度爲測量,重則即此力藝之學,皆相資而成。故先論重之本體,以明立法之所以然,凡六十一條。次論各色器具之法,凡九十二條。次起重十一圖,引重四圖,轉重二圖,取水九圖,轉磨十五圖,解木四圖,解石、轉碓、書架、水日晷、代耕各一圖,水銃四圖。圖皆有説,而於農器水法尤爲詳備。③

其中,有一點需要注意的是,王徵能夠瞭解這些西書的内容,除了傳教士口頭介紹以外,還得益於這些西方科技著作中有很多圖繪,能夠讓人一目了然。這給了王徵很深刻的印象,"閲其圖繪,精工無比。然有物、有像,猶可覽而想像之"④。

之後,提要作出評價:"其第一卷之首,有《表性言解》《來德言解》二篇,具極誇其法之神妙。大都荒誕恣肆,不足究詰。然其制器之巧,實爲甲於古今。寸有所長,自宜節取。且書中所載,皆裨益民生之具,其法至便,而其用至溥,録而存之,固未嘗不可備一家之學也。"⑤《奇器圖説》全書内容是按照知識遞進的模式形成了一個新體系,新體系的各部分内容之間相互關聯,且與《凡例》《表性言》《表德言》等相通,形成統一知識體。提要對卷首兩篇内容進行批判,認爲其"荒誕恣肆",正是中國學術傳統中輕視理論總結的反映。相反,對《奇器圖説》的製器知識和其"裨益民生"的價值的評價,恰恰反映了當時實學思潮的價值取向。

最後,提要附帶對《諸器圖説》進行了簡單介紹:"諸器圖説,凡圖十一,各爲之

---

① 張柏春、田森、劉薔:《〈遠西奇器圖説録最〉與〈新制諸器圖説〉版本之流變》,《中國科技史雜志》2006 年第 2 期,第 122—123 頁。
② 劉安琴:《一傳世罕見的明刻本——王徵〈諸器圖説〉述略》,《四川圖書館學報》1997 年第 6 期,第 72—76 頁。
③ 《四庫全書總目》,北京:中華書局,1965 年,第 984 頁。
④ (明)王徵:《遠西奇器圖説録最序》,李之勤:《王徵遺著》,第 219 頁。
⑤ 《四庫全書總目》,北京:中華書局,1965 年,第 984 頁。

說,而附以銘贊。乃徵所自作,亦具有思致云。"相比較《奇器圖説》,《諸器圖説》是王徵獨立完成,但其中也加入了一些西方制器知識。例如,"風磴圖"即是王徵從金尼閣那裏學來並將其繪入《諸器圖説》中的。王徵"天啓四年以母憂去官,乃請於耶穌會值會,邀西士一人,來三原爲其家人付洗,並在陝省開教。金尼閣方傳教絳州,受命應邀往,此天啓五年春間事也。"①1625 年春,金尼閣應王徵之邀,由山西絳州來三原,居留近半年。這半年中,王徵向金氏請教了很多機械工程學方面的知識,"風磴圖"就是其中的内容。因此,王徵在"風磴圖"下注明:"此蓋西海金四表先生所傳,而余想像損益圖説之若此。"②

三、《奇器圖説》與中朝文化交流

正是由於《奇器圖説》重要的學術價值和實用價值,該書刊刻流通後,不僅在中國學界産生一定影響,也對周邊國家産生了影響。本節主要考察該書流傳古代朝鮮的狀況,挖掘《奇器圖説》在古代朝鮮王朝産生的影響。

《奇器圖説》在清代除了被《四庫全書總目》等一些目録書著録外,還被《古今圖書集成》這部大型皇家類書收録在"經濟彙編·考工典"中。《朝鮮王朝實録》中《正祖實録》正祖元年(1777)2 月 24 日的記載中,有這樣一段話:

> 《四庫全書》求購事,詳探於序班輩,則所言不一……伏念《四庫全書》,實就《圖書集成》廣其規模,則《集成》乃《全書》之原本也。既未得《四庫全書》,則先購《圖書集成》,更待託役,繼購《全書》未爲不可,故問於序班等,覓出《古今圖書集成》,共五千二十卷,五百二匣。給價銀子二千一百五十兩,今方載運。

根據這則史料記載可知,朝鮮在 1777 年從中國購買了《古今圖書集成》。《奇器圖説》應該就是這樣傳入朝鮮,開始其朝鮮之旅的。

作爲中西合璧的外來文化載體,《奇器圖説》在古代朝鮮的傳播情形與西書在中國傳播的情形大體相似。它被少數士人所接受,並將外來科技文化與朝鮮傳統文明相結

---

① 惠澤霖著,景明譯:《王徵與所譯〈奇器圖説〉》,宋伯胤:《明涇陽王徵先生年譜(增訂本)》,第 257 頁。
② (明)王徵:《諸器圖説》,《叢書集成初編》本,第 19 頁。

合，務求實際效用。樸趾源（1737—1805）、丁若鏞（1762—1836）、李圭景（1788—1856）、崔漢綺（1803—1877）、李裕元（1814—1888）等學者即是這批士人的代表。他們都或多或少地學習並吸收了《奇器圖説》的制器知識。

樸趾源所記"水銃車"與王徵《奇器圖説》所繪水銃圖基本相符。

丁若鏞，字歸農、美庸，號俟庵、籜翁、苔叟、紫霞道人、鐵馬山人、茶山，堂號與猶，京畿道廣州人，朝鮮後期的文臣、實學家。1793 年，他奉旨設計水原城，采用了《奇器圖説》中引重、起重器械的原理，設計了適合建城所用的"重架圖説"，在建城中發揮了重要作用，既提高了工作效率，又節約了大筆經費。在《韓國文集叢刊》之《與猶堂全書》第一集第十六卷中，其自撰墓誌銘中有詳細描述曰：

> 厥明年壬子春，鏞選入弘文館爲修撰，赴內閣修賡和詩卷。四月先考捐館於晋州，聞急至雲峰。戴星既月，反柩於忠州，既葬反哭於馬峴。上數問存没。是年冬，城於水原。上曰己酉冬舟橋之役，鏞陳其規制。事功已成，其召之，使於私第條陳城制。鏞乃就尹畊堡約及柳文忠成龍城說，采其良制，凡譙樓敵臺懸眼五星池諸法，疏理以進之。上又內降圖書集成《奇器圖説》，令講引重起重之法。鏞乃作起重架圖説以進之，滑車鼓輪，能用小力轉大重。城役既畢，上曰幸用起重架，省費錢四萬兩矣。

可見，在建築水原城時，丁若鏞主要參考了《古今圖書集成》所載的王徵《奇器圖説》，研發引重、起重技術，設計並製造了舉重機。他在給國王所呈的《起重圖説》曰："城以石築，所需唯石。非石之，唯起石與運石洵費力而糜財……然役小物蜎，何用焉。姑取其粗淺易知者聊試之矣……臣謹按內降《奇器圖説》所載起重之法，凡是一條而皆粗淺，唯第八、第十、第十一圖頗爲精妙……故只取第八、第十一，參伍變通制。"[①]

另外，丁若鏞在與朋友書信往來探討製器知識時，也常提及《奇器圖説》。《韓國文集叢刊》之《與猶堂全書》第一集第十九卷"答李節度"一函中，丁若鏞發表了自己對改造船輪之制的看法："鄙人嘗見內閣所藏《奇器圖説》，凡踏轉之輪，其形多如收絲篗子。此中偶有一册，其中轉磨第六圖，其踏輪政如收絲篗子。故出示金裨。金裨亦曰，輪形如此則其激水似益有力。此則量宜改造，未爲不可。"

李圭景在他的《五洲衍文長箋散稿》中發表了對《奇器圖説》中所設計的"報時

---

① （韓）丁若鏞：《城説》，《與猶堂全書》第一集詩文集第十卷，《韓國文集叢刊》本。

水"這一器械的評價,曰:"近閱《奇器圖說》,有報時水。即因水器而知時者。而不說制度,可慨。"

崔漢綺於憲宗八年(1842)春天參考了當時見於記載的鄧玉函的《奇器圖說》、王徵的《諸器圖說》等科學性較強的器械圖及其內容解說,作《心器圖說》。單從目錄上看,除了書前《心器圖說序文》和書後幾部分麥羅圖說、水打羅圖說、油榨圖說、新制衡榨圖說是其所自創外,其餘爲《奇器圖說》的內容。該書末附湯若望的《遠鏡說》。

李裕元曾經比較過《泰西水法》和《奇器圖說》中所記之"玉衡""恒升"和"龍尾",認爲"《奇器圖說》,回互或難解,未若此記之歷歷如視掌紋也"①。雖說李裕元對《奇器圖說》的評價並不像其他幾位學者一樣是讚賞有加的,但是,也從另一個角度提供了《奇器圖說》在19世紀上半期在朝鮮學界影響狀況的一個例證。

實際上,韓國國立中央圖書館和首爾大學奎章閣均收有《奇器圖說》19世紀初期刻本。韓國國立中央圖書館藏的《遠西奇器圖說錄最》是道光十年(1830)的一個木版本。共四冊,開本26.6釐米,板框16.9釐米。有道光己丑年(1829)張鵬翃的序,藏版記爲來鹿堂藏版。另一個複本也是木板本,刻於道光九年(1829)。僅一冊,開本26.6釐米,板框16.5釐米。有道光己丑年(1829)張鵬翃的序。首爾大學奎章閣藏的《遠西奇器圖說錄最》是年代不詳的抄本。首題"鄧玉函授;王徵譯;錢熙祚校",收有天啓七年(1627)王徵自序。書中有廷浚私印。

綜上所述,《奇器圖說》自身的古代學術史就是異質文化的交流史。它的成書及流傳過程給我們兩點重要的啓示:第一,從文獻的角度研究文化史,不僅可以呈現文獻與文化的互動關係,也是對從其他角度研究文化史的有益補充。晚明時期西方文獻大規模進入中國的歷史事件刺激了晚明中國會通中西的思潮和實學思潮的興起。也正是在這些文化思潮的影響下,中西學者又大量翻譯、撰著了一批中西合璧的西學文獻。這些文獻數量和種類的增加必然反映在文獻整理成果中。清代大型宮廷藏書目錄《四庫全書總目》中對西書的著錄就是這樣一個典型案例。無論是《古今圖書集成》,還是《四庫全書總目》,它們作爲宮廷藏書的大型整理成果,也以它們的權威身份推動了學界對這些書籍更多的關注。不僅中國學者會關注到,朝鮮使者和學者也關注到了。《奇器圖說》傳入朝鮮,從而產生了與這本書直接相關的又一段中外文化交流史。第二,異質文化的本土化需要通過本土的學者的學習和重新解讀,並將其融入民族文化這一

---

① (韓)李裕元:《玉磬觚賸記》,《嘉梧槀略》冊十四,《韓國文集叢刊》本。

重要途徑而最終實現。跨文化的傳播包括兩個主要的部分，一是異質文化的引入，一是異質文化的本土化。兩部分都不可或缺，但相比而言，後者更顯重要。王徵和丁若鏞等學者就是在外來文化融入自己本民族文化的過程中，發揮了重要作用的人。《奇器圖説》將時空不同的英雄連接起來，造就了一部精彩的文化交流史。

（原文刊於《中國典籍與文化》2014年第2期）

《陝西通史》修訂本樣稿選刊

商代陝西的族群

尹盛平

一、關中東部的商文化與族群

商代陝西的族群，除了商族以外還有夏族遺民，以及其他氏族。夏、商兩族主要居住在關中東部及陝南商洛地區，其他民族主要居住在陝北、陝南，以及關中西部。根據現有考古資料分析，商王朝對關中東部的經營，可以分爲三個階段：第一階段，基本包括整個早商文化時期，是全盛階段。從商初的二里崗下層早段開始，商文化幾乎就已完全占據了涇河下游至西安以東的整個關中東部地區，以强大的武裝力量獲得了商王朝的西土。故能在此基礎上進一步地向西擴張，約在鄭州二里崗上層階段形成了關中西部的京當型商文化，從而達到全盛的局面。《詩經·商頌·殷武》云："昔有成湯，自彼氐羌，莫敢不來享，莫敢不來王。"就是對商王朝全盛時期的寫照；第二階段，相當於殷墟商文化二、三期，屬於維持階段，商王朝已不能對關中東部實行統一管理，因而關中東部的商文化，至少分化爲老牛坡和北村兩個地方類型；第三階段，相當於殷墟文化第四期或略早，是殘延階段。商王朝失去了對關中東部地區直接統治的權威，只有假借其他方國之力進行遥控。如《史記·周本紀》所載殷紂王給周文王"賜之弓矢斧鉞，使西伯得征伐"。商代關中東部殷商的王族及其他氏族見於文獻的有北殷氏、有莘氏、驪山氏等，諸侯國有崇國。

作者簡介：尹盛平，陝西歷史博物館研究員。

1. 北殷氏

北殷氏出自商王族。《史記·殷本紀》太史公曰：

  余以頌次契之事，自成湯以來，采于書詩，契爲子姓，其後分封，以國爲姓，有殷氏、來氏、宋氏、空桐氏、稚氏、北殷氏、目夷氏。

《索隱》云："《世本》作'髦氏'，又有時氏、蕭氏、黎氏。然北殷氏蓋秦寧公所伐亳王，湯之後也。"《史記·秦本紀》説："寧公二年，公徙居平陽。遣兵伐蕩社。三年，與亳戰，亳王奔戎，遂滅蕩社。"《集解》引徐廣曰："蕩音湯。社，一作'杜'。"《索隱》説："西戎之君號曰亳王，蓋成湯之胤，其邑曰蕩社。徐廣云一作'湯杜'，言湯邑在杜縣之界，故曰湯杜也。"《正義》引《括地志》云："雍州三原縣有湯陵。又有湯臺，在始平縣西北八里。"按：其國蓋在三原始平之界矣。《括地志》所説的亳王，已是春秋早期的亳王，當是商代北殷氏之君的後世。商代的亳王應該在杜縣（今西安市長安區）境内，春秋早期的亳王已遷徙在三原始平（今高陵）地界。

2. 有莘氏

前文已經指出有莘氏是夏族的一支。這裏要指出的是：有莘氏與夏、商兩族的王室都有通婚關係。《史記·夏本紀》太史公曰：

  禹爲姒姓，其後分封，用國爲姓，故有夏后氏、有扈氏、有男氏、斟尋氏、彤城氏、褒氏、費氏、杞氏、繒氏、辛氏、冥氏、斟戈氏。

辛氏當是有莘氏。《大戴禮記·帝系篇》説："鯀娶於有莘氏，有莘氏之子，謂之女志氏。"《史記·殷本紀》《集解》引《列女傳》曰："湯妃有莘氏之女"。《正義》引《括地志》云："古莘國在汴州陳留縣東五里，故莘城是也。"其地在今河南開封市境内，可見其族最早時居於中原。商代的有莘氏，其國當在黄河西岸的陝西大荔、合陽二縣之間①。

3. 驪山氏

驪山氏又作酈山氏，是商代活動於關中東部的氏族之一。《史記·秦本紀》説："昔我先酈山之女，爲戎胥軒妻，生中潏，以親故歸周"。酈山之女必出自驪山氏，有

---

① 參見鄭傑祥：《夏史初探》，鄭州：中州古籍出版社，1988年，第77頁。

學者考證,酈山氏的居地當近驪山,即今陝西臨潼的驪山①。崇國的問題,第一章中已有論述,不再贅言。

二、李家崖文化與西落鬼戎

20 世紀 60 年代以來,陝北黃河西岸的清澗、綏德等縣,陸續有商代青銅器出土。器類有鼎、簋、爵、觚、斝、甗、罍、瓿、盤、壺、勺、斗、匕、刀、劍、戚、戈、斧、錛、鏃、泡等。禮器、兵器多與安陽殷墟晚商文化同類器物相似,而工具、武器中的蛇首刀、鹿首刀、馬首刀、銎刀、銎斧,以及金耳環等,別具特色(圖 1)。1983 年,發掘了清澗縣李家崖商代古城遺址,將其文化遺存命名爲李家崖文化。

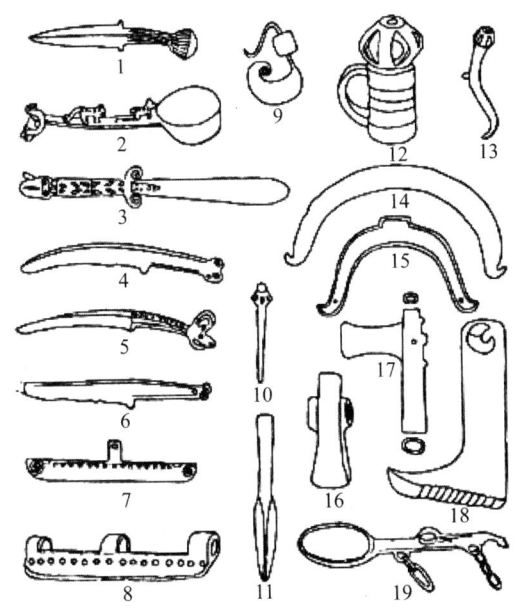

圖 1　李家崖文化青銅器與金器
1.鈴首劍　2.羊首勺　3.蛇首匕　4—6.劓　7.有內刀　8.三銎刀　9.金珥　10、12、13.鈴首器
11.矛　14.金弓形器　15.弓形器　16、17.長銎斧　18.靴形器　19.蛇首鏈環勺

李家崖古城址,位於陝北清澗縣高傑村鎮李家崖村西,發源於鄂爾多斯高原南部的無定河,從李家崖村西蜿蜒流過。無定河東岸臺地被河水切割成不規則的"葫蘆"狀,古城址就坐落在這塊臺地上。古城依地形修建,南、北、西三面環水,東面築有城牆,南北是利用了深達百米的無定河岸邊的峭壁爲防禦屏障。城址呈不規則長方

---

① 彭邦炯:《西安老牛坡商墓遺存族屬新探》,《考古與文物》1991 年第 6 期。

形，東西長 495 米，南北寬 122—213 米，城內面積 6.7 萬平方米。城內發現窖穴、房址、甕棺葬等，出土了鬲、豆、簋、甗、三足甕、罐、盆、碗等陶器，以及石器、骨器、卜骨和少量青銅兵器，並發現石刻骷髏形人像，顯示了文化面貌的獨特性（圖2）。

內蒙古伊金霍洛旗朱開溝遺址和李家崖古城址的發掘，證明過去被稱爲"光社文化"的陶器，屬於朱開溝、李家崖文化系統，"光社文化"

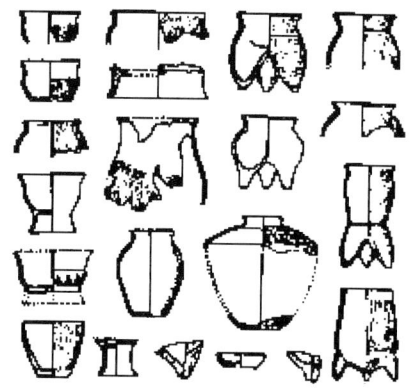

圖 2　李家崖類型陶器

的命名不能成立。李家崖文化延續了朱開溝文化的某些陶器，例如三足甕等。其年代上限爲殷墟文化二期，下限不晚於西周中期。根據現有的資料，北起佳縣，南至宜川，在陝北高原東部十餘個縣市（包括佳縣、吳堡、米脂、子洲、綏德、清澗、子長、延安市、延川、安塞、延長、宜川、甘泉），幾乎都有與李家崖文化類似的青銅器出土。隔黃河相望的山西石樓、保德、隰縣、永和等縣也有與李家崖文化類似的青銅器出土。

近年來延安地區的延川、甘泉縣又陸續出土了兩批晚商時代的青銅器，發掘的淳化棗樹溝腦晚商遺址，與早先發現的淳化黑豆嘴、彬縣斷涇遺址上層遺存，共同顯示了李家崖文化在殷墟三期階段南下至關中北部的信息。李家崖文化在關中北緣的出現，可能是迫使周太王古公亶父率族人遷岐的主要原因。

關於李家崖文化的性質，學術界有過不少推測，早期有學者認爲與文獻和殷墟卜辭中記載的鬼方、邛方和土方相關[①]；後來有學者認爲李家崖文化是鬼方文化[②]。還有學者引《古本竹書紀年》所載："武乙三十五年，周王季伐西落鬼戎，俘二十翟王。"認爲："自陝北高原南下至於關中北緣的李家崖文化，據有北洛河中上游地區……北洛河與南洛河的地理位置，也存在東西的概念，古人或將前者稱西洛。王季所伐之西落鬼戎，也許就是西洛之誤書。"[③]總之，李家崖文化可能與周王季征伐的"西落鬼戎"有關。

---

① 鄒衡：《夏商周考古學論文集》，北京：文物出版社，1980年，第253—293頁。
② 呂智榮：《試論李家崖文化的幾個問題》，《考古與文物》1989年第4期，第75—79頁。
③ 張天恩：《晚商時期陝西地區考古學文化與殷墟商文化的關係》，《"周邊"與"中心"：殷墟時期安陽及安陽以外地區的考古發現與研究》，臺北："中央研究院"歷史語言研究所，2015年，第138頁。

三、寶山文化與"荆蠻"句吴族

　　20世紀80年代以前，陝西漢中洋縣、城固縣發現了大量的商代青銅器。由於青銅器群所顯示的文化面貌，與寶雞市西周強國文化面貌有一些相似之處，因此引起考古學界的關注。關於城固商代青銅器群的文化性質，原《簡報》認爲是羌方文化①，20世紀70年代末，筆者在研究寶雞市區發現的西周強氏墓葬的族屬時，讀了劉和惠《荆蠻考》一文，他指出："句吴，過去多釋爲地名，這是不確的……句吴，爲族名，在考古資料中也得到論證，出土和傳世吴器中的工獻、攻敔銘文，即是文獻所説的句吴（句音勾）"。他認爲古代南方多用複音語，所以吴國讀其族名爲工獻和攻敔②。由於受到他上述論述的啓發，所以筆者悟出：強字用複音語可以讀爲弓魚，春秋時代金文中吴王自稱的工䲣、工獻、攻敔、攻吴等族名，都是由弓魚這一族名演變而來。西周強氏家族所作的銅器銘文中，強字早期作彊或𢎜，晚期強字多數作彊，有的已簡化爲強。強字早期爲什麼從自、從弓、從魚，這是因爲其族以漁獵爲生，所以自稱爲弓魚（句吴）族。弓、工、攻與句（音勾）爲一聲之轉，䲣、獻、敔、吴與魚音同字通。從音韻方面來説，筆者認爲弓魚氏就是吴太伯、仲雍奔"荆蠻"，所投奔的句吴族，並在文章中順便指出："漢中城固發現的殷商時代的青銅武器呈現出巴蜀文化的特徵，當是商代巴人的遺物。"③後來又指出其文化性質是早期的巴文化④。但是也有學者認爲是早期蜀文化⑤。由於寶雞市強氏文化中有馬鞍形口罐，所以還有研究者認爲強氏文化，很可能是商周之際氐人居徙、活動所留下的遺迹⑥。

　　爲了解決漢中商代文化的性質，揭開其文化之謎，從1998年開始，西北大學文博學院考古專業，連續數年對城固縣寶山村遺址的發掘，終於揭示出該遺址文化遺存的真實面貌：其房屋爲地面建築，房屋附近多有燒烤坑；陶器以圜底釜、高柄豆、小底杯、高柄器座、小底尊、高圈足杯等爲主，也有少量釜形鼎、分檔鬲等炊器。由於寶山遺址的文化遺存面貌獨特，與相鄰地區同時期其他的考古學文化有明顯的不同，所以發掘報告命名爲寶山文化。

---

① 唐金裕、王壽之、郭長江：《陝西省城固縣出土殷商銅器整理簡報》，《考古》1980年第3期，第211—218頁。
② 劉和惠：《荆蠻考》，《文物集刊》第3期，北京：文物出版社，1980年。
③ 尹盛平：《西周的強國與太伯、仲雍奔"荆蠻"》，《陝西省文物考古科研成果彙報會論文選集》，陝西省文物事業管理局編印，1981年，第133頁。又見尹盛平：《周文化考古研究論集》，北京：文物出版社，2012年，第120頁。
④ 尹盛平：《巴文化與巴族的遷徙》，《巴蜀歷史·民族·考古·文化》，成都：巴蜀書社，1991年。
⑤ 李伯謙：《城固銅器群和早期蜀文化》，《考古與文物》1983年第2期，第66—70頁。
⑥ 盧連成等：《寶雞茹家莊、竹園溝墓地有關問題的試探》，《文物》1983年第2期。

寶山文化主要分布在漢中盆地漢水上游的城固、洋縣境内。安康地區的漢陰阮家壩、紫陽白馬石遺址出土的釜、豆、尖底罐等陶器，與湖北宜昌路家河二期後段遺存、漢中寶山文化同類器物有一定的相似性，説明安康地區可能也有寶山文化的遺存。

自清代以來漢中地區就有商代青銅器出土，從 20 世紀 50 年代開始，漢中城固、洋縣一帶，頻繁發現商代青銅器群，出土大件銅器 650 多件。這些銅器可以分爲兩組：A 組爲商式銅器，約 50 餘件，主要是禮器。有罍、尊、瓿、鼎、簋、甗、觚、爵、斝、卣、壺、盤、觥等。也有少量兵器戈。從形制、紋飾等方面都與鄭州二里崗、安陽殷墟早商、晚商文化同類器相同或相似；B 組爲具有地方特色的銅器，數量可達 600 件，主要是兵器、工具和儀仗用具等。有三角形援戈、長胡多穿戈、鏤空紋鉞、斜角刃鉞、荷包形鉞、彎刀形器（或稱鐮形器）、人或獸面殼、尖頂和透頂的銅泡等。城固縣博物館也徵集到幾件圈足罐、尖底杯等陶器，與寶雞市西周弢國文化同類的器物有相似之處，説明兩者之間文化上有着密切的關係。

寶山文化青銅器中有大量的商式禮器，那麽寶山文化是通過什麽渠道接受了商文化的影響？寶山文化的陶器清楚地表明，在殷商時期，該文化主要是通過京當型商文化接受殷商文化的影響。寶山遺址出土了一定數量的分襠陶鬲，形制與京當型的同類器物最爲相似。寶山文化的傳統炊器是圜底釜，作爲炊器的分襠鬲顯然是從京當類型傳入的。周原遺址内的岐山縣京當鎮王家嘴村墓葬出土一件高圈足陶杯；扶風美陽出土一件青銅高足杯，這兩件器物明顯是受寶山文化典型器高足杯影響的結果（圖 3）。

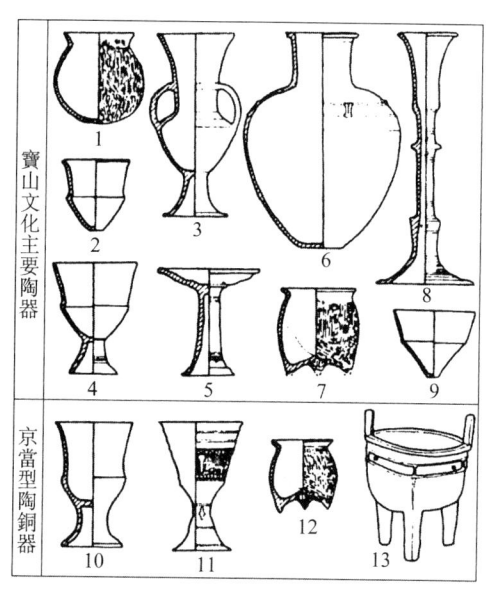

圖 3　寶山文化與京當型商文化遺物比較
1. 釜　2、9. 小底杯　3. 高圈足尊　4. 高圈足杯　5. 高柄豆　6. 小底尊
7. 鬲　8. 高柄器座京當型陶銅器　10. 高圈足陶杯　11. 高圈足銅杯　12. 陶鬲　13. 銅鼎

這可以清楚地看出，寶山文化與京當型商文化相互影響、相互交流的情景。寶山文化的典型器物獸面紋和人面紋青銅飾、尖頂銅泡，在西安老牛坡遺址中也有發現，說明寶山文化對周圍的晚商文化有影響（圖4）。

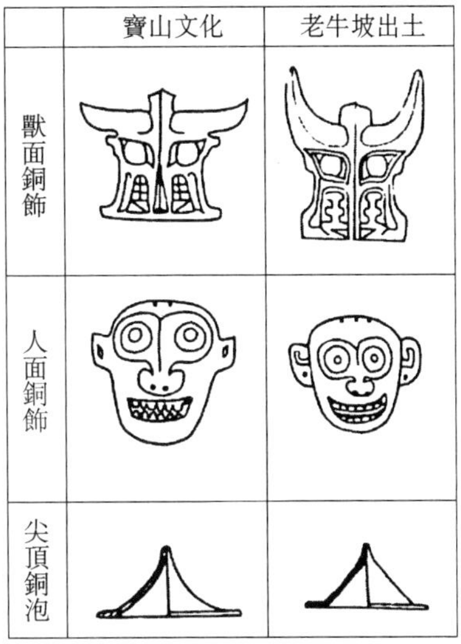

湖北宜昌路家河二期後段遺存，年代爲商代二里崗下層至殷墟早中期。寶山文化的年代約從二里崗上層偏晚延續到殷墟三期或略晚。寶山文化雖然略晚於路家河二期後段遺存，但是二者的文化面貌基本一致。路家河二期後段遺存與寶山文化，二者之間有着繼承和發展的關係。關於寶山文化與西周"弜國"文化的族屬，寶山遺址發掘報告在結語中，將寶山文化與路家河二期後段遺存比較之後說：

圖4　寶山文化对晚商文化的影响

> 三星堆文化既爲早期蜀文化的代表，那麼路家河二期後段遺存當爲巴文化則是可以推斷的。……而從路家河二期後段遺存分化而來的寶山文化，也理應屬於巴文化的性質。……使用寶山文化的人類共同體，應爲巴人的一支（圖5）。
>
> 寶山文化與西周早中期的"弜國"墓地文化面貌有頗多相似點。……它們有相同的文化根源，"弜國"文化當源自寶山文化，即它們同爲不同時期的巴人所創造的文化①。

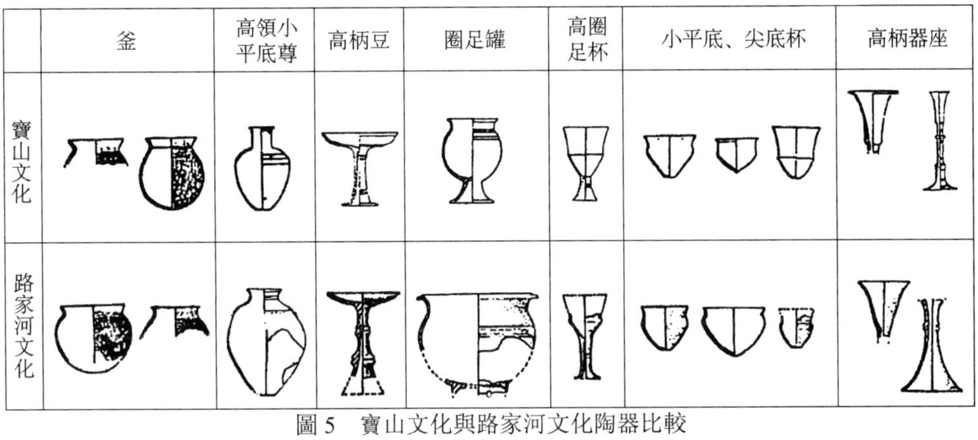

圖5　寶山文化與路家河文化陶器比較

---

① 西北大學文博學院：《城固寶山——1998年發掘報告》，北京：文物出版社，2002年，第183—187頁。

關於漢中商代文化、西周彊國文化的性質，爭論了 20 年後終於水落石出，有了一個結果。既然寶山文化與彊國文化，都屬於巴文化，那麼使用寶山文化的族群和西周的彊國人群都是巴人。關於巴人《後漢書·南蠻西南夷列傳》引《世本》說：

> 巴郡南郡蠻，本有五姓：巴氏、樊氏、瞫氏、相氏、鄭氏。皆出於武落鐘離山。……因共立之，是爲廩君。乃乘土船，從夷水至鹽陽。

武落鐘離山據說在湖北省長陽縣西北七十八里，又據《水經·夷水注》，夷水即今湖北省的清江，所以過去學界認爲巴族起源於清江上游地區。豈不知最早的夷水在今湖北省的荆山之下。巴族是廩君蠻，又稱武夷。湖北江陵九店 56 號墓出土的楚簡簡 43 云：

> □敢告□□之子武䍽。爾居復山之𨸏，不周之埜（野）。

香港中文大學教授饒宗頤指出："巴國東境之魚復，即是復山所在，武夷益弓旁作䍽，演化爲後來板楯蠻之與白虎復夷。"[①]這說明巴族又稱武夷，那麼巴族，也就是武夷，早期在哪里呢？《左傳》桓公十三年說："楚屈瑕伐羅，及鄢，亂次以濟。"杜注："鄢水，在襄陽宜城縣入漢。"鄢水又稱夷水，《水經注·沔水注》說：

> （沔水）又南過宜城縣東，夷水出自房陵，東流注之。夷水，蠻水也，桓溫父名夷，改曰蠻水。夷水導源中盧縣界康狼山，山與荆山相鄰，其水東南流，歷宜城西山，謂之夷谿。又東南經羅川城，故羅國也，又謂之鄢水，春秋所謂楚人伐羅渡鄢者也。

沔水就是漢水，夷水是宜城縣境内漢水的支流。鄢水古代爲什麼稱爲夷水、蠻水呢？這是因爲這條水，與今稱清江的那條夷水一樣，都是因爲武夷在此居住過而得名。

顧頡剛說："'巴'，《左傳》記它的事情都和楚、鄧發生關係，當在鄧之南、楚之北；鄧爲今河南西南角的鄧縣，計巴國當在漢水流域；其後爲楚所迫，遷入夔門，立國於今四川重慶市，見童書業《古巴國辨》。劉鈞仁作《巴國考》，證明春秋時的巴都即《漢書·地理志》所載南郡的邔縣，原來巴爲楚滅，屬楚爲邑，書'巴'爲

---

① 饒宗頤：《說九店楚簡之武䍽（君）與復山》，《文物》1997 年第 6 期。

'邔',後人誤省一筆作'邵'。漢的邔縣,今湖北宜城縣北五十里是。"①

據上述,巴人句吳族的原居地,是在湖北荆山下今宜城市境内的夷水流域,因此被稱爲"荆蠻",又稱爲武夷。關於太伯、仲雍奔"荆蠻",《史記·周本紀》説:

> 古公有長子曰太伯,次曰虞仲。太姜生少子季曆……長子太伯、虞仲知古公欲立季曆以傳昌,乃二人亡如荆蠻,文身斷髮,以讓季曆。

虞仲就是仲雍,昌就是季曆的少子,即後來的周文王姬昌。《史記·吳太伯世家》説:

> 太伯之奔荆蠻,自號句吳。荆蠻義之,從而歸之千餘家,立爲吳太伯。

"自號句吳",就是自稱爲句吳(弓魚)族。屈原《離騷》中的《天問》説"南嶽是止",是説吳太伯奔荆蠻,是在"南嶽"(吳嶽、吳山)停止了下來,建立了虞國。這件事有《詩》爲證,《詩經·大雅·綿》云:"虞芮質厥成,文王蹶蹶生。"關於虞、芮兩國的地望,前輩學者齊思和在其所著《中國史探研·西周地理考》中指出:

> 虞之地望,自來説《詩》者皆以爲在山西平陸縣。……餘考古虞本在今隴縣境,漢之汧縣也。《地理志》"吳山在西。"古虞、吳通。《水經注·渭水注》:"《國語》所謂虞也。"是古虞在雍州之證。《地理志》:"芮水出西北,東入涇。"是虞、芮同在隴縣,地相毗連,地在岐山西北,古之虞、芮當即在是。

張筱衡在發表於《人文雜志》1958年第3、4期的《散盤考釋》中又指出:

> 虞國就是隴縣一帶的吳國,芮就是《漢書·地理志》右扶風郡下的"芮水,出西北,東入涇"之芮,地點在今甘肅華亭縣。

以上所引學者關於虞、芮兩國地望的論述,與《天問》所説"南嶽是止"吻合,可知虞國早期在陝西的隴縣境内,而芮國早期在甘肅的華亭縣境内。兩國耕地相鄰,

---

① 顧頡剛:《鳥夷族的圖騰崇拜及其氏族集團的興亡——周公東征史事考證四之七》,《古史考》第六卷《帝系的偶像》,海口:海南出版社,2003年,第40頁。

因此發生了矛盾而爭執不下,兩國之君去找周文王斷案,他們到了文王的國度內,被民衆的禮讓之風所感動,自覺慚愧,主動返回後,互相禮讓解決了糾紛,這就是所謂的周文王斷虞芮之訟。周文王時,虞國之君已不是吳太伯、仲雍二人,很可能是仲雍的兒子季簡或者是仲雍的孫子叔達①。

綜上所述,可知吳太伯、仲雍奔"荆蠻"不是到了江浙一帶的蠻族地區,而是投奔了當時在陝南洋縣、城固一帶的句吳(弓魚)族,然後有一千多戶句吳族人,受太伯、仲雍的義舉所感動,因此追隨太伯、仲雍在古代的矢地內,即今寶雞市汧水上游的隴縣境內建立了虞國。至於太伯、仲雍爲什麼要到汧水上游矢地內的隴縣建國,很可能是因爲汧河下游今寶雞市區一帶有其盟友"姜氏之戎",可以接納他們。

汧水流域古代的地名稱爲"矢",虞國宗室以居地爲氏稱矢氏族。江蘇省原丹徒縣出土的宜侯矢簋銘文中,周康王改封虞國之君時,稱其爲虞侯矢,改封後稱爲宜侯矢。唐蘭認爲"矢"是人名,是指虞國之君周章,理由是"矢"與周章讀音相近②。後來學者指出:"宜侯矢即周章之說並無真正可靠的依據。"③周章是武成時代的人物,而宜侯矢簋是康王時代的銅器,所以銘文中的虞侯,也就是宜侯不可能是周章,只能是周章之子熊遂。銘文中虞侯改封後稱宜侯,他死去的父親"虞公"才是周章。"矢"是氏族名稱,而不是人名。虞侯矢的含義是虞侯矢氏族。改封册命儀式結束後,銘文中虞侯矢改稱爲宜侯矢,含義是宜侯矢氏族。我們說虞國宗室稱矢氏族有以下證據:

1974 年隴縣曹家灣鄉南坡村出土一批西周早期銅器,其中 M6:5 青銅戈,形制古樸,有"矢仲"二字,時代爲周初武成時期,有人認爲矢仲戈就是虞仲戈,並說:"這件戈就是虞仲未分封到山西以前在隴縣活動時的遺留。"④

1981 年寶雞市紙坊頭強伯墓兩件矢伯鬲,銘文爲"矢伯作旅鼎"。于省吾《商周金文錄遺》101 有矢伯甗,銘文爲"矢伯作旅彝"。以上三件矢伯器,時代均爲周初武成時期,是虞國之君周章所作的銅器。

1984 年岐山縣青化鄉出土一件矢叔簋,銘文爲"矢叔作旅簋",時代爲西周中期⑤。2015 年 7 月—2016 年 1 月,湖北省文物考古研究所、武漢大學歷史學院等單位組成聯合

---

① 季簡、叔達見《史記·吳太伯世家》,是虞國第三代和第四代國君。
② 唐蘭:《宜侯矢簋考釋》,《考古學報》1956 年第 1 期。
③ 李伯謙:《吳文化及其淵源初探》,《考古與文物》1982 年第 3 期。
④ 劉啓益:《西周矢國銅器的新發現與有關歷史地理問題》,《考古與文物》1982 年第 2 期。
⑤ 龐文龍等:《陝西岐山近年出土的青銅器》,《考古與文物》1990 年第 1 期。

考古隊，對棗陽郭家廟墓地曹門灣墓區進行了第二次發掘，共清理春秋早期墓葬二十七座，其中曹門灣 M43 保存完整，出土的太保簋、矢叔匜是研究曾國官制以及曾國政治聯姻關係的重要資料。矢叔匜（M43：2）有銘文23字："唯九月初吉壬午，矢叔夆（？）父媵孟姬元女匜盤（盤），其永壽用之。"①矢叔匜銘文證明矢氏族是姬姓，與虞國宗室的姓相同，這說明原在隴縣一帶的虞國宗室確實是以居地爲氏，稱矢氏族。

傳世的矢令彝、矢令簋銘文中有作册矢令，過去都誤認爲"矢令"是人名，但是按照金文通例，"矢"是氏名，"令"才是人名。矢令屬於姬姓的矢氏族，擔任西周王室的史官"作册"。有學者認爲矢令與宜侯矢是同一個人②，這是不正確的。矢令與宜侯矢的時代雖然基本相同，但是二人的身份不同，而且私名也不同。矢令是王臣作册，私名爲"令"；宜侯矢是諸侯，私名是熊遂，這二人完全不是同一個人。

1975 年 12 月，河南省襄縣丁營鄉霍莊村古墓，出土四件西周初期有銘文的青銅器，其中鼎、尊、卣三件銅器銘文中有一個字當時未能釋出③。近年有學者將這三件銅器銘文釋爲"父辛夏矢"（鼎）、"夏矢作父辛寶彝"（尊、卣），並指出："這是西周初年，矢封於'夏'地的文字見證。"④

據《史記·吳太伯世家》記載：周武王滅商後，求太伯、仲雍之後，得周章，此時周章已是吳國之君，因而追封爲諸侯，史稱其國爲西虞、西吳。又分封周章之弟虞仲於故夏虛的平陸縣爲諸侯，史稱北虞、北吳。夏矢，是指故夏虛的矢氏族；虞侯矢，去掉"侯"字就是虞矢；宜侯矢，去掉"侯"字，就是宜矢。西虞、北虞、宜侯（吳國）宗室都稱"矢"，說明"矢"只能是氏名，而不可能是人名。我們明白了"矢"爲氏族名稱，那麽虞矢只能是虞國（西虞、西吳）宗室的矢氏族；夏矢只能是故夏虛的北虞、北吳宗室的矢氏族；宜侯矢只能是後世東南吳國宗室的矢氏族。

宜侯矢簋銘文中，虞字作"虗"，從虍從矢。《説文》云："虞，騶虞也。白虎黑文，尾長於身，仁獸也。從虍吳聲。"巴族是以白虎爲圖騰崇拜的民族，虞國的國民有

---

① 《湖北棗陽郭家廟墓地曹門灣墓區（2015）M43 發掘簡報》，《江漢考古》2016年第 5 期。
② 曹定雲：《古文"夏"字考》，《中原文物》1995 年第 3 期。曹定雲：《古文"夏"字再考》，北京大學考古文博學院編：《考古學研究》（五），北京：科學出版社，2003 年。
③ 河南省博物館：《河南襄縣西周墓發掘簡報》，《文物》1977 年第 8 期。
④ 曹定雲：《古文"夏"字考》，《中原文物》1995 年第 3 期。曹定雲：《古文"夏"字再考》，北京大學考古文博學院編：《考古學研究》（五），北京：科學出版社，2003 年。

一千多家巴族"句吴"人,所以"虞"字從虍,表明其國民是巴人。

過去誤將矢氏族歸入了矢王之國(簡稱矢國)是錯誤的[①],其實矢氏族屬於姬姓的虞國,其國在隴縣境内;矢王之國是"姜氏之戎"建立的一個姜姓方國,所以其君西周時自稱"矢王",其國在今寶鷄市賈村塬一帶。關於"荆蠻"句吴(弓魚)族爲什麽從湖北荆山地區遷徙到陝南的漢中地區,這個問題我們現在只能作一些推測。商王武丁時期的卜辭中,有不少征伐巴方的記載,例如:

> 癸丑卜,豆貞,王比奚伐巴方。(《合集》811)
> 貞,我(登)人伐巴方。(《合集》6467)
> 辛未卜,争貞,婦好其從沚戬伐巴方,王自東沚伐,戎陷于婦好立(《合集》6480)
> 貞令婦好從沚伐巴方,受有又?(《殷契粹編》1230)

殷墟卜辭中伐巴方的戰争,過去研究者多認爲是商人南下鄂西作戰,那麽"荆蠻"句吴(弓魚)族就有可能是商王武丁伐巴方時,爲了躲避戰亂遷徙到了漢中的洋縣、城固縣一帶。據《華陽國志·巴志》記載,周武王滅商的"牧野之戰",有巴人的軍隊參加(詳見後文),参戰的巴人當是句吴族,也就是弓魚族。"荆蠻"句吴族因爲参加武王伐紂有功,因此周武王滅商後封功臣謀士時,將其首領的采邑封在今寶鷄市區,所以西周早、中期彊伯家族的墓葬在今寶鷄市區。正因爲彊伯是畿内的采邑主,所以他既不稱王,也不稱侯,而是稱伯,使用五鼎四簋。"伯",是西周畿内采邑主擔任周王室伯爵一級大臣的稱謂,所以有學者認爲彊伯的級别不夠國君,屬於卿大夫一級。

周太王長子太伯、次子仲雍奔"荆蠻",是周族發展史上的一件大事,太史公司馬遷在《史記·周本紀》以及《吴太伯世家》中,並没有説明奔"荆蠻"是奔到了哪里,也没有説明"荆蠻"是什麽蠻族,而唐代的史家不知道吴國有改封之事,而吴國春秋時却是在江蘇蘇州市,於是説:

---

① 盧連成、尹盛平:《古矢國遺址、墓地調查記》,《文物》1982年第2期。

太伯奔吳，所居城在蘇州北五十里常州無錫縣梅里村，其城及塚見存。而云"亡荆蠻"者 ，楚滅越，其地屬楚，秦滅楚，其地屬秦，秦諱"楚"，改曰"荆"，故通號吳越之地爲荆。及北人書史加云"蠻"，勢之然也①。

今天看來，上述説法完全是附會之言。吳太伯奔"荆蠻"，是投奔了當時遷徙在陝南的句吳族，也就是弓魚族，然後在寶雞市的隴縣境内建立了虞國。西周康王時，虞國之君被改封到江蘇寧鎮地區爲宜侯。春秋時國君諸樊南徙吳，將國都遷徙到吳地（今蘇州市），從此稱吳國。虞國宗室的氏名爲"矢"，所以"虞"字早期從"矢"，讀"吳"聲，而吳字本作呉，也從矢，讀"吳"聲。《水經·渭水注（上）》引《漢書·地理志》説："吳山在縣西，古之汧山也，《國語》所謂虞矣。" 由此可知，古代吳與虞音同字通，吳國、虞國，其國名都是來源於其國宗室氏族名稱"矢"字的讀音。

四、京當類型商文化與狄夷

商代晚期關中西部已發現三種文化遺存，一是京當類型商文化；二是先周文化；三是劉家文化，有學者稱其爲碾子坡文化。從 20 世紀 70 年代開始，關中西部岐山京當、扶風白家窯水庫等地既出土商式鬲、假腹豆等，又出土小足跟鬲、侈口花邊圓腹罐等有地方特色的器物，被考古學者稱之爲商文化京當類型。這類遺址經過科學發掘的有扶風壹家堡、禮泉朱馬嘴等。現有資料表明：這類遺址主要分布在西安以西周原地區的岐山、扶風兩縣，以及禮泉縣、周至縣、鄠邑區。興平也應該有這類遺存，但目前尚未發現典型的遺址。

京當型商文化陶器，主要的文化因素有兩類，A 類因素主要的陶器，有分檔鬲、分檔甗、深腹盆、假腹豆、直口罐和斂口甕等，陶器、銅器中尤以小足跟分檔鬲最具有特色（圖 6）。京當型商文化的青銅器與典型的商文化青銅器，從器形到紋飾反映的文化面貌基本一致，唯有青銅小足跟分檔鬲、青銅高圈足杯，是典型商文化中没有的器形。陶器、銅器中的高圈足杯是受陝南寶山文化影響的産物；而京當型商文化的分檔鬲也被寶山文化所吸收，説明兩種文化之間曾有密切的交流。青銅小足跟分檔鬲是仿同類陶鬲所作。A 類文化因素，主要是來源於商文化。B 類因素主要的陶器有聯襠

---

① （唐）張守節：《史記·周本紀·正義》，北京：中華書局，1959 年。

鬲、聯襠甗、直口深腹盆、真腹豆、折肩深腹罐、斂口甕、大口折肩尊等。B 類因素的主要來源是先周文化。

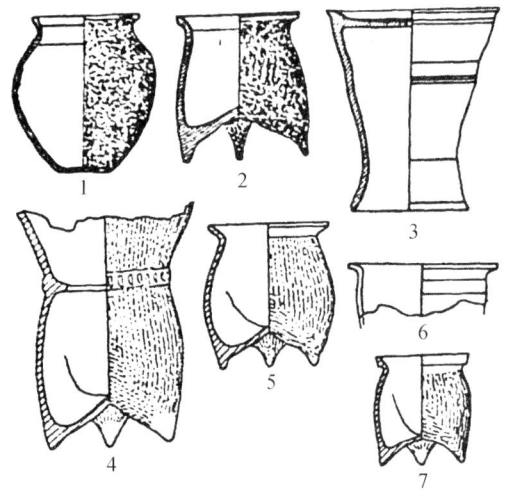

圖 6　京當型商文化陶器
1. 罐　2. 鬲　3. 假腹豆　4. 甗　5. 鬲　6. 盆　7. 鬲

京當類型商文化年代的上限爲二里崗上層，下限爲殷墟文化二期或略晚。京當型商文化是關中西部外來的文化，它經歷了二里崗上層至殷墟二期這樣一個較長的發展階段，而它從一開始就含有先周文化因素，並一直相伴存在於最後階段，可證明先周文化從二里崗上層時期就在關中西部出現的這個事實，從而打破了長期以來在先周文化年代問題研究中，認爲周原地區先周文化的年代上限不超過殷墟二期的觀點，以比較可靠的證據把鄭家坡先周文化年代的上限，提早到二里崗上層時期。

關於京當型商文化的族屬問題，從其分布地域與時代來說，可能與犬夷有關。犬夷文獻中稱畎夷，《後漢書·西羌傳》說："後桀之亂，畎夷入居邠岐之間。"古本《竹書紀年》說："桀三年，畎夷入於岐以叛。"畎夷進入關中西部地區，很可能是在夏代末年商夷聯軍西征關中時，商軍佔領了關中東部後，畎夷乘機進入了關中西部。

文獻中畎夷又稱昆夷、犬夷，所以自戰國以來，犬夷與犬戎被混爲一族，這是錯誤的，因爲犬夷與犬戎並非同族。《後漢書·東夷列傳》引《王制》說："'東方曰夷'。……夷有九種，曰畎夷、於夷、方夷、黃夷、白夷、赤夷、玄夷、風夷、陽夷。"犬夷是東方九夷之一，因其都邑稱犬丘而得名。歷史學者認爲秦族是東方九夷中的畎夷[①]。犬戎是西戎之一，就是後來的氐族，因爲以犬爲圖騰崇拜而得名。犬戎西周晚期稱爲獫狁，曾滅甘肅禮縣犬丘的秦人大駱之族（詳見下文），可見犬

---

① 段連勤：《關於夷族的西遷和秦嬴的起源、族屬問題》，《人文雜志——先秦史論文集》，1982 年 5 月。

戎與犬夷不同族。

畎夷、犬夷是嬴姓秦人的先祖，是東方九夷之一，商代初年，追隨西進關中的商族軍隊進入到關中西部，而秦人的先祖也曾活動在關中西部的周原地區。《史記·秦本紀》說：

> 三年，文公以兵七百人東獵。四年，至汧渭之會。曰："昔周邑我先秦嬴于此，後卒獲爲諸侯。"乃卜居之，占曰吉，即營邑之。

"汧渭之會"，在今寶雞市陳倉區汧河東岸的魏家崖村一帶。"周邑"是指周太王古公亶父遷岐後所建的都邑——"周邑"，史稱岐邑、岐周，即今岐山、扶風兩縣北部交界處的周原遺址一帶。畎夷曾入居豳岐之間，居住在包括"周邑"在内的關中西部一帶，秦文公所說的"我先秦嬴"，可能就是指畎夷，所以考古學者認爲：關中西部的商文化京當類型與秦人的早期文化有關[1]。

西周春秋時，今陝西興平東南有犬丘，亦曰廢丘；甘肅天水西和、禮縣交界的西漢水之濱亦有犬丘，史稱西犬丘和西垂。陝甘境内的兩處犬丘，當是畎夷入居涇渭流域的都邑，京當類型商文化可能是畎夷的文化遺存，而畎夷可能是商代進入關中西部的秦人先祖。

約當殷墟文化二期時，劉家文化從今天的寶雞市區向東擴展到周原地區，可能逼迫畎夷西遷甘肅天水地區。殷墟文化二期或略晚時，京當類型商文化從包括周原在内的關中西部消失了，可能與上述事件有關。畎夷西遷後，就爲周太王古公亶父遷岐創造了機會與條件。

根據清華簡《繫年》篇第三章的記載，商朝覆滅之後，商紂王之臣秦人的先祖飛廉由商都（殷）向東逃奔到商奄，就是今天山東曲阜市一帶，因爲這裏是秦人的老家。周公東征"踐奄"，把奄國消滅了，殺死了飛廉，並將商奄之民西遷於甘谷縣境内的朱圉山一帶，用來抵禦西戎的侵犯。周公爲什麼要將商奄之民西遷於朱圉山一帶？其中的原因可能與朱圉山附近有先期到達的秦人先祖畎夷有關。

綜上所述，可知商代早期鄭州二里崗上層至殷墟文化二期，居住在關中西部豳岐

---

[1] 牛世山：《秦文化淵源與秦人起源探索》，《考古》1996年第3期；劉軍社：《壹家堡類型文化與早期秦文化》，《秦文化論叢》（三），西安：西北大學出版社，1994年。

之間岐山、扶風兩縣,以及禮泉縣等地的族群,很可能是秦人的先祖嬴姓的畎夷(犬夷)。他們的原居地是在山東的萊蕪市境內,商代早期進入關中西部,商代晚期遷徙到甘肅天水市禮縣境內,居於西犬丘。從族源來説,秦人是來自東方;但是從其興起,並走出隴山進入陝西關中地區來説,秦人是來自西方。所以秦文化中既有商周文化的因素,也有西戎的文化因素,例如屈肢葬、鏟形足分襠鬲等。

五、劉家文化與姜姓的矢國

1981年,陝西周原考古隊在周原遺址範圍內的扶風縣劉家村,發掘了一批帶有豎穴墓道的偏洞室墓葬,隨葬品是以高領分襠袋足鬲、高領單耳圓腹罐、高領雙耳圓腹罐、高領腹耳鼓腹罐爲代表的陶器群,而且陶器口部多蓋壓白色的扁平石塊、墓葬多爲偏洞室,顯示出獨特的文化面貌,所以命名爲"劉家文化"[①]。

劉家文化的分布區域,目前所知是以寶雞市區爲中心,分布在隴山東西兩側,北面到達隴東高原,東面發展到周原地區,晚期擴展到灃西地區。隴山西側主要是分布在莊浪縣及其附近。劉家文化陶器發現的地點雖然很多,但是經過科學發掘的遺址和墓葬却不多,只有扶風的劉家墓地、寶雞市區的紙坊頭遺址、高家村墓地、鬥雞臺遺址。目前發現的劉家文化陶器,以寶雞市區石嘴頭、金河、姬家店等地出土的時代最早(圖7)。劉家文化早期的年代相當於鄭州二里崗上層時期,其中寶雞市金河出土的高領袋足分襠鬲、雙耳圜底罐,除過裝飾淺細繩紋外還有蛇紋,其上限年代或可進入二里崗下層的範圍;劉家文化晚期的年代延續到西周初年。

劉家文化的典型陶器——高領袋足分襠鬲,70多年以前就已被發現,1934年發掘的鬥雞臺溝東區墓地,就出土了幾件高領袋足鬲。但是在發現後的半個世紀內,曾被誤認爲是先周文化的標誌性器物,有學者只承認高領袋足鬲屬於先周期,而把先周文化本身使用的陶器,也就是先周文化中真正具有標誌性的器物聯襠鬲,統統看作是西周的陶器,使先周文化的研究陷入了一個誤區。直到20世紀80年代初,扶風劉家墓地和武功鄭家坡先周文化遺址,幾乎同時被發現並進行了發掘,發現二者的文化面貌大相徑庭,差距很大,因此我們提出:劉家文化的族屬當是羌戎,更確切地説當是寶雞一帶的姜姓羌族,也就是"姜氏之戎",簡稱姜戎[②]。這就將劉家文化從先周文化中剝離出來,成爲一支獨立的羌戎系統的考古學文化。古公亶父遷岐後,劉家文化逐漸

[①] 陝西周原考古隊:《扶風劉家姜戎墓葬發掘簡報》,《文物》1984年第7期,第16—29頁。
[②] 陝西周原考古隊:《扶風劉家姜戎墓葬發掘簡報》,《文物》1984年第7期。

融入了周文化之中，所以西周初年以後，劉家文化幾乎完全消失了，特别是在成周洛陽地區根本見不到高領袋足分襠鬲。

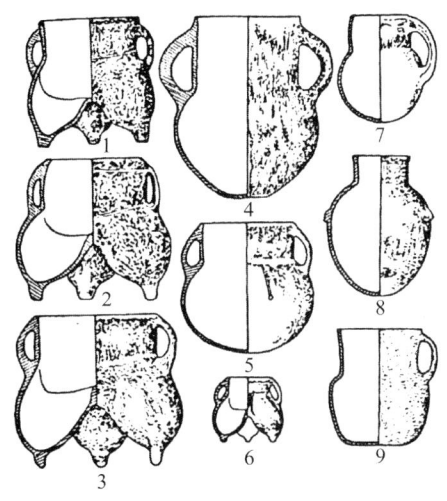

圖 7　寶雞市石嘴頭等地出土的劉家文化陶器
1. 鬲　2. 鬲　3. 鬲　4. 双耳罐　5. 双耳罐　6. 鬲　7. 單耳罐　8. 腹耳罐　9. 單耳罐

儘管劉家文化與齊家文化兩者之間有缺環，二者之間還應該存在着過渡類型文化。但是我們從劉家文化流行高領單耳罐、高領雙耳罐的特徵，還是可以看出它與隴縣川口河類型齊家文化的親緣關係，而且二者主要的分布地域基本一致，所以我們認爲劉家文化是在隴縣川口河類型齊家文化的基礎上，與甘肅的董家臺、山家頭類型，特别是與出土有鴨嘴形足尖的袋足分襠鬲、圜底雙耳罐的莊浪縣劉堡坪類型接觸、交流後，形成的一支新的考古學文化（圖 8）。有學者指出：“劉堡坪類型不使用彩陶，以陶鬲爲炊器，裝飾淺細繩紋、蛇紋等因素，則可能對劉家文化的形成産生了更爲直接的影響。”①

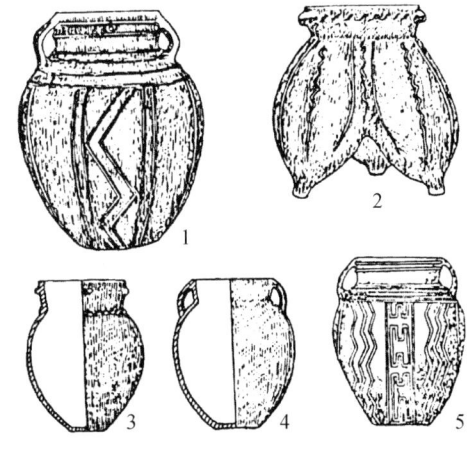

圖 8　劉堡坪類型的代表性陶器
1、3、4、5. 罐　2. 鬲

考古學界經過多年的研究，對甘青地區的齊家、卡約、辛店、寺窪文化，以及陝甘地區劉家文化的族屬，目前已基本上取得了共識，認爲它們是氐羌族的文化。夏鼐

---

① 張天恩：《關中商代文化研究》，北京：文物出版社，2004 年，第 316 頁。

曾指出："洮河流域在古代適在氐羌的區域中，並且由文獻方面我們知道由春秋直到唐代，氐羌這些部落確曾實行火葬的。這次火葬遺迹的發現，增强了寺窪文化和氐羌族的關係"①。嚴文明認爲齊家文化、馬廠以至上溯到半山、馬家窰類型，是羌人文明的前驅②。俞偉超認爲甘青地區並存着寺窪—安國、辛店甲—乙組、卡約—唐汪三支青銅文化，都屬於羌戎集團的遺存③。前文我們已經指出：寺窪—安國文化是"允姓之戎"，也就是犬戎的文化遺存，犬戎是後來的氏族。但是辛店甲—乙組、卡約—唐汪文化的族屬確是羌戎。關於陝甘交界一帶的劉家文化，鄒衡說："姬家店和晁峪一類的遺址（指其早期），同辛店文化和先周文化都有密切的關係，同時，此二址又都地處寶雞，結合以上羌、姜的有關論述，可以暫時叫它'姜炎文化'。"④劉家文化與炎帝之間，中間還有共工、四嶽國階段，年代相差太遠，而與姜姓四嶽國的後裔"姜氏之戎"的年代相當，所以我們認爲劉家文化是姜戎文化。

根據劉家文化商代早期興起於寶雞市區的考古資料，以及金文資料，可知商周時期"姜氏之戎"在今寶雞市區賈村塬一帶，建立了自己的方國——矢國，其國君自稱矢王。關於矢國的姓，學術界爭議較大，有姬姓說與姜姓說兩種說法。傳世的散伯簋銘文說："散伯作矢姬寶簋，其萬年永用。"散姬鼎銘文說："散姬作尊鼎。"寶雞市賈村塬出土的矢王簋蓋銘文說："矢王作鄭姜尊簋，子子孫孫其萬年永寶用。"關於散伯簋銘文，楊樹達在《積微居金文說》一書中的《散季簋跋》篇中說：

> 王靜安《散氏盤考釋》說爲散伯嫁女於矢所作之媵器，是也。鄒安《周金文存》卷四補遺有散伯匜，銘文云："散伯作矢姬寶匜"。此與散伯簋爲一人之器，且亦同是媵矢姬之器，蓋同時之器也。據此知散爲姬姓，此銘散季稱其母爲叔姜，是姬姓之散氏與姜姓之國爲婚姻也。

散氏既爲姬姓，那麼矢王就是非姬姓。但是有學者根據散姬鼎銘文認爲："從銘文看是散姬自作器，自稱'散姬'，……這類婦女稱謂都是在女子姓前冠以所適之國名，亦即'夫國本姓'。則此'散姬'必是姬姓女子嫁於散者，散與姬姓通婚，顯然散國不是姬姓。"⑤散姬鼎確是散姬自作器，但是其稱謂却不是"夫國本姓"，而是母

---

① 夏鼐：《臨洮寺窪山發掘記》，《考古學論文集》（考古學專刊甲種第四號），北京：科學出版社，1961年，第27頁。
② 嚴文明：《甘肅彩陶的源流》，《文物》1978年第10期。
③ 俞偉超：《早期中國的四大聯盟集團》，《古史的考古學探索》，北京：文物出版社，2002年，第129頁。
④ 鄒衡：《論先周文化》，《夏商周考古學論文集》（第二版），北京：科學出版社，2001年，第323頁。
⑤ 李仲操：《西周金文中的婦女稱謂》，《古文字研究》（十八），北京：中華書局，1992年。

國本姓,恰恰證明散氏是姬姓。

1969年,寶雞市賈村塬出土一件夨王簋蓋,其銘文説:"夨王作鄭姜尊簋,子子孫孫其萬年永寶用。"①關於鄭姜的問題,主張夨國爲姬姓的學者,認爲鄭姜是夨王之妻。夨王爲鄭姜作器,稱呼爲夫國本姓,所以夨國是姬姓。但是鄭姜既不是夨王之妻,也不是夨王之女,而是與夨王同姓的鄭地姜姓女子。鄭地在今鳳翔一帶,秦國曾在鄭地建造大鄭宮。傳世的寰盤銘文説:"用作朕皇考鄭伯、鄭姬寶盤"。這説明鄭伯不是姬姓。傳世有鄭姜伯鼎、鄭羌伯鬲,證明鄭伯爲姜姓的羌族。"夨王作鄭姜尊簋",是夨王爲同姓的鄭伯之女所作的媵器,因此稱其母國本姓,這正如鄭井叔爲其同姓的霍國之女作媵器一樣。傳世的鄭井叔男父匜銘文説:"作爲霍姬媵旅匜"。鄭井叔男父是周公之子井叔的後代,姬姓,他爲同姓的霍姬作媵器,因此稱其母國本姓。總之,夨國是姜姓,其國是"姜氏之戎"建立的姜姓方國。

關於夨字,東漢許慎的《説文》不識此字,解釋爲"傾首也"。"夨"字商代甲骨文作 𠂋 或 𠂉,西周金文作 𠂋 或 𠂉。"夨"字頭部不是人首的象形,正常的人頭部都是直立在肩部以上,不會向左或向右傾斜,而瘿瓜瓜(甲狀腺腫塊)有長在頸部左邊的,也有長在頸部右邊的,所以"夨"字頭部作左傾或右傾狀,説明此字原本是瘿瓜瓜病人的象形。

古代汧水流域的地名稱爲"夨",這是爲什麼呢?因爲自古以來汧隴山中缺碘,瘿瓜瓜病患者甚多,過去隴縣流傳的民謡説:"咸宜、固關,瘿瓜拉三千,如若不信,東垜西垜爲證。"咸宜、固關是隴縣境内兩處關隘的名稱,東垜、西垜是咸宜關山腳下的兩個村莊,這一帶是瘿瓜瓜病高發區,所以有此民謡。

《左傳》襄公十四年説:"將執戎子駒支,范宣子親數諸朝曰:'來!姜戎氏!昔秦迫逐乃祖吾離於瓜州,……'。"春秋時期姜戎氏的原居地"瓜州",學者考證在汧隴,認爲"瓜州"的得名,是因爲古代汧隴山區有"瓜子"族,即傻瓜族②。認爲"姜氏之戎"居住的"瓜州"在汧隴是正確的,但是"瓜州"的得名值得商榷。古代汧隴山區固然有"瓜子"族,但是瘿瓜瓜患者也不少。古人以"夨"字爲汧隴一帶的地名,正是突出了當地瘿瓜瓜病人多的特點,所以汧隴一帶被稱爲"瓜州"。從醫學上説,甲狀腺腫病人(瘿瓜瓜病人)生下的孩子容易癡呆,所以汧隴一帶有"瓜子"族的根源,也在於當地瘿瓜瓜病人多。

---

① 盧連成、尹盛平:《古夨國遺址、墓地調查記》,《文物》1982年第2期;又見尹盛平:《周文化考古研究論集》,北京:文物出版社,2012年,第282—284頁。
② 顧頡剛:《史林雜識初編·瓜州》,北京:中華書局,1963年,第52頁。

六、先周文化與周族

　　先周文化是指武王滅商以前周族的早期文化,目前發現的先周文化,學術界主流觀點認爲是武功鄭家坡遺址爲代表的文化遺存。反映其文化特徵的陶器種類,主要是聯襠鬲、聯襠甗、折肩罐、有印紋帶的深腹盆、真腹豆、盆形甑等,有少量劉家文化的高領袋足鬲和京當型商文化的分襠鬲。這説明先周文化在其發展過程中,曾吸收了其周圍的劉家文化、京當型商文化等的一些文化因素。

　　鄭家坡類型先周文化分布範圍幾乎可以囊括關中西部,時代較早的遺存則主要見於周原以東的岐山、扶風、武功、乾縣、永壽、彬縣、旬邑,渭河南岸的眉縣也有發現,這一範圍與周人早期活動的區域多有吻合。目前學術界公認的鄭家坡先周文化年代,可以早到商代早期鄭州二里崗上層晚段(或稱白家莊期或小雙橋期)[①],與周人的先祖公劉的時代較爲接近。這就不難看出,周族早期活動在渭水與涇水之間,主要是在漆水流域,所以《詩經·大雅·綿》説"綿綿瓜瓞,民之初生,自土沮漆",這是一首反映周人起源的詩歌,清代王引之釋土爲杜,認爲杜即唐氏之後唐杜氏,在晉南臨汾地區,認爲:"沮,當爲徂;徂,往也。"[②]釋"土"爲"杜"是正確的,但是杜不是指唐杜氏。漆是指漆水,那麽杜當是指杜水。杜水發源於今麟游縣境内的招賢鎮,流經麟游縣城東與澄水合流,以下稱爲漆水。這説明周人早期可能是在杜水流域。《史記·周本紀》説:

> 帝舜曰:"棄,黎民始饑,爾后稷播時百穀。"封棄于邰,號曰后稷,別姓姬氏。

　　周人早期可能在杜水流域,而后稷棄封於邰,在漆水下游,所以説"民之初生,自土沮(徂)漆"。應該説夏代陝西的居民中就有周族,但是夏代的先周文化尚未發現,周族在哪里尚不能確定。目前發現的先周文化年代均在商代的紀年内,另外,史書中夏代周人的世系中缺了十幾代,所以周族的信史只能從商代説起。《詩·大雅·公劉》"篤公劉,於豳斯館,涉渭爲亂,取厲取鍛,"《史記·周本紀》也記載公劉"自漆沮渡渭,取材用。"豳地在陝西彬縣、旬邑一帶,公劉從豳地出發沿着漆水南下,然後渡過渭水,到南山(秦嶺)獲取各種用材。總之,商代關中西部從漆水下游到涇水流域的豳地,居住着姬姓的周族。

---

① 牛世山:《周族起源與先周文化研究的回顧與思考》,《三代考古》(七),北京:科學出版社,2017年。
② 王引之:《經義述聞》卷六。

秦人始封爲諸侯

黄留珠

公元前 8 世紀前期,在中國西部大地上,出現了一個新的諸侯國,這就是以後在中國歷史舞臺上演出了極其威武雄壯場面的秦國。回顧秦國的建立過程,雖然步履十分艱難,但他們所表現出的那種進取、拼搏精神,却在中華民族的史册上留下了令後人倍受鼓舞的光輝篇章。

一、受封諸侯前的秦人

秦人受封爲諸侯國之前,有着一段相當漫長的發展歷史。

關於秦人究竟來自何方?學術界有不同的看法,其中以秦人東來説和秦人西來説最爲常見。東來説認爲秦人來自東方濱海地區的東夷族,與殷人同祖。西來説認爲秦人屬於戎狄(本通史《民族卷》作者即持此看法),或説就是西北甘青地區少數民族西戎的一支。這兩種觀點,雖然各自都有相當堅挺的證據,但也各有短板,所以最終難以達成共識。在這種情況下,有研究者更換思路,試圖把東來説與西來説結合起來,提出了秦人"源於東而興於西"的新説法[①]。此説認爲秦人有兩個"源",一爲東方的"始發之源",一爲西方的"復興之源"。按照通例,始發源與復興源是不同的,然而由於秦人特殊的經歷,其復興不是以原有文化爲基礎,而是在被"戎化"這一全新起點

作者簡介:黄留珠,陝西省文史研究館館員。
① 黄留珠:《秦文化二源説》,《西北大學學報》(哲學社會科學版)1995 年第 3 期。

上開始的,如此秦在西方的復興便有了明顯的再次起源的性質。秦人東來説只看到了秦的"始發之源",秦人西來説只看到了秦的"復興之源",二者雖然都探索到了真理,但却都有片面性。把東來説與西來説統一起來的秦人二源説,或許比較更全面地接近於歷史的原貌。

新近有研究者根據清華簡《繫年》(圖1)的相關記載,指出關於秦人始源又有了重要發現[①]。儘管清華簡只是我們今天有幸見到的衆多古文獻之一種,從某種意義上講也只能算是一家之言,但它畢竟爲秦人"源於東"之説增添了一條新證據。

圖1　清華簡·繫年

在瞭解上述各種説法的基礎之上,再來對照《史記·秦本紀》,那麽,受封諸侯前秦人的發展情況也就相對比較清楚了。其大體分爲兩個階段:

第一階段,自女修至大駱。其間的大事主要有:女修生大業,大業生大費;費與禹平水土,被舜賜姓嬴氏,有子大廉、若木;大費玄孫費昌當夏桀之時,去夏歸商,爲湯禦,以敗桀;大廉玄孫孟戲、仲衍,鳥身人言,爲帝太戊禦並妻之;仲衍之後,世有功,爲殷諸侯;仲衍玄孫中潏,在西戎保西垂;中潏生蜚廉,蜚廉生惡來,惡善走,惡有力,父子俱以材力事殷紂;周武王伐殷,殺惡來,後蜚廉亦死,葬霍太山;蜚廉孫孟增幸於周成王,是爲宅皋狼;皋狼孫造父以善禦幸於周穆王,受封於趙城,由此爲趙氏;蜚廉另孫女防生旁皋,皋生太幾,幾生大駱,駱生非子,皆以造父之寵,蒙趙城,姓趙氏。

[①] 李學勤:《清華簡關於秦人始源的重要發現》,《光明日報》2011年9月8日。

第二階段，自非子至襄公七年。這期間發生的大事主要有：居犬丘（今陝西興平境內）的非子爲周孝王主馬汧渭之間，受封爲附庸，邑之秦，號秦嬴，歷秦侯、公伯，至秦仲；周宣王以秦仲爲大夫，伐西戎並死於戎；宣王召秦仲子莊公昆弟五人，與兵七千，破西戎，遂以莊公爲西垂大夫；莊公長子世父讓位其弟襄公，時在公元前777年；次年，西戎圍犬丘，世父迎戰被俘，復歸之；其後不幾年，周幽王廢太子，立寵妃褒姒子爲嗣，引發變亂，由此導致秦人受封由大夫升格爲諸侯。

二、襄公始國

公元前771年，申侯聯合少數民族犬戎攻破周都鎬京（今西安西南）追殺幽王於驪山腳下。當時，作爲周"西垂大夫"的秦族首領秦襄公（圖2）率兵救周，"戰甚力，有功"①。周平王即位後，迫於周王畿內（即今陝西關中地區）戎、狄勢力的猖獗，不得不遷都到今河南省洛陽的東都。在東遷過程中，秦襄公又率兵護送平王，十分盡心盡力。爲此，平王封他爲諸侯，賜予"岐以西之地"②。於是秦人始國，"與諸侯通使聘享之禮"③。這時是公元前770年，正值我國歷史上春秋時代的開始。

圖2　秦襄公

秦國的建立，在陝西發展史上是件大事。她是陝西歷史上繼周人之後，以富庶的關中爲基地，進而把統治推向全中國的又一個重要的政權。她同西周一樣，是中華文明發展史上的重要里程碑。此後秦的發展歷史，從一定的意義上講，也就是陝西的發

---

① 《史記》卷八《秦本紀》。
② 《史記》卷八《秦本紀》。
③ 《史記》卷八《秦本紀》。

展歷史。陝西簡稱作"秦",便緣起於這裏。

不過,周平王把秦襄公從"大夫"提升爲"諸侯"的時候,只是開了一張空頭支票。這一點,平王本人並不隱諱。在分封秦襄公的宣誓典禮上,他便坦率地當面向襄公指出:"戎無道,侵我岐、豐之地,秦能攻逐戎,即有其地。"①意思是說,秦如果能把戎、狄從岐、豐一帶趕走,就可以在那裏建國;如若不能,只好聽天由命了!那時,在陝西關中及其四周地區,幾乎全布滿了內侵的戎人和狄人。如渭水上游的"狄、豲、邽、冀之戎"②,涇水以北的"義渠之戎",洛水一帶的"大荔之戎",渭水以南的"驪戎"③,陝北高原的"白狄"④,等等。另外,關中東部還有西周原來分封的梁、芮等小諸侯國。如此眾多的戎狄部落和小諸侯國,早已把"岐豐之地"擠得滿滿的,哪兒還有秦人再插足的餘地呢?在這種情況下,秦人只有以武力擊敗群戎,才能占據岐豐之地,立國於諸侯之林。

三、同戎狄的艱巨鬥爭

秦襄公是一位頗有作爲的君主,受命之後,立即擴張武備,決心從戎狄手中奪取岐豐之地。據《詩經》及傳世的《石鼓文》等資料記載,他統治期間,秦的武力大大加強。然而即使如此,秦對戎狄的戰爭卻未能取得大的進展,秦人活動的範圍,長時期內仍舊局限於原居住的"西垂"一隅之地(今甘肅省天水的清水一帶)。直到公元前766年,秦襄公方才"伐戎而至岐"⑤,即到了岐山,就是今陝西省寶雞以東的地區。在這次東征中,襄公去世。

古代國君的逝世,對於局勢的影響是異常嚴重的。史載繼襄公而立的文公,即位之初仍居"西垂宮"⑥,這意味着秦人又退回到西垂故地,襄公伐戎至岐的成果沒能鞏固下來。秦處於退守之勢,過了三年,到公元前763年,秦文公才得以率兵七百"東獵"——實際是以武力向東擴大領土。經過一年的努力,到達了"汧渭之會"⑦。這是汧水與渭水的會合處,在今陝西寶雞市境內,秦人的祖先非子曾在這裏替周孝王養過

---

① 《史記》卷八《秦本紀》。
② 《後漢書》卷八七《西羌傳》。
③ 《後漢書》卷八七《西羌傳》。
④ 參見馬長壽:《北狄與匈奴》,桂林:廣西師範大學出版社,2006年。
⑤ 《史記》卷八《秦本紀》。
⑥ 《史記》卷八《秦本紀》。
⑦ 《史記》卷八《秦本紀》。

馬。如今文公到此,不免感慨萬分,認爲這裏是秦人發迹的寶地,決定在此築城定居。後經十多年的苦心經營,秦的實力有所加強。公元前 750 年(秦文公十六年),秦終於打敗了以"豐王"爲首領的控制岐地的戎人,第一次取得了對戎戰爭的重大勝利,從而占有了周平王賜予的"岐以西之地",並把"岐以東獻之周"①。此時距秦人建國,已有 20 年之久了。

文公之所以能取得對戎戰爭的勝利,有其深刻的社會背景。《史記·秦本紀》記載:"(文公)十三年,初有史以紀事,民多化者。"這表明,文公在位以後秦國社會發生了某些重要變化。"初有史以紀事",反映當時秦國不僅僅只抓武備,而且文治也有所成就,説明政權建設更臻完善。"民多化者"則反映當時秦人素質普遍提高。正是在這樣的社會進步基礎之上,秦國取得了勝利。

四、進一步吸收繼承周文化

秦以對戎戰爭的勝利爲轉折,開始步入發展的新階段。這期間,促進秦社會迅速前進的一個非常重要的原因,就是秦對周文化大量地更加全面地吸收與繼承。

考古發掘資料表明,早在西周時期,秦人便已經吸收周文化,開始了農業定居生活②。但那時秦人畢竟遠居"西垂",所接受的周文化並不全面。自秦文公十六年擊敗戎人後,情況發生了很大的變化。這時秦人入居周文化的發迹之地,客觀上具備了吸收繼承周文化更爲便利的條件。尤其當時接受"周餘民"這件事,影響甚爲深遠。所謂"周餘民",是指沒有隨平王東遷而留在周王畿故地的周人,人數不少。秦把他們"收"而"有之"後,一方面獲得了充足的勞動力;另一方面,也是更重要的方面,"周餘民"帶來了他們先進的生產技術與生產經驗,帶來了較秦高得多的周文明。這樣,就大大加快了秦社會進步的速度。

如果把接受"周餘民"看作秦全面吸收、繼承周文化的開端,其後,這一過程則貫穿於相當長的歷史時期。於是在中國西部的大地上出現了一種"秦人周化"現象。對此,可從大量的史實中得到印證。例如考古發現的秦青銅器,無論是寶雞西高泉村一號墓出土的器物,或是户縣(今鄠邑区)宋村青銅器,寶雞太公廟發現的秦公鎛、

---

① 《史記》卷八《秦本紀》。這裏的"獻之周",應是禮儀之舉,並不意味當時秦已將"岐以東"完全占有。
② 趙化成:《尋找秦文化淵源的新綫索》,《文博》1987 年第 1 期;袁仲一:《從考古資料看秦文化的發展和主要成就》,《文博》1990 年第 5 期。

鐘，或是陽平秦家溝、鳳翔八旗屯一期墓青銅器等，在百餘年間，儘管器物的形制、銘文字體、紋飾諸方面均不斷有所發展變化，但正如研究者所公認的那樣，它們都具有"西周的傳統"[1]。特別是春秋早期器物，西周風格更爲顯著，許多器物徑直就是西周遺物。再如喪葬制度，經對中華人民共和國成立後已發掘的關中地區 500 餘座秦墓的分析研究，考古工作者得出結論認爲，從春秋一直到戰國早期，秦的葬制在相當大的程度上沿襲傳統的周禮[2]。再如秦的文字，即繼承沿用西周的文字。確切地講，是由西周後期的金文——"籀文"發展演變而來的。故國學大師王國維說："秦居宗周之地，其文字尚有豐鎬之遺。"[3]再如大型建築，據考古發現的春秋中期的秦宮殿、宗廟遺址可知，其布局完全符合於周禮的"左祖右社"的原則，宮殿、宗廟的結構均與周禮契合，甚至宮殿內儲冰，亦遵周凌陰之制[4]。總之，秦在政治、經濟、文化、風俗各個領域，全面吸收、繼承了周文化。

由於秦人大量地、全面地吸收、繼承周文化，其結果之一便是進一步凝固了由周人所奠定的陝西關中地區的特殊風尚——即《漢書·地理志》所概括的"民有先王遺風，好稼穡，務本業"[5]。這也正是陝西黃土文明的最基本的特徵。

五、三庶長之亂

秦人周化，意味着秦開始建設如同西周那樣的社會文明，成爲周天子屬下的名符其實的諸侯國。這時在東遷的周人那裏，原來西周的禮樂法度已開始衰落，但對秦來說，它却是嶄新的制度，是一種具有強大活力的社會生產方式。所以自秦文公中期以後，秦的國勢蒸蒸日上。文公二十年（前 746），秦進一步完善法律，制定"三族之罪"[6]。二十七年，攻伐南山附近的戎族"大梓"及豐水一帶的戎族"大特"[7]。憲公二年（前 714），出於對戎狄鬥爭的需要，秦將國都由汧渭之會遷往平陽——今陝西省寶雞縣東陽平村。翌年，秦攻滅了活動於今陝西三原、興平、長安間的戎人"蕩社"（或稱"湯社"），使自

---

[1] 參見李學勤：《秦國文物的新認識》，《文物》1980 年第 9 期；中國社會科學院考古所：《新中國的考古發現與研究》，北京：文物出版社，1984 年。
[2] 參見中國社會科學院考古所：《新中國的考古發現與研究》，北京：文物出版社，1984 年。
[3] 《觀堂集林》卷七《戰國時秦用籀文六國用古文說》。
[4] 參見袁仲一：《從考古資料看秦文化的發展和主要成就》，《文博》1990 年第 5 期。
[5] 《漢書》之說本於《史記》，但更精煉，故用之。
[6] "三族之罪"即"罪及三族"之意。"三族"，一般指父母、兄弟、妻子，另說指父族、母族、妻族。
[7] 舊注以"大梓"爲大梓樹，"大特"爲牛神。日人瀧川資言考證爲戎名，今從其說。

己的勢力向東方大大擴展了一步。十二年，又攻取了"蕩氏"。然而正當秦步步取得勝利的時候，其國內却發生了一場內亂——這就是秦史上所謂的"三庶長之亂"。

庶長是秦特有的官名。一說其相當於後世的將軍，因統率庶人，故名①。一說"爲眾列之長"②。在早期秦國歷史上，此職爲權力最大的官，又稱"大庶長"，其設置無定員，常有擅權廢立之舉，戰國以後逐漸演變爲爵名（因秦素有官爵不分的特點，故仍可視爲官稱）。這次的"三庶長之亂"，是秦史上第一次發生的庶長廢立國君的事件。

秦憲公有三個兒子③：長子武公，立爲太子；次子德公，與武公同爲魯君之女魯姬子所生；三子出子，爲周王之女王姬所生。公元前704年，憲公去世，大庶長弗忌、威壘、三父，廢太子武公，而立年僅5歲的出子爲君。其母王姬臨朝，大權實際落在三庶長手裏。公元前698年，剛剛年滿11歲的出子又被三庶長派人殺死，重新立原太子武公爲國君。

從各種文獻的記載來看，三庶長之亂大體限於宮闈內部，對於秦的國力並無太多影響。故而武公即位後不久，便擊敗了居於彭衙（今陝西白水縣）的戎族彭戲氏，進軍到華山之下。不過，秦武公畢竟年齡要長一些，閱歷也深一些，所以當他即位的第三年，便以三庶長廢殺出子之罪，把他們正法，並夷滅三族。這樣，大權又重新集中於王室。

六、擴張與遷都

秦武公時期王權的加強，使秦更有力量向外擴張領土。武公十年（前688），秦征服了西方的邽戎（據今甘肅天水南一帶）、冀戎（據今甘肅甘谷南一帶），並在這裏設置了中國歷史上最早的縣。縣的意義爲"懸"，即"系有所屬"的意思。設縣就是在國都以外的地方設置直接歸中央控制的行政機構。不過最初的含義，僅僅限於在邊境的城邑設置軍、政合一的組織。次年，秦又在杜（今陝西長安東南）、鄭（今陝西華縣北）兩地設縣。這裏原是西周的封國，後分別爲戎族"蕩社"與"彭戲氏"所占據。從前文的敘述可知，"蕩社"在憲公時被消滅，"彭戲氏"則亡於武公之初。現在又在這兩地設縣，說明秦的勢力在這一帶得到了鞏固。就在這一年，秦還消滅了殘存於國都附近即今陝西寶雞縣境內的戎人據點——小虢。這樣，西起甘肅西南部，東至華山一綫，整個關中渭水流域的廣大地區，基本上均爲秦國所控制。

---

① 《續漢書·百官志》劉昭注引劉劭《爵制》。
② 《漢書》卷一九《百官公卿表》顏師古注。
③ 許多文獻誤記憲公爲寧公。今據1978年寶雞太公廟出土的秦公鐘、秦公簋銘改。

秦德公元年（前677），秦又將國都從平陽遷到雍（圖3）——今陝西省鳳翔縣。因爲不論是早先的國都所在地"汧渭之會"，還是後來遷徙的平陽，都位於周原之下的河谷地帶，迴旋餘地十分狹小，既不利於有效地統治已占有的廣大領地，也不便於進一步向東、西方發展。在這種情況下，秦不能不另外選擇國都的新址。其最後之所以選中了雍，是有着深刻道理的。一方面，雍位於地勢較高的周原上渭河上游的雍水附近，既是最富庶的農業區，又爲隴山以東的門户，無論是向東方擴展，還是防備西方的戎人，地理位置都是非常理想的[1]。另一方面，時人認爲"雍州積高，神明之隩"[2]，是建畤郊祭上帝的最佳場所，秦文公便曾在這裏設立鄜畤[3]。所以建都於雍，不僅有利於人事活動，而且也大大便於神事活動，這樣就可以更好地利用神的威力以加强統治。自這次遷都後，雍作爲秦政治、經濟、文化的中心，一直延續了近300年之久。

圖3　秦都雍城遺址出土瓦當

就在德公遷都的同年，東方靠近黄河西岸的兩個小國——據今陝西韓城市南的梁伯和今陝西大荔縣境内的芮伯，前來朝秦。可見這時秦的勢力，已遠達河西之地。從襄公建國開始，歷經文公（前765—前716年在位）、憲公（寧公，前715—前704年在位）、出子（前703—前698年在位）、武公（前697—前678年在位），到德公（前677—前676年在位），秦人終於在陝西大地上站穩了脚跟。

---

[1]　參見史念海《周原地理與周原考古》，《西北大學學報》（哲學社會科學版）1978年第2期。
[2]　《史記》卷二七《封禪書》。
[3]　史載秦襄公曾在雍立西畤，學者考證認爲這是漢儒僞竄，而文公立鄜畤，確爲信史。

長安成爲各族政治、經濟和文化的中心

周偉洲

一、秦漢的民族政策在陝西的實施

秦漢是我國統一的多民族中央集權國家形成和發展時期，統治階級繼承了春秋戰國以來諸家的民族觀和民族政策，並在實踐過程中有所發展。陝西長安是秦漢時的政治中心，故秦漢的民族政策在陝西得到切實的施行，體現得最爲充分。

春秋戰國時，以孔子爲首的思想家（儒家）提出了天下"一體"的統一思想，也即將戎狄相容並包於華夏的一體思想。孔子說過："四海之内皆兄弟也。"[1]荀子後又提出"天下爲一"[2]。秦漢時的政治家，思想家進一步發展了"一體"的思想，西漢時劉安《淮南子》的《時則訓》《淑真訓》提出"五位"一體、"萬物一圈"的理想模式；張衡《西京賦》也表現出"天下一家"的思想；而《公羊春秋》首倡"大一統"[3]。"大一統"的思想以後二千多年浸潤着中國人民的思想感情，影響深遠。秦漢多民族統一國家的形成和發展，與這一思想有着密切的關係。秦漢時統治階級的開疆拓土，固然與抗擊匈奴侵擾等原因有關；但是統治階級摒棄了先秦"服事制"的某些觀點，不完全排斥"夷狄"，而是相容並包於一個統一的國家政體之内，用夏變夷，嚮往"大一統"也不無關係。

作者簡介：周偉洲，陝西師範大學中國西部邊疆研究院教授。
[1]《論語·顔淵》。
[2]《荀子·正論》。
[3]《春秋公羊傳》，隱公元年條。

既然將"夷狄"也包含在"一體"之内，如何統治和管理他們呢？先秦時的"服事制"的原則可以承襲，但完全照"要服""荒服"那一套來治理邊疆民族，管理歸降内遷或聚居於内地的非華夏族，就完全不合時宜了。因此，秦漢統治階級發展了先秦時的民族政策：設置郡縣以管理正在漢化或與漢族雜居的地區。如在今陝西北部正在漢化的義渠人之地設置上郡及二十三縣；在陝南漢中、安康正在漢化的蜀人、巴人中，設漢中郡等以統之；對降附内遷的匈奴，因其俗置典屬國（秦）、屬國進行管理，如在上郡塞外置屬國以處匈奴降衆，龜茲屬國以安置龜茲降人；如有少數民族聚居之處，設置縣一級的"道"，漢代陝西省境内就設有"翟道""雕陰道"等；在邊疆的西域，則設置都護進行管轄等。

在中央一級的官制裏，秦漢時均有專門管理"蠻夷"的官職。秦代稱爲"典客"，"掌諸歸義蠻夷，有丞"。至漢武帝時改名"大鴻臚"，"屬官有行人、譯官、别火三令丞及郡邸長丞"。在地方一級，秦制有"典屬國"，"掌蠻夷降者"。漢武帝因匈奴渾邪王部衆降，"復增屬國，置都尉、丞、侯、千人。屬官，九譯令。成帝河平元年（公元前 28 年）省並大鴻臚"。此外，爲管理邊疆聚居的内附民族，從漢代起設置"護羌校尉""護匈奴中郎將""護烏丸校尉""西域都護"等官職，由中央派出，使持節領護[1]。

西漢時，在長安及其附近，漢朝統治者還招募或納降匈奴、南越、烏桓等驃悍的騎兵，設置宿衛京師的"胡騎""越騎"。如漢武帝時設置拱衛京師的八部校尉中，有"越騎校尉掌越騎"，如淳注："越人内附，以爲騎也。""長水校尉掌長水宣曲胡騎"，顔師古注："長水，胡名也[2]。宣曲，觀名，胡騎之屯宣曲者。"東漢時，長水校尉則"掌宿衛，主烏桓騎"。還有"胡騎校尉，掌池陽（今陝西涇陽）胡騎，不常置"。則武帝所置八部校尉中，胡、越等少數民族爲主的就占了三個[3]。

秦漢統治階級對於少數民族的政策還承繼了先秦以來對"不賓""不服"的蠻夷進行討伐和對服屬的蠻夷則加以安撫、懷柔的兩面策略，以及用種種統一的法制去以夏變夷，實行民族同化的政策。秦漢時對"蠻夷"的討伐，固然有反擊匈奴的寇掠的進步因素在内，但更多的則是爲了開疆拓土，征服更多的民族和土地，反映了階級社會中民族歧視和壓迫的本質。在秦漢統一全國之後，則更多的是采取"懷柔""安

---

[1] 《漢書》卷一九《百官公卿表上》。
[2] 匈奴衛律，即長水胡。
[3] 以上均見《漢書》卷一九《百官公卿表上》；《後漢書》卷二七《百官志》。

撫"的措施,繼承了先秦時的通貢、封賜、朝見、質子、入侍、和親等辦法,並有所發展。這在前已敘及。而這些都集中體現在作爲京師的長安。

此外,秦漢時的陝西北部,已形成爲一個多民族雜居的地區。這裏自先秦以來,民族關係就極爲複雜,是北方游牧民族與內地農業民族的交匯地帶。夏、殷商時的獯粥、鬼方,周秦時的獵狁、白狄、義渠、匈奴等,均在此居住或活動過。從戰國時秦一直至漢代,華夏族(漢族)的勢力不斷向北邊擴展,因此,漢族(包括逐漸漢化的義渠等)在陝北(上郡)的人口,占了絕大多數。然而,鄰近的匈奴經常寇掠該地,後漢朝又置屬國安置降附的匈奴部眾於此,故匈奴在陝北也有一定的數量。史載漢元帝初元元年(前48),上郡屬國附漢的胡(匈奴)人萬餘口逃入匈奴①,即可證明這裏有匈奴部眾聚居。還有漢代設置的龜茲屬國以安置西域龜茲胡降人,也在上郡;東漢時河隴羌族中的東羌,也有在上郡落戶的。因此,漢代陝北(上郡)至少有漢、匈奴、龜茲、羌四種民族雜居其間,故該地經濟呈現出游牧、農業和半農半牧的多種形態,人種混雜,文化習俗亦自有其特色。這種情況從秦漢一直延續到後世。

有的考古學者在總結和分析兩漢時期漢代北部邊疆地區大量墓葬之後,發現有許多內地漢人移民邊疆地區及北方民族(如狄、匈奴等)移民邊疆地區的現象。其中在今陝北榆林古域灘、走馬梁、定邊金雞灣、神木大保當及上述神木納林高兔墓葬中,就有漢人移民、北方民族移民的文化特徵,反映出陝北地區多民族混居的現象②。

二、長安成爲各族經濟文化交流的中心

由於長安是秦漢統一多民族國家的政治中心,民族政策和措施的發布與執行即從此開始,因此長安也必然成爲各族彙聚的一個中心。無論是各族領袖的朝見,使臣的往返,遣子弟入侍、宿衛、降附、封賜,以及貿易、謀生等,均彙集於長安。前述的匈奴、氐、羌、西域諸胡如此,南方的閩越,東北的烏桓、朝鮮、夫餘、高麗等族亦是如此。如漢武帝建元四年(前137),南越王趙胡即立,遣子嬰齊入長安宿衛。嬰齊在長安娶邯鄲人樛氏爲妻,生子興。十餘年後,趙胡死,國人迎嬰齊爲南越王。嬰齊上書,以樛氏爲后,遣子次公入長安宿衛。到元鼎六年(前111)南越相呂齊舉兵反漢,武帝遣大軍滅南越,置南海(治番禺,今廣東廣州)、蒼梧(治廣信,今廣西梧

---

① 《汉书》卷九《元帝紀》。
② 見杜林淵:《漢代北部邊疆地區移民墓葬反映的歷史問題》,《考古與文物》2011年第1期。

州)、鬱林(治布山,今廣西桂平西南)、合浦(治合浦,今廣西合浦東北)、交阯(治贏嘍,今越南河内)、九真(治胥冷,今越南清化西北)、日南(治西捲,今越南廣治)、珠崖、儋耳(今海南島)等九郡。①

在《漢書·景武昭宣元成功臣表》中,記載降附或有功於漢朝而封侯者,就有匈奴、南越、甌駱、東粵、朝鮮、東胡、小月氏等族的上層。

如匈奴王、貴族降漢或有功封侯者有:"安陵侯於軍""桓侯賜""酒侯陸彊""容城攜侯徐盧""禽[易]侯僕陽""茨陽靖侯范代""翕侯邯鄲"(以上爲以匈奴王降封侯),"亞穀簡侯盧它之"(以匈奴東胡王降封侯),"翕侯趙信"(以匈奴相國降封侯),"特轅侯樂"(以匈奴都尉降封侯),"親陽侯月氏""若陽侯猛"(以匈奴相降封侯),"涉安侯於單"(以匈奴單于太子降封侯),"昌武侯趙安稽""下摩侯譚毒尼""煇渠慎侯應疕""臧馬康侯雕延年"(以上以匈奴王降封侯),"襄城侯桀龍"(以匈奴相國降封侯),"潦悼侯王援訾"(以匈奴趙王降封侯),"瀑陰定侯昆邪"(以匈奴昆邪王降封侯),"河綦康侯烏黎"(以匈奴右王與渾邪降封侯),"常樂侯稠雕"(以匈奴大當户與渾邪王降封侯),"杜侯復陸文"(以匈奴歸義因淳王從驃騎將軍擊左王功封侯),"衆利侯伊即軒"(以匈奴歸義樓剸王從驃騎將軍擊左王功封侯),"湘成侯敞屠洛"(以匈奴符離王降封侯),"散侯董舍吾"(以匈奴都尉降封侯),"膫侯次公"(以匈奴歸義王降封侯),"開陵侯成娩"(以故匈奴介和王擊車師封侯),"秺敬侯金日磾"(以揭發莽何羅反封侯),"歸德靖侯先賢撣"(以匈奴單于從兄日逐王降封侯),"信成侯王定"(以烏桓屠耆單于子左大將軍降封侯),"義陽侯厲溫敦"(以匈奴譁連累單于率衆降封侯)。

南越、東粵、甌駱貴族降或有功封侯者有:"術陽侯建德"(以南越王兄越高昌侯封侯),"膫侯畢取"(以南越將軍降封侯),"安道侯揭陽陽定"(以南越揭陽令聞漢兵至降封侯),"隨桃頃侯趙光"(以南越蒼梧王聞漢兵至降封侯),"湘成侯監居翁"(以南越桂林監聞漢兵至降封侯),"外石侯吳陽"(以故東越衍侯佐繇王功封侯),"下鄜侯左將黃同"(以故甌駱左將斬西於王功封侯),"開陵侯建成"(以故東粵建成侯與繇王斬餘善侯功封侯),"臨蔡侯孫都"(以南粵郎漢兵破南粵得吕嘉功封侯),"東城侯居股"(以故東越繇王斬東粵王餘善功封侯),"無錫侯多軍"(以東粵將軍漢兵至降封侯)。

---

① 《史記》卷一一三《南越列傳》。

朝鮮、小月氏貴族降或有功封侯者有："平州侯王唊"（以朝鮮將漢兵至降封侯），"獲［苴］侯韓陶"（以朝鮮相將漢兵圍降封侯），"澅清侯參"（以朝鮮尼谿相使人殺其王右渠降封侯），"幾侯張格"（以朝鮮王子漢兵圍降封侯），"涅陽康侯最"（以父朝鮮相路人漢兵至降封侯）；"驪茲侯稽谷姑"（以小月氏右苴王將衆降封侯），"瓡讘侯扜者"（以小月氏王將衆千騎降封侯）。

以上各族王公貴族降漢或有功於漢而封侯的情況，不僅補充了漢朝與四夷之間關係的若干史實；而且因封侯而大多居於京師長安，雖有的食邑各地（除關內侯外），然也常到京師長安，或居住於長安。①

西漢長安，因各族使臣、封官爵者及商賈雲集，甚至有專門供各族使臣居住的地方，稱爲"蠻夷邸"，在漢長安城內槀街。②

由於各族人彙集長安，使之成爲當時各民族經濟文化交流的一個中心地。關於長安及附近漢族經濟、文化及習俗，通過統治階級的政策、法令及影響，傳播和交流到周邊各族的情況，因超出本書內容的範圍，故不叙述。下面僅就各族的經濟文化在京師長安交流的情況，作一簡約的叙述。

在經濟方面，秦漢與匈奴長期爭戰和交往，以游牧爲生的匈奴一些牲畜、異獸品種傳入長安，如匈奴的奇畜"駒騠"（一種青色的駿馬）、駱駝等，就在長安落户。西域著名的天馬、汗血馬（大宛馬）等也引入長安。據載漢武帝因欲得大宛良馬，而遣貳師將軍李廣利伐大宛。《太平御覽》卷一九一引《三輔黃圖》記：漢代未央宫"有金殿、路軨殿、果馬殿、軛梁殿、騎馬殿、大宛殿、胡河殿、駒騠殿，凡九殿，在城內。"③駒騠爲匈奴奇畜，大宛馬出自西域，果下馬，來自東北濊國。據有的學者研究，漢武帝之所以如此追求各族的良馬，並非爲了追求享樂，而是積極引進良馬種，以繁殖馬匹，對付北方游牧民族寇掠，在軍事上有着十分重大的意義④。總之，周邊各族良馬種的引進，對於內地（包括陝西）養馬事業的發展，以及反擊匈奴的寇掠，均有一定的作用。

漢朝統治階級還搜羅四周各族的奇珍異獸置於長安上林苑中，苑中置"獸圈九，彘圈一"，如虎圈、師子圈等在建章宫⑤。又漢宣帝元康四年（前 62），"九真獻奇獸

---

① 《漢書》卷一七《景武昭宣元成功臣表第五》。
② 《漢書》卷七〇《陳湯傳》；陳直：《三輔黃圖校注》，西安：陝西人民出版社，1985 年，第 154 頁。
③ 上引陳直《三輔黃圖校注》第 136 頁。
④ 參見《余嘉錫論學雜著》上册《漢武伐大宛爲改良馬政考》，北京：中華書局，1963 年，第 175—180 頁。
⑤ 《三輔黃圖校注》第 137—138 頁。

（即麒麟）"①。漢成帝時（前32—前7），"交阯、越嶲獻長鳴雞，伺雞晨，即下漏驗之，晷刻無差"②。

各族的珍貴寶物，也集中於長安宮廷，如西域獻"吉光裘"、身毒（印度）寶鏡、連環羈（馬具），閩越王獻石蜜（野蜂蜜）等③。《三輔黃圖》記建章宮内有"奇華殿"，内"四海夷狄器服珍寶，火烷布、切玉刀、巨象、大雀、師子、宫（宛）馬，充塞其中"。這一切正如漢代著名史學家班固在其《漢書·西域傳贊》中所説："遭值文、景玄默，養民五世，天下殷富，財力有餘，士馬強盛。故能睹犀布（象）、瑇瑁則建珠崖七郡，感枸醬、竹杖則開牂柯、越嶲，聞天馬、蒲陶則通大宛、安息。自是之後，明珠、文甲（玳瑁）、通犀、翠羽之珍盈於後宫，蒲梢、龍文、魚目、汗血之馬充於黃門，钜象、師子、猛犬、大雀之群食於外圃。殊方異物，四面而至"。此段所記漢武帝時，西漢國力強盛，平南越，開西南夷，通西域，於是各方的異物、特產，四面而至長安。内犀象、瑇瑁（文甲）、明珠、翠羽等，皆爲南越及南海諸國之特產，其餘則多大爲西域及北方民族之異物、特產，且廣泛用之於天子、貴戚的日常生活之中。

從西域等地傳入内地（首先是陝西長安及附近）的各種農作物、果樹等，不僅成爲内地人民生活的必需品，而且對於陝西等地的農業、工藝製造等方面都產生了很大的影響。自張騫出使西域後，漢使臣從西域傳入了蒲陶（葡萄）、苜蓿。"於是天子始種苜蓿、蒲陶肥饒地。及天馬多，外國使來衆，則離宫別觀盡種蒲陶、苜蓿極望。"④史載張騫出使西域，還傳入安石榴、胡桃、黄蘭、胡麻、胡豆（蠶豆）、大蒜等⑤。各種新的農作物和果樹，均首先在長安及其附近種植，然後傳播到各地。《西京雜記》載"上林名果異木"中，有"瀚海梨""胡桃""羌李""蠻李""蠻查""羌查""安石榴"等周邊民族所種植的品種。《三輔黃圖》説，上林苑中扶荔宮，是漢武帝元鼎六年，破南越後所建，宮以荔枝得名。"荔枝自交趾（今廣西、越南北部）移植百株於庭，無一生者，連年猶移植不息"⑥。西域的釀酒方法也傳入長安，據傳烏孫國有"青田核"，"核大如六升瓠，窒之以盛水，俄而成酒，味甚醇美。劉章得兩

---

① 《漢書》卷八《宣帝紀》及晋灼注。
② 參見《西京雜記》卷四，上海：上海古籍出版社，1991年。
③ 同上書卷四。
④ 《史記》卷一二三《大宛列傳》。
⑤ 見（晋）張華《博物志》卷六。
⑥ 上引《三輔黃圖校注》第75—76頁。

核，集實客設之，常供二十人之飲"，"久置則苦不可飲，名曰青田酒"①。

由於周邊民族使臣、商賈雲集於長安，使長安又成爲一個重要的商業中心。今西安和扶風姜源村曾出土過帶有外國銘文的鉛餅 15 枚，上銘文據考釋，係傳寫失真的希臘字母，是安息"法拉克麥"錢幣上的銘文②。這是由西域商人帶至長安等的物品，證明當時各族在長安等地進行貿易的事實。

在文化方面，西域、南方等地少數民族樂舞首先傳到京師長安。如流行於漢代長安等地的胡角、羌笛、篳篥、豎箜篌、琵琶等均原係西域和羌族的樂器。胡角，係"張博望（即張騫）入西域，傳其法於西京（長安）"③。《古今樂錄》載："横吹，胡樂也。張騫入西域，傳其法於長安，唯行摩訶兜勒一曲，李延年因之更造新聲二十八解，乘輿以爲武樂，後漢以給邊將，萬人將軍得之"④。横吹，對後世音樂影響甚大，隋唐時的"鼓吹"即源於此⑤。

在漢代宫廷中，還流行一種叫"巴渝舞"的舞蹈。據載，秦末劉邦爲漢中王，發巴中夷人伐關中。三秦定，遣夷人還，免其人租賦。巴人其地有渝水，巴夷居水左右，天性勁勇，俗喜歌舞。劉邦見其歌舞，説這是武王伐紂之歌，命樂人傳習，故名之爲"巴渝舞"⑥。此後，巴渝舞流傳至隋唐，爲清樂之一種。這一情况，也正如《後漢書・南蠻西南夷傳》所説：漢時"夷歌巴舞殊音異節之技，列倡於外門"。

此外，西域等地的雜技、幻術也流傳至長安。《史記・大宛列傳》記：安息國曾"以大鳥卵及黎軒（今埃及亞历山大城）善眩人（即魔術師）獻於漢"。

到東漢時，印度的佛教傳入中國內地，洛陽是東漢的政治中心，印度、西域傳譯佛法的僧人大都集中在洛陽。然而，佛教傳播也當及於陝西長安等地。

---

① （晋）崔豹：《古今注》卷下。
② 羅西章：《扶風姜原發現漢代外國銘文鉛餅》，《考古》1976 年 4 期；《西安漢城故址出土一批帶銘文鉛餅》，《考古》1977 年第 6 期。
③ （晋）崔豹：《古今注》卷下。
④ 《後漢書》卷四七《班超傳》注引。
⑤ 參見周偉洲：《從鄭仁泰墓出土的樂舞俑説唐代音樂和禮儀制度》，《文物》1980 年第 7 期。
⑥ 《後漢書》卷八六《南蠻西南夷列傳》。

韓遂馬騰割據關隴

王大華

一、董卓敗後獻帝東歸洛陽及東漢分裂態勢

東漢初平三年（192）董卓敗死。其部將李傕、郭汜、樊稠、張濟等結盟復仇，糾集 10 萬衆攻陷長安，縱兵大掠，敗呂布，誅王允，葬董卓於郿（今陝西眉縣），逼漢獻帝給他們封侯晋職，共秉朝政。繼而李郭又爭權奪利，連月相互廝殺，内訌不已，還分别劫留漢獻帝和公卿爲質。長安大亂，死者數萬，府庫被搶一空，宫室也遭焚毁。"是時穀一斛五十萬，豆麥二十萬，人相食啖，白骨委積，臭穢滿路"[①]。

興平二年（195）七月，擔驚受怕的漢獻帝向李傕請求東歸洛陽，派使者往返十餘次，才得放行。在漢獻帝舅董承和時已叛離李傕的原部將楊奉等人護衛下，車駕取道新豐（今陝西臨潼東北）至華陰（今陝西華陰），再趨弘農（當時縣名，位於舊函谷關，今河南靈寶北）。因携百官、宫女及輜重，車駕緩慢，八月到新豐，十月至華陰。途中曾宿學舍甚至道旁。其間郭汜包藏禍心反覆無常，時而阻攔，時而隨行，曾想劫駕到他控制的郿，但未得逞，乾脆派部將伍習縱火騷擾。到十一月，待在長安的李傕對放走漢獻帝深感後悔，便與郭汜言和，合夥率兵來追[②]。在弘農東澗，楊奉、董承等護駕兵將與李傕追兵大戰而敗，百官士卒死者不可勝數。漢獻帝丢棄婦女輜重，狼狽

作者簡介：王大華，陝西師範大學原歷史系副教授。
① 《三國志》卷六《董卓傳》、《後漢書》卷七二《董卓傳》。
② 《後漢書》卷七二《董卓傳》。

逃至曹陽，露宿田中①。眾多死難者中，有一人值得一提，即扶風人尚書令士孫瑞。他"世爲學門"，"博達無所不通"，是關中名儒，後官至三公，"爲國三老"，在朝臣中名望甚高，與王允並爲誅殺董卓的主謀。其子士廞字文始，因父封侯，亦有才學，是著名的建安七子之一、大名士王粲的詩友，有詩作傳世②。

楊奉、董承兵敗虛與李傕求和，暗中密遣使者到黃河北岸河東郡招故白波帥李樂、韓暹、胡才及南匈奴右賢王去卑數千騎，趕來救駕，合力抵抗李傕③。漢獻帝才又得前行。但李傕窮追不捨，在距東澗40里道上，再與楊奉諸將大戰。楊奉等傷亡甚於東澗之敗，拼死"方得至陝"（今河南陝縣），連夜商議讓李樂先過河備船來接，"舉火爲應"。此時漢獻帝身邊衛士"不滿百人"，倉皇出營，車馬全無，步行逃至黃河邊。因夜不擇路，走到懸崖絕處，"岸高十餘丈，乃以絹縋而下"，隨行情急跳崖而下，摔死不少。渡河時，行軍校尉尚弘背漢獻帝登船，董承親自操戈護駕，砍斷的爭赴上船者的手指在船中可捧起一堆。隨行落水"凍溺死者甚眾"。如此驚險逃過黃河之後，漢獻帝一行先至大陽，躲進民居，再被李樂接入軍營，後乘牛車進駐安邑（今山西夏縣西）。河內太守張楊、河東太守王邑趕來送糧送衣予以接濟，漢獻帝方得在安邑喘息④。

漢獻帝渡河處，史書未載，但應是當時有名的黃河古渡陝津附近。陝津又名茅津、大陽津。因渡口南岸在古陝縣之北，故名陝津；又因渡口北岸在古大陽縣之南，故又名大陽津。大致位置應在今山西夏縣與河南陝縣對應處。

不久，漢獻帝派太僕韓融返回弘農再次向李傕、郭汜請和。李傕放回俘獲的公卿百官、宮女、器服車馬等，雙方罷兵。次年正月（196），漢獻帝在安邑改元建安⑤。其後，漢獻帝又歷盡艱辛，在建安元年七月，終於逃回洛陽。此時漢獻帝及小朝廷無人理睬，無兵無權無錢無糧。"百官披荊棘，倚丘牆間"，"群僚饑乏"，"自出樵采，或饑死牆壁間"。⑥東漢王朝已名存實亡。各地豪強自董卓之亂以來，紛紛擁兵自重，爭城奪地，分裂割據。

---

① 《後漢書》卷九《孝獻帝紀》注："曹陽，澗名。在今陝州西南七里，俗謂之七里澗。"（陝州即今河南陝縣）
② 《三國志》卷六《董卓傳》注引《三輔決錄注》。
③ 《後漢書》卷七二《董卓傳》。"白波帥"即漢末黃巾起義軍號爲白波的一支隊伍的渠帥。楊奉曾是白波帥之一，後歸降李傕。危急之中，楊奉向故舊求救本在情理之中，而李、韓、胡三人捨命來援，足見當年起事之情義。
④ 《三國志》卷六《董卓傳》注引《獻帝紀》。《後漢書》卷七二《董卓傳》注："大陽，縣，屬河東郡。即今陝州河北縣是也。"
⑤ 《後漢書》卷九《孝獻帝紀》。
⑥ 《三國志》卷六《董卓傳》記："州郡各擁兵自衛，莫有至者。"《後漢書》卷九《孝獻帝紀》。

建安初年，東漢分裂態勢可概括如下。

袁紹出身大世族，"四世三公"，"門生故吏遍於天下"，在關東諸侯起兵討伐董卓之時，曾被推爲盟主，具領袖聲望，勢力最大。他兵多糧廣，"帶甲百萬，穀支十年"，雄踞冀州爲中心的北方，"自爲大將軍"，但暗藏篡位圖謀，最強盛時掌控全國十三州的北方四州之地①。出身顯赫、有"治世之能臣，亂世之奸雄"之名的曹操討董卓兵敗之後東山再起，因收降青州黄巾軍三十萬卒，男女百萬餘口，組建强悍的"青州軍"，實力大增，著眼逐鹿中原，戰敗袁術、陶謙、吕布，先取兗州，後占豫州，"自爲司空"，以許（今河南許昌市西）爲中心，聲勢僅次於袁紹②。袁紹從弟袁術早懷當天子野心，與袁紹分庭抗禮另起爐灶，先搶有數百萬户口的南陽，再入陳留。怎奈志大才疏，一再兵敗，後南奔九江，攻揚州，再據淮南，殺陳王劉寵，始站穩腳跟，"自稱天子"③。身爲漢末名士的宗室劉表搶襄陽，占荆州，"南收零、桂，北據漢川，方數千里，帶甲十餘萬"，也稱得上是大軍閥④。孫策少年英雄，憑數年奮戰，"所向皆破"，"獨控江東"，掌領富庶之地，無人能敵⑤。與劉表同爲漢景帝之子魯恭王之後的宗室劉焉破益州黄巾十萬衆，又收南陽、三輔難民數萬户，編爲"東州兵"，自此強盛，不可一世，還私造皇帝乘輿千輛，分明是要謀反稱帝⑥。此後其子劉璋長期自守益州，偏安西南。以上六家爲大。較小一些的割據勢力還有劉備、吕布先後搶占徐州；公孫瓚固守幽州；張繡占南陽；韓遂馬騰割據涼州；李傕郭汜混戰關中；張魯自保漢中，等等。全國地盤被大小豪强瓜分乾淨。曹丕在《典論·自序》中描述天下大亂諸侯混戰："大者連郡國，中者嬰城邑，小者聚阡陌，以還相吞滅。"⑦

漢獻帝逃回洛陽兩月之後，建安元年（196）九月，曹操采納大謀士荀彧之策，親自到洛陽迎接漢獻帝，以許爲都，挾天子以令諸侯，獨攬朝權⑧。此後漢獻帝在許又做了 25 年皇帝，但只是擺設而已。這 25 年史稱東漢建安時期，是漢末軍閥混戰相互兼併最爲激烈的時期。有雄才大略的曹操在許下屯田養兵，廣納賢士，占盡天時地利人和，先收南陽張繡，再攻殺吕布，擊破劉備，搶得徐州，繼而在建安五年以名傳千古

---

① 《三國志》卷六《袁紹傳》；《後漢書》卷九《孝獻帝紀》。
② 《三國志》卷一《武帝紀》；《後漢書》卷九《孝獻帝紀》。
③ 《三國志》卷六《袁術傳》；《後漢書》卷九《孝獻帝紀》。
④ 《三國志》卷六《劉表傳》；《後漢書》卷七四《劉表傳》。
⑤ 《三國志》卷四六《孫策傳》；《後漢書》卷九《孝獻帝紀》。
⑥ 《三國志》卷三一《劉焉傳》；《後漢書》卷七五《劉焉傳》。
⑦ 《三國志》卷二《文帝紀》注引。
⑧ 《三國志》卷一〇《荀彧傳》。

的"官渡之戰"擊敗勁敵袁紹，乘勝掃蕩北方諸州，平定冀、青、幽、并四州，統一並牢牢掌控北方大半個中國。野心勃勃的劉備屢敗屢戰，後來三顧隆中，得到天下奇才諸葛亮之佐助，逐一克敵致勝，奇跡般如願爭奪到荆、益二州及漢中等富庶之地，有了問鼎天下之實力。有"生子當如孫仲謀"史譽的孫權憑孫堅孫策父兄之蔭，長期獨霸江南，不斷擴張地盤，又在建安十三年以少勝多，以更爲著名的"赤壁之戰"擊退曹操的南征，始具不敗之勢。結果形成曹魏、蜀漢、孫吴三分天下相互鼎立的局面，歷史進入三國時代。

二、韓遂馬騰割據關隴

韓遂本名韓約，金城（今甘肅皋蘭縣西北）人，曾任東漢新安縣從事。漢靈帝中平元年（184）黄巾大起義後，衰弱的東漢王朝失去控制力，各地實力派紛起。這一年十一月，北地（今寧夏靈武縣）先零羌聯合枹罕（今甘肅臨夏市）、河關（今臨夏市西）一帶的"群盗"造反，共立義成胡北宫伯玉和李文侯爲將軍。北宫伯玉派人劫請金城名士邊允、韓約（造反後改名邊章、韓遂），委以軍政大權，共破金城，殺太守陳懿。第二年，邊、韓率數萬騎攻入關中，"入寇三輔"，擊敗朝廷派來征討的皇甫嵩和董卓指揮的官軍，聲勢大盛。東漢朝廷再派司空張温率董卓、鮑鴻、周慎、袁滂等將領，湊集 10 萬步騎與邊章、韓遂大戰於美陽（今陝西武功縣北）。邊、韓退走榆中（今甘肅榆中）。張温、董卓駐屯關中扶風、長安。①

中平三年（186），韓遂襲殺邊章、北宫伯玉和李文侯，合兵 10 萬進攻隴西。太守李相如與韓遂聯合，共殺凉州刺史耿鄙。凉州司馬馬騰乘機擁衆造反。馬騰字壽成，是東漢名將馬援之後，關中右扶風茂陵（今陝西興平縣）人。馬騰之父馬子碩曾任天水蘭幹尉，後失官，留居隴西，與羌人雜住，娶羌女，所生之子即爲馬騰。②馬騰身高 8 尺有餘，體格魁偉，長相非凡，性情賢厚，深受當地人尊崇。東漢末年凉州氐羌造反，馬騰應募從軍，鎮壓起義，因軍功累遷至凉州軍司馬。此時，他也反叛朝廷，與韓遂結爲兄弟，推舉自號"合衆將軍"的王國爲主，共同割據凉州③。

中平五年（188），王國及韓、馬再次東進關中，圍攻陳倉（今陝西寶雞）。皇甫

---

① 《後漢書》卷七二《董卓傳》及注引《獻帝春秋》。
② 《後漢書》卷七二《董卓傳》及注引《獻帝傳》。
③ 《三國志》卷三六《馬超傳》注引《典略》；《後漢書》卷七二《董卓傳》。

嵩、董卓等4萬官軍來援，雙方激戰80天。韓、馬損兵萬人，敗退涼州，共廢王國，又劫原東漢信都令閻忠，擁推爲主。閻忠病死以後，韓、馬不和，只能自守，無力東進了。①

漢獻帝初平元年（190），董卓在洛陽專權後，遭到以袁紹爲盟主的關東聯軍的討伐，被迫挾持他所立的傀儡皇帝漢獻帝及洛陽數百萬民衆遷都長安。董卓曾打算招安涼州韓、馬，共同抗拒關東聯軍，韓、馬也想倚重董卓權勢，乘機擴充地盤，染指關中。但是，董卓很快就被司徒王允等人聯絡呂布合謀殺死。董卓部將李傕、郭汜、樊稠、張濟等結盟復仇，率10多萬人攻陷長安，敗呂布，誅王允，逼獻帝給他們封侯晉官，共秉朝政。興平元年（194）馬騰借朝見漢獻帝之名率兵來長安，駐屯灞橋。因與李傕矛盾，馬騰便糾集了一些仇恨李傕的朝臣武將合謀攻傕。時任益州牧的宗室劉焉長子劉範、次子劉誕都在長安漢獻帝身邊任職，參與了密謀。所以馬騰事先派人到成都向劉焉求援，劉焉遣派五千人馬來助②。參與起事的還有要爲父報仇的前涼州刺史種劭和侍中馬宇、中郎將杜稟等。杜稟首先發難，親到扶風指揮將士占領槐里（今陝西興平）。李傕急令侄子李利和大將樊稠帶數萬人反擊，連夜架梯登城，攻陷槐里，杜稟戰死③。馬騰立即組織聯軍圍攻李傕，"連日不決"。韓遂聞訊，率兵趕來，本想調和馬、李衝突，臨陣又改變主意，勸架改爲助戰，與馬騰合攻李傕。李傕又召樊稠、李利從槐里回援，還請郭汜參戰。雙方在長平觀展開決戰。結果種劭和劉範、劉誕兄弟皆戰死，韓、馬損失過萬人，被迫退兵。④

李傕派樊稠、李利乘勝追擊至陳倉。韓馬在此巧設離間計，先讓人給樊稠傳話，看在早先"相與州里"的同鄉情面上，臨別有話相告。樊稠不知是計，果然在陣前單見韓遂，"交臂相加，笑語良久"。然後，韓馬從容返回涼州，樊稠也引兵而歸。李利頓生疑惑，大爲不滿，向李傕告發，説樊稠與韓遂"意愛甚密"。李傕本就忌恨樊稠果勇而得軍心，此時動了殺心。不久，設宴灌醉樊稠，指使手下胡封"於座中殺之"。樊稠人馬也被李傕吞併。此舉引得李傕將士不滿，離心思叛。郭汜乘機下手，拉攏李傕下屬張蒼、張龍密謀，裏應外合，突然夜襲，箭傷李傕⑤。李郭反目成仇，公開相互攻

---

① 此據《後漢書》卷七二《董卓傳》。《後漢書》卷七一《皇甫嵩傳》記載稍異，爲："（王）國走而死。"
② 《後漢書》卷七五《劉焉傳》；《後漢書》卷九《孝獻帝紀》注引《袁宏記》。
③ 《後漢書》卷七二《董卓傳》注引《獻帝紀》。
④ 《後漢書》卷七二《董卓傳》。《後漢書》卷九《孝獻帝紀》注引《前書音義》記："長平，阪名也，上有觀，在池陽宮南。去長安五十里，今涇水南原畦城是也。"
⑤ 《三國志》卷六《董卓傳》注引《九州春秋》；《後漢書》卷七二《董卓傳》注引《獻帝紀》。

伐，關中大亂，民衆紛紛外逃。董卓死前，"三輔民尚數十萬"，李郭內訌後，"長安城空四十餘日"，"二三年間，關中無復人跡"①。

董卓原部將張濟與李、郭、樊共同大掠長安後，領兵外屯於陝（今河南陝縣），未參與李、郭內訌。建安元年（196），因缺乏軍糧，無法久駐，便帶兵離陝，到較爲富庶的南陽去攻穰城（今河南鄧縣），結果混戰而亡。餘衆歸其侄張繡統領。尚在關中的李傕、郭汜兩敗俱傷，都成爲他人魚肉。郭汜被部將伍習所襲，死於駐地郿（今陝西眉縣）。建安二年（197），朝廷（曹操主政）派謁者僕射裴茂傳詔關中諸將伐誅李傕，夷其三族，傳首到許都②。

作亂關中數年爲害甚烈的董卓四大部將既死，董卓勢力徹底瓦解。但關中仍不平寧，參與滅李的"關中諸將"楊秋、李堪、成宜等人紛紛瓜分關中③。韓遂馬騰也得以從涼州捲土重來，再進關中。這批割據勢力約十幾股，韓、馬最强④。此時"關中諸將"除韓、馬及楊秋、李堪、成宜五人史載比較清楚之外，其他人多不明載。唯有《三國志》卷三六《馬超傳》注引《典略》，記載"建安十六年超與關中諸將侯選、程銀、李堪、張橫、梁興、成宜、馬玩、楊秋、韓遂等，凡十部，俱反，其衆十萬"，在五人之外載明另外五人之名。但這已是伐誅李傕十四年之後，仍不能確認皆是當初滅李之將。自建安二年後，以韓馬爲首的"關西諸將"開始割據關隴，但韓馬仍舊不和，表面共同割據，內裏仍連戰不已。

三、鍾繇持節督關中

建安元年（196），曹操迎獻帝到許，挾天子以令諸侯，把持朝政。爲解決軍糧不足，他采納陳留太守棗祗的屯田建議，任命任峻爲典農中郎將，在許下廣募百姓屯田種糧，"得穀百萬斛"。以後又在轄區各地推廣，"郡國列置田官，數年中所在積穀，倉廩皆滿"⑤。曹操高度評價屯田足糧，說是確保他"摧滅群逆，克定天下"，棗祗和任峻立了大功⑥。

---

① 《後漢書》卷七二《董卓傳》。
② 此據《三國志》卷六《董卓傳》。《後漢書》卷九《孝獻帝紀》與《後漢書》卷七二《董卓傳》的記載略有不同，伐誅李傕時間爲"建安三年"，殺李傕者還有中郎將段煨。
③ 《三國志》卷一《武帝紀》、《三國志·蜀志》卷三六《馬超傳》。
④ 《三國志》卷一〇《荀彧傳》記載荀彧語"關中將帥以十數，莫能相一，惟韓遂、馬超最彊"。
⑤ 《三國志》卷一六《任峻傳》。
⑥ 《三國志》卷一六《任峻傳》注引《魏武故事》。

從建安二年起，曹操逐步稱霸北方。他首先用招降和攻伐兩手，逼南陽張繡前後二次歸降，解除南面後顧之憂①。建安四年，曹操利用呂布襲劉備之機，攻殺呂布，搶了徐州，並禮遇來降的劉備。不久劉備乘機出走，又取徐州叛曹。曹操力排衆議，再攻徐州，劉備北投袁紹。曹操消解了東面隱患，又順勢擊敗淮南袁術，掃平黄河以南地區。到建安五年二月，曹操全力北向，準備與勢力最强的河北袁紹爭雄，官渡大戰一觸即發。

　　關東戰事頻繁，曹操一時無暇顧及關隴，但又放心不下，唯恐袁紹染指關中，便派侍御史衛覬視察關中。李傕郭汜禍害關中時，關中流入荆州的難民有十萬多户，後來看到李、郭已除，便紛紛回歸。衛覬到長安目睹韓、馬等關中諸將乘機在流民中招兵，只顧眼前擴大勢力，而對關東袁、曹爭霸持中立觀望態度。他便向尚書令荀彧建議，派司隸校尉代表朝廷"留治關中，以爲之主"，"撫以恩德，遣使連和"；還建議在關中恢復食鹽專賣，用鹽利購買犁牛，提供給歸來的流民，獎勵"勤耕積粟"，"以豐殖關中"。如此，則"（割據）諸將日削，官民日盛"②。荀彧大爲稱讚，轉告曹操並推薦同鄉鍾繇可用。曹操很快就以漢獻帝名義派遣侍中、司隸校尉鍾繇持節督統關中諸軍，進駐長安③。

　　荀彧深得曹操信任和倚重，"太祖雖征伐在外，軍國事皆與彧籌焉"。曹操曾問荀彧，"誰能代卿爲我謀者？"荀彧答："荀攸、鍾繇。"④荀攸乃荀彧之侄，却比荀彧還長六歲，是漢末大名士，也常爲（曹操）謀主⑤。荀彧、荀攸均十分器重鍾繇。

　　鍾繇果然非等閑之輩。他"博學詩律"，出仕前就有門生千餘人，與荀彧、荀攸、郭圖在潁川齊名⑥。在李傕、郭汜之亂時，鍾繇促成漢獻帝東歸洛陽，出力甚巨，升侍中尚書僕射，係十三名封侯者之一⑦。

　　鍾繇身負重托到長安，首先傳書給韓遂馬騰等人，"爲陳禍福"，努力調解韓馬矛盾。然後又以朝廷名義授馬騰爲征西將軍，駐屯郿（今陝西眉縣）⑧，授韓遂爲鎮西將軍，還守金城⑨。關中形勢暫時穩定。

---

　　① 據《三國志》卷一《武帝紀》記載，張繡降而複叛，曹操親征南陽，曾中流矢，長子昂和弟子安民戰死，可見戰鬥之激烈。
　　② 《三國志》卷二一《衛覬傳》。
　　③ 《三國志》卷一〇《荀彧傳》；《三國志》卷一《武帝紀》。
　　④ 《三國志》卷一〇《荀彧傳》。
　　⑤ 《三國志》卷一〇《荀彧傳》；《三國志》卷一〇《荀攸傳》注引《魏書》。
　　⑥ 《三國志》卷一二《鍾繇傳》注引《先賢行狀》、注引謝承《後漢書》。
　　⑦ 《三國志》卷一二《鍾繇傳》；《後漢書》卷七二《董卓傳》注引《袁宏記》。
　　⑧ 《三國志》卷一三《鍾繇傳》。一説槐里（今陝西興平），據《三國志》卷三六《馬超傳》注引《典略》。
　　⑨ 此據《三國志》卷三六《馬超傳》。《後漢書》卷七二《董卓傳》記爲："乃拜騰爲征南將軍，遂征西將軍。"

鍾繇持節督關中，既非攻伐，也非勸降，而是以朝廷名義督統關中諸將，彌合衝突，安穩局面。關中諸將僅在名義上接受朝廷官職，不改變各自割據狀態，此即"挾天子以令諸侯"最好的詮釋。鍾繇和關中諸將建立了相安無事的關係。他還成功勸説韓遂、馬騰各遣子入侍朝廷①。鍾繇的督統成效很快就顯現出來。

建安五年（200）八月官渡之戰打響後，鍾繇督關中不到一年就從關中送軍馬2000匹到前綫。曹操大喜過望，寫信作答，説所得之馬"甚應其急"，還把鍾繇比爲"鎮守關中，足食成軍"的蕭何，稱讚"關右平定，朝廷無西顧之憂，足下之勳也"②。由此可見，之前衛覬的建議、荀彧的決策通過鍾繇的努力，都得到貫徹實施。安撫關中流民之事，鍾繇也很成功，"數年間，民户稍實"，甚至他還遷徙了一部分關中民充實到洛陽③。

兩年後，袁紹因官渡慘敗，憂憤而死。曹操渡河攻擊。袁紹子袁尚據守黎陽（今河南浚縣）抵抗，並派袁紹外甥高幹及河東太守郭援聯合匈奴南單于共攻河東（郡治安邑，今山西聞喜縣南），還暗中聯絡關中諸將反曹。此時，鍾繇奉曹操之命正領兵圍攻平陽（今山西臨汾縣南）的匈奴南單于，未攻陷而郭援的袁軍數萬人已到。鍾繇勢危，對手下諸將説："（郭）援之來，關中陰與之通，所以未悉叛者，顧吾威名故耳。"於是急派新豐（今陝西臨潼）令、高陵人張既游説馬騰，曉以利害，爭取馬騰助戰④。馬騰猶豫而後決，派勇猛絶倫的兒子馬超率精兵萬人增援鍾繇。在鍾繇指揮下，曹、馬聯軍利用郭援剛愎好勝的弱點，乘其輕率渡汾，"濟水未半"，大舉進攻。馬超的關中兵鋭不可擋，其將龐德大顯神威，陣斬郭援，袁軍潰敗。平陽的匈奴南單于以及高幹恐懼而降⑤。

不久，高幹在并州（今山西太原）再反，捉上黨太守，派兵控制壺關口。曹操派樂進、李典前往平叛。但同時，張晟率萬人在崤（今河南洛寧縣西北）、澠（今河南澠池縣）一帶作亂，張琰在弘農（今河南靈寶縣北）起兵，回應高幹。河東郡掾衛固也暗通高幹。曹操對荀彧説："河東是天下要害之地，請君爲我薦舉賢才以鎮守。"荀彧推薦智勇雙全的長安人杜畿出任河東太守。杜畿臨危赴任，力挽危局。曹操又升張既爲議郎，出任鍾繇參軍，協助鍾繇再次徵調關中兵助戰。這次，馬騰等"關中諸將"

---

① 《三國志》卷一三《鍾繇傳》。
② 《三國志》卷一三《鍾繇傳》。
③ 《三國志》卷一三《鍾繇傳》。
④ 《三國志》卷一五《張既傳》；《三國志》卷一三《鍾繇傳》。但《鍾繇傳》注引司馬彪《戰略》記載，游説馬騰的是傅幹。
⑤ 《三國志》卷三六《馬超傳》。《馬超傳》注引《典略》還記載是役馬超"爲飛矢所中，乃以囊囊其足而戰"，十分驍勇。

一邊倒全都親自率兵支援曹操，合力擊敗張晟，誅殺張琰、衛固，迅速平定河東之亂。①關中聯軍幫了曹操大忙，使他得以從容不迫地在建安十一年（206）親征高幹，收復并州。馬騰在關中安境保民有數年之久，深得三輔民心，勢力鞏固。②關中割據諸將成了曹操得力援軍，鍾繇功不可没。

四、曹操西征關中與韓遂馬超失敗結局

曹操用鍾繇持節督關中，初步控制關隴後，便於建安十三年（208）全力以赴率大軍親征劉表和孫權，試圖統一江南。但在赤壁之戰中，曹操敗北，被迫退回北方。這場大戰奠定了以後三國鼎立的局面。曹操審時度勢，調整了戰略，開始致力於經營北方，鞏固和擴大已有的地盤。他騰出手來，要對關中、漢中用兵，徹底解决"外雖懷附，内未可信"③的關西勢力。建安十五年（210），曹操讓張既曉喻馬騰，要以衛尉（九卿之一）徵召馬騰入朝，擢升馬超爲偏將軍，繼領其衆。④這是曹操對關中動手的信號，雖然外示籠絡之意，實則内藏削弱之心。馬騰已答應却又猶豫。張既唯恐生變，下令沿途各縣按迎送二千石高官的禮節郊迎馬騰。馬騰不得已，携子馬休、馬鐵舉家赴鄴城（今河北臨漳縣西南）上任。⑤

次年三月，曹操調兵遣將，派鍾繇爲前軍師⑥，與大將夏侯淵以西征漢中張魯爲名，開入關中。⑦曹操這一決策，在謀士群中有不同意見。衛覬認爲關中諸將"無雄天下意，苟安樂目前而已"，對他們不宜大動干戈⑧；高柔認爲應先平定三輔，這樣"漢中可傳檄而定"，如果孤軍入關，企圖以虛名威脅關中諸將，必將逼反韓、馬，實在太冒險。但曹操主意已定，没有采納。事實果如高柔所料，鍾繇剛一出兵，韓遂與馬超懷疑鍾繇是要攻擊自己，便再次反叛，並聯合關隴實力派侯選、程銀、李堪、張横、

---

① 《三國志》卷一五《張既傳》、《三國志》卷二一《衛覬傳》注引《魏書》。
② 《三國志》卷三六《馬超傳》注引《典略》記：馬騰封"槐里侯"，安境保民，"待士進賢，矜救民命，三輔甚安愛之"。
③ 《三國志》卷二一《衛覬傳》注引《魏書》。
④ 此據《三國志》卷一○五《張既傳》。《三國志·馬超傳》記爲："騰與韓遂不和，求還京畿，於是征爲衛尉。"
⑤ 《三國志》卷三六《馬超傳》注引《典略》。馬騰赴鄴是因爲建安十三年曹操廢三公，自爲丞相，建丞相府於鄴。以後曹操加封魏公、魏王，鄴便成爲魏都。
⑥ 《三國志》卷一三《鍾繇傳》。
⑦ 《三國志》卷一《武帝紀》。
⑧ 《三國志》卷二一《衛覬傳》注引《魏書》。

梁興、成宜、馬玩、楊秋諸部，擁兵10萬①，屯據潼關，據險抵抗。曹操急派曹仁增援，並囑咐："關西兵精悍，堅壁勿與戰。"關中的東大門古稱"桃林塞"，戰國時設置關隘，地勢險要，因谷道如函，容不下兩輛車並行，故起名爲"函谷關"，位於今河南靈寶縣坡頭鄉。西漢時關址東移至今河南新安縣東關村。東漢末年，在今陝西華陰縣東再建新關，叫"潼關"，函谷關廢棄。潼關雄踞秦、晉、豫三省要衝，其道僅容一車一馬，形勢更爲險峻，向有"人間路上潼關險"之譽。潼關之名，始見史載，便是馬超叛曹這一次。②

七月，曹操親率主力西征。不少人提醒曹操："關西兵彊，習長矛，非精選前鋒，則不可以當也。"曹操回答："戰在我，非在賊也。賊雖習長矛，將使不得以刺，諸將但觀之耳。"③他把全部兵力擺在潼關之外，引誘關西聯軍盡數集中在潼關一綫。雙方夾關對陣。曹操同韓遂、馬超在陣前相會，曉以利害，勸其投降。馬超曾想突前活捉曹操，但懾於虎將許褚在旁瞋目怒視，未敢輕舉妄動。④曹操見敵方戰略要地河西空虛，便暗派大將徐晃、朱靈率4000人夜渡蒲阪津（今山西永濟西），突襲河西，擊退梁興五千衆，然後在徐晃的掩護下，自率主力從潼關北渡黃河，繞過險關，攻入渭北。當徐晃渡河時，馬超聞之，曾建議韓遂："宜於渭北拒之，不過二十日，河東穀盡，彼必走矣。"但韓遂却反對説："可聽令渡，蹙於河中，顧不快耶！"曹操聽説後，連連嘆息："馬兒不死，吾無葬地也。"⑤以後當曹操主力渡河時，馬超察覺韓遂失算，急率萬人趕來。曹操獨與虎士百人留南岸斷後，臨危不懼，鎮定地坐在河邊胡床上指揮。張郃、許褚等急忙把曹操救入船中。船至河中，被激流下冲四五里遠，馬超率飛騎沿岸追擊，箭如雨下。船工中箭身亡，許褚左手舉馬鞍掩護曹操，右手撐船。幸虧校尉丁斐放出大批牛馬以餌敵，馬超將士都忙着捉馬，曹操才得脱險。上岸後，他大笑説："今日幾爲小賊所困乎！"⑥韓遂、馬超無可奈何地放棄潼關天險，退守渭口（今陝西潼關縣北），防備曹軍再渡渭河。第一回合，曹操以計取勝。事後諸將問曹操爲何不直接從河東（今山西）渡河攻馮翊（今陝西大荔），偏要如此費一番周折呢？曹操回答説："賊守潼關，若吾入河東，賊必引守諸津，則西河未可渡，吾故盛兵向潼關，賊

---

① 《三國志》卷三六《馬超傳》注引《典略》。
② 《三國志》卷一《武帝紀》；《三國志·蜀志》卷三六《馬超傳》。
③ 《三國志》卷一《武帝紀》注引《魏書》。
④ 《三國志》卷三六《馬超傳》。
⑤ 《三國志》卷三六《馬超傳》及注引《山陽公載記》。
⑥ 《三國志》卷一《武帝紀》及注引《曹瞞傳》，《三國志·魏志》卷一八《許褚傳》。

悉衆南守，西河之備虛，故二將（徐晃、朱靈）得擅取西河。"還說："兵之變也，固非一道也。"①

以後渡渭之戰，曹操也用兵如神。他多設疑兵，使敵軍無法判定曹軍將選何處渡河。而後，他在敵軍虛弱地段乘夜在渭河上用船搭成浮橋，突然派一部分精兵渡河，在渭南紮營結寨，堅壁固守。當韓、馬分兵來攻時，曹軍據壘伏擊，成功地擊退敵人。建築營壘也有一段插曲。開始曹軍渡渭，因岸邊多是沙土，不易安營結壘，所以總被馬超騎兵趕來擊退。謀士婁子伯向曹操獻計："今天寒，可起沙為城，以水灌之，可一夜而成。"曹操便令軍士多作縑囊運水，乘夜渡河築城，果然成功②。

馬超見曹操步步為營，穩紮穩打，不好對付，被迫寫信求和，願意割讓河西之地，但遭曹操拒絕。九月，曹操全軍順利渡渭，與韓、馬聯軍在渭南一帶擺開決戰的陣勢。馬超心虛，再次要割地求和，並願以兒子為質。曹操用賈詡之計，假裝答應，使其自安不為備，但同時又施展離間計，挑起韓、馬矛盾。他利用與韓遂之父同年舉孝廉的身份，在陣前單獨與韓敘舊，引起馬超猜忌。接著又給韓遂寫信，有意塗改，像是韓遂自己改的，馬超更加心疑。曹操見韓、馬不能同心協力，認為時機已到，就正式下戰書，約定日期進行決戰。曹操先派輕騎挑戰，再派虎騎夾擊，大破關西聯軍，陣斬"關中諸將"重要成員成宜、李堪等。韓、馬潰敗，撤出關中，"走涼州"退到隴西羌人區。"關中諸將"另一重要成員楊秋也逃往安定（甘肅鎮原縣南）。關中被曹軍占領③。

曹操此次用兵，靈活多變，出人所料，迅雷不及掩耳地獲得成功，諸將多所不解。特別是當關西聯軍每有援兵趕來時，曹操不以為憂，反而喜形於色。諸將問起原因時，曹操回答說："關中長遠，若賊各依險阻，征之，不一二年不可定也。今皆來集，其衆雖多，莫相歸服，軍無適主，一舉可滅，為功差易，吾是以喜。"④曹操的心機，由此可見一斑。渭南大捷後，關隴割據的各部主力盡遭殲滅，以後平定韓馬老巢涼州，未費大事，所以曹操誘而殲之的策略，不可謂不高明。

十月，曹操從長安再征楊秋，圍攻安定。楊秋不戰而降。曹操"復其爵位，使留撫其民人"⑤。十二月，曹操本想乘勝進攻馬超，但河間（今河北獻縣東南）的蘇伯、

---

① 《三國志》卷一《武帝紀》。
② 《三國志》卷一《武帝紀》注引《曹瞞傳》。
③ 《三國志》卷一《武帝紀》。
④ 《三國志》卷一《武帝紀》。
⑤ 《三國志》卷一《武帝紀》及注引《魏略》。

田銀舉兵反叛，曹操無心再戰，也顧不上在隴西部署軍隊，倉促引軍東還，只是命令夏侯淵、徐晃、張郃討平盤踞在藍田的馬超餘黨梁興等，並留夏侯淵駐屯長安。建安十七年（212）正月，曹操自率主力回師鄴城，誅殺馬騰及親族200人①。原鍾繇參軍張既因跟隨曹操平定馬超有功，晉升爲京兆尹，助夏侯淵守長安，"招懷流民，興復縣邑，百姓懷之"②。

馬超喘息已定，懷着滅族之恨又捲土重來，聯合"諸戎渠帥"攻陷隴右郡縣。漢中張魯也派大將楊昂前來援助。涼州刺史韋康與別駕楊阜等人固守涼州冀城（今甘肅甘谷縣南）。馬超率萬人來攻。楊阜率宗族子弟領兵守城。從建安十七年（212）正月激戰至八月，韋康見救兵不至，不顧楊阜泣勸，開城請和，反被馬超殺掉③。楊阜以葬妻爲由出逃。此時，長安的曹將夏侯淵救援來遲，在冀城外200里與馬超大戰。氐王千萬策應馬超，屯兵興國。後來汗幹氐也反叛，夏侯淵被迫退兵。馬超割據涼州，自稱征西將軍，領并州牧，督涼州軍事。④

九月，楊阜説服駐屯歷城（今甘肅天水南）的族兄姜叙反抗馬超，並密與一部分涼州文武官吏姜隱、趙昂、尹奉、姚瓊、孔信等結盟討馬。還結交武都人李俊、王靈，安定人梁寬，南安人趙衢、龐恭等人密謀定計，先由楊阜、姜叙在鹵城（今甘肅天水附近）起兵，誘騙馬超來攻，然後讓梁寬、趙衢在涼州冀城乘虛回應。馬超雖有韓信、呂布之勇，但畢竟不老練，果然中計。當他率兵在外被牽制時，梁寬、趙衢等裏應外合在冀城策反，關閉城門，盡殺馬超親屬。馬超雖攻取歷城，但久攻鹵城不下。楊阜拼死奮戰，受傷五處，宗族昆弟戰死七人。⑤馬超進退維谷，建安十九年（214）正月，兵敗投奔漢中張魯。張魯曾想把女兒嫁與馬超，但終未能重用。張魯部將楊白等人對馬超還懷有妒忌迫害之心。⑥馬超從漢中借兵反攻祁山（今甘肅西和縣），準備奪回涼州。楊阜、姜叙、趙昂等人一面抵抗，一面向長安夏侯淵求救。夏侯淵果斷地派遣猛將張郃督5000步騎爲先鋒，走陳倉（今陝西寶雞）狹道馳援，自率大軍督糧草隨後跟進。張郃與馬超大戰獲勝。馬超兵敗，走投無路，從武都暫退入氐人中躲避，聽説劉備正在成都圍攻劉璋，便寫密信請降。劉備大喜過望，説："我得益州

---

① 《三國志》卷一《武帝紀》。《三國志》卷三六《馬超傳》載馬超臨終上疏，"臣門宗二百餘口，爲孟德所誅略盡"。
② 《三國志》卷十五《張既傳》。
③ 《三國志》卷二五《楊阜傳》。
④ 《三國志》卷三六《馬超傳》;《三國志》卷九《夏侯淵傳》。
⑤ 《三國志》卷二五《楊阜傳》。
⑥ 《三國志》卷三六《馬超傳》及注引《典略》。

矣。"暗中派人迎接馬超,並資助兵馬、糧草。馬超來到成都城下,"城中震怖"。不出一旬,劉璋開城出降。①馬超入蜀後,一心一意效忠劉備,後與關、張、趙、黃並列爲蜀漢五虎上將。劉備在詔命中以"信著北土,威武並昭"稱譽馬超,可謂恰如其分。②馬超47歲病死,葬於漢中勉縣,墓祠至今尚存。

韓遂敗回金城(今甘肅皋蘭縣西北)後,帶數千人躲入顯親(今甘肅天水西北)的氐族部落。建安十九年夏侯淵與張郃馳救涼州時,準備襲攻韓遂,韓避走略陽。夏侯淵知韓遂軍中兵卒多長離(今甘肅秦安縣)羌人,便用圍點打援之計圍攻長離、火燒羌屯誘之。韓遂果然率羌胡萬騎來救,途中被夏侯淵在野外截擊,一舉擊潰。韓逃往西平(今青海西寧),後爲當地諸將所殺。③夏侯淵乘勝攻克氐王所在地興國(今甘肅秦安境內),轉擊高平屠各部落。當時抱罕(今甘肅臨夏市)還有自號"河首平漢王"的宋建,割據近30年。④夏侯淵順勢消滅宋建,同時派遣張郃攻河關(今甘肅臨夏市西),渡黃河占小湟中,逼迫河西諸羌盡降。⑤至此,關隴割據勢力被平定,全部歸曹操控制。

---

① 《三國志》卷三六《馬超傳》及注引《典略》;《三國志》卷九《夏侯淵傳》。
② 《三國志》卷三六《馬超傳》及注引《典略》。
③ 《三國志》卷六《董卓傳》。
④ 據《後漢書》卷七二《董卓傳》及注引《獻帝春秋》,中平元年(184)北地、抱罕、河關"群盜"造反之際,"涼州義從宋建、王國等反"。此後,宋建一直擁兵自立於抱罕一帶。
⑤ 《三國志》卷九《夏侯淵傳》。

隋朝的建立及其條件

杜文玉

一、楊氏家族與關隴集團

建立隋朝的隋文帝楊堅,祖籍弘農郡華陰(今陝西華陰縣),是漢朝名臣楊震的後裔,其具體世系情況如下:楊震的八世孫楊鉉,在十六國時的燕國任北平太守。楊鉉之子楊元壽,在北魏任武川鎮司馬,自此其家族便遷至武川(今內蒙古武川)。楊元壽之子爲楊惠嘏,任太原太守;楊惠嘏生楊烈,任平原太守;楊烈生楊禎,爲寧遠將軍;楊禎生楊忠,在北周位至柱國大將軍;楊忠生楊堅,在北周末年任左大丞相,都督中外諸軍事。

由此可見楊氏家族不僅是名門之後,而且在十六國北朝時期世代高官,是一個頗有勢力的大家族。其實楊氏家族的發迹與楊元壽任職於武川有着直接的關係,這是其家族能夠成爲關隴軍事集團成員的關鍵一步。不過楊元壽的地位不高,在六鎮中還算不上舉足輕重的人物。楊元壽之子楊惠嘏,惠嘏之子楊烈,均官居太守,使得其家族地位有所提升,但是到了楊禎時,僅有一個寧遠將軍的虛號,說明其家族地位是起伏不定的。真正使楊氏家族在關隴集團中占有重要的地位是楊忠,其先後追隨尒朱度律、獨孤信、宇文泰等人,南征北戰,屢立戰功,歷任統軍、刺史、大都督、開府儀同三司,封爵陳留郡公。西魏末年,賜姓普六茹氏。楊忠在西魏、北周時期多次統率大軍出征,戰功顯赫,官至太傅,爲八柱國之一,封隨國公,死後贈太保,遂使楊氏

作者簡介:杜文玉,陝西師範大學歷史文化學院教授。

成爲關隴集團中的核心人物之一。

楊堅出生於西魏大統七年（541）六月，其生於馮翊般若寺，由於體弱被一位劉氏尼姑收養，一直在尼寺中長到14歲才回到家中，因此楊堅受佛教思想影響很大。由於其父功大，14歲這一年被授與京兆功曹之職，15歲授散騎常侍、車騎大將軍、儀同三司，封成紀縣公。16歲，遷驃騎大將軍，加開府。自此，楊堅的官職越升越高，位至十二大將軍、八柱國之一，成爲北周政權中舉足輕重的人物。周宣帝即位後，因楊堅之女爲其皇后，皇帝每巡幸輒命楊堅留守京師。他多次勸諫宣帝用法平和，但宣帝不聽，加之楊堅威望日高，因此宣帝對其十分忌憚。宣帝曾數次對皇后楊麗華説："必族滅爾家。"①楊堅深知不爲皇帝所容，所以深居簡出，避免刺激宣帝，招來禍患。大象二年（581）五月，宣帝命其爲揚州總管，楊堅知宣帝已患有重病，借口有足疾請求緩行。不數日，宣帝病死，其子年僅數歲即位，是爲周靜帝。由於靜帝年幼，不能理政，於是楊堅的同黨鄭譯、劉昉等以其爲皇后之父，矯詔引楊堅入宫輔政。楊堅遂利用這個機會，剷除北周宗室諸王，又派兵鎮壓了忠於北周皇室的相州總管尉遲迥、鄖州總管司馬消難、益州總管王謙等人的起兵反抗。同年十二月，以禪讓的方式取代了北周的統治，取掉了"隨"字的走字旁，以隋爲國號，楊堅即隋文帝。

關隴集團肇始於北魏六鎮中武川鎮（今内蒙古武川西南）。北魏初年，建都平城（今山西大同），爲了拱衛首都，防止北方游牧民族柔然的進攻，在平城以北設置六個軍事據點，即所謂六鎮。六鎮的軍事將領，大都是鮮卑貴族，士兵也大都是拓跋族的氏族成員，還有些中原的高門子弟。由於六鎮軍事地位重要，頗受皇帝的重視。

魏孝文帝遷都洛陽後，由於鮮卑族封建化的進程迅速加深，階級分化日益明顯，少數貴族逐步與漢族地主階級合流，而廣大人民則日益貧困，社會地位大大降低。内遷的鮮卑人如此，留在塞上的鮮卑人還不如他們。由於平城失去都城的地位，六鎮的軍事作用有所降低，再加上鮮卑貴族受漢族的影響，逐步輕武重文，六鎮的軍官、士兵，也不像過去那樣受到重視。魏文成帝（452—465）以後，政府常把一些罪犯送去戍邊。把六鎮軍民與罪犯同樣看待，説明六鎮軍民的政治地位遠非昔日了。隨着政治地位的降低，六鎮軍民在經濟上也陷於貧困狀態。六鎮軍事力量的衰弱，給柔然的進攻提供了機會，戰争也就日益頻繁。這種惡性循環，迫使六鎮軍民舉行了起義。

面對這樣的情況下，北魏政府反過來聯合柔然共同鎮壓了六鎮起義，又把其軍民

---

① 《隋書》卷一《高祖紀上》。

20多萬遷到定州（今河北定縣）、冀州（今河北冀縣）、瀛州（今河北河間）等地安置。在遷徙過程中，軍民們忍受着途中的饑餓困苦，到了河北，又頻遭水旱之災，迫使他們走投無路。於是，又爆發了河北的起義。起義軍雖遭鎮壓，却沉重地打擊了北魏統治者。在這些被遷徙的軍民中，有個名叫宇文泰的軍官，就是後來關隴貴族集團的創始人。

宇文泰是武川鎮軍官宇文肱之子。六鎮起義時，宇文肱投降北魏政府，被遷到河北，在博陵郡（今河北安平）參加了六鎮之一的懷朔鎮（今内蒙古固陽西南）士兵鮮于修禮領導的起義軍，在一次和政府軍作戰時兵敗身亡。宇文泰在鮮于修禮部將葛榮軍中，葛榮失敗後，他投降了北魏權臣尒朱榮。公元524年，關隴一帶又爆發人民起義，尒朱榮派其部將原武川鎮軍官賀拔嶽和侯莫陳悦、宇文泰率軍入關，鎮壓關隴一帶的起義軍。在取得了鎮壓起義軍的勝利後，賀拔嶽威聲大振。北魏丞相高歡擔心賀拔嶽難以駕御，遂唆使侯莫陳悦誘殺賀拔嶽。賀拔嶽死後，宇文泰繼統其衆，打敗了侯莫陳悦，吞併其餘衆，成爲關隴一帶最有實力的軍事首領。

北魏永熙三年（534）七月，魏孝武帝不甘做高歡手中的傀儡，西走長安。孝武帝入關後，又成了宇文泰手中的傀儡。宇文泰與孝武帝之間的矛盾日益激化。不久，宇文泰毒殺孝武帝，另立魏文帝，建立西魏。宇文泰成爲西魏的實際執政者。

當時，宇文泰才二十七八歲，他能夠統帥賀拔嶽的部衆，掌握西魏軍政大權，不是偶然的。因爲賀拔嶽部衆的骨幹力量，是武川鎮的軍民，而宇文泰是賀拔嶽的得力助手，也是這個集團的核心分子。所以，當賀拔嶽死後，他就很自然的成了這個集團的首領。

公元556年，宇文泰病死。第二年，宇文泰之子宇文覺取代西魏，建立北周。北周在經濟、政治、軍事、文化各方面都進行了改革，使國家逐步富强，最後統一北齊，爲隋統一全國奠定了基礎。

從西魏建立到隋統一全國，是關隴貴族集團形成並獲得發展的重要階段。關隴貴族集團是以强大的武裝力量爲基礎的。這支武裝力量，除了賀拔嶽入關時所帶的武川鎮的基本隊伍以外，還有收編侯莫陳悦的部隊以及魏孝武帝由洛陽到長安時隨行的人馬。後來，由於對東魏作戰的需要，又大量吸收漢人補充擴大其隊伍，並任命漢人中有名望者作爲首領。對這些軍隊，宇文泰按照鮮卑原有的部落組織，設八柱國、十二大將軍，分別統領。八柱國中除了宇文泰是最高統帥外，西魏宗室廣陵王元欣只有柱國大將軍的虛名，並不實際統帥軍隊。真正統帥軍隊的是其他六個柱國大將軍，即趙貴、李虎、李弼、于謹、獨孤信、侯莫陳崇。每個柱國大將軍下有兩個大將軍。每個大將軍領兵 4000 人。這支不足 5 萬人的軍隊，就是最早的府兵。府兵的隊伍不斷擴大，到北周滅齊時擁有近 20 萬人，到隋統一時就發展到 50 餘萬人了。

當時，與西魏並存的還有東魏與南朝的蕭梁。從人力、物力方面說，梁與東魏都占優勢。宇文泰要取得全國的統治權力，必須加強自己的力量。於是，除了從軍事方面采取措施外，還盡力擴大統治集團的範圍，團結關隴地區與河東地區的世家大族，以便共同對付東魏與蕭梁。在這方面，宇文泰采取了兩項積極措施。其一，極力掩蓋民族差別，緩和民族矛盾。在他的軍隊中，有六鎮鮮卑人、鮮卑化的漢人，還有關隴地區新參加進來的漢人，顯然存在着民族差異。於是，他除了在組織形式上采用鮮卑原來的部落制以外，還對關隴的漢人將領都賜以鮮卑姓氏，其所統士卒也以將領的姓氏爲姓氏，使人們無法從姓氏上識別民族的不同。其二，削弱統治集團内部的地域觀念。自魏晉以來，因爲門閥勢力的發展，士族的地域觀念甚強，往往以自己的郡望相標榜，以致唯我獨尊，歧視他人。針對這些情況，宇文泰把一些漢化的鮮卑人的河南郡望改爲京兆郡望，還對西遷漢族將領中的山東郡望與京兆郡望一視同仁。這樣一來，大大縮小了因地域觀念而產生的郡望之間的矛盾，促使不同的貴族勢力形成一種新的力量。關隴貴族集團就是這樣形成的。另外，還有少數漢人的中下層人士與東漢以來進入關中的少數民族上層分子，因軍功卓著而進入關隴貴族集團。建立隋朝的楊堅，就是關隴貴族集團的重要成員。

二、楊堅建隋的社會條件

楊堅與北周宇文氏雖然同屬於關隴軍事集團，但從民族成分看，楊堅的支持者却與宇文家族却完全不同，前者的支持者爲漢人，後都却是鮮卑人。衆所周知，宇文泰改革府兵制度，建立二十四軍，其基礎是六鎮鮮卑軍人，主要是武川鎮軍人。但是這支軍隊人數有限，宇文泰隨賀拔嶽入關後，其軍隊大約由三部分組成：一是賀拔嶽舊部，二是擊敗侯莫陳悦後歸附的軍隊，主要是李弼的舊部，這兩部分軍隊主要成分大都是鮮卑人。三是沙苑之戰後自動歸來的河東民兵。這些軍隊總計約數萬人。要依靠這麼一點軍隊與東魏、北齊對抗顯然是不夠的，於是宇文泰"廣募關隴豪右，以增軍旅"[①]。以後他又推行均田制，逐漸走兵農合一的道路，將均田制下的農民編入軍籍，

---

① 《周書》卷二《文帝紀下》。

史稱"募百姓充之，除其縣籍，是後夏人半爲兵矣。"①周武帝時又規定"六戶中等以上，家有三丁，選材力一人"爲兵。②這樣就使北周軍隊的成分由原來的以鮮卑人爲主逐漸變爲以漢人爲主了。因此，楊堅掌握北周大權時，其所依靠的軍隊與宇文泰時期已是大大的不同了。

軍隊的構成如此，兵權也同樣由鮮卑軍人轉移到漢人手中。宇文泰設八柱國大將軍以統軍隊，爲了提高柱國大將軍的地位，又讓他們擔任六官，實際上等於取消了他們的兵權，而使兵權掌握在地位稍低的十二大將軍、二十四開府手中。擴大府兵徵召範圍後，由地方豪强擔任各級將領，這樣就使軍隊的骨幹由鮮卑人一變爲漢人了。在周武帝以前，鮮卑貴族分統各軍，兵權不直隸於君主，爲了加强皇權，周武帝於建德三年（575）十二月，"改諸軍軍士並爲侍官"③。也就是改變了府兵的部屬觀念，使其直隸於君主，也就是使府兵成爲天子的禁衛軍。府兵成分的改變，軍隊觀念的轉變，鮮卑貴族兵權的削弱，這一切都爲楊堅取代北周提供了可能性。

楊堅取代北周還有一個有利條件，宣政元年（578），雄才大略的周武帝死了。周武帝雖然並不猜忌楊堅，但其明察秋毫的洞察力和對軍政大權的牢牢把控，使他人無機可乘，也不敢有非分之想。周武帝死後，其子周宣帝宇文贇即位，此人胸無大志，奢侈無度，且十分殘暴，史載：其"擯斥近臣，多所猜忌。又吝於財，略無賜與。恐群臣規諫，不得行己之志，常遣左右密伺察之，動止所爲，莫不鈔録，小有乖違，輒加其罪。自公卿已下，皆被楚撻，其間誅戮黜免者，不可勝言。每笞捶人，皆以百二十爲度，名曰天杖。宮人内職亦如之。後妃嬪御，雖被寵嬖，亦多被杖背。於是内外恐懼，人不自安，皆求苟免，莫有固志，重足累息，以逮於終。"④搞得内外離心，統治階層内部矛盾異常激化。人們不滿於宇文氏的統治，希望改朝換代，這就爲楊堅代周創造了十分有利的時機。

周宣帝當政不到兩年，就死去了，其子周靜帝宇文衍年僅數歲，不能控制局面，只好由其外祖父楊堅輔政。楊堅利用這個時機，大力擴張權勢，最終推翻了北周政權。國無長君，是楊堅得以成功的又一有利條件。

楊堅在北周備受猜忌，內史王軌就多次在周武帝面前説："普六茹堅貌有反相。"⑤楊堅對此十分清楚，因而他早就注意培植自己的親信，組織了一個與宇文家族相對抗的

---

① 《隋書》卷二四《食貨志》。
② 王應麟：《玉海》卷一三八《兵制》引《鄴侯家傳》。
③ 《周書》卷五《武帝紀上》。
④ 《周書》卷七《宣帝紀》。
⑤ 《隋書》卷一《高祖紀上》。

集團。據史書記載,這個集團主要骨幹有:高熲、鄭譯、李穆、李渾、韋孝寬、宇文忻、王誼、柳裘、盧賁等,這些人或爲智謀之士,或爲地方實力派,或爲貴族高門,多與宇文家族有很深的矛盾。如高熲,他的父親高賓背齊歸周,被大司馬獨孤信引爲親信,賜姓獨孤氏。獨孤信被殺後,他全家被遷往巴蜀之地,與宇文氏仇恨很深。楊堅執政後,高熲被引入府中,他曾對楊堅表示:"願受驅馳,縱令公事不成,熲亦不辭滅族。"①可見其態度之堅決。這些人有的早就投靠楊堅,有的是楊堅輔政時網羅進來的,他們是與宇文氏相對立的政治勢力,是楊堅篡周建隋依靠的基本力量。正因爲楊堅具有這些有利的社會條件,遂使其改朝換代的謀圖得以順利實現。

三、隋朝統一全國的條件

早在隋朝建立之前,北朝就已經基本具備了統一全國的條件,主要表現在北朝的經濟、政治、軍事等三個方面,均遠遠勝於南朝。隋文帝建立隋朝後,又進一步地采取了許多改良措施:如減輕人民徭役,統一貨幣、度量衡,簡化地方機構,壓縮州郡,減輕部分農商稅,通過大索貌,把豪族庇蔭下的戶口括歸政府,使得社會經濟進一步發展,極大地增強了中央政府的經濟實力。在國力進一步充實後,再向南方用兵,當然有把握取得勝利。②在這些條件中,最主要的是經濟實力的增強。隋朝經濟實力的增強,固然有許多原因,最主要的是國家財政收入的增長。造成這種增長的主要因素,則是政府控制下的戶口的增長,即通過所謂"大索貌閱"來搜括戶口,經過搜括使隋王朝直接控制的北方戶口,由隋朝建立之初的450萬,增加到600多萬戶,這對增強隋王朝的經濟實力起到了關鍵作用。因爲隋朝初年社會經濟固然有所增長,但國家財力增加如此之快,却與政府控制戶口數量大幅增加有着直接的關係。因爲政府徵稅的對象是人丁,丁口多則稅源廣,這個道理是不言而喻的。有了強大的經濟基礎,再加上隋文帝采取的減輕賦稅徭役的措施,使農民得以能正常維持生產,這就進一步地促進了社會經濟的更快發展。

政治上的優勢主要是指隋文帝采取措施以削弱山東士族勢力。隋王朝推行大索貌閱,主要就是在山東地區進行的,將士族豪強蔭庇下的民戶變爲國家的編户齊民,極大地削弱了他們的經濟實力。開皇三年(583),改州、郡、縣三級爲州縣兩級制,不僅改變了"或地無百里,數縣並置;或戶不滿千,二郡分領","民少官多,十羊九

---

① 《隋書》卷四一《高熲傳》。
② 楊志玖:《隋文帝憑什麼條件統一中國》,《歷史教學》1954年第6期,第50頁。

牧"①的情況，同時也罷去了一部分豪宗大族所擔任的地方長官的職務。同年的另一項措施是：廢除地方長官辟署制，即改變任命當地人士擔任地方僚佐的制度，地方佐官改由朝廷吏部任命。自漢代以來，地方長官有辟置佐官之權，在此之前其任命者多爲當地豪強大族，地方大權實際上控制在這些人手中。隋文帝此舉從制度上消除了地方豪強大族控制地方政權的特權，有利於加強中央集權，使中央之政令更加通暢，能較好地得到貫徹執行。這些措施的推行都程度不同地限制了山東士族的勢力，有利於山東地區的社會穩定。至於軍事力量，北朝本來就強於南朝，問題在於如何正確地指揮和使用這些力量，戰略戰術應用得當，則獲勝迅速，否則就遲緩。關鍵在於政治的穩定和經濟上的保障，這是使用軍事力量的基礎。

也有人認爲隋文帝廢除九品中正制，宣布以"志行修謹""清平幹濟"兩科舉人，爲科舉制的產生奠定了基礎。這一措施打擊了門閥士族，加強了中央集權②。其實隋文帝加強中央集權的措施很多，都或多或少，或直接或間接地爲統一全國創造了條件，但這些都不是主要方面。最重要的還是經濟實力的增加和政治上的穩定，當然軍事實力也是必備的條件。

隋文帝在做好了統一全國各種準備之後，遂開始了統一全國的行動。當時全國一分爲三，除了北方的隋朝以外，還有以建康（今江蘇南京）爲都的陳朝和以江陵爲都的蕭梁，不過最主要的障礙是陳朝，梁朝此時依附於隋朝，加之其實力有限，並不能構成統一的主要障礙。開皇七年（587）八月，隋文帝召梁主入朝，然後派兵進入江陵，順利地滅亡了梁國。滅梁之後，隋文帝大造戰艦，屯積糧草，積極做好進攻陳朝的準備。開皇八年（588）十月，文帝命晉王楊廣、秦王楊俊、勳臣楊素皆爲行軍元帥，分十路進軍，"凡總管九十，兵五十一萬八千，皆受晉王節度。東接滄海，西拒巴、蜀，旌旗舟楫，橫亙數千里"③。又以左僕射高熲爲晉王元帥長史，右僕射王韶爲司馬，軍中大事實際上由此兩人掌之。隋軍水陸並進，聲勢浩大，一路上勢如破竹，陳軍非逃即降，次年正月，隋軍很快就攻到建康城下。在這種情況下，陳主陳叔寶還自以爲"王氣在此"，不做任何準備，每日飲酒、賦詩、奏樂。當隋軍進抵建康城下之時，又慌恐不知所措。陳朝老將任忠見大勢已去，率先投降隋軍，引導隋軍進入建康朱雀門。陳主急忙躲入景陽殿后井中，被隋軍俘獲。至此，隋文帝完成了統一全國的大業，結束了數百年的分裂割據局面。

---

① 《隋書》卷四六《楊尚希傳》。
② 胡如雷：《隋文帝評價》，《社會科學戰線》1979 年第 2 期，第 151 頁。
③ 《資治通鑒》卷一七六，陳長城公禎明二年十月。

蔡京新政在陝西

張呈忠

在北宋晚期新黨與舊黨的激烈鬥爭中，以新法正統派自居的蔡京逐步壯大了自己的政治勢力，並在徽宗親政以後的崇寧元年（1102）出任宰相。他效仿王安石設置制置三司條例司的辦法，在中央設置了都省講議司，集聚了大批新法幹將，開啓了一次大規模的以紹述神宗法度爲旗號的改革運動。其後二十多年中，蔡京雖然在仕途上經歷了三落三起，但前後爲相時間長達十八年之久，是對徽宗朝政治經濟政策影響最大的人物。陝西雖不是蔡京推行新政的核心區域，但是由於這一時期新政推行的規模與力度前所未有，因此陝西也深深捲入其中，不容忽視。

一、蔡京的茶鹽新政與大錢法

蔡京新政的第一個特點是"竭天下之力"，即在理財上加強國家壟斷，強化國家汲取能力，爲實現朝廷財政收入的增加不遺餘力。

茶鹽新政是蔡京崇寧新政中的重要方面。蔡京的鹽法是以朝廷控制的鈔法爲主要特徵。崇寧初陝西鹽務面臨着重大問題，解鹽鹽池爲水所侵，解鹽生產無法維持下去。經過"講議"之後，蔡京推行了東北新鹽法，即在河北、河東、陝西三路，實行海鹽西銷的辦法。如此一來原來的食鹽銷售區被打破，海鹽進入陝西銷售，爲了配合新鹽法的實施而打擊私鹽，陝西增置都大巡捉私鹽等官二員，在四十二州軍分南北路

作者簡介：張呈忠，上海大學文學院歷史系講師。

巡捉①。海鹽西銷的財政收效甚大，負責陝西鹽法的提舉措置官李憕僅在推行新鹽法一年後就因鹽息收入的增加從轉運判官升任轉運副使。崇寧四年（1105）解池修復以後，陝西依舊通行解鹽。其後隨着蔡京在政壇上的起伏，陝西鹽法屢有變更，但總的來説蔡京的鈔鹽法居於主導地位。蔡京的鈔法和范祥鈔法有兩大區別，一是范祥鈔法注重商人在邊地輸納實錢，以助軍儲，而蔡京鈔法的中央集權特徵更爲明顯，商人在京師納錢，朝廷獲益更多；二是范祥鈔法之下鈔值比較穩定，商人和朝廷公私兩利，而蔡京鈔法屢變，鈔值不穩定，舊鈔多次貶值而商人需要反復貼納，故朝廷獲利甚大而商人和邊儲受到侵損②。直至靖康元年（1126）時，宋欽宗宣布興復陝西鹽法，解鹽鈔的入納算清參照熙寧元豐以前的"舊法"，並且撥給了陝西四百萬的新鈔，其收入現錢，供買軍糧之用③。

蔡京茶法以"引法"爲特色，其原理與鹽鈔法大同小異，也是一種由朝廷控制的茶專賣法，但在管理上極爲嚴格，並屬行立額比較之法，將茶利作爲對官吏政績考核的重要依據。史載茶引法推行之後，"掊克之吏，爭以贏羨爲功，朝廷亦嚴立比較之法。州郡樂賞畏刑，惟恐負課，優假商人，陵轢州郡，蓋莫有言者"，比較法下出現抑配民户的情況非常嚴重。邠州通判張益謙是當時陝西諸州軍官員中唯一的敢言者，他上奏説："陝西非産茶地，奉行十年，未經立額，歲歲比較，第務增益，稍或虧少，程督如星。州縣懼殿，多前路招誘豪商，增價以幸其來，故陝西茶價，斤有至五六緡者，或稍裁之，則批改文引，轉之他郡。及配之鋪户，安能盡售？均及税農，民實受害，徒令豪商坐享大利。"④儘管張益謙對陝西抑配的情況有着切實的揭露，但他的言論未獲朝廷重視，茶法推行中抑配的情況依然非常嚴重。

蔡京新政中對陝西影響最大的是錢法改革，其最主要的内容是大錢法的推行，陝西也是蔡京"推行新錢法的重要基地"⑤。崇寧元年十二月，陝西鑄折五錢，第二年春天，又鑄當十錢和當二夾錫鐵錢。陝西轉運副使許天啓送到新鑄銅錢、鐵錢樣，蔡京下令到歲終要鑄銅錢30萬貫，鐵錢300萬貫。大錢政策推行之後，貨幣貶值嚴重，於是"物價踴貴，百姓告病"⑥，引發朝堂之上的爭議。但蔡京堅持大錢政策，政和元年

---

① （宋）楊仲良：《皇宋通鑑長編紀事本末》卷一三七《解池鹽》，《續修四庫全書》第387册，上海：上海古籍出版社影印本，2002年。
② 參看郭正忠：《中國鹽業史（古代編）》，北京：人民出版社，1997年，第349頁。
③ 參看郭正忠：《宋代鹽業經濟史》，北京：人民出版社，1990年，第966頁。
④ 《宋史》卷一八六《食貨志下六·茶下》。
⑤ 汪聖鐸：《兩宋貨幣史》，北京：社會科學文獻出版社，2003年，第560頁。
⑥ （宋）王稱：《東都事略》卷一〇二《劉正夫傳》。

陕西又專設提舉鑄夾錫錢官，朝散大夫胡簡修專門負責鑄錢事務，並强行維持夾錫錢和銅錢之間的官定比價。其後貨幣貶值問題在童貫宣撫陕西時達到頂峰，童貫强令降低物價，遭到商人以罷市來抵制，秩序紊亂。知延安賈炎上表説："錢法屢變，人心愈惑。今人以爲利者，臣見其害；以爲是者，臣見其非。中産之家，不過畜夾錫錢一二萬，既棄不用，則惟有守錢而死耳。邊陲生理蕭條，官又一再變法，鄜延去敵迫近，民殊不安。"①因此請求徙内郡。政和六年（1116）四月，朝廷下令停止行用夾錫錢，但六月又重新下令允許使用夾錫錢。宣和年間宗室趙子淔任陕西轉運使，針對夾錫錢的問題，"請鑄小鐵錢以權之，因範格以進。徽宗大説，御書'宣和通寶'四字爲錢文。既成，子淔奏令民以舊銅錢入官，易新鐵錢。旬日，易得百餘萬緡。帝手劄以新錢百萬緡付五路，均糴細麥，命子淔領其事。民苦限迫，詣子淔訴者日數百人，子淔奏請寬其期，民便之。會蔡京再相，言者希京意，論子淔亂錢法，落職奉祠"②（圖1）。蔡京厲行大錢法而引起的政治鬥爭和政治迫害由此可見一斑。

圖1　宣和通寶背陕御書錢

圖片采自北京市古代錢幣展覽館、北京市錢幣學會編：《泉海擷珍　中國歷代錢幣精品集》，北京：北京燕山出版社，2013年，第32頁

蔡京的理財新政是對王安石新法的繼承和發展，帶有明顯的强化征斂的特徵，並且是以增加中央財政收入爲主要目標。正因爲如此，在推行的過程中蔡京的若干新法受到陕西部分地方官的抵制和批評。

二、蔡京的福利新政與學校政策

蔡京新政的第二個特點是"澤天下之民"，製造"豐亨豫大"的盛世景象，文飾太平。漏澤園、居養院、安濟坊是蔡京福利新政的最主要方面。

---

① 《宋史》卷二八五《賈炎傳》。
② 《宋史》卷二四七《趙子淔傳》。

漏澤園是一種公墓制度，居養院是針對鰥寡孤獨的救濟措施，類似於養老院、孤兒院以及殘疾人福利院，安濟坊類似於公立醫院①。1960年陝西岐山縣出土了兩塊漏澤園墓磚，上有銘文記載說："羔字型大小五姓保姜亮送到骨殖一副訖大觀元年五月二十一日"；"役龍邑保府村社王大義送到院棗内不知的其年月身死無主骨殖一副給地八赤今於名字號大觀元年潤十月二十六日葬訖。"②這是當時漏澤園在陝西境内有設置的明顯證據，透露出朝廷"澤及枯骨"的執政理念。

崇寧四年十二月十九日，興元府（治今陝西漢中）上奏說："竊惟朝廷置居養院，安養鰥寡孤獨，及置安濟坊醫理病人，召有行業僧管勾外，有見管簿曆，自來止是令廂典抄轉收支，難責以出納之事。今欲乞差軍典一名，除身分月糧外，與比附諸司書手、文字軍典，每月添支米醬菜錢一貫文，有犯，依重祿法。並於常平錢米支給。所有紙筆之用，量行支破。其外縣，差本縣手分一名兼管抄轉收支，一年一替。如蒙施行，乞下有司頒降諸路常平倉司施行。"③此建議得到朝廷批准。從派遣專門負責出納的"軍典"可見當時居養院、安濟坊的内部構造情況，由此可見當時新法推行的力度之大。

圖2　北宋漏澤園墓磚
圖片采自何正璜：《宋無名氏墓磚》，《文物》1966年第1期

除此以外，陝西官辦醫藥事業在這一時期得到推廣，這主要體現在熟藥所的設立。熟藥所成立於熙寧時期，是國營的製造和銷售藥品機構。崇寧二年五月，吏部尚書何執中說："太醫局熟藥所，其惠甚大，當推之天下凡有市易務置處。外局以監官兼領。"④此後，全國紛紛建立了熟藥所，陝西自然也不例外。政和三年（1113）七

---

① 參看金中樞：《宋代幾種社會福利制度——居養院、安濟坊、漏澤園》，李建民主編：《生命與醫療》，北京：中國大百科全書出版社，2005年，第299—335頁。（初刊於《新亞書院學術年刊》1968第10期，1988年《宋史研究集》第18輯轉載）
② 何正璜：《宋無名氏墓磚》，《文物》1966年第1期，第53—54頁。
③ （清）徐松輯：《宋會要輯稿》食貨六〇之四。
④ （清）徐松輯：《宋會要輯稿》職官二七之一七。

月,陝西運判陳建上奏説:"竊見利州路文、龍二州係緣邊州郡,所管外鎮寨不少,相去州縣三二百里,各有民居寨户及商旅往還。並他州縣有外鎮,相去州縣地遠。設遇有疾病之人,本處無醫藥,往往損失者衆。乞應州縣外鎮寨有置官處,並許於本州縣取買熟藥出賣。"①其建議得以施行。可見即便在偏遠地區,朝廷也要設立官辦賣藥機構。

除此以外,蔡京還大興學校,推行了八行八刑的取士制度。崇寧時期在蔡京的推動下全國興起了興學的浪潮,諸路設置提舉學事司對學校事業進行管理。金正隆二年(1157)所刻《京兆府重修府學記》記載説:崇寧二年,知永興軍虞策仿照湖州州學的教學規制經營,"廟學之成,總五百楹,宏模廓度,冠偉一時。水潤木陰,清泠懋鬱,儒衣冠而入者日不啻千人,弦誦之聲,洞澈霄漢"②。這是崇寧興學的一個典型案例。大觀年間蔡京推行八行八刑取士制度。"八行"是指孝、悌、睦、姻、任、恤、忠、和,善父母爲孝,善兄弟爲悌,善内親爲睦,善外親爲姻,信於朋友爲任,仁於州里爲恤,知君臣之義爲忠,達義利之分爲和。孝、悌、忠、和爲上等,睦、姻爲中等,任、恤爲下等。根據士人所具有的品德狀况而進行相應的升學待遇。如果士人全面具備八行,可以進入太學免試成爲上舍生。與"八行"相反的行爲稱爲"八刑",根據不同的情况受到相應的處罰。如此一來朝廷恩威並用,以收駕馭士人之效。宋徽宗手書八行八刑之法,朝廷將其刻碑立石,一時間載有八行八刑之法的《大觀聖作之碑》遍立州縣。政和以後各地增差教授,如政和四年十月永興軍等路提舉學事司乞差定邊軍教授③;重和元年(1118)秦鳳路提舉學事司上奏説:"改震武城爲軍,已蓋修學舍,乞依積石軍例,差置教授一員。"④這些教授往往是通過"八行"而獲得官位者。

圖3 大觀聖作之碑
北宋大觀二年(1108)刻立。宋徽宗趙佶撰文並楷書,李時雍摹寫,蔡京題額。碑原在陝西乾縣,1962年移藏西安碑林。圖片采自陝西省博物館編:《西安碑林名碑·趙佶書〈大觀聖作之碑〉》,西安:陝西人民美術出版社,1988年

---

① (清)徐松輯:《宋會要輯稿》職官二七之二一。
② 《京兆府重修府學記》,路遠:《西安碑林史》附録,西安:西安出版社,1998年,第514—515頁。
③ (清)徐松輯:《宋會要輯稿》崇儒二之二五。
④ (清)徐松輯:《宋會要輯稿》崇儒二之三〇。

蔡京的福利政策和學校制度帶有很強的形式主義色彩，利用官僚機構推行社會福利，往往會在實踐中成爲政績工程、形象工程，因此在民間往往受到譏諷；通過官僚機構運作出來的道德模範往往是名不副實，而且還會敗壞社會風氣。宋末元初的大史學家馬端臨說："及八行科立，專以八行全偏爲三舍高下，不問內外，皆不試而補，則往往設爲行跡，以求入於八行，固已可厭。至於請托徇私，尤難防禁。大抵兩科相望幾數十年，乃無一人卓然能著自見，與名格相應者。"①

三、蔡京新政的社會影響

蔡京新政的第三個特點是"享天下之奉"，即皇帝獨尊，坐享天下之供奉，新政之下的財政支出主要是圍繞著皇帝的意志而展開。

熙寧五年十二月，王安石對宋神宗說："人主若能以堯、舜之政澤天下之民，雖竭天下之力以奉乘輿，不爲過當。守財之言，非天下正理。"②竭天下之力、澤天下之民構成了享天下之奉的前提條件。蔡京所宣導的"豐亨豫大""惟王不會"等等口號，都是宣揚朝廷的統治已經實現了"極盛之時"③。在宋徽宗和蔡京營造的太平盛世圖景中，皇帝俯視天下，萬千子民莫不沐浴在他的恩澤之下，臣僚歡呼有如三代盛世，皇帝享天下之奉就成爲理所應當的事情了。徽宗朝都城內的各種大型土木工程的建造，正是靠天下的奉給支撐起來的，這其中當然也包括陝西人民的民脂民膏。宋徽宗還崇奉道教，讓大臣尊他爲"道君皇帝"，在全國興起崇道之風，寵倖道士，導致朝政紊亂，烏煙瘴氣。

在徽宗朝各種新政層出不窮之時，聚斂之臣如魚得水，大展手腳，同時也爲各種腐敗行爲大開方便之門。薛向之子薛嗣昌，"亦以吏材奮"，他在崇寧以後多次到陝西任職，曾任熙河轉運判官，陝西轉運副使，陝西都轉運使，知渭州，知延安府等，因爲他在理財上的成就，宋徽宗對他十分器重，屢次褒獎，甚至賜第京師④。而薛嗣昌本人擅長官場之道，他"以雍酥媚權倖，率用琴光桶子並蓋，多者至百桶，人人皆足其欲"⑤。苞苴公行成爲官場普遍現象，徽宗一朝政風的敗壞由此可見。

---

① （元）馬端臨：《文獻通考》卷三一《選舉考四》。
② （宋）李燾：《續資治通鑑長編》卷二四一，熙寧五年十二月丙申。
③ 方誠峰：《北宋晚期的政治體制與政治文化》，北京：北京大學出版社，2015年，第211頁。
④ 《宋史》卷三二八《薛嗣昌傳》。
⑤ （宋）朱弁：《曲洧舊聞》卷八《政和後媚權幸熾》，北京：中華書局，2002年，第198頁。

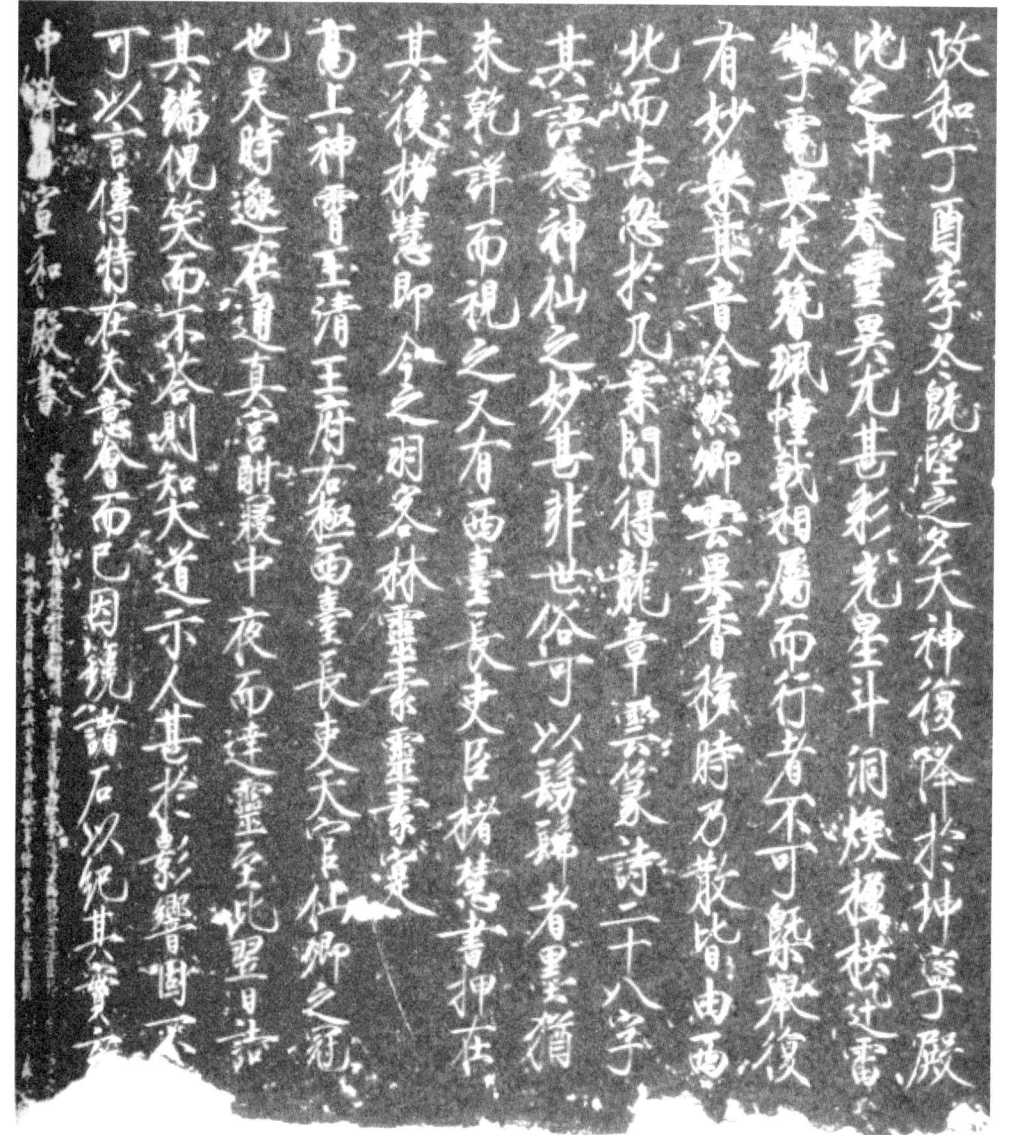

图 4　宋徽宗题楮慧龙章云篆诗碑

是碑位於陝西省耀縣藥王山顯化臺。碑記政和七年宋徽宗見"天神"降於坤寧殿。宣和元年刻立。爲宋徽宗"瘦金體"書法的代表作品。圖片采自劉金亭：《宋徽宗題楮慧龍章雲篆詩碑考》，《中國書法》2015 年第 1 期

南宋及遼金時期的陝西文學

張文利

一、宋金對峙時期文學中的陝西

金王朝是中國東北的少數民族女真族建立的政權。女真族勃興於今黑龍江、松花江流域及長白山地區，唐代稱黑水靺鞨，生活在黑龍江一帶，以漁獵爲生，後來逐漸發展强盛，勢力擴大。公元1115年，即北宋徽宗政和五年，女真族首領完顏阿骨打稱帝，建立金朝。金崛起後，占領了遼國的許多土地，還和北宋聯盟攻擊遼。公元1125年，即北宋徽宗宣和七年、金太宗天會三年二月，金軍俘獲遼的皇帝，遼國滅亡。金滅遼之後，看到北宋統治腐朽，危機重重，防備空虛，遂於滅遼的當年冬揮師南下，大舉進攻北宋。公元1127年，即宋欽宗靖康二年、金太宗天會五年，金兵攻陷北宋都城汴京（今河南開封），擄走宋徽宗、宋欽宗以及宗室、后妃、大臣等三千多人，押往金的都城會寧（今黑龍江哈爾濱阿城），北宋滅亡。這就是歷史上著名的"靖康之變"。

按照金與南宋之間的分界綫，在金王朝統治時期，位處西北的陝西，整個在金人的統治之下，是爲異族所管轄的淪陷區。這一時期的陝西文學，明顯帶有"淪陷區文學"的色彩[①]。由於陝西地域概念中的長安和華清宫是最具有地理和政治意味的地標性所在，故本節以長安和華清宫爲例探析南宋和金代文學中的陝西面貌。

作者簡介：張文利，西北大學文學院教授。

① 淪陷區文學是現代文學史上的術語，專指抗日戰爭時期被日本侵略者占領的中國地區的文學，這裏借用此術語，特此說明。

1. 金源文人筆下的長安和華清宮

因爲曾經是十三朝古都的特殊歷史地位，長安在唐以後的中國古典詩詞中，常常被作爲都城的代稱而出現，與之相關的"長安道"一詞也常常被作爲仕宦之途的代指①。在金源文學中，長安的這種代稱職能同樣存在。作爲都城代稱之用的長安是一種修辭手段，不在本節討論的範圍之内。本節所論是金代文人筆下的寫實性的長安。金源文人面對的長安，承載着十三朝古都輝煌的歷史記憶，北宋時期仍是西北重鎮，具有重要的政治、軍事、經濟地位。然而，"一旦歸爲臣虜"，如畫江山和風流人物都灰飛煙滅，成爲歷史的陳迹。因此，金代文人筆下的長安，常常帶有荒涼悲愴的意味。"長安雖咫尺，回首繁華歇"②，"一片長安世情月，梨花院落幾黄昏"③，"終南之山何崔嵬，長安舊游安在哉"④，這些詩句中的長安，勾起的是人們對長安昔時繁華的追憶和嘆息。

十三朝的古都帝鄉，如今淪爲尋常百姓地，舊時的繁華和氣象不再。即便如此，人們登臨送目，内心的感受却還是有些不同。李俊民《佺謙甫任長安回》其一云：

歸去連昌憶舊游，長安回望使人愁。只誇楊氏錦繡谷，曾上李家花萼樓。⑤

詩裏提到的連昌宫、錦繡谷、花萼樓，都是昔日的帝王家所專有，到了金代，却成了百姓平民隨意賞玩之地。尋常巷陌背後的輝煌，令游覽者在誇耀時仍不免肅然之情。

而吴激的《長安懷古》則更多描寫長安依稀尚存的恢弘氣象：

佳氣猶能想鬱蔥，雲間雙闕峙蒼龍。春風十里灞陵樹，曉月一聲長樂鐘。小苑花開紅漠漠，曲江波漲碧溶溶。眼前迤嶂青如畫，藉問南山共幾峰。⑥

詩列舉長安名勝，描摹它的氣勢，帝都雄風隱隱可見。

---

① 歐明俊、陳堃：《長安——唐代詩人的"精神家園"》一文對此有詳細論述，可參看。收入《長安學術》第1輯，陝西師大文學院編，北京：商務印書館，2010年，第82—90頁。亦可參閲周曉琳：《中國古代作家的"長安情結"》，《西華師範大學學報》（哲學社會科學版）2006年第5期；張文利：《宋詞中的長安書寫》，《西北大學學報》（哲學社會科學版）2012年第2期。
② （金）王鬱：《傷别曲》，《全金詩》卷三六，第4册，第518頁。
③ （金）馬舜卿：《會州道中》，《全金詩》卷四一。
④ （金）麻革：《關中行送李顯卿》，《全金詩》卷五四，第4册，第278頁。
⑤ 《全金詩》卷四九，第3册，第265頁。
⑥ 《全金詩》卷四，第1册，第68頁。

然而，金源時期的長安，畢竟是異族的淪陷地，兵燹和戰亂，給這座城市帶來了毀滅性的災難。長安破敗淒涼的景象在金人筆下屢屢出現。如下列三首詩：

漢苑秦宮半夕陽，年年春色管興亡。灞橋折盡青青柳，不爲行人也斷腸。①

長安道無人行，黃塵不起生榛荆。高山有峰不復險，大河有浪亦已平。向來百二秦之形，只今百二秦之名。我聞人固物乃固，人不爲力物乃傾。將軍誓守不誓戰，戰士避死不避生。殺人飽厭敵自去，長安有道誰當行。黃塵漫漫愁殺人，但見蔽野雞群鳴。河東游子淚如雨，眼花落日迷秦城。長安道無人行，長安城中若爲情。②

碧樹蒼煙起暮雲，長安陌上斷行人。百年王氣餘飛觀，萬里神州隔戰塵。身與孤雲向雙闕，愁隨落日到咸秦。山河大地分明在，莫爲時危苦愴神。③

趙秉文多次有長安之行，李獻甫嘗爲長安令，他們筆下荒敗淒涼的長安是真實的，也是令人扼腕嘆息的。

除長安外，臨潼華清宮也是金人比較關注的陝西名勝。以下詩篇爲詠寫驪山或華清宮溫泉之作：

廢宇傾垣不復新，開元輦道盡荆榛。惟餘一派溫湯水，長與行人洗路塵。④

開元已在太平基，天寶何緣遽致衰。應是用人終始異，溫泉嗚咽漫含悲。⑤

唐祚方當七葉興，侈心一動事華清。峯巒花木千重秀，樓閣雲霄萬丈平。賜浴但聞專寵倖，信讒不復用賢明。直教兵震漁陽地，破碎霓裳羯鼓聲。⑥

琢玉爲池浴太真，芙蓉花暖水生春。誰知寂寞千秋後，留與行人洗路塵。⑦

劉方叔和惠吉籍貫臨潼（今陝西臨潼），曹之謙爲雲中應（今内蒙古托克托東北）人。無論是陝西本土人士，還是外鄉游客，面對臨潼華清池所興起的感受是相

---

① （金）趙秉文：《過長安》，《全金詩》卷一四，第 2 册，第 499 頁。
② （金）李獻甫：《長安行》，《全金詩》卷四三，第 4 册，第 364 頁。
③ （金）李獻甫：《圍城》，《全金詩》卷四三，第 4 册，第 365 頁。
④ （金）劉方叔：《華清宫》，《全金詩》卷五二。
⑤ （金）惠吉：《華清宫》，《全金詩》卷五二。
⑥ （金）惠吉：《驪山》，《全金詩》卷五二。
⑦ （金）曹之謙：《臨潼溫泉》，《全金詩》卷五五。

通的。

昔時王謝堂前燕，飛入尋常百姓家。當年的皇家御苑，如今淪爲平民百姓皆可涉足的普通場所，文人們目擊身歷，盛衰興亡的今昔感慨在所難免。

2. 南宋文人筆下的長安書寫

宋金對峙時期，南宋人筆下的長安，與金人筆下的長安同中有異。曾經親臨南鄭抗金前綫的陸游，在詩詞中也多次提及長安。長安離南鄭距離較近，陸游曾親歷長安，他的《寓懷四首》其一云："行披終南雲，飛渡黃河湍。巋然過空城，人言古長安。霜露蒙荆榛，喟然增永歎。"①其《贈道友五首》其二亦曰："憶在長安爛漫游，大明宫闕與雲浮。今朝偶上慈恩塔，北望茫茫禾黍秋。"陸游詞中亦寫到長安。其《秋波媚·七月十六日晚登高興亭望長安南山》（其一）詞云：

　　秋到邊城角聲哀。烽火照高臺。悲歌擊築，憑高酹酒，此興悠哉。　　多情誰似南山月，特地暮雲開。灞橋煙柳，曲江池館，應待人來。②

詞作於陸游乾道八年（1172）在南鄭前綫時。據陸游《劍南詩稿》卷五十四《重九無菊有感》自注："高興亭在南鄭子城西北，正對南山。"南山即終南山。作者秋高時分登臺遥望，由終南山脉上空的明月，聯想到長安城的灞橋煙柳、曲江池館。昔日王朝故都、繁華勝地，如今爲異族占領，凄涼悲愴，期盼着王者之師的到來。詞以含蓄委婉的筆法，寫出對恢復中原、收復失地的渴望。

南宋詞人詠懷長安，既有對漢唐長安王者氣度的追懷，更多的則是面對殘山剩水的無盡悲慨。康與之的兩首長安懷古詞比較有代表性。其詞曰：

《菩薩蠻令》（長安懷古）

　　秦時宫殿咸陽里。千門萬户連雲起。複道互西東。不禁三月風。　　漢唐乘王氣。萬歲千秋計。畢竟是荒丘。荆榛滿地愁。③

《訴衷情令》（長安懷古）

　　阿房廢址漢荒丘。狐兔又群游。豪華盡成春夢，留下古今愁。　　君莫上，

---

① 《劍南詩稿》卷二二，第 546 頁。
② 《全宋詞》，北京：中華書局，1965 年，第 3 册，第 1586 頁。
③ 《全宋詞》，北京：中華書局，1965 年，第 2 册，第 1305 頁。

古原頭。淚難收。夕陽西下，塞雁南飛，渭水東流。[①]

前一首重在追憶秦漢唐時期的長安盛世氣象，最後兩句落筆到眼前的荒敗淒清。後一首重在抒寫眼下的荒凉景象和憂苦情懷，只"豪華盡成春夢"一句追及往昔。兩首詞聯繫起來讀，構成南宋詩詞長安意象的共同旨趣，即在對往昔長安輝煌歲月的追憶中，抒寫眼下長安的破敗衰颯以及由此引發的山河易色之感慨。更由於當時的時代背景，詩詞中的長安很容易使讀者聯想到當時的汴京，在懷古中生發對現實的感慨。

到了南宋末年，詩人方回還有一首詠寫長安的詩作《長安》，云："客從函谷過南州，略説長安舊日愁。仙隱有峰存紫閣，僧居無寺問紅樓。蘭亭古瘞藏狐貉，椒壁遺基牧馬牛。萬古不隨人事改，獨餘清渭向東流。"依然抒發的是滄海桑田、物是人非的感喟。

以上是南宋詩詞中的長安意象情形。我們看到，由於趙宋王朝時期，長安已經不再是國都，南宋詩詞對它的書寫明顯減少。但是由於長安承載着的政治文化記憶，宋人常常在這個意象上寄託一種類型化的情緒，即歷史的更替盛衰之感。長安是一種文化符號，擔負着文化記憶的功能；又是一種歷史積澱，承載着歷史記憶的使命；更是一種多義的語碼，能夠喚起讀者對它所賴以生存的文化傳統賦予它的豐富含義的聯想。

二、陸游在陝西的文學

南宋中興詩人陸游，一生游歷廣泛，足迹遍及大江南北，豐富的人生經歷對他的詩歌創作產生一定的影響。其中，宋孝宗乾道八年（1172）三月到十月期間，陸游在陝西南鄭的軍旅生涯，時間雖然不算長，但在詩人的人生經歷和文學創作上都具有重要的意義和影響。

陸游赴南鄭軍幕，和王炎關係很大。王炎是山西清源人，才幹出衆，深受孝宗賞識。乾道五年三月，王炎以左中大夫爲四川宣撫使，依舊參知政事。王炎入蜀，是孝宗實施以陝西關中爲突破口，收復北方失地策略的具體步驟之一。陸游當時雖然在山陰賦閑，但其主張抗戰的名聲很大，他這時的被罷官閑居，就是因爲"鼓唱是非，力

[①] 《全宋詞》，北京：中華書局，1965年，第2册，第1305頁。

說張浚用兵"的罪名①。王炎既然爲了抗金入蜀，招幕陸游、借助陸游的聲望，顯然有利於抗金事業的推進。但這年十月，王炎却突然被朝廷召回，不久又被罷官奉祠，等於被徹底剝奪了政治軍事權力。王炎召還，幕府星散，陸游失去了在南鄭的立足點和價值，於是離開南鄭前往成都，南鄭生涯告以結束。

關於在南鄭時期的詩歌創作，陸游後來在作於慶元四年的《感舊》詩自注中云："山南雜詩百餘篇，舟行至望雲灘墮水中，至今以爲恨。"②陸游另有《東樓集》，收詩三十餘首，包括部分在南鄭所作的詩篇。但是這個詩集也沒有流傳下來。陸游的南鄭生涯，因王炎始，亦因王炎終。他在南鄭時期的詩歌，抑或亦因王炎而不傳③。現僅存的陸游關於南鄭生活的詩作，收在《劍南詩稿》卷三，包括離開夔州赴南鄭、在南鄭期間和離開南鄭赴成都期間所作的九十餘首。其中，乾道八年二月自夔州出發到三月十七日抵南鄭一途存詩 29 首，逗留南鄭八個月存詩 26 首，自南鄭到成都存詩 36 首。

陸游的南鄭詩歌由兩部分組成。一是詩人在南鄭生活時的詩作，現存於《劍南詩稿》卷三；一是詩人在南鄭生涯以後的歲月裏回憶南鄭生涯所作的詩歌，這方面的作品在陸游南鄭後的生命歷程的各個階段都有，散布於《劍南詩稿》卷三後的各卷之中。前者或可稱爲再現性的南鄭詩，後者或可稱爲表現性的南鄭詩④。

1. 再現性的南鄭詩

乾道八年正月到三月，陸游由夔州赴南鄭，途中賦詩共 28 題 29 首。這些詩多寫沿途見聞和旅途勞頓等。乾道八年三月，陸游到達南鄭前綫。在南鄭八個月的時間，陸游自謂有詩百餘篇，可惜大多散佚。現存留在《劍南詩稿》卷三中的，僅 26 題 30 首。這些珍貴的詩篇堪稱陸游南鄭生活的記錄。《山南行》是現存陸游抵達南鄭後所作的第一首詩。全詩如下：

> 我行山南已三日，如繩大路東西出。平川沃野望不盡，麥隴青青桑鬱鬱。地近函秦氣俗豪，秋千蹴鞠分朋曹。苜蓿連雲馬蹄健，楊柳夾道車聲高。古來歷歷興亡處，舉目山川尚如故。將軍壇上冷雲低，丞相祠前春日暮。國家四紀失中

---

① 《宋史》卷三九五《陸游傳》，第 12056 頁。
② 《劍南詩稿》卷三七《感舊》自注，第 833 頁。
③ 請參讀傅璇琮、孔凡禮：《陸游南鄭從軍詩失傳探秘——兼論南宋抗金大將王炎的悲劇命運》，《文學遺產》2001 年第 4 期。
④ 再現和表現是文藝學的一對範疇，此處借用。另，許文軍把前者的南鄭詩稱爲寫生的，後者稱爲回憶的。可參閱。見其《論陸游在南鄭》，載《陝西師範大學學報》2002 年 11 月專輯。

原,師出江淮未易吞。會看金鼓從天下,却用關中作本根。

詩歌前半描繪南鄭的地貌形勝、風土習俗、自然景觀,後半抒發中原淪喪的感慨和宋金對峙的軍事形勢,其中對關中軍事地位的重要性的強調,顯示出陸游對從軍南鄭意義的清醒認識。

在南鄭期間,陸游於軍中公事之餘,游覽了南鄭及其周邊的名勝古迹。劉邦拜韓信爲大將的古拜將壇、錦屏山的杜甫祠堂、青山鋪、木瓜鋪、龍洞、惠照寺等地,都留下了他的足迹。這年九月,陸游曾從南鄭到四川閬中公幹,在葭萌縣的青山鋪作有《太息二首》,其一曰:

太息重太息,吾行無終極。冰霜迫殘歲,鳥獸號落日。秋砧滿孤村,枯葉擁破驛。白頭鄉萬里,墮此虎豹宅。道邊新食人,膏血染草棘。平生鐵石心,忘家思報國。即今冒九死,家國兩無益。中原久喪亂,志士淚橫臆。切勿輕書生,上馬能擊賊。

從這首詩我們看到,陸游在南鄭的心境是比較複雜的。一方面生活環境荒寂兇險如"虎豹宅",另一方面"家國兩無益"的慨嘆,似乎逗露出詩人對南鄭之行的目的也抱有懷疑乃至否定的態度。即便如此,詩的結尾,詩人仍以"志士"期許,發出"上馬能擊賊"的豪邁心聲。

2. 表現性的南鄭詩

陸游的南鄭歲月雖然只有短短的八個月時間,但此後,無論是在地方游宦,還是擔任京官,抑或是在山陰閑居,陸游都寫有大量的有關南鄭的詩篇。這些詩作,既是從某一方面對南鄭生涯的追憶,也反映出陸游對南鄭歲月的重新體認和由此產生的"南鄭情結"[①]。

陸游對南鄭生活的回憶與叙寫,幾乎持續了一生。在晚年退居家鄉山陰期間,他詩歌裏的"南鄭情結"依然有增無減。寧宗開禧元年(1205)秋,以韓侂胄爲首的朝臣積極謀劃北伐,陸游在家鄉聞説伐金之議,寫下七律《秋夜思南鄭軍中》,詩云:

[①] 我們從陸游大量的文學作品中看出,南鄭之行對於陸游來説,具有重要的精神意義,我們姑且稱之爲"南鄭情結"。陸游的南鄭情結是一種建功立業的英雄情結;是一份壯志難酬的悲劇情結;是愛國主義情結的一次再升華。本文對陸游南鄭情結的闡釋,參考趙陽《陸游"南鄭情結"述論》,華東師範大學碩士學位論文,2008年,第29—37頁。可參看。

五丈原頭刁斗聲，秋風又到亞夫營。昔如埋劍常思出，今作閑雲不計程。盛事何由觀北伐，後人誰可繼西平。眼昏不奈陳編得，挑盡殘燈不肯明。

　　詩從回憶當年南鄭軍旅生活寫起，却不黏滯於此，而是重在發表對伐金之事的看法。詩人説，自己已經不像當年那樣意氣奮發，常思拔劍出鞘了，但即便如今身似閑雲，對北伐之事依然非常關切。看眼下朝廷中，有誰能像唐德宗時被封西平郡王的李晟那樣擔當起伐金重任呢？詩人因此憂思難眠啊！在朝廷即將北伐之時，陸游却寫下這樣憂心忡忡的詩句，表明詩人雖然時時渴望收復中原，但對於韓侂胄好大喜功的倉促出兵之舉，他却是充滿憂慮的。這體現出晚年陸游在北伐之事上的清醒認識。次年，北伐失敗，消息傳來，陸游作《憶昔》詩，感慨"蹉跎已失邯鄲步，悲壯空傳敕勒歌"，對北伐的失利表示憾恨。

　　嘉定元年（1208），陸游已是八十八歲的高齡，此年所作的幾首詩中，依然頻頻提及南鄭。這年初冬，他寫下《初冬》詩："初冬常憶宴梁州，百炬如椽滿畫樓。三十七年猶未死，茅簷霜冷一燈幽。"將當年梁州的歡宴與今日的孤冷形成强烈對比，對南鄭生活流露出深深的眷戀。一年之後，詩人與世長辭，可以説，直到生命的盡頭，陸游都懷抱着對南鄭生涯的深刻懷念。

　　南鄭生涯，雖然只有短短的八個月時間，却是陸游一生中非常重要的人生經歷。它促成陸游思想中以恢復中原爲核心的"南鄭情結"，也促成陸游師法自然、直面現實生活的詩歌創作態度的轉變。南鄭生涯之於陸游及其文學的重要價值和意義，值得我們高度關注。

三、金代陝西文人文學

　　金代文學的文獻十分匱乏。四庫館臣在解釋個中原因時認爲："特北人質樸，性不近名，不似江左勝流，動刊梨棗。"①此説有一定道理。然據《金史·文藝傳》和《大金國志·文學翰苑》所載，金代有別集傳世的文人當在百家以上，但由於民族意識的影響，元明兩代對金人著述毫不重視，導致金人文集散佚非常嚴重。"金之立國，元既相仇，明人又視同秦越，其文一任其散佚。""金源有國百年，始尚武功，終務

---

① 《四庫全書總目·中州集十卷》，第1706頁。

文治。大定明昌間，風雅輩出，凌南宋而上焉。惜經元明兩朝之嫉視，並其文字而輕蔑之故，名輩如蔡珪、鄭子聃、翟永固、趙渢諸文集，悉無所傳。施國祁氏補金藝文志説，深慨歎焉。"①直至女真族的後裔滿族人立國的清朝，朝野才開始重視對金代文獻的整理。然總體而言，金代的文學文獻及文學研究依然相對薄弱。

1. 張建

張鵬一《蘭泉老人集序》云："吾陝金代名家載於元氏中州集者多甚。今惟楊煥然有還山遺稿二卷，然已列入元代，此外無聞焉。"②據學者考證，史載金代陝西文人有別集者三人，分别是京兆人史肅、武功人杜佺和蒲城人張建③。史肅和杜佺文集均散佚不存，故金代陝西文人有別集傳世者僅蒲城張建一人。

《金史》卷一二六《列傳》第六四《文藝》下"吕中孚傳"後附有張建小傳："張建，字吉甫，蒲城人。皆有詩名，中孚有《清漳集》。建明昌初授絳州教官，召爲宫教，應奉翰林文字，以老，請致仕。章宗愛其純素，不欲令去，授同知華州防禦使，仍賜詩以寵之。自號'蘭泉老人'，有集行於世。"張建的生平行實可知者甚少，其文學亦散佚嚴重。元好問編纂《中州集》，收張建詩12題23首。民國張鵬一"於故書及石刻中輯蘭泉老人詩文一卷"（張鵬一《蘭泉老人集序》），編入《關隴叢書》。其中張建詩悉依《中州集》，張建文係張鵬一從《蒲城縣志》《長安志》《金文最》及華縣城隍廟石碑拓印而得，共7篇，其中輯自《長安志》的《石字坡賦》爲殘文。故張建詩文今存世者即張鵬一輯得的《蘭泉老人遺集》一卷，收詩12題23首，收文7篇，其中殘篇一。後上海書店印行的《叢書集成續編》本《蘭泉老人遺集》一卷，即張鵬一輯本之影印本。

張建的詩淺近平易，質樸自然。其《山中》詩云："林櫻墮紅珠，打著琴上弦。山人時一笑，愛此聲琅然。"詩寫樹上墜落的櫻桃，恰巧打在琴弦上，發出清脆悦耳的聲音，山人因此欣然而笑。一件非常偶然的小事，詩人却敏鋭地捕捉入詩，清雅不俗，頗具情致。《雜詩二首》亦是寫山居生活。其一曰："瓦瓶擔山泉，石鼎煮岩菊。燎以松桂枝，清芬滿茅屋。"有不食人間煙火的清雅脱俗之趣。他的一些聯句寫得比較有氣勢。如："月影曉窗留好夢，雨聲深院鎖清愁。"（《梨花》）"風簾摇曳橋南酒，煙樹濛濛渭北天。"（《答華陰宋先覺》）等。張鵬一曰："觀其陳古説今，清淵絶俗，不愧一代

---

① 張鵬一：《蘭泉老人集序》，關隴叢書本。
② 張鵬一：《蘭泉老人集序》，關隴叢書本。
③ 此據賈三强《清·雍正〈陝西通志·經籍志〉著録文集研究》，西安：三秦出版社，2011年，第164—165頁。

作者。"①堪稱允正之言。

元好問所編《中州集》張建小傳記載："其論詩云：'作詩不論長篇短韻，須要詞理具足，不欠不餘。如荷上灑水，散爲露珠，大者如豆，小者如粟，細者如塵。一一看之，無不圓成，始爲盡善。'"這是文獻僅見的張建關於詩歌創作的觀點。由此可知，張建論詩，主張"詞理具足"，追求"圓成"境界。這種見解在他的詩歌創作實踐中有一定的體現。

張建的文存世者僅 7 篇。其中《反招隱賦》較具文采。此文的序交代了張建以蘭泉老人自號的緣由，正文部分則以清通流暢的筆墨，描摹北山之鐘靈毓秀，表達作者遠離俗世，歸隱泉林的願望。全文自在灑脱，舒快清通，讀來令人神清氣爽。

《華州城隍神濟安侯新廟碑》是張建現存最長的一篇文。此文根據華州民間傳説，記述晚唐乾寧三年，鳳翔李茂貞兵犯長安，昭宗出奔太原，華州刺史韓建計阻昭宗駐蹕華州，趁機刺殺昭宗，華州城隍神顯靈救駕，後昭宗還京，以華州爲興德府，封城隍神爲濟安侯的故事。這是張建爲金時華州百姓爲濟安侯建廟樹碑所作的碑文，生動詳實地記述了濟安侯的故事傳説，申明華州百姓建廟樹碑"以紀神之英烈，且俾後世亂臣賊子聞之有所戒懼焉"的目的，以及作者有感於華州父老"之篤於忠義，不忘吾侯濟安之德"而作此碑文的緣由。文章陳古說今，一唱三嘆，揮灑自如，頗堪誦讀。

史載張建的文學頗爲可觀，然其著述散佚嚴重，據其有限的存世之作，難以見其全貌，僅能窺豹斑而已。即便如此，張建的文學依然具有較高的成就，其文獻價值彌足珍貴。

2．雷琯

雷琯，字伯威，坊州（今陝西黃陵東南）人。其父秀實，亦爲當時名進士。雷琯博學能文，作詩典雅有佳句，時輩稱之。以家貧母老爲國史院書寫，秩滿爲八作使。亂後南奔，道爲兵士所殺，年未四十。劉祁《歸潛志》稱他"爲人議論刻深，然於文字甚工細，每酒酣，談説今古，莫能窮。又欲取奇異功名自喜，亦不羈之士也"。《全金詩》的作者小傳裏記述了雷琯與李汾相關的一件事："並州人李汾與伯威同在史館，以高騫得罪，伯威作詩送之，頗譏翰林諸人不能少忍，至與一書生相角逐，使之狼狽而去，有'郎君未足留商隱，官長從教罵廣文'之句；又云'明日春風一杯酒，與君同酹信陵墳'。人甚稱之"。雷琯桀驁鯁直、率性自然的性格可見一斑。

---

① 張鵬一：《蘭泉老人集序》，關隴叢書本。

《全金詩》收雷琯詩作共 6 題 19 首。其中有詠史懷古的作品，如《信陵館酒間二首》和《陽夏懷古》，也有詠物抒懷之作，如《龍德宮》和《南國》等。《古意四首》更是托物寓意、借古抒懷的典型作品。其二云："對酒不能飲，撫劍自度曲。一唱行路難，歌與淚相續。朝爲楊朱泣，暮作阮籍哭。古道盡荊棘，新蹊苦薋菉。曲行違吾心，直行傷我足。曲直無適從，昂頭羨鴻鵠。"詩以直白樸素的語言，抒發不得志的自我襟懷。結句的"曲直無適從，昂頭羨鴻鵠"之句，足證劉祁對他"不羈之士"的評價。

雷琯最有名的詩作是他描述關輔地區百姓因爲戰争與天災而逃難，流離失所的情景的組詩《商歌》。這組組詩共十首，首尾呼應，叙述了關輔百姓逃難避災的情形。組詩將叙事與抒情融爲一體，情景交融，抒發秋摯的情感。雷琯身爲陝人，秦地乃其父母之邦，秦民乃其兄弟手足，聽聞秦民之難，其"悲不可禁"的悲憫情懷在這組詩裏表達得十分充沛，讀來令人感同身受。

3. 全真教與金代陝西詩詞

全真教也稱全真道，是道教的重要派別之一，創始於金朝初年，其創始人王喆（1112—1170），道號重陽子，陝西咸陽（今陝西咸陽）人。其所收全真七子中，大弟子馬鈺原爲陝西扶風（今陝西扶風）人，後遷寧海（今山東牟平）。全真教從王重陽開始，重視以詩詞歌賦的形式傳播教義，有不少作品傳世。尤其是王重陽和馬鈺的作品甚多。因爲他們師徒二人都是陝西人，故全真教的發展興盛與陝人關係密切。王重陽和馬鈺爲宣傳教義而創作的詩詞作品，是陝西古代文學史上獨特的一環。

王重陽和馬鈺的詩詞作品以宣傳全真教義爲主要内容，尤以詞作爲多。兹選録三首：

個人人，常守鋪。甕裏合頭，鐵索纏縛住。怎識從來光耀處。元是神仙，何不開心悟。覓清涼，搜穩步。若要飄蓬，除是風狂做。也肯依憑雲水去。占得清閒，走入逍遥路。①

修仙慕道，爲甚都擔閣。妄想太虛高，皆由騁、外緣歡樂。内中珍寶，未曉是無爲，只誇强，又誇能，誇裏還銷鑠。　非知下手，怎會重安脚。每謾度饑寒，争似把、陰陽做作。白純紅赫，光豔燦然殊，一方圓，十方明，方現真丹藥。②

---

① 王重陽：《蘇幕遮·點化道友》，《全金元詞》，北京：中華書局，1979 年，第 242 頁。
② 王重陽：《驀山溪》，《全金元詞》，北京：中華書局，1979 年，第 221 頁。

修行之士，莫要浮饒。十方飲膳難消。試看鋤田日午，汗滴禾苗。匙飯百鞭何嘗，誑他人、休望天饒。還省悟，覺寒毛聳聳似水澆。　若要不還口債，捱瀟瀟灑灑，寂寂寥寥。常處常清常靜，莫犯天條。大慈大悲心起，助真功、奪取仙標。歸蓬島，享天廚，珍饌瓊瑶。①

這些詞作，徒然借用了詞的形式闡說教義，缺乏詩性的藝術審美。詞牌的選用也很單一，常常是一個詞調就有若干首作品，以便系統闡述教義思想。類似的詞篇在王重陽和馬鈺的詞作中俯拾皆是。

王重陽和馬鈺等全真教人的詩詞作品具有强烈的宣傳目的，因此他們在詞作形式方面，也會搜腸刮肚地標新立異，以企借助外在的形式特點吸引讀者和聽衆。全真教詞因此具有一些獨特的形式特徵。如下面這些作品：

一靈真性，二物包囊定。三寸主人翁，四方游、各來邀請。五情六欲，七竅總相連，八山聳，九宮深，十地如何證。　十分修煉，九轉通賢聖。八道湧瓊漿，七門開、洞通清淨。六街五彩，四象盡歸依，三光照，二儀從，一顆明珠瑩。②

搗練子，十怎生。閑來閑去好修行。啰哩嗉，哩啰嗉。　若逢迎，得圓成。從頭一一説前程。啰哩嗉，哩啰嗉。③

是是非非遠遠，塵塵冗冗捐捐。人人肯肯解冤冤。步步灣灣淺淺。　善善常常戀戀。玄玄永永綿綿。明明了了這圓圓。杳杳冥冥顯顯。④

這些詞作，或借助奇特的數字形式，或借助具有節奏作用的語助詞，或利用疊音字等，構成奇異獨特的形式，從而達到吸引人的目的。

總體來看，全真教人所作的詩詞，實用性很强，而文學藝術審美性較低。但在金元時期，這些詩詞作品爲全真教的迅速發展和興盛所發揮的作用和價值却十分重要。其在陝西古代文學史上，是值得注意的一筆。

---

① 馬鈺：《滿庭芳·示同流》，《全金元詞》，北京：中華書局，第283頁。
② 王重陽：《驀山溪》，《全金元詞》，北京：中華書局，第221頁。
③ 王重陽：《搗練子》，《全金元詞》，北京：中華書局，第245頁。
④ 馬鈺：《西江月》，《全金元詞》，北京：中華書局，第319頁。

清代西安滿城與南城的格局及其變遷

史紅帥

一、滿城的興建與格局變遷

清代西安滿城的興建是明清西安城空間發展過程中繼明初城池擴展和秦王府城興建、鐘樓移建、建修關城之後的第四次重大變化，這一變化既是城市實體空間的分割，也是明清西安城軍政重鎮地位進一步提升的表徵。

1. 興建背景、選址依據與重要地位

1644年清軍揮師入關、定鼎北京之後，其精銳之旅八旗兵除集中屯戍京師外，另有大約半數相繼派駐於全國各大戰略城市和水陸衝要。在"慮勝國頑民，或多反側"的現實狀況下，清廷"乃於各省設駐防兵，意至深遠"[①]。爲强化八旗駐防兵鎮壓漢族和其他民族反抗鬥争的力量，維護清廷統治，各區域中心城市紛紛興建供八旗軍兵及其家屬屯駐的滿城。

新建滿城或在原有城市之内劃地分治，形成"城中之城"，如西安、太原等，或在原有城市之外另築新城，形成"子母城"，如銀川滿城。這些滿城規模雖各異，但均以軍事堡壘的形式存在。在西起伊犁，東抵南京，南達廣州，北至璦琿的廣袤土地上，滿城作爲一種特殊的城市形態普遍而廣泛地存在着，由此構成清廷控制全國的軍事網路。

西安作爲宋元以來維繫西北安危的軍政重鎮，也在此大背景下興建了當時諸八旗駐防地中規模居於前列的龐大滿城。順治二年（1645）正月，清軍攻克西安城。清世

作者簡介：史紅帥，陝西師範大學西北歷史環境與經濟社會發展研究中心副研究員。
① 劉錦藻：《清朝續文獻通考》卷二二〇《兵考一》，杭州：浙江古籍出版社，2000年。

祖福臨充分認識到西安乃"會城根本之地，應留滿洲重臣重兵鎮守"[1]，在這一指導原則下，開始興建西安滿城。

在北京之外各區域中心城市中，最早的兩處八旗駐防城即江寧和西安。雍正之前全國八旗駐防地中設有將軍一職的只有盛京、吉林、黑龍江、江寧、京口、杭州、福州、廣州、荊州，連同西安共 10 處。由此反映出不僅在西北地區，就是整個中國西部也以西安的軍事地位最爲重要。1883 年英國學者威廉姆斯在《中國——關於地理、政府、文學、社會生活、藝術和歷史的調查》中就指出，清代"西安城是中國西北地區之都，在規模、人口和重要性方面僅次於北京"[2]。有清一代，八旗駐防雖變動較大，但西安、江寧、杭州三處駐防却最爲穩固。

有研究者認爲，"清初八旗兵丁駐紮一地，並無明確的築城規劃，無非是爲了安置駐兵而於城内劃出一片地段，圈占一些民屋而已"，並指出杭州、西安所占都是城内最繁華的地段[3]。實際情形並非如此，西安滿城的興建正是因爲考慮到可能對城市居民生活的影響，才選擇東北城區民户稀疏之地。明代西安東北城區雖有秦王府城，但並非最繁華的城區。各地滿城選址興建時，並非在舊城中盲目圈地，而是選擇能夠借助前明相關建築加以拓展之地，這樣對原住地居民生活的影響就可減小到最低限度，以儘量舒緩居民的反抗情緒。

西安滿城占據東北城區的原因在於，一方面，滿城的興建需要較大空間駐紮 5000 馬甲及其家屬，至雍正九年（1731）時滿城内人口曾接近 40 000[4]；另一方面，需考慮盡可能少地驅逐、遷徙原住居民、商户。兩方面綜合而言，東北城區比其他三區更符合建立"城中城"的要求。東北城區作爲自明代以來的新擴城區，面積約占西安城的 1/3。明代主要爲秦王府城、保安王府、臨潼王府、汧陽王府以及秦府所屬軍兵營地占據，居民住宅、寺宇廟觀、商貿市場等建築物數量與其他三城區相比要少。由於東北新擴城區偏離傳統商貿區和官署區，加之受制於管道供水相對困難的狀況，人口較少，發展較緩，空地較多，這種狀況在嘉靖、萬曆二《陝西通志》之《陝西省城圖》、雍正《陝西通志》之《西安府龍首、通濟兩渠圖》中均有反映。

清初從順治二年（1645）開始劃定東北城區爲駐防城範圍，至順治六年（1649）滿城築成。原東北城區的漢、回等族居民、商户等多被迫遷往滿城以外的區域，即所謂"漢城"。雖然尚未發現順治初年修建西安滿城時將漢、回族民户、商户大量遷出東北城區的記載，但當時北京在内、外城實行了嚴格的滿漢分隔政策，西安滿城興建過

---

[1] 康熙《陝西通志》卷三二《藝文·制詞》。
[2] S. Wells Williams, LL.D, *The Middle Kingdom: A Survey of the Geography, Government, Literature, Social Life, Arts, And History of The Chinese Empire and Its Inhabitant*, London: W. H. Allen &CO., 1883, p.150.
[3] 定宜莊：《清代八旗駐防制度研究》，天津：天津古籍出版社，1992 年，第 162—163 頁。
[4] 《清世宗實録》卷 108，雍正九年七月癸亥。

程中的人口遷移當大致與此相似。滿人入主北京之後，曾分別在順治元年（1644）和順治五年（1648）兩次將漢人由内城遷往外城。尤其於 1648 年下移城令，驅漢人遷出内城，到外城居住。"此實參居雜處之所致也，朕反復思之，遷移雖勞一時，然滿漢各安，不相擾害，實爲永便。除八旗投充漢人不令遷移外，凡漢官及商民人等盡徙南城居住"①。西安滿城的興建正當此期間，勢必受到京師滿漢隔絶政策的影響，將東北城區漢、回族人口驅往其他城區居住，在短時間内迅速形成一個滿、蒙古族的聚居區。

作爲清代軍事格局的地緣中心之一，西安滿城成爲清代各地滿城重要的兵源供應地和中轉地，曾先後向西北伊犁、烏魯木齊、湖北荆州等滿城調撥兵力。

西安八旗滿漢軍兵驍勇善戰，著稱於有清一代，因而西安滿城駐防軍兵的出征地域範圍相當廣泛，不僅在寧夏、甘肅、新疆等西北地區的戰役中屢建奇功，而且在康熙年間平定西南地區大、小金川叛亂之役中也發揮了重要作用。太平天國時期，西安八旗駐防軍兵在南京沙曼州戰役中兩千餘人全部戰死，也從一個側面反映了西安八旗軍兵的勇猛②。清代西安滿城與各地滿城之間的聯繫如圖 1 所示。

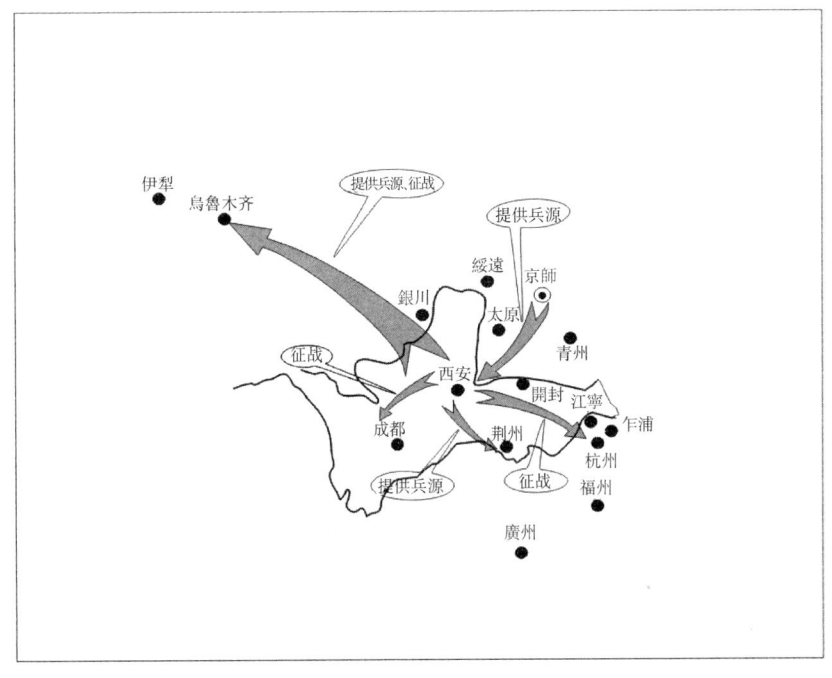

圖 1　清代主要滿城的分布及其与西安滿城關係示意圖

---

① 《清世祖實録》卷四〇。
② 定宜莊：《清代八旗駐防制度研究》，天津：天津古籍出版社，1992 年；朱仰超：《西安滿族》，《西安文史資料》第 18 輯，1992 年。

2. 形態與規模

在大城之內構築小城使整個城市構成"重城"形態以加強軍事防禦職能，是古都西安城市發展史上的一個顯著特點。自西漢以迄明代，長安（西安）城均以"重城"爲主要特徵。清代西安府城亦屬重城形態，外城爲西安府大城，在大城之內，不僅因用明代秦王府城舊基在東北城區改築滿城以駐紮八旗兵甲，還在東南城區建南城以駐守漢軍。

清代在西安大城內築滿城和南城，是滿族統治者入主中原後爲控制軍事重鎮而采取的重要政策。清代西安的重城形態雖與前代略有相仿，但大城內的小城在具體功用上與前代又有不同。前代長安（西安）城內的小城，有的是帝王或藩王宮城（如西漢長安未央宮、長樂宮、北宮和明光宮諸座宮城、隋唐長安宮城以及明西安秦王府城），有的是官署所在的衙城，如隋唐長安皇城、唐末五代長安衙城、宋金京兆府衙城和元代奉元路衙城。清代西安滿城和南城既非帝王或藩王宮城又非官署衙城，而是專門供八旗馬甲和漢軍駐紮修築的駐防城。雖同爲"重城"結構，但清代西安城內小城的性質已由以往政治中樞或行政中心轉變爲功能更爲集中的軍事堡壘。從全國的情況來看，當時具有重要軍事地位的城市內部或附近都築有滿城，但象西安城一樣同時布設滿蒙八旗駐防城和漢軍駐防城的情況並不多見，這充分反映了清代西安城的軍事重鎮地位。

清代西安滿城規模龐大，主要體現在占地面積、駐紮兵丁人數以及各類建築屋宇的間數。

清初興建西安滿城時，在東北城區西、南兩面"修築界牆，駐紮官兵"。①西牆自安遠門起，南至鐘樓止；南牆自鐘樓起，東至長樂門。從康熙《陝西通志》卷首《會城圖》、雍正《陝西通志》卷六《疆域·圖》所附《會城圖》、嘉慶《咸寧縣志》卷一《疆域山川經緯道里城郭坊社圖》所附《城圖》、光緒十九年（1893）《西安府圖》、民國《咸寧長安兩縣續志》卷一《城關圖》等可以看出，滿城雖然有四面城牆，但其北牆和東牆借用了西安大城城垣，僅南牆和西牆爲新築。準確而言，南牆自鐘樓東南角起，沿東大街南側直抵長樂門南側；北牆從鐘樓東北角起，沿北大街東側直抵安遠門東側。據雍正《陝西通志》卷六《疆域·會城圖》分析，滿城南牆和西牆厚度不及西安大城，但城牆高度似與之相當。②

---

① （清）鄂爾泰總纂：《八旗通志初集》(5) 卷二四《營建志二》，臺北：學生書局，1968 年。
② 朱仰超：《西安滿族》，《西安文史資料》第 18 輯，1992 年。

滿城南牆與西安大城東垣相接處，正是長樂門外月城南垣與西安大城東垣相接處。雖然大城東垣從中穿過，但滿城南牆與長樂門外月城南垣已連成一綫，這樣可使東門外月城、甕城與大城、滿城構成一個完整的防禦體系。一方面，滿城的安全有賴於大城防禦能力，另一方面，如敵軍兵臨東關時，月城、甕城上的守軍不但可以得到來自大城守軍的支持，亦可得到滿城守軍的協防。由此，長樂門外月城、甕城可視爲滿城向外延伸的部分。滿城西牆通過大城北垣與安定門外甕城東垣相通，並進而與甕城、月城形成互爲犄角之勢。清代西安滿城在防禦方面對大城東、北二門，尤其是東門的倚重可見一斑。

　　雍正年間編修之《八旗通志初集·營建志二》載西安滿城"南北長一千二十八步，東西長一千二百步"①。乾隆《西安府志》卷九《建置志上·城池》引明《一統志》記述西安府滿城"周九里"，實際上誤引了明秦王府蕭牆規模。民國《咸寧長安兩縣續志》卷四《地理考上》引光緒十九年（1893）陝西輿圖館《測繪圖説》稱"又滿城週一千六百三十丈，爲十四里六分零。東西距七百四十丈，爲四里二分零，南北距五百七十五丈，爲三里一分零"。雍正、光緒年間兩次實測數據之間有一定差異，這應是測量方法和起測點不同所導致的。據今人實測資料，滿城周長爲8767米，東西長2466米，南北寬1917米②。滿城面積約4.7平方千米，約佔大城面積的40%。

　　在清代各八旗駐防城中，無論是地處大江之南、堪稱江防要塞的杭州滿城，還是地處塞北、"倚賀蘭山以爲固"的銀川滿城，占地規模鮮有超過西安滿城的情況。順治二年（1645）起建的杭州滿城，占地"環九里有餘"、"高一丈九尺"③。雍正元年（1723）在銀川城外東北1千米處興築的滿城，"週六里有奇"，後因地震於乾隆三年（1738）塌毀，遂於乾隆四年（1739）於城西7.5千米處建"新滿城"，"周七里有奇，門四，濠廣六丈。"④按照清1里等於576米計算，西安滿城周長約清15里，遠大於杭州和銀川滿城，在各區域中心城市滿城中占地規模次於江寧滿城，而兵力數量居首。

　　據雍正《八旗通志初集》所載，從占地規模、官兵人數等方面比較西安滿城與其

---

① （清）鄂爾泰總纂：《八旗通志初集》（5）卷二四《營建志二》，臺北：學生書局，1968年。
② 朱仰超：《西安滿族》，《西安文史資料》第18輯，1992年，第169—182頁。
③ 張大昌：《杭州八旗駐防營志略》卷一五《經制志政》。
④ 乾隆《大清一統志》卷二〇四。

他滿城的規模，如表 1 所示。

表 1　清代西安滿城與其他滿城規模對比表

城市	設立時間	規模	官兵數
西安	順治二年（1645）	滿城"南北長一千二十八步，東西長一千二百步"；南城"南北長四百六十步，東西寬五百一十三步"	兵 8660 名；匠役 156 名
杭州	順治五年（1648）設	於杭州府城內建築滿城一座，計營內地一千一百四畝五分，城外四旗地三百二十五畝五分，城腳基地六畝四分一厘三毫零，共地一千四百三十六畝四分一厘三毫零；界牆"環九里有餘"①	兵 4500 名，匠役 149 名
江寧	順治六年（1649）起造	自府城內太平門東至通濟門東，長九百三十丈，連女牆高二丈五尺五寸，周圍三千四百一十二丈五尺（約清 19 里）	兵 5093 名，匠役 168 名
荊州	康熙二十二年（1683）設	府城中東部爲滿城，其西爲漢城，中立界牆，長三百三十丈，滿城周圍計一千二百五十八丈（約清 7 里）	兵 4690 名，匠役 168 名
太原	順治六年（1649）	分府城西南隅爲滿城，東北二方設立柵欄門，關門爲界，計南北長二百六十丈，東西闊一百六十一丈七尺。（以長方形計算約清 4.7 里）	城守尉及以下官兵 598 人
廣州	康熙二十一年（1682）設	周圍一千二百七十七丈五尺（約清 7.1 里）	兵 3000 名，匠役 40 名
開封	康熙五十七年（1718）	康熙五十八年築造滿城一座，周圍六里，四面土牆高一丈	兵 800 名，匠役 16 名
成都	康熙六十年（1721）二月建成	計城垣周圍八百一十一丈七尺三寸（約清 4.5 里），高一丈三尺八寸，底寬五尺，頂寬三尺，城樓四座，共十二間	兵 2000 名
歸化	雍正元年（1723）八月	城垣四面共三百七十六丈，東西南三面設立關廂，周圍共四百五十四丈五尺（約清 2.5 里）	
銀川	雍正二年（1724）建成	周圍六里三分，大城樓二十間，甕城樓十二間，角樓十二間，鋪樓八間	兵 2800 名
潼關	雍正五年（1727）起建	周圍四百九十二丈二尺，以一百八十丈爲一里，合計二里七分三厘四毫零，城壕寬二丈，城牆高一丈八尺，基寬一丈六尺，頂寬八尺	兵 1000 名
青州	雍正七年（1729）設	周圍長一千零四十九丈（約清 5.8 里）	兵 2016 名

資料來源：（清）鄂爾泰總纂：《八旗通志初集》（5）卷二四《營建志二》及卷二八《兵制志三》，臺北：學生書局，1968 年

清代西安滿城額設軍兵 5000 人②，其中滿族 3586 名，蒙古族 1414 名③，分別占兵丁總數的 72%、28%。據《八旗通志初集》載，康熙二十二年（1683）設南城之

---

① （清）張大昌：《杭州八旗駐防營志略》卷一五《經制志政》。
② 臧勵龢編：《陝西鄉土地理教科書》（初等小學堂第一學年用）第 18 課《軍政一》，陝西學務公所圖書館，光緒三十四年（1908 年）。
③ 遼寧省編輯委員會編：《滿族社會歷史調查·陝西省西安市滿族社會歷史調查報告》，《民族問題五種叢書》，瀋陽：遼寧人民出版社，1985 年。

後，滿漢八旗官兵人數驟增。雍正年間多達 8229 名官兵（見表 1），尤以滿洲、蒙古、漢軍馬兵占絕大多數，約 75.51%。

西安滿城設八旗將軍 1 人（武職一品官），右翼都統、左翼都統各 1 人（武職二品官），均屬奉命簡派，三年一任；每旗設"協領" 1 人（武職三品官），共 8 名；每甲設"佐領" 1 人（武職四品官），共 40 人，"佐領"以下設"防禦" 1 人（武職五品官），共 40 名，驍騎校 1 人（武職六品官），共 40 名，再以下有"領催" 6 人，共 240 名，每名管兵 21 人，各級官階循序升補（圖 2）。所謂"官之等約有九，曰協領，曰佐領，曰輕車都尉，曰雲騎都尉，曰防禦，曰驍騎校，曰恩騎尉，曰八九品筆帖式，以及蔭生、休致並未及歲之都尉、騎尉；兵之別約有七，曰委前鋒校，曰前鋒，曰領催，曰馬甲，曰步甲，曰養育兵，曰炮手"[①]。

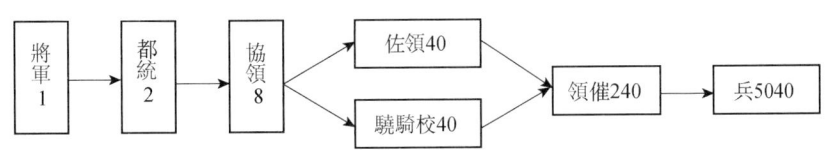

圖 2　清代西安滿城八旗官員體系圖

西安八旗軍兵不僅數量最多，戰鬥力、軍容等在各八旗駐防城中也居於前列。康熙四十二年（1703），康熙帝在西安閱兵後盛讚曰："西安官兵皆嫻禮節，重和睦，尚廉恥。且人才壯健，騎射精練。朕巡幸江南、浙江、盛京、烏喇等處閱兵，未有能及之者，深可嘉尚"[②]。前來西安朝見康熙的藩部官員也稱西安八旗官兵"禁卒精練，天下無敵"[③]。

據雍正《八旗通志初集》統計，清代西安滿城、南城內滿漢八旗軍兵匠役營房共計 18 738 間，這尚未包括眷屬居住的房屋間數（表 2）。大量佈設整齊的軍兵營房和眷屬居住區使得滿城內街巷密集、社區規整。

表 2　清代西安滿城（含南城）軍兵數目、類型及其營房間數一覽表

建築/兵種	建築數（所）	房屋間數	人數
將軍衙署	1	25	—
副都統衙署	4	80	—
滿洲漢軍協領衙署	16	240	—

---

① 清宣統元年（1909）《陝西清理財政說明書》下編《歲出軍政費說明書》。
② 《清史稿》卷二七六《博霽傳》。
③ 《清史稿》卷五二二《喀爾喀紮薩克圖汗部傳》。

續表

建築/兵種	建築數（所）	房屋間數	人數
雍正二年增設蒙古協領	—	未建衙署	2
參領衙署	8	96	—
佐領衙署	56	672	—
防禦衙署	96	768	—
左翼四旗滿洲蒙古驍騎校、八旗漢軍驍騎校	68	4086	—
右翼滿洲蒙古驍騎校	—	無額設衙署	28
筆帖式衙署	4	8	—
滿洲蒙古漢軍馬兵	—	12 000	6000
康熙三十年增滿洲蒙古鳥槍兵	—	無額設營房	1000
康熙三十年增滿洲蒙古步兵	—	無額設營房	700
滿洲蒙古礮手	—	無額設營房	114
漢軍礮手	—	640	40
左翼滿洲蒙古弓匠	—	28	28
漢軍弓匠	—	8	8
右翼滿洲蒙古弓匠	—	14	—
左翼滿洲蒙古鐵匠	—	56	56
右翼滿洲蒙古鐵匠	—	17	—
合計	253	18 738	7976

資料來源：（清）鄂爾泰總纂：《八旗通志初集》（5）卷二四《營建志二》，臺北：學生書局，1968年

上述7976名官兵中，除30名官員外，軍兵數爲7946。8個兵種所占軍兵總數比例依次爲：滿洲蒙古漢軍馬兵75.51%，滿洲蒙古鳥槍兵12.58%，滿洲蒙古步兵8.81%，滿洲蒙古礮手1.43%，左翼滿洲蒙古鐵匠0.7%，漢軍礮手0.5%，左翼滿洲蒙古弓匠0.35%，漢軍工匠0.1%。

3. 內部格局

清順治二年（1645）始築滿城時，共開有5個城門。乾隆《西安府志》載，"東仍長樂，西南因鐘樓，西北曰新城，南曰端禮，西曰西華"①。在滿城5門中，東門借用大城東門長樂門，西南門借用鐘樓東門洞，另外3門俱爲新開之門。

清初滿城3個新開城門的名稱與秦王府城有緊密聯繫。西北門"新城門"位於明秦王府城蕭牆北牆拆毀後形成的後宰門街西端出口，采用"新城"的名稱是相對於明秦王府"舊城"而言；南門"端禮門"與明秦王府內城南門名稱相同，但具體位置已大大南移，不僅在原端禮門之南，亦在秦王府蕭牆南門靈星門之南，大致在今端履門

---

① 乾隆《西安府志》卷九《建置志上》。

街北口；西門"西華門"與秦王府城蕭牆西過門處於一條綫上，但具體位置已略微西移，大致在今西華門大街西口。

清前期滿城又增設兩個便門（見圖 3）。據雍正《陝西通志》卷六《疆域·會城圖》、嘉慶《咸寧縣志》卷一《城圖》及《縣治東路圖》，滿城南牆東段開有栅欄（大菜市）和土門。此二門分別位於今大差市（和平路北口）與大城東門西南側（先鋒巷北口一帶），俱無門樓之設。當是康熙二十二年（1683）修築南城後，爲方便南城與滿城的聯繫專門開置的便門。

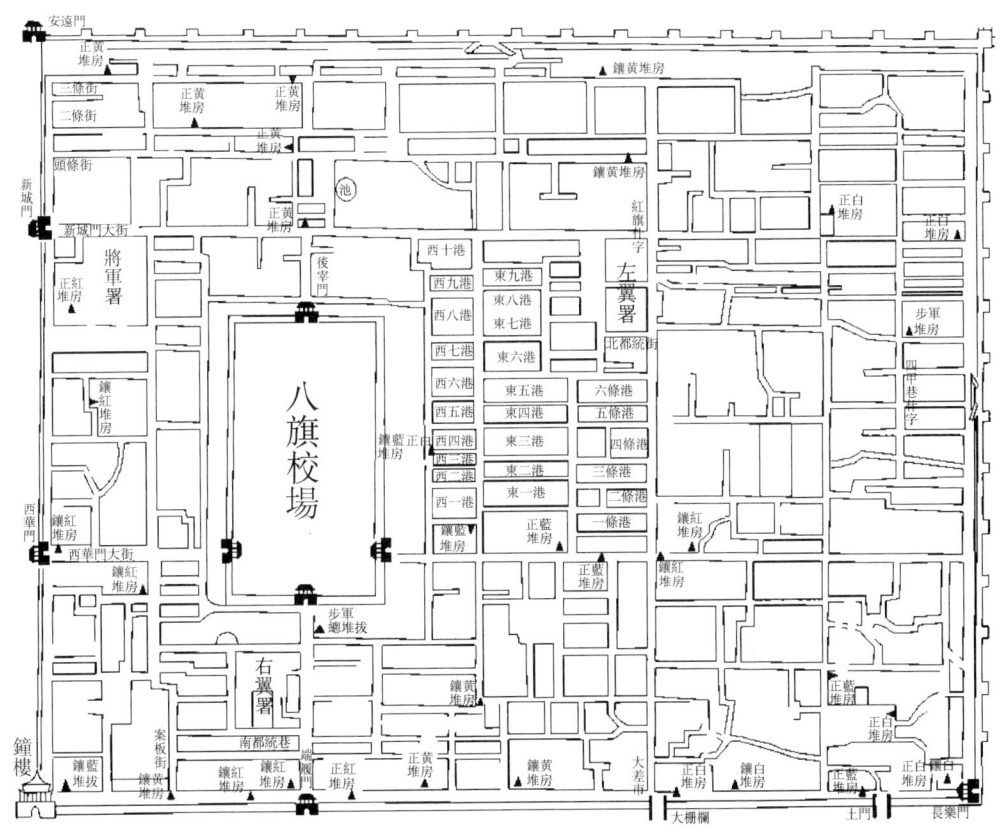

圖3　清代西安滿城街巷與堆房分布示意圖

因而西安滿城共有 7 處城門，以開門方向論，西面自北而南分別爲新城門、西華門和鐘樓東門洞，南面自西而東分別爲端禮門、栅欄（大菜市）和土門，東爲長樂門，北無城門。西、南兩面各有 3 門，便於加強滿城與大城內其他地域的聯繫，東面因用西安大城東門，北面未開城門。

清初西安滿城"因明秦王府舊基改築"而成，其中主要軍事衙署多繼承明代秦王、郡王府邸及附屬機構的舊址，由此減少了清初滿城營作的工程量（表3）。

表 3　清代西安滿城、南城官署與明代相關建築位置對照表

清代軍事機構	明代基址	今址
八旗校場	秦王府	今陝西省政府所在地
會府	保安王府	南臨東大街，北臨西一路，西臨北大街，東臨案板街
滿提督府	汧陽王府	北新街以西，西七路以南，市 89 中東，後宰門街以北
八旗將軍署	西安右護衛	今後宰門街南側一帶
左翼副都統署	西安後衛	今西安市體育場附近，楊家坑東南一帶
右翼副都統署	秦府西南	今南新街西側，南長巷北側一帶
左翼漢軍副都統署	合陽王府	金家巷以南，先鋒巷、和平巷以西，建國路以東，建國五巷以北

注：本表主要依據嘉靖《陝西通志》卷五《藩封》、康熙《陝西通志》卷二七《古迹》、《古今圖書集成·方輿彙編·職方典》卷五一〇《西安府部彙考》卷二〇《西安府古迹考一》、（明）彭時《寰宇通志》卷九二《西安府上·府第》、康熙《長安縣志》及《咸寧縣志》"城圖"綜合考訂而成

　　清代滿城八旗駐防區、兵營佈設皆有固定方位，尤以北京內城佈局最爲嚴整（見圖 4）。《八旗通志初集》載八旗駐防方位的普遍原則云，"八旗方位，自昔帝王之興，五德遞運，或取相生，或取相勝，繼天立極，由來尚矣。本朝龍興，建旗辨色，制始統軍，尤以相勝爲用，八旗分爲兩翼，左翼則鑲黃、正白、鑲白、正藍也，右翼則正黃、正紅、鑲紅、鑲藍也。其次序皆自北而南，向離出治。兩黃旗位正北，取土勝水，兩白旗位正東，取金勝木，兩紅旗位正西，取火勝金，兩藍旗位正南，取水勝火。水色本黑，而旗以指麾六師，或夜行則黑色難辨，故以藍代之，五行虛木，蓋國家創業東方，木德先旺，比統一四海，滿漢一家，乃令漢兵全用綠旗以備木色，於是五德兼全，五行並用。"[①] 這一駐防原則以五行相生相剋爲特點，"各照方向，不許錯亂"[②]。

　　西安滿城八旗駐防格局亦按照上述規定，結合八旗組織特點將滿城劃分爲八區，每區分爲五段，共四十段。分區駐防格局爲：第一區駐鑲黃旗，第二區駐正黃旗，第三區駐正白旗，第四區駐正紅旗，第五區駐鑲白旗，第六區駐鑲紅旗，第七區駐正藍旗，第八區駐鑲藍旗[③]（見圖 4）。

[①]　（清）鄂爾泰總纂：《八旗通志初集》卷二《旗分志二》。
[②]　《滿洲實錄》卷三。
[③]　清宣統元年（1909）《陝西清理財政說明書》下編《歲出軍政費說明書》。

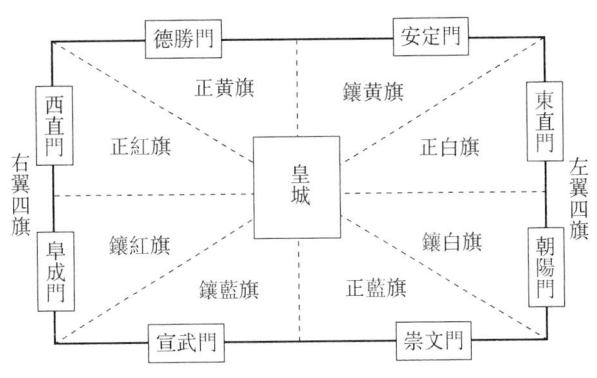

圖 4　清代北京城八旗駐防方位示意圖

滿城內 8 區爲每旗分防 1 區，每旗分爲 5 甲，每甲分防 1 區，全滿城劃分爲 40 段進行分防。每甲編制爲 125 名馬甲（騎兵），5 甲爲一旗，計馬甲 625 名，八旗共馬甲 5000 名。這種劃區分防的方法既是軍事區部署，也是城市治安區劃的一種，並爲清末警政的推行奠定了良好基礎。

從嘉慶《咸寧縣志》卷一《城圖》和光緒十九年中浣興圖館所繪《清西安府圖》來看，西安滿城八旗兵營布設基本遵循清廷規定：鑲黃旗居東北，正黃旗居西北，東面自北而南分別是正白旗、鑲白旗，西面由北而南分別是正紅旗、鑲紅旗，正藍旗居東南，鑲藍旗居西南。八旗駐防地大致位於八旗教場以東、今解放路以西的範圍內，其中以一條南北向的街道（今尚德路）爲界分成東、西兩個部分，東部自北而南分別爲鑲黃旗、正白旗、鑲白旗和正藍旗，屬左翼副都統管轄；西部自北而南分別爲正黃旗、正紅旗、鑲紅旗和鑲藍旗，屬右翼副都統管轄（見圖 5）。

除八旗兵營之外，滿城還布設有多達 38 座"堆房"（或稱"堆撥"），作爲分區駐防兵丁的哨所。堆房依其歸屬可分作 4 類：各旗所屬堆房、兩旗合用堆房、步軍專用堆房、歸屬不詳的堆房。

滿城內堆房多位於八旗兵營周邊之城牆內側和八旗教場四周，具體方位與各旗駐防地有較強相關性。堆房實際是後世員警崗樓、派出據點的雛形，這在清末西安推行警政時表現鮮明。光緒二十八年（1902）後，滿城內設西安駐防員警營，而"員警者即旗營舊有之堆房也"[①]。

---

① 清宣統元年（1909）《陝西清理財政説明書》下編《歲出軍政費説明書》。

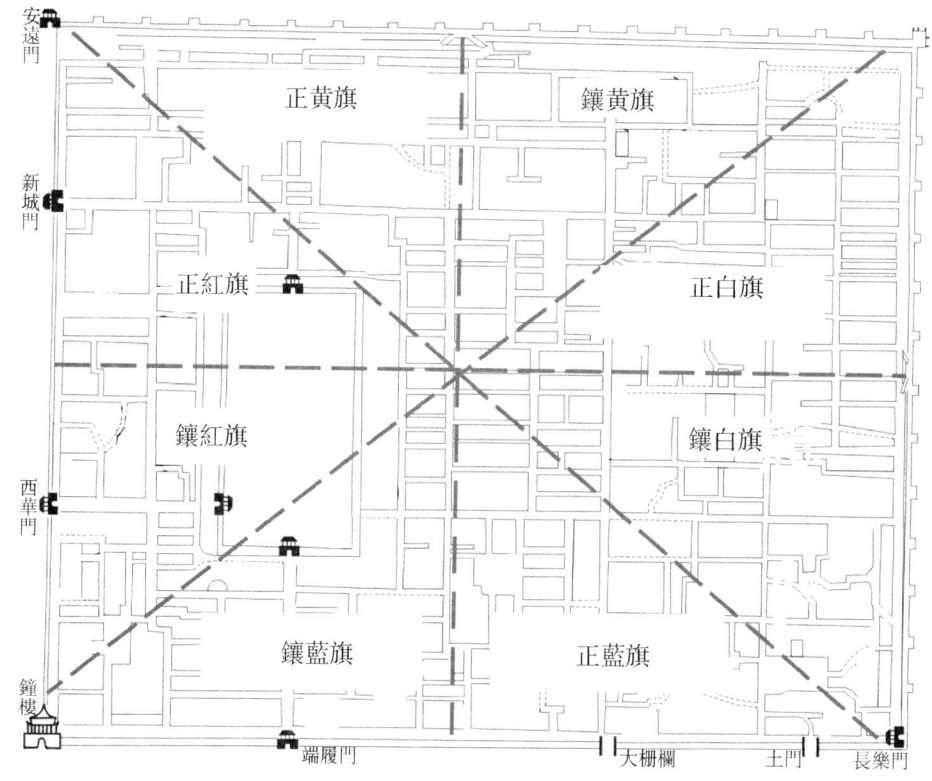

圖5　清代西安滿城八旗駐防分區示意圖

　　從各種圖籍資料來看，滿城内最爲醒目的即是八旗教場。爲便於八旗軍兵日常操練，"乾隆二十二年（1757），將軍都賚會同陝甘總督黄廷桂奏明爲滿營教場"①，於其中"建屋數十楹"②。（民國《續修陝西通志稿》編纂者記述簡略，未詳其中曲折緣由，概由於未能得見西安將軍都賚、陝甘總督黄廷桂及陝西巡撫陳宏謀的奏摺。實際上，此次將秦王府城舊制改建爲八旗教場，是一次重要的八旗、綠營軍兵訓練場地的調整，對於城市民衆生活的影響也有了較大變化。乾隆二十二年（1757），"西安將軍都賚、陝甘總督黄廷桂、陝西巡撫陳宏謀等奏，西安省滿漢兩營，八旗兵教場在漢城西北角西湖園地方，綠旗兵教場在西門外，離城十數里。每遇操演，往來不便。查有明時秦府地基開曠，坐落滿城，請作爲滿營教場；而以西湖園改爲綠營教場，各於就近得便操演。得旨：甚妥，如議行"③。

---

①　民國《續修陝西通志稿》卷六《建置一》。
②　民國《續修陝西通志稿》卷一三一《古迹一》。
③　《清高宗實録》卷五三七，乾隆二十二年四月。又西安將軍都賚、陝甘總督黄廷桂、陝西巡撫陳宏謀：《奏請改設滿漢教場事》，中國第一歷史檔案館藏録副奏摺，檔號03—0443—005，縮微號030—0784，乾隆二十二年四月十六日具文，乾隆二十二年四月二十八日朱批。

八旗教場由秦王府磚城改築而來,設有四門,各門上均建有雙層高大門樓,當是原明秦王府磚城門樓的舊迹。《八旗通志初集》載"教場在府城內迤北,東西長三百三十步,(南北)長三百十二步"①。由此可知八旗教場東西528米,南北499米,約爲0.26平方千米,占滿城面積4.72平方千米的6%。八旗教場占地面積與秦府磚城0.3平方千米相比有所減小,與清初的改築事實正相吻合。英國傳教士偉烈亞力曾游覽滿城教場,在1856年出版的《西安府的景教碑》中留下了珍貴記述,"我們爾後去參觀位於西安城另一隅的滿城。在這裏,我們參觀了唐代的宫殿舊址,已經了無遺迹。這處舊址場地廣闊,長滿了草——事實上,是非常好的草坪——周邊有牆環繞,現在用於練習射箭"②。

滿城興建主旨在於駐紮八旗軍兵及其眷屬,故而内部布局具有濃厚的軍事化特色。滿城官員兵丁居住區集中在中部偏東,以"旗"、"甲"爲單位聚居,便於本旗官員管理。從這一點而言,西安滿城居住區同北京內城八旗居住區的排列有相似之處。北京"都城之内,八旗居址,列於八方,自王公以下至官員兵丁,給以第宅房舍,並按八旗翼衛"③。西安滿城不僅八旗分布各有界址,在各旗地界之内,旗下各甲喇、佐領人户居住都有一定位置。雍正年間(1723—1735),"滿洲佐領下人口,多不及二百人,少或七八十人,計户不過四五十家,世爲同里"④。佐領是八旗的基層單位,每佐領一般轄管數十户,每户約計壯丁數口至數十口。他們按本旗方位被集中安置在某個街區,便於軍事調動。

八旗是以旗統人,以旗統兵的軍政合一制度,又是出則備戰,入則務農的兵民合一的社會組織形式,具有行政管理、軍事征戰、組織生產三項職能。在這一制度下,居住區、墳塋區、軍事駐防區都以旗爲單位。各甲公所是各甲辦理升遷、調、補等工作的機構,原名圈,後改爲"公所",是滿營的基本政權單位,分管銀錢糧餉、户口名册等。西安滿城内共有40個甲公所,每一行政管理區和軍事分防區的管轄區域相一致。

八旗每個佐領都設有官學,八旗共40個學堂,每學堂有20—30人,官學學生數約800—1200人。至清末,西安滿城另有私學30多所。滿城作爲相對獨立的城市

---

① (清)鄂爾泰總纂:《八旗通志初集》卷二三《營建志一》。
② Alexander. Wylie,On The Nestorian Tablet of Se—gan Foo,*Journal of the American Oriental Society*,Vol. 5. 1856,pp. 275-336.
③ (清)鄂爾泰總纂:《八旗通志初集》二三《營建志一》。
④ 雍正朝《上諭八旗》卷五。

區域，其中教育機構的設置要比西安城其他區域更成體系，學校數量多，分布也較合理①。

滿城內街巷密集而規整（見圖 5），光緒十九年輿圖館測繪的《清西安府圖》文字注記稱：「滿城則大街七，小巷九十四。」據圖中所繪，7 條大街中東西街共有 6 條，其中 5 條較長，自南而北分別是西華門大街（今西新街）、新城門大街（今後宰門街）、頭條街（今後宰門街北）、二條街（今西七路）、三條街（今西八路），另有北都統街甚短，在左翼署正南（今五四巷）。南北向僅案板街。以上 7 街中，西華門大街、新城門大街和二條街都是東西橫穿滿城的大街，構成了滿城的 3 條東西向主幹道，其中西華門大街更以橫穿八旗教場和八旗駐防地，並且西出西華門，可與今北院門一帶官署區相聯繫而尤顯重要。南北向案板街較短。案板街之東，有八旗教場南口至端履門的大街（即今南新街），北經八旗教場北門、後宰門可直抵城牆。再東又有"紅旗十字"所在的南北向大街（今解放路）和另一條南北向大街（今尚勤路），這 3 條大街分別以端履門、大差市和小差市為其南端出口，雖俱無大街之名而皆有其實，都是縱穿滿城的南北向主幹道。

在清代官員的奏摺中，屢屢出現"滿城大街"一詞，揆諸事實，即是指明代西安城的東大街，此時由於圈入滿城，而被稱作滿城大街。

由於滿城的隔絕性和八旗社會習俗傳承的牢固性，滿、蒙族在滿城內按照關外的生活方式，保持傳統祭祖、祭神的習俗。滿人信仰龐雜，佛神、灶爺、天地、馬王、財神等均在崇祀之列，滿城內庵、觀、寺、宮分布較多。在滿城 80 多所寺廟中，供奉關羽的廟宇就占 3/4②，充分體現了滿、蒙族尚武的傳統。滿城內缺少規模較大廟宇，大多數小型廟宇均興建於清初八旗駐防穩固之後。位於"滿城大街"東端、緊鄰長樂門內的東嶽廟作為西安城中歷史悠久的大型道教廟宇，關中地區東嶽大帝的宗祠，以大殿、雕塑、壁畫和牌坊等著稱，清代在滿城內也依舊得以較好保存③。

4. 附屬區域

清代西安城郊與城區關係最為密切的附屬功能區當屬與滿城相關的功能空間，主要包括八旗官員田產區與八旗官兵墳塋地（見圖 6）。

---

① 遼寧省編輯委員會編：《滿族社會歷史調查·陝西省西安市滿族社會歷史調查報告》，《民族問題五種叢書》，瀋陽：遼寧人民出版社，1985 年。
② 朱仰超：《西安滿族》，《西安文史資料》第 18 輯，1992 年，第 169－182 頁。
③ 高明：《簡析西安東嶽廟主殿壁畫藝術》，《世界宗教研究》2010 年第 2 期。

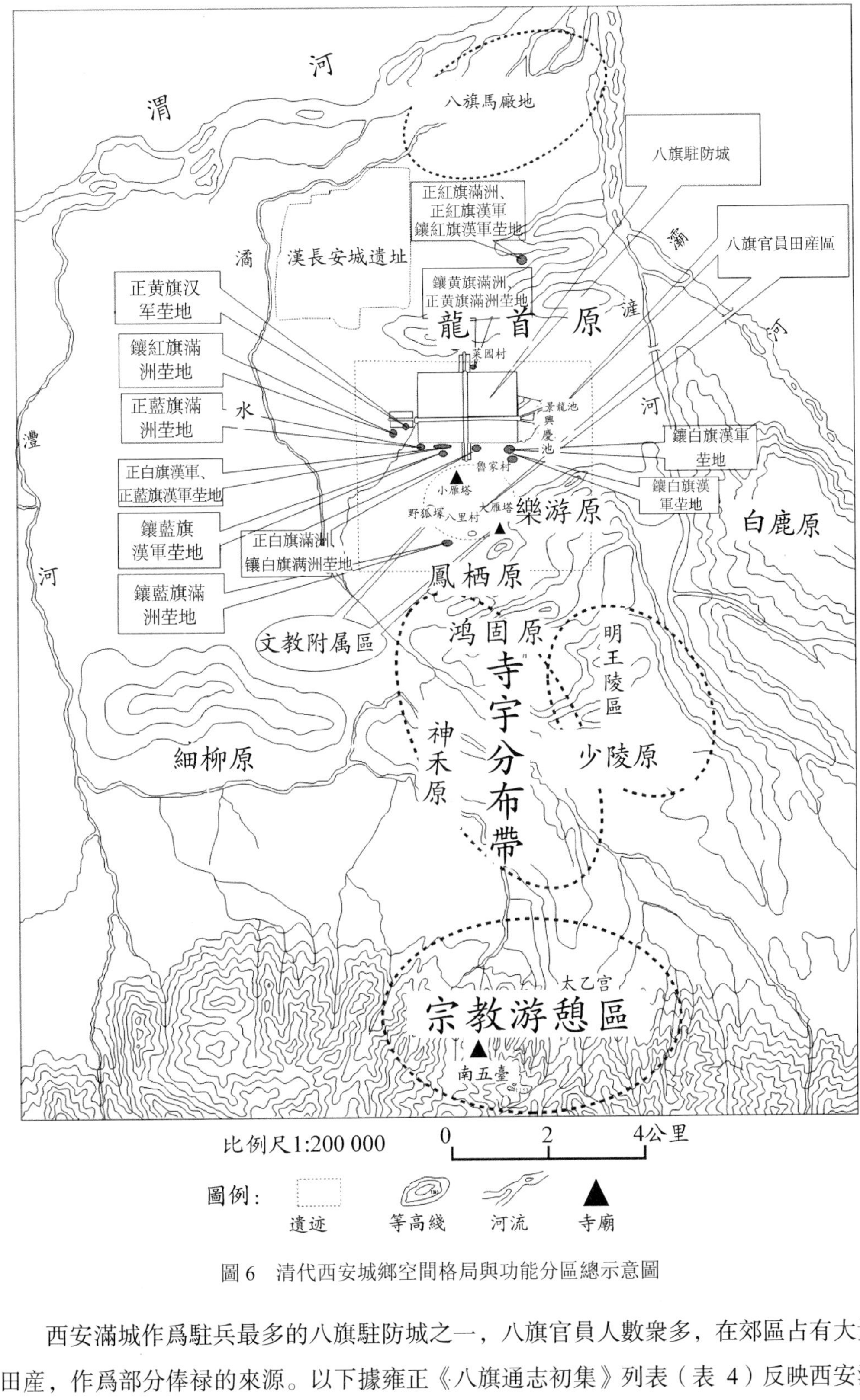

圖 6　清代西安城鄉空間格局與功能分區總示意圖

西安滿城作為駐兵最多的八旗駐防城之一，八旗官員人數眾多，在郊區佔有大量田產，作為部分俸祿的來源。以下據雍正《八旗通志初集》列表（表 4）反映西安滿城八旗官員田產數量及其分布：

表 4　西安滿城駐防官員占有土地數量及其分布一覽表

官員類別	官員人數	土地（晌）	位置
西安將軍	1	25	在長安縣羅家寨及西城內菜園子
左翼滿洲副都統	1	20	在咸寧縣景龍池
右翼滿洲副都統	1	20	在咸寧縣八里村
正黃旗滿洲協領	1	15	在咸寧縣龍渠堡
正黃旗滿洲佐領	5	30	在咸寧縣景龍池、龍渠堡
正紅旗滿洲協領	1	10	在咸寧縣小雁塔
正紅旗滿洲佐領	5	35	在長安縣塔坡里野狐塚[①]、咸寧縣小雁塔等處
鑲紅旗滿洲協領	1	10	在咸寧縣大雁塔
鑲紅旗滿洲佐領	5	25	在咸寧縣大雁塔、水河村、魯家村及長安縣野狐塚等處
鑲藍旗滿洲協領	1	20	在咸寧縣景龍池
鑲藍旗滿洲佐領	5	25	在咸寧縣景龍池
正黃旗蒙古佐領	2	15	在咸寧縣景龍池
正紅旗蒙古佐領	2	10	在長安縣野狐塚
鑲紅旗蒙古佐領	2	10	在咸寧縣大雁塔、八里村
鑲藍旗蒙古佐領	2	10	在咸寧縣景龍池
合計：15 類	35	280	

資料來源：《八旗通志初集》卷二一《土田志四》

以上涉及清初最早駐防西安的右翼四旗，即正黃、正紅、鑲紅、鑲藍旗，分別占地 60、55、45、55 晌，合計 280 晌。

在 15 類八旗官員擁有的 16 處土地中，咸寧縣 12 處，長安縣 4 處（鑲紅旗 5 名佐領在咸寧縣和長安縣均有土地，故總數為 16 處）。這些田地主要集中在東關和南郊，以咸寧縣景龍池、大、小雁塔、八里村和長安縣野狐塚 4 處為集中分布處。八旗官員擁有的田產均處於"平疇沃野"之地，旱澇保收，距城較近，便於管理。

從其他城市八旗駐防的情況看，八旗駐防兵丁同官員一樣擁有數量不等的土地，但西安八旗駐防兵丁的土地占有情況及其分布缺乏明確記載，有可能兵丁占有的土地分布在官員土地的周圍。

作為田畝計量單位，"晌"與"垧"相通，在不同地區指代的面積並不一致，可換算為 15 畝或 5 畝。西安滿城駐防官員在西安城區及郊區共占有土地 280 晌，若按每晌 15 畝計算，共 4200 畝；若按 5 畝計算，共 1400 畝。這些土地作為八旗官員的重要經濟收入來源，與滿城之間的緊密聯繫顯而易見。八旗官員占有土地的位置與八旗駐防方位之間沒有直接聯繫，但這些土地與城市距離較近，便於管理和收取租稅。

---

① 在今西安市雁塔區吉祥路北側的野狐莊。

清代西安八旗官員占有郊區土地同明代秦王在郊區占有大量莊田之間有相似之處，都對城市的持續發展起着重要的作用。八旗官員田產與鄉村農民本身所擁有的土地雖無本質區別，但前者占有的土地與城市之間的聯繫更爲緊密，這些土地可視爲滿城的附屬功能區，是滿城的經濟來源之地。

在以滿城、南城爲核心的日常生活和軍事活動空間之外，西安城周邊地區的八旗墳塋地則成爲滿、蒙族軍兵永久安息的地方（表5）。

表5　西安駐防八旗兵丁塋地一覽表

旗屬	塋地（畝）	位置	旗屬	塋地（畝）	位置
鑲黃旗滿洲地	12.6	咸寧縣北關菜園	正紅旗滿洲地	12.6	長安縣海家村
鑲黃旗漢軍地	8	咸寧縣城東南	正紅旗漢軍地	8.8	長安縣海家村
正黃旗滿洲地	12.6	咸寧縣城北菜園	鑲紅旗滿洲地	12.6	長安縣解家村
正黃旗漢軍地	8	長安縣南火巷	鑲紅旗漢軍地	8.6	長安縣海家村
正白旗滿洲地	13.1	咸寧縣仁頭院	正藍旗滿洲地	13	長安縣西南城濠邊
正白旗漢軍地	8.8	咸寧、長安兩縣南城濠邊	正藍旗漢軍地	8	咸寧縣南城濠邊
鑲白旗滿洲地	13.1	咸寧縣仁頭院	鑲藍旗滿洲地	12.6	長安縣楊家村
鑲白旗漢軍地	8	咸寧縣城南	鑲藍旗漢軍地	8.8	長安縣南城濠邊

資料來源：（清）《八旗通志初集》卷二二《土田志五》

由於清廷規定滿城八旗駐防兵丁死後必須安葬當地，所以八旗墳塋地就成爲滿城之外的八旗專屬地區。八旗軍兵墳塋地主要集中在南城濠邊、長安縣海家村、咸寧縣仁頭院3處，在南關、北關以及西安城邊緣地帶，如菜園等處也有分布。墳塋地的分布方位雖無嚴格規定，但與城內八旗駐防方位之間却有內在聯繫，遵循就近安葬原則。如兩黃旗位於正北，墳塋地也都在北關及城北近郊；兩白旗位於正東，其中兩處墳塋地就位於城東的仁頭院。八旗16處滿漢軍兵墳塋地共計169.2畝，滿洲八旗占地102.2畝，漢軍八旗占67畝，分別占到總數的60%和40%。

滿洲八旗的墳塋地畝數均大於同旗漢軍八旗兵丁的墳塋地畝數，這與兩者之間的軍事地位高下相關，可能也與人數多寡有關。不僅滿城內的八旗軍兵生活和駐防區呈現出有序的區塊集中排列，在城郊的墳塋地也以旗爲單位、以滿漢軍兵分別集中布設。城外八旗墳塋地也成爲滿城附屬空間之一。

滿城作爲一個功能相對完善的駐防城和社區空間，生活在其中的滿族、蒙古族官兵從生到死，從軍事活動到日常生活、精神生活以及經濟活動，都依賴於滿城內外的不同城鄉功能區。清代西安滿城六大空間要素（駐防、信仰、生活、教育、死葬、供養）之間的聯繫如圖7所示。

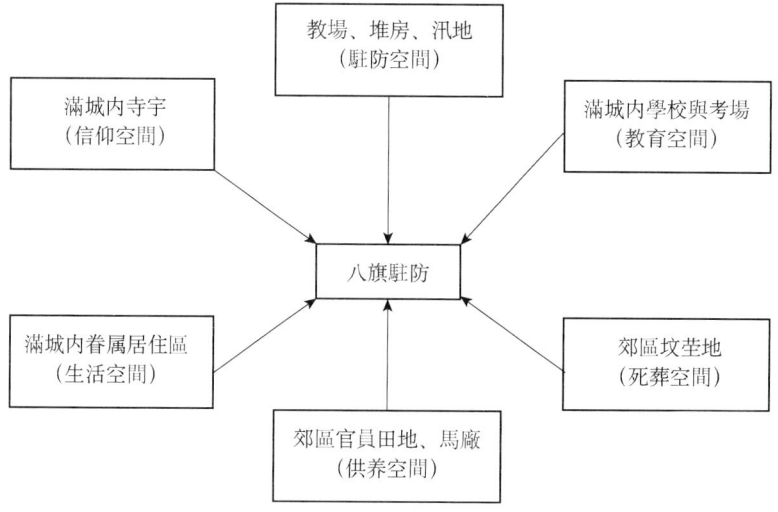

圖7　清代西安滿城六大空間要素結構圖

二、南城的興建、格局及其廢止

清康熙二十二年（1683），隨着新一輪全國範圍内興建滿城高潮的來臨，西安又在滿城南側興建了南城，是爲明清西安城空間格局的第五次重大變化，標志着西安八旗駐防軍事區的擴大和咸寧縣轄域的縮小。至乾隆四十五年（1780），南城西牆拆毁，八旗駐防區恢復爲原狀，這爲西安城空間格局的第六次重大變化。

1. 興建緣起

清初滿城的興建極大强化了西安作爲西北軍事重鎮的地位，但清政府爲了鎮壓不斷湧起的反清浪潮和農民反抗鬥争，又於康熙二十二年（1683）向西安增駐左翼八旗漢軍，在滿城之南修築"南城"作爲其駐防城，就更將西安作爲西北軍事橋頭堡的地位推向極至。類似西安這樣一座大城内同時相容兩座軍事駐防城的城市格局在有清一代區域中心城市中並不多見，也從一個側面説明了西安的軍事地位在西北乃至全國確爲重中之重。

南城作爲滿城的一個擴展區，選址顯然經過慎重考慮，因爲南城未將西安城東南部全部占據，而是選擇了"東南隅餘地"作爲新的擴展區。

2. 形態與規模

南城與滿城關係之緊密，不僅表現在因位於滿城之南而得其名，更主要從選址、規模等方面都體現了其爲滿城之附屬和補充。在城東南隅劃地爲南城時，就是爲了北、東、南三面依賴大城和滿城城牆，僅新築一道西城牆。"康熙二十二年增設駐防官兵，建造房屋，其地不敷，將城內東南隅餘地修築界牆。自南界牆中咸寧縣東邊起，至府城南牆止。南北長四百六十步，東西寬五百一十三步。將南界舊牆拆毁，合爲滿城一座"①。南城東西約 820 米，南北約 736 米，面積約在 0.6 平方千米左右。清代西安南城約占大城面積的 5%。滿城與南城合計面積爲 5.32 平方千米，約占大城的 45%。

以嘉慶《咸寧縣志》卷 1《疆域山川經緯道里城郭坊社圖》所附《城圖》和《縣治東路圖》對照今西安城區地圖分析，康熙二十二年（1683）始築南城時，北牆借用了滿城南牆東南段（尚德路南口以東），東牆借用了西安城東門以南城牆，南牆借用了西安大城今和平門以東城牆，新築的西城牆當今馬廠子、東倉門一綫，其城牆並非由北一直向南，而呈西北—東南走向。南城形狀大致呈北長南短、東直西斜，且西南角缺失的不規則梯形。

康熙二十二年（1683）始築南城時，爲加强與原有滿城的溝通，滿城南牆東段被拆除，南城與滿城實際上聯接成一個防禦整體，合爲一座新的滿城。後在南城西牆開設通化門，嘉慶《咸寧縣志》載："乾隆四年於新築牆開門一，曰通化"②。這使新滿城擁有 6 座城門，西面 4 座，爲新城門、西華門、鐘樓門洞、通化門；南面爲端履門；東面爲長樂門。從嘉慶《咸寧縣志》卷一《疆域山川經緯道里城郭坊社圖·城圖》和《縣治東路圖》分析，乾隆四年（1739）新開的通化門雖開於"新築城垣適中處"，但並非位於南城西城牆正中間，而稍偏北，具體地點在今馬廠子街南口一帶。新滿城有了通化門之後，土門和栅欄作爲舊滿城的兩個小門，可能隨滿城南牆東段的拆除而消失。

核實而論，南城其實屬於滿城的擴展部分。滿城在康熙二十二年（1683）的擴張使其面積增大，形制也發生改變。在康熙二十二年（1683）至乾隆四十五年（1780）間，西安大城可視爲被分割成東、西兩部分：滿城區與非滿城區，這很像湖北荆州府城及其滿城之間的關係。

西安滿城的順城巷因東段城牆的拆毁而不復存在，這樣就使漢人從長樂門穿越滿城進入大城西部的漢城區更趨困難，東關城因此得以有很大發展。關於原有滿城和新築南城之間界牆被拆除的事實，還可從清末辛亥革命時新軍攻克滿城的戰鬥狀況加以證實。1911 年 10 月 22 日西安回應武昌首義，新軍首先攻克的是位於大差市以東的一

---

① （清）鄂爾泰總纂：《八旗通志初集》(5)卷二四《營建志二》及卷二八《兵制志三》，臺北：學生書局，1968 年。
② 嘉慶《咸寧縣志》卷一〇《地理》。

處民房後牆,若未知悉原來滿城和南城之間界牆被拆除過的史實,就很難想象爲何滿城會用民房後牆作爲城牆的一部分。可以推測的是,康熙年間原來滿城和南城之間的界牆被拆除,兩者之間相互貫通,沒有任何阻隔,因而在界牆舊址上就逐漸因人口增加而興建起了民房。當乾隆年間南城撤銷,南城西牆被拆除後,舊滿城又需要一個完整的南城牆。但重新補建順城巷東口以東部分的城牆,工程勢必浩大,所以可能就利用了已經存在的民房,並且又補建部分北向民房的方式來彌補這一段城牆的缺失。既能以民房後牆形成滿城界牆,同時又可增加滿城房屋間數,爲日趨增加的人口提供居住的條件。這在當時是一個較好的選擇,但自此滿城城牆就有了較大的缺陷,爲辛亥革命時被攻陷埋下了伏筆。

3. 內部格局

清代西安南城面積較小,內部格局就相應簡單。以嘉慶《咸寧縣志》卷一《縣治東路圖》,結合光緒十九年《清西安府圖》分析,漢軍駐防地主要集中在南城西北部,以大菜市向南的街道爲中軸綫,呈東西向整齊排列。街東自北往南依次有頭道巷、二道巷、三道巷、四道巷、五道巷、六道巷、七道巷、八道巷和九道巷;街西自北往南依次有頭道巷、二道巷、三道巷、半截巷、小廟巷、回回巷和觀音寺巷。南城東北部爲左翼漢軍副都統署,襲用明合陽王府舊址,中有南北街,布局嚴整,規模較大。其地在乾隆四十五年(1780)"漢軍出旗"以後一度荒廢,中華人民共和國成立初期爲中共中央西北局駐地,後駐陝西省政協、省檔案館、省作家協會等單位。左翼漢軍副都統署東西兩側各有一條南北向短街,西街約當今建國路北段,北口接頭道巷,並隔牆與滿城小差市相望;東街約在今東先鋒巷一帶,北口亦與頭道巷連接,並有土門可北通滿城。南城北部還有集賢庵(在通化門內北側)、旃檀林(在通化門內南側)、萬壽庵(在今和平路中段東側)、五火廟(在今和平中南段西側)、火藥庫(在今建國路中南段東側)、關帝廟(在今建國路中南段西側)和真武廟(在左翼漢軍副都統署正東,緊臨南城東城牆)等。

民國初年的陝西政治

黃正林

一、張鳳翽與陝西軍政府

1911年10月10日，辛亥武昌起義爆發後，陝西革命黨人張鳳翽、井勿幕等聯合哥老會積極回應，10月22日在西安發動起義，取得勝利。24日，發布布告稱："第一保民，第二保商，第三保外人，漢回人等，一視同仁。"①西安起義後，全省各地革命黨人和進步人士紛紛回應，如胡景翼在耀州，曹世英在白水，岳維峻在蒲城，馬耀群在華陰，姚振乾在同官，楊茹林在藍田，這些革命黨人"皆聚集當地豪俠，同時並起"；清軍中進步軍官也回應，如駐華陰廟巡防馬隊胡明貴率軍隊攻入潼關，"驅逐滿清官吏，居城反正"；各縣哥老會會眾"一經號召，蜂起尤多"，如黃青雲在長安，余成龍在藍田，劉松山在商州，黃金山在臨潼，陳坤山在三原，王悦德在涇陽，向紫山在富平，王金山在興平，崔丁海在大荔，"關中四十餘縣數日之間，莫不義旗高揭"②，清朝在陝西的統治土崩瓦解。陝西省成為北方最先回應武昌起義和宣佈獨立的省份。辛亥革命期間，"陝西革命軍在廣大人民的支持下，浴血奮戰，勝利地擊退了清軍東西兩路的瘋狂反撲，有力地支援了甘肅、山西、河南等省起義，穩

作者簡介：黃正林，陝西師範大學歷史文化學院教授。
① 《秦隴復漢軍大統領張鳳翽檄文》1911年10月24日，中共陝西省委黨史資料徵集研究委員會：《辛亥革命在陝西》，西安：陝西人民出版社，1986年，第559頁。
② 陝西革命先烈褒恤委員會編：《西北革命史徵》（上卷），1949年印行，第39頁。

定了西北的革命局勢，多全國的革命形勢有重要的影響"①。陝西在北方的辛亥革命中起了帶頭作用。

10月27日，陝西革命黨人組建的秦隴復漢軍政府正式宣佈成立，由張鳳翽任大統領②，錢定三、萬炳南任副統領。軍政府由總務府、軍政部、財政部、民政部、外交部、教育部、實業部、司法部、交通部組成。11月22日，秦隴復漢軍政府獲得南京臨時政府的認可，並頒發"中華民國軍政府秦省都督印"，12月9日，秦隴復漢軍政府改名爲中華民國秦軍政府大都督，張鳳翽任大都督。革命軍政府成立後，爲加快陝西省革命進程，任命張鈁（伯英）爲東路征討大都督，萬炳南爲西路征討右翼大都督，張雲山爲西路征討左翼大都督，井勿幕爲北路宣慰安撫招討使，張仲仁爲南路宣慰安撫招討使，將革命戰果推進到全省。到年底，關中、陝北及陝南安康、商洛等地相繼光復。1912年5月，漢中光復。

1912年1月1日，孫中山在南京就任中華民國臨時大總統，中華民國建立。2月12日，清帝退位，統治中國260多年的清王朝宣告結束。3月10日，袁世凱在北京就任中華民國臨時大總統，開始了北洋軍閥統治中國的時期。8月，北洋政府任命張鳳翽任陝西督軍兼民政長，1913年3月1日正式組成政府機關③。4月，陝西督軍張鳳翽奉袁世凱命令整編陝軍，決定將陝軍編爲2個師，4個獨立旅，西路張雲山部爲陝西陸軍第一師，東路張鈁爲陸軍第二師。在整編過程中，因會黨出身的萬炳南部被編爲旅與張鳳翽產生矛盾，導致被槍殺，引發了會黨暴亂。會黨暴亂平息後，關中地區社會秩序逐漸穩定④。

陝西獨立後，爲解決軍政府的財政問題，維持陝西及西安穩定，秦隴復漢軍政府採取了一系列措施。①開倉平糶。爲了維持幣政，取信人民，在西安設立糧食平糶處，將接收的糧食10餘萬石開倉平糶，准以錢帖公平交易。②整理金融。決定將陝西大清銀行改名秦豐銀行，所有大清銀票一概停止使用，另發行秦豐銀票，以資周轉。由於印刷困難，將所存大清銀票加蓋"秦豐"印章，陸續發行200兩，借以流通市面，便利居民。③設立糧臺。在駐軍地方設立糧臺，解決軍糧問題。④撙節開支。爲解決秦漢複隴軍政府機關日常運轉，一方面，規定各機關公務人員，不分級別，每人

---

① 中共陝西省委黨史資料徵集研究委員會：《辛亥革命在陝西》，第1頁。
② 張鳳翽（1881—1958），字翔初，河南沁陽人，1902年考入陝西武備學堂，1904年被清政府陸軍部選派到日本留學，1909年畢業於日本陸軍士官學校，1910年到陝西新編新軍任管帶，辛亥革命爆發後，被陝西革命黨人推舉爲起義的指揮者，民國初年先後擔任秦隴復漢軍都督和陝西省都督。新中國成立後，任陝西省政府政府主席、副省長。
③ 《陝西督軍兼民政長陸軍上將銜陸軍中將張鳳翽呈》，《政府公報》第314號，1913年3月22日，第14頁。
④ 張鈁：《風雨漫漫四十年》，北京：中國文史出版社，1986年，第103頁。

每月一律只發給生活費銀 5 兩；另一方面，把生成當鋪所存銀器首飾收集熔化，以補財政不足。⑤勸捐助餉。向富商大户勸捐助餉。因勸捐成績不好，加之引起居民不滿，便改爲借款，發給執照，以憑信守。⑥發行公債。爲解決財政問題，籌發軍需公債 200 萬兩，每兩按年息 6 厘生息，3 年本息還清，並准以此票完納賦税。⑦整頓厘金。軍政府規定每土藥（即鴉片）百斤抽厘 100 兩，隨收經費銀 15 兩，均於發莊時一次抽收清楚，所經局卡，只驗貨票，不再徵收。⑧提前徵收糧賦。本年徵收糧賦，上忙定於正月十五日開徵，於 4 月底掃數清完。在限期内徵完者，給地方管理予以獎勵。⑨開彩籌款。每月發行彩票 1 萬張，每張銀 2 兩。①上述措施只有小部分得到了落實，大部分遭到商民不滿而半途而廢。但通過這些辦法，秦隴復漢軍政府穩定了陝西的局勢。

民國成立後，爲與南京臨時參議院與各省臨時議會聯繫不方便，1912 年 2 月，李陋吾等人發起成立陝西省臨時議會，職責是公選議員，負立法機關的責任，決定施政方針，"凡對於財政、官制、兵政、教育事業及一切善後事宜，均需由議會決定，公決施行行"②。3 月 27 日，進行議會選舉，共選出議員 40 人，由議員再選舉議長 1 人，副議長 2 人。4 月初陝西省臨時議會成立，議長楊銘源，宜君縣人，留學日本時參加同盟會；副議長寇遐，蒲城縣人，同盟會員；副議長劉淦，富平縣人，同盟會員。③同時，還頒布《秦省府廳州縣臨時議會章程》《秦省府廳州縣臨時議會選舉法》，以推動基層議會成立。

民國初年，陝西省政府内部派系林立，派系有黨派和地方派，如"省議會議席由各黨派分别占據，憲政派、渭北派各顯身手，於是袁世凱政府高壓於上，各資産階級黨派盤踞於下，都騎在人民頭上，外表雖然暫時安定，人民的痛苦雖然經過革命仍然絲毫没有解除，社會上新的矛盾，天天都在滋長。至於幫會氣焰熏天，在人民隊伍中仍占上風"。尤其是一些舊官僚、前清翰林進士鑽營於軍政府，影響張鳳翽"走向袁世凱的方向"，並開始排斥革命黨人④。袁氏解散國會後，張鳳翽奉命解散了陝西省議會及各縣議會，通電批評革命黨人，爲袁氏辯護："吾國現勢，欲鞏固國權，非謀内政統一不可；欲内政統一，非得强有力政府不可。而大總統解散國會權、制定官制權、對於法律案裁可權、任命國務員，無非求國會同意，暨總統任期七年，以上諸大端，皆

---

① 中國人民政治協商會議陝西省委員會文史資料研究委員會編：《陝西辛亥革命回憶錄》，1982 年，第 119—124 頁。
② 《秦民臨時議會定期開會》，《秦風日報》1912 年 3 月 26 日。
③ 段紹岩：《會議秦省臨時議會》，《辛亥革命在陝西》，第 865—866 頁。
④ 張鈁：《民國初年的陝西政局》，《辛亥革命在陝西》，第 843 頁。

屬組織强有力政府不可缺之要素。編纂憲法，亟宜加入此項，否則立法漫無宗旨。"①張氏的説法既爲自己解散議會解脱，也爲袁世凱建立獨裁政府張目。

二、二次革命與"白狼"擾陝

爲適應民國初年政治鬥争，1912年8月，同盟會與其他政黨合併在武漢成立國民黨，是民國初年第一大政黨，本部設立於北京，孫中山、黄興、宋教仁、王寵惠等9人爲理事。國民黨成立後，國民黨陝西支部隨之成立，井勿幕當選爲理事長，張鳳翽爲副理事長，並制定《國民黨陝西支部約規》。因張鳳翽與"處處爲難，事事掣肘"，使井勿幕無法開展工作，"不到半年，便放棄了理事長職務，遠去北京、上海"等地②。井勿幕的離去，使張鳳翽與革命黨人的矛盾越來越尖鋭。

1913年3月，宋教仁被刺殺，南方革命黨人與袁世凱矛盾越來越尖鋭。黄興等人曾派人與張鳳翽聯繫舉兵討袁，張鳳翽不但拒絶了黄興的請求，而且發表通電支持袁世凱，在通電中説自己"不忍坐視民國風雨飄摇，致陷於奴隸馬牛而不顧，用特籲告各省都督民政長，務乞共表同情，聯合一致，迅電兩院抵死力争，以維大局，而弭釁禍"③。張鳳翽與山西、直隸、奉天、山東、甘肅等省都督、提督7人向各省及全國各大報館的通電中聲稱："我國光復，鐵血所成，險阻艱難以有今日。乃黄興、李烈鈞、胡漢民等不惜名譽，不愛國家，讒説殄行，甘爲戎首。始以宋案牽汙政府，繼以借款冀逞陰謀，以致廣東議會竟有組織新政府之電，上海又有組織全國公民大會及拒債救亡會之怪誕名色。一人作俑，群醜聚吠，民心驚駭，立見危亡。鳳翽等外觀大勢，内審國情，繞屋彷徨，至忘寢饋……夙仰諸公愛國熱忱，用敢披瀝直陳，共矢信約，自今以始，倘有不逞之徒以謡言發難端，以奸謀破大局者，則當戮力同心，佈告天下，願與國民共棄之。鳳翽等鋒鏑餘生，纓冠□謁，惟知救國，弗恤其他。"④二次革命爆發後，7月27日，張鳳翽再致電各省都督兼民政長，認爲南方革命黨爲"亂黨"，聲稱："該亂黨既顯爲肇釁，則我輩當盟約同堅，以鞏固國家爲前提，以用户中央爲宗旨，厲兵秣馬，静聽指揮。"⑤從上述電文中能夠看出張鳳翽是完全維護北洋政府和袁

---

① 《陝督張鳳翽爲憲法問題致蘇督電》，《國會叢報》1913年第1期，第29—30頁。
② 師子敬：《國民黨陝西支部成立的回憶》，《辛亥革命在陝西》，第850頁。
③ 《致各省電》1913年5月6日，《辛亥革命在陝西》，第894頁。
④ 《張鳳翽等七督責罵黄興李烈鈞胡漢民通電》1913年5月13日，莫世祥編：《民初政争與二次革命》，上海：上海人民出版社，1983年，第406—407頁。
⑤ 《致各省都督民政長電》，《辛亥革命在陝西》，第897頁。

世凱的。因張鳳翽對革命黨人的革命活動是持反對態度的，因此在二次革命期間，儘管陝西革命黨人并勿幕積極活動，但陝西省並沒有起而回應。在此期間，張還鎮壓了陝西乾州等地發生的反袁鬥爭。

二次革命失敗後，張鳳翽再次向袁世凱致電，以表忠心："鳳翽才輕學陋，恐負任命，惟有勉竭綿薄，汲汲於國利民福，冀副大總統眷顧西陲之至意。"①爲投袁世凱所好，聘用舊官僚高少農（進士，前清蘇州知府）、黃藎臣（長安人，曾任前清知府）爲顧問，保宋聯奎（長安人，前清雲南道臺）爲陝西巡撫使，任薛文卿爲關中道尹，崔迓生爲陝北道尹，惠春波爲員警廳長，張光奎爲實業廳長，張益謙爲財政廳長，這些人多爲咸寧、長安籍。"消息傳到袁世凱之耳，認爲張翽初（鳳翽）究竟讀過舊書，與南方民黨不一樣"②。儘管如此，張鳳翽最終還是被袁氏抛棄了。

二次革命期間，河南發生了"白狼起義"，其頭領爲白朗，河南魯山人，辛亥革命前舊揭竿而起，活動在豫西地區，官方檔稱之爲"狼匪"。白狼起義後，黃興曾寫信與其聯絡配合討袁作戰，未獲得成功③。二次革命失敗後，白狼軍成爲最大的反袁力量。1914 年 3 月 14 日，白狼義軍攻占豫鄂陝交界處的商業重鎮荊紫關。二次革命中陝軍第一師王生岐團暴動失敗後，進入商南地區，加入了白狼軍④，"王生岐在陝西較久，人地熟悉"，作爲白狼軍進攻陝西的"前軍總司令，率部爲全軍前驅"⑤。3 月 20 日，進入陝境攻打龍駒寨，該處陝軍守卒僅 40 餘人。"匪先發搶探動静，繼以炮，見無備，乃蜂擁入，大肆殺掠，向人民索財物，不應則以刀鋸炮烙之刑，種種不一。有一人無銀，匪遂以火燻之，殘酷之事，類多如此。被焚之處，計三十六，損失約一百萬，死約五十餘人，傷者無算，婦女之被掠者二百餘人，群挾之去而恣意姦淫"。接着，攻陷商南，"焚殺淫掠，全城一空"⑥。

當白狼軍進攻商縣時，張鳳翽才調東陝軍嚴紀鵬、陳樹藩由潼關南下馳援商縣，自己率部經藍田向商縣進發⑦，但爲時已晚，23 日，白狼軍攻陷商縣。白狼軍攻入陝西境內不及 10 日，連陷兩座縣城，3 處關隘。白狼軍以避實就虛戰法，攻占柞水，

---

① 《西安張都督致大總統電》1913 年 2 月 27 日，《辛亥革命在陝西》，第 896 頁。
② 張鈁：《風雨漫漫四十年》，北京：中國文史出版社，1986 年，第 103 頁。
③ 李新、李宗一主編：《中華民國史》第二卷（上），北京：中華書局，2011 年，第 324 頁。
④ 《荊紫關陷失後之西安狼迅》，《申報》1914 年 3 月 26 日。
⑤ 楊炳延：《白朗起義》，鄭州：河南人民出版社，1978 年，第 37 頁。
⑥ 《白狼倡獗記》，《時事彙報》第 8 號，1915 年 1 月。
⑦ 楊炳延：《白朗起義》，鄭州：河南人民出版社，1978 年，第 37 頁。

"白狼節節前進",而張鳳翔則"節節退縮"。白狼軍過秦嶺,"沿途頗無抵抗",4月2日下午從大峪口入關中,進逼西安①。白狼軍爲何如此神速?一方面,"以表示兵力與商、洛、武關的陝軍相周旋,以迷惑敵人,主力則沿丹江上游向西急進,出竹林關,經山陽、柞水,於四月初旬竟出大峪口"②,給陝軍以出其不意的打擊;另一方面,一般民衆到官方對白狼軍麻皮大意,毫無防禦措施所致。"白匪未到之前一月,早有不倫不類之游民,口抄河南土音,或變戲法賣西洋鏡,及操他種藝者,流入秦中。而於時且有土匪勾結白狼寇陝之暗中謠諑,亂象已成,特待時而動耳。然陝西官吏及一般愚民則如在夢中也。且陝督張鳳翔者,始終以白狼爲癬疥疾,不足措意,防禦一事,事前並未有何規劃"。張鳳翔面對白狼軍束手無策,困守西安城内,不敢迎戰,"任令白匪四處蹂躪,口無完土"。白狼軍並未直接進攻西安,而是繞道子午谷,兵鋒直指户縣、周至,4月6日攻陷周至縣城。隨後渡過渭河,直指武功,該縣"地方官與平日以勇自稱之團練,皆杳然失蹤。縣中商民早知官不足恃,曾求計於土豪某氏,是人曾入哥老會,有急智,往時匪亂,全城賴依保全。故今事急,衆往求之,乃議定率人歡迎白狼於郊外,推牛宰豬羊以款衆匪,匪大悦,秋毫無犯,信宿即去,臨行則餽以現金數千兩"③。正因爲這樣,武功勉遭塗炭。4月5日(農曆三月初十日)夜,白狼軍由武功侵入乾縣城,"乾紳守城被難者甚衆"④,"全城婦女無老幼盡及於難"⑤。4月7日(農曆三月十二日),由乾縣攻打禮泉,陝軍陳樹藩旅與白狼軍作戰,攻打縣城不下,便"麇集縣北泔河一帶,恣意搶掠。時值天大雨,婦孺俱避匿溝渠,坐卧泥淖中,金數晝夜,情最凄慘"⑥。在禮泉受阻後,轉而向永壽攻掠。在此之前當地土匪假白狼軍名,攻掠永壽,"人民相率避匿,縣知事跳城而下",逃至監軍鎮,該股匪攻入縣城"手持刀毛土銃,劫獄搶庫而遁"。因該股土匪搶掠,白狼軍在永壽一無所獲,便向彬縣攻掠。白狼軍約2萬人,攜帶"快槍快炮",13日攻陷彬縣城,"民間尚在夢中,猝然逃避不及,匪入人家,搜索銀錢、煙土、騾馬、婦女,全城擄掠一空,姦淫婦女殆遍,稍不隨意,即斃槍下,貧富無一倖免者。全城男女死百數十人,婦女多投井自盡。最慘者一路廟内窰内,十五六、十三四歲之女子,被匪輪奸卧地,腹大如

---

① 《白狼猖獗記》,《時事彙報》第8號,1915年1月。
② 張鈁:《風雨漫漫四十年》,第162頁。
③ 《白狼猖獗記》,《時事彙報》第8號,1915年1月。
④ 範紫東:《乾縣新志》卷八《事類志》,1941年印行。
⑤ 《白狼猖獗記》,《時事彙報》第8號,1915年1月。
⑥ 曹驥觀:《續修禮泉縣志稿》卷一一《兵事志》,臺北:成文出版社,1970年影印本。

鼓,不能起者甚多。殘酷無人道,至於此極"。4月中旬,陳樹藩所率陝軍獨立混成第四旅與白狼軍在彬縣、永壽等地交戰,大敗白狼軍,並收復彬縣縣城,繳獲"槍支三百餘,開花炮彈四十餘,騾馬四五百匹"①。白狼軍撤出彬縣城後,向長武退却,爲甘軍所阻,於是向南攻麟游、鳳翔方向進擊。4月19日(農曆三月二十二日),經過岐山時,"村莊人皆逃避,其有未逃者,丁壯則挾之從行,老弱則逼令造食,剽掠財物,十室九空,門扇農具,多被焚燒"。據事後調查"殺傷人一百二十餘名,擄去壯男數十名,拉去騾馬二百餘頭,損失財產約在四十萬兩以上,城內焚燒薦慶當、天順生兩大商號,尚有遠鄉未去詳查"②。4月20日破鳳翔縣,"被匪劫掠一空,惟教會財產,則以官軍適至,得免於難"。接着攻陷千陽、隴縣③。駐守在鳳翔一綫的甘軍不戰而潰,白狼軍沿渭水進入甘肅境內④。白狼軍擾陝期間,在永壽、禮泉、彬縣等地遭到陳樹藩所部的重創,氣勢大減,白朗曾言:"吾率數千之衆,縱橫豫、鄂、陝三省兩年之久,從未損好多兄弟如此之多。"⑤

白狼軍入甘肅後,北洋政府調集大軍進行鎮壓。因此,白狼軍在甘肅天水等地遭受甘軍重創,不得不再次束折,準備返回河南。6月上旬,白狼軍進入陝境,在寶雞突圍,10日過盩厔,13日由子午谷走鎮安,21日過山陽,24日由商南退回河南。白狼軍"在通過陝境一千多里再沒有遇到過任何部隊攔阻,順利返回河南"⑥。精疲力竭的白狼軍返回河南後,劉鎮華的鎮嵩軍"以逸待勞,迎頭痛擊",加之趙倜的毅軍隨後追擊,受到前後夾擊的白狼軍很快土崩瓦解。

在以往的研究中,因白狼軍作戰對象主要是北洋政府,因之被稱之爲"首倡於河南的一次較大規模的農民戰爭",認爲應該"把它肯定下來"⑦;也有研究者認爲白狼軍占領城鎮,一般"只劫官家及紳富財物",以洋元現銀爲主,銅錢紙幣棄之不顧,"並嚴禁燒民房,嚴禁姦淫婦女"⑧。這只是表面現象,實際上並非完全如此,從白狼軍在陝境所作所爲來看,除了在武功縣沒有燒殺外,其餘所過地方攻城掠地,搶劫民

---

① 韓信夫、蔣克夫主編:《中華民國史·大事記》第1卷,北京:中華書局,2011年,第564頁。
② 段紹岩:《白朗經過岐山情況和他的佈告》,中國人民政治協商會議陝西省岐山縣委員會文史資料研究委員會:《岐山文史資料》第3輯,1988年印行,第43—44頁。
③ 《白狼猖獗記》,《時事彙報》第8號,1915年1月。
④ 韓信夫、蔣克夫主編:《中華民國史·大事記》第一卷,北京:中華書局,2011年,第564頁。
⑤ 杜春和等:《白朗起義》,北京:中國社會科學出版社,1980年,第383頁。
⑥ 楊子文、田惟均:《白狼軍由河南來往陝甘的經過》,《辛亥革命在陝西》,第888頁。
⑦ 胡思庸:《五十年前的白朗起義》,《胡思庸學術文集》,開封:河南大學出版社,1995年,第367—385頁。
⑧ 李新、李宗一主編:《中華民國史》第二卷(上),北京:中華書局,2011年,第331頁。

財,姦淫婦女,給地方社會和民衆帶來了很大的災難。

三、陸建章督陝與禍陝

陸建章(1862—1918),安徽蒙城人,天津北洋武備學堂畢業。袁世凱在天津小站訓練新兵時,投靠袁氏賬下,先後擔任幫帶、兵部練兵處副使、統領、總兵等職,是袁世凱的親信之一。民國初年,任北洋政府軍政執法處處長,曾助紂爲虐,"摧殘民黨爲唯一宗旨"①。審訊刑具只"一段巨竹杠,周圍裹以鐵,捉到一革命黨,不問口供,即兜頭一擊,腦漿迸裂,立斃"②,被稱之爲"陸屠夫"。白狼軍入陝後,1914年4月18日,袁世凱改派陸建章爲"西路剿匪督辦",加陸軍上將銜,將京衛軍第一師改爲第七師,由陸氏兼任師長進駐陝西,派趙倜爲會辦率5000人協同作戰,又訓令川軍第三師進駐漢中堵防白狼軍入川③。陸建章作爲袁世凱的心腹,領兵入陝用意十分清楚。一是張鳳翔雖在二次革命中傾向北洋政府,但畢竟非北洋出身,袁氏對其不放心。二是陸建章對袁世凱身邊的人進行打點,獲得袁氏信任,有報載陸建章"嗣以煙土運動袁乃寬,金錢暗曾袁項城之姨太太,果得陝西將軍"④。三是白狼軍入陝後連克數縣,燒殺掠搶,給陝西居民造成巨大的損失和痛苦,北洋政府以白狼軍入陝,"張鳳翔防禦無術"爲由⑤,準備以陸建章取而代之。6月20日,袁世凱任命陸建章爲陝西都督⑥,開始了北洋軍閥在陝西的統治。陸建章督陝,使陝西政局的更加動蕩不安。

屠殺民衆,草菅人命。"陸之入陝,挾兵以俱,所部絶無紀律,甚致縱兵焚掠,全村爲墟。據陝人所述,臨潼縣雨金鎮,先有土匪携槍縱掠,已有人疑爲陸部所爲,旋陸部又以剿匪爲名,焚民居數百家,殺平民一千六百餘人,乃以剿匪大捷,歸報以陸"⑦。1916年5月,陳樹藩在蒲城宣布獨立,西安城内模範監獄内在押囚徒四五百人(有説三四拜仁)趁機越獄暴動,陸建章派軍隊鎮壓,不但把抓回的越獄犯一律斬

---

① 《陸建章臭史之一段》,《民國日報》1916年8月10日。
② 《陸建章之刑具》,《興華》1926年第6期,第10頁。
③ 邵桂花:《陸建章》,李新等主編:《中華民國史·人物傳》第四卷,北京:中華書局,2011年,第2377—2378頁。
④ 《陸建章臭史之一段》,《民國日報》1916年8月10日,第7版。
⑤ 《陸建章將任陝督》,《大同報》1914年第15期,第55頁。
⑥ 《咸威將軍督理陝西軍務陸建章呈報接印日期文並批令》1914年7月14日,《政府公報》1914年第789期,第24頁。
⑦ 孫幾伊:《民國十年間之陝西》,《時事月刊》1921年第5期,第120頁。

首示衆，而且沿街抓捕就地殺害，南院門、西大街、西華門、九府街都殺了不少人①。陸建章還到處抓捕革命黨人，縱其鷹犬向人民施行高壓手段，大肆捕殺民黨進步人士，並株連無辜人民，一致人民談虎色變，人人自危，怨聲載道。

排斥異己，培植親信。陸建章爲控制陝西局勢，排斥異己，培植親信，先是將在陝省作戰的"豫籍官兵五千人全部解散，押送出境，然後結交陝西官吏引爲黨羽。張雲山拜陸爲義父，陳樹藩拜陸爲老師，千方百計討好陸"②。在逐漸站穩腳跟後，又排斥陝人，將原陝軍張雲山、張鈁分別任命爲陝北、陝南鎮守使，任命親信和省會西安警備司令，陝西巡按使署和各道尹。尤其是袁世凱要求對白狼亂陝期間"查明失守地方各縣知事，開具銜名清摺，請予分別懲戒"③，陸建章以此爲由，將這些縣知事撤換，一律有北洋派或蒙城親信取而代之。陸建章還從安徽蒙城招來"大批相鄰戚友，不論良莠一律委充縣知事、徵收局長、稽查，以及文武差役"④，時有諺語"口裏會説蒙城話，腰中就把洋刀掛"⑤。陝西人稱呼這班人爲"徽客"，與陝人矛盾尖鋭，縣城內經常發生陝人與徽客之間的毆鬥。陝軍中只有陳樹藩破白狼軍有功，加之賄賂陸氏的兒子陸承武，保住了第四混成旅旅長的位子，1915年調任陝南鎮守使。

出賣官產，苛捐搜刮。陸建章將滿城繁盛的市屋（東大街北排）"略佔少數價值，私捏無數名堂，百分之八十據爲己有"。爲了搜刮民財，以籌餉爲名，不斷增加新税、田賦和發行公債，一切日用品如以及車馬出進城門和親友在飯館用餐，都得加税⑥。契契税尤其沉重，"凡農民所有莊基、土地不論是祖業或新置，也不管税過幾次契，都要一律重新税契。契分大小兩種，每張大契交税一千二百文，小契三百六十文（當時小麥每斗售價二百五十文左右）"陝省規定，農民每塊土地或莊基"必須税契一張"，一般農民每家税契約三四張，共需交税 1920 文，相當於小麥 8 斗或雜糧 1 石的價格，"差不多夠一個成年農民半年的口糧"。爲增加契税收，農民祖業地，"一經析居，就割成若干小塊，這樣就得按塊重立契約，額外增加負擔"，在各縣主要市鎮設印契所，分

---

① 侯明玉：《陸建章屠殺陝西模範監獄親歷記》，宋錫侯：《回憶陸建章血洗模範監獄事》，均見《陝西文史資料精編》第一卷《社會政治下》，第 15—18 頁。
② 張鈁：《風雨漫漫四十年》，北京：中國文史出版社，1986 年，第 90 頁。
③ 《大總統令》1914 年 7 月 17 日，《辛亥革命在陝西》，第 905 頁。
④ 郭子心：《陸建章片段之我聞》，《陝西文史資料精編》第一卷《社會政治下》，第 2 頁。
⑤ 馮玉祥：《我的生活》，上海：上海書店，1947 年，第 214 頁。
⑥ 劉依仁：《陸建章禍陝幾件事的見聞》，中共陝西省委黨史資料徵集研究委員會：《陝西靖國軍》，西安：陝西人民出版社，1987 年，第 59 頁。

派地方士紳主管其事①，陸建章斂財的方法多種多樣，如借"搜查鴉片爲名，實則掠搶富户之金錢，被擒富家之子弟在學校談論其家中之盜案，口惡其聲揚，遂汙指爲革（命）黨而悉戮之"②。爲了斂錢到了無以復加的程度。

開放娼妓，敗壞風氣。陸建章督陝，利用張鳳翔新修的東大街街房尚未招商，"即把東南一帶的妓女，一批一批地招到西安，分住於端履門十字以東的街房，新修開元寺妓院……保吉巷、興漢會館等七八處，都成了娼妓住所"。所開妓院，按月徵收花捐。爲了抽收花捐，還引誘商號青年學徒和在校學生嫖妓，使這些青年"耗財廢業，貪淫染病，甚至因花柳喪命，每歲不知凡幾"③。民國西安風氣敗壞，陸建章爲始作俑者。

開放煙禁，禍害陝民。民國初年，陝西對禁煙十分重視，尤其是張雲山"曾自動出巡渭河南北產煙較多地區，抬着銅鍘，每到一個城鎮，召集當地居民宣佈政府禁種鴉片的決心和辦法，還要鍘下幾個人頭，掛起示衆……在這種嚴酷的禁令下面，當時陝西禁種鴉片曾收到一定效果"④。但陸建章本爲癮君子，在過去禁煙時期，"自恃有財有勢，公然吸食無忌"⑤。到了陝督任上，"常以清鄉爲名，騷擾閭閻，没收煙土，則私有之，而運售與魯豫"⑥。並且動用軍隊押運鴉片，"凡有購大宗煙土者，則派兵護送之，跟其安抵目的地"⑦。同時暗中與省長呂調元商量，到甘肅購買煙種，到1915年秋收時，"密派委員隨帶煙種，分赴各縣，會同縣長，勸民播種"⑧。開了在陝西種植鴉片的惡例。陸建章勸民後，繼又設立禁煙總局，委派禁煙督辦，在各縣設分局，村鎮設支局，在禁煙的幌子下公開販賣鴉片。而且強迫農民種植鴉片，以徵收各種煙捐，如種植時有"初捐"，煙苗成長中有"次捐"，收穫時有"畝捐"，售賣時有"禁煙罰款"，不種煙的徵收"懶捐"，"把陝西搞得烏煙瘴氣，民不聊生"⑨。

陸建章督陝兩年中，聚斂了大量的財富。報載：陸建章"兩年以來，私囊積有巨

---

① 政協藍田縣委員會：《討袁期間藍田縣的一次"交農"運動》，中國人民政治協商會議陝西省委員會文史資料研究委員會：《陝西文史資料選輯》第2輯，1962年，第112頁。
② 《外人述陸建章舊過》，《申報》1916年6月6日，第3版。
③ 龐仁安、李樹藩：《陸建章禍陝與離陝始末》，《陝西文史資料精編》第一卷《社會政治下》，第23頁。
④ 李宗祥：《陳樹藩強迫農民種煙的前因後果》，中共陝西省委黨史資料徵集研究委員會：《陝西靖國軍》，第98頁。
⑤ 周瑞甫：《陸建章在陝大開煙禁》，中共陝西省委黨史資料徵集研究委員會：《陝西靖國軍》，第62頁。
⑥ 游悔原：《中華民國再造史》，上海：民權出版社，1917年，第127頁。
⑦ 《外人述陸建章舊過》，《申報》1916年6月6日，第3版。
⑧ 周瑞甫：《陸建章在陝大開煙禁》，中共陝西省委黨史資料徵集研究委員會：《陝西靖國軍》，第62頁。
⑨ 謝本書等：《護國運動史》，貴陽：貴州人民出版社，1984年，第309頁。

萬之銀,貨四萬磅之鴉片,用二百四十輛之車載去"①。又載:陸建章"自蒞任以至該省獨立之日,搜刮民財不下千餘萬元,臨離秦省時又以煙土二萬兩押於商會得銀十二萬元,強提中國銀行支部及秦風銀行現款二十萬元"②。短短兩年就暴斂了這麼多財富,足見陸建章的苛政與禍陝多麼嚴重。陸建章離陝後,北洋政府肅政史蔡寶善列了八大罪狀:"一、蒙蔽中央;二、引用私人;三、私販煙土;四、招用土匪;五、寵信家丁;六、廢弛防務;七、逼變軍隊;八、棄職逃離"③。陸建章督陝兩年,只管為自己斂財,為陝西經濟與社會建設沒有任何貢獻。

四、護國運動與"討袁逐陸"

1914年5月,袁世凱廢除了《臨時約法》,頒布了《中華民國約法》,規定"大總統為國之元首,總攬統治權"④。12月29日,又公布《大總統選舉法》,規定"大總統任期十年,得連任"⑤。使袁世凱成為權力不受限制和享受終身制的大總統,目的是建立高度集權的獨裁統治。但袁氏並不滿足於此,帝制是他的終極追求。在袁氏復辟帝制的過程中,陝督陸建章積極追隨,強迫陝省90餘縣紳士聯名上勸進表,擁戴袁世凱當皇帝⑥,有人稱:"袁稱制洪憲,陸建章勸進最力"⑦。袁氏稱帝,陸氏是罪魁之一。在各種各樣的勸進下,1915年12月12日,袁世凱正式申令承認帝位,12月31日,下令次年改為洪憲元年,準備正式登基。袁世凱稱帝是以北洋老班底為核心,在稱帝前夕對北洋集團文武官吏給予封賞,陝西督軍陸建章因勸進有功,被封為一等伯爵。

袁世凱登基前後,李烈鈞等舉起護國大旗,陝督陸建章却死心塌地維護帝制,1916年1月3日,他與呂調元電奏洪憲皇帝繼續表示效忠,聲稱:"皇帝位全國人民所托命,應速行登極,以正名分,而慰人心……建章願整勁旅以為前驅。陝省地面平安,民情愛戴"⑧。陝西人民已經對陸氏深惡痛覺,加之追隨袁世凱屠殺革命黨人,更加引起革命黨人的不滿。就在陝西發生農民交農運動彼伏此起,革命黨人反袁鬥爭緊

---

① 《陳樹藩與陸建章》,《民國日報》1916年6月21日。
② 《陸建章奧史之一段》,《民國日報》1916年8月10日。
③ 《肅政史彈劾陸建章》,天津《益世報》1916年5月27日。
④ 《中華民國約法》,《內務公報》1914年第9期。
⑤ 《大總統選舉法》1914年12月29日公布,《內務公報》1915年第16期。
⑥ 宋仲福主編:《西北通史》第五卷,蘭州:蘭州大學出版社,2005年,第9頁。
⑦ 高拜石:《古春風樓瑣記》第2集,臺北:臺灣新生社,1981年,第151頁。
⑧ 《西安陸建章等電奏》1916年1月3日,《政府公報》第13號,1916年1月18日。

锣密鼓的進行，10日，陸建章仍上奏袁世凱："陝省民意渴望我皇上禦宇之懇摯已達極點，絶無亂想之可虞。建章職司守土，不敢粉飾地面之真相，上雍聖明，何敢隱蔽民意之至誠，貽誤大局。再籲懇皇上早賜筮吉，舉行登基大典，以安反側而副民望。所有陝省維持地面一切，建章等職務所在，自信能負完全責任。"①陸建章死心塌地效忠袁世凱，因此，1915年底至1916年，陝西掀起一場聲勢浩大的"討袁逐陸"運動。

陸建章督陝期間，對革命黨人進行迫害，有的避居白水，如郭堅、耿直到了白水，在黄龍山、暗門山一帶聚集的"刀客"建立了秘密聯繫，曹世英、王幹丞等人從日本回國也暫居白水，使白水成爲渭北革命黨人的活動中心。有的則轉入地下活動，郭希仁隱居華山下，"以降雪爲名暫避風頭，陝西人士多師事之"。這裏成爲革命黨秘密聚會之所。1914年9月，革命黨人續桐溪、胡景翼、孫嶽、鄧寶珊、史可軒、劉守中、郭希仁、劉靄如、董振武、胡德夫、續範亭等十餘人，"聚首於華山下之楊家園，計畫北方革命，當以陝西爲根據地，然後聯絡滇、川出兵潼關，以顛覆北洋系之老巢，中國革命，必須打倒北洋系方能成功"②。這次討論，被稱之爲"華山聚義"。這些革命志士之間保持着聯繫，爲反對北洋軍閥在陝西乃至西北的統治奠定了基礎，北洋時期陝西人民歷次反對軍閥的鬥爭中，他們起了領導作用。

1915年秋播麥季節，藍田發生旱情，小麥難以下種，人心惶惶。此時，設立在藍田各市鎮的印契所四處出動，督促印契，"日夜催逼，逼得群衆走投無路，大家紛紛議論，要在死裏求生"。8月20日，藍田縣金山嶺、湯坊嶺18村民衆發起了"交農"鬥爭，迫使縣政府當局停收契稅，緩徵糧款③。1916年前後，陝西各地抗稅鬥爭此起彼伏，12月，神木縣民衆搗毀了官鹽局；1916年1月，柞水農民掀起抗交債稅運動；4月，富平縣發生了萬名農民交農運動。這些農民運動爲陝西"討袁逐陸"奠定了基礎。

隨着農民反抗運動的高漲，1915年12月，陝西革命黨人李岐山、張深如、杜守信、王紹文、張子宜等在西安蓮花池體育場召開秘密會議，商討"討袁逐陸"，以回應西南護國運動，組織討袁軍。決定由李岐山鼓動陸建章的警衛部隊，並籌備槍支；張深如聯絡鏢局，杜守信策動南教場駐軍，胡德明發動聯絡城隍廟、端履門一帶紅幫。

---

① 《陝西將軍陸建章等電奏》1916年1月10日，《政府公報》第9號，1916年1月14日。
② 續磊、穆青編：《續範亭文集》，北京：人民出版社，2013年，第280頁。
③ 政協藍田縣委員會：《討袁期間藍田縣的一次"交農"運動》，中國人民政治協商會議陝西省委員會文史資料研究委員會：《陝西文史資料選輯》第2輯，西安：1962年，第112—119頁。

推舉康毅爲臨時總司令，李養初爲東路總司令，吳希真爲西路總司令，李秋軒爲南路總司令，曹世英、高峻爲北路總司令，以藍田、長安、乾縣、華陰、華縣、白水等爲據點，計劃在1916年2月2日（農曆除夕）起事，具體方案是現在興平、咸陽、禮泉動手，然後由西安回應。結果因鏢局張懷芳被陸建章的副官收買，計劃洩密。陸建章在各地搜捕革命黨人，杜守信、王紹文等18人先後被殺害，史稱"十八烈士"①。

陸建章爲把革命黨人趕盡殺絕，軍警兩界"竭力誅捕，以資鎮壓，偵騎四出，極力株連"。革命黨人難以在省城立足，"不得不入北山，聯絡土匪以爲根據之地。土匪既爲黨人扶助，捐棄向有之宗旨，亦以討袁軍自居，北山之勢力遂盡入黨人範圍以內"②。革命黨人改造活動在渭北地區的農民武裝，成爲反袁驅陸的基本力量，如時人所言："陸建章入陝，軍警、官學各界，易植私人，屬行暴政，秦民恨之刺骨。帝制發生以後，民黨頗欲糾合義旗，以力薄未發。滇南事起，黨人乘機潛赴渭北，號召三輔豪傑與。"因此，蔡鍔在雲南豎起護國軍大旗後，陝西革命黨舉義回應，即"滇南事起，黨人乘機潛赴渭北，號召三輔豪傑與退伍兵士"發動反袁鬥爭③。1916年2月21日，革命黨高峻、郭堅在白水縣豎起"西北護國軍"大旗，揭開陝西反袁序幕。高峻，白水縣人，貧苦農民出身，參加過辛亥革命，後因受傷"在白水辦民團"。郭堅，陝西蒲城人，革命黨人，曾參加西安起義。陸建章督陝後，大肆迫害革命黨人，郭堅、耿直等人暫避白水縣，在黃龍山、暗門山一帶聚集"刀客"活動，有高峻提供物資幫助。當時，革命黨人曹世英、王幹丞等銀反對"二十一條"代表留日學生回國請願，在上海、北京無法立足，也到白水受到高峻的保護④。西北護國軍由高峻任司令，郭堅任副司令，發表討袁通電：

> 自從鴉片戰爭以來，滿清之政治愈趨腐敗，列強遂乘機而至，武力壓迫，經濟侵略，國家無自主之力，民族有淪亡之虞。我總理孫中山先生，外察大勢，內審國情，知非推翻滿清專制政府，無由建立民國。於是乃糾合同治，作爲革命先驅，艱苦奮鬥，百折不撓，犧牲無數志士頭顱，然後共和始可告成。乃不意滿清

---

① 田惟均、張子宜、王新齊：《十八烈士遇難記》，中國人民政治協商會議陝西省委員會文史資料研究委員會：《陝西文史資料選輯》第2輯，西安：1962年，第120—124頁。
② 西安通訊：《獨立聲中之陝西》，《申報》1916年5月17日。
③ 《陝西獨立記》，中華新報館：《護國軍紀事》第5期，上海：泰東圖書局，1916年，第37—38頁。
④ 楊子廉：《高峻在白水兩次舉義紀略》，中國人民政治協商會議陝西省委員會文史資料研究委員會：《陝西文史資料選輯》第2輯，1962年，第18頁。

之餘孽袁世凱，賴列強之卵翼，借軍閥之勢力，竊得中央大權以來，不惟不肯革面洗心，以贖前愆，竟而撕毀約法，帝制自爲，樹黨營私，誅鋤異己，並使其走狗陸建章父子連年禍陝，更爲變本加厲。如此倒行逆施，真乃人神同嫉，猶復包藏禍心，公然承認二十一條件，益陷吾民於萬劫不復之地。如再不急起而驅除之，則我中華民族更誰噍類矣。慨自辛亥推翻滿清以來，僅去一專制政權，而滋生無數賣過軍閥，不惟無以對國民，且無以對先烈，豈我革命同志年來奮鬥犧牲之本旨哉？今者，蔡公松坡樹義旗於西南，登高一呼，舉國回應。袁逆之末日已臨，護國之成功在望。我西北革命同志，既能首先回應武昌起義於先，對此喪權辱國之禍首，豈能任其久居中樞。峻等一介武夫，爲民鋤奸，不敢後人。顧念國家興亡，匹夫有責，本我革命軍人應盡之天職，當亦全國同胞朝夕期望之公意。爰舉義旗，以靖宇内；誓師討伐，滅此朝食。嗚呼！慶父不死，魯難未已；繞朝贈策，秦其無人。各省愛國同胞，不乏明達，各部武裝同志，深明大義。務望蹈厲奮發，一致聲討，飲馬黃龍，直搗幽燕，恢復共和，還我河山，國家前途，實深利賴。整軍待發，不盡欲言，諸惟朗照。①

通電歷數帝制給中國帶來的危害，揭露袁氏、陸氏禍國殃民的各種罪行，號召願維持共和人們團結一致，討伐無道，恢復共和，以實際行動援助蔡鍔的護國軍，表達了陝西革命黨人護國反袁的決心。西北護國軍舉義後，"號召三秦豪傑及退伍之軍士，得兩萬餘人"，編爲 2 個軍，郭炆爲第一軍總司令，蕭榮綬爲參謀長，占領朝邑、合陽、韓城等縣；焦子敬爲第二軍總司令，蕭士英爲參謀長，占領富平、蒲城、白水等縣。駐紮在同州的王飛虎團，渭南的嚴紀鵬團也宣布獨立，參加護國軍，聲勢大增，使"陝北五十餘縣盡入民軍之範圍"。民衆數年來深受陸建章之害，故護國軍所到之處，"人民歡聲雷動，簞食郊迎"②。據當時報載：李岐山等所統帥的討袁軍，"舉動文明，且此等軍隊官廳前雖稱爲土匪，然曾皆於光復陝省建有殊勳者，因賞罰失當，或潰逸或解散而相聚於此者也。其平時上不擾及居民，況此次受民黨首領之約束乎。且此等革軍，既具整潔之服裝，又有新式之快炮，故官軍輒戰輒敗。近雖北山各縣均駐有軍隊，然革軍一到，無不望風披靡，觀中部、宜君、綏榆等處近狀，即其確證"③。

---

① 楊子廉：《白水起義和西北護國軍的成立》，中共陝西省委黨史資料徵集研究委員會：《陝西靖國軍》，第 125—126 頁。
② 李希泌、曾業英、徐琪輝主編：《護國運動資料選編》，北京：中華書局，1984 年，第 605 頁。
③ 西安通訊：《獨立聲中之陝西》，《申報》1916 年 5 月 17 日。

爲彈壓渭北各地民變，1916年1月，陸建章調陳樹藩爲陝北鎭守使。當時護國軍在渭北及陝北地區聲勢大振，陸建章電陳樹藩到草灘布置剿滅渭北高峻、郭堅的方案，命陳率部由大荔、蒲城向西，又命其子陸承武率部由西安向北，兩面夾擊渭北的護國軍。陳樹藩"一方面對陸表示恭順，以堅其信；另一方面仍和民黨人士暗中聯絡，以便在一定時機，利用他們的力量尋求個人出路"①。因此，按兵不動，等待時機。陸承武率"模範團"到富平鎭壓，該團裝備精良，有騎兵、炮兵、機關槍各兵種，是陸氏的主力②。富平駐軍是陳樹藩部胡景翼的游擊營。胡景翼是革命黨人，二次革命後東渡日本，追隨孫中山從事反袁鬥爭，"中山曾以西北革命大事相囑託"③。1915年，胡景翼返回陝西後，取得陳樹藩信任，被任命爲游擊營長。陸承武到富平後，胡景翼與鄧寶珊等革命黨人商議，"今陸氏不去，不足以寒袁膽"。於是，決議趁此機會發動兵變，"佯裝迎陸承武入縣署，密佈伏兵，夜半齊發，激戰兩日，盡殲其衆，生擒承武，建護國之師"④。陸承武在富平做了俘虜後，5月9日，胡景翼等擁護陳樹藩做陝西都督，在蒲城發表通電，宣布陝西獨立，隨後移師三原。陳氏在通電中聲稱："辛亥以來民力枯竭，不忍發生戰事，重困吾民，力持鎭靜，數月於茲。乃南北協商久無效果，而陝民對於陸將軍之貪暴行爲，積怨久深，一發莫遏，致郡邑連陷，遠近騷然；加以陸部所至，擾亂更甚，同種相殘，殊悖人道，樹藩情不獲已，因於月之九日在陝北蒲城以陝西護國軍總司令名義，正式宣佈獨立，期促和議之進行，謀吾陝之治安。"⑤隨後，護國軍兵分三路圍攻西安，一路由郭浤率部由三河口攻取華陰、華縣與渭南，一路由焦子敬率領攻取臨潼，一路由陳樹藩率部由草灘渡河直逼西安。

陸建章見大勢已去，加之陳樹藩以其子陸承武相要脅，表示願意向北京政府推薦陳樹藩以贖還兒子。陸建章派代表提出三個條件："一，不傷害陸父子什麼；二、護送陸之家屬出境；三、不沒收陸之財產。"⑥陳樹藩也提出8個條件，要點是：①凡關於本軍致外省電文"將軍未離省不得檢查扣留"，由省致北京及南北各省宣布獨立的電文"以接到本軍北京代表複電爲據"。②陸氏未離省之前，自雙方達成條件起2日內，"第

---

① 姜宏模：《陸承武被擒和陝西護國軍成立記》，中共陝西省委黨史資料徵集研究委員會：《陝西靖國軍》，第64頁。
② 胡景翼（1892—1925），字勵生，又作笠僧，陝西富平人，1908年考入同盟會創辦的西安健本學堂，1910年由井勿幕、于右任等介紹加入同盟會，參加辛亥革命。先後參加二次革命、護國戰爭，任馮玉祥國民軍二軍軍長等職。
③ 董其武：《憶胡景翼將軍》，中國人民政治協商會議陝西省富平縣委員會文史資料研究委員會：《紀念胡景翼將軍逝世六十周年專輯》，1985年，第27頁。
④ 陝西省教育廳編審室：《陝西鄉賢事略》，1935年，第170頁。
⑤ 《陳樹藩宣佈陝西獨立通電》，《民國日報》1916年5月23日。
⑥ 《陝西護國軍進行記》，《浙江兵事雜志》1916年第2期，第27頁。

一、第四兩旅及游擊各軍，並軍裝庫所存之槍械子彈及附屬之軍用品，完全交出；同時由雙方派人分赴各該軍隊駐紮之所，照數交收"。③陸氏必須電止外省軍隊，"不許一兵亂入陝境"，外省軍隊已入陝境者，由陸氏飭令"即日起程出境"；陝南秩序由陸氏電令"不得有反抗本軍之舉動"。④陝軍原有第一、第二、第三各旅"餉項實領之數均不及報部之數"，應按年按款雙方進行會算，由陸氏負責賠償。⑤須將巡按使呂調元及財政廳長扣留"以便清算交代，如任其潛逃"，所經手的事情由陸氏負責。⑥在問題未解決前，渭河以南及省城內"中外人民生命財產"由陸氏承擔保護。⑦陸氏在任期間"一切交代手續，悉照普通前後任辦法"，一切文卷如有殘損，唯陸氏是問。一場護國戰爭變成了軍閥之間的骯髒交易。⑧各項問題解決並且陸氏能履行上述各條，護國軍酌定地點將陸承武交出，並履行陸氏提出的條件。①轟轟烈烈的護國運動變成軍閥之間的一場交易。

1916年5月26日，由陳樹藩親自護送陸建章從東門出城，陝西護國運動就以這樣的方式落下了帷幕。

五、地方政區的變化

清朝時期，陝西省被劃分爲7府、5直隸州、8廳、5州和73縣②。民國初年，國民政府對清朝時期各省的地方行政名稱與區劃進行了改革，廢除府、州、廳名稱。如表1。

表1 民國初年陝西省政區名稱變更表

清朝原名	改置後名	改置説明
長安縣	長安縣 咸寧縣	本西安府附郭首縣。1913年2月，遵令裁府留縣，1914年1月，將咸寧縣併入
耀州	耀縣	1913年2月，遵令改稱爲縣
大荔縣	大荔縣	本舊同州附郭首縣。1913年2月，遵令裁府留縣
潼關廳	潼關縣	1913年2月，遵令改稱爲縣
商州直隸州	商縣	1913年2月，遵令改稱爲縣
孝義縣	柞水縣	1913年2月，遵令改廳爲縣。因與陝西省孝義縣重複，1914年1月改名
鳳翔縣	鳳翔縣	本舊鳳翔府附郭首縣。1913年2月，遵令裁府留縣
隴州	隴縣	1913年2月，遵令改稱爲縣
邠州直隸州	邠縣	1913年2月，遵令改稱爲縣
三水縣	旬邑縣	因與廣東省重複，1914年1月改名
乾州直隸州	乾縣	1913年2月，遵令改稱爲縣
南鄭縣	南鄭縣	本舊漢中府附郭首縣。1913年2月，遵令裁府留縣
寧羌州	寧羌縣	1913年2月，遵令改稱爲縣

① 《陝西獨立記》，中華新報館：《護國軍紀事》第5期，上海：泰東圖書局，1916年，第40—41頁。
② 陳笙泰：《西北歷代地方行政區劃沿革略》，西安：西北論衡社，1942年，第107、121頁。

續表

清朝原名	改置後名	改置說明
佛坪廳	佛坪縣	1913年2月，遵令改稱爲縣
定遠縣	鎮巴縣	1913年2月，遵令改稱爲縣與安徽、四川、雲南三省重名，1914年1月改名
留壩廳	留壩縣	1913年2月，遵令改稱爲縣
漢陰廳	漢陰縣	1913年2月，遵令改稱爲縣
磚平廳	嵐皋縣	1913年2月，遵令改廳爲縣，1917年5月改名
安康縣	安康縣	本舊興安府附郭首縣。1913年2月，遵令裁府留縣
寧陝廳	寧陝縣	1913年2月，遵令改稱爲縣
榆林縣	榆林縣	本舊榆林府附郭首縣。1913年2月，遵令裁府留縣
懷遠縣	橫山縣	因與安徽、廣西二省重複，1914年1月改名
葭州	葭縣	1913年2月，遵令改稱爲縣
膚施縣	膚施縣	本舊延安府附郭首縣。1913年2月，遵令裁府留縣
綏德直隸州	綏德縣	1913年2月，遵令改稱爲縣
鄜州直隸州	鄜縣	1913年2月，遵令改稱爲縣

資料來源：内務部職方司第一科《全國行政區劃表》，1918年印行，第93—98頁

通過上表看，民國初年政區更名的情形包括：一是裁府，將舊府首縣保留下來；二是將州、直隸州或廳更名爲縣，三是與其他省縣名重複改新縣名。在省縣之間設"道"，按照清制，陝西設有5道。1913年3月，陝省民政長呈北洋政府内務部，"擬將東西兩道裁撤……就該省地理形勢劃分三道，並將名稱釐正，以照劃一"。將原屬西道的鳳縣，東道的山陽、鎮安、商南劃歸南道管轄；原隸屬中道的富縣、中部、宜君、洛川，東道的宜川、劃歸北道管轄；原屬東道的大荔等13縣，西道的鳳翔等15縣歸中道管轄。① 這樣，陝西省形成3道，即關中道、漢中道和榆林道，其中關中道治長安，下轄43縣，漢中道治南鄭，下轄24縣，榆林道治榆林，下轄23縣，共計3道90縣。② 1920年5月，内政部增設鎮坪縣，理由是"陝西漢中道平利縣屬鎮坪鎮地方，界連川鄂，距縣城三百六十里，一切行政，甚爲不便"③。因此，陝西省政府根據當地情形，請求中央政府改鎮爲縣。經内政部與財政部會核批准，定名爲鎮坪縣，爲三等縣缺，仍歸漢中道管轄。鎮坪設縣，陝西省縣行政區增加爲91個。

民國初年，建立縣佐制度，加強對地方的行政管轄權。《縣佐官制》規定：縣佐是承縣知事之命"掌訓徵彈壓及其他勘災、捕蝗、催科、堤防、水利並縣知事委託各項事務"；縣佐設立在該縣境内，但不得與縣城同城；設置縣佐之縣，必需由該省巡按使將理由呈内務部，由大總統核定④。其職責是承縣知事之命，"掌理巡檄彈壓，及其他勘災、捕蝗、催科、堤防、水利，並縣知事委辦各事項……並得就近處理駐在地之違

---

① 《更變陝西觀察使區域》，《申報》1914年2月27日。
② 陳鎬基：《現行行政區劃一覽表》，上海：商務印書館，1925年，第17—19頁。
③ 《中國大事記》，《東方雜誌》第17卷第11號，1920年6月10日。
④ 《縣佐官制》，《公言》第1卷第2期，1914年11月，第27頁。

警案件,乃須詳細報於該管縣知事,但不得受理民刑訴訟案件"①。根據該項規定,陝西省"關山險阻,形勢扼塞,各縣地方,交通不便,治理每虞弗周,是以前清設置分防佐貳各官,不下一百四十餘處,以期收分治之效。自民國成立以後,該省分治人員,僅留二十餘處,並經報部有案"②。北洋時期陝西各縣擬設縣佐情形如表2。

表2　陝西省擬設各縣縣佐駐在地及理由表

道轄	縣轄	縣佐名稱	駐在地	設置理由
關中道	長安縣	長安縣分駐草灘鎮縣佐	草灘鎮	該處北界三原、涇陽兩縣,地當孔道,商務殷繁。前清設縣丞於此。民國成立後仍其舊制。擬請改設縣佐
	臨潼縣	臨潼縣分駐關山鎮縣佑	關山鎮	該處毗鄰蒲城、富平、渭南三縣。轄境遼闊,前清設縣丞於此。民國成立後,裁撤改設員警事務分所。擬請改設縣佐
	盩厔縣	盩厔縣分駐祖庵鎮縣佐	祖庵鎮	此處爲全縣富庶之區,且爲往來孔道。前清設縣丞於此。民國成立後仍其舊制。擬請改設縣佐
	渭南縣	渭南縣分駐故市鎮縣佐	故市鎮	該處毗連大荔、蒲城、富平,爲渭北繁要之區。前清設縣丞於此。民國成立後,仍其舊制,擬請改設縣佐
關中道	富平縣	富平縣分駐美原鎮縣佐	美原鎮	該處毗連同蒲,民情最爲強悍。前清設縣丞於此。民國成立後,仍其舊制。擬請改設縣佐
	大荔縣	大荔縣分駐羌白鎮縣佐	羌白鎮	該處毗連蒲城,爲渭北刀匪出沒之區。前清設縣丞於此。民國成立後,仍其舊制,擬請改設縣佑
	商縣	商縣分駐龍駒寨縣佐	龍駒寨	該處界連鄂豫,洵屬水陸要衝。前清設州同於此。民國成立後改爲縣丞。擬請改設縣佐
	洛南縣	洛南縣分駐三要司縣佐	三要司	該縣界連豫省。山嶺叢雜,前清設巡檢於此。民國成立後,改爲縣丞。擬請改設縣佐
	隴縣	隴縣分駐所馬鹿鎮佐	馬鹿鎮	該處界連甘肅,五方雜處,前清設州同於此。民國成立後,改爲縣丞。擬請改設縣佐
	寶雞縣	寶雞縣分駐虢鎮縣佐	虢鎮	該處商業繁盛,凤虢難治。前清設巡檢於此。民國成立後,改爲縣丞。擬請改設縣佐
	旬邑縣	旬邑縣分駐石門關縣佐	石門關	該處界連甘肅,深溝峻嶺,前清設營汛於此,以資彈壓,旋經裁撤。擬請增設縣佐
漢中道	南鄭縣	南鄭縣分駐青石關縣佐	青石關	該處界連四川通江,最爲繁要。前清設巡檢於此。民國成立後,改爲縣丞。擬請改設縣佐
	褒城縣	褒城縣分駐黃官嶺縣佐	黃官嶺	該處萬山叢雜,林溝深密,前清設巡檢於此。民國成立後,改爲縣丞。擬請改設縣佐
	洋縣	洋縣分駐華陽鎮縣佐	華陽鎮	該縣與佛坪連界,距縣頗遠。前清設縣丞於此。民國成立後,仍其舊制。擬請設改縣佐
	西鄉縣	西鄉縣分駐五里壩縣佐	五里壩	該處山深林密,爲南山險要之區。前清設縣丞於此。民國成立後,仍其舊制。擬請改設縣佐
	寧強縣	寧強縣分駐陽平關縣佐	陽平關	該處瀕臨嘉陵江,甘肅兩省商賈貿易咸處此途。前清設州同於此。民國成立後,改爲縣丞。擬請改設縣佐
	佛坪縣	佛坪縣分駐袁家莊縣佐	袁家莊	該地方遼闊,民情勻悍。前清設縣丞於此。民國成立後,仍其舊制。擬請改設縣佐
	略陽縣	略陽縣分駐觀音寺縣佐	觀音寺	該處崇山峻嶺,向稱險要。前清設巡檢於此。民國成立後,改爲縣丞。擬請改設縣佐

① 程方:《中國縣政概論》,上海:商務印書館,1929年,第25頁。
② 內務部:《陝西各縣要津地方擬設縣佐之理由及其附表》,《地學雜志》1915年第7—8期合刊,第22頁。

續表

道轄	縣轄	縣佐名稱	駐在地	設置理由
漢中道	鎮巴縣	鎮巴縣分駐簡池壩縣佐	簡池壩	該處界連四川，山嶺叢雜。前清設巡檢於此。民國成立後，改爲縣丞。擬請改設縣佐
	鎮巴縣	鎮巴縣分駐漁渡壩縣佐	漁渡壩	該處界連四川，商業繁榮。前清設巡檢於此。民國成立後，改爲縣丞。擬請改設縣佐
	平利縣	平利縣分駐鎮坪鎮縣佐	鎮坪鎮	該處界連二省，距縣窵遠。前清設縣丞於此。民國成立後，仍其舊制。擬請改設縣佐
	紫陽縣	紫陽縣分駐毛壩關縣佐	毛壩關	該處毗連川省，五方雜處。前清設主簿於此。民國成立後，改爲縣丞。擬請改設縣佐
	寧陝縣	寧陝縣分駐江口縣佐	江口	該處距縣遼遠，爲南山繁盛之區。前清設主簿於此。民國成立後，改爲縣丞。擬請改設縣佐
	鳳縣	鳳縣分駐三岔驛縣佐	三岔驛	該處山深林密，最易藏奸。前清設驛丞於此。民國成立後，改爲縣丞。擬請改設縣佐
榆林道	府谷縣	府谷縣分駐麻地溝縣佐	麻地溝	該處界連蒙古，遠居邊徼。前清設巡檢於此。民國成立後，改爲縣丞。擬請改設縣佐
	膚施縣	膚施縣分駐望瑤堡縣佐	望瑤堡	該處界連清澗、安定、安塞三縣，地當孔道，人口稠密，爲迤北繁盛之區。擬請改設縣佐
	甘泉縣	甘泉縣分駐臨真鎮縣佐	臨真鎮	該處山道崎嶇，易爲土匪盤踞，前清設縣丞於此。民國成立後，仍其舊制。擬請設改縣佐
	富縣	富縣分駐黑水寺縣佐	黑水寺	該處毗連甘肅，地勢遼闊，前清設州判於此。民國成立後，改爲縣丞。擬請改設縣佐
	靖邊縣	靖邊縣分駐寧條梁縣佐	寧條梁	該處僻在長城以外，毗連蒙古，前清設巡檢於此。民國成立後，改爲縣丞。擬請改設縣佐
	宜君縣	宜君縣分駐馬欄鎮縣佐	馬欄鎮	該處地廣人稀，萬山叢雜，前清設縣丞於此。民國成立後，仍其舊制。擬請設改縣佐

資料來源：內務部：《陝西各縣要津地方擬設縣佐之理由及其附表》，《地學雜志》1915 年第 7—8 期合刊，第 23—26 頁；《呈大總統陝西省各縣要津地方擬尊章設置縣佐據情呈請鑒核文》，《內務公報》1915 年第 20 期，第 14—18 頁

根據北洋政府內政部相關規定，陝西省擬請在 29 個縣設立 30 個縣佐。從設立的地方來看，可以分爲四類：一是處於邊遠地區，與他省交界之地；二是與本省鄰縣接壤，商務繁榮之地；三是地廣人稀，交通不便之地；四是道路崎嶇，土匪易於盤踞之地。1915 年 4 月，內務部批准設立 6 月，又呈准設立安邊堡縣佐，共計全省縣佐 31 個。[①] 1930 年 2 月，根據國民黨中央政治會議決議，訓政期間完成縣自治實施方案，設立區鄉鎮公所，"縣佐"制度相繼廢除。

---

① 内務部職方司第一科：《全國行政區劃表》，1918 年印行，第 98 頁。新編《陝西省志》第五〇卷《政務志》："全省共設縣佐 30 個"（見該志第 46 頁），有誤。該志遺漏了膚施縣縣佐。

國民革命在陝西的興起與失敗

梁星亮

一、馬克思主義在陝西傳播與中國共產黨陝西組織的建立

1911年10月爆發的辛亥革命，是近現代中國革命運動的肇始，也是陝西革命運動的發端。武昌起義爆發後，陝西的革命黨人在北方地區首揭義旗，發動了西安起義，關中和陝北的大部分州、縣相繼光復，成立了張鳳翽爲大統領的陝西秦隴復漢軍政府。雖然後來辛亥革命的果實被袁世凱攫取，北洋軍閥勢力陸建章、陳樹藩等統治陝西，但陝西靖國軍反段（祺瑞）驅陳（樹藩）的鬥爭堅持數年之久，是北方回應護法鬥爭的一面旗幟，給予了陝西反動當局以程度不同的打擊，在陝西近代革命史上寫下了可歌可泣的一章。陝西靖國軍的鬥爭受挫後，陝西革命運動曾一度沉寂。然而，這種沉寂却預示着新的革命高潮的到來。

1919年5月4日，北京爆發了反帝反封建的五四愛國運動。在北京求學的陝西籍學生劉天章、李子洲、楊明軒、劉含初、魏野疇、楊鐘健等，積極參加了愛國示威游行和火燒趙家樓、痛打章宗祥等鬥爭，楊明軒、劉天章、劉含初等曾被捕入獄。在上海、武漢求學的陝西籍學生雷晋笙、王尚德等，也參加了當地學生的愛國運動。5月中旬，五四運動的消息傳到陝西，陝西省立一中、三中和成德中學等校學生在西安首起回應，一時請願、罷課、游行示威的愛國運動風彌全城，古城西安的沉寂空氣爲之一掃。5月下旬，陝西省學生聯合會在原西安各校學生代表聯席會議的基礎上宣告成

作者簡介：梁星亮，西北大學馬克思主義學院（哲學社會科學學院）教授。

立。6 月初，省學聯回應全國學聯籌備會的號召，推選屈武和李伍亭為代表，赴京聲援北京學生的正義鬥爭，並和全國各地學生組織進行聯繫。屈武到京後，被選為向北京政府總統徐世昌請願的十名學生代表之一，在和徐世昌辯駁中，他激於義憤，以頭碰地，"血濺總統府"，在全國引起震動，寫下了學生運動史上一頁英勇悲壯的史話。

　　在五四、新文化運動的推動下，社會主義新思潮也在陝西開始傳播，並逐漸發展成為宣傳馬克思主義的思想運動。在此之前，陝西的知識分子已經開始接觸馬克思主義。1908 年，留學日本的陝西籍同盟會員井勿幕在《夏聲》雜志上發表《二十世紀之新思潮》一文，文中提到馬克思和恩格斯的某些觀點，並介紹了流行歐洲的各派社會主義學說。在五四、新文化運動的推動和陳獨秀、李大釗等的影響下，陝西旅京學生楊鐘健、劉天章、李子洲、魏野疇、劉含初等，創辦了以"提倡文化，改造社會"為宗旨的《共進》（半月刊）雜志，在天津的武止戈、屈武等創辦了《貢獻》雜志，在上海的雷晉笙、嚴信民等創辦了《秦鐸》雜志等，這些刊物不同程度地刊載了宣傳馬克思主義學說的文章，其中以《共進》最為著名，或宣傳反帝、愛國、民主思想革命思想，揭露帝國主義列強和封建軍閥的罪行以及北洋軍閥勢力在陝西的黑暗統治；或提出反抗國內封建勢力及國外帝國主義列強，鼓勵陝西人民接受馬克思主義新思想，用科學的態度改造社會，改造陝西；或對馬克思主義哲學、政治經濟學和科學社會主義做比較全面的介紹，提出走俄國革命道路的主張。與此同時，在天津、武漢、上海的陝西籍學生，也通過介紹《新青年》等進步報刊、通信、寒暑假回鄉宣傳等方式，向陝西傳播新文化和馬克思主義。在北洋軍閥統治下的陝西，地方報紙宣傳馬克思主義的文章也有所增多。如西安的《西北日報》，從 1919 年 9 月起一年間，連續數十次以社論、代論或專論等欄目，刊登了介紹社會主義和俄國十月革命後國內形勢的報導。1920 年 7 月創刊的《鼓昕日報》，連續刊登《布爾塞維克主義論》《俄國聯工會之實力》等，比較全面地介紹了俄國社會主義運動的歷史，批判無政府主義思潮，指出布爾什維克主義是不可抗拒的。陝西各地出版的《啓明日報》《捷音日報》《正義日報》《救國日報》等，刊登了不少宣傳社會主義思想的文章。雖然這些宣傳馬克思主義新思潮的文章，還帶有啓蒙性質，但對當時喚起陝西人民反帝反軍閥的鬥爭，具有重要的指導意義。

　　五四運動和馬克思主義在陝西的傳播，不僅引起陝西社會和思想領域的深刻變化，也推動了中國共產黨和中國社會主義青年團在陝西的建立。1921 年中國共產黨成立後，在北京的陝西籍學生劉天章、李子洲、魏野疇等和在上海的雷晉笙等先後加入中國共產黨，但陝西地區尚未建立共產黨的組織。從 1922 年始，中共陝西早期組織是先建立團組織後建立黨組織，先發展進步知識份子後發展工農群眾，先在城市後在農村建立和發展組織。其主要有途徑，一是在北京、天津、上海、武漢等地的中共黨員、青年團員，根據當地黨、團組織的指示回陝西建立組織，並受各有關地方黨、團組織的領導；二是中共中央、團中央派人來陝西建立組織，受黨、團中央直接領導。1922 年七八月，在武漢加入社會主義青年團的陝西籍學生王尚德，受武漢地區黨、團組織的委派回陝發展組織，他在家鄉渭南赤水鎮創辦赤水農業職業學校，在進步師生中發展團員，進行建團活動。1924 年 5 月，上海大學陝籍學生、共產黨員武止戈受團中央委託來渭南赤水活動，於 6 月同王尚德等建立了陝西地區第一個社會主義青年團的組織——中國社會主義青年團赤水支部幹事會，王尚德任書記。1925 年 2 月，赤水團支部改名社會主義青年團赤水特別支部，直屬團中央領導。此後，陝西各地相繼建立了社會主義青年團西安第一支部、西安第二支部、西安特別支部、三原特別支部、華縣支部、澄城特別支部、綏德特別支部、延安支部、榆林支部等。同年 9 月，共青團中央派吳化之來西安整頓團組織，經共青團豫陝區委批准，於 11 月 13 日在原團西安特支基礎上建立了共青團西安地方執行委員會，吳化之任書記，從組織上統一了關中地區團組織的領導。其間，由共青團北方區委領導的陝北地區團組織領導機關——共青團綏德地委亦宣告成立。陝西各地共青團組織的建立，為陝西中共組織的建立奠定了基礎。

　　1925 年 1 月，中共四大通過《對於組織問題之決議案》，強調"組織問題為吾黨生存和發展之一個最重要的問題"，除在工業工人數量多、具有黨的組織發展基礎的地區發展組織外，還要"在尚未有我組織的其他工業區及大都市"，"努力開始黨的組織"[①]。1925 年 10 月，中共中央組建了中共豫陝區執行委員會，王若飛任書記，負責指導領導河南、陝西地區黨的工作。同年秋，為貫徹中共四屆二次擴大會議精神，中共北方區委派安存真赴西安做軍事工作，並指示其在西安進行整團和建立中共陝西組織的工作。同時，中共豫陝區委也委託由上海赴陝西負責整團的團中央特派員吳化之在西安建立中共陝西組織。安存真、吳化之會同在陝的共產黨員魏野疇、雷晉笙、劉含初等，首先整頓了西安的團組織，並於 10 月組建了中共西安特別支部，安存真、吳化之先後為書記，隸屬中共豫陝區委領導。《西安評論》為其機關刊物。這是中國共產

---

① 中共中央文獻研究室、中央檔案館：《建黨以來重要文獻選編》，北京：中央文獻出版社，2011 年，第 2 冊，第 258—259 頁。

黨在陝西最早的組織。接着，相繼成立渭南赤水特支、三原特支和渭南城區等地黨支部。11月，中共豫陝區委派黃平萬來陝籌建中共西安地方組織，於1926年初組建了中共西安地方執行委員會，黃平萬任書記，直屬中共豫陝區委領導，下轄西安各支部及三原、渭南黨的組織。到1926年底，興平、富平、岐山等縣也相繼建立了黨的組織，同屬中共西安地委領導。陝北地區最早建立的中共組織是綏德省立第四師範學校黨支部，1926年6月，在此基礎上組建了中共綏德地方執行委員會，書記田伯英。

1927年1月，中共中央和共青團中央決定成立黨、團陝甘區委。3月，中共陝甘區委在西安成立，耿炳光任書記，下轄西安、綏德、榆林、延安、三原、渭南、涇陽等地委和41個特支，全省黨員達2000餘人。同時，成立共青團陝甘區委，曹趾仁爲書記，下轄西安、涇陽、渭南、綏德、延安、三原等地委和37個特支。中共陝西地區黨團組織的建立，爲迎接陝西國民革命運動的高漲，作了重要的組織與幹部準備。

二、國民革命在陝西的興起與高漲

1924年，國共合作統一戰綫的建立，大大加速了中國革命的步伐，陝西國民革命的形勢和全國一樣，也發生了很大變化。1925年春，陝西國民會議促成會成立後，先後領導開展了驅除軍閥劉鎮華、吳新田運動，國民會議運動，"非基督教運動"等[①]。9月，在李大釗領導的國民黨北京執行部的支持和幫助下，以中共黨員、共青團員和國民黨左派人士爲主體的國民黨臨時陝西省黨部建立，推動了陝西地區國民革命運動的興起。特別是1926年下半年，在南方北伐戰爭勝利形勢的影響下，以馮玉祥爲總司令的國民軍聯軍在綏遠五原誓師，參加國民革命，並采取南下援陝，解西安圍的軍事行動，形成了陝西國民革命高漲的局面，陝西成爲北方國民革命最發達的省份，也成爲革命勢力在北方的重要基地。

1926年11月底，在中共陝西組織領導和廣大群衆的支持下，陝軍楊虎城、李虎臣部堅守西安的反圍城鬥爭，經過八個月的艱苦鏖戰，在國民軍聯軍南下援陝部隊的支援下終於取得勝利。12月22日，國民軍聯軍駐陝總司令部成立，于右任、鄧寶珊分任總司令、副總司令。國民軍聯軍駐陝總部是在中共陝西組織和國民黨臨時陝西省黨部的支持下，具有統一戰綫性質的臨時軍政府。爲了支持陝西新的政權，中共陝甘

---

① 1925年5月"五卅慘案"發生後，陝西人民爲揭露帝國主義利用基督教進行文化侵略，中共組織領導發動了"非基運動"。

區委派出一批共產黨員、共青團員參加國民軍聯軍駐陝總司令部的工作，魏野疇、陳家珍先後任政治部副主任，楊明軒任教育廳廳長，史可軒任政治保衛部部長，楊曉初任財政委員，葛霽雲任民政廳副廳長，王授金任糧秣總監部副總監，王尚德任印刷局局長，鄒均爲國民軍聯軍駐陝總司令部派駐武漢全權代表。

當時，國民軍聯軍總司令部主要任務是整飭軍隊，準備出師潼關，會師中原，策應北伐，而國民軍聯軍駐陝總司令部則以鞏固陝西後方基地爲中心，通過國共兩黨組織和黨員的緊密合作，開展工農群衆運動。1927年春，中共陝甘區委成立後，國共兩黨力量的加強，以及國民軍聯軍三位一體的政治體制，進一步促進了陝西國民革命的發展，各項工作出現了生機勃勃的景象。

推行各項改革舉措。國民軍聯軍駐陝總部成立後，首先大力推行各項制度改革。爲整頓吏治，駐陝總部各廳、委先後發佈各項訓令，如"訓令剷除官場惡習""訓令革除積弊惡習，注意民衆利益""訓令掃除貪污廓清財政""訓令嚴格遴委徵收人員""訓令革除一切積弊惡習"等，強調"持躬首在勤廉"，把掃除貪污，廓清財政積弊，考察屬吏廉潔，當作革命政府"目前第一要義"。爲增強陝西財政實力，聯軍總部和駐陝總部還召開陝甘建設會議，制訂陝西建設規劃，無論在公路鐵路建設、興辦工礦企業、發展農林建設方面，還是城市建設、修復園林景點方面，都作出了許多在當時條件下令人鼓舞的設想和方案。

工農運動的發展。西安解圍以後，陝西的工農運動、學生運動、婦女運動也蓬勃發展。1927年2月上旬，西安工人俱樂部成立後，陝西郵務總工會、西安印刷工會、西安製造局工會、陝西電話工會、西安鞋業工會等行業工會組織紛紛成立。5月1日，陝西省總工會在西安成立，張含輝、嚴振五、李子靜爲省總工會執行委員會常務委員，周志學爲總幹事。到1927年5月底，陝西的農民運動發展也異常迅猛，全省91個縣中有50個縣成立了農民協會組織，其中17個縣成立了縣農民協會，8個縣成立了縣農民協會籌備處，25個縣成立了區、村農民協會。全省共有區農民協會179個，村農民協會3828個，農會會員41.49萬人，農民自衛武裝人數在10萬人以上，成爲僅次於湖南、湖北、廣東的農民運動發達的省份之一。6月，陝西省農民協會成立，王授金、馬價人、亢維恪、張含輝、陳家惠爲常務委員，杜松壽爲秘書長。

舉辦各類學校。爲適應革命形勢需要，培養大批基層幹部和政治活動的骨幹分子，國民軍聯軍總司令部和駐陝總部在繁忙的軍務、政務活動中，把教育放在重要地位，大力改革學校教育，廣泛推行義務教育和平民教育，提倡男女同校，參加生產操作，並規定各公、私立學校一律不得向學生徵收學費。特別是革命政權還著手創辦各種軍事政治學校和訓練班，其中著名的有西安中山學院、西安中山軍事學校、西北軍官學校等。三個學校在陝西地區革命史上曾經起過重要的作用，可惜爲時不長，徐州會議後這些學校都相繼夭折，或改變性質，或最終解散。

重視革命輿論。1926 年 12 月 21 日，在中共西安地委的倡議和積極支持下，國民黨陝西臨時省黨部創辦了陝西《國民日報》，先後由共產黨員雷晉笙、劉天章擔任社長，孟園梧、白超然、楊慰祖相繼擔任總編輯，該報及時刊登國民軍聯軍駐陝總部的重要通告、通知，以及及陝西和國內外革命發展的有關報導。與此同時，由共產黨員負責擔任編輯的國民軍聯軍總部政治部創辦的《新國民軍周報》《革命軍畫報》，駐陝總部政治部創辦的《新國民軍》《中山畫報》等，也在西安出版發行。

改舊皇城爲紅城。國民軍聯軍駐陝總部建立後，于右任即仿照莫斯科紅場的名稱，將原督軍府所在地舊皇城改名爲紅城，以示革命。許多群衆性重大政治活動，如 3 月的反英群衆動員大會，4 月的擁護國民軍肅清後方會師中原動員大會和討蔣大會，5 月的紀念國際勞動節大會、追悼李大釗等烈士大會、紀念"五卅"大會，6 月的慶祝國民軍東征勝利大會等，大都在紅城廣場舉行，一時西安紅城名揚全國，時人有"南有武昌，北有長安"之説。

時至 1927 年 5 月，陝西國民革命運動發展到高潮。在中共陝甘區委推動下，由國民黨陝西省黨部、西安市黨部、省總工會籌備處、省農民協會籌備處、省市學聯、西安婦女協進會等群衆團體，聯合發起共同紀念紅五月。5 月 5 日，西安各界在蓮花池廣場（今蓮湖公園）聯合召開紀念"五一"勞動節、"五五"馬克思誕辰大會，與會人數達 3 萬人之多，主席臺上懸掛着馬克思、列寧、孫中山畫像，標語彩旗光耀奪目，臺上台下氣氛熱烈，"農工組織起來"，"打倒帝國主義"，"打倒封建軍閥"的口號聲不絕於耳。會後游行中，長安 12 個區的 6 萬多農民荷槍負戟，精神抖擻，充分顯示了人民群衆大團結的威力。

三、馮玉祥在陝西"清黨"反共和陝西國民革命的失敗

1927 年春夏之交，正當南方的北伐戰爭所向披靡、陝西國民革命蓬勃發展之際，政局突變。4 月 12 日，蔣介石在上海發動反革命政變。4 月 18 日，蔣介石在南京建立國民政府。從此出現了以蔣介石爲首的南京國民政府和以汪精衛爲首的武漢國民政府對立，亦即"寧漢對立"的態勢，國民革命也遭受嚴重挫折。

在這種局勢之下，陝西的政局也出現了錯綜複雜的局面。一方面，在共產黨人和

國民黨左派的支持下，陝西各界人士發動了聲勢浩大的討蔣運動；另一方面，國民軍聯軍總司令馮玉祥由於受複雜政局的影響，又不主張反蔣，率部出師潼關後，明令制止一切反蔣宣傳，對陝西地區農民運動的某些過激行爲，也表示不滿。

西安解圍和陝西國民革命出現新高潮後，陝西黨、團組織和民衆對馮玉祥是寄予厚望的。中共陝甘區委一成立，就指示黨內要擁護馮玉祥統一國民軍，成爲西北唯一的軍事領袖，要民衆爲革命而犧牲一切利益，真心實意地維護馮玉祥在西北的統治地位。然而，此時身擁重兵、占據中原要地的馮玉祥，在蔣、汪對立的局勢下具有舉足輕重的地位，雙方都極力對他爭取。

1927年4月30日，武漢國民政府爲適應北伐戰爭需要，將國民軍聯軍改編爲國民革命軍第二集團軍，馮玉祥爲總司令。5月31日，第二集團軍與南方的北伐軍在鄭州會師。6月8日，馮玉祥到達鄭州，政治態度發生了根本性變化。6月10日至11日，馮玉祥等與武漢國民政府的汪精衛、譚延闓、孫科、唐生智在鄭州舉行會議，馮玉祥表示願意"調解寧漢糾紛"，促使會議決定北伐軍全部回師武漢，將河南與西北的軍政大權完全交給馮玉祥掌控。6月16日，馮玉祥致書蔣介石，表示唯蔣介石馬首是瞻。6月20日至21日，馮玉祥同蔣介石在徐州舉行會議，會議就"清黨"反共問題達成一致，馮玉祥表示立即將所統轄區內實行"清黨"。徐州會議標志着馮玉祥完全倒向蔣介石一邊，使蔣介石在國民黨內的地位大爲加強。隨後，馮玉祥致電武漢政府，要求將蘇聯顧問鮑羅廷解職，送回國內，並在河南將其軍隊內部的共產黨員和政治工作人員解職。

馮玉祥政治態度的根本性變化，導致陝西國民革命的形勢急轉直下。6月25日，馮玉祥電示于右任、鄧寶珊等，要求將陝西的國民黨省、市、縣各級黨部一律解散，另行組織，各群衆團體立即停止活動。6月28日，馮玉祥致電第二集團軍參謀長石敬亭，進一步提出"反共三原則"：①不准共產黨員跨黨加入國民黨；②共產黨員跨黨加入國民黨的領袖一律解除職務，開除黨籍，必要時加以嚴密監視；③在國民革命時期不准以共產黨名義活動，也不准借國民黨名義做共產黨工作，違者按反革命條例治罪。期間，馮玉祥還多次電令陝西省代主席石敬亭、國民革命軍第二集團軍政治部長李興中等，宣稱：凡軍政機關的共產黨員必須聲明退出工作，願繼續做國民革命者須宣誓退出共產黨，否則查出槍決；做反三民主義宣傳者、開秘密會議者槍決；逮捕陝西國民日報社社長劉天章、編輯白超然、教育廳廳長楊明軒與中山學院院長劉含初並押解鄭州；驅逐西安共產黨員全部出境；把西安中山軍事學校與駐陝總部政治保衛部合併，由史可軒帶領開往鄭州；在陝各部隊政治處處長到鄭州"聽訓"，並以宣傳反蔣是"反宣傳及不服從命令"爲由，捕押、審訊政治工作人員。7月7日，馮在洛陽官佐及總部人員朝會上宣布清黨："對於共産黨之辦法，第一要注明何時入黨何人作保；願意走者發給川資；其不願走而願加入國民革命之戰綫者必須宣言脱離共産黨，聽國民黨之指導，守國民黨之規則，然後收容之。至於各級各處政治人員一律開缺。俟調開封訓練後再行另派職務。"①隨即馮玉祥在河南將所部中的共産黨員"禮送出境"，把蘇聯顧問烏斯曼諾夫等人遣送回國，强迫在國民黨陝西省黨部和國民革命軍第二集團軍駐陝總部任職的共産黨員離職。7月16日，石敬亭通電改組國民黨陝西的省、市、縣各級黨部。次日，國民革命軍第二集團軍駐陝總司令部宣佈結束，也宣告國民革命在陝西失敗。

---

① 中國社會科學院近代史研究所中華民國史研究室：《中華民國史大事記》第4卷，北京：中華書局，2011年，第2760頁。

書評

歷史選擇了西安　西安充實了歷史

——四卷本《西安通史》讀後

黃偉敏

時代的發展，文化的繁榮，思想的活躍，都和"盛世"分不開。所謂"盛世修史，明時修志"也就成了一件順應歷史潮流的的必然了。由陝西人民出版社出版的四卷本《西安通史》也就是在這種背景下躍然而生的。《西安通史》的面世，是在中國歷史的發展前提下，闡述了西安歷史的空間分布與特徵，將西安歷史的經度與緯度立體的呈現出來，從而清晰地梳理出了西安歷史發展的長河。該書不僅完成了幾代西安人的夙願，也是在時代發展的呼應下，向西安人民交出了一份完美的答卷。正如《總叙》中所説的那樣"特別是隨著西安建設國際大都會，打造'一帶一路'内陸型改革開放新高地戰略目標的推進，現實向我們提出了更高的要求，那就是編寫一部大型的《西安通史》，以進一步彰顯古城西安悠久的歷史文化魅力，以激勵廣大西安市民的歷史責任感和歷史自豪感以及文化自覺與文化自信。"

由著名的歷史學家黃留珠教授領銜的寫作團隊，砥礪六載，精雕細琢，完成了這樣一部編修規整，脉絡分明的"地方"通史，大跨度的突出了西安歷史序列的完整性和系統性，既填補了西安"大通史"的空白，又以竭澤而漁式的史料運用，將西安豐厚的人文底藴和久遠的歷史傳承，完整的呈獻給讀者，是一部系統記述全域西安文明

作者簡介：黃偉敏，西北大學出版社編輯。

演進的通史。如果依舊用"特色,優勢"等書評式的語言來評論此書,此書無疑具有以下的特色和優勢。

一、高屋建瓴下的歷史視野觀

爲什麽要這樣説呢?這是由西安悠久歷史的大跨度特點以及長期的歷史文化中心地位所賦予它特有的地位所決定的。這一"地位"又是爲國内許多歷史文化名城所難以企及的。也正如我們經常所説的:陝西是中華民族的重要發祥地,是中華民族的摇籃之一。自從西周都豐鎬,秦漢都咸陽,西漢、隋唐都長安以後,在歷史的長河中,西安便長期的占據着奪目的中心地位,引領着文明曙光,一度輝耀東方。也就有了"西安歷史是凝固的或曰精粹的中國歷史"的説法。

《西安通史》正是秉承着這樣的"説法",以宏闊的胸懷,從中國歷史發展的輪廓來闡述西安歷史的進程。基於這樣的視野,《西安通史》在史料運用和論述上,可以説就是站在"中國通史"的視野下,以"中國史"爲經,以"西安史"爲緯,成功地將"中央"和"地方"有機的結合起來,描寫出西安歷史發展的完整路徑。所以,雖然歷代官修的"二十五史",無論如何都是"中央文件和精神"。必須"認真領會和學習"。但是,對同一歷史進程存在多種認識和説法,也是與官修史志並行不悖的。當然,官修史志,絶對是第一手資料,其重要性是不言而喻的。可是,在本書中,除了正宗典籍外,諸子百家、詩文别集、方志譜牒、雜著評説、紅色資料都被作者加以運用和補充,在不必要對每一具體史料都詳述觀點的前提下,要求全書從宏觀整體中融匯思想,就是一種大局觀的體現。因而,多説並存的入史,大大地豐富了西安歷史發展的内涵。從宏觀到微觀,從大海到珍珠,各種史料的純熟運用在書中比比皆是,就如蘇東坡所説"六經之史,諸子百家,非無客觀,皆足爲治"。所以,我們在書中看到了商彝夏鼎的精神,秦磚漢瓦的氣質,唐塔宋瓷的特色,明牆清簷的風格,紅色歷史的遞進,都在方方面面充實着西安在中國史發展背景下的歷史飽滿度,成功地拓展了西安在古代作爲中心城市的地位。高屋建瓴下的歷史視野觀,無疑是《西安通史》最爲成功的特色之一。

二、重視史料,强調實證,相容並包的理念

任何一部成功的史學著作,都無法脱離"重視史料,强調實證"的基本原則。對

史料的整理、發掘、辨析、比較、考證是還原歷史真相的唯一依據。《西安通史》的編寫團隊同樣在基於和忠實執行這一架構的理念下，以脉絡分明，絲絲入扣，縝密合理的撰述，在《西安通史》中，全方位的展現了古都西安的歷史風貌。

但是，這裏想强調的是，《西安通史》的編寫團隊難能可貴的是雖"重視史料，强調實證"，但並不是僵化地拘泥在這一架構下的食古不化，而是强調如何在這樣的架構下，更有效地發揮歷史借鑒和啓示後人的功能。

近年來，學術的繁榮和百家争鳴，使得兩周乃至漢唐文明的研究成果頗豐。尤其是陝西的學者，除了在傳統的優勢學科周秦漢唐的研究上繼續在不斷的開拓與傳承外，在宋元明清領域的研究上也有了新的突破與發展。當然，這裏除了文獻材料的充分運用外，考古發掘也爲研究增添了豐碩的新材料。同時，"不薄今人厚古人"的相容並包胸懷也引領着撰著者的理念。以開放，博採的胸襟充盈於各個卷次、篇章，使得全書的内容豐滿，富足。所以，什麼是"發祥地"，什麼是"搖籃"，什麼是"世界性的第一個大都市"，這裏面不但説的詳盡備至，而且也運用了許多新材料，許多新理念加以佐證。比如在談到"都城"這個概念時，從豐鎬到長安，就融入了城市規劃學，城市建築學，城市管理學這樣的概念。説清楚了中國古代城市怎樣脱離了初始狀態，城市生活和城市經濟達到了怎樣繁榮和集中的程度。讓讀者拓清了西安建城史和建都史的歷史變遷。在建城史和建都史的歷史變遷下，我們清晰地看到了"西安"發展的建制沿革，明宦人物，形勝，風俗，城池，漕運，學校，户籍，田賦，税課，山川，關隘、津梁、寺觀、流寓等。讓我們更加深入地瞭解到西安的成長過程。所以，在濃縮了歷史學、考古學、民族學、社會學、人類學、文化學、民俗學乃至學術史的科研成果上，《西安通史》的"持之有據"而"言之有理"，風格，使得此書順理成章地在此類出版物中具有了權威性和時代性。

三、地域文化的特點

既然是《西安通史》，那麼在"西安"的名稱下，西安的地域文化特點無疑是該書的又一特色。所謂"地域文化"也就是本地域的山川風貌，傳統習俗，思維方式，價值觀念等，都有着自己的獨到之處。作爲十三朝古都，西安自然有着它獨特的地域文化的特點。這一點在書中的各個卷次中表現得尤爲明顯。

當前，在地方性通史撰寫（編修）方興未艾的熱潮下，如何處理好"國家史"與"地方史"的關係，也考驗着編寫者如何在"大文化"背景下，更清楚地認識地域文化的特點和風貌。在數千年的歷史長河中"地方"並不都是在中原王朝的勢力範圍内的。同樣,在文化的多樣性上既有"大漠孤煙直,長河落日圓"這樣的塞外邊陲氣象,也有"江水灣灣漾碧波,山嵐冉冉映青螺"這樣的江南秀色。既有"關西大漢"的豪爽,又有"曉風殘月"的婉約。所以,歷史中的"地方"路徑淵藪既要講清楚,又不能失去"具有鮮明的地域特色"。由於《西安通史》各卷的主編都是以"專"和"深"見長的學者,有着開闊的學術視野和嫺熟的專業知識。有着生於斯地長於斯地的熱忱,更爲重要的是,研究西安歷史也是這些撰著者長期從事的重要領域之一。有着"我願重回盛唐,再奏角徵宫商。著我漢家衣裳,興我禮儀之邦"的情懷。因而,在家國鄉情的思緒中飽蘸筆墨,在很大程度上可以保證全書的品位性又能兼及可讀性。所以,在主編的調度下,該書較好地處理了這一"難題"。無論是從擅長農耕的周族,驍勇善戰的秦人,還有爲後世所稱道的"漢唐胸懷",無不浸出着濃濃的"陝味"。即就是自公元八世紀後,西安失去了帝京繁華,在政治,經濟中心東移後,文明的延伸與發展也並未停滯。方志、理學、宗教等皆是這一時期的亮點。當然,紅色歷史的警示與存在,也使西安又一度站在了令人矚目的中心。

　　歷史和現實是永遠相通的,所以,站在大歷史的角度,審視西安歷史文化令人感慨,讀着"明犯强漢者,雖遠必誅","九天閶闔開宫殿,萬國衣冠拜冕旒""秦川雄帝宅,函谷壯皇居,綺殿千尋起,離宫百雉餘"的詩文,這些曾經令人熱血沸騰的大氣和豪邁,令人嚮往的尊貴和風流對我們振興大西安有着多麽大的精神激勵。

　　《西安通史》采用的是開放型的鑒覽風格,所以,在儘量占有史料的前提下,並不過分的追求"史海鉤沉,稽古索引"式的考證文獻寫法。儘量避免對過於艱深和冷僻的學術問題的探討,用清晰而明了的綫條和描述,點線結合,將西安的文明史發展史和滄桑巨變殷殷道來,讓我們清楚地看到了西安歷史進程中的人物、事件和文明進程,從而使此書成爲一部各類讀者"皆宜"的著作。

厥功至偉　恩惠學林

——讀《楊良瑤與海上絲綢之路》有感

黄留珠

　　陝西省方志辦副巡視員張世民主編的《楊良瑤與海上絲綢之路》一書（以下簡稱《楊》），於 2017 年 6 月由西安地圖出版社出版。該書副標題曰《〈唐故楊府君（楊良瑤）神道之碑〉解讀》，則更進一步揭示了其主旨所在。

　　《楊》書論述的主人公楊良瑤是唐朝宦官，隸籍今陝西省涇陽縣，歷事肅宗、代宗、德宗、順宗四朝。特別是德宗貞元元年（785）奉命由海路出使黑衣大食之舉，不僅對唐王朝與阿拉伯世界之間的政治、經濟和文化交流，作出了重要的歷史貢獻，同時也譜寫了他一生最輝煌的亮點。這次遠行較著名的鄭和下西洋要早 620 年，在我國航海史上具有極其重要的地位。可惜如此重大事件在史籍中全無記載，至 1984 年幸賴文物工作者發現了《唐故楊府君神道之碑》（以下簡稱《楊碑》），方使這一湮没的史實得以面世。當時在咸陽市方志辦工作的張世民敏鋭地察覺到《楊碑》的重大價值，及時對其加以整理、研究，並撰文多方面進行宣傳。俗話講，是金子總會要發光的。果然，張氏所揭示的楊良瑤的史實在學界引起了很大的反響。一時間，海內外學者紛紛對楊良瑤其人其事持續展開深入細緻的研究，而媒體也鋪天蓋地加以宣傳報導，可以說出現了一個楊良瑤"熱"。張世民又將這些加以蒐集整理，編爲《楊》書，既是對這

作者簡介：黄留珠（1941—），西北大學歷史學院教授。

段學術史的一個回顧，也是對自己發現楊良瑤、研究楊良瑤的一個總結。

《楊》書總計 31 萬言。張世民撰寫的《楊良瑤神道碑發現記》一文，簡要叙述了"楊府君神道碑"發現的經過以及《楊》的成書過程，置於書首作爲"代序"。書的正文具體分爲：

一，考釋與研究。收録有關論文 11 篇。其中張氏撰寫的 5 篇。

二，宣傳與報導。收録文章 18 篇。其中張個人及合作撰寫的 5 篇。

三，整理與鑒賞。收録作品 3 種，分别是張世民與合作者的《唐故楊府君神道之碑》整理剪輯本（附有施加標點符號的釋文），書畫家手書鑒賞文字一通，《中國書畫報》刊發的文章一篇。

另有附録：仲山甫詩抄。收録主編者有關詩作 6 種。

由上述的《楊》書結構可知，這實際是一部以張著爲主體的有關楊良瑤的研究、宣傳文集。

大家知道，我國是一個海洋大國。其海岸綫自鴨緑江北口至北侖河口長達 1.8 萬千米，居世界第四位，另還有島嶼海岸綫 1.4 萬千米（或説 1.6 萬千米）。我國自古以來也是一個頗具海洋意識的國家。前不久有研究者刊文論秦始皇的海洋意識，便很能説明這一問題。當然，歷史上不同的朝代其海洋意識的强弱並不一致，像實行閉關鎖國政策的清代，便很難説具有什麽積極的正面的海洋意識。不過唐朝是我國古代文明最充分發展的時期，當時與海外交往、交流空前繁榮，這無疑表明時人是有很强的海洋意識的。以往研究者論及有唐一代曾横渡印度洋到達阿拉伯地區有姓名可考的遠航者僅達奚弘通和杜環二人，現據《楊碑》可以準確無誤地補充説這之中還有楊良瑤；而且還可以説在這三人之中，楊是最典型的。何以如此言之，下面不妨從資料來源方面略作分析。

達奚虹通事見《中興書目》著録的《西南海諸蕃行記》。"書目"解釋稱，"行記"爲唐州刺史（治今河南泌陽）達奚弘通撰；弘通以大理司直使海外，自赤土至虔那，凡經三十六國，略載其事。史家普遍認爲達奚弘通出使事無考。此所謂"赤土"即馬來半島西部吉打（kedah）南部之地，"虔那"似可還原爲 kana，指阿拉伯南部某地。而"行記"書已全佚，現僅在殘留的記載中保存了唐代直航阿拉伯的寶貴記録。

杜環是《通典》作者杜佑的族子，呾羅斯戰役中被大食軍隊俘虜，在大食境内漂流 10 年之後，於寶應元年（762）附海舶返回唐朝。他據在大食流寓的經歷及見聞寫了《經行記》一書，留下了唐與阿拉伯交往的最早和最可靠的記録。但其書已佚，僅在《通典》邊防典中摘録了部分内容，雖彌足珍貴，但却屬吉光片羽。

而楊良瑶之事儘管披露於 20 世紀 80 年代，但資料出自碑石，且十分完整，與前二者相比，屬於更原始的第一手資料，應該最爲可貴。所以説楊的事，比較之下，也當爲最典型者。唯其如此，著名學者榮新江教授稱讚張世民揭示楊良瑶之事"厥功至偉"，應該説是符合實際的。

還需要指出的是，《楊》書的蒐集，不僅限於贊成的一面，而且也注意那些商榷的另一面。例如，書中有文章便對楊良瑶"下西洋"的提法表示質疑，認爲這一説法是否正確，是否符合歷史事實，還需要討論，等等。像這樣一種敢於正視不同意見的做法，顯然是科學的，應該發揚光大。

總之，通讀《楊》書，感慨良多。如果用"厥功至偉，恩惠學林"八字加以概括，也許比較合適。

《長安學研究》徵稿啓事

1. 本刊歡迎下列稿件：長安學理論及學術史研究，長安文化、長安文明研究，周秦漢唐歷史文化研究，長安城市史、社會生活史研究，關中歷史地理、區域文化、歷史文獻研究，長安地區前期發達後期落後的演變過程及原因研究，長安與世界其他古都的比較研究。

2. 來稿一經刊出，即付稿酬及樣刊。來稿寄達後三個月內未接到本刊採用通知，作者可自行處理。

3. 來稿請遵從本刊格式規範，並請注明真實姓名、所在單位、職稱、詳細通訊位址、電子郵箱、電話或傳真，以便聯繫。

4. 來稿請使用繁體字，異體字、俗字請改用繁體正字。

5. 注釋採用頁下注，每頁重新編號，注釋碼用阿拉伯數字①②③④……表示，其位置在標點符號前（引號除外）文字的右上角。標注順序：①作者或編者；②書名；③卷冊；④出版地和出版者；⑤出版時間；⑥頁碼。

6. 來稿請使用小四號字打印，同時提供打印稿和電子文本（WORD 文檔），因本刊人手有限，來稿恕不退還，煩請作者自留底稿。來稿請注明"稿件"二字。

來稿請寄：中國 陝西省 西安市長安區西長安街 620 號 陝西師範大學國際長安學研究院《長安學研究》編輯部

郵編：710119

聯絡人：李燉

垂詢電話：029-81530848

電子郵箱：caxbjb@163.com

敬祈惠賜大作以爲本刊增色，不勝感激。

《長安學研究》編輯部
二〇一七年十二月